시대에듀 # 자격증은 합콘이 팡팡!

#해품사 한능검 합격콘텐츠 서비스

KB210661

1 ▶ 저자 직강! 유튜브 무료강의

- 테마별 해품사의 기특(기출특화) 무료강의
- 해품사만의 합격꿀팁 + 출제예상 키워드 그냥 싹 다 공개!

▲ 해품사 유튜브

2 ▶ D-30부터! 해품사 한능검 수요스터디

- 2025년 각 시험 전 한 달 동안 매주 수요일에 총 5회 스터디 영상 업로드! (D-1 포함)
- 시험 D-1에는 출제될 문제 예언강의 업로드! ★수험생의 간증이 쏟아지는 찐적중강의
- 해품사의 유튜브 댓글 답변
- 우수참여자 선정 스타벅스 아메리카노 제공

*진행 관련 자세한 사항은 해품사 유튜브 커뮤니티 게시글 참조
*경품은 주최 측의 사정에 따라 유사한 가치의 다른 품목으로 변경될 수 있습니다.
*수요스터디 진행 일정은 주최 측의 사정에 따라 변경되거나 취소될 수 있습니다.

▲ 수요스터디 바로가기

3 💬 실시간 저자 소통! 오픈채팅방

공부하다가 모르는 내용이 있거나 궁금한 사항은 오픈채팅방에서 바로 질문하세요!
저자와 한능검 전문가 운영진들이 실시간으로 빠르고! 자세하게! 답변해 드립니다.

▲ 오픈채팅방 바로가기

4 📱 언제 어디서나 공부 가능! HAI한국사 어플

- 기출문제 회차별/시대별/분야별 원하는 대로 무료 풀이
  해품사의 상세한 해설 바로 확인!
  헷갈리거나 틀린문제만 모아서 복습하기도 가능해요!
- 한능검 관련 실시간 질문&답변 가능

▲ 구글플레이

▲ 애플 앱스토어
HAI 한국사 or 하이한국사 검색

해품사 한능검, 한능검은 해품사!

기출문제 풀었을 때 50점 간당간당했는데 덕분에 93점 고득점했습니다.

덕분에 오늘 한국사 시험 문제 보자마자 답 맞혔어요! 감사합니다!

시험장에서 문제 보고 감사해서 울었습니다ㅠㅠ

고난도 짚어주신 부분은 진짜 디테일 끝판왕이네요.

기출의 흐름을 못 잡았었는데, 덕분에 잘 보고 왔어요!

무령왕릉, 신석기, 부여, 고구려 부흥운동 등... 적중률 대박이네요.

공부에 어려움을 겪던 와중에 해품사님 강의를 찾아서 듣게 되었는데, 핵심을 잘 짚어주시니 흐름을 잘 몰라도 뭐가 중요한지 확실히 알겠더라고요. 덕분에 이번 시험은 합격 점수를 훌쩍 뛰어넘는 점수를 받았습니다. 감사합니다.

되게 신선한 방식으로 문제를 연구하시네요. 인상 깊습니다.

댓글 안 쓰는데 넌 ㅇㅈ이다.

완전 가성비 꼼수 꿀팁들 감사합니다. 잘 써먹겠습니다.

금요일까지 기출 61점이었던 제가 현장에서 88점 받게 해준 해품사... 감사합니다.

이걸 왜 지금 봤지?

해품사님 ㄹㅇ최고네요. 걍 쌤 노베였는데... 찝으신 거 거의 다 나온듯;

시간이 많이 없었는데 해품사님 덕분에 합격했습니다. 정말 감사합니다!

 해품사 유튜브에 그대로 있는
#수험생 리얼후기

한능검 전문 유튜브 채널 "해품사의 한방 한능검 연구소"

- ☑ 한능검 매 시험 직접 응시, 총 19회 만점 받은 #프로만점러!
- ☑ 전 회차 기출분석 + 최신 이슈 분석으로 진짜 나올 내용만 적중하는 #한능검 예언가!
- ☑ 연세대 역사교육대학원에서 역사를 연구하는 #찐 사학도!
- ☑ 각종 한능검 꿀팁강의부터 기본 개념강의까지 폭넓은 강의를 선사하는 #족집게 과외쌤!

시대에듀#

#기존을 뛰어넘다, 본질을 끌어올리다
수험생의 #니즈에 집중하다

#합격콘텐츠 검수단
상시 모집

합격 후 시대에듀#의 엄격한 검수단이 되어 주세요!
최고의 합격콘텐츠를 개발하여 #합격력을 끌어올리기 위한 노력에 함께해 주세요.

#합격생 #강사 #전문가분들의 연락을 기다리겠습니다.

▶ 모집기간
　　상시

▶ 활동내용
　　시대에듀# 자격증 교재 콘텐츠 검수 등

▶ 신청방법
　　QR 코드 스캔 → 신청서 작성

▶ 합격콘텐츠 검수단 혜택
　　• 검수 활동비 지급
　　• 콘텐츠 검수단 활동 경력증 발급

※ 신청서 확인 후 내부 기준에 따라 선정하여 개별 연락드립니다.

한국사능력검정시험인증서

성　　명 :

생 년 월 일 :

합 격 등 급 :

인 증 번 호 :

위 사람은 교육부 국사편찬위원회에서 주관한

제　회 한국사능력검정시험에서 위 급수에 합격하였기에

이 증서를 드립니다.

2025년　　월　　일

 국사편찬위원회

Feel Good~!

해품사 한능검
한국사능력검정시험 [심화]

#해품사 단기기본서 + ▶ 기특강의

#해품사 한능검 단기기본서 차례 & 학습플랜

☑ #해품사 한능검 단기기본서만의 구성과 특징

☑ 집중!! 해품사가 알려주는 한능검 관련 자주 묻는 Q&A

☑ 기출 26회분(47회~72회) 총분석&회차별 문항분석표 Special!

#해품사 한능검 단기기본서만의 구성과 특징

1 모든 기출분석은 해품사가 다했다! 보기만 하세요!

어디에도 없는 상세한 26회분 기출 총분석

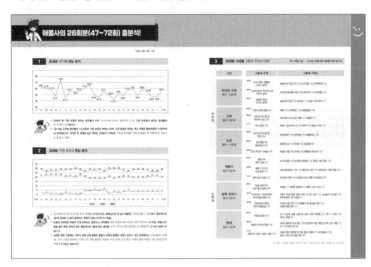

2 그냥 테마가 아니다! 기출분석으로 분류한 가장 효율적인 테마입니다!

기출분석을 통해 뽑아낸 난이도, 중요도 및 평균 출제율을 기반으로 분류한 35개 테마

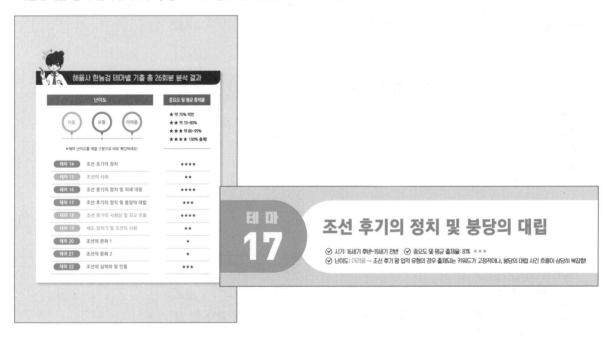

3 흐름을 따라가다 보면 자동으로 공부되는 찐 키워드 판서!

주제에 따라 흐름형/암기형으로 구분! 예습으로도, 복습으로도 좋은 판서

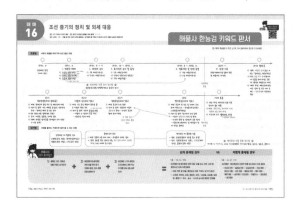

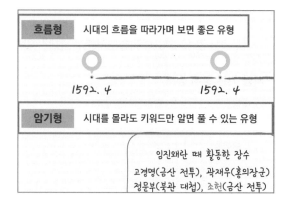

흐름형	시대의 흐름을 따라가며 보면 좋은 유형

1592. 4   1592. 4

암기형	시대를 몰라도 키워드만 알면 풀 수 있는 유형

임진왜란 때 활동한 장수
고경명(금산 전투), 곽재우(홍의장군)
정문부(북관 대첩), 조헌(금산 전투)

4 공부가 쉬워지는 해품사만의 꿀팁 모음!

테마 개념을 학습하면서 해품사만의 각종 팁으로 공부가 더 쉬워집니다!

① **해품사 공지사항!**

총 26회분(47회~72회) 기출에서 단 한 번이라도 언급된 내용은 모두 포함!
빨간색 키워드는 약 80% 이상 확률로 출제된 중요 키워드이므로 우선 암기
키워드는 그중에서도 직접적인 정답 키워드로 자주 언급되는 것
☆~☆☆☆ 테마 안에서도 더욱 빈출인 주제에 표시

② **해품사의 테마 저격!**

[고난도 대비] 백제 및 고구려의 멸망
과 부흥 운동 내 세부 흐름 파악하기

한능검은 아주 가끔 백제 및 고구려의 멸망
과 부흥 운동 사이에서 세부적으로 시기를
흐름형 유형을 어렵게 출제합니다. 예

③ **✔ 해품사 암기팁!**
백제인들은 흑도
복(흑치상지, 도
침, 복신)을 좋아
한다

① 자연스럽게 중요한 요소를 파악하는
　해품사 공지사항!

② 테마별 신유형, 고난도 등 포인트 이론을 정리한
　해품사 테마 저격!

③ 중간 중간 암기를 도와주는
　해품사 암기팁!

5 진짜 기출분석을 통해 중요한 기출만 제시!

① 테마별 최신 대표 기출문제, ② 기출 기반 예상문제, ③ 기출선지 키워드로 완벽 마무리

1 Q. 한 해 첫 시험은 쉽게, 마지막 시험과 방학 기간은 대체로 어렵게 출제된다는 소문이 있던데 진짜인가요?

A. 아니요! 무조건!! 랜덤입니다. 예를 들어 2020년의 마지막 시험은 손꼽히는 고난도 회차였는데, 2021년과 2024년 마지막 시험은 상당히 합격자가 많은 쉬운 회차였습니다! 제발 소문에 현혹되지 마세요!!
(자세한 건 뒷 페이지 기출분석에서 상세히 알려드려요!)

시험 기본 필수 정보

1) 시험접수: 한국사능력검정시험 홈페이지(https://www.historyexam.go.kr)에서 접수

　*응시료 심화 기준 27,000원

2) 시험일정

– 심화 기준 연 4회

– 편차 있을 수 있지만 대부분 2월, 5월, 8월, 10월에 시행

추가접수 기간에는 원하는 고사장이 없을 확률 매우 높으므로 원서접수 첫 타이밍에 도전!!!

구분	원서접수	추가접수	시험일시	합격자 발표
제73회	2025년 1월 14일(화) 10:00~ 2025년 1월 21일(화) 17:00	2025년 1월 27일(월) 10:00~ 2025년 1월 31일(금) 17:00	2025년 2월 16일(일)	2025년 2월 28일(금)
제74회	2025년 4월 22일(화) 10:00~ 2025년 4월 29일(화) 17:00	2025년 5월 6일(화) 10:00~ 2025년 5월 9일(금) 17:00	2025년 5월 24일(토)	2025년 6월 5일(목)
제75회	2025년 7월 8일(화) 10:00~ 2025년 7월 15일(화) 17:00	2025년 7월 22일(화) 10:00~ 2025년 7월 25일(금) 17:00	2025년 8월 9일(토)	2025년 8월 22일(금)
제76회	2025년 9월 16일(화) 10:00~ 2025년 9월 23일(화) 17:00	2025년 9월 30일(화) 10:00~ 2025년 10월 3일(금) 17:00	2025년 10월 18일(토)	2025년 10월 31일(금)

2 Q. 한능검은 유효기간이 없나요?

A. 자격증의 유효기간 자체는 없습니다! (따두기만 하면 만료X)
다만 주로 한능검을 따려는 분들은 공무원이나 공기업을 준비하는 분들이 많은데,
각 기관이 인정하는 기간이 다르기 때문에 확인이 반드시 필요합니다!

활용 및 특전

• 2012년부터 한국사능력검정시험 2급 이상 합격자에 한해 인사혁신처에서 시행하는 5급공무원 공개경쟁채용시험 및 외교관 후보자 선발시험에 응시 자격 부여

• 2013년부터 한국사능력검정시험 3급 이상 합격자에 한해 교원임용시험 응시 자격 부여

• 국비유학생, 해외파견 공무원 선발 시 국사시험을 한국사능력검정시험(3급 이상 합격)으로 대체

• 2014년도부터 한국사능력검정시험 2급 이상 합격자에 한해 인사혁신처에서 시행하는 지역인재 7급 견습직원 선발시험에 추천자격 요건 부여

- 2015년부터 공무원 경력경쟁채용시험에 가산점 부여
- 2018년부터 군무원 공개경쟁채용시험에서 국사 과목을 한국사능력검정시험으로 대체
- 2021년부터 7급 국가(지방)공무원 공개경쟁채용시험에서 한국사 과목을 한국사능력검정시험으로 대체
- 2022년부터 순경공채, 경찰간부후보생 경찰채용 필기시험 한국사 과목을 한국사능력검정시험으로 대체
- 2023년부터 소방공무원, 소방간부후보생 공개채용 필기시험 한국사 과목을 한국사능력검정시험으로 대체
- 2024년부터 우정9급(계리) 공개채용 필기시험 한국사 과목을 한국사능력검정시험으로 대체
- 일부 공기업 및 민간기업의 직원 채용이나 승진 시 반영
- 일부 대학의 수시 모집 및 육·해·공·국군간호사관학교 입시 가산점 부여

※ 추후 변경 가능성 있으므로 자세한 사항은 한국사능력검정시험 홈페이지(https://www.historyexam.go.kr)를 참고하세요.

3

Q. 저는 노베이스인데, 이과인데, 재수생인데, 직장인인데, 한국사 극혐하는데(?) 1급 합격도 가능할까요?

A. 물론입니다! 각자의 상황에 맞게 모두 다 알맞은 방법으로 공부한다면 가능합니다!
제가 교재에서 제시하는 테마별 학습단계를 잘 따라오기만 한다면 분명히 원하는 결과를 얻을 것입니다!!

시험 점수

심화 1급: 80점 이상 / 심화 2급: 70점~79점 / 심화 3급: 60점~69점

4

Q. 시험 당일에는 어떤 자료를 보면 좋을까요?

A. 시험 당일에는 새로운 것을 암기하는 것보다는 전 범위 요약본을 가볍고 빠르게 훑어보는 것을 추천합니다. 한국사는 워낙 양이 방대하기 때문에 오히려 못 외웠던 새로운 것을 암기하면 더 헷갈릴 수도 있거든요^^; 교재 맨 앞에 있는 테마별 요약노트를 가져가서 달달 외우는 걸 추천합니다!

시험 당일 응시 관련

1) **입실:** 10시까지 필수! (1분이라도 늦으면 시험 못 봅니다!!!!!!!!!!!!)

2) **당일 준비물:** 신분증, 수험표, 컴퓨터용 사인펜 (하나라도 안챙기면 시험 절대 못 봅니다!)
   *수정테이프 사용 가능
   *가끔 수험표나 컴퓨터용 사인펜은 시험장에서 빌려주니 가져가지 않아도 된다.. 혹은 다른 시험에서는 준비물이 아니었는데.. 이 시험에서는 챙겨야하나? 모바일 신분증은 없나요..? 등 질문이 다수 있는데...
   무조건!!!!!!!!!! 챙기세요 안 챙기면 무조건 본인 책임!!

3) **시험 시간:** 50문제를 80분 동안 마킹까지 끝내야 합니다.
   시험 시간은 10시 20분부터(입실은 10시!!!)

Feel Good~!

해품사 한능검, 기출은 해품사!

기출 26회분(47회~72회)
총분석 & 회차별 문항분석표

*체제 개편 이후 기준

1 26회분 합격률 한눈 분석

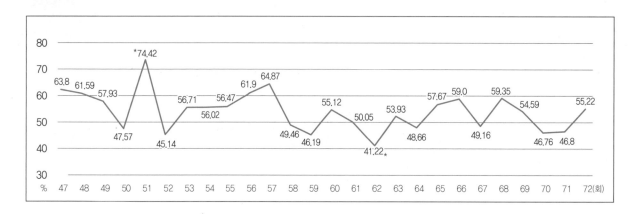

- ✅ 26회분 중 가장 쉬웠던 회차는 합격률이 무려 74.42%에 달하는 물회차인 51회, 가장 어려웠던 회차는 합격률이 41.22%인 62회입니다.

- ✅ 1급 이상 고득점 합격률이 13.22%로 가장 낮았던 회차는 50회, 가장 높았던 회차는 역시 역대급 물회차였던 51회(무려 45.49%)입니다. 하지만 두 번째로 높은 회차는 56회(31.73%)로 고득점 합격률과 전체 합격률이 꼭 비례하지는 않는다는 걸 알 수 있죠!

2 26회분 유형 분포도 한눈 분석

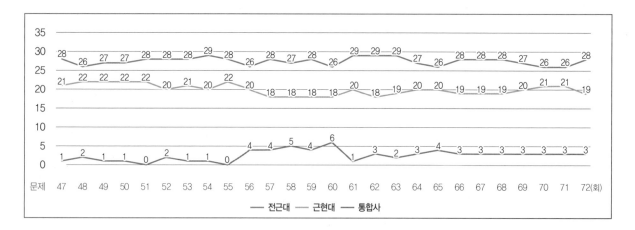

— 전근대 — 근현대 — 통합사

- ✅ 전근대(선사시대~조선시대 후기) 유형이 시기상으로도, 범위상으로 더 넓기 때문에 근현대(개항기~현대)보다 평균적으로 5문제 내외로 더 많이 출제되는 경향이 있습니다(약 6:4 비율).

- ✅ 유형의 전체적인 비중이 크게 바뀌는 않았으나, 회차별로 세부 유형의 출제 비중은 매번 바뀌어서 출제되는 편입니다! 예를 들어 특정 회차의 경우 평균적으로 5문제 정도 출제된 고려 시대 및 현대 파트에서 8~9문제까지 출제된 사례가 있습니다.

- ✅ 심화편 개편 이후에는 지역사 유형 외에 특별히 통합사 유형이 출제된 사례가 없으나, 최근 회차에서는 단일 통합사 유형(예 고려 시대의 문화유산 사례) 또는 복합 통합사 유형(예 우리나라의 토지 제도 사례)의 출제 비중이 더욱 늘어났으며 어렵게 출제되고 있습니다!

3 **26회분 시대별 고출제 주제&키워드**   ☑ 키워드 옆 [ ] 숫자는 26회 동안 출제된 횟수입니다.

시대	고출제 주제	고출제 키워드
선사와 고대 평균 10문제	BEST1 선사시대의 생활상 [전회차 출제!]	#동굴 및 막집 거주 [24], #고인돌 [16], #가락바퀴 [15]
	BEST1 삼국의 왕 및 역사적 사실 [전회차 출제!]	#22담로에 왕족 파견 [16], #이사부 [15], #진대법 [15]
	BEST1 발해의 특징 [전회차 출제!]	#솔빈부의 말 [14], #주자감 [11], #5경 15부 62주 [7]
고려 평균 8문제	BEST1 고려의 경제 상황 [23]	#활구 [24], #벽란도 [16], #해동통보 [16]
	BEST2 고려 전기의 왕 및 역사적 사실 [19]	#과거제 [16], #시무 28조 [11], #흑창 [11]
	BEST3 무신 정권 [16]	#망이·망소이의 난 [13], #만적 [11], #봉사 10조 [11]
조선 평균 11문제	BEST1 조선 전기의 왕 및 업적 [24]	#경국대전 [16], #직전법 [14], #계해약조 [13]
	BEST1 임진왜란 및 병자호란 [24]	#훈련도감 [13], #신립 [10], #김준룡 [5]
	BEST2 조선 후기의 사회상 [22]	#상품 작물 [20], #덕대 [18], #탈춤과 판소리 [10]
개항기 평균 8문제	BEST1 개항기의 개혁 사례 [22]	#지계 발급 [18], #건양과 태양력 [16], #한성 사범 학교 [14]
	BEST2 개항기 전기의 외세 침입 [21]	#제너럴셔먼호 사건 [17], #운요호 사건 [15], #외규장각 의궤 약탈 [10]
	BEST3 동학 농민 운동 [12]	#우금치 전투 [10], #남접과 북접 연합 [9] #집강소 [6]
일제 강점기 평균 8문제	BEST1 일제 강점기의 식민 통치 정책 [25]	#태형 [17], #헌병 경찰제 [14], #황국 신민 서사 [12]
	BEST2 1910년대~1920년대의 국내 항일 운동 [19]	#광주 학생 항일 운동 진상 조사단 파견 [14], #순종의 인산일 [10], #문화 통치 실시 배경 [7]
	BEST2 1930년대 이후의 국외 독립운동 [19]	#국내 진공 작전 [14], #영릉가 및 흥경성 전투 [15] #대전자령 전투 [11]
현대 평균 5문제	BEST1 박정희 정부 [21]	#7·4 남북 공동 성명 및 남북 조절 위원회 [21], #6·3 시위 [12], #유신 헌법 [6]
	BEST2 현대의 민주화 운동 [19]	#호헌 철폐 및 독재 타도 [18], #신군부의 비상 계엄 및 무력 진압 저항 [11], #3·15 부정 선거 [8]
	BEST3 대한민국 정부 수립의 과정 [13]	#좌우 합작 위원회 및 좌우 합작 7원칙 [15], #신한공사 [10], #모스크바 3국 외상 회의 [6]

전근대 (선사와 고대, 고려, 조선)
근현대 (개항기, 일제 강점기, 현대)

→ 회차별·문항별 상세한 분석은 바로 뒤에 제시된 페이지들을 참고하세요!

제72회(2024.10.20.) 문항분석표

※ 분류 기준에 따라 세부 내용은 달라질 수 있습니다.

문항	시대 · 주제별 분석			연계 테마	
	시대	주제	세부 키워드		테마
1	선사	청동기 시대	민무늬 토기, 반달 돌칼	01	선사 시대의 생활상
2	선사	고조선	상, 대부, 장군 등 관직, 범금 8조	02	국가의 형성 및 발전
3	고대	백제 근초고왕 및 신라 진흥왕	평양성 전투, 도살성, 금현성 점령	03	삼국의 성장 및 가야의 특징
4	고대	백제의 문화유산 사례	위례성, 웅진, 사비	06	고대의 경제 · 사회 · 문화 1
5	고대	고구려의 역사적 사실	쌍영총, 안악 3호분	06	고대의 경제 · 사회 · 문화 1
6	고대	통일신라의 경제	촌락 문서	06	고대의 경제 · 사회 · 문화 1
7	고대	발해의 특징	정혜 공주 무덤	05	남북국 시대의 역사적 사실
8	고대	진성여왕 재위 시기의 역사적 사실	진성여왕	05	남북국 시대의 역사적 사실
9	고대	견훤	공산 전투 승리	08	후삼국 통일 및 고려 초기의 정치
10	고대	신라의 탑	쌍봉사 철감선사탑	07	고대의 문화 2
11	고려	고려 성종	12목, 의창, 국자감	08	후삼국 통일 및 고려 초기의 정치
12	고려	거란에 대한 고려의 대응	초조대장경	11	외세의 침략과 고려의 대응
13	고려	김부식	삼국사기 편찬	12	고려의 경제 · 사회 · 문화 1
14	고려	무신 정권	개경 환도, 조위총의 난, 정방 설치	09	고려 중기의 정치 및 무신 정권
15	고려	원 간섭기의 사회상	공민왕, 노국 대장 공주	10	고려 후기의 정치 및 사회
16	고려	고려의 경제 상황	예성항, 개경	12	고려의 경제 · 사회 · 문화 1
17	고려	고려시대의 탑	경천사지 십층 석탑	13	고려의 문화 2
18	조선	조선 태종	정도전 숙청(1차 왕자의 난)	14	조선 초기의 정치
19	조선	집현전	세종 때 설치된 학술 연구 기관	14	조선 초기의 정치
20	조선	조선 성종	악학궤범	14	조선 초기의 정치
21	조선	을사사화	외척 간의 권력 다툼	15	조선의 사화
22	조선	조선 통신사	에도 막부의 요청으로 파견	18	조선 후기의 사회상 및 외교 흐름
23	조선	강희안의 그림	강희안	20	조선의 문화 1
24	조선	병자호란	삼전도의 굴욕	16	조선 중기의 정치 및 외세 대응
25	조선	대동법	이원익, 방납의 폐단, 선혜청	18	조선 후기의 사회상 및 외교 흐름
26	조선	송시열	기축봉사	22	조선의 실학파 및 인물
27	조선	조선 후기의 경제 상황	도고	18	조선 후기의 사회상 및 외교 흐름
28	조선	조선 정조	무예도보통지	17	조선 후기의 정치 및 붕당의 대립
29	개항기	개항기의 신문 사례	한성순보, 독립신문	27	개항기의 문화 및 인물
30	개항기	조일무역규칙 및 조일통상장정	무관세, 방곡령	24	개항기 전기의 사건 및 조약
31	개항기	제너럴 셔먼호 사건	미국 상선 격침	23	흥선 대원군 집권 및 개항 과정
32	개항기	2차 갑오개혁 및 을미개혁	김홍집, 박영효, 단발령	25	동학 농민 운동～대한제국
33	개항기	동학 농민 운동(황룡촌 전투)	장성, 황룡	25	동학 농민 운동～대한제국
34	개항기	정미의병	고종의 강제 퇴위, 군대 강제 해산	26	구한말 일제의 침략 및 저항
35	개항기	광무개혁	고종 황제, 구본신참	25	동학 농민 운동～대한제국
36	일제 강점기	3 · 1 운동	민족 최대의 독립 운동	28	일제의 식민 통치 및 국내 항일운동
37	일제 강점기	북로 군정서군	청산리 전투	30	일제 강점기의 국외 독립운동 2
38	일제 강점기	연해주 지역의 국외 독립운동	신한촌	29	일제 강점기의 국외 독립운동 1
39	일제 강점기	심훈	심훈, 먼동이 틀 때	32	일제 강점기의 인물
40	일제 강점기	일제 강점기의 서울의 모습	미쓰코시 백화점, 토막집	28	일제의 식민 통치 및 국내 항일운동
41	일제 강점기	민족 말살기의 일제의 사회상	중일 전쟁	28	일제의 식민 통치 및 국내 항일운동
42	일제 강점기	신채호	광주 학생 항일 운동 진상 조사단 파견	28	일제의 식민 통치 및 국내 항일운동
43	현대	제주 4 · 3 사건	남한만의 단독 선거 반대, 무장대	33	대한민국 정부 수립 과정 및 6 · 25 전쟁
44	현대	이승만 정부	4 · 19 혁명	34	이승만～전두환 정부
45	현대	박정희 정부	긴급조치	34	이승만～전두환 정부
46	현대	6월 민주 항쟁	호헌 철폐	34	이승만～전두환 정부
47	통합사	전근대의 토지 제도 사례	관료전, 전시과, 과전법, 직전법	12	고려의 경제 · 사회 · 문화 1
48	통합사	통일신라 신문왕 및 조선 세조	관료전, 직전법	05	남북국 시대의 역사적 사실
49	현대	전두환 정부	야간 통행 금지 해제	34	이승만～전두환 정부
50	통합사	창녕 지역사	창녕비	03	삼국의 성장 및 가야의 특징

해품사 간단총평	전반적으로 기존 기출 재탕이 많은 무난한 회차!		
합격률	55.22%	유형 분포도	전근대 28문제／근현대 19문제／통합사 3문제

	시대·주제별 분석			연계 테마	
문항	시대	주제	세부 키워드		테마
1	선사	구석기 시대	뗀석기, 주먹도끼	01	선사 시대의 생활상
2	선사	부여	1책 12법, 우제점법	02	국가의 형성 및 발전
3	고대	가야	김수로왕	03	삼국의 성장 및 가야의 특징
4	고대	원광	걸사표	07	고대의 문화 2
5	고대	백제의 성장과 발전	사비 천도, 불교 수용, 평양성 공격	03	삼국의 성장 및 가야의 특징
6	고대	신라 지증왕	신라 국호 및 왕 호칭 사용	03	삼국의 성장 및 가야의 특징
7	고대	불국사 삼층 석탑	무구정광대다라니경	07	고대의 문화 2
8	고대	삼국의 통일 과정(고구려 멸망)	안동도호부 설치	04	고구려의 대외 항쟁 및 삼국의 통일
9	고대	장문휴의 등주 공격	등주를 습격	05	남북국 시대의 역사적 사실
10	고려	고려의 경제 상황	해동통보	12	고려의 경제·사회·문화 1
11	고려	역분전 및 개정전시과	역분전, 전시과 개정	12	고려의 경제·사회·문화 1
12	고대	궁예	양길, 왕건의 나주 점령	08	후삼국 통일 및 고려 초기의 정치
13	고려	고려의 관학 진흥책	관학 진흥, 서적포	12	고려의 경제·사회·문화 1
14	고려	무신 정권	이의방, 조위총, 정방	09	고려 중기의 정치 및 무신 정권
15	고려	몽골에 대한 고려의 대응	박서, 송문주	11	외세의 침략과 고려의 대응
16	고려	고려의 문화유산 사례	상감청자	13	고려의 문화 2
17	고려	이제현	역옹패설	10	고려 후기의 정치 및 사회
18	통합사	안동 지역사	하회마을, 봉정사, 도산서원	특2	지역사
19	조선	조선 태조(이성계)	한양 도읍	14	조선 초기의 정치
20	조선	비변사	비국, 주사, 국방 문제 논의	16	조선 중기의 정치 및 외세 대응
21	조선	을사사화	대윤과 소윤의 정치적 갈등	15	조선의 사화
22	조선	이괄의 난 및 병자호란 이후	이괄, 소현 세자	16	조선 중기의 정치 및 외세 대응
23	조선	신해통공	채제공, 난전	17	조선 후기의 정치 및 붕당의 대립
24	조선	조선 숙종	백두산 정계비 건립	17	조선 후기의 정치 및 붕당의 대립
25	조선	김정희	세한도	22	조선의 실학파 및 인물
26	조선	조선 후기의 사회상	공노비 해방	18	조선 후기의 사회상 및 외교 흐름
27	조선	세도 정치기 및 조선의 사회	안동 김씨 등 외척 세력	19	세도 정치기 및 조선의 사회
28	개항기	신미양요	어재연, 광성보	23	흥선 대원군 집권 및 개항 과정
29	개항기	조일수호조규부록 및 조영통상조약	간행이정 10리, 영국 인민의 여행	24	개항기 전기의 사건 및 조약
30	통합사	처용무	궁중 무용, 벽사	없음	무형문화유산
31	개항기	을미개혁	태양력, 건양	25	동학 농민 운동~대한제국
32	개항기	통리기무아문	개화 정책 총괄 기구	24	개항기 전기의 사건 및 조약
33	개항기	대한매일신보	양기탁	27	개항기의 문화 및 인물
34	개항기	독립협회	독립문	25	동학 농민 운동~대한제국
35	개항기	화폐정리사업	백동화, 메가타	26	구한말 일제의 침략 및 저항
36	일제 강점기	연해주 지역의 국외 독립운동	스탈린의 중앙아시아 강제 이주 정책	29	일제 강점기의 국외 독립운동 1
37	개항기	안중근	동양평화론	27	개항기의 문화 및 인물
38	일제 강점기	무단 통치기의 일제의 사회상	조선 태형령	28	일제의 식민 통치 및 국내 항일운동
39	일제 강점기	회사령 폐지 및 농촌 진흥 운동	회사령 폐지, 농촌 진흥 위원회	31	일제 강점기의 경제·사회·문화
40	일제 강점기	민립 대학 설립 운동	대학을 세운, 이상재	31	일제 강점기의 경제·사회·문화
41	일제 강점기	원산 총파업	일제 강점기 최대 규모의 노동 운동	31	일제 강점기의 경제·사회·문화
42	일제 강점기	일제 강점기의 사회 및 문화	백화점, 수학여행, 토막집	28	일제의 식민 통치 및 국내 항일운동
43	일제 강점기	한국 광복군	지청천, 인도·미얀마 전선 파견	30	일제 강점기의 국외 독립운동 2
44	일제 강점기	민족 말살기의 일제의 사회상	중일 전쟁, 창씨개명	28	일제의 식민 통치 및 국내 항일운동
45	통합사	공주 지역사	공주 석장리, 우금치 전투	특2	지역사
46	현대	6·25 전쟁	유엔군	33	대한민국 정부 수립 과정 및 6·25 전쟁
47	현대	5·10 총선거	우리나라 최초로 실시된 총선거	33	대한민국 정부 수립 과정 및 6·25 전쟁
48	현대	노태우 정부	서울 올림픽	35	노태우~문재인 정부 및 현대의 인물
49	현대	부·마 민주 항쟁	야당 총재의 국회의원직 제명	34	이승만~전두환 정부
50	현대	김대중 정부의 통일 노력	6월의 남북 정상 회담	35	노태우~문재인 정부 및 현대의 인물

해품사 간단총평   까다로운 키워드가 많이 출제되었으며, 어려운 유형이 포진된 회차!

합격률	46.8%	유형 분포도	전근대 26문제 / 근현대 21문제 / 통합사 3문제

제70회(2024.05.25.) 문항분석표

문항	시대·주제별 분석			연계 테마	
	시대	주제	세부 키워드		테마
1	선사	청동기 시대	비파형 동검	01	선사 시대의 생활상
2	선사	동예	단궁, 과하마, 반어피	02	국가의 형성 및 발전
3	고대	장수왕의 한성 함락	문주, 고구려 군사의 공격 및 왕 사망	03	삼국의 성장 및 가야의 특징
4	고대	고구려 소수림왕	율령, 전진 사신 파견, 태학 설립	03	삼국의 성장 및 가야의 특징
5	통합사	도교와 관련된 역사적 사실	강서대묘 현무도, 산수무늬 벽돌	06	고대의 경제·사회·문화 1
6	고대	원효	금강삼매경론, 대승기신론소	07	고대의 문화 2
7	고대	발해	대조영	05	남북국 시대의 역사적 사실
8	고대	최치원	진성여왕, 시무 10여조	07	고대의 문화 2
9	고대	원성왕 즉위	김경신 왕위 계승	05	남북국 시대의 역사적 사실
10	고대	후삼국의 통일 과정	견훤의 금산사 유폐, 일리천 전투	08	후삼국 통일 및 고려 초기의 정치
11	고려	고려의 경제 상황	다인철소, 망이·망소이의 난	12	고려의 경제·사회·문화 1
12	고려	고려의 승려 사례	지눌	13	고려의 문화 2
13	고려	고려 숙종	주전도감, 해동통보	12	고려의 경제·사회·문화 1
14	고려	무신 정변	정중부, 의종의 폐위	09	고려 중기의 정치 및 무신 정권
15	고려	강화 천도 및 삼별초의 항쟁	최우, 김방경, 김통정	11	외세의 침략과 고려의 대응
16	고려	원 간섭기의 사회상	응방, 겁령구, 순군, 홀적	10	고려 후기의 정치 및 사회
17	조선	조선 태종	제1차, 제2차 왕자의 난	14	조선 초기의 정치
18	조선	김종서	계유정난 때 살해됨	22	조선의 실학파 및 인물
19	조선	조선 성종	홍문관	14	조선 초기의 정치
20	조선	조광조의 주장	소격서 폐지, 현량과 실시	15	조선의 사화
21	조선	임진왜란	고경명, 조헌, 의병장	16	조선 중기의 정치 및 외세 대응
22	통합사	우리나라의 사찰 사례	불국사 삼층 석탑	07	고대의 문화 2
23	조선	대동법	이원익, 방납의 폐단	18	조선 후기의 사회상 및 외교 흐름
24	조선	조선 정조	규장각 검서관	17	조선 후기의 정치 및 붕당의 대립
25	조선	조선 후기의 사회상	만상과 송상	18	조선 후기의 사회상 및 외교 흐름
26	조선	박지원	열하일기	22	조선의 실학파 및 인물
27	조선	김홍도의 그림	단원, 스승 강세황	20	조선의 문화 1
28	개항기	병인양요 및 신미양요	양헌수, 어재연	23	흥선 대원군 집권 및 개항 과정
29	개항기	조미수호통상조약	미국, 보빙사	24	개항기 전기의 사건 및 조약
30	개항기	갑신정변	급진개화파, 김옥균	24	개항기 전기의 사건 및 조약
31	조선	덕수궁	중명전	20	조선의 문화 1
32	개항기	정미의병	고종 강제 퇴위 및 군대 강제 해산	26	구한말 일제의 침략 및 저항
33	개항기	경인선 개통	서대문 정거장에서 철도 개통	27	개항기의 문화 및 인물
34	일제 강점기	서간도 지역의 국외 독립운동	신흥무관학교	29	일제 강점기의 국외 독립운동 1
35	일제 강점기	3·1 운동	고종의 인산일을 계기로 시작	28	일제의 식민 통치 및 국내 항일운동
36	일제 강점기	무단 통치기의 일제의 사회상	토지조사사업	28	일제의 식민 통치 및 국내 항일운동
37	일제 강점기	대종교	나철, 단군 신앙	31	일제 강점기의 경제·사회·문화
38	일제 강점기	1920년대의 만주 지역의 독립운동	간도참변, 자유시 참변, 미쓰야 협정	30	일제 강점기의 국외 독립운동 2
39	일제 강점기	문화 통치기의 일제의 사회상	나운규, 아리랑	28	일제의 식민 통치 및 국내 항일운동
40	일제 강점기	민족 말살기의 일제의 사회상	국민학교, 중일 전쟁	28	일제의 식민 통치 및 국내 항일운동
41	일제 강점기	조소앙	대한민국 임시 정부 건국 강령	32	일제 강점기의 인물
42	현대	남북 협상	김구, 김규식	33	대한민국 정부 수립 과정 및 6·25 전쟁
43	현대	노태우 정부의 통일 노력	남북한의 유엔 동시 가입	35	노태우~문재인 정부 및 현대의 인물
44	현대	한·미 상호 방위 조약	한·미 상호 방위 조약	34	이승만~전두환 정부
45	현대	7차 개헌(유신 헌법) 및 8차 개헌	통일 주체 국민 회의, 대통령 선거인단	34	이승만~전두환 정부
46	현대	김영삼 정부	금융 실명제, 국제 통화 기금(IMF)	34	이승만~전두환 정부
47	현대	노무현 정부	호주제 폐지	35	노태우~문재인 정부 및 현대의 인물
48	현대	우리나라의 사회 보장 제도 사례	사창제	12	고려의 경제·사회·문화 1
49	현대	김대중 정부	한일 월드컵	35	노태우~문재인 정부 및 현대의 인물
50	통합사	대구 지역사 및 광주 지역사	2·28 민주 운동, 5·18 민주화 운동	특2	지역사

해품사 간단총평	유형이 크게 까다롭지는 않으나, 사료와 키워드의 난도가 높은 회차!		
합격률	46.76%	유형 분포도	전근대 26문제/근현대 21문제/통합사 3문제

문항	시대ㆍ주제별 분석			연계 테마	
	시대	주제	세부 키워드		테마
1	선사	신석기 시대	빗살무늬 토기, 농경과 목축이 시작	01	선사 시대의 생활상
2	선사	신라 진흥왕	북한산 순수비	03	삼국의 성장 및 가야의 특징
3	선사	동예 및 삼한	무천, 천군	02	국가의 형성 및 발전
4	고대	무령왕	22담로에 왕족 파견	03	삼국의 성장 및 가야의 특징
5	고대	살수대첩 및 안시성 전투	을지문덕, 안시성	04	고구려의 대외 항쟁 및 삼국의 통일
6	고대	금동 연가 7년명 여래입상	연가 연호	07	고대의 문화 2
7	고대	삼국의 통일 과정	기벌포, 흑치상지, 검모잠, 안승	04	고구려의 대외 항쟁 및 삼국의 통일
8	고대	통일신라의 경제 상황	민정 문서	06	고대의 경제ㆍ사회ㆍ문화 1
9	고대	발해	대조영, 북국	05	남북국 시대의 역사적 사실
10	고려	고려 왕건	후삼국 통일	08	후삼국 통일 및 고려 초기의 정치
11	통합사	평양 지역사	조위총의 난, 동녕부	특2	지역사
12	고려	고려의 경제 상황	활구, 은병, 경시서	12	고려의 경제ㆍ사회ㆍ문화 1
13	고려	여진에 대한 고려의 대응	윤관	11	외세의 침략과 고려의 대응
14	고려	무신 정권	김사미, 효심, 이연년	09	고려 중기의 정치 및 무신 정권
15	고려	고려 공민왕	기철	10	고려 후기의 정치 및 사회
16	고려	고려의 문화유산 사례	몽골의 침략을 받던 시기	13	고려의 문화 2
17	고려	저고여 피살 사건 및 원 간섭기	살리타, 첨의부, 제국대장공주	11	외세의 침략과 고려의 대응
18	고려	최영	요동 정벌 추진	11	외세의 침략과 고려의 대응
19	조선	균역법	2필의 역을 1필로 감면	18	조선 후기의 사회상 및 외교 흐름
20	조선	사헌부	감찰, 대사헌	14	조선 초기의 정치
21	조선	조광조	위훈 삭제, 소격서 폐지	15	조선의 사화
22	조선	조선 광해군	폐모살제, 중립 외교	16	조선 중기의 정치 및 외세 대응
23	조선	병자호란	삼전도에서 항복	16	조선 중기의 정치 및 외세 대응
24	조선	조선 세조	직전법	14	조선 초기의 정치
25	통합사	충주 지역사	김윤후의 대몽 항쟁, 탄금대 전투	특2	지역사
26	조선	기사환국 및 갑술환국	장희빈 아들 원자 책봉, 인현왕후 복위	17	조선 후기의 정치 및 붕당의 대립
27	조선	박제가	북학의	22	조선의 실학파 및 인물
28	조선	세도 정치기 및 조선의 사회	진주, 백낙신, 유계춘	19	세도 정치기 및 조선의 사회
29	개항기	병인양요	정족산성, 양헌수	23	흥선 대원군 집권 및 개항 과정
30	개항기	임오군란	군인들의 봉급이 몇 달 동안 밀림	24	개항기 전기의 사건 및 조약
31	개항기	1차 갑오개혁	군국기무처	25	동학 농민 운동~대한제국
32	개항기	독립협회	독립문	25	동학 농민 운동~대한제국
33	개항기	국채 보상 운동	외채 1,300만 원	26	구한말 일제의 침략 및 저항
34	개항기	고종의 강제 퇴위	황제 퇴위	26	구한말 일제의 침략 및 저항
35	일제 강점기	물산 장려 운동	조선인 기업의 상품 장려	31	일제 강점기의 경제ㆍ사회ㆍ문화
36	일제 강점기	의열단	김원봉	30	일제 강점기의 국외 독립운동 2
37	일제 강점기	일제 강점기의 항일 운동 및 단체	순종의 죽음, 기회주의 배격, 광주 학생	28	일제의 식민 통치 및 국내 항일운동
38	일제 강점기	민족 말살기의 일제의 사회상	국가 총동원법	28	일제의 식민 통치 및 국내 항일운동
39	현대	신한공사 및 농지 개혁법	신한공사, 농지의 분배	33	대한민국 정부 수립 과정 및 6ㆍ25 전쟁
40	일제 강점기	백남운	조선사회경제사	32	일제 강점기의 인물
41	일제 강점기	한국 광복군	지청천, 충칭에 총사령부 존재	30	일제 강점기의 국외 독립운동 2
42	현대	6ㆍ25 전쟁	중국군, 유엔군	33	대한민국 정부 수립 과정 및 6ㆍ25 전쟁
43	현대	장면 내각	내각 책임제	34	이승만~전두환 정부
44	현대	사사오입 개헌	사사오입	34	이승만~전두환 정부
45	현대	박정희 정부(정치)	인민혁명당 재건위 사건, 긴급조치	34	이승만~전두환 정부
46	현대	박정희 정부(경제)	경부 고속 도로 개통, 포항 제철	34	이승만~전두환 정부
47	통합사	우리나라의 군사 제도 사례	9서당, 대장군, 무위영, 장어영, 금위영	24	개항기 전기의 사건 및 조약
48	고대	통일신라 신문왕	9서당	05	남북국 시대의 역사적 사실
49	현대	5ㆍ18 광주 민주화 운동	시민군, 계엄군	34	이승만~전두환 정부
50	현대	김영삼 정부	하나회 숙청, 문민정부	35	노태우~문재인 정부 및 현대의 인물

해품사 간단총평   일부 유형만 소거법을 활용하면 무난히 풀이할 수 있는 회차!

합격률   54.59%   **유형 분포도**   전근대 27문제/근현대 20문제/통합사 3문제

제68회(2023.12.02) 문항분석표

문항	시대·주제별 분석			연계 테마	
문항	시대	주제	세부 키워드		테마
1	선사	청동기 시대	고인돌	01	선사 시대의 생활상
2	선사	위만	준왕을 몰아내고 왕에 즉위함	02	국가의 형성 및 발전
3	선사	부여	영고	02	국가의 형성 및 발전
4	고대	백제의 문화유산 사례	부소산성	06	고대의 경제·사회·문화 1
5	고대	대야성 전투 및 나당 동맹 체결	대야성, 김춘추, 당태종	04	고구려의 대외 항쟁 및 삼국의 통일
6	고대	통일신라 하대의 사회상	최치원, 진성여왕	05	남북국 시대의 역사적 사실
7	고대	가야	김수로왕	03	삼국의 성장 및 가야의 특징
8	고대	고구려 소수림왕	고국원왕의 아들, 승려 순도	03	삼국의 성장 및 가야의 특징
9	고려	고려 성종	12목, 경시서	08	후삼국 통일 및 고려 초기의 정치
10	고대	발해의 문화유산	영광탑	05	남북국 시대의 역사적 사실
11	고려	고려 광종	노비안검법, 쌍기	08	후삼국 통일 및 고려 초기의 정치
12	고려	고려의 지방 통치 체제	개경, 남경, 동경	08	후삼국 통일 및 고려 초기의 정치
13	고려	여진(금)에 대한 고려의 대응	아구다, 윤관, 정지상	11	외세의 침략과 고려의 대응
14	통합사	우리나라의 천문학 사례	천문학	16	조선 중기의 정치 및 외세 대응
15	고려	삼별초	좌별초, 우별초, 최씨 무신 정권이 조직	11	외세의 침략과 고려의 대응
16	고려	원 간섭기의 사회상	응방, 몽골어, 기철	10	고려 후기의 정치 및 사회
17	고려	직지심체요절	청주 흥덕사	12	고려의 경제·사회·문화 1
18	조선	정도전	불씨잡변, 왕자의 난으로 인해 사망	22	조선의 실학파 및 인물
19	조선	조선 세조	이시애의 난	14	조선 초기의 정치
20	조선	임진왜란	일본군, 명의 장수	16	조선 중기의 정치 및 외세 대응
21	조선	조식	남명, 조선 중기의 성리학자	16	조선 중기의 정치 및 외세 대응
22	조선	조선 세종	공법	14	조선 초기의 정치
23	조선	조선 후기의 사회상	상평통보, 고추, 담배	18	조선 후기의 사회상 및 외교 흐름
24	조선	조선 영조	탕평비, 준천사, 신문고 재설치	17	조선 후기의 정치 및 붕당의 대립
25	조선	승정원	은대, 도승지	14	조선 초기의 정치
26	조선	기해예송	송준길, 허목, 3년복	17	조선 후기의 정치 및 붕당의 대립
27	조선	종묘	태조 이성계가 처음 건립	20	조선의 문화 1
28	조선	조선의 역관	역관	19	세도 정치기 및 조선의 사회
29	통합사	개성 지역사	송악	특2	지역사
30	개항기	강화도 조약	운요호 사건, 신헌	24	개항기 전기의 사건 및 조약
31	개항기	동학 농민 운동	이용태, 일본의 경복궁 침범, 청일 전쟁	25	동학 농민 운동~대한제국
32	개항기	두모포 수세 사건	동래부의 조선 상인에게 세금 징수	24	개항기 전기의 사건 및 조약
33	개항기	보빙사	미국 공사의 부임에 대한 답례	23	흥선 대원군 집권 및 개항 과정
34	일제 강점기	민족 말살기의 일제의 사회상	중일 전쟁	28	일제의 식민 통치 및 국내 항일운동
35	일제 강점기	3·1 운동	고종의 장례식을 계기로 발생, 헌병	28	일제의 식민 통치 및 국내 항일운동
36	개항기	신민회	안창호, 양기탁, 태극 서관	26	구한말 일제의 침략 및 저항
37	개항기	광무개혁	석조전, 고종 황제	25	동학 농민 운동~대한제국
38	일제 강점기	국민대표회의	국민적 대화합, 국민이 위탁한 사명	29	일제 강점기의 국외 독립운동 1
39	일제 강점기	산미증식계획	수리 조합비 부담, 만주산 잡곡 수입	28	일제의 식민 통치 및 국내 항일운동
40	일제 강점기	북로 군정서군	김좌진이 지휘	30	일제 강점기의 국외 독립운동 2
41	일제 강점기	형평 운동	백정들에 대한 차별	31	일제 강점기의 경제·사회·문화
42	현대	6·25 전쟁(서울 수복)	서울 수복	33	대한민국 정부 수립 과정 및 6·25 전쟁
43	현대	김대중 정부	최초의 남북 정상 회담 성사	35	노태우~문재인 정부 및 현대의 인물
44	현대	4·19 혁명	3·15 부정 선거에 항거	34	이승만~전두환 정부
45	현대	박정희 정부	YH 무역 여성 노동자들의 농성	34	이승만~전두환 정부
46	현대	전두환 정부	야간 통행 금지 해제, 삼청 교육대	34	이승만~전두환 정부
47	현대	여운형	조선 건국 준비 위원회	35	노태우~문재인 정부 및 현대의 인물
48	고대	삼국 시대의 학습 활동 사례	삼국 시대 사람들의 학습 활동	06	고대의 경제·사회·문화 1
49	통합사	우리나라의 도자기 사례	백자, 고려청자, 분청사기, 청화백자	21	조선의 문화 2
50	현대	전태일 분신 자살 사건	근로 기준법 준수	34	이승만~전두환 정부

해품사 간단총평	독특한 유형이 많으나, 키워드가 어렵지 않은 회차!		
합격률	59.35%	유형 분포도	전근대 28문제/근현대 19문제/통합사 3문제

제67회(2023.10.21) 문항분석표

| 문항 | 시대 · 주제별 분석 ||| 연계 테마 ||
	시대	주제	세부 키워드		테마
1	선사	청동기 시대	계급의 출현, 고인돌, 민무늬 토기	01	선사 시대의 생활상
2	선사	고대 철기 국가의 제천 행사	동맹, 계절제	02	국가의 형성 및 발전
3	고대	백제 성왕	사비 천도	03	삼국의 성장 및 가야의 특징
4	고대	분황사 모전 석탑	현존하는 가장 오래된 신라 탑	07	고대의 문화 2
5	고대	삼국의 통일 과정	연개소문의 사망, 기벌포 전투	04	고구려의 대외 항쟁 및 삼국의 통일
6	고대	의상	부석사	07	고대의 문화 2
7	고대	통일신라 신문왕	감은사 완공	05	남북국 시대의 역사적 사실
8	고대	혜공왕 피살	김지정, 혜공왕 피살	05	남북국 시대의 역사적 사실
9	고대	발해	정효 공주	05	남북국 시대의 역사적 사실
10	고대	신검의 견훤 금산사 유폐	신검의 견훤 금산사 유폐	08	후삼국 통일 및 고려 초기의 정치
11	고려	고려 광종	광덕, 준풍 연호	08	후삼국 통일 및 고려 초기의 정치
12	고려	고려 현종	왕의 나주 피란	08	후삼국 통일 및 고려 초기의 정치
13	고려	최충헌	이의민을 제거하고 정권 장악	09	고려 중기의 정치 및 무신 정권
14	고려	동북 9성 축조 및 처인성 전투	윤관, 살리타	11	외세의 침략과 고려의 대응
15	고려	여몽연합군의 일본 원정	일본 정벌	10	고려 후기의 정치 및 사회
16	고려	논산 관촉사 석조 미륵보살 입상	관촉사	13	고려의 문화 2
17	고려	국자감	국자학생, 태학생, 사문학생	12	고려의 경제 · 사회 · 문화 1
18	고려	고려의 중앙 행정 제도	군사 기밀 및 왕명 출납, 낭사, 서경권	08	후삼국 통일 및 고려 초기의 정치
19	고려	최영의 요동 정벌 추진	최영과 함께 요동을 공격	10	고려 후기의 정치 및 사회
20	조선	고려사	우왕 및 창왕을 열전에 기록함	21	조선의 문화 2
21	조선	유향소	향리들의 불법을 규찰함	14	조선 초기의 정치
22	조선	김종서	계유정난 때 살해됨	22	조선의 실학파 및 인물
23	조선	조선 후기의 사회상	만상, 연행사	18	조선 후기의 사회상 및 외교 흐름
24	조선	임진왜란(평양성 전투)	조 · 명 연합군의 평양성 탈환	16	조선 중기의 정치 및 외세 대응
25	조선	박제가 및 정약용	북학의, 경세유표	22	조선의 실학파 및 인물
26	조선	조선시대의 5군영	총융청, 훈련도감, 금위영	16	조선 중기의 정치 및 외세 대응
27	조선	조선 정조	화성, 혜경궁 홍씨	17	조선 후기의 정치 및 붕당의 대립
28	조선	황사영 백서 사건	황사영	19	세도 정치기 및 조선의 사회
29	개항기	신미양요	제너럴 셔먼호 사건을 구실로 일어남	23	흥선 대원군 집권 및 개항 과정
30	개항기	조청상민수륙무역장정 및 조일통상장정	내지 통상권 허용, 방곡령 규정	24	개항기 전기의 사건 및 조약
31	개항기	한성순보	박문국, 정부의 개화 정책 홍보	27	개항기의 문화 및 인물
32	개항기	동학 농민 운동(전주 화약 체결)	동학 농민군과 정부의 화약 체결	25	동학 농민 운동~대한제국
33	개항기	육영공원	관립 교육 기관, 좌원 및 우원	27	개항기의 문화 및 인물
34	개항기	박정양	초대 주미 공사	27	개항기의 문화 및 인물
35	개항기	광무개혁	고종 황제, 대한국 국제, 지계 발급	25	동학 농민 운동~대한제국
36	개항기	1차 한일협약 및 대한제국 군대 해산	메가타, 군대를 해산함	26	구한말 일제의 침략 및 저항
37	일제 강점기	의열단	단장 김원봉	30	일제 강점기의 국외 독립운동 2
38	일제 강점기	광주 학생 항일 운동	한일 학생 간 충돌을 계기로 시작	28	일제의 식민 통치 및 국내 항일운동
39	일제 강점기	한국 독립군	대전자령, 청천 장군	30	일제 강점기의 국외 독립운동 2
40	일제 강점기	민족 말살기의 일제의 사회상	국가 총동원법, 국민 징용령	28	일제의 식민 통치 및 국내 항일운동
41	일제 강점기	천도교	방정환, 동학을 계승	31	일제 강점기의 경제 · 사회 · 문화
42	일제 강점기	일제 강점기의 민족 문화 수호 활동	조선학 운동	32	일제 강점기의 인물
43	일제 강점기	도쿄 지역의 국외 독립운동	간토 대지진	29	일제 강점기의 국외 독립운동 1
44	현대	여운형	좌우 합작 운동을 추진함	35	노태우~문재인 정부 및 현대의 인물
45	현대	사사오입 개헌	사사오입	34	이승만~전두환 정부
46	통합사	우리나라의 화폐 사례	당백전	23	흥선 대원군 집권 및 개항 과정
47	통합사	우리나라의 노비의 역사 흐름	만적의 난, 노비안검법, 공사 노비법 혁파, 공노비 해방	25	동학 농민 운동~대한제국
48	통합사	우리나라의 노비의 역사 사례	만적의 난, 노비안검법	09	고려 중기의 정치 및 무신 정권
49	현대	박정희 정부	민청학련 사건	34	이승만~전두환 정부
50	현대	노무현 정부	참여 정부, 개성공단 방문	35	노태우~문재인 정부 및 현대의 인물

해품사 간단총평　까다로운 개념 및 사료가 활용된 어려운 회차!

합격률　49.16%　　　**유형 분포도**　전근대 28문제/근현대 19문제/통합사 3문제

제66회(2023.08.13) 문항분석표

문항	시대 · 주제별 분석			연계 테마	
	시대	주제	세부 키워드		테마
1	선사	구석기 시대	공주 석장리, 주먹도끼	01	선사 시대의 생활상
2	선사	옥저	가족 공동묘	02	국가의 형성 및 발전
3	고대	신라의 문화유산	천마총, 천마도	06	고대의 경제 · 사회 · 문화 1
4	고대	고구려 광개토대왕	왜구 격퇴 및 신라 내물왕 구원	03	삼국의 성장 및 가야의 특징
5	고대	백제 무왕 재위 시기 삼국의 상황	미륵사 창건	03	삼국의 성장 및 가야의 특징
6	고대	통일신라의 경제 상황	법화원, 청해진	06	고대의 경제 · 사회 · 문화 1
7	고대	원성왕 즉위 및 원종과 애노의 난	김경신 왕위 계승, 원종과 애노	05	남북국 시대의 역사적 사실
8	고대	발해의 문화유산 사례	연꽃무늬 수막새, 온돌 유적	05	남북국 시대의 역사적 사실
9	고대	견훤	완산주 도읍, 아들인 신검에 의해 유폐	08	후삼국 통일 및 고려 초기의 정치
10	고려	고려의 경제 상황	전지, 시지	12	고려의 경제 · 사회 · 문화 1
11	고려	거란에 대한 고려의 대응	광군, 강감찬, 서희	11	외세의 침략과 고려의 대응
12	고려	어사대	관리의 부정 감찰 및 탄핵	08	후삼국 통일 및 고려 초기의 정치
13	고려	몽골에 대한 고려의 대응	강화 천도	11	외세의 침략과 고려의 대응
14	고려	경대승의 집권	경대승이 정중부를 죽임	09	고려 중기의 정치 및 무신 정권
15	고려	고려 공민왕	유인우, 이자춘의 쌍성총관부 공격	10	고려 후기의 정치 및 사회
16	고려	지눌	수선사의 제2대 사주, 집권자 최우	13	고려의 문화 2
17	고려	월정사 팔각 구층 석탑	강원도 평창군, 고려 다각 다층 석탑	13	고려의 문화 2
18	고려	정몽주 피살	정몽주의 죽음	10	고려 후기의 정치 및 사회
19	조선	조선 세종	갑인자	14	조선 초기의 정치
20	조선	무오사화 및 기묘사화	김종직의 조의제문, 조광조	15	조선의 사화
21	조선	광해군의 중립 외교	명의 군사 요청, 강홍립 도원수	16	조선 중기의 정치 및 외세 대응
22	조선	임진왜란	송상현, 금산 전투, 징비록	16	조선 중기의 정치 및 외세 대응
23	조선	조선 영조	탕평 군주, 청계천 준설, 균역법	17	조선 후기의 정치 및 붕당의 대립
24	조선	홍대용	담헌, 천문 관측, 연행사	22	조선의 실학파 및 인물
25	조선	조선 효종	나선 정벌과 조총 부대 파병	16	조선 중기의 정치 및 외세 대응
26	조선	조선 후기의 사회상	담배, 이앙, 목화	18	조선 후기의 사회상 및 외교 흐름
27	조선	경복궁	흥선 대원군의 중건, 근정전	20	조선의 문화 1
28	개항기	제너럴 셔먼호 사건	박규수의 이양선 격침	23	흥선 대원군 집권 및 개항 과정
29	개항기	갑신정변	우정총국 개국 축하연, 김옥균, 박영효	24	개항기 전기의 사건 및 조약
30	통합사	김부식 및 유득공 및 신채호	왕명에 의해 편찬, 발해사, 아와 비아	32	일제 강점기의 인물
31	통합사	삼국사기 및 발해고	왕명에 의해 편찬, 발해사	12	고려의 경제 · 사회 · 문화 1
32	조선	동학	최시형, 최제우	19	세도 정치기 및 조선의 사회
33	개항기	보안회	일본 공사의 황무지 권리 청구	26	구한말 일제의 침략 및 저항
34	개항기	아관파천	대군주 폐하의 외국 공사관 파천	25	동학 농민 운동~대한제국
35	개항기	광무개혁	원수부 관제	25	동학 농민 운동~대한제국
36	일제 강점기	한국 독립군	한국대독립당, 지청천 총사령	30	일제 강점기의 국외 독립운동 2
37	일제 강점기	무단 통치기의 일제의 사회상	회사령	28	일제의 식민 통치 및 국내 항일운동
38	일제 강점기	대한 광복회	박상진, 채기중	28	일제의 식민 통치 및 국내 항일운동
39	일제 강점기	3·1 운동	조선 독립 선언서, 천도교, 기독교	28	일제의 식민 통치 및 국내 항일운동
40	일제 강점기	이육사	청포도, 조선은행 대구 지점 폭탄 의거	32	일제 강점기의 인물
41	일제 강점기	의열단	김지섭	30	일제 강점기의 국외 독립운동 2
42	일제 강점기	광주 학생 항일 운동	광주 학생의 석방 요구	28	일제의 식민 통치 및 국내 항일운동
43	일제 강점기	민족 말살기의 일제의 사회상	창씨개명	28	일제의 식민 통치 및 국내 항일운동
44	현대	여운형	조선 건국 준비 위원회	35	노태우~문재인 정부 및 현대의 인물
45	현대	6·25 전쟁	유엔군, 중국군	33	대한민국 정부 수립 과정 및 6·25 전쟁
46	현대	박정희 정부	경부 고속 도로 개통	34	이승만~전두환 정부
47	현대	김영삼 정부	국제 통화 기금(IMF) 구제 금융 요청	35	노태우~문재인 정부 및 현대의 인물
48	통합사	강릉 지역사	경포대, 선교장	특2	지역사
49	현대	4·19 혁명	3·15 부정 선거	34	이승만~전두환 정부
50	현대	남북 조절 위원회 및 남북 기본 합의서	남북 조절 위원회 및 남북 기본 합의서	34	이승만~전두환 정부

해품사 간단총평	문화 파트의 비중이 높으나, 기본적인 유형 위주로 출제된 회차!	
합격률	59.0%	
	유형 분포도	전근대 28문제/근현대 19문제/통합사 3문제

제65회(2023.06.17) 문항분석표

시대 · 주제별 분석				연계 테마
문항	시대	주제	세부 키워드	테마
1	선사	청동기 시대	비파형 동검, 민무늬 토기	01 선사 시대의 생활상
2	선사	고조선	우거왕, 왕검성	02 국가의 형성 및 발전
3	통합사	공주 지역사	문주왕의 천도	특2 지역사
4	고대	호우명 그릇	신라와 고구려 사이의 정치적 관계	07 고대의 문화 2
5	고대	백제 근초고왕의 평양성 공격	백제왕의 평양성 공격	03 삼국의 성장 및 가야의 특징
6	고대	백강 전투 및 매소성 전투	백강, 왜의 군사, 매소성	04 고구려의 대외 항쟁 및 삼국의 통일
7	고대	발해	대조영, 해동성국, 5경 15부 62주	05 남북국 시대의 역사적 사실
8	고대	설총	이두, 원효의 아들	07 고대의 문화 2
9	고대	통일신라 하대의 사회상	혜공왕 피살 이후	05 남북국 시대의 역사적 사실
10	고려	고려 왕건	정계, 계백료서, 흑창	08 후삼국 통일 및 고려 초기의 정치
11	고려	고려 성종	12목	08 후삼국 통일 및 고려 초기의 정치
12	고려	거란에 대한 고려의 대응	나주로 피란한 고려 현종, 초조대장경	11 외세의 침략과 고려의 대응
13	고려	의천	문종의 아들, 흥왕사, 신편제종교장총록	13 고려의 문화 2
14	고려	고려 중기의 정치적 사건	정중부, 이자겸, 척준경, 묘청	09 고려 중기의 정치 및 무신 정권
15	고려	원 간섭기의 사회상	기철, 정치도감	10 고려 후기의 정치 및 사회
16	고려	고려의 경제 상황	벽란정	12 고려의 경제 · 사회 · 문화 1
17	고려	수덕사 대웅전	충청남도 예산군, 맞배지붕	13 고려의 문화 2
18	고려	최영의 요동 정벌 추진	최영, 요동 정벌	10 고려 후기의 정치 및 사회
19	조선	조선 성종	경국대전	14 조선 초기의 정치
20	조선	조선 명종	을사사화	15 조선의 사화
21	조선	사육신의 단종 복위 운동	성삼문, 상왕을 노산군으로 낮춤	14 조선 초기의 정치
22	조선	몽유도원도	안견	20 조선의 문화 1
23	조선	병자호란	김상용	16 조선 중기의 정치 및 외세 대응
24	조선	조선 정조	화성, 사도세자	17 조선 후기의 정치 및 붕당의 대립
25	조선	대동법	이원익, 방납의 폐단, 선혜청	18 조선 후기의 사회상 및 외교 흐름
26	통합사	우리나라와 일본의 대립 사례	이종무, 김방경, 최무선, 김시민	10 고려 후기의 정치 및 사회
27	조선	이익	성호사설, 육종론	22 조선의 실학파 및 인물
28	조선	조선 후기의 사회상	판소리, 한글 소설	18 조선 후기의 사회상 및 외교 흐름
29	개항기	흥선 대원군 집권 및 척화비 건립	흥선 대원군, 서양과의 화친 반대	23 흥선 대원군 집권 및 개항 과정
30	개항기	임오군란	구식 군인들에 대한 차별 대우로 발생	24 개항기 전기의 사건 및 조약
31	개항기	동학 농민 운동	보은 집회, 황토현	25 동학 농민 운동~대한제국
32	개항기	헤이그 특사 파견	네덜란드 평화 회의, 한국인 3명	26 구한말 일제의 침략 및 저항
33	개항기	정미의병	이인영, 허위, 서울로 진군	26 구한말 일제의 침략 및 저항
34	개항기	아관파천	러시아 공사관으로 거처를 옮김	25 동학 농민 운동~대한제국
35	개항기	일본의 경제 침탈에 대한 저항 사례	황국중앙총상회, 보안회, 국채보상운동	26 구한말 일제의 침략 및 저항
36	개항기	독립협회	러시아의 절영도 조차 요구	25 동학 농민 운동~대한제국
37	개항기	개항기의 근대 문물 사례	중명전	27 개항기의 문화 및 인물
38	일제 강점기	무단 통치기의 일제의 사회상	태형	28 일제의 식민 통치 및 국내 항일운동
39	통합사	우리나라의 교육기관	교육 입국 조서	25 동학 농민 운동~대한제국
40	일제 강점기	2차 조선 교육령 반포	보통학교 수업 연한 6년	28 일제의 식민 통치 및 국내 항일운동
41	일제 강점기	대한민국 임시 정부	독립 공채	29 일제 강점기의 국외 독립운동 1
42	일제 강점기	민족 말살기의 일제의 사회상	중일 전쟁, 황국 신민 서사	28 일제의 식민 통치 및 국내 항일운동
43	일제 강점기	조선 의용대	김원봉, 중국 관내 최초 군사 조직	30 일제 강점기의 국외 독립운동 2
44	일제 강점기	최현배	국어 운동 및 국어 교재 편찬	31 일제 강점기의 경제 · 사회 · 문화
45	현대	5 · 10 총선거	우리나라 첫 번째 총선거	33 대한민국 정부 수립 과정 및 6 · 25 전쟁
46	현대	6 · 25 전쟁	중국군	33 대한민국 정부 수립 과정 및 6 · 25 전쟁
47	현대	제2차 경제 개발 5개년 계획 시작	제2차 경제 개발 5개년 계획 착수	34 이승만~전두환 정부
48	현대	전두환 정부	박종철 고문 치사 사건	34 이승만~전두환 정부
49	통합사	전주 지역사	경기전, 동고산성	특2 지역사
50	현대	김대중 정부의 통일 노력	21세기 새로운 한일 파트너십 공동 선언	35 노태우~문재인 정부 및 현대의 인물

 해품사 간단총평 흐름형 유형의 비중이 높고, 통합형 유형이 많이 출제된 회차!

합격률 57.67% **유형 분포도** 전근대 26문제/근현대 20문제/통합사 4문제

시대 · 주제별 분석

문항	시대	주제	세부 키워드
1	선사	신석기 시대	갈돌과 갈판, 빗살무늬 토기
2	선사	부여	마가·우가·구가
3	고대	고구려의 역사적 사실	안악 3호분, 경당, 제가 회의
4	고대	백제 금동 대향로	부여 능산리 절터, 백제의 공예 기술
5	고대	김유신	금관가야 마지막 왕 후손, 흥무대왕
6	고대	백제 성왕	한강 유역 일시적 회복, 관산성 전투
7	고대	안시성 전투 및 고구려 멸망	안시성 전투, 고구려 지배층 내분
8	고대	발해의 경제 상황	솔빈부의 말, 상경, 중경, 동경
9	고대	장보고의 난	청해진의 궁복
10	고대	궁예	송악, 마진, 무태, 철원
11	고려	거란에 대한 고려의 대응	만부교 사건, 양규
12	고려	이자겸의 난	인종, 척준경
13	고려	고려의 경제 상황	동북 9성 축조, 해동 천태종
14	고려	최우	강화 천도
15	고려	원 간섭기의 사회상	변발과 호복, 일본 원정
16	고려	고려의 불교 문화유산	수덕사 대웅전, 수월관음도
17	조선	조선 세종	집현전
18	조선	창덕궁	유네스코 세계유산, 돈화문, 인정전
19	조선	향약	도약정, 부약정, 율곡전서
20	조선	조선 후기의 사회상	광산 개발
21	조선	임술 농민 봉기	박규수, 삼정이정청
22	조선	조선 성종	동문선, 팔도지리지
23	조선	조선 중종	중종반정을 통해 즉위함, 삼포왜란
24	조선	임진왜란	정문부, 조헌, 사명대사(유정)
25	조선	조선 후기의 문화	김홍도의 풍속화
26	조선	조선 정조	대전통편
27	조선	정약용	목민심서, 경세유표
28	개항기	제너럴 셔먼호 사건	대동강에서 이양선을 격침함
29	개항기	최익현	계유상소, 지부복궐척화의소
30	개항기	갑신정변	일본군의 호위, 주상의 경우궁 이관
31	개항기	1차 갑오개혁	군국기무처
32	개항기	독립협회	관민 공동회, 헌의 6조, 만민 공동회
33	개항기	한성 사범 학교 규칙 반포	한성 사범 학교 규칙
34	개항기	대한매일신보	양기탁, 베델
35	개항기	러일 전쟁 시기의 역사적 사실	포츠머스 조약
36	일제 강점기	무단 통치기의 일제의 사회상	임시 토지 조사국
37	일제 강점기	신간회	광주 학생 항일 운동 진상 조사단 파견
38	일제 강점기	물산 장려 운동	평양에서 시작, 조만식
39	일제 강점기	민족 말살기의 일제의 사회상	태평양 전쟁, 징용
40	일제 강점기	이윤재	조선어 학회 사건
41	일제 강점기	한국 광복군	지청천 총사령관, 충칭
42	현대	정읍 발언 및 제2차 미소 공동 위원회	이승만 단독 정부 수립, 소련, 미국
43	통합사	우리나라의 지방 통치 체제	9주, 5도·양계, 8도, 23부 행정 구역
44	현대	6·25 전쟁(1·4 후퇴)	한강의 임시 교량 폭파
45	현대	박정희 정부(경제)	광주 대단지 사건
46	현대	4·19 혁명 및 6월 민주항쟁	3·15 부정 선거, 호헌 철폐
47	현대	박정희 정부(정치)	긴급조치
48	현대	김대중 정부	처음 정상 회담을 개최함
49	통합사	우리나라의 외교 활동	보빙사
50	통합사	안동 지역사	고창 전투, 봉정사 극락전, 임청각

연계 테마

	테마
01	선사 시대의 생활상
02	국가의 형성 및 발전
06	고대의 경제·사회·문화 1
07	고대의 문화 2
07	고대의 문화 2
03	삼국의 성장 및 가야의 특징
04	고구려의 대외 항쟁 및 삼국의 통일
05	남북국 시대의 역사적 사실
05	남북국 시대의 역사적 사실
08	후삼국 통일 및 고려 초기의 정치
08	후삼국 통일 및 고려 초기의 정치
09	고려 중기의 정치 및 무신 정권
12	고려의 경제·사회·문화 1
09	고려 중기의 정치 및 무신 정권
10	고려 후기의 정치 및 사회
13	고려의 문화 2
14	조선 초기의 정치
20	조선의 문화 1
15	조선의 사화
18	조선 후기의 사회상 및 외교 흐름
19	세도 정치기 및 조선의 사회
14	조선 초기의 정치
15	조선의 사화
16	조선 중기의 정치 및 외세 대응
20	조선의 문화 1
17	조선 후기의 정치 및 붕당의 대립
22	조선의 실학파 및 인물
23	흥선 대원군 집권 및 개항 과정
27	개항기의 문화 및 인물
24	개항기 전기의 사건 및 조약
25	동학 농민 운동~대한제국
25	동학 농민 운동~대한제국
25	동학 농민 운동~대한제국
27	개항기의 문화 및 인물
26	구한말 일제의 침략 및 저항
28	일제의 식민 통치 및 국내 항일운동
28	일제의 식민 통치 및 국내 항일운동
31	일제 강점기의 경제·사회·문화
28	일제의 식민 통치 및 국내 항일운동
31	일제 강점기의 경제·사회·문화
30	일제 강점기의 국외 독립운동 2
33	대한민국 정부 수립 과정 및 6·25 전쟁
08	후삼국 통일 및 고려 초기의 정치
33	대한민국 정부 수립 과정 및 6·25 전쟁
34	이승만~전두환 정부
34	이승만~전두환 정부
34	이승만~전두환 정부
35	노태우~문재인 정부 및 현대의 인물
23	흥선 대원군 집권 및 개항 과정
특2	지역사

해품사 간단총평	다수의 선지 함정 제시와 더불어 신유형이 많이 출제된 회차		
합격률	48.66%	유형 분포도	전근대 27문제/근현대 20문제/통합사 3문제

	시대 · 주제별 분석			연계 테마	
문항	시대	주제	세부 키워드		테마
1	선사	구석기 시대	경기도 연천군 전곡리, 주먹도끼	01	선사 시대의 생활상
2	선사	동예	단궁, 과하마, 반어피, 책화	02	국가의 형성 및 발전
3	고대	백제 및 고구려의 역사적 사실	왕의 성은 부여씨, 녹살, 처려근지	06	고대의 경제 · 사회 · 문화 1
4	고대	삼국의 통일 과정(백제의 멸망)	계백, 황산의 벌판	04	고구려의 대외 항쟁 및 삼국의 통일
5	고대	통일신라의 경제 상황	민정 문서, 5소경	06	고대의 경제 · 사회 · 문화 1
6	고대	최치원	6두품 출신 학자, 빈공과, 격황소서	07	고대의 문화 2
7	고대	신라 진흥왕	황룡사, 거칠부의 국사 편찬	03	삼국의 성장 및 가야의 특징
8	고대	발해 문왕	대흥, 정효 공주	05	남북국 시대의 역사적 사실
9	고대	최충헌 정권	최충헌	09	고려 중기의 정치 및 무신 정권
10	고대	불국사 삼층 석탑	경주 불국사, 무구정광대다라니경	07	고대의 문화 2
11	고대	견훤	완산주, 경애왕 피살, 금산사 유폐	08	후삼국 통일 및 고려 초기의 정치
12	고려	고려 광종	노비안검법	08	후삼국 통일 및 고려 초기의 정치
13	고려	고려의 관학 진흥책	서적포, 7재	12	고려의 경제 · 사회 · 문화 1
14	고려	거란에 대한 고려의 대응	양규, 강감찬	11	외세의 침략과 고려의 대응
15	고려	고려의 문화유산	직지심체요절, 천산대렵도	13	고려의 문화 2
16	고려	지눌	보조국사, 송광사	13	고려의 문화 2
17	고려	조선의 건국 과정	최영의 요동 정벌, 위화도 회군, 과전법	10	고려 후기의 정치 및 사회
18	고려	고려의 경제 상황	도병마사, 흥왕사	12	고려의 경제 · 사회 · 문화 1
19	조선	조선 영조	청계천 준설, 탕평, 균역	17	조선 후기의 정치 및 붕당의 대립
20	조선	무오사화	김종직의 조의제문	15	조선의 사화
21	조선	조선 세조	계유정난, 간경도감	14	조선 초기의 정치
22	조선	이이	해주향약, 동호문답, 격몽요결	22	조선의 실학파 및 인물
23	조선	붕당 형성 및 기해예송	동인과 서인, 송시열, 기년복	17	조선 후기의 정치 및 붕당의 대립
24	조선	청나라에 대한 조선의 정책	남한산성, 삼학사	18	조선 후기의 사회상 및 외교 흐름
25	조선	조선 후기의 경제 상황	박제가	18	조선 후기의 사회상 및 외교 흐름
26	조선	비변사	의정부와 6조의 기능 상실, 변방 방비	16	조선 중기의 정치 및 외세 대응
27	조선	김정희	세한도	22	조선의 실학파 및 인물
28	조선	신해박해 및 병인박해	윤지충, 권상연, 프랑스 선교사	19	세도 정치기 및 조선의 사회
29	개항기	박규수	임술 농민 봉기의 안핵사 파견	19	세도 정치기 및 조선의 사회
30	개항기	갑신정변	김옥균, 인민 평등권 확립, 급진 개화파	24	개항기 전기의 사건 및 조약
31	일제 강점기	3 · 1 운동	일제 강점기 최대 민족 운동	28	일제의 식민 통치 및 국내 항일운동
32	개항기	1차 갑오개혁	군국기무처, 총재 김홍집	25	동학 농민 운동~대한제국
33	개항기	독립협회	독립문, 러시아 절영도 조차 요구 저지	25	동학 농민 운동~대한제국
34	개항기	장인환 및 전명운의 스티븐스 사살	스티븐스 사살	26	구한말 일제의 침략 및 저항
35	일제 강점기	임병찬	조선 총독부에 국권 반환 요구서 발송	28	일제의 식민 통치 및 국내 항일운동
36	일제 강점기	조선 혁명군	총사령 양세봉, 중국 의용군, 남만주	30	일제 강점기의 국외 독립운동 2
37	일제 강점기	형평 운동	진주에서 시작, 공평, 애정	31	일제 강점기의 경제 · 사회 · 문화
38	일제 강점기	무단 통치기의 일제의 사회상	조선 물산 공진회, 토지 조사 사업	28	일제의 식민 통치 및 국내 항일운동
39	일제 강점기	조선어 학회	최현배, 이극로, 조선말 큰사전	31	일제 강점기의 경제 · 사회 · 문화
40	현대	김구 및 여운형	남북 협상, 좌우 합작 위원회 조직	35	노태우~문재인 정부 및 현대의 인물
41	현대	제헌 국회	우리나라 최초의 선거, 임기 2년	33	대한민국 정부 수립 과정 및 6 · 25 전쟁
42	현대	6 · 25 전쟁	흥남 철수	33	대한민국 정부 수립 과정 및 6 · 25 전쟁
43	현대	이승만 정부	2 · 28 민주 운동	34	이승만~전두환 정부
44	현대	3선 개헌 및 유신 헌법	대통령 3번 재임, 통일 주체 국민 회의	34	이승만~전두환 정부
45	현대	박정희 정부	서울 평화시장, 전태일 분신	34	이승만~전두환 정부
46	고려	부석사 소조여래좌상	부석사 무량수전 내 소조불상	13	고려의 문화 2
47	통합사	우리나라의 전쟁의 흐름	처인성, 보장왕 항복, 정봉수, 송상현	16	조선 중기의 정치 및 외세 대응
48	통합사	부산 지역사	송상현	특2	지역사
49	현대	6월 민주항쟁	4 · 13 호헌 조치가 무효	34	이승만~전두환 정부
50	현대	노태우 정부의 통일 노력	남북 간 교역, 사회주의 국가 수교	35	노태우~문재인 정부 및 현대의 인물

해품사 간단총평	일부 번호대에서 시대순을 벗어나 출제한 경향이 있는 회차	
합격률	53.93%	
유형 분포도	전근대 29문제 / 근현대 19문제 / 통합사 2문제	

제62회(2022.12.03) 문항분석표

문항	시대 · 주제별 분석			연계 테마	
	시대	주제	세부 키워드		테마
1	선사	청동기 시대	민무늬 토기, 비파형 동검, 고인돌	01	선사 시대의 생활상
2	선사	부여	영고, 형사취수제	02	국가의 형성 및 발전
3	고대	금관가야	수로왕릉, 대성동 고분군	03	삼국의 성장 및 가야의 특징
4	고대	고구려 소수림왕	불교 수용, 태학 설립	03	삼국의 성장 및 가야의 특징
5	고대	미륵사지 석탑	금제 사리봉영기	07	고대의 문화 2
6	고대	황산벌 전투 및 고구려 부흥 운동	계백, 검모잠, 안승	04	고구려의 대외 항쟁 및 삼국의 통일
7	고대	발해	연꽃무늬 수막새, 상경성	05	남북국 시대의 역사적 사실
8	고대	통일신라 신문왕	김흠돌의 난, 국학, 9주	05	남북국 시대의 역사적 사실
9	고대	장보고	법화원	07	고대의 문화 2
10	고려	고려 왕건	통일신라 멸망	08	후삼국 통일 및 고려 초기의 정치
11	통합사	여진에 대한 역대 왕조의 대응	윤관, 9성 설치	11	외세의 침략과 고려의 대응
12	고려	고려의 경제 상황	국사·왕사 제도	12	고려의 경제 · 사회 · 문화 1
13	고려	고려의 문화유산	상감청자, 청동 정병	13	고려의 문화 2
14	고려	거란에 대한 고려의 대응	서희, 양규	11	외세의 침략과 고려의 대응
15	고려	원 간섭기의 사회상	제국 대장 공주, 원나라	10	고려 후기의 정치 및 사회
16	고려	조위총의 난	조위총	09	고려 중기의 정치 및 무신 정권
17	고려	삼별초	야별초, 신의군	11	외세의 침략과 고려의 대응
18	고려	이색	목은, 고려 후기 성리학 보급에 기여	10	고려 후기의 정치 및 사회
19	조선	조선 태종	두 차례 왕자의 난으로 즉위	14	조선 초기의 정치
20	조선	승정원	은대, 승지	14	조선 초기의 정치
21	조선	신숙주	집현전 학자, 사대교린의 외교 정책	18	조선 후기의 사회상 및 외교 흐름
22	조선	조선 세종	박연, 여민락	14	조선 초기의 정치
23	조선	공인	선혜청	18	조선 후기의 사회상 및 외교 흐름
24	조선	조선시대의 서울 도성	한성부, 4대문, 4소문	16	조선 중기의 정치 및 외세 대응
25	조선	임진왜란(행주대첩)	권율	16	조선 중기의 정치 및 외세 대응
26	조선	조선 명종	양재역 벽서 사건	15	조선의 사화
27	조선	수원 화성	정조, 장용영	20	조선의 문화 1
28	조선	홍대용 및 박지원	실옹, 허생	22	조선의 실학파 및 인물
29	조선	조선 후기의 사회상	민화	18	조선 후기의 사회상 및 외교 흐름
30	개항기	신미양요	광성보, 미군, 어재연	23	흥선 대원군 집권 및 개항 과정
31	개항기	광무개혁	고종 황제, 대한제국	25	동학 농민 운동~대한제국
32	개항기	동학 농민 운동	일본군의 경복궁 점령, 우금치 전투	25	동학 농민 운동~대한제국
33	개항기	조미 수호 통상 조약	서양과 맺은 최초의 조약	24	개항기 전기의 사건 및 조약
34	개항기	신민회	태극 서관, 대성 학교	26	구한말 일제의 침략 및 저항
35	개항기	헐버트	육영 공원의 교사	특3	외국인 및 여성 위인
36	개항기	독립협회	관민 공동회	25	동학 농민 운동~대한제국
37	일제 강점기	신간회	정우회 선언, 신간회 해소	28	일제의 식민 통치 및 국내 항일운동
38	일제 강점기	미주 지역의 국외 독립운동	박용만, 대조선 국민군단	29	일제 강점기의 국외 독립운동 1
39	일제 강점기	양세봉 및 지청천	조선 혁명군, 한국 독립군	30	일제 강점기의 국외 독립운동 2
40	일제 강점기	민족 말살기의 일제의 사회상	중일 전쟁	28	일제의 식민 통치 및 국내 항일운동
41	일제 강점기	대한민국 임시 정부(충칭)	충칭, 대일 선전 성명서 발표	29	일제 강점기의 국외 독립운동 1
42	현대	제주 4·3 사건	남한만의 단독 선거 반대, 무장대	33	대한민국 정부 수립 과정 및 6·25 전쟁
43	현대	6·25 전쟁	국민 보도 연맹 사건	33	대한민국 정부 수립 과정 및 6·25 전쟁
44	현대	3차 개헌	내각 책임제, 허정 과도 정부	34	이승만~전두환 정부
45	현대	박정희 정부	포항 제철, 100억 불 수출 달성	34	이승만~전두환 정부
46	현대	5·18 광주 민주화 운동	계엄군, 시민군, 광주	34	이승만~전두환 정부
47	현대	6·15 남북 공동 선언 및 10·4 남북 정상 선언	6·15 남북 공동 선언 및 10·4 남북 정상 선언	35	노태우~문재인 정부 및 현대의 인물
48	조선	조선의 의궤	왕실이나 국가의 행사 관련 사실 기록	23	흥선 대원군 집권 및 개항 과정
49	통합사	우리나라의 관리 임용 제도	독서삼품과, 쌍기, 조광조, 선거조례	05	남북국 시대의 역사적 사실
50	통합사	고려의 과거제 및 조선의 현량과	쌍기, 조광조	15	조선의 사화

해품사 간단총평	까다로운 인물 유형 및 통합형 유형이 출제된 역대급 난이도의 회차!		
합격률	41.22%	유형 분포도	전근대 29문제/근현대 18문제/통합사 3문제

	시대 · 주제별 분석			연계 테마	
문항	시대	주제	세부 키워드		테마
1	선사	신석기 시대	빗살무늬 토기, 덧무늬 토기	01	선사 시대의 생활상
2	선사	삼한	계절제, 신지, 읍차, 목지국, 사로국 등	02	국가의 형성 및 발전
3	고대	백제의 역사적 사실	좌평, 5방, 웅진성	06	고대의 경제 · 사회 · 문화 1
4	고대	고구려 광개토대왕	신라에 침입한 왜 격퇴, 후연 공격	03	삼국의 성장 및 가야의 특징
5	고대	원효	금강삼매경론, 대승기신론소	07	고대의 문화 2
6	고대	백제 개로왕의 북위 군사 요청	개로왕	03	삼국의 성장 및 가야의 특징
7	고대	고구려 멸망 및 매소성 전투	고구려의 항복, 매소성	04	고구려의 대외 항쟁 및 삼국의 통일
8	고대	김헌창의 난	김헌창, 장안, 경운	05	남북국 시대의 역사적 사실
9	고려	고려 왕건	공산 전투 패배	08	후삼국 통일 및 고려 초기의 정치
10	고대	발해 무왕	흑수 말갈 정벌	05	남북국 시대의 역사적 사실
11	고대	궁예	신라 왕족 출신, 태봉	08	후삼국 통일 및 고려 초기의 정치
12	고려	묘청의 난	묘청, 수도를 서경으로 옮김	09	고려 중기의 정치 및 무신 정권
13	고려	최충헌 정권	최충헌, 최의	09	고려 중기의 정치 및 무신 정권
14	고려	원 간섭기의 사회상	공녀	10	고려 후기의 정치 및 사회
15	고려	의상 및 균여 및 의천 및 요세	부석사, 귀법사, 천태종, 백련 결사	13	고려의 문화 2
16	고려	고려의 경제 상황	벽란도	12	고려의 경제 · 사회 · 문화 1
17	고려	몽골에 대한 고려의 대응	김윤후, 충주산성	11	외세의 침략과 고려의 대응
18	고려	고려의 문화유산	고려, 나전 칠기	13	고려의 문화 2
19	고려	최무선	진포에서 왜구 격퇴	11	외세의 침략과 고려의 대응
20	조선	조선 성종	악학궤범	14	조선 초기의 정치
21	조선	갑자사화 및 기묘사화	폐비 윤씨, 조광조	15	조선의 사화
22	조선	사헌부	조선, 백관에 대한 규찰 및 탄핵 담당	14	조선 초기의 정치
23	조선	조선시대의 환국의 흐름	허적, 왕비의 복위, 송시열	17	조선 후기의 정치 및 붕당의 대립
24	조선	병자호란	남한산성	16	조선 중기의 정치 및 외세 대응
25	조선	조선 후기의 사회상	연행사, 만상	18	조선 후기의 사회상 및 외교 흐름
26	조선	조선 정조	수원 화성, 장용영, 사도세자	17	조선 후기의 정치 및 붕당의 대립
27	조선	임술 농민 봉기	박규수, 진주	19	세도 정치기 및 조선의 사회
28	조선	김홍도의 그림	단원	20	조선의 문화 1
29	통합사	우리나라의 역사서	삼국의 역사, 자치통감, 기이편, 남북국	21	조선의 문화 2
30	고려	삼국사기 및 삼국유사	삼국의 역사, 기이편	12	고려의 경제 · 사회 · 문화 1
31	개항기	신미양요	어재연, 광성보, 로저스 제독	23	흥선 대원군 집권 및 개항 과정
32	개항기	강화도 조약 및 조미수호통상조약	치외법권, 미국 관세 규정	24	개항기 전기의 사건 및 조약
33	개항기	임오군란	성난 군중, 공사관 습격	24	개항기 전기의 사건 및 조약
34	개항기	주시경	한힌샘, 독립신문사 교보원	31	일제 강점기의 경제 · 사회 · 문화
35	개항기	국채 보상 운동	외채 1,300만 원	26	구한말 일제의 침략 및 저항
36	개항기	신민회	안창호, 양기탁, 105인 사건	26	구한말 일제의 침략 및 저항
37	일제 강점기	무단 통치기의 일제의 사회상	토지 조사 사업	28	일제의 식민 통치 및 국내 항일운동
38	일제 강점기	대한 광복회	박상진, 상덕태상회	28	일제의 식민 통치 및 국내 항일운동
39	일제 강점기	3 · 1 운동	제암리 학살 사건	28	일제의 식민 통치 및 국내 항일운동
40	일제 강점기	대한민국 임시 정부(상하이)	이동녕, 임시 의정원	29	일제 강점기의 국외 독립운동 1
41	일제 강점기	민족 말살기의 일제의 사회상	연합군과 전쟁, 공출	28	일제의 식민 통치 및 국내 항일운동
42	일제 강점기	일제 강점기의 종교	간척 사업, 새생활 운동	31	일제 강점기의 경제 · 사회 · 문화
43	일제 강점기	조선 의용대	한국 광복군과의 통합 편성	30	일제 강점기의 국외 독립운동 2
44	일제 강점기	북간도 지역의 국외 독립 운동	명동 학교, 서전서숙, 윤동주 생가	29	일제 강점기의 국외 독립운동 1
45	현대	미군정 시기의 역사적 사실	하지 중장, 헬믹 준장, 여운형	33	대한민국 정부 수립 과정 및 6 · 25 전쟁
46	현대	6 · 25 전쟁	정전 협정	33	대한민국 정부 수립 과정 및 6 · 25 전쟁
47	현대	3선 개헌 반대 운동	3선 개헌 반대 범국민 투쟁 위원회	34	이승만~전두환 정부
48	현대	5 · 18 광주 민주화 운동	공수 부대, 광주 시민	34	이승만~전두환 정부
49	현대	김영삼 정부	OECD 회원국	35	노태우~문재인 정부 및 현대의 인물
50	현대	김대중 정부의 통일 노력	금강산 관광 사업 시작	35	노태우~문재인 정부 및 현대의 인물

해품사 간단총평	익숙한 유형이 많으나, 일부 단일 통합형 유형이 출제된 회차!		
합격률	50.05%	유형 분포도	전근대 29문제/근현대 20문제/통합사 1문제

제60회(2022.08.06) 문항분석표

문항	시대·주제별 분석			연계 테마	
	시대	주제	세부 키워드		테마
1	선사	청동기 시대	고인돌	01	선사 시대의 생활상
2	선사	부여	영고, 형사취수제	02	국가의 형성 및 발전
3	고대	금관가야	김해 양동리 고분군, 수로왕	03	삼국의 성장 및 가야의 특징
4	고대	삼국의 통일 과정(백제 부흥 운동)	흑치상지	04	고구려의 대외 항쟁 및 삼국의 통일
5	고대	고구려 장수왕	백제 도성 함락	03	삼국의 성장 및 가야의 특징
6	고대	발해	해동성국, 영광탑, 정효 공주묘	05	남북국 시대의 역사적 사실
7	고대	의상	부석사, 당나라 유학	07	고대의 문화 2
8	고대	통일신라 신문왕	김흠돌의 난 진압, 감은사 완공, 9주	05	남북국 시대의 역사적 사실
9	고대	궁예	태봉, 철원	08	후삼국 통일 및 고려 초기의 정치
10	고려	하남 하사창동 철조석가여래좌상	경기도 하남시, 고려 초기	13	고려의 문화 2
11	고려	외세의 침략과 고려의 대응	금나라, 최무선, 김윤후, 충주성	11	외세의 침략과 고려의 대응
12	고려	고려의 중앙 행정 제도	관리 비리 감찰 및 풍기 단속	08	후삼국 통일 및 고려 초기의 정치
13	고려	고려의 경제 상황	농상집요	12	고려의 경제·사회·문화 1
14	고려	강조의 정변 및 귀주대첩	강조, 강감찬	11	외세의 침략과 고려의 대응
15	고려	최우의 정방 설치	최우, 정방	09	고려 중기의 정치 및 무신 정권
16	고려	경정전시과 과전법	문종, 전시과, 과전의 지급에 관한 법	12	고려의 경제·사회·문화 1
17	고려	최승로	시무 28조	08	후삼국 통일 및 고려 초기의 정치
18	고려	쌍성총관부 설치 및 함락	쌍성총관부 설치, 쌍성총관부 함락	10	고려 후기의 정치 및 사회
19	조선	경복궁	맨 처음 지은 정궁, 전란에 의해 불탐	20	조선의 문화 1
20	조선	조선 성종	길례·흉례·군례·빈례·가례(오례)	14	조선 초기의 정치
21	조선	승정원	승지, 은대	14	조선 초기의 정치
22	통합사	한강 인근의 문화유산 사례	정묘호란	16	조선 중기의 정치 및 외세 대응
23	조선	이황	성학십도, 도산 서당	22	조선의 실학파 및 인물
24	조선	정약용	마과회통, 목민심서	22	조선의 실학파 및 인물
25	조선	임진왜란	신립, 이일	16	조선 중기의 정치 및 외세 대응
26	통합사	전주 지역사	동고산성, 전라 감영, 전동 성당	특2	지역사
27	통합사	우리나라의 교육기관	대나마, 7재, 원점제, 좌원과 우원	21	조선의 문화 2
28	조선	조선 후기의 사회상	인삼, 담배, 목화	18	조선 후기의 사회상 및 외교 흐름
29	조선	신임사화 및 사도세자 시호 부여	목호룡의 고변, 세자의 시호 사도	17	조선 후기의 정치 및 붕당의 대립
30	개항기	갑신정변	우정총국 개국 축하연, 홍영식	24	개항기 전기의 사건 및 조약
31	개항기	병인양요	프랑스군, 외규장각 도서 약탈	23	흥선 대원군 집권 및 개항 과정
32	개항기	광무개혁	고종 황제, 환구단	25	동학 농민 운동~대한제국
33	개항기	화폐정리사업	백동화	26	구한말 일제의 침략 및 저항
34	개항기	정미의병	군대 해산에 대한 반발, 박승환 자결	26	구한말 일제의 침략 및 저항
35	일제 강점기	신채호	이순신전, 을지문덕전, 조선상고사	32	일제 강점기의 인물
36	개항기	전차 개통	전차 운행 시작	27	개항기의 문화 및 인물
37	일제 강점기	무단 통치기의 일제의 사회상	교원이 제복을 입고 칼을 참	28	일제의 식민 통치 및 국내 항일운동
38	일제 강점기	물산 장려 운동	우리가 만든 것 우리가 쓰자	31	일제 강점기의 경제·사회·문화
39	일제 강점기	조선 의용대	중국 우한에서 창설	30	일제 강점기의 국외 독립운동 2
40	일제 강점기	한인 애국단	김구가 조직함	30	일제 강점기의 국외 독립운동 2
41	현대.	제1차, 2차 미소 공동 위원회	덕수궁 석조전, 제2차 회의 개막	33	대한민국 정부 수립 과정 및 6·25 전쟁
42	현대	발췌개헌	발췌 조항 전원 합의	34	이승만~전두환 정부
43	현대	4·19 혁명	경무대 앞 경찰의 발포, 교수단 시위	34	이승만~전두환 정부
44	현대	유신 헌법	개헌 청원 100만인 청원 운동, 장준하	34	이승만~전두환 정부
45	현대	박정희 정부	포항 제철, 경부 고속 도로	34	이승만~전두환 정부
46	통합사	우리나라의 기록유산 사례	주자소	14	조선 초기의 정치
47	현대	전두환 정부	남영동 치안본부 대공분실 연행	34	이승만~전두환 정부
48	현대	노태우 정부	남북 기본 합의서	35	노태우~문재인 정부 및 현대의 인물
49	통합사	우리나라의 여성 위인 사례	한국 광복군의 기관지 발행	특3	외국인 및 여성 위인
50	통합사	세시 풍속 칠석	음력 7월 7일	특1	세시 풍속

해품사 간단총평	통합형 유형의 비중이 아주 높은 회차!	
합격률	55.12%	
유형 분포도	전근대 26문제/근현대 18문제/통합사 6문제	

문항	시대 · 주제별 분석			연계 테마	
	시대	주제	세부 키워드		테마
1	선사	구석기 시대	주먹도끼, 찍개	01	선사 시대의 생활상
2	선사	고조선	우리 역사상 최초의 국가, 단군왕검	02	국가의 형성 및 발전
3	고대	대야성 전투 및 백제 부흥 운동	대야성, 복신, 도침	04	고구려의 대외 항쟁 및 삼국의 통일
4	고대	연개소문	영류왕을 시해함, 대막리지 즉위	04	고구려의 대외 항쟁 및 삼국의 통일
5	고대	백제 성왕	관산성(구천) 전투	03	삼국의 성장 및 가야의 특징
6	고대	신라의 문화유산	경주, 첨성대	07	고대의 문화 2
7	고대	신라 문무왕	삼국 통일, 아들 신문왕, 대왕암	03	삼국의 성장 및 가야의 특징
8	고대	통일신라의 경제 상황	장보고	05	남북국 시대의 역사적 사실
9	고대	발해	해동성국	05	남북국 시대의 역사적 사실
10	고려	고려 전기의 왕 흐름	시정전시과, 역분전, 과거제, 12목	08	후삼국 통일 및 고려 초기의 정치
11	고려	고려 숙종	별무반	11	외세의 침략과 고려의 대응
12	고려	이자겸의 난 및 무신 정변	이자겸, 척준경, 이의방, 정중부	09	고려 중기의 정치 및 무신 정권
13	고려	고려 공민왕	기철 숙청, 정동행성 이문소 철폐	10	고려 후기의 정치 및 사회
14	고려	거란에 대한 고려의 대응	현종이 남쪽으로 피란, 초조대장경	11	외세의 침략과 고려의 대응
15	고려	고려의 문화유산	상감청자, 수월관음도	13	고려의 문화 2
16	고려	도병마사	고려의 독자적 기구, 도평의사사 개편	08	후삼국 통일 및 고려 초기의 정치
17	고려	원 간섭기의 사회상	제국대장공주, 겁령구	10	고려 후기의 정치 및 사회
18	고려	삼국유사	일연, 불교사 중심, 민간 설화 수록	12	고려의 경제 · 사회 · 문화 1
19	조선	조선 태종	신문고 설치, 사간원 독립	14	조선 초기의 정치
20	조선	계유정난	수양대군, 한명회 등이 주도	14	조선 초기의 정치
21	조선	무오사화 및 중종반정	김종직의 조의제문, 진성대군 즉위	15	조선의 사화
22	조선	조선 후기의 사회상	초량 왜관	18	조선 후기의 사회상 및 외교 흐름
23	조선	청나라에 대한 조선의 정책	나선 정벌, 조총 부대	18	조선 후기의 사회상 및 외교 흐름
24	조선	조선 정조	초계문신제	17	조선 후기의 정치 및 붕당의 대립
25	조선	조선 후기의 문화	한글 소설, 전기수	18	조선 후기의 사회상 및 외교 흐름
26	조선	비변사	삼포왜란을 계기로 설치	16	조선 중기의 정치 및 외세 대응
27	조선	유득공	발해고	19	세도 정치기 및 조선의 사회
28	조선	홍경래의 난	서북 지방민에 대한 차별이 원인	19	세도 정치기 및 조선의 사회
29	통합사	우리나라의 반란 사례	원종과 애노, 김사미, 진주, 조병갑	09	고려 중기의 정치 및 무신 정권
30	개항기	병인박해	프랑스 주교 및 선교사 처형	23	흥선 대원군 집권 및 개항 과정
31	개항기	강화도 조약	조일 수호 조규	24	개항기 전기의 사건 및 조약
32	개항기	갑신정변	우정총국 개국 축하연	24	개항기 전기의 사건 및 조약
33	개항기	2차 갑오개혁	김홍집, 박영효, 재판소 설치	25	동학 농민 운동~대한제국
34	일제 강점기	나철	대종교 창시	32	일제 강점기의 인물
35	일제 강점기	독립 의군부	임병찬, 복벽주의	28	일제의 식민 통치 및 국내 항일운동
36	일제 강점기	간도참변(경신참변)	경신참변	30	일제 강점기의 국외 독립운동 2
37	개항기	광무개혁	고종 황제	25	동학 농민 운동~대한제국
38	개항기	포츠머스 조약	러시아의 간섭 및 방해 배제	26	구한말 일제의 침략 및 저항
39	일제 강점기	천도교	동학에서 시작, 방정환, 어린이날	31	일제 강점기의 경제 · 사회 · 문화
40	일제 강점기	안창호	흥사단	32	일제 강점기의 인물
41	일제 강점기	민족 말살기의 일제의 사회상	중일 전쟁, 황국 신민 체조	28	일제의 식민 통치 및 국내 항일운동
42	통합사	제주도 지역사	항파두리, 알뜨르 비행장	특2	지역사
43	일제 강점기	한국 광복군	인도, 영국군	30	일제 강점기의 국외 독립운동 2
44	현대	6 · 25 전쟁	정전 협정	33	대한민국 정부 수립 과정 및 6 · 25 전쟁
45	현대	진보당 사건	조봉암 처형, 진보당	34	이승만~전두환 정부
46	현대	박정희 정부 시기의 민주화 운동	유신 헌법	34	이승만~전두환 정부
47	통합사	조선이 만난 외국인	제너럴 셔먼호 사건	23	흥선 대원군 집권 및 개항 과정
48	통합사	충주 지역사	탄금대	특2	지역사
49	현대	노무현 정부	대통령 탄핵 기각	35	노태우~문재인 정부 및 현대의 인물
50	현대	김대중 정부의 통일 노력	6월의 평양 회담	35	노태우~문재인 정부 및 현대의 인물

해품사 간단총평   고려 시대의 비중이 높고, 근현대사가 까다로운 회차!

합격률	46.19%	유형 분포도	전근대 28문제/근현대 18문제/통합사 4문제

제58회(2022.04.10) 문항분석표

문항	시대·주제별 분석			연계 테마
	시대	주제	세부 키워드	테마
1	선사	신석기 시대	빗살무늬 토기, 농경과 정착 생활 시작	01 선사 시대의 생활상
2	선사	고조선	우거왕, 한무제, 한사군	02 국가의 형성 및 발전
3	고대	백제와 신라의 결혼 동맹	백제 동성왕, 이벌찬 비지의 딸	03 삼국의 성장 및 가야의 특징
4	고대	대가야	진흥왕에 의해 멸망함	03 삼국의 성장 및 가야의 특징
5	고대	안시성 전투	당의 황제, 안시성	04 고구려의 대외 항쟁 및 삼국의 통일
6	고대	백제의 멸망 및 백제 부흥 운동	웅진도독, 백강, 왜국 군사	04 고구려의 대외 항쟁 및 삼국의 통일
7	고대	통일신라의 경제 상황	9주 5소경	06 고대의 경제·사회·문화 1
8	고대	발해	문왕, 정효 공주	05 남북국 시대의 역사적 사실
9	고대	경애왕 피살	견훤, 왕경 침입, 포석정	08 후삼국 통일 및 고려 초기의 정치
10	고대	통일신라 하대의 사회상	선종 불교의 유행	05 남북국 시대의 역사적 사실
11	고려	고려 성종	경학박사, 의학박사, 12목	08 후삼국 통일 및 고려 초기의 정치
12	고려	고려시대의 사회 제도	구제도감, 의창	12 고려의 경제·사회·문화 1
13	고려	몽골에 대한 고려의 대응	박서, 우별초	11 외세의 침략과 고려의 대응
14	고려	고려의 경제 상황	주전도감	12 고려의 경제·사회·문화 1
15	고려	동명왕편	서사시, 이규보	12 고려의 경제·사회·문화 1
16	고려	고려청자	고려시대, 비색의 순청자, 상감청자	13 고려의 문화 2
17	고려	위화도 회군 및 조선 건국	요동 공격에 대한 반대, 새 도읍	10 고려 후기의 정치 및 사회
18	조선	일본에 대한 조선의 정책	계해약조	18 조선 후기의 사회상 및 외교 흐름
19	조선	조선 세종	농사직설	14 조선 초기의 정치
20	조선	의금부	강상죄·반역죄 처결, 판사·도사	14 조선 초기의 정치
21	조선	훈련도감	유성룡의 건의로 편성, 상비군	16 조선 중기의 정치 및 외세 대응
22	조선	이괄의 난 및 병자호란	이괄, 남한산성	16 조선 중기의 정치 및 외세 대응
23	조선	청나라에 대한 조선의 정책	연경, 만상	18 조선 후기의 사회상 및 외교 흐름
24	조선	조선 영조	균역청, 양역 제도 개선	16 조선 중기의 정치 및 외세 대응
25	조선	조선시대의 향리	단안, 연조귀감, 지방 행정 실무 담당	14 조선 초기의 정치
26	조선	천주교	병인박해	19 세도 정치기 및 조선의 사회
27	조선	정약용	흠흠신서, 마과회통	22 조선의 실학파 및 인물
28	개항기	흥선 대원군 집권 시기	만동묘 및 서원 철폐	23 흥선 대원군 집권 및 개항 과정
29	개항기	동학 농민 운동	전주성 점령, 우금치 전투	25 동학 농민 운동~대한제국
30	개항기	한성 전기 회사 설립	한성 전기 회사	27 개항기의 문화 및 인물
31	개항기	대한제국 군대 해산	박승환 자결	26 구한말 일제의 침략 및 저항
32	개항기	을미개혁	태양력	25 동학 농민 운동~대한제국
33	일제 강점기	미주 지역의 국외 독립운동	사진 결혼, 사탕수수 농장	29 일제 강점기의 국외 독립운동 1
34	일제 강점기	문화 통치의 시작	총독 임용 범위 확장, 지방 자치 제도	28 일제의 식민 통치 및 국내 항일운동
35	일제 강점기	대한민국 임시 정부의 흐름	국무령 이상룡, 대일 선전 성명서	29 일제 강점기의 국외 독립운동 1
36	일제 강점기	의열단	김원봉	30 일제 강점기의 국외 독립운동 2
37	일제 강점기	민족 말살기의 일제의 사회상	국민 징용령	28 일제의 식민 통치 및 국내 항일운동
38	일제 강점기	한국 광복군	지청천 총사령, 충칭에서 창립	30 일제 강점기의 국외 독립운동 2
39	현대	남북 협상	김구, 김규식, 남북 협상	33 대한민국 정부 수립 과정 및 6·25 전쟁
40	현대	6·25 전쟁	애치슨 선언, 한미 상호 방위 조약	33 대한민국 정부 수립 과정 및 6·25 전쟁
41	현대	제3대 대선	자유당, 여당의 대통령 3선 주장	34 이승만~전두환 정부
42	현대	남북 학생 회담 요구 집회	남북 학생 회담을 요구하는 집회	34 이승만~전두환 정부
43	현대	박정희 정부	경부 고속 도로 개통	34 이승만~전두환 정부
44	현대	6월 민주항쟁	박종철, 6·10 국민 대회	34 이승만~전두환 정부
45	현대	김대중 정부의 통일 노력	경의선 복원 사업	35 노태우~문재인 정부 및 현대의 인물
46	통합사	우리나라의 다양한 왕	인조반정	16 조선 중기의 정치 및 외세 대응
47	통합사	노비 신분의 역사	충주산성 전투, 공사 노비법 혁파	25 동학 농민 운동~대한제국
48	통합사	세시 풍속 삼짇날	중삼일, 음력 3월 3일	특1 세시 풍속
49	통합사	나주 지역사	후삼국 시대의 격전지, 전라도	특2 지역사
50	통합사	독도와 관련된 역사적 사실	우리나라 동쪽 끝에 있는 섬	특2 지역사

해품사 간단총평 현대사의 비중이 높고, 마지막 번호대에 통합형 유형이 몰린 회차!

합격률 49.46% **유형 분포도** 전근대 27문제/근현대 18문제/통합사 5문제

제57회(2022.02.12) 문항분석표

문항	시대·주제별 분석			연계 테마
문항	시대	주제	세부 키워드	테마
1	선사	청동기 시대	고인돌, 사유 재산과 계급이 발생함	01 선사 시대의 생활상
2	선사	고조선	단군왕검, 개천절	02 국가의 형성 및 발전
3	고대	고구려 및 동예	고추가, 사자, 책화, 무천	02 국가의 형성 및 발전
4	고대	금동 미륵보살 반가 사유상	매우 닮은 일본 교토 교류사의 불상	07 고대의 문화 2
5	고대	백제 무령왕	중국 남조의 영향을 받아 축조된 무덤	03 삼국의 성장 및 가야의 특징
6	고대	최치원	시무 10여 조	07 고대의 문화 2
7	고대	삼국의 통일 과정	윤충, 대야성, 김유신, 흑치상지	04 고구려의 대외 항쟁 및 삼국의 통일
8	고대	통일신라 신문왕	9주, 서원소경, 남원소경	05 남북국 시대의 역사적 사실
9	고대	발해	선조성, 중대성, 정당성	05 남북국 시대의 역사적 사실
10	고대	견훤	완산주	08 후삼국 통일 및 고려 초기의 정치
11	고려	동북 9성의 반환	9성의 반환	11 외세의 침략과 고려의 대응
12	고려	고려 광종	준풍, 백관 공복 제정	08 후삼국 통일 및 고려 초기의 정치
13	고려	고려의 경제 상황	양계와 5도, 은병	12 고려의 경제·사회·문화 1
14	고려	삼별초의 항쟁	송경으로 환도, 신의군, 승화후	11 외세의 침략과 고려의 대응
15	고려	봉정사 극락전	현존하는 가장 오래된 목조 건축물	13 고려의 문화 2
16	고려	고려의 관학 진흥책	최충의 문헌공도, 관학 진흥	12 고려의 경제·사회·문화 1
17	조선	조선 태종	2차 왕자의 난	14 조선 초기의 정치
18	조선	무오사화	김종직, 김일손	15 조선의 사화
19	조선	유향소	향리 규찰, 경재소	14 조선 초기의 정치
20	조선	원각사지 십층 석탑	세조 때 축조, 대리석	13 고려의 문화 2
21	조선	병자호란	홍명구, 남한산성	16 조선 중기의 정치 및 외세 대응
22	조선	경신환국 및 갑술환국	허적, 장희빈 강등	17 조선 후기의 정치 및 붕당의 대립
23	조선	대동법	공납의 개혁, 방납의 폐단	18 조선 후기의 사회상 및 외교 흐름
24	조선	조선 영조 및 조선 정조	속대전, 대전통편	17 조선 후기의 정치 및 붕당의 대립
25	조선	이익	성호사설	22 조선의 실학파 및 인물
26	조선	조선 후기의 문화	김득신, 풍속화	18 조선 후기의 사회상 및 외교 흐름
27	개항기	김홍집	제2차 수신사로 일본에 파견됨	27 개항기의 문화 및 인물
28	조선	임술 농민 봉기	진주, 백낙신	19 세도 정치기 및 조선의 사회
29	개항기	조미 수호 통상 조약	서양 국가와 최초로 체결한 조약	24 개항기 전기의 사건 및 조약
30	조선	동학	최제우	19 세도 정치기 및 조선의 사회
31	개항기	독립협회	독립문	25 동학 농민 운동~대한제국
32	통합사	부산 지역사	초량 왜관, 두모포 수세 사건	특2 지역사
33	개항기	최익현의 활동	을사의병, 지부복궐척화의소	27 개항기의 문화 및 인물
34	개항기	조병식의 방곡령 반포	함경도 관찰사, 쌀 유출 금지	24 개항기 전기의 사건 및 조약
35	통합사	우리나라의 종교 관련 기록유산	성학십도, 시무 28조, 불씨잡변, 유교구신론	22 조선의 실학파 및 인물
36	통합사	이황 및 최승로 및 정도전 및 박은식	성학십도, 시무 28조, 불씨잡변, 유교구신론	32 일제 강점기의 인물
37	일제 강점기	대한민국 임시 정부	3·1 운동의 영향으로 수립, 상하이	29 일제 강점기의 국외 독립운동 1
38	개항기	헤이그 특사 파견	헤이그, 이상설 외 2인, 평화 회의	26 구한말 일제의 침략 및 저항
39	개항기	전차 개통	우리나라 최초의 전차 개통	27 개항기의 문화 및 인물
40	개항기	보안회	황무지 권리 청구	26 구한말 일제의 침략 및 저항
41	일제 강점기	1차 조선 교육령 및 경성제국대학	보통학교 수업 연한 4년, 경성제국대학	28 일제의 식민 통치 및 국내 항일운동
42	일제 강점기	6·10 만세 운동	이왕 전하 국장 의식	28 일제의 식민 통치 및 국내 항일운동
43	일제 강점기	조선 의용대	중국 관내 최초 한인 무장 조직	30 일제 강점기의 국외 독립운동 2
44	일제 강점기	윤동주	서시, 북간도 출신	32 일제 강점기의 인물
45	일제 강점기	민족 말살기의 일제의 사회상	국가 총동원법	28 일제의 식민 통치 및 국내 항일운동
46	현대	미군정 및 신탁 통치 반대 운동	군정 설립, 신탁 통치 반대	33 대한민국 정부 수립 과정 및 6·25 전쟁
47	통합사	개성 지역사	만월대	특2 지역사
48	현대	4·19 혁명	3·15 의거, 김주열	34 이승만~전두환 정부
49	현대	박정희 정부	개헌 청원 100만인 서명 운동	34 이승만~전두환 정부
50	현대	노무현 정부의 통일 노력	제2차 남북 정상 회담	35 노태우~문재인 정부 및 현대의 인물

해품사 간단총평 자주 출제된 무난한 유형들로 구성된 쉬운 회차!

합격률	64.87%	유형 분포도	전근대 28문제/근현대 18문제/통합사 4문제

제56회(2021.10.23) 문항분석표

문항	시대 · 주제별 분석			연계 테마	
	시대	주제	세부 키워드		테마
1	선사	신석기 시대	이른 민무늬 토기, 갈돌, 갈판	01	선사 시대의 생활상
2	선사	부여	해부루, 금와	02	국가의 형성 및 발전
3	고대	고구려 소수림왕	불교 수용, 전진에 사신 파견	03	삼국의 성장 및 가야의 특징
4	통합사	부여 지역의 문화유산	위덕왕, 성왕	특2	지역사
5	고대	황산벌 전투 및 기벌포 전투	계백, 기벌포	04	고구려의 대외 항쟁 및 삼국의 통일
6	통합사	천문학과 관련된 문화유산	덕흥리 고분군 별자리, 첨성대	22	조선의 실학파 및 인물
7	고대	의상 및 원효	부석사, 무애가	07	고대의 문화 2
8	고대	통일신라의 역사적 사실	9주 5소경	06	고대의 경제 · 사회 · 문화 1
9	고대	발해	선조성, 중대성, 정당성	05	남북국 시대의 역사적 사실
10	고려	고려의 경제 상황	개경	12	고려의 경제 · 사회 · 문화 1
11	통합사	강화도 지역사	고인돌, 참성단, 광성보	특2	지역사
12	고대	후고구려	궁예	08	후삼국 통일 및 고려 초기의 정치
13	고려	거란에 대한 고려의 대응	양규, 광군, 서희, 강감찬	11	외세의 침략과 고려의 대응
14	고려	망이 · 망소이의 난	망이 · 망소이	09	고려 중기의 정치 및 무신 정권
15	고려	고려 성종	의창	08	후삼국 통일 및 고려 초기의 정치
16	고려	경천사지 십층 석탑	대리석, 원각사지 십층 석탑에 영향	13	고려의 문화 2
17	고려	이제현	만권당	10	고려 후기의 정치 및 사회
18	고려	이성계	황산전투	11	외세의 침략과 고려의 대응
19	조선	조선 세조	직전법	14	조선 초기의 정치
20	조선	조선 성종	경국대전	14	조선 초기의 정치
21	조선	현량과 시행 및 위훈 삭제	현량과, 정국공신 개정	15	조선의 사화
22	조선	사간원	간쟁과 논박을 담당	14	조선 초기의 정치
23	조선	임진왜란	조헌, 곽재우	16	조선 중기의 정치 및 외세 대응
24	조선	조선 정조	화성, 장용영	17	조선 후기의 정치 및 붕당의 대립
25	조선	서원	흥선 대원군에 의해 정리, 세계문화유산	21	조선의 문화 2
26	조선	조선시대의 실학파	박지원	22	조선의 실학파 및 인물
27	조선	청나라에 대한 조선의 정책	병자호란	16	조선 중기의 정치 및 외세 대응
28	조선	홍경래의 난	1811년, 평안도, 정주성, 순조실록	19	세도 정치기 및 조선의 사회
29	개항기	을미사변	일본인의 건청궁 침입, 왕후의 사망	25	동학 농민 운동~대한제국
30	개항기	병인양요	양헌수, 정족산	23	흥선 대원군 집권 및 개항 과정
31	개항기	갑신정변	김옥균, 일본군 호위, 박영효	24	개항기 전기의 사건 및 조약
32	개항기	동학 농민 운동	백산 봉기, 전주성 점령	25	동학 농민 운동~대한제국
33	조선	김정희의 그림	김정희	20	조선의 문화 1
34	통합사	세시 풍속 단오	음력 5월 5일, 수리취떡	특1	세시 풍속
35	개항기	독립신문	서재필	27	개항기의 문화 및 인물
36	개항기	대한제국 선포	환구단, 고종 황제	25	동학 농민 운동~대한제국
37	개항기	안중근	이토 히로부미를 저격	27	개항기의 문화 및 인물
38	개항기	신민회	대성 학교, 안창호, 양기탁	26	구한말 일제의 침략 및 저항
39	일제 강점기	3 · 1 운동	고종의 인산일을 계기로 시작	28	일제의 식민 통치 및 국내 항일운동
40	일제 강점기	1920년대의 만주 지역의 독립운동	3부, 봉오동, 청산리	30	일제 강점기의 국외 독립운동 2
41	일제 강점기	한용운	님의 침묵	32	일제 강점기의 인물
42	일제 강점기	민족 말살기의 일제의 사회상	중일 전쟁, 위안부	28	일제의 식민 통치 및 국내 항일운동
43	일제 강점기	근우회	신간회의 자매 단체	31	일제 강점기의 경제 · 사회 · 문화
44	일제 강점기	연해주 지역의 국외 독립운동	대한 국민 의회, 대한 광복군 정부	29	일제 강점기의 국외 독립운동 1
45	일제 강점기	대한민국 임시 정부(충칭)	1943년, 주석 김구	29	일제 강점기의 국외 독립운동 1
46	현대	박정희 정부	향토 예비군 창설	34	이승만~전두환 정부
47	현대	이승만 정부	농지 개혁법, 정전 협정	34	이승만~전두환 정부
48	현대	8차 개헌 및 9차 개헌	대통령 선거 인단, 대통령 임기 5년	34	이승만~전두환 정부
49	현대	김영삼 정부	금융 실명제	35	노태우~문재인 정부 및 현대의 인물
50	현대	노태우 정부의 통일 노력	서울 올림픽, 남북한의 유엔 가입	35	노태우~문재인 정부 및 현대의 인물

해품사 간단총평	일부 독특한 유형과 더불어 통합형 유형이 본격적으로 등장한 회차!		
합격률	61.9%	유형 분포도	전근대 26문제/근현대 20문제/통합사 4문제

제55회(2021.09.11) 문항분석표

	시대 · 주제별 분석			연계 테마	
문항	시대	주제	세부 키워드		테마
1	선사	구석기 시대	공주 석장리 유적, 주먹도끼, 찍개	01	선사 시대의 생활상
2	선사	옥저, 삼한	민며느리제, 신지, 읍차	02	국가의 형성 및 발전
3	고대	고구려의 문화유산	환도산성	03	삼국의 성장 및 가야의 특징
4	고대	웅진 천도 및 관산성 전투	웅진으로 도읍을 옮김, 구천	03	삼국의 성장 및 가야의 특징
5	고대	신라의 골품제	아찬, 6두품	06	고대의 경제 · 사회 · 문화 1
6	고대	고구려의 부흥 운동	검모잠, 안승	04	고구려의 대외 항쟁 및 삼국의 통일
7	고대	발해	동경 용원부, 이불병좌상	05	남북국 시대의 역사적 사실
8	고대	혜초	인도, 중앙아시아, 신라 승려	07	고대의 문화 2
9	고대	통일신라 하대의 사회상	김헌창, 혜공왕 피살 이후	05	남북국 시대의 역사적 사실
10	고려	고려 왕건	고창 전투	08	후삼국 통일 및 고려 초기의 정치
11	고려	고려 전기의 왕 흐름	왕규, 12목, 쌍기	08	후삼국 통일 및 고려 초기의 정치
12	고려	고려의 경제 상황	수도인 강화, 교정별감	12	고려의 경제 · 사회 · 문화 1
13	고려	서희의 외교 담판 및 나성 축조	서희, 나성	11	외세의 침략과 고려의 대응
14	고려	원 간섭기의 사회상	변발	10	고려 후기의 정치 및 사회
15	고려	묘청의 난	서경 천도, 천개, 대위국	09	고려 중기의 정치 및 무신 정권
16	고려	고려의 기록유산	제왕운기	12	고려의 경제 · 사회 · 문화 1
17	고려	파주 용미리 마애이불입상	경기도 파주시	13	고려의 문화 2
18	조선	조선 세종	공법	14	조선 초기의 정치
19	조선	조선 중종	삼포왜란, 소격서 혁파, 위훈 삭제	15	조선의 사화
20	조선	정여립 모반 사건	정여립 토벌	17	조선 후기의 정치 및 붕당의 대립
21	조선	규장각	정조 때 설치된 왕실 도서관	17	조선 후기의 정치 및 붕당의 대립
22	조선	훈련도감	5군영 중 가장 먼저 설치, 상비군	16	조선 중기의 정치 및 외세 대응
23	조선	임진왜란(탄금대 전투)	신립, 탄금대	16	조선 중기의 정치 및 외세 대응
24	조선	조선 영조	균역법	17	조선 후기의 정치 및 붕당의 대립
25	조선	김정희	진흥왕의 고비	22	조선의 실학파 및 인물
26	조선	일본에 대한 조선의 정책	기유약조, 초량 일대	18	조선 후기의 사회상 및 외교 흐름
27	조선	법주사 팔상전	현존하는 유일한 조선시대 목탑	21	조선의 문화 2
28	조선	신유박해 및 최제우 처형	이승훈 및 정약용 처벌, 최제우 효수	19	세도 정치기 및 조선의 사회
29	개항기	흥선 대원군 집권 시기	경복궁 중건	23	흥선 대원군 집권 및 개항 과정
30	개항기	병인박해	프랑스 주교 및 선교사 처형	23	흥선 대원군 집권 및 개항 과정
31	개항기	임오군란	구식 군인들이 일으킨 사건	24	개항기 전기의 사건 및 조약
32	개항기	거문도 불법 점령	영국군, 러시아 남하 견제	24	개항기 전기의 사건 및 조약
33	개항기	2차 갑오개혁	김홍집, 박영효, 23부, 재판소	25	동학 농민 운동~대한제국
34	개항기	광무개혁	고종 황제	25	동학 농민 운동~대한제국
35	개항기	개항기의 의병	최익현, 신돌석, 유인석, 13도 창의군	26	구한말 일제의 침략 및 저항
36	개항기	대한매일신보	양기탁, 베델	27	개항기의 문화 및 인물
37	개항기	을사늑약	폐하의 인준을 받지 않음	26	구한말 일제의 침략 및 저항
38	일제 강점기	박은식	국혼, 한국통사	32	일제 강점기의 인물
39	일제 강점기	조선 총독부 설치 및 문화 통치	조선 총독부 설치, 총독 임용 범위 확장	28	일제의 식민 통치 및 국내 항일운동
40	일제 강점기	의열단	김상옥, 김원봉	30	일제 강점기의 국외 독립운동 2
41	일제 강점기	광주 학생 항일 운동	한일 학생 간 충돌 계기, 광주	28	일제의 식민 통치 및 국내 항일운동
42	일제 강점기	조선어 학회	한글 맞춤법 통일안	31	일제 강점기의 경제 · 사회 · 문화
43	일제 강점기	산미증식계획	만주산 잡곡의 수입이 증가	28	일제의 식민 통치 및 국내 항일운동
44	일제 강점기	대종교	나철, 북간도	31	일제 강점기의 경제 · 사회 · 문화
45	일제 강점기	대한민국 임시 정부(충칭)	대일 선전 포고	29	일제 강점기의 국외 독립운동 1
46	현대	유엔 한국 임시 위원단 입국 및 여수·순천 10·19 사건	유엔 한국 임시 위원단, 여수 제14연대	33	대한민국 정부 수립 과정 및 6·25 전쟁
47	현대	6·25 전쟁(서울 수복)	국군, 유엔군, 서울 수복	33	대한민국 정부 수립 과정 및 6·25 전쟁
48	현대	박정희 정부	김대중 후보, 박정희 후보	34	이승만~전두환 정부
49	현대	5·18 광주 민주화 운동	계엄 당국, 광주 시민	34	이승만~전두환 정부
50	현대	김대중 정부의 통일 노력	금 모으기 운동	35	노태우~문재인 정부 및 현대의 인물

해품사 간단총평 근현대사에서 살짝 까다로운 유형들이 출제된 회차!

합격률	56.47%	**유형 분포도**	전근대 28문제/근현대 22문제/통합사 0문제

제54회(2021.08.07) 문항분석표

문항	시대 · 주제별 분석			연계 테마	
	시대	주제	세부 키워드		테마
1	선사	신석기 시대	빗살무늬 토기, 갈돌, 갈판	01	선사 시대의 생활상
2	선사	동예	읍군, 삼로, 무천	02	국가의 형성 및 발전
3	고대	대가야	이진아시왕, 지산동, 고령, 고분군	03	삼국의 성장 및 가야의 특징
4	고대	신라 법흥왕	병부, 율령	03	삼국의 성장 및 가야의 특징
5	고대	고구려의 벽화 사례	지안, 평양	07	고대의 문화 2
6	고대	백제의 멸망 및 기벌포 전투	의자왕, 아들 융, 기벌포	04	고구려의 대외 항쟁 및 삼국의 통일
7	고대	발해	해동성국	05	남북국 시대의 역사적 사실
8	고대	통일신라 하대의 반란의 흐름	적고적, 김헌창, 장보고	05	남북국 시대의 역사적 사실
9	고대	백제역사유적지구	미륵사지 석탑	07	고대의 문화 2
10	고대	견훤	김부, 금강, 신검	08	후삼국 통일 및 고려 초기의 정치
11	고려	고려 성종	시무 28조	08	후삼국 통일 및 고려 초기의 정치
12	고려	별무반	신기군, 신보군, 항마군	11	외세의 침략과 고려의 대응
13	고려	삼국사기	왕명을 받아 편찬, 삼국의 역사 기록	12	고려의 경제 · 사회 · 문화 1
14	고려	지눌	송광사, 돈오점수, 보조국사	13	고려의 문화 2
15	고려	고려의 경제 상황	전지, 시지	12	고려의 경제 · 사회 · 문화 1
16	고려	직지심체요절	박병선 박사, 청주 흥덕사	12	고려의 경제 · 사회 · 문화 1
17	고려	원 간섭기 및 우왕 즉위	다루가치, 우왕 즉위	10	고려 후기의 정치 및 사회
18	조선	조선 세종	장영실, 자격루	14	조선 초기의 정치
19	조선	홍문관	대제학, 부제학, 옥당, 옥서	14	조선 초기의 정치
20	조선	향교	조선 시대 지방 교육 기관, 대성전	21	조선의 문화 2
21	조선	갑자사화 및 을사사화	어머니 윤씨의 폐위, 대윤, 소윤	15	조선의 사화
22	조선	조선 성종	국조오례의, 악학궤범	14	조선 초기의 정치
23	조선	임진왜란	김시민	16	조선 중기의 정치 및 외세 대응
24	조선	정선의 그림	겸재 정선	20	조선의 문화 1
25	조선	균역법	군포를 2필에서 1필로 감면	18	조선 후기의 사회상 및 외교 흐름
26	조선	조선 후기의 사회상	공인, 송상	18	조선 후기의 사회상 및 외교 흐름
27	조선	박제가	연행사, 서얼 출신, 우물	22	조선의 실학파 및 인물
28	조선	대동여지도	김정호, 10리마다 눈금을 표시함	21	조선의 문화 2
29	조선	임술 농민 봉기	진주, 백낙신	19	세도 정치기 및 조선의 사회
30	개항기	흥선 대원군	서원 철폐, 5군영 복구	23	흥선 대원군 집권 및 개항 과정
31	개항기	신미양요	어재연, 로저스 제독, 광성보	23	흥선 대원군 집권 및 개항 과정
32	개항기	수신사 및 조사 시찰단	수신사 김기수, 어윤중	23	흥선 대원군 집권 및 개항 과정
33	개항기	전주 화약 체결 및 1차 갑오개혁	화약, 전주성, 군국기무처, 과거제 폐지	25	동학 농민 운동~대한제국
34	개항기	광무개혁	고종 황제, 원수부, 구본신참	25	동학 농민 운동~대한제국
35	개항기	신민회	신흥무관학교	26	구한말 일제의 침략 및 저항
36	개항기	국채 보상 운동	일본에서 도입한 차관을 갚음	26	구한말 일제의 침략 및 저항
37	개항기	포츠머스 조약	러시아의 간섭 및 방해 배제	26	구한말 일제의 침략 및 저항
38	개항기	유길준	노동야학독본, 서유견문	27	개항기의 문화 및 인물
39	일제 강점기	민립 대학 설립 운동	민립 대학 기성회	31	일제 강점기의 경제 · 사회 · 문화
40	일제 강점기	연해주 지역의 국외 독립운동	스탈린의 중앙아시아 강제 이주 정책	29	일제 강점기의 국외 독립운동 1
41	통합사	유학자 출신의 독립운동가	허위, 김창숙	26	구한말 일제의 침략 및 저항
42	일제 강점기	일제 강점기의 식민 통치 정책 흐름	총독 임용 확장, 범죄즉결례, 보호 관찰	28	일제의 식민 통치 및 국내 항일운동
43	일제 강점기	국민대표회의	독립운동의 새로운 활로, 방향 모색	29	일제 강점기의 국외 독립운동 1
44	현대	김병로	남조선 과도 정부 사법부장	33	대한민국 정부 수립 과정 및 6 · 25 전쟁
45	일제 강점기	조선 혁명군	총사령 양세봉, 중국 의용군	30	일제 강점기의 국외 독립운동 2
46	일제 강점기	민족 말살기의 일제의 사회상	태평양 전쟁, 공출	28	일제의 식민 통치 및 국내 항일운동
47	현대	이승만 하야 및 5 · 16 군사 정변	대통령직 사임 반공을 국시의 제일 의로 삼음	34	이승만~전두환 정부
48	현대	김영삼 정부	옛 조선 총독부 건물 철거	35	노태우~문재인 정부 및 현대의 인물
49	현대	노무현 정부	APEC, 행정 중심 복합 도시	35	노태우~문재인 정부 및 현대의 인물
50	현대	역대 정부의 통일 노력	7 · 7 선언, 이산가족 최초 상봉, 개성 공단 조성 합의	35	노태우~문재인 정부 및 현대의 인물

해품사 간단총평   문화 파트의 비중이 높고, 인물 유형을 독특하게 출제한 회차!

합격률	56.02%	유형 분포도	전근대 29문제/근현대 20문제/통합사 1문제

		시대 · 주제별 분석			연계 테마
문항	시대	주제	세부 키워드		테마
1	선사	구석기 시대	뗀석기, 연천 전곡리, 주먹도끼	01	선사 시대의 생활상
2	선사	삼한	천군, 소도, 계절제	02	국가의 형성 및 발전
3	고대	삼국의 대립의 흐름	온달, 평양성 공격, 한성 함락	03	삼국의 성장 및 가야의 특징
4	고대	백제 무령왕	백가의 난 진압, 22담로에 왕족 파견	03	삼국의 성장 및 가야의 특징
5	고대	김춘추의 고구려 군사 요청 및 황산벌 전투	고구려왕, 마목현과 죽령, 계백	04	고구려의 대외 항쟁 및 삼국의 통일
6	고대	적고적의 난	적고적, 원종과 애노	05	남북국 시대의 역사적 사실
7	고대	통일신라의 경제 상황	법화원	06	고대의 경제 · 사회 · 문화 1
8	고대	발해	정혜 공주 무덤, 장문휴, 인안, 대흥	05	남북국 시대의 역사적 사실
9	고대	서산 용현리 마애여래삼존상	백제의 미소	07	고대의 문화 2
10	고려	고려 광종	광덕, 백관 공복 제정	08	후삼국 통일 및 고려 초기의 정치
11	고려	어사대	시정 논박, 풍속 교정, 고려사	08	후삼국 통일 및 고려 초기의 정치
12	고려	공민왕	노국 대장 공주, 기철 숙청	10	고려 후기의 정치 및 사회
13	고려	거란에 대한 고려의 대응	양규, 흥화진	11	외세의 침략과 고려의 대응
14	고려	고려의 경제 상황	팔관회, 송의 상인	12	고려의 경제 · 사회 · 문화 1
15	고려	망이 · 망소이의 난	망이 · 망소이	09	고려 중기의 정치 및 무신 정권
16	고려	의천	흥왕사, 대각국사, 문종의 아들	13	고려의 문화 2
17	고려	경천사지 십층 석탑	개성, 원의 영향을 받은 대리석 탑	13	고려의 문화 2
18	조선	조선 전기의 과학기술 사례	앙부일구, 신기전	14	조선 초기의 정치
19	조선	직전법	세조께서 과전을 없앰	14	조선 초기의 정치
20	조선	단종 복위 운동	성삼문 등이 주도한 복위 운동	14	조선 초기의 정치
21	조선	분청사기	조선 전기에 주로 제작된 도자기	21	조선의 문화 2
22	조선	중립 외교 및 삼전도의 굴욕	강홍립 투항, 삼전도에서 항복	16	조선 중기의 정치 및 외세 대응
23	조선	창덕궁	부용정, 인정전, 돈화문	20	조선의 문화 1
24	조선	조선 후기의 사회상	민간 소설	18	조선 후기의 사회상 및 외교 흐름
25	조선	조선 통신사	에도까지 간 여정	18	조선 후기의 사회상 및 외교 흐름
26	조선	조선 정조	무예도보통지, 사도세자, 수원화성	17	조선 후기의 정치 및 붕당의 대립
27	통합사	우리나라의 다양한 지역의 역사	나석주의 조선 식산 은행 폭탄 투척	30	일제 강점기의 국외 독립운동 2
28	조선	홍경래의 난 및 임술 농민 봉기	홍경래, 박규수, 백낙신	19	세도 정치기 및 조선의 사회
29	개항기	흥선 대원군	대전회통	23	흥선 대원군 집권 및 개항 과정
30	개항기	병인양요	흥선 대원군 때 천주교 신자 탄압	23	흥선 대원군 집권 및 개항 과정
31	개항기	임오군란	구식 군인에 대한 차별 대우 반발	24	개항기 전기의 사건 및 조약
32	개항기	광혜원이 운영된 시기의 사회 모습	우리나라 최초의 근대식 병원	27	개항기의 문화 및 인물
33	개항기	1차 갑오개혁	군국기무처, 공노비, 사노비 법 폐지	25	동학 농민 운동~대한제국
34	개항기	아관파천	외국 공사관에 피신	25	동학 농민 운동~대한제국
35	개항기	조일통상장정	관세권 회복, 최혜국 대우	24	개항기 전기의 사건 및 조약
36	개항기	독립협회	서재필, 공화정 수립 모함	25	동학 농민 운동~대한제국
37	개항기	을사늑약, 정미 7조약	외교원 박탈, 통감의 지배 강화	26	구한말 일제의 침략 및 저항
38	일제 강점기	멕시코 지역의 국외 독립운동	에네켄 농장	29	일제 강점기의 국외 독립운동 1
39	개항기	안중근	동양평화론	27	개항기의 문화 및 인물
40	일제 강점기	조선 관세령 폐지	조선 관세령 폐지	31	일제 강점기의 경제 · 사회 · 문화
41	일제 강점기	6 · 10 만세 운동	융희 황제의 인산일	28	일제의 식민 통치 및 국내 항일운동
42	일제 강점기	민족 말살기의 일제의 사회상	위안부, 중일 전쟁	28	일제의 식민 통치 및 국내 항일운동
43	일제 강점기	김원봉	조선 혁명 간부 학교, 의열단 단장	32	일제 강점기의 인물
44	일제 강점기	단성사	단성사	28	일제의 식민 통치 및 국내 항일운동
45	일제 강점기	대일 선전 성명서	연합군의 일본에 대한 전쟁 선포	29	일제 강점기의 국외 독립운동 1
46	현대	제주 4 · 3 사건	토벌대, 남한만의 단독 선거 반대	33	대한민국 정부 수립 과정 및 6 · 25 전쟁
47	현대	이승만 정부	자유당, 부산 정치 파동	34	이승만~전두환 정부
48	현대	박정희 정부	새마을 운동	34	이승만~전두환 정부
49	현대	6월 민주항쟁	박종철, 대통령 직선제 요구, 이한열	34	이승만~전두환 정부
50	현대	김대중 정부의 통일 노력	국민 기초 생활 보장법, 국가인권위원회	35	노태우~문재인 정부 및 현대의 인물

해품사 간단총평 기출식 사료 및 용어를 이해할 필요가 있었던 회차!

| 합격률 | 56.71% | 유형 분포도 | 전근대 28문제/근현대 21문제/통합사 1문제 |

제52회(2021.04.11.) 문항분석표

시대·주제별 분석

문항	시대	주제	세부 키워드
1	선사	청동기 시대	부여 송국리, 민무늬 토기, 비파형 동검
2	선사	위만	준왕을 공격
3	고대	신라 진흥왕	거칠부의 국사 편찬, 황룡사 완공
4	고대	옥저 및 삼한	가족 공동묘, 천군, 소도
5	고대	가야	김해 대성동, 고령 지산동
6	고대	금동 연가 7년명 여래입상	경상남도 의령 출토, 연가 7년
7	고대	연개소문의 정변 및 고구려 멸망	영류왕 시해, 고구려 지배층 내분
8	고대	최치원	빈공과 급제, 격황소서, 계원필경
9	고대	발해	장문휴의 등주 공격
10	고대	궁예	미륵불 자처
11	고려	고려 현종	초조 대장경 조판 시작
12	고려	고려시대의 사회 제도	구제도감
13	고려	몽골과의 강화	쿠빌라이, 20여 년간 군사를 동원
14	고려	부석사 무량수전	소조 여래 좌상 봉안
15	고려	고려의 경제 상황	주전도감, 은병
16	조선	정도전	조선경국전
17	조선	고려사	고려의 역사를 파악, 문종대 완성
18	조선	조선 태종	하륜, 육조에서 직계
19	조선	기묘사화 및 붕당 형성	정국공신 개정, 붕당 대립
20	조선	이황	성학십도
21	조선	병자호란	광해군 폐위, 삼궤구고두례, 김상용
22	조선	신해박해	윤지충, 조상의 신주를 불태움
23	조선	조선 효종	청에 볼모로 끌려감, 북벌
24	조선	조선 후기의 사회상	성호사설
25	조선	조선 영조	군포 한 필을 감면함
26	조선	조선의 지도 및 지리서	100리 척 사용
27	조선	홍대용	혼천의, 담헌서
28	조선	홍경래의 난	우두머리의 성은 홍, 우군칙
29	개항기	만동묘 철폐 및 계유상소	만동묘 철폐, 흥선 대원군 잘못 탄핵
30	개항기	영선사	김윤식
31	개항기	광무개혁	광성보
32	개항기	갑신정변	일본군 호위대, 청군과의 무력 충돌
33	통합사	전주 지역사	동고산성, 경기전
34	개항기	청일 전쟁 이후 열강의 이권 침탈	경인선 철도 부설권
35	개항기	2차 갑오개혁	군국기무처 폐지, 김홍집, 박영효
36	개항기	헤이그 특사 파견	이위종, 네덜란드 만국 평화 회의
37	개항기	정미의병	해산된 한국 군인
38	일제 강점기	대한민국 임시 정부	한일 관계 사료집
39	통합사	부산 지역사	동삼동 패총, 임시 수도 기념관
40	일제 강점기	천도교	개벽, 별건곤
41	일제 강점기	근우회	여성에 대한 사회적·법률적 차별 철폐
42	일제 강점기	민족 말살기의 일제의 사회상	국가 총동원법, 중일 전쟁
43	일제 강점기	이동휘	대한민국 임시 정부 국무총리
44	일제 강점기	봉오동 전투 및 조선 혁명군	봉오동, 조선 혁명군
45	일제 강점기	한국 광복군	1940년 대한민국 임시 정부 산하
46	현대	김주열 열사 사망	김주열
47	현대	YH 무역 사건	YH 무역 사건
48	현대	전두환 정부	프로 야구 창단, 언론 통제 보도 지침
49	현대	국제 통화 기금(IMF) 구제 금융 요청	국제 통화 기금(IMF) 대기성 차관
50	현대	대한민국의 세계화	유엔 가입, OECD 가입, G20 정상 회의 서울 개최

연계 테마

문항	테마
1	01 선사 시대의 생활상
2	02 국가의 형성 및 발전
3	03 삼국의 성장 및 가야의 특징
4	02 국가의 형성 및 발전
5	03 삼국의 성장 및 가야의 특징
6	07 고대의 문화 2
7	04 고구려의 대외 항쟁 및 삼국의 통일
8	07 고대의 문화 2
9	05 남북국 시대의 역사적 사실
10	08 후삼국 통일 및 고려 초기의 정치
11	11 외세의 침략과 고려의 대응
12	12 고려의 경제·사회·문화 1
13	11 외세의 침략과 고려의 대응
14	13 고려의 문화 2
15	12 고려의 경제·사회·문화 1
16	22 조선의 실학파 및 인물
17	21 조선의 문화 2
18	14 조선 초기의 정치
19	17 조선 후기의 정치 및 붕당의 대립
20	22 조선의 실학파 및 인물
21	16 조선 중기의 정치 및 외세 대응
22	19 세도 정치기 및 조선의 사회
23	16 조선 중기의 정치 및 외세 대응
24	18 조선 후기의 사회상 및 외교 흐름
25	17 조선 후기의 정치 및 붕당의 대립
26	21 조선의 문화 2
27	22 조선의 실학파 및 인물
28	19 세도 정치기 및 조선의 사회
29	23 흥선 대원군 집권 및 개항 과정
30	23 흥선 대원군 집권 및 개항 과정
31	23 흥선 대원군 집권 및 개항 과정
32	24 개항기 전기의 사건 및 조약
33	특2 지역사
34	25 동학 농민 운동~대한제국
35	25 동학 농민 운동~대한제국
36	26 구한말 일제의 침략 및 저항
37	26 구한말 일제의 침략 및 저항
38	29 일제 강점기의 국외 독립운동 1
39	특2 지역사
40	31 일제 강점기의 경제·사회·문화
41	31 일제 강점기의 경제·사회·문화
42	28 일제의 식민 통치 및 국내 항일운동
43	32 일제 강점기의 인물
44	30 일제 강점기의 국외 독립운동 2
45	30 일제 강점기의 국외 독립운동 2
46	34 이승만~전두환 정부
47	34 이승만~전두환 정부
48	34 이승만~전두환 정부
49	35 노태우~문재인 정부 및 현대의 인물
50	35 노태우~문재인 정부 및 현대의 인물

해품사 간단총평	까다로운 사료와 빈출도가 낮은 사례들이 많이 출제된 회차!		
합격률	45.14%	유형 분포도	전근대 28문제/근현대 20문제/통합사 2문제

제51회(2021.02.06) 문항분석표

문항	시대 · 주제별 분석			연계 테마	
	시대	주제	세부 키워드		테마
1	선사	신석기 시대	농경과 정착 생활의 시작	01	선사 시대의 생활상
2	선사	부여	사출도, 순장	02	국가의 형성 및 발전
3	고대	신라 지증왕	신라 국호 및 왕 호칭 사용	03	삼국의 성장 및 가야의 특징
4	고대	무령왕릉	백제의 고분, 피장자, 축조 연대 확인	06	고대의 경제 · 사회 · 문화 1
5	고대	고구려의 부흥 운동	검모잠, 안승	04	고구려의 대외 항쟁 및 삼국의 통일
6	고대	의상	당나라 유학, 부석사	07	고대의 문화 2
7	고대	김헌창의 난 및 시무 10여조	김헌창, 시무 10여조, 최치원	05	남북국 시대의 역사적 사실
8	고대	발해	해동성국	05	남북국 시대의 역사적 사실
9	고대	미륵사지 석탑	금제 사리 봉영기	07	고대의 문화 2
10	고대	궁예 축출 및 견훤의 고려 귀순	궁예 축출, 견훤의 고려 입조	08	후삼국 통일 및 고려 초기의 정치
11	고려	고려의 역사적 사실	2군 6위, 상장군, 대장군	08	후삼국 통일 및 고려 초기의 정치
12	고려	여진에 대한 고려의 대응	윤관, 동북 9성	11	외세의 침략과 고려의 대응
13	고려	고려의 경제 상황	주전도감, 해동통보	12	고려의 경제 · 사회 · 문화 1
14	고려	만적의 난	만적	09	고려 중기의 정치 및 무신 정권
15	고려	이성계	황산대첩	11	외세의 침략과 고려의 대응
16	고려	지눌	보조국사, 돈오점수	13	고려의 문화 2
17	고려	제왕운기	이승휴, 중국과 우리나라 역사 서술	12	고려의 경제 · 사회 · 문화 1
18	조선	고려의 성리학자	만권당	10	고려 후기의 정치 및 사회
19	조선	조선 세조	육조 직계제 부활	14	조선 초기의 정치
20	조선	승정원일기	조선, 왕명 출납 등 기록	21	조선의 문화 2
21	조선	유향소	경재소, 향촌의 풍속 유지	14	조선 초기의 정치
22	조선	이이	성학집요, 해주향약	22	조선의 실학파 및 인물
23	조선	임진왜란(평양성 전투)	평양성 탈환	16	조선 중기의 정치 및 외세 대응
24	조선	계축옥사 및 이괄의 난	영창대군, 이괄	16	조선 중기의 정치 및 외세 대응
25	조선	조선 숙종	경신환국, 대동법 황해도 확대 시행	17	조선 후기의 정치 및 붕당의 대립
26	조선	조선 후기의 경제 상황	금난전권 철폐	18	조선 후기의 사회상 및 외교 흐름
27	조선	신윤복의 그림	혜원, 미인도	20	조선의 문화 1
28	조선	임술 농민 봉기	박규수, 백낙신	19	세도 정치기 및 조선의 사회
29	개항기	강화도 지역에서 발생한 대외 항쟁	거문도 불법 점령	23	흥선 대원군 집권 및 개항 과정
30	개항기	조미수호통상조약 및 조일통상장정	미국 관세 규정, 방곡령	24	개항기 전기의 사건 및 조약
31	개항기	보빙사	미국 공사의 부임에 대한 답례	23	흥선 대원군 집권 및 개항 과정
32	개항기	임오군란	구식 군인들에 대한 차별 대우로 발생	24	개항기 전기의 사건 및 조약
33	개항기	전주 화약 및 남접 북접 연합	화약, 전주성, 남접과 북접	25	동학 농민 운동~대한제국
34	개항기	개항기의 개혁 사례	공사 노비법 혁파, 홍범 14조, 단발령	25	동학 농민 운동~대한제국
35	개항기	광무개혁	지계	25	동학 농민 운동~대한제국
36	개항기	헌의 6조	중추원 관제	25	동학 농민 운동~대한제국
37	일제 강점기	미주 지역의 국외 독립운동	사탕수수 농장	29	일제 강점기의 국외 독립운동 1
38	개항기	을사늑약	중명전, 외교권 박탈	26	구한말 일제의 침략 및 저항
39	일제 강점기	대한민국 임시 정부(충칭)	충칭, 한국 광복군	29	일제 강점기의 국외 독립운동 1
40	일제 강점기	무단 통치기의 일제의 사회상	범죄 즉결례, 태형	28	일제의 식민 통치 및 국내 항일운동
41	일제 강점기	2·8 독립 선언	조선 청년 독립단	28	일제의 식민 통치 및 국내 항일운동
42	일제 강점기	형평 운동	진주, 공평, 사랑, 백정	31	일제 강점기의 경제 · 사회 · 문화
43	일제 강점기	이육사	본명 이원록, 조선 혁명 간부 학교	32	일제 강점기의 인물
44	일제 강점기	조선 혁명군	남만주, 영릉가, 총사령 양세봉	30	일제 강점기의 국외 독립운동 2
45	일제 강점기	한인 애국단	윤봉길의 상하이 훙커우 공원 의거	30	일제 강점기의 국외 독립운동 2
46	현대	신탁 통치	신탁 통치	33	대한민국 정부 수립 과정 및 6·25 전쟁
47	현대	낙동간 전선 대립 및 개성 첫 정전 회담 개최	낙동강 방어선, 개성에서 열린 첫 정전 회담	33	대한민국 정부 수립 과정 및 6·25 전쟁
48	현대	박정희 정부	제2차 경제 개발 5개년 계획	34	이승만~전두환 정부
49	현대	5·18 광주 민주화 운동	계엄군, 시민군	34	이승만~전두환 정부
50	현대	노태우 정부의 통일 노력	중국과의 국교 수립	35	노태우~문재인 정부 및 현대의 인물

해품사 간단총평 빈출도가 높고 정답률이 높은 유형 위주로 출제된 역대급으로 쉬운 회차!

합격률	74.42%	유형 분포도	전근대 28문제/근현대 22문제/통합사 0문제

제50회(2020.10.24) 문항분석표

문항	\<시대·주제별 분석\> 시대	주제	세부 키워드	\<연계 테마\>	테마
1	선사	구석기 시대	공주 석장리, 주먹도끼	01	선사 시대의 생활상
2	선사	고조선	우거왕	02	국가의 형성 및 발전
3	선사	동예	책화, 단궁, 과하마, 반어피	02	국가의 형성 및 발전
4	고대	통일신라 신문왕	감은사, 만파식적	05	남북국 시대의 역사적 사실
5	고대	한성 함락 및 안시성 전투	한성 포위, 안시성 공격	04	고구려의 대외 항쟁 및 삼국의 통일
6	고대	가야	김해 대성동, 김수로왕	03	삼국의 성장 및 가야의 특징
7	고대	백제 성왕	관산성에서 전사	03	삼국의 성장 및 가야의 특징
8	고대	발해	동모산, 당의 등주 공격	05	남북국 시대의 역사적 사실
9	고대	견훤	완산주	08	후삼국 통일 및 고려 초기의 정치
10	고려	고려 성종	12목	08	후삼국 통일 및 고려 초기의 정치
11	고려	원 간섭기의 사회상	몽골 간섭의 본격화, 일본 원정	10	고려 후기의 정치 및 사회
12	고려	삼국유사	일연	12	고려의 경제·사회·문화 1
13	고려	고려 광종	쌍기, 과거	08	후삼국 통일 및 고려 초기의 정치
14	고려	고려의 문화유산	논산 관촉사 석조 미륵보살 입상	13	고려의 문화 2
15	고려	최충헌	이의민 제거, 봉사 10조	09	고려 중기의 정치 및 무신 정권
16	고려	외세의 침략과 고려의 대응	양규, 윤관, 박서	11	외세의 침략과 고려의 대응
17	고려	고려의 경제 상황	전지, 시지, 은병	12	고려의 경제·사회·문화 1
18	조선	조선의 문화유산	선농단	20	조선의 문화 1
19	조선	명나라에 대한 조선의 정책	만력제, 의주	18	조선 후기의 사회상 및 외교 흐름
20	조선	김정희	세한도	22	조선의 실학파 및 인물
21	조선	관찰사	감사, 방백	14	조선 초기의 정치
22	조선	천주교 박해 사건의 흐름	권상연, 정약용, 남종삼, 프랑스	19	세도 정치기 및 조선의 사회
23	조선	조선 인조	호패법 재실시, 이괄의 난	16	조선 중기의 정치 및 외세 대응
24	조선	조선시대의 농서	농사직설	21	조선의 문화 2
25	조선	박세당	색경, 사문난적으로 몰림	22	조선의 실학파 및 인물
26	조선	성균관	왕세자의 입학, 대성전	21	조선의 문화 2
27	개항기	지부복궐척화의소 및 영남 만인소	지부복궐척화의소, 영남 만인소	23	흥선 대원군 집권 및 개항 과정
28	조선	조선 후기의 사회상	도고	18	조선 후기의 사회상 및 외교 흐름
29	개항기	흥선 대원군	서원 철폐	23	흥선 대원군 집권 및 개항 과정
30	개항기	갑신정변	김옥균, 우정총국	24	개항기 전기의 사건 및 조약
31	개항기	화폐정리사업	백동화	26	구한말 일제의 침략 및 저항
32	개항기	최초의 전등 가설	최초의 전등 가설	27	개항기의 문화 및 인물
33	개항기	동학 농민 운동	우금치, 남접과 북접	25	동학 농민 운동~대한제국
34	개항기	을사늑약	이토, 강압적 분위기에서 조약 체결	26	구한말 일제의 침략 및 저항
35	일제 강점기	최재형	대동공보 사장, 권업회 조직	29	일제 강점기의 국외 독립운동 1
36	일제 강점기	신간회	정우회 선언, 이상재 회장	28	일제의 식민 통치 및 국내 항일운동
37	개항기	보안회	황무지를 일본인이 청구	26	구한말 일제의 침략 및 저항
38	일제 강점기	청산리 전투	백운평, 어랑촌, 북로 군정서	30	일제 강점기의 국외 독립운동 2
39	일제 강점기	이동녕	신민회 조직, 신흥 강습소 설립	29	일제 강점기의 국외 독립운동 1
40	일제 강점기	강주룡 을밀대 고공 농성	강주룡	31	일제 강점기의 경제·사회·문화
41	통합사	천안 지역사	유관순 열사 사적지, 독립 기념관	특2	지역사
42	일제 강점기	심훈	상록수	32	일제 강점기의 인물
43	일제 강점기	조선어 학회	조선말 큰사전	31	일제 강점기의 경제·사회·문화
44	일제 강점기	연통제 발각 및 이봉창 의거	연통제 공소 공판, 이봉창	29	일제 강점기의 국외 독립운동 1
45	일제 강점기	조소앙	대한민국 건국 강령	32	일제 강점기의 인물
46	현대	발췌 개헌 및 사사오입 개헌	부통령, 직접 선거, 초대 대통령 중임 제한 철폐	34	이승만~전두환 정부
47	현대	발췌 개헌 및 사사오입 개헌	부통령, 직접 선거, 초대 대통령 중임 제한 철폐	34	이승만~전두환 정부
48	현대	김대중 정부	월드컵, 부산 아시안 게임	35	노태우~문재인 정부 및 현대의 인물
49	현대	4·19 혁명	대구 2·28 민주 운동	34	이승만~전두환 정부
50	현대	박정희 정부	광주 대단지 사건	34	이승만~전두환 정부

해품사 간단총평   까다로운 인물 및 키워드가 다수 출제된 어려운 회차!

합격률	47.57%	유형 분포도	전근대 27문제/근현대 22문제/통합사 1문제

제49회(2020.09.19) 문항분석표

문항	시대·주제별 분석			연계 테마	
문항	시대	주제	세부 키워드		테마
1	선사	청동기 시대	비파형 동검, 민무늬 토기	01	선사 시대의 생활상
2	선사	고조선	위만, 준왕	02	국가의 형성 및 발전
3	고대	삼한	신지, 읍차, 계절제	02	국가의 형성 및 발전
4	통합사	부여 지역사	부소산성, 정림사지, 능산리 고분군	특2	지역사
5	고대	신라 법흥왕	금관가야 멸망	03	삼국의 성장 및 가야의 특징
6	고대	통일신라의 경제 상황	서원경, 도다이사 쇼소인	06	고대의 경제·사회·문화 1
7	고대	살수대첩 및 고구려 멸망	살수, 을지문덕, 평양 포위	04	고구려의 대외 항쟁 및 삼국의 통일
8	고대	발해	중대성, 정당성	05	남북국 시대의 역사적 사실
9	고대	통일신라 진성여왕	삼대목, 원종과 애노의 난	05	남북국 시대의 역사적 사실
10	고대	궁예	신라 왕족의 후예, 광평성, 미륵불	08	후삼국 통일 및 고려 초기의 정치
11	고려	고려 왕건	김부 경주 사심관 임명	08	후삼국 통일 및 고려 초기의 정치
12	고려	고려의 문화유산	고려시대 문화유산	13	고려의 문화 2
13	고려	고려의 경제 상황	해동통보	12	고려의 경제·사회·문화 1
14	고려	김보당의 난 및 만적의 난	김보당, 만적	09	고려 중기의 정치 및 무신 정권
15	고려	조선 태종	주자소, 계미자	14	조선 초기의 정치
16	고려	몽골에 대한 고려의 대응	저고여 피살 사건	11	외세의 침략과 고려의 대응
17	고려	고려 공민왕	기철 처단	10	고려 후기의 정치 및 사회
18	조선	사헌부	감찰, 대사헌	14	조선 초기의 정치
19	조선	기묘사화	소격서 폐지, 현량과 실시	15	조선의 사화
20	조선	조선 성종	동국여지승람	14	조선 초기의 정치
21	조선	임진왜란의 흐름	옥포, 한산도, 명량	16	조선 중기의 정치 및 외세 대응
22	조선	조선 후기의 사회상	만상과 송상	18	조선 후기의 사회상 및 외교 흐름
23	조선	대동법	공납의 폐단을 해결	18	조선 후기의 사회상 및 외교 흐름
24	조선	기사환국 및 갑술환국	장희빈 아들 원자 책봉, 송시열 관작 회복	17	조선 후기의 정치 및 붕당의 대립
25	조선	병자호란	심양에 볼모로 잡혀간 봉림대군	16	조선 중기의 정치 및 외세 대응
26	조선	정약용	거중기	22	조선의 실학파 및 인물
27	조선	청화 백자	회회청, 코발트 안료	21	조선의 문화 2
28	조선	홍경래의 난	평안도 지역에 대한 차별에 반발	19	세도 정치기 및 조선의 사회
29	개항기	신미양요	광성진 침범, 어재연	23	흥선 대원군 집권 및 개항 과정
30	개항기	김옥균	수신사 파견, 갑오개혁 주도	27	개항기의 문화 및 인물
31	개항기	갑신정변	개화당, 개혁 정강	24	개항기 전기의 사건 및 조약
32	개항기	근현대사 관련 문화유산	대한제국 황제 즉위식 거행	27	개항기의 문화 및 인물
33	개항기	동학 농민 운동	조병갑, 장성, 전주성	25	동학 농민 운동~대한제국
34	개항기	삼국 간섭	러시아, 프랑스, 독일의 압력	25	동학 농민 운동~대한제국
35	개항기	독립협회	만민 공동회	25	동학 농민 운동~대한제국
36	개항기	전차 개통	전차 개통	27	개항기의 문화 및 인물
37	개항기	광무개혁	구본신참, 상공 학교, 지계 발급	25	동학 농민 운동~대한제국
38	일제 강점기	이상설	헤이그 특사 파견, 권업회 조직	32	일제 강점기의 인물
39	개항기	원산 학사	우리나라 최초의 근대 학교	27	개항기의 문화 및 인물
40	일제 강점기	6·10 만세 운동	순종의 인산일	28	일제의 식민 통치 및 국내 항일운동
41	일제 강점기	서간도 지역의 국외 독립운동	삼원보, 서로 군정서	29	일제 강점기의 국외 독립운동 1
42	일제 강점기	암태도 소작 쟁의	암태도 소작 쟁의, 지주 문재철	31	일제 강점기의 경제·사회·문화
43	일제 강점기	민족 말살기의 일제의 사회상	위안부, 국가 총동원법	28	일제의 식민 통치 및 국내 항일운동
44	일제 강점기	대동단결 선언	대동단결 선언	29	일제 강점기의 국외 독립운동 1
45	일제 강점기	지청천 .	한국 독립당, 한국 광복군 총사령관	30	일제 강점기의 국외 독립운동 2
46	현대	미군정의 조선 인민 공화국 선포 부정	조선 인민 공화국 부정, 미군정	33	대한민국 정부 수립 과정 및 6·25 전쟁
47	현대	국가 재건 최고 회의 및 통일 주체 국민 회의	국가 재건 최고 회의, 통일 주체 국민회의	34	이승만~전두환 정부
48	현대	전두환 정부	대통령 선거 인단, 대통령 임기 7년	34	이승만~전두환 정부
49	현대	6월 민주 항쟁	4·13 호헌 조치 무효	34	이승만~전두환 정부
50	현대	김대중 정부의 통일 노력	금 모으기 운동	35	노태우~문재인 정부 및 현대의 인물

해품사 간단총평	흐름형 유형의 출제 비중이 높으나, 크게 어렵지 않은 회차!		
합격률	57.93%	유형 분포도	전근대 27문제/근현대 22문제/통합사 1문제

제48회(2020.08.08) 문항분석표

문항	시대 · 주제별 분석			연계 테마	
	시대	주제	세부 키워드		테마
1	선사	신석기 시대	농경과 정착 생활의 시작	01	선사 시대의 생활상
2	선사	고구려	고추가, 사자, 조의, 선인	02	국가의 형성 및 발전
3	고대	금관가야	김해 대성동 고분군, 김수로왕	03	삼국의 성장 및 가야의 특징
4	고대	백제와 신라의 결혼 동맹 및 관산성 전투	이벌찬 비지의 딸, 구천	03	삼국의 성장 및 가야의 특징
5	고대	나당 동맹	김춘추, 당태종	04	고구려의 대외 항쟁 및 삼국의 통일
6	고대	통일신라 신문왕	김흠돌의 난, 국학, 서원소경	05	남북국 시대의 역사적 사실
7	고대	통일신라 하대의 사회상	진성여왕, 최치원	05	남북국 시대의 역사적 사실
8	고대	발해	고구려 계승	05	남북국 시대의 역사적 사실
9	고대	경주 지역의 문화유산	황룡사 구층 목탑	07	고대의 문화 2
10	고대	공산 전투 및 일리천 전투	공산, 일리천	08	후삼국 통일 및 고려 초기의 정치
11	고려	삼별초	개경 환도 결정 반발, 배중손, 김통정	11	외세의 침략과 고려의 대응
12	고려	고려의 관학 진흥책	관학 진흥책, 서적포	12	고려의 경제 · 사회 · 문화 1
13	고려	이자겸의 금 사대 요구 수용	금나라, 인종	09	고려 중기의 정치 및 무신 정권
14	고려	도병마사	국방 및 군사 문제 논의	08	후삼국 통일 및 고려 초기의 정치
15	고려	의천	문종의 아들, 국청사, 천태종	13	고려의 문화 2
16	고려	고려의 경제 상황	전시과	12	고려의 경제 · 사회 · 문화 1
17	고려	고려의 사회 제도	구제도감	12	고려의 경제 · 사회 · 문화 1
18	조선	경복궁	근정전, 강녕전, 건청궁	20	조선의 문화 1
19	조선	정도전	불교 비판, 삼봉집	22	조선의 실학파 및 인물
20	조선	이순지	세종 때 문과 급제, 갑인자 제작	14	조선 초기의 정치
21	조선	조선시대의 사화의 흐름	갑자년, 김종직, 대윤 및 소윤, 조광조	15	조선의 사화
22	조선	병자호란	소현세자가 청에 인질로 끌려감	16	조선 중기의 정치 및 외세 대응
23	조선	임술 농민 봉기	유계춘, 백낙신	19	세도 정치기 및 조선의 사회
24	조선	조선 후기의 사회상	선혜청, 전황	18	조선 후기의 사회상 및 외교 흐름
25	통합사	충주 지역사	고구려비, 탄금대	특2	지역사
26	조선	조선 정조	초계문신제	17	조선 후기의 정치 및 붕당의 대립
27	조선	동학	최복술, 서양 학문 비판	19	세도 정치기 및 조선의 사회
28	개항기	흥선 대원군	호포제, 서원 철폐	23	흥선 대원군 집권 및 개항 과정
29	개항기	강화도 조약	운요호 사건, 신헌	24	개항기 전기의 사건 및 조약
30	개항기	박정양	초대 주미 공사, 미속습유	27	개항기의 문화 및 인물
31	개항기	동도서기론	기술 및 농업에 이득이 되는 부분을 수용함	23	흥선 대원군 집권 및 개항 과정
32	개항기	국채 보상 운동	일제로부터 도입한 차관을 갚음, 대구	26	구한말 일제의 침략 및 저항
33	개항기	개항기의 개혁 사례	개국기년, 단발령, 원수부	25	동학 농민 운동~대한제국
34	일제 강점기	무단 통치기의 일제의 사회상	헌병	28	일제의 식민 통치 및 국내 항일운동
35	개항기	헤이그 특사 파견	만국 평화 회의	26	구한말 일제의 침략 및 저항
36	개항기	신민회	태극 서관, 대성 학교, 오산 학교	26	구한말 일제의 침략 및 저항
37	통합사	한국을 도운 외국인	미국인, 사민필지, 영국인	특3	외국인 및 여성 위인
38	일제 강점기	3·1 운동	윌슨의 민족 자결주의	28	일제의 식민 통치 및 국내 항일운동
39	일제 강점기	남자현	만주국 주재 일본 대사 암살 계획	특3	외국인 및 여성 위인
40	일제 강점기	북간도 지역의 국외 독립운동	명당 학교, 봉오동 전투	29	일제 강점기의 국외 독립운동 1
41	일제 강점기	박은식	한국독립운동지혈사	32	일제 강점기의 인물
42	일제 강점기	미쓰야 협정 및 대한민국 임시 정부의 이동 시작	만주 군벌과 일본의 협정, 김구가 상하이에서 피신함	30	일제 강점기의 국외 독립운동 2
43	일제 강점기	물산 장려 운동	조선 사람 조선 것	31	일제 강점기의 경제 · 사회 · 문화
44	일제 강점기	민족 말살기의 일제의 사회상	중일 전쟁	28	일제의 식민 통치 및 국내 항일운동
45	일제 강점기	조선 의용대	한구(한커우), 단장 김원봉	30	일제 강점기의 국외 독립운동 2
46	현대	박정희 정부	국민 교육 헌장	34	이승만~전두환 정부
47	현대	좌우 합작 7원칙 및 남북 협상	좌우 합작, 전 조선 정치 회의	33	대한민국 정부 수립 과정 및 6·25 전쟁
48	현대	김영삼 정부	금융실명제	35	노태우~문재인 정부 및 현대의 인물
49	현대	5·18 광주 민주화 운동	1980년, 신군부	34	이승만~전두환 정부
50	현대	노태우 정부의 통일 노력	남북한 유엔 동시 가입, 한중 수교	35	노태우~문재인 정부 및 현대의 인물

해품사 간단총평　　일부 인물 유형이 어려우나, 전반적으로 무난한 회차!

합격률	61.59%	유형 분포도	전근대 26문제/근현대 22문제/통합사 2문제

제47회(2020.06.27) 문항분석표

문항	시대·주제별 분석			연계 테마	
	시대	주제	세부 키워드		테마
1	선사	구석기 시대	슴베찌르개, 주먹도끼	01	선사 시대의 생활상
2	선사	부여	사출도, 1책 12법	02	국가의 형성 및 발전
3	고대	삼국의 발전 및 경쟁	비유왕, 눌지왕, 근초고왕, 광개토대왕	03	삼국의 성장 및 가야의 특징
4	고대	신라 진흥왕	화랑도, 대가야 정벌	03	삼국의 성장 및 가야의 특징
5	고대	백제금동대향로	능산리 절터에서 출토	07	고대의 문화 2
6	고대	발해	대무예	05	남북국 시대의 역사적 사실
7	고대	대야성 공격 및 황산벌 전투	대야성, 황산 벌판, 계백	04	고구려의 대외 항쟁 및 삼국의 통일
8	고대	통일신라의 역사적 사실	9주 5소경	06	고대의 경제·사회·문화 1
9	고대	원효	아들 설총, 무애	07	고대의 문화 2
10	고대	후백제	견훤, 후당, 오월과 교류	08	후삼국 통일 및 고려 초기의 정치
11	고려	고려 왕건 및 고려 성종	훈요 10조, 최승로, 시무 28조	08	후삼국 통일 및 고려 초기의 정치
12	고려	고려의 경제 상황	벽란정, 예성항	12	고려의 경제·사회·문화 1
13	고려	동명왕편	이규보	12	고려의 경제·사회·문화 1
14	고려	묘청의 서경 천도 운동	서경 임원역, 궁궐을 세움	09	고려 중기의 정치 및 무신 정권
15	고려	논산 관촉사 석조 미륵보살 입상	충청남도 논산시, 은진 미륵	13	고려의 문화 2
16	고려	원 간섭기의 사회상	변발과 호복	10	고려 후기의 정치 및 사회
17	조선	조선 세종	장영실, 자격루	14	조선 초기의 정치
18	고려	조선의 건국 과정	위화도 회군, 조선 건국, 과전법 제정	10	고려 후기의 정치 및 사회
19	조선	조선 성종	관수관급제	14	조선 초기의 정치
20	조선	향교	지방의 교육기관, 대성전, 명륜당	21	조선의 문화 2
21	조선	무오사화 및 기묘사화	김종직, 조광조	15	조선의 사화
22	조선	임진왜란	조명 연합군, 평양성 탈환	16	조선 중기의 정치 및 외세 대응
23	조선	균역법	양역의 폐단 개선	18	조선 후기의 사회상 및 외교 흐름
24	조선	조선 정조	규장각, 신해통공, 초계문신제	17	조선 후기의 정치 및 붕당의 대립
25	조선	조선 후기의 사회상	구향 및 신향의 향전, 송시열	18	조선 후기의 사회상 및 외교 흐름
26	조선	이익	성호사설	22	조선의 실학파 및 인물
27	조선	정선의 그림	겸재, 진경산수화	20	조선의 문화 1
28	조선	세도 정치기의 사회상	안동 김씨 등 외척 세력	19	세도 정치기 및 조선의 사회
29	개항기	병인양요	프랑스군의 외규장각 의궤 약탈	23	흥선 대원군 집권 및 개항 과정
30	개항기	흥선 대원군 집권 및 계유상소	흥선 대원군 정사 참여, 흥선 대원군 탄핵	23	흥선 대원군 집권 및 개항 과정
31	개항기	조선책략의 국내 유포	김홍집, 황준헌, 러시아를 막는 것	23	흥선 대원군 집권 및 개항 과정
32	통합사	거문도 지역사	영국군 묘지, 러시아 견제	특2	지역사
33	개항기	1차 갑오개혁	군국기무처, 은본위제 시행	25	동학 농민 운동~대한제국
34	개항기	동학 농민 운동	전주 화약 체결, 전봉준 체포	25	동학 농민 운동~대한제국
35	개항기	을미사변~아관파천	러시아 공사관, 단발령, 왕후 시해	25	동학 농민 운동~대한제국
36	개항기	광무개혁	황제, 광무	25	동학 농민 운동~대한제국
37	개항기	대한매일신보	베델, 양기탁	27	개항기의 문화 및 인물
38	개항기	안창호	신민회, 흥사단	32	일제 강점기의 인물
39	일제 강점기	멕시코 지역의 국외 독립운동	에네켄 농장, 숭무 학교	29	일제 강점기의 국외 독립운동 1
40	일제 강점기	의열단	박재혁	30	일제 강점기의 국외 독립운동 2
41	일제 강점기	3·1 운동	민족 대표 33인	28	일제의 식민 통치 및 국내 항일운동
42	일제 강점기	어린이 운동	어린이날	31	일제 강점기의 경제·사회·문화
43	일제 강점기	민족 말살기의 일제의 사회상	애국반, 중일 전쟁	28	일제의 식민 통치 및 국내 항일운동
44	일제 강점기	조선 혁명군	양세봉, 중국 의용군	30	일제 강점기의 국외 독립운동 2
45	일제 강점기	한국 독립당 창당	한국 국민당, 조선 혁명당, 한국 독립당	29	일제 강점기의 국외 독립운동 1
46	현대	박정희 정부	100억 달러 수출 달성	34	이승만~전두환 정부
47	현대	미소 공동 위원회	덕수궁 석조전	33	대한민국 정부 수립 과정 및 6·25 전쟁
48	현대	제1차 미소 공동 위원회 및 유엔 총회 결의	덕수궁 석조전, 유엔 총회	33	대한민국 정부 수립 과정 및 6·25 전쟁
49	현대	신한 민주당 출범	신한 민주당, 민주 정의당	34	이승만~전두환 정부
50	현대	노무현 정부의 통일 노력	행정 중심 복합 도시, 질병 관리 본부	35	노태우~문재인 정부 및 현대의 인물

해품사 간단총평 심화편 개편 이후 처음 시행된 무난한 난이도의 회차!

합격률 63.8%   **유형 분포도** 전근대 28문제/근현대 21문제/통합사 1문제

뿌리 튼튼한 날개를 가지세요.

어떤 힘듦과 절망이 나를 통과해도
단단하게, 자유롭게.

#나만의길 #다잘될거야

PART **1** 선사와 고대

26회분(47회~72회) 평균 출제비중

19.4%

해품사 한능검 테마별 기출 총 26회분 분석 결과

난이도	중요도 및 평균 출제율

쉬움   보통   어려움

※테마 난이도를 색깔 구분으로 바로 확인하세요!

★ 약 70% 미만
★★ 약 70~80%
★★★ 약 80~99%
★★★★ 100% 출제!

테마 01	선사 시대의 생활상	★★★★
테마 02	국가의 형성 및 발전	★★★★
테마 03	삼국의 성장 및 가야의 특징	★★★★
테마 04	고구려의 대외 항쟁 및 삼국의 통일	★★★
테마 05	남북국 시대의 역사적 사실	★★★★
테마 06	고대의 경제 · 사회 · 문화 1	★
테마 07	고대의 문화 2	★★

선사 시대의 생활상

✓ 시기: 기원전 약 70만 년~기원전 약 3세기   ✓ 중요도 및 평균 출제율: 100% 출제! ★★★★
✓ 난이도: 쉬움 → 반복되는 생활상 및 유물만 암기하면 매우 쉽게 풀이 가능!

흐름형   시대의 흐름을 따라가며 보면 좋은 유형

기원전 약 70만년 전
구석기 시대

1. 도구: 뗀석기(주먹도끼, 찍개, 슴베찌르개)

2. 생활상: 수렵 및 채집 생활, 이동 생활,
   평등한 공동체 생활
   └─ 신석기 시대까지 유지됨

3. 주거지: 동굴이나 바위그늘, 강가 인근의 막집에서 거주

4. 유적지: 연천 전곡리, **공주 석장리**, 충북 단양 수양개 유적,
   충북 청원 두루봉 동굴, 평남 덕천 승리산 동굴,
   상원 검은모루 동굴   └─ 공주 지역사 연계

기원전 약 8000년 전
신석기 시대

1. 도구: 간석기(돌괭이, 돌삽, 돌보습 등),
   가락바퀴 및 뼈바늘, 갈돌 및 갈판

2. 토기: 빗살무늬 토기, 이른 민무늬 토기
   └─ 청동기 시대 민무늬 토기와 혼동 주의!

3. 생활상: 농경 및 목축 시작(밭농사 중심),
   정착 생활의 시작

4. 움집 거주: 중앙에 화덕 배치,
   강가나 바닷가 인근 배치

5. 원시 신앙: 애니미즘(자연물 및 정령),
   토테미즘(특정 동식물 숭배),
   샤머니즘(무당 및 주술)

6. 유적지: 서울 암사동, **부산 동삼동**, **제주 고산리**
   └─ 부산 지역사 연계   └─ 제주 지역사 연계

**해품사의
테마 출제예언!**

1) 구석기~청동기 시대를
중심으로 각 선사 시대
시기의 생활상, 유물, 유
적지 키워드 전반적으로
암기하기

2) 각 시기를 대표하는
유물 사진 파악하기

3) 특정 유적지를
지역사 유형과
연계하기

해품사 한능검 키워드 판서

⊘ 테마 학습을 다 하고 난 후, 다시 돌아와서 한 번 더 보세요!

기원전 약 2000년 전
청동기 시대

1. 도구: 거푸집, 비파형 동검, 거친무늬 거울, 청동 방울, 반달 돌칼
    → 가끔 청동기 시대 키워드로 출제!

2. 토기: 미송리식 토기, 민무늬 토기

3. 생활상: 벼농사 시작, 사유 재산 및 계급 발생 → 지배층
   무덤으로 고인돌 축조

4. 주거지: 직사각형 형식, 점차 지상 가옥화
   주거지 인근에 환호 및 목책 배치,
   주로 구릉 지대(배산임수형)에 주거지 형성

5. 유적지: 부여 송국리,
   여주 흔암리(탄화된 쌀 발견),
   울주 검단리 유적(환호 마을 유적)

기원전 약 3세기
초기 철기 시대

1. 도구: 거푸집, 세형동검, 잔무늬 거울,
   철제 농기구│및 무기
   └→ 주로 초기 철기 시대 키워드로 제시됨

2. 토기: 검은 간토기, 덧띠 토기

3. 무덤: 널무덤, 독무덤

4. 생활상: 명도전·반량전·오수전·화천 등
   중국 화폐로 교역,
   철제 무기를 통해 정복 전쟁을 활발하게 벌임

쉽게 출제될 경우	VS	어렵게 출제될 경우

기출 → 68, 69, 71회

: 각 선사 시대 시기와 관련된 '생활상 및 유물'만 출제

⇨ 빈출 생활상 및 유물 키워드 암기가 중요!

⇨ 동굴 및 막집 거주 / 농경 및 정착 생활 시작, 가락바퀴, 빗살무늬 토기 / 고인돌, 비파형 동검, 민무늬 토기

기출 → 71회

: '혼동하기 쉬운 생활상 및 유물'을 언급하여 출제

⇨ 주로 신석기 시대와 청동기 시대를 혼동하기 쉬운 편!

⇨ 생활상(밭농사-신석기 vs 벼농사-청동기) 및 토기(이른 민무늬 토기-신석기 vs 민무늬 토기-청동기)

01 선사 시대의 생활상

📢 **해품사 공지사항!**

총 26회분(47회~72회) 기출에서 단 한 번이라도 언급된 내용은 모두 포함!

빨간색 키워드는 약 80% 이상 확률로 출제된 중요 키워드이므로 우선 암기

[ ] 키워드는 그중에서도 직접적인 정답 키워드로 자주 언급되는 것

☆~☆☆☆ 테마 안에서도 더욱 빈출인 주제에 표시

1 구석기 시대 ☆☆

도구	뗀석기(돌을 깨뜨려서 제작) → 주먹도끼, 긁개, 찍개, 슴베찌르개
생활상	수렵 및 채집 생활, 이동 생활, 평등한 공동체 생활 ┌ 신석기 시대까지 유지됨
주거지	동굴이나 바위그늘에서 거주, 강가 인근의 막집에서 거주
대표 유적지	공주 석장리 유적(남한 최초 발견 구석기 유적), ┌ 공주 지역사 연계 연천 전곡리 유적(동아시아 최초 아슐리안 주먹도끼 발견 유적), 충북 단양 수양개 유적, 충북 청원 두루봉 동굴(흥수아이 발견), 평남 덕천 승리산 동굴, 상원 검은모루 동굴 등

▲주먹도끼

▲슴베찌르개

2 신석기 시대 ☆☆

도구	간석기(돌팽이, 돌삽, 돌보습 등), 가락바퀴, 뼈바늘, 갈돌 및 갈판
토기	빗살무늬 토기, 이른 민무늬 토기 ┌ 청동기 시대의 민무늬 토기와 혼동 주의!
생활상	농경 및 목축 시작(밭농사 중심), 정착 생활의 시작
원시 신앙 시작	애니미즘-자연물 및 정령, 토테미즘-특정 동식물 숭배, 샤머니즘-무당 및 주술
예술	동물의 모양을 새긴 조각품, 조개가면, 치레걸이(신체 또는 의복에 붙이는 장식품) 등
주거지	움집에서 거주 → 원형 또는 모서리가 둥근 네모 바닥 형식, 중앙에 화덕 배치, 주로 강가나 바닷가 인근에서 발견됨
대표 유적지	서울 암사동 유적(움집 터 발견), 부산 동삼동 유적(조개무지 유적 출토), ┌ 부산 지역사 연계 제주 고산리 유적(이른 민무늬 토기 출토), 황해 봉산 지탑리 유적 등 ┌ 제주도 지역사 연계

▲가락바퀴

▲갈돌 및 갈판

▲빗살무늬 토기

▲조개가면

48 해품사 한능검_PART1 선사와 고대

3 청동기 시대 ☆☆

도구	거푸집, 비파형 동검, 거친무늬 거울, 청동 방울, 반달 돌칼 ┌─ 가끔 청동기 시대 키워드로도 출제됨
토기	미송리식 토기, 민무늬 토기
생활상	벼농사 시작, 사유 재산 및 계급 발생 → 지배층의 무덤으로 고인돌 축조 ┌─ 신석기 시대의 밭농사 중심과 구별
주거지	직사각형 형식, 점차 지상 가옥화, 화덕이 한쪽 벽면으로 이동함, 주거지 인근에 목책 및 환호 배치, 집단 취락 형태로 발전, 주로 구릉 지대에 형성됨(배산임수형)
대표 유적지	부여 송국리(대규모 집터 유적), 여주 흔암리(탄화된 쌀 발견), 울주 검단리 유적(환호 마을 유적)

▲비파형 동검

▲반달 돌칼

▲미송리식 토기

▲민무늬 토기

▲고인돌

4 초기 철기 시대 ☆

도구	거푸집, 세형 동검, 잔무늬 거울, 철제 농기구 및 무기 ┌─ 청동기 시대 후기부터 제작되었으나, 주로 철기 시대 키워드로 제시됨
토기	검은 간토기, 덧띠 토기
무덤	널무덤, 독무덤
생활상	명도전·반량전·오수전·화천 등 중국 화폐로 교역, 철제 무기를 통해 정복 전쟁을 활발하게 벌임

▲세형동검

▲명도전

▲반량전

▲오수전

총 26회분 기출분석에서 나온 대표패턴을
최신 기출문제에서 뽑았습니다.

63회 1번

1. 밑줄 그은 '이 시대'의 생활 모습으로 옳은 것은?

[1점]

> 이 그림은 한 미군 병사가 경기도 연천군 전곡리에서 이 시대의 대표적인 유물인 주먹도끼 등을 발견하고 그린 것입니다. 그가 발견한 아슐리안형 주먹도끼는 <u>이 시대</u> 동아시아에는 찍개 문화만 존재하고 주먹도끼 문화는 없었다는 모비우스(H. Movius)의 학설을 뒤집는 증거가 되었습니다.

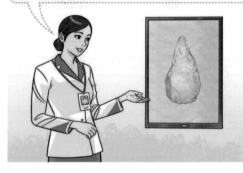

① 소를 이용하여 깊이갈이를 하였다.
② 빗살무늬 토기에 식량을 저장하였다.
③ 지배층의 무덤으로 고인돌을 만들었다.
④ 거푸집을 사용하여 세형동검을 제작하였다.
⑤ 주로 동굴이나 강가의 막집에서 거주하였다.

키워드 추출

주먹도끼 – 구석기 시대의 대표 유물

정답분석

⑤ 구석기 시대에는 동굴 또는 바위 그늘에 거주하거나 막집을 따로 지어 살았다.

오답분석

① 소를 이용한 깊이갈이와 관련된 우경 기록은 신라 지증왕 때의 사례가 최초이다.
② 신석기 시대에 빗살무늬 토기가 제작되었다.
③ 청동기 시대부터 고인돌이 제작되었다.
④ 후기 청동기 시대와 철기 시대에 거푸집을 이용하여 세형동검을 제작하였다.

해품사의 합격Tip

이 문제에서 주목할 선지는 '소를 이용한 깊이갈이'로, 이 키워드가 나오면 사실상 '무조건 오답'으로 보는 것이 좋습니다.

[정답] ⑤

56회 1번

2. (가) 시대의 생활 모습으로 옳은 것은?

[1점]

> 이것은 제주 고산리 유적에서 발굴된 이른 민무늬 토기입니다. 이 토기의 출토로 우리나라의 (가) 시대가 기원전 8000년경부터 시작되었음을 알게 되었습니다. 고산리 유적에서는 화살촉, 갈돌, 갈판 등의 석기도 나왔습니다.

이른 민무늬 토기

① 고인돌, 돌널무덤 등을 만들었다.
② 거푸집을 이용하여 청동검을 제작하였다.
③ 농경과 목축을 시작하여 식량을 생산하였다.
④ 주로 동굴에 살면서 사냥과 채집 생활을 하였다.
⑤ 쟁기, 쇠스랑 등의 철제 농기구를 써서 농사를 지었다.

키워드 추출

- 제주 고산리 유적 – 신석기 시대의 대표 유적지
- 이른 민무늬 토기 – 신석기 시대의 대표 토기
- 갈돌, 갈판 – 신석기 시대의 대표 유물

정답분석

③ 신석기 시대에 농경이 시작되면서 정착 생활이 이루어졌다.

오답분석

① 청동기 시대에 지배층의 무덤으로 고인돌을 축조하였다.
② 청동기 시대 후기부터는 우리나라만의 독자적인 청동 무기인 세형 동검을 제작하였다.
④ 구석기 시대에는 동굴에 거주하면서 사냥과 채집 활동을 하였다.
⑤ 철기 시대에는 쟁기, 쇠스랑 등 철제 농기구를 사용하였다.

해품사의 합격Tip

이 문제는 선사 시대 유형 중 의외로 오답률이 높은 대표적인 문제로, '이른 민무늬 토기'를 '민무늬 토기'라고 혼동하였기 때문입니다.

[정답] ③

61회 1번

3. (가) 시대의 생활 모습으로 옳은 것은? [1점]

강원도 양양군 오산리에서 (가) 시대 마을 유적이 발굴되었습니다. 약 8천 년 전에 형성된 집터에서는 (가) 시대를 대표하는 유물인 빗살무늬 토기와 덧무늬 토기를 비롯하여 이음낚시, 그물추 등이 출토되었습니다.

① 주로 동굴이나 막집에 거주하였다.

② 고인돌, 돌널무덤 등을 축조하였다.

③ 명도전을 이용하여 중국과 교역하였다.

④ 농경과 목축을 통하여 식량을 생산하였다.

⑤ 비파형 동검과 거친무늬 거울 등을 제작하였다.

키워드 추출

• 강원도 양양군 오산리 유적 – 신석기 시대의 대표 유적지

• 빗살무늬 토기와 덧무늬 토기 – 신석기 시대의 대표 유물

정답분석

④ 신석기 시대에 농경이 시작되면서 정착 생활이 이루어졌다.

오답분석

① 구석기 시대에는 동굴 또는 바위 그늘에 거주하거나 막집을 따로 지어 살았다.

② 청동기 시대에 지배층의 무덤으로 고인돌을 축조하였다.

③ 철기 시대에는 명도전, 반량전 등 중국 화폐가 사용되었다.

⑤ 비파형 동검과 거친무늬 거울은 청동기 시대의 유물이다.

해품사의 합격Tip

선사 시대 생활상 유형은 가끔 낯선 유적지가 언급될 수 있으나, 대체로 '공략하기 쉬운 생활상 및 유물을 함께 제시'하므로 이를 중심으로 풀 것을 권장합니다!

[정답] ④

70회 1번

4. (가) 시대의 생활 모습으로 가장 적절한 것은? [1점]

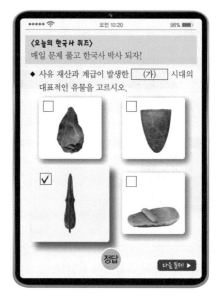

〈오늘의 한국사 퀴즈〉
매일 문제 풀고 한국사 박사 되자!

◆ 사유 재산과 계급이 발생한 (가) 시대의 대표적인 유물을 고르시오.

정답

다음 문제 ▶

① 철제 무기로 정복 활동을 벌였다.

② 오수전, 화천 등의 중국 화폐로 교역하였다.

③ 많은 인력을 동원하여 고인돌을 축조하였다.

④ 주로 동굴이나 강가에 막집을 짓고 거주하였다.

⑤ 가락바퀴와 뼈바늘을 사용하여 옷을 만들기 시작하였다.

키워드 추출

• 사유 재산과 계급이 발생 – 청동기 시대

• 사진의 유물 – 청동기 시대의 무기인 비파형 동검

정답분석

③ 청동기 시대에 지배층의 무덤으로 고인돌을 축조하였다.

오답분석

① 철기 시대에는 철로 제작한 무기를 활용하여 막대한 정복 활동이 이루어졌다.

② 철기 시대에는 명도전, 반량전, 오수전, 화천 등 중국 화폐가 사용되었다.

④ 구석기 시대에는 동굴 또는 바위 그늘에 거주하거나 막집을 짓고 살았다.

⑤ 신석기 시대에는 가락바퀴와 뼈바늘을 이용하여 옷이나 그물을 만들었다.

해품사의 합격Tip

선사 시대 생활상 유형은 때때로 '각 시대의 대표 유물 사진만을 바탕으로 특정 선사 시대를 유추'할 필요가 있으므로, 각 시대의 대표 유물 사례의 외관을 살펴보는 것을 권장합니다!

[정답] ③

1.

(가) 시대의 생활 모습으로 옳은 것은?

국가문화유산포털

종목별 전체 국보 보물 사적 명승

문화유산 검색 부산 동삼동 패총 ㅤ검색ㅤ초기화ㅤ□결과 내 재검색

갈돌 및 갈판, 빗살무늬 토기 등 (가) 시대의 유물이 출토된 한반도 남부의 유적지이다. 특히 바다 인근 지역임을 고려하여 대규모의 조개더미 유적이 발견되었다.

① 주로 동굴이나 바위 그늘에서 살았다.

② 반달 돌칼을 이용하여 벼를 수확하였다.

③ 지배층의 무덤으로 고인돌을 축조하였다.

④ 명도전, 반량전 등의 중국 화폐로 교역하였다.

⑤ 가락바퀴와 뼈바늘을 사용하여 옷을 제작하였다.

해품사 출제예언 - 특정 시대 유적지 언급

한능검의 선사 시대 생활상 유형은 주로 특정 시대의 유적지를 언급하며, 관련 유물을 힌트로 제시합니다. 가끔 교재에서 다루지 않은 유적지가 언급되지만, 빈출 유물 또는 생활상 키워드를 반드시 제시하므로 해당 키워드에 더욱 주목하여 풀 것을 권장합니다!

키워드 추출

• 갈돌 및 갈판, 빗살무늬 토기 - 신석기 시대의 대표 유물

• 부산 동삼동 - 신석기 시대의 대표 유적지

정답분석

⑤ 신석기 시대에는 가락바퀴와 뼈바늘 등을 이용한 원시적 수공업이 이루어졌다.

오답분석

① 구석기 시대에는 동굴 또는 바위 그늘에 거주하거나 막집을 따로 지어 살았다.

② 반달 돌칼은 청동기 시대의 대표 유물이다.

③ 청동기 시대에는 지배층의 무덤으로 고인돌이 축조되었다.

④ 철기 시대에는 명도전, 반량전 등 중국 화폐가 사용되었다.

[정답] ⑤

2.

(가) 시대의 사회 모습으로 옳은 것은?

□□신문

제△△호 ㅤ ○○○○년 ○○월 ○○일

진주 (가) 문화박물관, '송국리 사람들' 기획전 개최

진주 (가) 문화박물관은 기획전 '대평리 사람들, 송국리 사람들'을 개최하여 한국의 (가) 시대의 대표적인 유적지인 진주 대평리와 부여 송국리를 비교하는 전시회를 개최할 예정이다. 특히 이번 전시회에서는 초평리에서 출토된 독널(옹관)이 최초로 공개되며, 비파형 동검을 투명 디스플레이를 활용하여 미디어 전시로 재현할 예정이라고 한다.

① 소를 이용하여 깊이갈이를 하였다.

② 주로 동굴이나 바위 그늘에서 살았다.

③ 많은 인력을 동원하여 고인돌을 축조하였다.

④ 빗살무늬 토기를 만들어 식량을 저장하였다.

⑤ 쟁기, 쇠스랑 등의 철제 농기구가 이용되었다.

해품사 출제예언 - 번갈아 가며 출제

선사 시대 생활상 유형은 매회 각각의 시대가 번갈아 가며 출제되는 경향이 있습니다.

키워드 추출

• 부여 송국리 - 청동기 시대의 대표 유적지

• 비파형 동검 - 청동기 시대의 대표 유물

정답분석

③ 청동기 시대에는 지배층의 무덤으로 고인돌을 축조하였다.

오답분석

① 소를 이용한 깊이갈이와 관련된 우경의 기록은 신라 지증왕 때의 사례가 최초이다.

② 구석기 시대에는 동굴 또는 바위 그늘에 거주하거나 막집을 짓고 살았다.

④ 신석기 시대에는 빗살무늬 토기, 이른 민무늬 토기 등을 사용하여 식량을 저장하였다.

⑤ 철기 시대에는 쟁기, 쇠스랑 등 철제 농기구를 이용하여 보다 효율적으로 농사를 지었다.

[정답] ③

어제의 오답 선지 = 내일의 정답 선지 | 한능검은 역사적 사실이 아닌 것은 선지에 포함하지 않습니다. 즉, 모든 선지는 사실이죠! 기출에서 오답 선지는 언제든 정답이 될 수 있습니다.

먼저 오른쪽 기출선지 키워드 암기를 가리고 왼쪽의 (빈칸)을 채워보세요. 그후 오른쪽 기출선지를 키워드 중심으로 달달 외우세요!

	기출선지 (키워드) 채우기	기출선지 키워드 암기	중요도
1	(　　　　)에는 주로 동굴이나 바위 그늘에서 살았다.	구석기 시대에는 주로 동굴이나 바위 그늘에서 살았다. [47, 48, 49, 50, 51, 52, 53, 55, 56, 57, 58, 59, 60, 61, 62, 63, 65, 66, 67, 68, 69, 70, 71, 72회]	★★★
2	구석기 시대에는 주먹도끼, 찍개 등의 (　　　　)를 처음 제작하였다.	구석기 시대에는 주먹도끼, 찍개 등의 뗀석기를 처음 제작하였다. [49, 57, 60, 69, 72회]	★★★
3	신석기 시대에는 (　　　　)와 뼈바늘을 사용하여 옷을 만들기 시작하였다.	신석기 시대에는 가락바퀴와 뼈바늘을 사용하여 옷을 만들기 시작하였다. [47, 50, 51, 52, 53, 54, 57, 58, 62, 64, 65, 66, 68, 69, 70회]	★★★
4	신석기 시대에는 (　　　　)과 목축이 최초로 시작되었다.	신석기 시대에는 농경과 목축이 최초로 시작되었다. [49, 56, 61회]	★★
5	(　　　　)에는 빗살무늬 토기를 만들어 식량을 저장하였다.	신석기 시대에는 빗살무늬 토기를 만들어 식량을 저장하였다. [48, 50, 55, 59, 60, 63, 66, 67, 71회]	★★
6	청동기 시대에는 지배층의 무덤으로 (　　　　)을 축조하였다.	청동기 시대에는 지배층의 무덤으로 고인돌을 축조하였다. [48, 49, 51, 53, 54, 56, 61, 63, 65, 69, 70, 72회]	★★★
7	청동기 시대에는 (　　　　)을 이용하여 벼를 수확하였다.	청동기 시대에는 반달 돌칼을 이용하여 벼를 수확하였다. [50, 53, 55, 57, 59, 60, 62, 66, 68, 69회]	★★★
8	청동기 시대에는 (　　　　)이라는 무기를 제작하였다.	청동기 시대에는 비파형 동검이라는 무기를 제작하였다. [61, 67회]	★★
9	청동기 시대에는 (　　　　) 및 청동 방울 등을 의례 도구로 사용하였다.	청동기 시대에는 청동 거울 및 청동 방울 등을 의례 도구로 사용하였다. [47, 52, 54, 64, 67, 71회]	★★
10	후기 청동기 시대와 철기 시대에는 (　　　　)을 이용하여 세형 동검을 제작하였다.	후기 청동기 시대와 철기 시대에는 거푸집을 이용하여 세형 동검을 제작하였다. [48, 50, 51, 53, 54, 55, 58, 63, 64, 71회]	★★★
11	철기 시대에는 쟁기, 쇠스랑 등의 (　　　　)가 이용되었다.	철기 시대에는 쟁기, 쇠스랑 등의 철제 농기구가 이용되었다. [47, 48, 49, 51, 56, 58, 62, 65, 71, 72회]	★★★
12	철기 시대에는 (　　　　), 반량전, 오수전 등의 중국 화폐로 교역하였다.	철기 시대에는 명도전, 반량전, 오수전 등의 중국 화폐로 교역하였다. [47, 52, 54, 55, 58, 59, 61, 64, 66, 68, 70회]	★★★
13	철기 시대에는 (　　　　)로 정복 활동을 벌였다.	철기 시대에는 철제 무기로 정복 활동을 벌였다. [59, 67, 70회]	★

✓ 테마 학습을 다 했다면, 테마 맨 앞 키워드 판서로 돌아가 복습하세요!

국가의 형성 및 발전

 시기: 기원전 약 2000년 전~기원후 약 300년 　 중요도 및 평균 출제율: 100% 출제! ★★★★

 난이도: 쉬움 → 대부분의 유형이 각 국가의 전반적인 사실만 암기하면 됨. 사료도 반복 출제되는 편!

흐름형　시대의 흐름을 따라가며 보면 좋은 유형

기원전 약 4세기~2세기
고조선 전기

1. 단군왕검에 의해 고조선 건국

2. 전국 7웅 중 하나인 연나라와 대립
    └→ 장수 진개에 의해 영토 상실

3. 부왕, 준왕 등 성장

4. 위만 망명 및 정변 주도
    └→ 준왕을 몰아내고 왕 즉위

기원전 2세기 전기
위만 집권 시기

1. 임둔 및 진번 복속

2. 한(漢)과 진(辰) 사이
   중계 무역 담당

기원전 약 2세기 말기
우거왕 집권 시기

1. 조선상 역계경이 무리를 이끌고
   진국(辰國) 남하

2. 한 무제의 군대에 의해 왕검성
   함락 및 고조선 멸망

3. 고조선의 옛 영토에 한사군 설치

해품사의 테마 출제예언!

1) 고조선의 전반적인 역사적 사실 이해 및 성장&멸망 과정 흐름 파악하기

2) 고대 철기 국가들의 관직, 위치, 제도, 제천 행사, 풍습 등 구별하기

3) 고대 철기 국가 관련 사료 해석하기

해품사 한능검 키워드 판서

⊘ 테마 학습을 다 하고 난 후, 다시 돌아와서 한 번 더 보세요!

암기형 시대를 몰라도 키워드만 알면 풀 수 있는 유형

1. 고조선의 특징-고조선 사실 유형 연계
- 범금 8조
- 왕 아래 상, 대부, 장군 등 관직 존재

2. 고대 철기국가의 특징

국가	관직 & 지배층	교육 기관 & 건축물	제도	풍습	기타
부여	사출도(마가, 우가, 저가, 구가)		1책 12법	순장, 영고(제천 행사), 우제점법, 형사취수제	
고구려	고추가, 사자·조의· 선인, 욕살 및 처려근지	경당, 태학, 부경	진대법 └ 을파소 건의	동맹(제천 행사), 서옥제, 형사취수제	제가 회의
옥저	┌ 읍군 및 삼로			가족 공동묘, 민며느리제	소금 및 어물
동예	└ 읍군 및 삼로			무천(제천 행사), 책화	단궁·과하마· 반어피(특산물)
삼한	• 연맹 왕국: 마한, 진한, 변한 • 지배층: 신지, 읍차			계절제 (5월 및 10월)	소도, 천군

두 국가가 겹치므로 다른 키워드로 구별 필수!

쉽게 출제될 경우	**VS**	어렵게 출제될 경우

기출 → 61, 62, 65회

: 고조선 및 고대 철기 국가에 대한 '전반적인 사실 유형'을 출제

⇨ 각 국가와 관련된 전반적인 사례 암기가 중요! : 범금 8조 / 영 고, 사출도 / 경당, 동맹, 서옥제 / 가족 공동묘, 민며느리제 / 무천, 책화 / 소도, 신지 및 읍차

기출 → 52, 67, 69회

: 고조선의 '역사적 흐름'을 파악하거나, '고대 철기 국가 관련 사료를 해석'하는 유형이 출제됨

⇨ 고조선의 '위만 및 우거왕 시기 구별' 또는 고대 철기 국가 사 료 독해가 필수적!

⇨ 위만(임둔 및 진번 복속) vs 우거왕(한 무제 군대에 의해 멸망), 빈출 고대 철기 국가 해석 훈련하기!

02 국가의 형성 및 발전

📢 **해품사 공지사항!**

총 26회분(47회~72회) 기출에서 단 한 번이라도 언급된 내용은 모두 포함!

빨간색 키워드는 약 80% 이상 확률로 출제된 중요 키워드이므로 우선 암기

[   ] 키워드는 그중에서도 직접적인 정답 키워드로 자주 언급되는 것

☆~☆☆☆ 테마 안에서도 더욱 빈출인 주제에 표시

1 고조선의 역사적 사실 ☆

고조선 초기	■ 전반적 역사적 사실: 단군왕검(고조선의 건국자)ㅡ제정일치, 청동기 문화를 바탕으로 성장, 요령 지방~대동강 유역에서 성장 ■ 역사적 흐름: 중국 전국 7웅 중 하나인 연나라와 대립(장수 진개에 의해 영토 상실) → 부왕, 준왕 등 성장 → 위만의 망명 이후 정변을 일으켜 준왕을 몰아내고 즉위
위만 조선	■ 전반적 역사적 사실: 임둔 및 진번 복속, 철기 문화 보급, 한(漢)과 진(辰) 사이 중계 무역 담당 ■ 역사적 흐름: 주변 국가 복속 및 중계 무역 담당(위만) → 조선상 역계경이 무리를 이끌고 진국(辰國) 남하(우거왕) → 중국의 한나라 무제가 이끈 군대에 의해 왕검성 함락, 고조선 멸망(우거왕) → 고조선의 옛 영토에 한사군 설치(고조선 멸망 이후)
고조선의 관직 및 제도	■ 관직: 상, 대부, 장군 등 ㅡ 고대 철기 국가들의 관직과 혼동 주의 ■ 제도: 범금 8조(살인, 상해, 절도죄에 대한 처벌 규정)

2 고대 철기 국가의 역사적 사실 ☆☆☆

부여	■ 관직: 마가 · 우가 · 저가 · 구가 → 사출도 관할 ■ 제도: 1책 12법(도둑질할 경우 12배로 배상) ■ 풍습: 순장, 영고(제천 행사, 12월), 우제점법(소의 발굽으로 국가 운세 예언), 형사취수제	
고구려	■ 지배층&관직 및 귀족 회의: 고추가(왕족), 사자 · 조의 · 선인, 욕살 및 처려근지(지방관), 제가 회의(귀족 회의) ■ 교육 기관 및 건축물: 경당(미성년 학교), 태학(국립 교육 기관), 부경(양식 창고) ■ 제도 및 풍습: 진대법(고국천왕 재위 당시 을파소가 건의, 춘대추납 원칙), 동맹(제천 행사, 10월), 서옥제 · 형사취수제(혼인 풍습)	
옥저	■ 지배층: 읍군 및 삼로 ■ 풍습: 가족 공동묘, 민며느리제 ■ 특산물: 소금 및 어물(어염ㅡ魚鹽) ㅡ 고구려에게 예속되어 특산물을 바침	**공통점**: 두 국가는 읍군 및 삼로라는 지배자가 존재하므로 다른 결정적 키워드로 구별 필수!
동예	■ 지배층: 읍군 및 삼로 ■ 풍습: 무천(제천 행사), 족외혼(혼인 풍습), 책화(다른 부족 경계 침범 시 소나 말 등으로 배상) ■ 특산물: 단궁 · 과하마 · 반어피(단과반)	
삼한	■ 지배층 및 구성: 신지 및 읍차, 목지국(마한) · 사로국(진한) · 구야국(변한) 등 소국으로 이루어짐 ㅡ 철 생산 ■ 풍습: 계절제(5월 및 10월 개최) ■ 특수 행정 구역 및 관련 직책: 천군(제사장), 소도(특수 행정 구역)	✓ **해품사 암기팁!** 삼한은 고구려의 간섭을 받지 않아 신이나서(신지) 소도 사고 차도(읍차) 사고

필수 사료와 자료

고조선 - 위만의 망명 및 정변

연(燕)의 위만이 망명하여 오랑캐의 복장을 하고 동쪽으로 패수를 건너 준왕에게 항복하였다. … 위만이 망명자들을 꾀어내어 그 무리가 점점 많아지자, 준왕에게 사람을 보내 "한의 군대가 열 갈래로 쳐들어오니 [왕궁에] 들어가 숙위하기를 청합니다."라고 속이고 도리어 준왕을 공격하였다.

－『삼국지』 위서 동이전 －

고조선의 멸망 과정

좌장군은 고조선의 패수 서쪽에 있는 군사를 쳤으나 이를 격파해서 나가지는 못했다. … 누선장군도 가서 합세하여 왕검성의 남쪽에 주둔했지만, 우거왕이 성을 굳게 지키므로 몇 달이 되어도 함락시킬 수 없었다.

－『사기』 조선열전 －

부여의 관직 및 제천 행사

• 은력(殷曆) 정월에 지내는 제천 행사는 국중 대회로 날마다 마시고 먹고 노래하고 춤추는데, 그 이름을 영고라 했다.

－『삼국지』 위서 동이전 －

• 부여의 사람들은 … 가축의 이름으로 관직명을 지으니 마가·우가·구가 등이 있었다. 그 나라의 읍락은 모두 여러 가(加)에 소속되었다.

－『후한서』 동이열전 －

고구려의 관직 및 제천 행사

그 나라에는 왕이 있고, 벼슬로는 상가·대로·패자·고추가·주부·우태·승·사자·조의·선인이 있으며, 신분의 높고 낮음에 따라 각각 등급을 두었다. … 10월에 지내는 제천 행사는 국중대회로 이름하여 동맹이라 한다.

－『삼국지』 위서 동이전 －

옥저의 혼인 풍습 및 매장 풍습

• 여자의 나이가 열 살이 되기 전에 혼인을 약속하고, 신랑 집에서 맞이하여 장성할 때까지 기른다. 여자가 장성하면 여자 집으로 돌아가게 한다. 여자 집에서는 돈을 요구하는데, 신랑 집에서 돈을 지불한 후 다시 데리고 와서 아내로 삼는다.

－『삼국지』 위서 동이전 －

• 사람이 죽으면 임시로 매장한다. 겨우 시체가 덮일 만큼 묻었다가 가죽과 살이 다 썩은 다음에 뼈만 추려 곽 속에 넣는다. 온 집 식구를 하나의 곽 속에 넣어 두는데, 죽은 사람의 숫자만큼 나무를 깎아 생전의 모습과 같이 만들었다.

－『삼국지』 위서 동이전 －

동예의 제천 행사 및 풍습

그 나라의 풍속은 산천을 중요시하여 산과 내마다 각기 구분이 있어 함부로 들어가지 않는다. … 해마다 10월이면 하늘에 제사를 지내는데, 주야로 술을 마시고 노래를 부르며 춤추니 이를 무천이라 한다. 또 호랑이를 신으로 여겨 제사를 지낸다.

－『삼국지』 위서 동이전 －

삼한의 관직 및 제천 행사

• 읍마다 우두머리가 있어 세력이 강대하면 신지라 하고, … 그 다음은 읍차라 하였다. 나라에는 철이 생산되는데 예(濊), 왜(倭) 등이 와서 사간다. 무역에서 철을 화폐로 사용한다.

• 해마다 5월이면 씨뿌리기를 마치고 귀신에게 제사를 지낸다. 떼를 지어 모여서 노래와 춤을 즐기며 술 마시고 노는데 밤낮으로 쉬지 않는다. … 국읍에 각각 한 사람씩 세워서 천신의 제사를 주관하게 하는데, 이를 천군이라 부른다.

－『삼국지』 위서 동이전 －

총 26회분 기출분석에서 나온 대표패턴을
최신 기출문제에서 뽑았습니다.

58회 2번

1. (가) 나라에 대한 설명으로 옳은 것은? [2점]

> ○ 좌장군은 ⃞(가)⃞의 패수 서쪽에 있는 군사를 쳤으나 이를 격파해서 나가지는 못했다. …… 누선장군도 가서 합세하여 왕검성의 남쪽에 주둔했지만, 우거왕이 성을 굳게 지키므로 몇 달이 되어도 함락시킬 수 없었다.
> ○ 마침내 한 무제는 동쪽으로는 ⃞(가)⃞을/를 정벌하고 현도군과 낙랑군을 설치했으며, 서쪽으로는 대완과 36국 등을 병합하여 흉노 좌우의 후원 세력을 꺾었다.

① 동맹이라는 제천 행사를 열었다.

② 신지, 읍차라 불린 지배자가 있었다.

③ 도둑질한 자에게 12배로 배상하게 하였다.

④ 읍락 간의 경계를 중시하는 책화가 있었다.

⑤ 왕 아래 상, 대부, 장군 등의 관직을 두었다.

키워드 추출

- 왕검성 – 고조선의 마지막 도성
- 우거왕 – 고조선의 마지막 왕
- 한 무제 – 고조선은 중국의 한 무제에 의해 멸망함

정답분석

⑤ 고조선은 왕 아래에 상, 대부, 장군 등 여러 관직이 존재하였다.

오답분석

① 고구려는 매년 10월에 제천 행사인 동맹을 열었다.

② 삼한은 신지·읍차라고 불린 지배자가 있었다.

③ 부여는 남의 물건을 훔칠 경우 12배로 배상하도록 하는 1책 12법을 운영하였다.

④ 동예는 다른 부족의 영역을 침범할 경우 소나 말로 배상하는 풍습인 책화가 있었다.

해품사의 합격Tip

심화 시험에서 출제되는 고조선 문제는 선지에서 '관직 또는 외교와 관련된 키워드'를 언급할 수 있습니다. 이는 '고대 철기국가의 관직 사례'와 혼동하기 쉽기 때문에 더욱 주의할 필요가 있습니다!

[정답] ⑤

52회 2번

2. (가) 인물에 대한 설명으로 옳은 것은? [2점]

> 연(燕)의 [(가)]이/가 망명하여 오랑캐의 복장을 하고 동쪽으로 패수를 건너 준왕에게 항복하였다. …… [(가)]이/가 망명자들을 꾀어내어 그 무리가 점점 많아지자, 준왕에게 사람을 보내 "한의 군대가 열 갈래로 쳐들어오니 [왕궁에] 들어가 숙위하기를 청합니다."라고 속이고 도리어 준왕을 공격하였다.
> – 『삼국지』 동이전 –

① 한 무제가 파견한 군대와 맞서 싸웠다.

② 진번과 임둔을 복속하여 세력을 확장하였다.

③ 빈민을 구제하기 위해 진대법을 실시하였다.

④ 지방의 여러 성에 욕살, 처려근지 등을 두었다.

⑤ 연의 장수 진개의 공격을 받아 영토를 빼앗겼다.

키워드 추출

준왕을 공격 – 위만은 고조선으로 망명한 뒤 정변을 일으켜 준왕을 몰아내고 정권을 장악함

정답분석

② 위만은 한반도 북부의 진번과 임둔을 복속시켰다.

오답분석

① 고조선은 우거왕 때 한나라 무제의 공격으로 멸망하였다.

③ 고구려의 고국천왕은 빈민 구제 제도인 진대법을 실시하였다.

④ 고구려는 욕살, 처려근지 등의 지방관을 파견하였다.

⑤ 고조선은 연의 장수 진개의 공격으로 서쪽 영토 일부를 상실하였다.

해품사의 합격Tip

고조선 문제에서 흐름형 유형을 출제할 경우, '위만 집권 전후 시기 구별'이 중요합니다. 특히 위만 집권 시기의 역사적 사실과 우거왕 집권 시기의 역사적 사실이 명확히 다르기에 각 시기의 사례를 정확히 구별하는 것이 중요합니다!

[정답] ②

3. (가)에 들어갈 내용으로 옳은 것은? [2점]

> 지도에 표시된 쑹화강 유역을 중심으로 성장한 이 나라는 평원과 구릉, 넓은 못이 많았습니다. 농업과 목축을 생업으로 하며 12월에 영고라는 제천 행사를 열었습니다. 이 나라에 대해 알고 있는 내용을 대화창에 올려 주세요.

> ON 대화창
> 명마, 적옥, 담비 가죽 등이 생산되었어요.
> 형이 죽으면 형수를 아내로 삼는다는 기록도 있어요.
> (가)

① 정사암에 모여 재상을 선출하였어요.
② 여러 가(加)가 별도로 사출도를 다스렸어요.
③ 읍락 간의 경계를 중시하는 책화가 있었어요.
④ 사회 질서를 유지하기 위해 범금 8조를 두었어요.
⑤ 제사장인 천군과 신성 지역인 소도가 존재하였어요.

키워드 추출
· 쑹화강 – 부여가 위치하였던 지역
· 영고 – 부여가 매년 12월에 개최한 제천 행사

정답분석
② 부여는 마가, 우가, 저가, 구가 등이 지방 관할 구획인 사출도를 다스렸다.

오답분석
① 백제는 정사암에 모여 귀족 회의를 개최하였다.
③ 동예는 다른 부족의 영역을 침범할 경우 소나 말로 배상하는 풍습인 책화가 존재하였다.
④ 고조선은 사회 질서의 유지를 위해 범금 8조라는 제도가 존재하였다.
⑤ 삼한은 제사장인 천군이 별도로 존재하였으며, 천군이 제사를 지내는 특수 행정 구역으로 소도가 존재하였다.

해품사의 합격Tip
고대 철기 국가 중 부여는 '가장 출제율이 높은 국가'입니다. 특히 부여는 현재 중국의 일부에 영토를 두었기 때문에 중국과 관련된 지명이 힌트로 언급될 수 있습니다!

[정답] ②

4. 다음 자료에 해당하는 나라에 대한 설명으로 옳은 것은? [2점]

> 호의 수는 5천인데 대군왕은 없으며 읍락에는 각각 대를 잇는 우두머리가 있다. …… 여러 읍락의 거수(渠帥)들은 스스로를 삼로라 일컬었다. …… 장사를 지낼 때에는 큰 나무 곽을 만든다. 길이가 10여 장이나 되며 한쪽을 열어 놓아 문을 만든다. 사람이 죽으면 임시로 매장한다. 겨우 시체가 덮일 만큼 묻었다가 가죽과 살이 다 썩은 다음에 뼈만 추려 곽 속에 넣는다. 온 집 식구를 하나의 곽 속에 넣어 두는데, 죽은 사람의 숫자만큼 나무를 깎아 생전의 모습과 같이 만들었다.
> – 『삼국지』 동이전 –

① 신성 지역인 소도가 존재하였다.
② 혼인 풍습으로 민며느리제가 있었다.
③ 범금 8조를 통해 사회 질서를 유지하였다.
④ 여러 가(加)들이 각각 사출도를 주관하였다.
⑤ 정사암에 모여 국가의 중대사를 논의하였다.

키워드 추출
· 삼로 – 옥저·동예의 읍락을 다스리는 우두머리의 칭호
· 온 집 식구를 하나의 곽 속에 넣어둠 – 가족 공동묘, 옥저의 매장 풍습

정답분석
② 옥저의 혼인 풍습으로는 여자의 나이가 열 살이 되기 전에 혼인을 약속한 뒤 신랑 집에서 장성할 때까지 기르다가, 여자가 장성하면 집으로 돌아간 뒤 신랑 집에서 돈을 지불하고 다시 데려와 아내로 삼는 민며느리제가 있었다.

오답분석
① 삼한은 제사장인 천군이 별도로 존재하였으며, 특수 행정 구역인 소도가 존재하였다.
③ 고조선은 범금 8조를 통해 사회 질서를 유지하였다.
④ 부여는 마가, 우가, 저가, 구가 등이 각각 사출도를 주관하였다.
⑤ 백제는 정사암에 모여 귀족 회의를 개최하였다.

해품사의 합격Tip
심화 시험에서는 사료를 해석하여 역사적 사실을 파악하는 유형을 많이 출제합니다. 즉 이 문제에서도 사료의 특정 맥락을 해석하여 빈출 키워드와 연결하는 것이 중요하였습니다.

[정답] ②

1.

(가)~(다)를 일어난 순서대로 옳게 나열한 것은?

> (가) 위만이 망명하여 호복(胡服)을 하고 동쪽의 패수를 건너 준왕에게 투항하였다. … 준왕은 그를 믿고 총애하여 … 백리의 땅을 봉해 서쪽 변경을 지키도록 하였다.
>
> (나) 주나라가 쇠약해지자, 연나라가 스스로 왕(王)이라 칭하고 동쪽으로 침략하려 하니, 조선의 후(侯) 역시 스스로 왕을 칭하고 군사를 일으켜 연나라를 공격하려 하였다.
>
> (다) 좌장군은 조선의 패쪽 서쪽에 있는 군사를 쳤으나 이를 격파해서 나가지는 못했다. … 누선장군과 가서 합세하여 왕검성의 남쪽에 주둔했지만, 우거왕이 성을 굳게 지키므로 몇 달이 되어도 함락시킬 수 없었다.

① (가) – (나) – (다)
② (가) – (다) – (나)
③ (나) – (가) – (다)
④ (나) – (다) – (가)
⑤ (다) – (가) – (나)

해품사 출제예언 - 고조선 역사적 흐름

한능검에서 고조선 유형은 주로 전반적인 역사적 사실을 이해하거나 고조선의 전반적인 역사적 흐름을 파악하는 유형이 출제됩니다. 이때 위만과 우거왕 재위 시기의 역사적 사실을 구별하는 것이 중요합니다.

키워드 추출
- (가) 위만이 망명, 준왕에게 투항 - 위만은 고조선의 준왕이 재위한 당시에 망명한 뒤 정변을 일으켜 집권함
- (나) 연나라 - 고조선 전기 연나라 장수 진개의 침략을 받음
- (다) 왕검성, 우거왕 - 고조선 말기에 우거왕이 중국 한 무제의 침략에 맞서 왕검성에서 항전함

정답분석
③ 고조선 전기(나-고조선과 연나라의 대립) → 위만의 집권(가-위만 망명 및 정변을 통한 집권) → 우거왕의 집권(다-한 무제 군대의 침략) 순으로 발생하였다.

[정답] ③

2.

(가), (나) 나라에 대한 설명으로 옳은 것은?

> (가) 여자의 나이가 열 살이 되기 전에 혼인을 약속하고, 신랑 집에서 맞이하여 장성할 때까지 기른다. 여자가 장성하면 여자 집으로 돌아가게 한다. 여자 집에서는 돈을 요구하는데, 신랑 집에서 돈을 지불한 후 다시 데리고 와서 아내로 삼는다.
>
> (나) 대군장이 없고, 그 관직으로는 후(侯)와 읍군과 삼로가 있다. … 해마다 10월이면 하늘에 제사를 지내는데, 주야로 술을 마시고 노래를 부르며 춤추니 이를 무천이라 한다. 또 호랑이를 신으로 여겨 제사를 지낸다.

① (가) – 서옥제라는 혼인 풍습이 있었다.
② (가) – 특산물로 단궁, 과하마, 반어피가 유명하였다.
③ (나) – 신성 지역인 소도가 있었다.
④ (나) – 읍락 간의 경계를 중시하는 책화가 있었다.
⑤ (가), (나) – 사회 질서를 유지하기 위해 범금 8조를 만들었다.

해품사 출제예언 - 고대 철기 국가의 사료

고대 철기 국가의 역사적 사실 유형은 기존 기출 사료를 재활용하는 사례가 많습니다. 따라서 빈출 사료의 핵심 키워드를 정확히 파악하는 것이 중요합니다!

키워드 추출
- (가) 여자 나이가 열 살이 되기 전 혼인을 약속하고, 신랑 집에서 장성할 때까지 기름 - 옥저의 혼인 풍습인 민며느리제
- (나) 무천 - 동예의 제천행사

정답분석
④ 동예는 다른 부족의 영역을 침범하면 소나 말로 배상하는 책화라는 풍습이 존재하였다.

오답분석
① 고구려에는 서옥제(데릴사위제)라는 혼인 풍습이 있었다.
② 동예는 단궁(짧은 활), 과하마(키가 작은 말), 반어피(바다표범 가죽)라는 특산물이 유명하였다.
③ 삼한은 제사장인 천군이 별도로 존재하였고, 특수 행정 구역으로 소도가 존재하였다.
⑤ 고조선은 사회 질서의 유지를 위한 범금 8조가 존재하였다.

[정답] ④

어제의 오답 선지 = 내일의 정답 선지 | 한능검은 역사적 사실이 아닌 것은 선지에 포함하지 않습니다. 즉, 모든 선지는 사실이죠! 기출에서 오답 선지는 언제든 정답이 될 수 있습니다.

⚠️ 먼저 오른쪽 기출선지 키워드 암기를 가리고 왼쪽의 (빈칸)을 채워보세요. 그후 오른쪽 기출선지를 키워드 중심으로 달달 외우세요!

	기출선지 (키워드) 채우기	기출선지 키워드 암기	중요도
1	고조선은 연의 장수인 (　　　)의 공격을 받았다.	고조선은 연의 장수인 진개의 공격을 받았다. [52, 57, 59, 61, 64회]	★★
2	고조선은 사회 질서를 유지하기 위해 (　　　)를 만들었다.	고조선은 사회 질서를 유지하기 위해 범금 8조를 만들었다. [49, 50, 54, 57, 60, 62, 63, 64, 65, 66, 71회]	★★★
3	고조선은 (　　　)과 임둔을 복속하여 영토를 확대하였다.	고조선은 진번과 임둔을 복속하여 영토를 확대하였다. [50, 52, 68회]	★
4	고조선은 (　　　)의 공격을 받아 멸망하였다.	고조선은 한 무제의 공격을 받아 멸망하였다. [52, 55, 63, 64회]	★
5	부여는 여러 가(加)들이 각각 (　　　)를 주관하였다.	부여는 여러 가(加)들이 각각 사출도를 주관하였다. [49, 50, 53, 54, 55, 57, 60, 61, 62, 63, 65, 66, 68, 69, 70, 71, 72회]	★★★
6	부여는 (　　　)라는 제천 행사를 열었다.	부여는 영고라는 제천 행사를 열었다. [49, 50, 53, 58, 59회]	★★★
7	(　　　)는 남의 물건을 훔쳤을 때 12배로 갚게 하였다.	부여는 남의 물건을 훔쳤을 때 12배로 갚게 하였다. [49, 50, 53, 58, 59회]	★★
8	고구려는 (　　　)이라는 제천 행사를 열었다.	고구려는 동맹이라는 제천 행사를 열었다. [58, 65, 67, 72회]	★
9	고구려는 (　　　)라는 혼인 풍습이 있었다.	고구려는 서옥제라는 혼인 풍습이 있었다. [52, 53, 56, 57, 71회]	★★
10	고구려는 집집마다 (　　　)이라는 창고가 있었다.	고구려는 집집마다 부경이라는 창고가 있었다. [48, 49, 59, 63, 64, 65, 68, 72회]	★★
11	옥저는 혼인 풍습으로 (　　　)가 있었다.	옥저는 혼인 풍습으로 민며느리제가 있었다. [47, 48, 49, 54, 61, 63, 66, 68, 69, 70, 71회]	★★★
12	동예는 (　　　)이라는 제천 행사를 즐겼다.	동예는 무천이라는 제천 행사를 즐겼다. [59, 63, 67, 70회]	★★
13	동예는 읍락 간의 경계를 중시하는 (　　　)가 있었다.	동예는 읍락 간의 경계를 중시하는 책화가 있었다. [47, 48, 51, 53, 54, 56, 58, 60, 62, 64, 65, 69, 71회]	★★★
14	동예는 특산물로 단궁, 과하마, (　　　)가 유명하였다.	동예는 특산물로 단궁, 과하마, 반어피가 유명하였다. [49, 55, 56, 60, 61, 68회]	★★
15	삼한은 (　　　), 읍차 등의 지배자가 있었다.	삼한은 신지, 읍차 등의 지배자가 있었다. [51, 53, 58, 69, 70회]	★★
16	삼한은 제사장인 천군과 신성 지역인 (　　　)가 있었다.	삼한은 제사장인 천군과 신성 지역인 소도가 있었다. [47, 48, 49, 50, 51, 54, 55, 59, 60, 61, 62, 63, 64, 65, 66, 68, 71회]	★★★

✅ 테마 학습을 다 했다면, 테마 맨 앞 키워드 판서로 돌아가 복습하세요!

삼국의 성장 및 가야의 특징

☑ 시기: 기원전 약 1세기~676년 ☑ 중요도 및 평균 출제율: 100% 출제! ★★★★
☑ 난이도: 보통 → 삼국 시대에서 출제될 수 있는 왕이 매우 많으며, 삼국의 대립 사례까지 파악하기 위한 암기량이 상당히 많은 편!

흐름형 시대의 흐름을 따라가며 보면 좋은 유형

고구려	1세기	2세기	3세기
초대 동명성왕: 졸본에서 고구려 건국	6대 태조왕: 동옥저 정복	9대 고국천왕: 진대법 실시	11대 동천왕: 위의 관구검의 침략으로 환도산성 함락

백제			
초대 온조: 하남 위례성에서 백제 건국			8대 고이왕: 율령 반포, 6좌평 및 16관등제 정비

신라

초대 박혁거세: 경주에서
          신라 건국

**해품사의
테마 출제예언!**

1) 삼국의 빈출 왕 업적
구별하기

2) 각 국가의 왕 재위 순서
흐름 이해 및 삼국의 대
립 과정 흐름 유형 공략
하기

3) 가야와 관련된 전반적인
역사적 사실 파악하기

해품사 한능검 키워드 판서

☑ 테마 학습을 다 하고 난 후, 다시 돌아와서 한 번 더 보세요!

4세기 | **5세기** | **6세기** | **7세기**

15대 미천왕: 낙랑군 및 대방군 축출, 서안평 점령

16대 고국원왕: 백제의 근초고왕에 의해 평양성에서 사망

17대 소수림왕: 전진의 순도로부터 불교 수용, 태학 설립, 율령 반포

19대 광개토 대왕(영락): 신라 내물왕 구원 및 왜구 퇴치, 후연 격파

20대 장수왕: 평양 천도, 광개토 대왕릉비&충주 고구려비 건립, 한성 함락

• 고구려의 남진 정책 및 백제와 신라의 대응

평양 천도(427)
→ 나·제 동맹 최초 체결(433)
→ 한성 함락 및 백제 개로왕 살해(475)
→ 나·제 결혼 동맹 강화(493)

VS

13대 근초고왕: 고흥의 『서기』 편찬, 산둥 반도 및 규슈 지방 진출, 평양성 전투 발생

15대 침류왕: 동진의 마라난타로부터 불교 수용

22대 문주왕: 웅진 천도

25대 무령왕: 백가의 난 진압, 무령왕릉 건립, 22담로에 왕족 파견

26대 성왕: 관산성 전투에서 사망, 사비 천도 및 남부여 국호 사용, 진흥왕과 연합하여 한강 하류 지역 회복

30대 무왕: 미륵사 건립

31대 의자왕: 대야성 전투, 백제 멸망
└ 익산 지역사 연계

17대 내물왕: 마립간을 왕 호칭으로 사용함

VS

22대 지증왕: 동시전 설치, 신라 국호 정비 및 왕 호칭 사용, 순장 금지, 이사부의 우산국 정벌

23대 법흥왕(건원): 골품제 정비 및 상대등 설치, 금관가야 합병, 병부 설치, 이차돈의 순교로 불교 공인, 율령 반포

24대 진흥왕: 관산성 전투에서 승리함, 거칠부의 『국사』 편찬, 다양한 순수비 건립(예) 북한산 순수비), 화랑도 정비, 황룡사 건립

27대 선덕 여왕: 분황사 모전 석탑&첨성대&황룡사 9층 목탑 건립, 비담과 염종의 난 발생

29대 무열왕: 나·당 동맹 체결 주도(*진덕 여왕 재위 당시 체결), 백제 멸망

30대 문무왕: 매소성 전투&기벌포 전투, 삼국 통일 완성, 외사정 설치

쉽게 출제될 경우 VS 어렵게 출제될 경우

쉽게 출제될 경우	어렵게 출제될 경우
기출 → 60, 63, 67, 68회	기출 → 66, 70, 71회
: 삼국 시대의 대표 왕 및 가야에 대한 전반적인 사실 출제!	: 삼국 중 특정 국가의 왕과 관련된 사실을 전반적으로 출제하거나, 삼국의 대립 과정을 파악하는 유형이 출제!
⇨ 대표 왕의 업적, 가야 대표 키워드 암기가 중요: 영락 / 평양 천도, 남진 정책 / 무령왕릉, 22담로에 왕족 파견 / 사비 천도, 남부여 국호 사용 / 우산국 정벌 / 이차돈의 순교 및 불교 공인 / 거칠부의 『국사』 편찬, 화랑도 정비 / 낙랑 및 왜에 철 수출, 김해 대성동 고분군, 고령 지산동 고분군	⇨ 다양한 왕의 업적 암기 및 삼국의 대립 사례 파악 필수! ⇨ 평양성 전투(고구려 고국원왕 vs 백제 근초고왕) / 한성 함락(고구려 장수왕 vs 백제 개로왕) / 관산성 전투(백제 성왕 vs 신라 진흥왕) 등

03 삼국의 성장 및 가야의 특징

 해품사 공지사항!

총 26회분(47회~72회) 기출에서 단 한 번이라도 언급된 내용은 모두 포함!

빨간색 키워드는 약 80% 이상 확률로 출제된 중요 키워드이므로 우선 암기

□□□□ 키워드는 그중에서도 직접적인 정답 키워드로 자주 언급되는 것

☆~☆☆☆ 테마 안에서도 더욱 빈출인 주제에 표시

1 고구려의 대표 왕 및 역사적 사실 ☆☆

고구려의 빈출 왕 업적	■ 9대 고국천왕(2세기): 진대법 실시(→ 을파소 건의) ■ 17대 소수림왕(4세기): 불교 수용(전진의 순도가 전파함), 태학 설립(국립 교육 기관), 율령 반포 ■ 19대 광개토 대왕(4세기~5세기): 영락 연호 사용, 신라 내물왕 구원 및 왜구 퇴치(400), 후연 격파, 호우명 그릇(신라 간섭 증거) ■ 20대 장수왕(5세기): 광개토 대왕릉비 및 충주 고구려비 건립, 평양 천도 및 남진 정책 추진(427), 한성 함락(475-백제 개로왕 살해)
이외 고구려 왕의 업적	■ 초대 동명성왕(기원전 1세기): 졸본에서 고구려 건국 ■ 2대 유리왕(1세기): 국내성 천도 ■ 6대 태조왕(1세기): 동옥저 정복 ■ 11대 동천왕(3세기): 중국 위나라 관구검의 침략으로 환도산성 함락 ■ 15대 미천왕(4세기): 낙랑군 및 대방군 축출, 서안평 점령 ■ 16대 고국원왕(4세기): 백제 근초고왕에 의해 평양성에서 사망함(371) ■ 26대 영양왕(6세기~7세기): 온달의 아차산성 전투(590), 살수 대첩(612), 역사서 『신집』 편찬(이문진) ■ 27대 영류왕(7세기): 천리장성 축조 시작(*보장왕 때 완성), 연개소문의 정변 발생(영류왕 살해 및 보장왕 즉위) ■ 28대 보장왕(7세기): 안시성 전투(645), 나·당 연합군에 의해 고구려 멸망(668)
고구려의 장수왕 관련 대외 관계 빈출 흐름	평양 천도(427-남진 정책 추진 목적) → 나·제 동맹 최초 체결(433-백제 비유왕과 신라 눌지왕 사이 체결) → 백제 개로왕의 중국 위나라 군사 요청(472) → 한성 함락 및 백제 개로왕 살해(475) → 나·제 결혼 동맹 강화(493-백제 동성왕 및 신라 소지왕 사이 체결, 백제의 동성왕과 신라 이벌찬 비지의 딸이 결혼)

└ 주로 흐름형 유형으로 출제됨!

2 백제의 대표 왕 및 역사적 사실 ☆☆

백제의 빈출 왕 업적	■ 13대 근초고왕(4세기): 고흥의 『서기』 편찬, 산둥 반도 및 규슈 지방 진출, 평양성 전투 발생(371-고구려의 고국원왕 사망), 왕위 부자 상속제 확립 ■ 25대 무령왕(6세기): 백가의 난 진압, 22담로에 왕족 파견, 무령왕릉 축조(매지석 출토, 벽돌무덤 양식, 영동대장군 백제 사마왕 시호, 중국 남조 양나라와의 교류 증거, 피장자 및 축조 연대 유일 확인) ■ 26대 성왕(6세기): 관산성(구천) 전투에서 진흥왕에 의해 사망, 사비 천도 및 남부여 국호 사용, 진흥왕과 연합하여 한강 유역 일시 회복, 중앙 관청 22부 정비, 5부 5방제 시행

이외 백제 왕의 업적	■ 초대 온조(기원전 1세기): 위례성에서 백제 건국 ■ 8대 고이왕(3세기): 율령 반포, 6좌평(예 내신좌평, 위사좌평) 및 16관등 정비 ■ 15대 침류왕(4세기): 불교 수용(동진의 마라난타가 전파함) ■ 20대 비유왕(5세기): 신라의 눌지왕과 나·제 동맹 체결(433) ■ 22대 문주왕(5세기): 웅진 천도(475) ■ 24대 동성왕(5세기): 신라의 소지왕과 나·제 결혼 동맹 강화(493, 신라 이벌찬 비지의 딸과 결혼) ■ 30대 무왕(7세기): 미륵사 창건, 익산 천도 시도 ■ 31대 의자왕(7세기): 대야성 전투 , 나·당 연합군에 의해 백제 멸망(660)

3 신라의 대표 왕 및 역사적 사실 ☆☆

┌ 이사부는 진흥왕 때에도 활동함!

신라의 빈출 왕 업적	■ 22대 지증왕(6세기): 동시전 설치, 신라 국호 정비 및 왕 호칭 사용, 순장 금지, 우산국 정벌(이사부 담당) ■ 23대 법흥왕(6세기): '건원' 연호 사용, 골품제 정비 및 상대등 설치, 금관가야 합병(532), 병부 설치, 불교 공인(이차돈 순교), 율령 반포 └ 법흥왕은 ㅂ이 포함된 키워드가 많음! ■ 24대 진흥왕(6세기): 관산성(구천) 전투에서 백제의 성왕에게 승리함(554), 거칠부의 『국사』 편찬, 금현성 및 도살성 점령(이사부 담당), 단양 적성비 및 순수비 건립(마운령비, 북한산 순수비, 창녕비, 황초령비), 대가야 합병(562-이사부 담당), 화랑도 정비, 황룡사 건립 └ 황룡사 9층 목탑은 선덕 여왕 때 건립됨!
이외 신라 왕의 업적	■ 초대 박혁거세(기원전 1세기): 경주에 신라 건국 ■ 17대 내물왕(4세기~5세기): 김씨 왕위 세습권 확립, 마립간을 왕의 호칭으로 사용함 ■ 27대 선덕 여왕(7세기): 비담과 염종의 난 진압(김유신), 분황사 모전석탑 및 첨성대 건립, 황룡사 9층 목탑 건립(자장 건의) ┌ 나·당 동맹 체결 당시 재위한 왕은 진덕 여왕 ■ 29대 무열왕(김춘추-7세기): 나·당 동맹 체결 주도, 백제 멸망 ■ 30대 문무왕(7세기): 대왕암(무덤, 국가 수호 의지 표방), 매소성 전투 및 기벌포 전투, 삼국 통일 완성, 외사정 설치

4 가야의 역사적 사실 ☆☆

대표 왕	김수로왕(금관가야 건국), 이진아시왕(대가야 건국)
경제 상황	철의 생산량이 매우 높음 → 덩이쇠를 화폐처럼 사용함, 낙랑 및 왜 등에 수출
고분	김해 대성동(금관가야), 고령 지산동(대가야)
멸망 과정	■ 법흥왕-금관가야(왕족인 김구해가 항복하며 멸망) ■ 진흥왕-대가야(이사부를 파견하여 정벌 담당)

해품사의 테마 저격!

[고난도 유형] 삼국 시대의 전성기 및 대립 시기 비교

삼국 시대의 국가들은 백제(4세기)-고구려(5세기)-신라(6세기) 순으로 전성기를 이루었기 때문에 이를 바탕으로 흐름형 유형을 출제합니다. 각 국가의 전성기는 대체로 한강 유역을 차지한 시점의 왕의 활동 시기가 기준이므로, 이와 관련된 왕을 반드시 암기할 필요가 있습니다.

국가	백제(4세기)	고구려(5세기)	신라(6세기)
전성기 대표 왕	근초고왕	장수왕	진흥왕

📖 필수 사료와 자료

▶▶ 백제 근초고왕의 평양성 공격 및 고구려 고국원왕의 전사

백제왕이 병력 3만 명을 거느리고 평양성을 공격해 왔다. 왕이 군대를 출정시켜 백제군을 막다가 날아온 화살에 맞아 세상을 떠났다.
- 『삼국사기』 -

▶▶ 백제 성왕의 관산성 전투 및 전사

왕이 신라를 습격하고자 몸소 보병과 기병 50명을 거느리고 밤에 구천(狗川)에 이르렀는데, 신라 복병을 만나 그들과 싸우다가 살해되었다.
- 『삼국사기』 -

총 26회분 기출분석에서 나온 대표패턴을
최신 기출문제에서 뽑았습니다.

60회 5번

1. 다음 검색창에 들어갈 왕에 대한 설명으로 옳은 것은?
[2점]

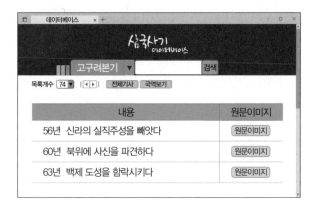

① 도읍을 국내성에서 평양으로 옮겼다.
② 낙랑군을 몰아내고 영토를 확장하였다.
③ 을파소의 건의로 진대법을 실시하였다.
④ 영락이라는 독자적 연호를 사용하였다.
⑤ 전진의 순도를 통해 불교를 수용하였다.

키워드 추출

백제 도성을 함락시킴 – 고구려의 장수왕은 백제의 한성을
공격하여 백제의 개로왕을 전사시킴

정답분석

① 장수왕은 남진 정책을 위해 평양으로 천도하였다.

오답분석

② 고구려의 미천왕은 한사군 중 하나인 낙랑군을 축출하였다.
③ 고구려의 고국천왕은 빈민 구제 제도인 진대법을 실시하
였다.
④ 영락은 광개토 대왕이 사용한 연호이다.
⑤ 고구려의 소수림왕 때 불교를 수용하였다.

해품사의 합격Tip

한능검에서는 매 회차마다 최소 1~2문제씩은 고대의 왕 업적 유
형을 출제하지만 어려운 사례가 일부 섞여서 출제됩니다. 그러
므로 정답을 명확히 판별할 수 있는 결정적 키워드를 찾는 것이
중요합니다!

[정답] ①

63회 7번

2. 밑줄 그은 '왕'의 업적으로 옳은 것은?　　　[2점]

○ 담당 관청에 명하여 월성의 동쪽에 새 궁궐을 짓게 하였는데,
그곳에서 황룡이 나타났다. 왕이 이것을 기이하게 여기고는
[계획을] 바꾸어 사찰을 짓고, '황룡'이라는 이름을 내려 주었다.

○ [거칠부가] 왕의 명령을 받들어 여러 문사(文士)를 모아 국사
를 편찬하였다.

－ 『삼국사기』 －

① 이사부를 보내 우산국을 복속시켰다.
② 예성강 이북에 패강진을 설치하였다.
③ 관료전을 지급하고 녹읍을 폐지하였다.
④ 국가적인 조직으로 화랑도를 개편하였다.
⑤ 이차돈의 순교를 계기로 불교를 공인하였다.

키워드 추출

· 사찰, 황룡 – 신라의 진흥왕 때 건립된 사찰
· 거칠부가 왕의 명령을 받들어 『국사』를 편찬함 – 신라의
진흥왕이 재위한 당시에 편찬된 역사서 및 담당 인물

정답분석

④ 진흥왕은 청소년 수양 단체인 화랑도를 개편하였는데, 화
랑도는 이후 삼국 통일의 주역으로 활동하였다.

오답분석

① 신라의 지증왕은 이사부를 파견하여 현재의 울릉도인 우
산국을 우리나라의 영토로 복속하였다.
② 통일 신라의 선덕왕 때 패강진이 설치되었다.
③ 통일 신라의 신문왕은 왕권 강화 및 귀족 권력 견제를 목
적으로 귀족들에게 관료전을 지급하며 기존의 귀족들이
보유한 녹읍을 폐지하였다.
⑤ 신라의 법흥왕 때 이차돈의 순교를 계기로 신라에 불교
가 공인되었다.

해품사의 합격Tip

사찰 키워드의 경우 사찰 자체 및 사찰 내 부속 건물의 건립 시
기가 다른 경우가 많기 때문에 더욱 주의하여 암기할 필요가 있
습니다!

[정답] ④

55회 4번

3. (가), (나) 사이의 시기에 있었던 사실로 옳은 것은?

[2점]

> (가) 고구려 병사는 비록 물러갔으나 성이 파괴되고 왕이 죽어서 [문주가] 왕위에 올랐다. …… 겨울 10월, 웅진으로 도읍을 옮겼다.
>
> – 『삼국사기』 –
>
> (나) 왕이 신라를 습격하고자 몸소 보병과 기병 50명을 거느리고 밤에 구천(狗川)에 이르렀는데, 신라 복병을 만나 그들과 싸우다가 살해되었다.
>
> – 『삼국사기』 –

① 익산에 미륵사가 창건되었다.

② 흑치상지가 임존성에서 군사를 일으켰다.

③ 동진에서 온 마라난타를 통해 불교가 수용되었다.

④ 지방을 통제하기 위하여 22담로에 왕족이 파견되었다.

⑤ 계백이 이끄는 결사대가 황산벌에서 신라군에 맞서 싸웠다.

키워드 추출

· (가) 웅진으로 도읍을 옮김 – 백제의 문주왕은 한성 함락 이후 왕위를 계승받은 뒤 웅진으로 천도함(475)

· (나) 왕이 신라를 습격하고자 밤에 구천에 이름 – 성왕은 신라에 복수하기 위해 신라의 관산성에 습격하였다가 신라군에 의해 사망함(554)

정답분석

④ 백제의 무령왕은 지방 지배의 거점으로 22담로를 설치한 뒤 왕족을 파견하여 관리하였다.

오답분석

① 백제의 무왕은 전라북도 익산에 미륵사를 창건하였다.

② 백제 멸망 이후 흑치상지는 임존성에서 부흥군을 이끌며 부흥 운동을 주도하였다.

③ 백제의 침류왕 때 불교를 수용하였다.

⑤ 백제의 장수인 계백은 논산 지역에 위치한 황산벌에서 나·당 연합군에 맞서 항전하다가 끝내 사망하였다.

해품사의 합격Tip

각 국가의 전성기 및 전투 사례 및 특정 사료의 키워드(예) 구천=관산성 인근)를 정확히 파악할 필요가 있습니다.

[정답] ④

68회 7번

4. (가) 나라에 대한 설명으로 옳은 것은?

[2점]

> (가) 의 대표적 생활 유적지인 봉황대가 회현리 패총과 합쳐져 김해 봉황동 유적으로 확대 지정되었습니다. 이 유적은 김수로왕에 의해 건국되었다고 전해진 (가) 의 초기 모습을 추정해 볼 수 있는 귀중한 문화유산입니다.

김해 봉황동 유적, 사적으로 확대 지정

① 집사부를 비롯한 14부를 두었다.

② 집집마다 부경이라는 창고가 있었다.

③ 대가들이 사자, 조의, 선인을 거느렸다.

④ 철이 많이 생산되어 낙랑, 왜 등에 수출하였다.

⑤ 왕족인 부여씨와 8성의 귀족이 지배층을 이루었다.

키워드 추출

· 김해 봉황동 유적 – 금관가야의 대표적인 유적

· 김수로왕 – 금관가야를 건국한 초대 왕

정답분석

④ 가야는 덩이쇠를 화폐로 사용하였으며, 낙랑 및 왜 등 주변 국가에 철을 수출하였다.

오답분석

① 통일 신라의 신문왕 때 집사부를 비롯한 14부가 완성되었다.

② 고구려에는 집집마다 부경이라는 창고가 있었다.

③ 고구려 5부족의 지배자인 대가는 사자, 조의, 선인 등의 관리를 거느렸다.

⑤ 백제는 왕족인 부여씨와 함께 백씨·해씨 등 8성의 귀족이 지배층을 구성하였다.

해품사의 합격Tip

한능검에서는 가야의 특징을 단독 유형으로 종종 출제합니다. 특히 다른 시험과 달리 최근 한능검에서는 금관가야 및 대가야를 정확히 구별하지 않더라도 가야와 관련된 전반적인 사실만 이해하면 충분히 문제를 풀이할 수 있습니다. 그러므로 대표 키워드 암기에 더욱 집중할 것을 권장합니다!

[정답] ④

1.

(가)~(다) 학생이 발표한 내용을 일어난 순서대로 옳게 나열한 것은?

〈학급사 주제 발표〉
주제: 고구려의 영토 확장 정책과 백제 및 신라의 대응

> 백제의 동성왕이 신라의 이벌찬 비지의 딸과 혼인을 맺었습니다.

> 고구려의 장수왕이 남진 정책을 추진하기 위해 평양으로 천도하였습니다.

> 백제의 비유왕과 신라의 눌지왕 사이에 동맹이 체결되었습니다.

(가)   (나)   (다)

① (가) – (나) – (다)
② (가) – (다) – (나)
③ (나) – (가) – (다)
④ (나) – (다) – (가)
⑤ (다) – (나) – (가)

해품사 출제예언 - 장수왕의 남진 정책 추진 이후 백제 및 신라의 대응

삼국의 왕 업적 및 대립 유형을 어렵게 출제할 경우 장수왕의 남진 정책 추진 이후의 백제 및 신라의 대응 과정을 파악해야 합니다. 이 유형의 경우 '장수왕의 평양 천도 → 나·제 동맹 최초 체결(백제 비유왕·신라 눌지왕) → 장수왕의 한성 함락 → 나·제 결혼 동맹 강화(백제 동성왕·신라 소지왕)의 흐름을 파악' 하는 것이 중요합니다.

정답분석
④ 고구려의 영토 확장 정책에 대한 백제 및 신라의 대응 흐름은 장수왕의 평양 천도(나) → 나·제 동맹 체결(다-백제 비유왕과 신라 눌지왕 사이 체결) → 장수왕의 백제 한성 함락(백제 개로왕 사망) → 나·제 결혼 동맹 강화(가-백제 동성왕과 신라 이벌찬 비지 딸 결혼) 순으로 발생하였다.

[정답] ④

2.

(가) 나라에 대한 설명으로 옳은 것은?

제2회 왕릉 전국 가요제 개최

[(가)]의 고령 지산동 고분군이 유네스코 세계유산으로 등재된 기념으로 주최하는 전국 가요제에 시민 분들을 초대합니다. 많은 시민 분들의 관심과 참여 바랍니다!

• 일시: 2025년 ○○월 ○○일
• 장소: 경북 문화누리 야외공연장

① 한 무제의 공격으로 멸망하였다.
② 집집마다 부경이라는 창고가 있다.
③ 혼인 풍속으로 민며느리제가 있었다.
④ 유학 교육 기관으로 주자감을 두었다.
⑤ 철이 많이 생산되어 낙랑, 왜 등에 수출하였다.

해품사 출제예언 - 가야 고분군

가야 고분군은 '2023년을 기준으로 세계 문화유산으로 등재' 되었습니다. 아직 한능검에서 이를 활용한 기출 사례가 거의 없기 때문에 앞으로 세계 문화유산을 기출 키워드로 제시할 수 있습니다!

정답분석
⑤ 가야는 덩이쇠를 화폐로 사용하였으며, 낙랑 및 왜 등 주변 국가에 철을 수출하였다.

오답분석
① 우거왕 때 중국 한나라 무제의 공격으로 고조선이 멸망하였다.
② 고구려는 집집마다 부경이라는 창고가 있었다.
③ 민며느리제는 옥저의 혼인 풍습이다.
④ 발해는 국립 교육 기관으로 주자감을 두었다.

[정답] ⑤

어제의 오답 선지 = 내일의 정답 선지 | 한능검은 역사적 사실이 아닌 것은 선지에 포함하지 않습니다. 즉, 모든 선지는 사실이죠! 기출에서 오답 선지는 언제든 정답이 될 수 있습니다.

❗ 먼저 오른쪽 기출선지 키워드 암기를 가리고 왼쪽의 (빈칸)을 채워보세요. 그후 오른쪽 기출선지를 키워드 중심으로 달달 외우세요!

	기출선지 (키워드) 채우기	기출선지 키워드 암기	중요도
1	(　　　　)은 을파소를 등용하고 진대법을 시행하였다.	고국천왕은 을파소를 등용하고 진대법을 시행하였다. [49, 50, 52, 55, 57, 58, 60, 61, 63, 64, 65, 68, 70, 72회]	★★★
2	(　　　　)은 낙랑군을 축출하고 서안평을 점령하여 영토를 확장하였다.	미천왕은 낙랑군을 축출하고 서안평을 점령하여 영토를 확장하였다. [50, 56, 60, 61, 65, 66, 68, 69, 70회]	★★★
3	(　　　)은 태학을 설립하여 인재를 양성하였다.	소수림왕은 태학을 설립하여 인재를 양성하였다. [56, 61, 68회]	★
4	(　　　)은 영락이라는 독자적인 연호를 사용하였다.	광개토 대왕은 영락이라는 독자적인 연호를 사용하였다. [60, 61, 66, 68, 70, 72회]	★★
5	(　　　)은 도읍을 국내성에서 평양으로 옮겼다.	장수왕은 도읍을 국내성에서 평양으로 옮겼다. [56, 60, 62, 66, 68, 70, 72회]	★★★
6	(　　　)은 평양성을 공격하여 고국원왕을 전사시켰다	근초고왕은 평양성을 공격하여 고국원왕을 전사시켰다. [50, 57, 59, 64, 69, 70회]	★★
7	근초고왕은 고흥에게 (　　　　)를 편찬하게 하였다.	근초고왕은 고흥에게 서기를 편찬하게 하였다. [50, 53, 62, 64, 66, 67회]	★★
8	(　　　)은 동진에서 온 마라난타를 통해 불교를 수용하였다.	침류왕은 동진에서 온 마라난타를 통해 불교를 수용하였다. [50, 53, 55, 57, 59, 66, 67회]	★★
9	(　　　)은 22담로에 왕족을 파견하였다.	무령왕은 22담로에 왕족을 파견하였다. [49, 50, 52, 54, 55, 56, 57, 58, 59, 60, 62, 66, 68, 70회]	★★★
10	(　　　)은 사비로 천도하고 국호를 남부여로 개칭하였다.	성왕은 사비로 천도하고 국호를 남부여로 개칭하였다. [53, 57, 59, 61, 64, 67회]	★★
11	(　　　)은 금마저에 미륵사를 창건하였다.	무왕은 금마저에 미륵사를 창건하였다. [50, 53, 55, 57, 59, 60, 63, 64, 65, 67, 69, 72회]	★★★
12	(　　　)은 이사부를 보내 우산국을 복속시켰다.	지증왕은 이사부를 보내 우산국을 복속시켰다. [47, 50, 51, 54, 57, 60, 61, 62, 63, 64, 66, 67, 71회]	★★
13	(　　　)은 건원이라는 독자적인 연호를 사용하였다.	법흥왕은 건원이라는 독자적인 연호를 사용하였다. [48, 49, 52, 60, 67회]	★★
14	법흥왕은 (　　　　)의 순교를 계기로 불교를 공인하였다.	법흥왕은 이차돈의 순교를 계기로 불교를 공인하였다. [47, 51, 54, 59, 61, 62, 63, 68, 69회]	★★
15	(　　　)은 거칠부에게 명령하여 국사를 편찬하였다.	진흥왕은 거칠부에게 명령하여 국사를 편찬하였다. [49, 51, 54, 55, 60, 61, 67, 68, 69회]	★★★
16	진흥왕은 국가적인 조직으로 (　　　　)를 개편하였다.	진흥왕은 국가적인 조직으로 화랑도를 개편하였다. [47, 59, 62, 63, 68회]	★★
17	(　　　)은 지방관을 감찰하기 위해 외사정을 파견하였다.	문무왕은 지방관을 감찰하기 위해 외사정을 파견하였다. [49, 50, 52, 53, 54, 59, 61, 68, 69회]	★★
18	(　　　)는 철이 많이 생산되어 낙랑, 왜 등에 수출하였다.	가야는 철이 많이 생산되어 낙랑, 왜 등에 수출하였다. [50, 52, 56, 57, 58, 59, 63, 68회]	★★★
19	금관가야는 (　　　　) 때 신라에 복속되었다.	금관가야는 법흥왕 때 신라에 복속되었다. [57, 58, 60, 71회]	★★

✅ 테마 학습을 다 했다면, 테마 맨 앞 키워드 판서로 돌아가 복습하세요!

고구려의 대외 항쟁 및 삼국의 통일

✓ 시기: 581년~676년 ✓ 중요도 및 평균 출제율: 85% ★★★
✓ 난이도: 어려움 → 대부분의 문제가 '연도형, 순서형 등 흐름형 유형'으로 출제됨. 특히 삼국의 통일 과정은 짧고 복잡함!

흐름형 시대의 흐름을 따라가며 보면 좋은 유형

581
수나라 건국

612
살수 대첩

1. 수양제 때 대규모 군대가 고구려 침략
2. 살수 대첩
   (고구려 을지문덕 VS 수나라 우중문)
   → 고구려 승리! └ 당시 을지문덕이 우중문에게 여수장우중문시를 보냄

618
당나라 건국

648
나·당 동맹 체결

김춘추 및 당 태종 사이 체결
└ 신라 진덕 여왕 재위

660
백제의 멸망

황산벌 전투
(백제 계백 VS 신라 김유신)
→ 사비성 함락 및 웅진 도독부
   설치

660~663
백제 부흥 운동

1. 복신 및 도침(주류성), 흑치상지(임존성)
   부흥 운동 주도
2. 백강 전투 └ 백제인들은 흑도복을 좋아한다
   (백제+왜의 군대 VS 나·당 연합군)

**해품사의
테마 출제예언!**

1) 고구려의 수나라·당나라
방어 전투 사례 구별 및
대외 항쟁 관련 전반적
인 흐름 유형 공략하기

+

2) 삼국의 통일 과정 관련
대표 전투 사례 및 전반
적인 상황 순서 파악하기

+

3) 백제 부흥 운동 및 고구
려 부흥 운동 관련 인물
구별하기

해품사 한능검 키워드 판서

◎ 테마 학습을 다 하고 난 후, 다시 돌아와서 한 번 더 보세요!

631
천리장성 축조 시작
└ 647년에 완성됨

연개소문 축조 감독 담당
→ 당나라에 온건적인
영류왕과 대립 발생 원인

642
연개소문의 정변

영류왕 시해 및 보장왕 즉위
→ 대막리지로 즉위하여 권력 장악

대야성 전투 및 영향

1. 대야성 전투(윤충) ┐김춘추 가족 살해
2. 김춘추가 고구려 보장왕에게
   군사 요청
   └ 죽령, 마목현 등 고구려 옛 땅 요구

645
안시성 전투

1. 당 태종 때 대규모 군대가
   고구려 침략
2. 고구려 양만춘 vs 당 태종
   군대 → 안시성 전투 결과
   고구려 승리!

668
고구려의 멸망

1. 연개소문 사망 이후
   고구려 지배층 내분 발생
   (연남건, 연남생 등)
2. 평양성 함락 및 안동 도호부
   설치

668~674
고구려 부흥 운동 사례

1. 고연무, 검모잠, 안승 등 고구려 부흥
   운동 주도── 고구려가 다시 강성해진다고?! 고건 안돼!
2. 신라의 지원으로 금마저에
   보덕국 건립(674) └ 익산 지역사 연계

670~676
나·당 전쟁 및 삼국 통일

1. 매소성 전투(육지전)
2. 기벌포 전투(해전)
3. 삼국 통일 완성(676)

쉽게 출제될 경우	VS	어렵게 출제될 경우

기출 → 58, 67, 69회

: 고구려 대외 항쟁의 흐름 및 삼국 통일 과정 유형 출제
⇨ 고구려 대외 항쟁 관련 빈출 키워드 및 삼국 통일 과정의 전반적인 이해가 중요!
살수 대첩 → 천리장성 축조 시작 → 연개소문의 정변 발생 →
안시성 전투 / 백제 멸망 → 백제 부흥 운동 → 고구려 멸망 →
고구려 부흥 운동 → 나·당 전쟁(매소성, 기벌포 전투)

기출 → 58, 59회

: 삼국 통일 과정 중 특정 시기의 흐름을 깊게 출제함
⇨ 백제 멸망의 세부 순서(황산벌 전투 → 웅진 도독부 설치) 또는
백제 부흥 운동의 세부 순서(복신, 도침, 흑치상지의 부흥 운동
발발 → 백강 전투) 등 구별

04 고구려의 대외 항쟁 및 삼국의 통일

해품사 공지사항!

총 26회분(47회~72회) 기출에서 단 한 번이라도 언급된 내용은 모두 포함!

빨간색 키워드는 약 80% 이상 확률로 출제된 중요 키워드이므로 우선 암기

키워드는 그중에서도 직접적인 정답 키워드로 자주 언급되는 것

☆~☆☆☆ 테마 안에서도 더욱 빈출인 주제에 표시

1 고구려의 대외 항쟁 ☆

고구려의 수나라 방어	수나라 건국(581) → 수 양제 재위 당시 육군 113만 명 및 우중문이 이끄는 별동대 30만 명이 고구려 침략 → 을지문덕이 살수 대첩을 통해 수나라 군대 침략 방어(612)
연개소문의 정변 및 보장왕 즉위	당나라 건국(618) → 연개소문이 당나라 견제를 위해 천리장성 축조 감독(부여성~비사성) → 당나라에 온건적인 영류왕과 대립 → 연개소문이 정변을 일으켜 영류왕 시해 및 보장왕 즉위 → 스스로 대막리지에 즉위하여 권력 차지
고구려의 당나라 방어	당 태종이 이끄는 군대가 연개소문의 정변을 구실로 고구려 침략 → 양만춘이 안시성에서 당나라 군대 침략 방어(645)

└ 시험에서는 연개소문 정변 대신 보장왕 즉위로 대신 언급 가능!

└ 이후 당나라에 도사 파견을 요청하기도 함

2 삼국의 통일 과정 ☆☆☆

삼국 전쟁 이전의 상황	대야성 전투(윤충 장군 파견, 김춘추 가족 살해) → 김춘추의 고구려 군사 요청(보장왕의 죽령 및 마목현 등 옛 영토 요구) → 나·당 동맹 체결(648) └ 의자왕 연계
백제의 멸망 및 부흥 운동	황산벌 전투(660-백제의 계백vs신라의 김유신 및 관창 및 당나라 군대) → 사비성 함락 및 백제 멸망 → 백제의 부흥 운동 발발(흑치상지-임존성, 복신 및 도침-주류성, 부여풍-왕으로 추대됨) → 백강 전투(663-백제 및 왜의 군대 연합vs나·당 연합군) └ 당나라가 백제의 옛 영토에 웅진 도독부 설치
고구려의 멸망 및 부흥 운동	연개소문 사망 이후 고구려 지배층 내분 발발(예 연남건, 연남생 등) → 평양성 함락 및 고구려 멸망 → 고구려의 부흥 운동 발발(고연무, 검모잠, 안승) → 신라의 지원으로 금마저에 보덕국 건립(674)
나·당 전쟁 및 삼국 통일 완성	매소성 전투(육지전, 이근행) → 기벌포 전투(해전, 시득) → 삼국 통일 완성(676) └ 당나라가 고구려의 옛 영토에 안동 도호부 설치

✓ **해품사 암기팁!**
백제인들은 흑도복(흑치상지, 도침, 복신)을 좋아한다

✓ **해품사 암기팁!**
고구려가 다시 강성해진다고?! 고건 안돼!(고연무, 검모잠, 안승)

해품사의 테마 저격!

[고난도 대비] 백제 및 고구려의 멸망과 부흥 운동 내 세부 흐름 파악하기

한능검은 아주 가끔 백제 및 고구려의 멸망과 부흥 운동 사이에서 세부적으로 시기를 나눠 흐름형 유형을 어렵게 출제합니다. 예를 들어 황산벌 전투 및 사비성 함락의 순서 전후를 파악하는 유형이 출제된다면, 수험생의 입장에서는 같은 연도끼리의 사건을 비교하는 유형이라고 파악할 수 있기 때문에 체감 난도가 매우 높아집니다. 단, 이와 같은 유형의 경우 명확한 인과관계를 바탕으로 정답 및 오답을 유도하기 때문에 필자가 제시한 흐름을 정확히 암기하는 것을 권장합니다!

📖 필수 사료와 자료

▶ 살수 대첩

살수에 이르러 수의 군대가 반쯤 건너자 을지문덕이 군사를 보내 그 후군을 공격하였다. 우둔위 장군 신세웅을 죽이니, 수의 군대가 걷잡을 수 없이 모두 무너져 9군의 장수와 병졸이 도망쳐 돌아왔다.

- 『삼국사기』 -

▶ 여수장우중문시

을지문덕이 우중문에게 시를 보내 이르기를 "신묘한 계책은 하늘의 이치를 다 헤아렸고 기묘한 계획은 땅의 이치를 모두 통달하였도다. 싸움에 이겨 이미 공로가 드높으니 만족할 줄 알고 그치기를 바라노라."라고 하였다.

- 『삼국사기』 -

▶ 안시성 전투

여러 장수가 안시성을 공격하였다. … 60일 동안 50만 명의 인력을 동원하여 밤낮으로 쉬지 않고 토산을 쌓았다. 토산의 정상은 성에서 몇 길 떨어져 있고 성 안을 내려다 볼 수 있었다. 도중에 토산이 허물어지면서 성을 덮치는 바람에 성벽의 일부가 무너졌다. … 황제가 여러 장수에게 명하여 안시성을 공격하였으나, 3일이 지나도록 이길 수 없었다.

- 『삼국사기』 -

▶ 대야성 전투 및 김춘추의 고구려 군사 요청

• 이달에 백제의 장군 윤충이 군사를 거느리고 대야성을 공격하여 함락시켰는데, 도독인 이찬(伊湌) 품석(品釋)과 사지(舍知) 죽죽(竹竹)・용석(龍石) 등이 죽었다.

- 『삼국사기』 -

• 고구려 왕이 "마목현과 죽령은 본래 우리나라 땅이니 만약 이를 돌려주지 않는다면 돌아가지 못하리라."라고 말하였다. 김춘추가 "국가의 영토는 신하가 마음대로 할 수 있는 것이 아니므로 신은 감히 그 명령을 따를 수 없습니다."라고 대답하니 왕이 분노하여 그를 가두었다.

- 『삼국사기』 -

▶ 백제의 멸망 및 부흥 운동

• 의자왕은 당과 신라 군사들이 이미 백강과 탄현을 지났다는 소식을 듣고 장군 계백을 시켜 결사대 5천 명을 거느리고 황산으로 가서 신라 군사와 싸우게 하였다.

- 『삼국사기』 -

• 당의 손인사, 유인원과 신라왕 김법민은 육군을 거느려 나아가고, 유인궤와 부여융은 수군과 군량을 실은 배를 거느리고 백강으로 가서 육군과 합세하여 주류성으로 갔다. 백강 어귀에서 왜의 군사를 만나 … 그들의 배 4백 척을 불살랐다.

- 『삼국사기』 -

▶ 고구려의 멸망 및 부흥 운동

• 신라군이 당군과 함께 평양을 포위하였다. 고구려 왕은 먼저 연남산 등을 보내 영공(英公)에게 항복을 요청하였다. 이에 영공은 보장왕과 왕자 복남・덕남, 대신 등 20여만 명을 이끌고 당으로 돌아갔다.

- 『삼국사기』 -

• 검모잠이 국가를 다시 일으키기 위하여 당을 배반하고 보장왕의 외손 안승을 세워 임금으로 삼았다. 당 고종이 대장군 고간을 보내 행군총관으로 삼고 병력을 내어 그들을 토벌하니, 안승이 검모잠을 죽이고 신라로 달아났다.

- 『삼국사기』 -

▶ 매소성 전투 및 기벌포 전투

• 이근행이 군사 20만 명을 이끌고 매소성에 머물렀다. 신라군이 공격하여 달아나게 하고 말 3만여 필을 얻었는데, 노획한 병장기의 수도 그 정도 되었다.

- 『삼국사기』 -

• 사찬 시득이 수군을 거느리고 설인귀와 소부리주 기벌포에서 싸웠으나 잇달아 패배하였다. 시득은 다시 진군하여 크고 작은 22번의 싸움에서 승리하고 4천여 명의 목을 베었다.

- 『삼국사기』 -

총 26회분 기출분석에서 나온 대표패턴을
최신 기출문제에서 뽑았습니다.

58회 5번

1. 밑줄 그은 '전투'가 벌어진 시기를 연표에서 옳게 고른 것은? [2점]

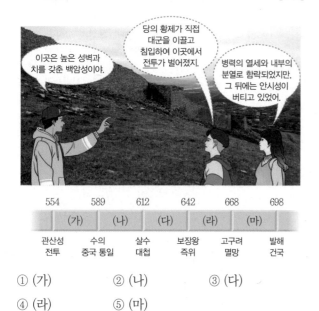

이곳은 높은 성벽과 치를 갖춘 백암성이야.

당의 황제가 직접 대군을 이끌고 침입하여 이곳에서 전투가 벌어졌지.

병력의 열세와 내부의 분열로 함락되었지만, 그 뒤에는 안시성이 버티고 있었어.

554	589	612	642	668	698
(가)	(나)	(다)	(라)	(마)	
관산성 전투	수의 중국 통일	살수 대첩	보장왕 즉위	고구려 멸망	발해 건국

① (가)   ② (나)   ③ (다)
④ (라)   ⑤ (마)

키워드 추출

문제에 제시된 사건 – 안시성 전투(645)
당의 황제가 직접 대군을 이끌고 침입, 안시성 – 안시성 전투 당시 고구려를 침략한 중국의 국가 및 방어 장소

정답분석

④ 안시성 전투는 보장왕 때 발생하였다.

해품사의 합격Tip

고구려의 대외 항쟁은 주로 살수 대첩 및 안시성 전투와 관련된 키워드를 구별하는 것이 중요합니다. 특히 연개소문의 정변은 기출에서 연개소문 대신 영류왕 시해 및 보장왕 즉위라는 간접적인 키워드로 언급될 수 있습니다.

[정답] ④

69회 7번

2. (가)~(다)를 일어난 순서대로 옳게 나열한 것은? [3점]

(가) 사찬 시득이 수군을 거느리고 소부리주 기벌포에서 설인귀와 싸웠으나 패배하였다. 다시 나아가 크고 작은 22번의 싸움에서 승리하고, 4천여 명의 목을 베었다.

(나) 흑치상지가 도망하여 흩어진 무리들을 모으니, 열흘 사이에 따르는 자가 3만여 명이었다. …… 흑치상지가 별부장 사타상여를 데리고 험준한 곳에 웅거하여 복신과 호응하였다.

(다) 검모잠이 국가를 다시 일으키기 위하여 당을 배반하고 보장왕의 외손 안승을 세워 임금으로 삼았다. 당 고종이 대장군 고간을 보내 행군총관으로 삼고 병력을 내어 그들을 토벌하니, 안승이 검모잠을 죽이고 신라로 달아났다.

① (가) – (나) – (다)   ② (가) – (다) – (나)
③ (나) – (가) – (다)   ④ (나) – (다) – (가)
⑤ (다) – (나) – (가)

키워드 추출

- (가) 기벌포 전투 – 나·당 전쟁 당시 신라 수군이 당나라에게 승리한 전투(676)
- (나) 흑치상지 – 백제 멸망 이후 임존성에서 백제 부흥 운동(660~663)을 주도한 백제의 장군
- (다) 검모잠, 안승 – 고구려 멸망 이후 고구려 부흥 운동(668~674)을 주도한 대표적인 인물들

정답분석

④ 삼국의 통일 과정은 백제 부흥 운동(나-흑치상지) → 고구려 부흥 운동(다-검모잠, 안승) → 나·당 전쟁(가-기벌포 전투) 순으로 발생하였다.

해품사의 합격Tip

삼국의 통일 과정은 대체로 사료를 바탕으로 두 시기 사이 유형, 순서 유형, 연표 유형 등 흐름형 유형으로 출제됩니다. 그러므로 최소한 백제 멸망 → 백제 부흥 운동 → 고구려 멸망 → 고구려 부흥 운동 → 나·당 전쟁의 흐름을 알아야 합니다.

[정답] ④

69회 5번

3. (가), (나) 사이의 시기에 있었던 사실로 옳은 것은?

[2점]

(가) 을지문덕이 우중문에게 시를 보내 이르기를, "신묘한 계책은 천문을 다 헤아렸고 기묘한 계획은 지리를 모두 통달하였도다. 싸움에 이겨 이미 공로가 드높으니 만족할 줄 알고 그치기를 바라노라."라고 하였다.

(나) 안시성 사람들이 황제의 깃발과 일산을 멀리서 바라보고, 곧장 성에 올라가 북을 치고 소리를 질렀다. 황제가 화를 내자, 이세적은 성을 함락하는 날에 남자를 모두 구덩이에 묻어 죽이자고 청하였다. 안시성 사람들이 이를 듣고 더욱 굳게 지키니, 오래도록 공격하여도 함락되지 않았다.

① 관구검이 환도성을 공격하여 함락하였다.

② 계백이 이끄는 군대가 황산벌에서 항전하였다.

③ 연개소문이 정변을 일으켜 권력을 장악하였다.

④ 광개토 대왕이 신라에 침입한 왜를 격퇴하였다.

⑤ 미천왕이 낙랑군을 축출하여 영토를 확장하였다.

키워드 추출

· (가) 을지문덕 – 고구려·수나라 전쟁, 살수 대첩(612)
· (나) 안시성 – 고구려·당나라 전쟁, 안시성 전투(645)

정답분석

③ 연개소문은 영류왕을 제거한 뒤 보장왕을 즉위시키고 스스로 대막리지로 즉위하였다(642).

오답분석

① 고구려의 동천왕 때 중국 위나라의 관구검이 이끄는 군대의 공격을 받아 환도산성이 함락되었다(3세기).

② 황산벌 전투는 660년에 일어났다.

④ 고구려의 광개토 대왕은 신라의 내물왕의 요청으로 신라에 침입한 왜구를 격퇴하였다(400).

⑤ 고구려의 미천왕은 낙랑군을 축출하였다(313).

해품사의 합격Tip

고구려의 대외 항쟁 유형은 살수 대첩과 안시성 전투를 구별하는 것이 중요합니다. 최소한 살수 대첩 → 천리장성 축조 시작 → 연개소문의 정변 → 안시성 전투의 흐름 및 관련 키워드를 정확히 암기해야 공략할 수 있습니다!

[정답] ③

58회 6번

4. (가), (나) 사이의 시기에 있었던 사실로 옳은 것은?

[3점]

(가) 백제의 남은 적군이 사비성으로 진입하여 항복해 살아남은 사람들을 붙잡아 가려고 하였으므로, 유수(留守) 유인원이 당과 신라 사람들을 보내 이를 쳐서 쫓아냈다. …… 당 황제가 좌위중랑장 왕문도를 웅진도독으로 삼았다.

(나) 손인사, 유인원과 신라왕 김법민은 육군을 거느려 나아가고, 유인궤와 별수(別帥) 두상과 부여융은 수군과 군량을 실은 배를 거느리고 백강으로 가서 육군과 합세하여 주류성으로 갔다. 백강 어귀에서 왜국 군사를 만나 …… 그들의 배 4백 척을 불살랐다.

① 사찬 시득이 기벌포에서 당군을 격파하였다.

② 의자왕이 윤충을 보내 대야성을 함락시켰다.

③ 복신과 도침이 부여풍을 왕으로 추대하였다.

④ 계백이 이끄는 군대가 황산벌에서 항전하였다.

⑤ 안승이 신라에 의해 보덕국왕으로 책봉되었다.

키워드 추출

(가) 사건(백제 31대 의자왕, 백제의 멸망, 660)
· 사비성으로 진입 – 백제가 멸망하기 직전의 마지막 도성
· 웅진도독 – 당나라가 세운 군정 기관의 우두머리
(나) 사건(백제 부흥 운동, 백강 전투, 663)
백강 어귀에서 왜의 군사를 만남 – 백강 전투 당시 백제의 유민과 왜의 군대가 연합한 사례

정답분석

③ 백제 멸망 이후 복신, 도침 등은 백제 부흥 운동을 주도하며 의자왕의 아들인 부여풍을 왕으로 추대하였다(662).

오답분석

① 신라는 기벌포 전투(676)에서 당군을 격파하였다.

② 백제의 의자왕은 642년에 윤충이라는 장수를 신라의 대야성에 파견하여 함락시켰다.

④ 백제의 장수인 계백은 논산 지역에 위치한 황산벌에서 나·당 연합군에 맞서 항전하다가 끝내 사망하였다(660).

⑤ 신라는 고구려 부흥 운동을 지원하기 위해 익산에 보덕국을 건립한 뒤 안승을 왕으로 책봉하였다(674).

해품사의 합격Tip

삼국의 통일 과정 유형 중 가장 높은 오답률을 기록했던 문제로, 백제 멸망 과정의 세부 순서를 파악할 필요가 있었습니다.

[정답] ③

1.

(가) 사건이 발생한 시기를 연표에서 옳게 고른 것은?

> 문학으로 만나는 한국사
>
> 신묘한 계책은 하늘의 이치를 다 헤아렸고 기묘한 계획은 땅의 이치를 모두 통달하였도다. 싸움에 이겨 이미 공로가 드높으니 만족할 줄 알고 그치기를 바라노라
> — 여수장우중문시 —
>
> **[해설]** 이 글은 　(가)　 사건 당시 을지문덕이 적장인 우중문에게 보냈다고 전해지는 시로, 반어법을 활용하여 우중문을 희롱하기 위한 의도가 담겨 있습니다.

562	589	618	631	642	645
(가)	(나)	(다)	(라)	(마)	
대가야 정벌	수의 중국 통일	당나라 건국	천리장성 축조 시작	보장왕 즉위	안시성 전투

① (가)　　② (나)　　③ (다)
④ (라)　　⑤ (마)

해품사 출제예언 – 살수 대첩

한능검 심화 시험에서 고구려의 대외 항쟁 유형은 연표형 유형으로 출제된 사례가 거의 없습니다. 그나마 기존에 출제된 기출 사례가 안시성 전투만 있었기 때문에, 살수 대첩과 관련된 사례도 연표형 유형으로 주목할 만합니다.

키워드 추출
문제에 제시된 사건 – 살수 대첩(612)
여수장우중문시 – 을지문덕이 수나라와의 전쟁 당시 수나라의 장수인 우중문에게 보낸 시

정답분석
② 살수 대첩은 수나라 건국 이후에 발생한 고구려와 수나라의 전투 사례이기 때문에, 흐름상 (나) 시기가 적절하다.

[정답] ②

2.

(가)~(라)를 일어난 순서대로 옳게 나열한 것은?

> (가) 신라군이 당군과 함께 평양을 포위하였다. 고구려 왕은 먼저 연남산 등을 보내 영공(英公)에게 항복을 요청하였다. 이에 영공은 보장왕과 왕자 복남·덕남, 대신 등 20여만 명을 이끌고 당으로 돌아갔다.
>
> (나) 이 달에 백제의 장군 윤충이 군사를 거느리고 대야성을 공격하여 함락시켰는데, 도독인 이찬(伊飡) 품석(品釋)과 사지(舍知) 죽죽(竹竹)·용석(龍石) 등이 죽었다.
>
> (다) 당의 손인사, 유인원과 신라왕 김법민은 육군을 거느려 나아가고, 유인궤와 부여융은 수군과 군량을 실은 배를 거느리고 백강으로 가서 육군과 합세하여 주류성으로 갔다. 백강 어귀에서 왜의 군사를 만나 … 그들의 배 4백 척을 불살랐다.
>
> (라) 사찬 시득이 수군을 거느리고 설인귀와 소부리주 기벌포에서 싸웠으나 잇달아 패배하였다. 시득은 다시 진군하여 크고 작은 22번의 싸움에서 승리하고 4천여 명의 목을 베었다.

① (가) – (나) – (다) – (라)
② (가) – (나) – (라) – (다)
③ (나) – (가) – (다) – (라)
④ (나) – (다) – (가) – (라)
⑤ (다) – (가) – (라) – (나)

해품사 출제예언 – 삼국 통일과 관련된 흐름 유형

삼국 통일과 관련된 흐름 유형은 기존에 출제된 흐름을 정확히 이해하여 관련 사료를 종합적으로 파악해야 합니다.

키워드 추출
- (가) 평양을 포위, 보장왕 – 나·당 연합군은 고구려의 보장왕 때 평양성을 공격하여 함락시킴(668)
- (나) 윤충, 대야성 – 백제의 윤충이 신라 대야성을 공격(642)
- (다) 백강 어귀, 왜의 군사 – 백제와 왜의 연합군은 백강에서 나·당 연합군과 맞서 싸움(백제 부흥 운동 당시 백강 전투, 663)
- (라) 시득, 기벌포 – 나·당 전쟁 당시 신라가 당나라 군대에 맞서 전투에서 승리한 사례(기벌포 전투, 676)

정답분석
④ (나) 대야성 전투(642) → (다) 백강 전투(663) → (가) 고구려 멸망(668) → (라) 기벌포 전투(676) 순으로 발생하였다.

[정답] ④

어제의 오답 선지 = 내일의 정답 선지 | 한능검은 역사적 사실이 아닌 것은 선지에 포함하지 않습니다. 즉, 모든 선지는 사실이죠! 기출에서 오답 선지는 언제든 정답이 될 수 있습니다.

> ❗ 먼저 오른쪽 기출선지 키워드 암기를 가리고 왼쪽의 (빈칸)을 채워보세요. 그후 오른쪽 기출선지를 키워드 중심으로 달달 외우세요!

	기출선지 (키워드) 채우기	기출선지 키워드 암기	중요도
1	( )이 살수에서 수의 군대를 물리쳤다.	을지문덕이 살수에서 수의 군대를 물리쳤다. [50, 52, 59, 64, 65, 66, 67, 70, 71회]	★★★
2	( )은 천리장성의 축조를 감독하였다.	연개소문은 천리장성의 축조를 감독하였다. [59회]	★
3	( )이 정변을 일으켜 영류왕을 시해하였다.	연개소문이 정변을 일으켜 영류왕을 시해하였다. [49, 69, 71, 72회]	★★
4	양만춘은 ( )의 군사와 백성들과 함께 당군을 물리쳤다.	양만춘은 안시성의 군사와 백성들과 함께 당군을 물리쳤다. [68회]	★
5	백제의 의자왕은 윤충을 파견하여 ( )을 함락하였다.	백제의 의자왕은 윤충을 파견하여 대야성을 함락하였다. [58, 60, 61, 64, 65, 67, 69, 70, 71회]	★★
6	( )가 당과의 군사 동맹을 성사시켰다.	김춘추가 당과의 군사 동맹을 성사시켰다. [58, 61, 62, 64, 65, 72회]	★★
7	계백이 이끈 군대는 ( )에서 나·당 연합군에 항전하였다.	계백이 이끈 군대는 황산벌에서 나·당 연합군에 항전하였다. [55, 58, 60, 61, 65, 68, 69, 72회]	★★
8	( )과 도침이 부여풍을 왕으로 추대하였다.	복신과 도침이 부여풍을 왕으로 추대하였다. [48, 49, 52, 58, 62, 68, 72회]	★★
9	( )가 임존성에서 부흥 운동을 주도하였다.	흑치상지가 임존성에서 부흥 운동을 주도하였다. [55, 67, 70회]	★
10	부여풍이 ( )에서 왜군과 함께 당군에 맞서 싸웠다.	부여풍이 백강에서 왜군과 함께 당군에 맞서 싸웠다. [52, 59, 61, 67회]	★★
11	안승이 신라의 지원을 받아 ( )의 왕으로 임명되었다.	안승이 신라의 지원을 받아 보덕국의 왕으로 임명되었다. [52, 58, 59, 60, 61, 64, 67, 68, 70, 71회]	★★★
12	시득이 ( )에서 당군에 승리하였다.	시득이 기벌포에서 당군에 승리하였다. [58, 62, 64, 66, 72회]	★★

✅ 테마 학습을 다 했다면, 테마 맨 앞 키워드 판서로 돌아가 복습하세요!

테마 05 남북국 시대의 역사적 사실

✓ 시기: 676년~약 9세기 말기 ✓ 중요도 및 평균 출제율: 100% 출제 ★★★★
✓ 난이도: 보통 → 유형이 대체로 단순하고 특정 유형과 관련된 대표 키워드만 암기하면 쉽게 풀이 가능하나 암기 양이 많은 편!

흐름형 시대의 흐름을 따라가며 보면 좋은 유형

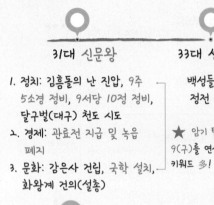

31대 신문왕
1. 정치: 김흠돌의 난 진압, 9주 5소경 정비, 9서당 10정 정비, 달구벌(대구) 천도 시도
2. 경제: 관료전 지급 및 녹읍 폐지
3. 문화: 감은사 건립, 국학 설치, 화왕계 건의(설총)

33대 성덕왕
백성들에게 정전 지급

 ★ 암기 팁! ★
9(구)를 연상시키는 키워드 多!

35대 경덕왕
1. 정치: 국학 → 태학감 명칭 변경, 한화 정책 시행
2. 경제: 녹읍 부활
3. 문화: 불국사 및 석굴암 건립 (김대성 창건)

36대 혜공왕
대공의 난(96각간의 난) 등 귀족들의 반란 발생
→ 김지정의 난 당시 피살됨
→ 선덕왕 즉위(김양상) 및 통일 신라 하대 시작

통일 신라 하대 기준

698
발해 건국
대조영이 동모산에서 건국

719~737
2대 무왕(인안)
장문휴를 파견하여 중국의 등주(산둥 반도) 공격, 흑수 말갈 정벌

737~793
3대 문왕(대흥)
중경 현덕부 → 상경 용천부 천도, 3성 6부제 정비(정당성, 중대성, 선조성), 철리부 등 동북방 말갈 복속

암기형 시대를 몰라도 키워드만 알면 풀 수 있는 유형

통일 신라 하대의 특징-통일 신라 하대 사회상 유형 연계
✓ 선종 불교 종파 유행 및 9산선문 활동 (예)체징의 가지산문) → 승탑 유행 (예)쌍봉사 철감선사탑), 호족 활동
✓ 풍수지리 국내 전래(도선)

발해의 특징-발해 전반적 사실 유형 연계
✓ 기구: 문적원, 주자감, 중정대
✓ 외교: 거란도·영주도·신라도 등을 통해 교류함, 솔빈부의 말이 특산품으로 유명함

해품사의 테마 출제예언!

1) 통일 신라의 대표 왕 업적 구별하기

2) 통일 신라 하대의 사회상 사례 파악하기 및 반란 흐름 유형 공략하기

3) 발해와 관련된 전반적인 사실 파악하기 및 발해 대표 왕 업적 구별하기

해품사 한능검 키워드 판서

⊘ 테마 학습을 다 하고 난 후, 다시 돌아와서 한 번 더 보세요!

38대 원성왕(김경신)

독서삼품과 시행

41대 헌덕왕

김헌창의 난 발생
→ 아버지인 김주원이
왕이 되지 못해서 불만!
→ 국호 장안, 연호 경운
└ 공주 지역사 연계

46대 문성왕

장보고의 난 발생

51대 진성 여왕

1. 정치: 원종과 애노의 난 및
적고적의 난 발생,
최치원의 시무 10여조 진상
2. 문화: 『삼대목』 편찬
(각간 위홍 및 대구 화상)

★ 반란 순서 암기 팁!
김장하러 원정가자
(김헌창-장보고-원종과 애노-적고적)

818~830
10대 선왕(건흥)

해동성국,
5경 15부 62주 정비

926
발해 멸망

거란의 침략으로 멸망
→ 발해 유민 고려 귀순
└ 왕건의 만부교 사건의 원인

쉽게 출제될 경우	**vs**	어렵게 출제될 경우

기출 → 60, 68, 70회

: 신문왕의 업적 암기 및 통일 신라 하대 사회상 사례와 발해의 전반적인 특징 암기가 필요!

⇨ 관료전 지급 및 녹읍 폐지, 국학 설치, 9주 5소경 정비, 9서당 10정 / 진성 여왕 및 최치원, 선종 불교 유행 및 9산선문 형성, 김헌창의 난 및 원종과 애노의 난 발발 / 대조영, 솔빈부의 말, 주자감, 3성 6부제, 해동성국, 5경 15부 62주

기출 → 63, 64회

: 통일 신라 하대의 반란 순서 공략 및 발해의 대표 왕 업적을 구별할 필요가 있음

⇨ 인안, 장문휴의 등주 공격 / 3성 6부제, 상경 용천부 천도 / 5경 15부 62주, 해동성국 / 김헌창의 난 → 장보고의 난 → 원종과 애노의 난 → 적고적의 난(김장하러 원정가자)

05 남북국 시대의 역사적 사실

해품사 공지사항!

총 26회분(47회~72회) 기출에서 단 한 번이라도 언급된 내용은 모두 포함!
빨간색 키워드는 약 80% 이상 확률로 출제된 중요 키워드이므로 우선 암기
　　　　키워드는 그중에서도 직접적인 정답 키워드로 자주 언급되는 것
☆~☆☆☆ 테마 안에서도 더욱 빈출인 주제에 표시

1 통일 신라 대표 왕의 업적 및 역사적 사실 ☆☆

신문왕 관련 키워드는 9(구)가 포함된 사례가 많음! **신문왕(31대)**	■ **정치**: 김흠돌의 난 진압, 9주 5소경 정비(지방 행정 제도), 9서당 10정 정비(군사 제도, 옷깃 색으로 출신 국가 구별), 달구벌(대구) 천도 시도 ■ **경제**: 관료전 지급 및 녹읍 폐지(귀족 권력 견제, 녹읍의 노동력 징발권 폐지) ■ **문화**: 감은사 건립(아버지인 문무왕의 업적을 기리기 위해 건립, 행차 과정에서 만파식적 제작), 국학 설치(국립 교육 기관), 화왕계(설총 건의)
진성 여왕 (51대)	■ **정치**: 원종과 애노의 난 및 적고적의 난 발발, 최치원의 시무 10여조 진상 ■ **문화**: 『삼대목』 편찬(각간 위홍 및 대구화상)
통일 신라 하대 사회상 유형과 자주 연계됨 **이외 왕**	■ **성덕왕(33대)**: 백성들에게 최초로 정전 지급 ■ **경덕왕(35대)**: 국학 → 태학감 명칭 변경, 녹읍 부활, 불국사 및 석굴암 건립(김대성 창건), 한화 정책 시행(예 사벌주 → 상주 등 행정 구역명을 중국식으로 변경) ■ **원성왕(김경신-38대)**: 독서삼품과 시행(상품·중품·하품 등급 규정)

2 통일 신라 하대의 사회상 ☆☆☆

통일 신라 하대의 사회상	■ **시기 구분 및 특징**: 일반적으로 780년 이후 왕위 쟁탈전이 심화된 시기로 규정됨[혜공왕 재위 당시 대공의 난(96각간의 난) 등 귀족들의 반란 발생 → 김지정의 난 당시 혜공왕 피살 및 선덕왕(김양상) 즉위 이후 시점], 호족 세력이 지방에서 반독립적인 세력으로 성장함(예 견훤, 궁예) ■ **주요 인물**: 진성 여왕(통일 신라 하대 왕), 장보고, 최치원 ■ **문화**: 선종 불교 종파 유행(참선 및 수행 중시) 및 9산선문의 활동(예 체징의 가지산문) → 승탑(예 쌍봉사 철감선사탑) 유행, 풍수지리 국내 전래(도선)	
통일 신라 하대에 발생한 반란 사례	■ **김헌창의 난(헌덕왕-822)**: 아버지 김주원이 아닌 김경신(원성왕)이 왕에 즉위한 것에 불만을 품고 공주 지역에서 반란 주도, 국호 장안 및 연호 경운 ■ **장보고의 난(문성왕-846)**: 신무왕(김우징)의 왕위 쟁탈전 지원 → 신무왕 사망 이후 문성왕(신무왕의 아들)과 자신의 딸의 혼인을 귀족들이 반대하여 반란 주도 → 자신의 부하인 염장에게 살해됨 ■ **원종과 애노의 난(진성 여왕-889)**: 사벌주에서 봉기 ■ **적고적의 난(진성 여왕-896)**: 붉은 바지의 도적들이 반란 주도	✔ **해품사 암기팁!** 김장하려 원정가자(김헌창의 난-장보고의 난-원종과 애노의 난-적고적의 난)

3 발해의 특징 ☆☆☆

발해와 관련된 전반적인 사실	■ 대표 기구: 문적원(문서 및 서적 관리), **주자감**(국립 교육 기관), 중정대(감찰 기구) ■ 제도: 3성 6부제[중앙 행정 제도, 선조성, 정당성(대내상−국정 총괄, 좌사정, 우사정 등 관직 존재), 중대성 구성] 　정비, 5경 15부 62주(지방 행정 제도) 정비 ■ 대외 관계: 거란도 · 영주도 · 신라도 등을 통해 교류함, 솔빈부의 말이 특산품으로 유명함
발해 대표 왕의 업적	■ 대조영(초대): 동모산에서 발해 건국 ■ 2대 무왕(연호-인안): 장문휴를 파견하여 당의 등주(산둥 반도) 공격, 흑수 말갈 정벌 ■ 3대 문왕(연호-대흥): 중경 현덕부 → 상경 용천부 천도, 3성 6부제 정비, 철리부 등 동북방 말갈 복속 ■ 10대 선왕(연호-건흥): 5경 15부 62주 정비, 재위 당시 해동성국(바다 동쪽으로 성스러운 국가)으로 불림
발해 관련 대표 문화유산	대형 치미, 발해 석등, 연꽃무늬 수막새, 정혜 공주 묘 돌사자상, 영광탑, 이불병좌상

▲ 발해 석등

▲ 연꽃무늬 수막새

▲ 영광탑

└ 발해의 유일한
　전탑

▲ 이불병좌상

└ 고구려 불상
　양식 계승

해품사의 테마 저격!

[고난도 대비] 통일 신라 하대의 왕 즉위 및 반란 흐름 파악하기

최근 한능검에서 통일 신라 하대에 즉위한 왕의 이름을 제시하거나, 어려운 사료를 활용하는 방식으로 난이도를 높이는 출제 방식이 확인되었습니다. 즉, 실제 시험에서는 00왕이 아닌 해당 왕의 이름을 대놓고 사료에서 언급하기 때문에 이를 처음 접하는 수험생의 입장에서는 사료 해석의 어려움을 느낄 수 있습니다. 예를 들어 원성왕=김경신 등으로 사료에서 언급되기 때문에, 이 유형을 대비하기 위해서는 통일 신라 하대에 즉위한 일부 왕의 이름 및 반란의 흐름을 정확히 파악하는 것이 중요합니다.

총 26회분 기출분석에서 나온 대표패턴을
최신 기출문제에서 뽑았습니다.

60회 8번

1. 밑줄 그은 '이 왕'의 업적으로 옳은 것은? [2점]

이 왕은 김흠돌의 난을 진압하고 왕권을 강화했어.

아버지인 문무왕을 위하여 감은사를 완공했지.

완산주와 청주를 설치하여 9주를 갖추었어.

① 거칠부에게 국사를 편찬하게 하였다.
② 이사부를 보내 우산국을 복속하였다.
③ 건원이라는 독자적 연호를 사용하였다.
④ 관료전을 지급하고 녹읍을 폐지하였다.
⑤ 관리 선발을 위해 독서삼품과를 실시하였다.

키워드 추출
· 김흠돌의 난을 진압함 – 신문왕 때 반란 사례
· 아버지인 문무왕을 위하여 – 신문왕은 아버지인 문무왕의 업적을 기리기 위해 감은사를 건립함
· 완산주와 청주 – 신문왕 때 정비된 9주

정답분석
④ 신문왕은 관료전을 지급하고 녹읍을 폐지하였다.

오답분석
① 진흥왕은 거칠부에게 역사서 『국사』를 편찬시켰다.
② 지증왕은 이사부를 파견하여 우산국을 복속하였다.
③ 법흥왕은 건원이라는 독자적인 연호를 사용하였다.
⑤ 원성왕은 유교 경전의 이해 능력에 따라 관리를 선발하는 독서삼품과를 시행하였다.

해품사의 합격Tip
가장 빈출도가 높은 통일 신라의 왕은 신문왕입니다. 특히 신문왕의 대표 키워드는 고대 시대의 사회 유형과 연계되어 출제될 수 있습니다.

[정답] ④

68회 6번

2. 밑줄 그은 '시기'에 있었던 사실로 옳은 것은? [2점]

최치원이 지은 해인사 묘길상탑기에는 진성 여왕이 다스리던 시기의 혼란스러운 사회상이 묘사되어 있습니다. '전란과 흉년으로 악 중의 악이 없는 곳이 없고 도처에 굶어 죽거나 싸우다 죽은 시신이 널려 있다.'고 한탄하는 내용이 적혀 있습니다.

합천 해인사 길상탑과
그 안에서 나온 묘길상탑기(탁본)

① 원광이 세속 5계를 제시하였다.
② 이차돈의 순교로 불교가 공인되었다.
③ 원종과 애노가 사벌주에서 봉기하였다.
④ 거칠부가 왕명에 의해 국사를 편찬하였다.
⑤ 자장의 건의로 황룡사 구층 목탑이 건립되었다.

키워드 추출
· 최치원 – 통일 신라 하대의 대표적인 6두품 출신 인물
· 진성 여왕 – 통일 신라 하대에 재위한 대표적인 왕

정답분석
③ 진성 여왕 때 원종과 애노의 난, 적고적의 난 등의 민란이 발생하였다.

오답분석
① 진평왕 때 원광이 세속 5계를 제시하였다.
② 법흥왕 때 이차돈의 순교를 계기로 불교가 공인되었다.
④ 진흥왕은 거칠부에게 명하여 『국사』를 편찬하였다.
⑤ 선덕 여왕 때 자장의 건의로 황룡사 9층 목탑을 건립하였다.

해품사의 합격Tip
고대의 경우 통일 신라 하대의 사회상을 단독 유형으로 출제한 사례가 많습니다. 이때 오답 키워드로 통일 신라 이전의 상황 또는 통일 신라 상대의 왕과 관련된 사례를 언급하는 경우가 많습니다.

[정답] ③

54회 8번

3. (가)~(다)를 일어난 순서대로 옳게 나열한 것은?

[3점]

> (가) 도적들이 나라의 서남쪽에서 일어났는데, 붉은색 바지를 입어 모습을 다르게 하였기 때문에 적고적(赤袴賊)이라고 불렸다. 그들은 주와 현을 도륙하고, 수도의 서부 모량리 까지 와서 민가를 노략질하고 돌아갔다.
>
> (나) 웅천주 도독 헌창은 그의 아버지 주원이 임금이 되지 못하 였다는 이유로 반란을 일으켜 국호를 장안이라 하고, 연호 를 세워 경운 원년이라 하였다.
>
> (다) 아찬 우징은 청해진에 있으면서 김명이 왕위를 빼앗았다 는 소식을 듣고 청해진 대사 궁복에게 말하였다. "김명은 임금을 죽이고 스스로 왕이 되었으니, …… 장군의 군사를 빌려 임금과 아버지의 원수를 갚고자 합니다."
>
> – 『삼국사기』 –

① (가) – (나) – (다)　　② (가) – (다) – (나)
③ (나) – (가) – (다)　　④ (나) – (다) – (가)
⑤ (다) – (가) – (나)

키워드 추출

(가) 사건(통일 신라 51대 진성 여왕, 적고적의 난, 896)
적고적 – 진성 여왕 때 붉은 바지를 입고 반란을 일으킴
(나) 사건(통일 신라 41대 헌덕왕, 김헌창의 난, 822)
• 웅천주 도독 헌창 – 김헌창의 난을 일으킨 인물
• 국호 장안, 연호 경운 – 김헌창이 세운 나라의 국호 및 연호
(다) 사건(통일 신라 44대 민애왕, 김우징의 난, 838)
• 아찬 우징 – 신무왕, 장보고의 지원을 받아 반란 주도
• 청해진 대사 궁복 – 장보고의 이름

정답분석

④ 통일 신라 하대에 발생한 반란 순서는 김헌창의 난(나) → 김우징의 난(다) → 적고적의 난(가) 순으로 발생하였다.

해품사의 합격Tip

통일 신라 하대 사회상 유형은 종종 난도를 높이기 위해 통일 신라 하대에 발생한 반란의 흐름을 출제합니다. 이때 출제되는 반란의 사례가 고정적이므로 김헌창의 난 → 장보고의 난 → 원종과 애노의 난 → 적고적의 난의 순서 암기가 필수입니다!

[정답] ④

60회 6번

4. (가) 국가에 대한 설명으로 옳은 것은?

[1점]

① 중정대를 두어 관리를 감찰하였다.
② 군사 조직으로 9서당 10정을 편성하였다.
③ 내신좌평 등 6좌평의 관제를 정비하였다.
④ 상수리 제도를 시행하여 지방 세력을 견제하였다.
⑤ 왕족인 부여씨와 8성의 귀족이 지배층을 이루었다.

키워드 추출

• 해동성국 – 발해 선왕이 재위할 당시 발해를 중국에서 이르던 말
• 영광탑 – 발해의 유일한 전탑(벽돌탑)
• 정효 공주 묘 – 발해 문왕의 넷째 딸의 무덤
• 발해 석등 – 발해의 대표적인 석등 조형물

정답분석

① 발해는 관리 감찰 기구로 중정대를 두어 운영하였다.

오답분석

② 통일 신라의 신문왕 때 군사 조직으로 9서당 10정을 두었다.
③ 백제는 16관등제를 운영하며 최고 관등으로 좌평을 두어 국정의 주요 사항을 논의하였다.
④ 통일 신라는 중앙 정부에서 각 지방의 자제를 볼모로 잡는 상수리 제도를 운영하였다.
⑤ 백제는 왕족인 부여씨와 함께 백씨 · 해씨 등 8성의 귀족이 지배층을 구성하였다.

해품사의 합격Tip

한능검에서 출제되는 발해 문제의 경우 가끔 '대표 문화유산들을 문제의 키워드로 제시'하여 사실 유형으로 출제될 수 있습니다. 특히 발해의 이불병좌상과 영광탑을 응용하여 문화유산 유형을 출제할 수도 있습니다.

[정답] ①

1.

다음 자료와 관련된 국가의 역사적 사실로 옳은 것은?

> 대조영은 본래 고구려의 별종이다. 고구려가 멸망하자 가족을 데리고 영주로 이주하여 살았다. 거란 이진충이 반란을 일으키자, 대조영은 말갈족장 걸사비우와 함께 각각 무리를 이끌고 동쪽으로 망명하였다. 이후 이진충이 죽자, 측천무후는 이해고에게 군대를 이끌고 그 잔당을 토벌할 것을 명령하여, 먼저 걸사비우를 물리쳐 목을 베고, 이어서 대조영을 추격하여 천문령을 넘게 되었다.
>
> － 『구당서』 －

① 광군을 창설하여 외침에 대비하였다.
② 광평성 등의 정치 기구를 마련하였다.
③ 정당성의 대내상이 국정을 총괄하였다.
④ 골품에 따라 관등 승진에 제한을 두었다.
⑤ 지방관을 감찰하기 위해 외사정을 파견하였다.

해품사 출제예언 － 국가에 대한 전반적인 사실 파악

한능검에서 출제되는 발해 문제는 대부분 '국가에 대한 전반적인 사실을 파악'하는 유형으로 출제됩니다. 그러므로 대표 왕, 기구 및 제도, 외교와 관련된 키워드를 종합적으로 암기해야 문제를 풀 수 있습니다!

정답분석
③ 발해는 정당성, 중대성, 선조성으로 구성된 3성 6부제의 중앙 행정 제도를 운영하였으며, 정당성의 장관인 대내상이 국정을 총괄하였다.

오답분석
① 고려는 거란의 침략을 대비하기 위해 광군을 조직하였다.
② 궁예는 최고 중앙 관서로 광평성이라는 기구를 설치하였다.
④ 신라의 골품제는 신분에 따라 관등 승진에 제한을 두거나 집과 수레의 크기 등 일상생활을 규제하는 등 정해진 신분에 따라 부여되는 혜택에 차이를 두었다.
⑤ 신라의 문무왕은 지방에 대한 감찰 및 행정 통제를 목적으로 일종의 외관직인 외사정을 파견하였다.

[정답] ③

2.

(가)에 들어갈 내용으로 옳은 것은?

> 🤖 한국사 챗봇
>
> Q 발해의 선왕에 대해 알려줘.
>
> A 선왕은 발해의 제10대 왕으로 건흥이라는 연호를 사용하였습니다. 재위 당시 가장 넓은 영토를 확보하여 전성기를 이루며 주변 국가로부터 바다 동쪽의 성스러운 국가인 해동성국이라 불리기도 하였습니다.
>
> Q 선왕이 추진한 정책의 사례를 알려줘.
>
> A ＿＿＿＿＿ (가) ＿＿＿＿＿

① 9서당 10정의 군사 조직을 편성하였습니다.
② 사비로 천도하고 국호를 남부여로 고쳤습니다.
③ 5경 15부 62주의 지방 행정 제도를 갖추었습니다.
④ 고구려 유민을 모아 동모산에서 나라를 세웠습니다.
⑤ 수도를 중경에서 상경으로 옮겨 체제를 정비하였습니다.

해품사 출제예언 － 특정 발해 왕의 업적

한능검에서는 아주 가끔 특정 발해 왕의 업적이 출제되므로 최소 무왕, 문왕, 선왕을 구별해야 합니다.

정답분석
③ 선왕 때 중심 행정 구역인 5경과 더불어 15부 및 62주를 나눠 지방 행정 제도를 정비하였다.

오답분석
① 통일 신라의 신문왕은 군사 조직으로 9서당 10정을 운영하였다.
② 백제의 성왕은 국가의 중흥을 위해 사비로 천도하고 남부여라는 국호를 사용하였다.
④ 대조영은 동모산에서 발해를 건국하였다.
⑤ 발해의 문왕은 중경 현덕부에서 상경 용천부로 천도했다.

[정답] ③

05 남북국 시대의 역사적 사실

기출선지 키워드로 테마 마무리

어제의 오답 선지 = 내일의 정답 선지 | 한능검은 역사적 사실이 아닌 것은 선지에 포함하지 않습니다. 즉, 모든 선지는 사실이죠! 기출에서 오답 선지는 언제든 정답이 될 수 있습니다.

⚠️ 먼저 오른쪽 기출선지 키워드 암기를 가리고 왼쪽의 (빈칸)을 채워보세요. 그후 오른쪽 기출선지를 키워드 중심으로 달달 외우세요!

	기출선지 (키워드) 채우기	기출선지 키워드 암기	중요도
1	신문왕은 ( )을 지급하고 녹읍을 폐지하였다.	신문왕은 관료전을 지급하고 녹읍을 폐지하였다. [47, 49, 51, 54, 56, 57, 60, 61, 62, 64, 67회]	★★★
2	신문왕은 군사 조직을 ( )으로 편성하였다.	신문왕은 군사 조직을 9서당 10정으로 편성하였다. [48, 56, 59, 61회]	★★
3	신문왕 때 왕의 장인인 ( )이 반란을 도모하였다.	신문왕 때 왕의 장인인 김흠돌이 반란을 도모하였다. [49, 50, 51, 53, 54, 55, 58, 63, 64, 67, 72회]	★★
4	원성왕 때 ( )를 시행하여 인재를 등용하였다.	원성왕 때 독서삼품과를 시행하여 인재를 등용하였다. [47, 48, 49, 50, 53, 54, 57, 59, 60, 63, 66, 67, 71, 72회]	★★
5	진성 여왕 때 최치원이 왕에게 ( )를 건의하였다.	진성 여왕 때 최치원이 왕에게 시무 10여조를 건의하였다. [52, 58, 62, 63, 64, 65회]	★★
6	진성 여왕 때 향가 모음집인 ( )이 편찬되었다.	진성 여왕 때 향가 모음집인 삼대목이 편찬되었다. [51, 55, 65, 67, 70회]	★★
7	진성 여왕 때 ( ) 및 적고적의 난 등 농민 봉기가 발생하였다.	진성 여왕 때 원종과 애노의 난 및 적고적의 난 등 농민 봉기가 발생하였다. [48, 51, 56, 58, 61, 62, 63, 68, 72회]	★★★
8	통일 신라 하대에는 ( )을 중심으로 해상 무역이 전개되었다.	통일 신라 하대에는 청해진을 중심으로 해상 무역이 전개되었다. [47, 49, 51, 52, 53, 56, 57, 61, 62, 63, 65, 71회]	★★★
9	발해는 ( ), 영주도, 신라도 등을 통해 주변 국가와 교류하였다.	발해는 거란도, 영주도, 신라도 등을 통해 주변 국가와 교류하였다. [47, 53, 55, 63, 64회]	★★
10	발해는 ( )을 특산물로 거래하였다.	발해는 솔빈부의 말을 특산물로 거래하였다. [48, 53, 54, 58, 62, 63, 65, 69, 70, 72회]	★★★
11	발해는 유학 교육 기관으로 ( )을 설치하여 인재를 양성하였다.	발해는 유학 교육 기관으로 주자감을 설치하여 인재를 양성하였다. [47, 49, 52, 57, 58, 59, 60, 62, 66, 67회]	★★★
12	발해는 ( )의 대내상이 국정을 총괄하였다.	발해는 정당성의 대내상이 국정을 총괄하였다. [50, 72회]	★
13	발해는 ( )를 두어 관리를 감찰하였다.	발해는 중정대를 두어 관리를 감찰하였다. [48, 60회]	★
14	발해는 ( )의 지방 행정 제도를 갖추었다.	발해는 5경 15부 62주의 지방 행정 제도를 갖추었다. [51, 54, 56, 59, 63, 70회]	★★

✓ 테마 학습을 다 했다면, 테마 맨 앞 키워드 판서로 돌아가 복습하세요!

테마 06

고대의 경제·사회·문화 1

⊘ 시기: 삼국 시대~남북국 시대   ⊘ 중요도 및 평균 출제율: 62% ★
⊘ 난이도: 보통 → 고대의 경제 유형은 주로 통일 신라의 사례를 출제하며, 사회 유형도 반복적인 키워드 위주로 언급됨!

암기형   시대를 몰라도 키워드만 알면 풀 수 있는 유형

※ 경제

통일 신라의 무역 및 외교

✔ 무역항: 당항성, 영암, 울산항
✔ 당나라 내 신라방, 신라소, 법화원 등 설치, 완도 내 장보고의 청해진 설치

통일 신라의 시장

✔ 신라: 동시
　　　└ 통일 신라까지 이어짐
✔ 통일 신라: 서시 및 남시

통일 신라의 토지 제도 및 민정 문서

✔ 토지 제도: 관료전, 녹읍, 정전
✔ 민정 문서: 조세 수취 및 노동력 목적, 촌락 인구 현황 & 토지 종류 & 면적 등 기록, 일본 도다이사 쇼소인 → 청주 지역 관련 민정 문서 발견 장소

해품사의 테마 출제예언!

1) 통일 신라의 경제 상황을 중심으로, 무역항, 외교, 토지 문서 관련 키워드 암기하기

2) 삼국 시대 및 남북국 시대 국가들의 교육 기관, 귀족 회의, 수도, 제도, 지배층 관련 키워드 구별하기

3) 고대의 고분 양식의 변화 및 비석 관련 역사적 사실 파악 및 대표 문화유산 사례 구별하기

해품사 한능검 키워드 판서

✓ 테마 학습을 다 하고 난 후, 다시 돌아와서 한 번 더 보세요!

※ 사회

구분	고구려	백제	신라	통일 신라
수도	졸본 → 국내성 → 평양성	하남 위례성 → 웅진(공산성) → 사비(부소산성)	경주	경주
교육 기관 및 건축물	경당, 태학, 부경(창고)			국학
지배층(관직) & 귀족 회의	사자·조의·선인, 욕살 및 처려근지, 제가 회의	왕족인 부여씨와 8성 귀족 존재, 정사암 회의	박, 석, 김씨가 교대로 왕위 계승, 화백 회의	
제도	진대법	5부 5방제, 22부, 22담로에 왕족 파견, 6좌평 및 16관등제	골품제	골품제, 상수리 제도, 9주 5소경, 9서당 10정, 14부
고분	초기: 적석총 (돌무지무덤-장군총) 후기: 굴식 돌방무덤 (무용총, 강서대묘)	위례성: 석촌동 고분군(돌무지무덤) 웅진: 송산리 고분군 (무령왕릉-벽돌무덤) 사비: 능산리 고분군	돌무지덧널무덤 (천마총, 황남대총)	굴식 돌방무덤 (김유신묘)
비석	광개토 대왕릉비, 충주 고구려비	사택지적비	임신서기석, 진흥왕 관련 비석 (단양 적성비, 북한산 순수비, 마운령비, 창녕비, 황초령비)	

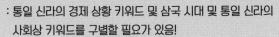

쉽게 출제될 경우	VS	어렵게 출제될 경우

기출 → 56, 61, 66, 72회

: 통일 신라의 경제 상황 키워드 및 삼국 시대 및 통일 신라의 사회상 키워드를 구별할 필요가 있음!

⇨ 당항성·울산항, 신라방·신라소, 법화원, 장보고의 청해진, 민정 문서(촌락 문서) / 경당·태학, 제가 회의, 진대법 / 정사암 회의, 왕족인 부여씨와 8성 귀족, 6좌평·16등급의 관등제, 22담로에 왕족 파견 / 화백 회의, 골품제, 국학, 상수리 제도

기출 → 64, 65, 66회

: 고대의 고분, 비석 관련 역사적 사실 파악이 중요!

⇨ 광개토 대왕릉비, 충주 고구려비 / 사택지적비, 무령왕릉, 능산리 고분군 / 단양 적성비, 북한산 순수비, 임신서기석

06 고대의 경제·사회·문화 1

해품사 공지사항!

총 26회분(47회~72회) 기출에서 단 한 번이라도 언급된 내용은 모두 포함!

빨간색 키워드는 약 80% 이상 확률로 출제된 중요 키워드이므로 우선 암기

□□□□ 키워드는 그중에서도 직접적인 정답 키워드로 자주 언급되는 것

☆~☆☆☆ 테마 안에서도 더욱 빈출인 주제에 표시

1 통일 신라의 경제 ☆☆

무역항	당항성, 영암, 울산항
외교	■ 당나라 내 신라방, 신라소, 법화원 등 설치 ■ 완도 내 장보고의 청해진 설치(동아시아의 해상 무역 기지)
시장	동시(지증왕), 서시 및 남시(효소왕) ┌ 시장 업무 담당 관청 존재(예 동시전)
토지 문서	**토지 문서 관련 사실**: 민정 문서(촌락 문서) 존재 → 조세 수취 및 노동력 동원을 위한 목적으로 작성, 촌락 인구 현황 및 토지 종류 및 면적 등 기록, 일본 도다이사 내부 쇼소인에서 청주 지역 관련 민정 문서가 발견됨

2 고대의 사회 ☆☆

고구려	■ **수도 변천**: 졸본(동명성왕-주몽) → 국내성(유리왕) → 평양성(장수왕) ■ **지배층&관직 및 귀족 회의**: 고추가(왕족), 사자·조의·선인, 욕살 및 처려근지(지방관), 제가 회의(귀족 회의) ■ **교육 기관 및 건축물**: 경당(미성년 학교), 태학(국립 교육 기관), 부경(양식 창고) ┌ 소수림왕 연계 ■ **제도**: 진대법(을파소가 건의, 춘대추납 원칙) ┌ 고국천왕 연계
백제	■ **수도 변천**: 하남 위례성(온조) → 웅진(공주-문주왕, 공산성) → 사비(부여-성왕, 부소산성) ■ **지배층 및 귀족 회의**: 왕족인 부여씨와 8성의 귀족 존재, 정사암 회의 ■ **제도**: 5부 5방(중앙 및 지방 행정 제도), 22부(중앙 관청), 22담로에 왕족 파견(무령왕), 6좌평(예 내신좌평, 위사좌평 등) 및 16등급의 관등제 운영
신라 (통일 신라)	■ **수도 변천**: 경주(건국부터 멸망까지 유지됨) ■ **지배층 및 귀족 회의**: 박, 석, 김씨가 교대로 왕위를 계승, 화백 회의(만장일치제) ■ **교육 기관 및 건축물**: 국학(국립 교육 기관) ┌ 신문왕 연계 ■ **제도**: 골품제(신분 제도) → (대)아찬 및 (대)나마 등 관등 존재, 집과 수레의 크기 등 일상 생활 규제, 상수리 제도(지방 세력 견제, 고려 기인 제도의 기원), 9주 5소경(지방 행정 제도), 9서당 10정(군사) ■ **중앙 행정 조직**: 14부(위화부-인사 행정, 사정부-감찰, 영객부-외국 사신 접대 등)

3 고대의 고분 및 비석 ☆

고구려	■ 무덤
	  - 초기: 적석총(돌무지무덤 예 장군총)
	  - 후기: 굴식 돌방무덤(예 강서대묘) → 모줄임 천장 구조, 벽화 존재 무덤(예 무용총, 쌍영총, 안악 3호분)
	    → 사신도 등 벽화 존재 ┗ 백제의 능산리 고분군에도 존재함 ┗ 천장으로 갈수록 모가 작아짐
	■ 비석
	  - 광개토 대왕릉비: 장수왕이 건립, 중국 만주 지린성 위치, 광개토 대왕이 신라에 침입한 왜 격퇴 과정 기록
	  - 충주 고구려비: 한반도의 유일한 고구려 비석, 한강 유역 차지 기록, 신라에 대한 고구려 인식을 보여주는
	    사례(예 신라 동이 표현, 신라 왕 매금 표현) ┗ 충주 지역사 연계

백제	■ 무덤
	  - 초기(위례성): 적석총(석촌동 돌무지무덤)
	  - 후기(웅진-공주): 송산리 고분군 내에서 무령왕릉 발견 → 매지석 출토, 벽돌무덤 양식, 영동대장군 백제
	    사마왕 시호, 중국 남조 양나라와의 교류 증거, 피장자 및 축조 연대 유일 확인
	  - 사비(부여): 능산리 고분군 내에서 백제 금동 대향로 발견 ┗ 송산리 고분군과 연계하여 오답 유도 가능!
	■ 비석
	  - 사택지적비: 백제의 귀족이 건립, 도교에 대한 관심 사례(불교 사상)

신라 및
통일 신라
	■ 무덤
	  - 초기(삼국 시대): 돌무지덧널무덤(예 천마총, 황남대총) → 나무널-돌-흙의 3중 구조로 이루어져 도굴이
	    어려움
	  - 후기(통일 신라): 굴식 돌방무덤(김유신묘) → 무덤의 둘레돌에 12지신상을 새김
	■ 비석 ┌ 임신서기석 제외, 공통적으로 진흥왕 재위 당시에 건립됨
	  - 임신서기석: 화랑 출신의 인물들이 유교 경전 학습에 대한 의지를 맹세함
	  - 단양 적성비(충청북도): 기존의 고구려 영토였던 단양 지역 백성들의 민심 확보 목적
	  - 북한산 순수비(서울): 김정희가 『금석과안록』을 통해 고증함, 한강 유역 차지 기념 ┗ 김정희 업적 유형 연계
	  - 마운령비(함경남도), 창녕비(경상남도), 황초령비(함경남도): 진흥왕의 영토 확장 관련 대표 비석

▲장군총

▲굴식 돌방무덤 구조

▲충주 고구려비

▲석촌동 돌무지무덤
고구려 초기 무덤
양식 계승

▲무령왕릉
┗ 무령왕릉 진묘수:
무덤 주인 수호 목적

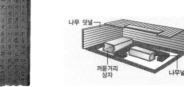
▲사택지적비

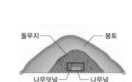
▲돌무지덧널무덤 구조

▲임신서기석

▲단양 적성비

▲북한산 순수비

총 26회분 기출분석에서 나온 대표패턴을
최신 기출문제에서 뽑았습니다.

63회 5번

1. (가) 국가의 경제 상황으로 옳은 것은? [1점]

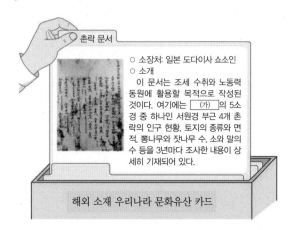

○ 소장처: 일본 도다이사 쇼소인
○ 소개
  이 문서는 조세 수취와 노동력 동원에 활용할 목적으로 작성된 것이다. 여기에는 (가) 의 5소경 중 하나인 서원경 부근 4개 촌락의 인구 현황, 토지의 종류와 면적, 뽕나무와 잣나무 수, 소와 말의 수 등을 3년마다 조사한 내용이 상세히 기재되어 있다.

해외 소재 우리나라 문화유산 카드

① 낙랑군과 왜에 철을 수출하였다.
② 집집마다 부경이라는 창고가 있었다.
③ 활구라고 불리는 은병이 유통되었다.
④ 특산품으로 솔빈부의 말이 유명하였다.
⑤ 울산항, 당항성이 무역항으로 번성하였다.

키워드 추출
· 촌락 문서 – 통일 신라 촌락의 경제 상황을 기록한 문서
· 5소경 – 통일 신라의 지방 행정 제도

정답분석
⑤ 통일 신라는 당항성, 울산항 등을 통해 당나라 및 아라비아 상인 등 다양한 국가들의 상인과 교류하였다.

오답분석
① 가야는 낙랑 및 왜 등 주변 국가에 철을 수출하였다.
② 고구려는 집집마다 부경이라는 창고가 있었다.
③ 고려 숙종 때 삼한통보, 해동통보, 활구 등 다양한 화폐를 발행하였다.
④ 발해에서는 솔빈부의 말이 유명하였다.

해품사의 합격Tip

고대의 경제 유형은 통일 신라의 경제가 주로 출제되는데, 그 이유는 상대적으로 다른 국가에서 출제할 수 있는 경제 키워드가 적은 편이기 때문입니다.

[정답] ⑤

61회 3번

2. 다음 자료에 해당하는 국가에 대한 설명으로 옳은 것은? [2점]

○ 벼슬은 16품계가 있다. 좌평은 5명으로 1품, 달솔은 30명으로 2품, 은솔은 3품, 덕솔은 4품, 한솔은 5품, 나솔은 6품이다. 6품 이상은 관(冠)을 은으로 만든 꽃으로 장식하였다.
○ 그 나라의 지방에는 5방이 있다. 중방은 고사성, 동방은 득안성, 남방은 구지하성, 서방은 도선성, 북방은 웅진성이라 한다.
– 『주서』 –

① 골품에 따라 관등 승진에 제한을 두었다.
② 제가 회의에서 국가 중대사를 결정하였다.
③ 지방 장관으로 욕살, 처려근지 등이 있었다.
④ 위화부, 영객부 등의 중앙 관서를 설치하였다.
⑤ 왕족인 부여씨와 8성 귀족이 지배층을 이루었다.

키워드 추출
· 좌평 – 백제의 관등 중 가장 높은 등급
· 5방 – 백제의 지방 행정 제도
· 웅진성 – 백제의 수도가 웅진일 때의 수도성

정답분석
⑤ 백제는 왕족인 부여씨와 함께 백씨·해씨 등 8성의 귀족이 지배층을 구성하였다.

오답분석
① 신라의 골품제는 신분에 따라 관등 승진에 제한을 두거나 부여되는 혜택에 차이를 두었다.
② 고구려는 귀족 회의인 제가 회의를 개최하였다.
③ 고구려는 큰 성에 욕살, 작은 성에 처려근지라는 지방관을 파견하여 관리하였다.
④ 통일 신라의 신문왕 때 위화부, 사정부, 영객부 등 중앙 행정을 담당하는 14부가 완성되었다.

해품사의 합격Tip

고대의 사회 유형에서는 각 국가의 수도, 관직 및 지배층, 건축물, 제도 등 기존에 학습하였던 삼국 시대의 왕 업적 유형 관련 키워드가 일부 활용될 수 있습니다.

[정답] ⑤

56회 8번

3. 지도와 같이 행정 구역을 정비한 국가에 대한 설명으로 옳은 것을 〈보기〉에서 고른 것은? [3점]

보기

ㄱ. 9서당 10정의 군사 조직을 운영하였다.
ㄴ. 욕살, 처려근지 등을 지방관으로 파견하였다.
ㄷ. 상수리 제도를 실시하여 지방 세력을 견제하였다.
ㄹ. 북계에 병마사를 파견하여 적의 침입에 대비하였다.

① ㄱ, ㄴ　　　② ㄱ, ㄷ　　　③ ㄴ, ㄷ
④ ㄴ, ㄹ　　　⑤ ㄷ, ㄹ

키워드 추출

문제에 제시된 지도 – 통일 신라의 지방 행정 제도인 9주 5소경

정답분석

ㄱ. 통일 신라의 신문왕 때 군사 조직으로 9서당 10정을 운영하였다.

ㄷ. 통일 신라는 지방 세력을 통제하기 위해 지방 호족들을 중앙에 머물게 하는 상수리 제도를 실시하였다.

오답분석

ㄴ. 고구려는 큰 성에 욕살, 작은 성에 처려근지라는 지방관을 파견하여 관리하였다.

ㄹ. 고려는 5도에 안찰사, 양계에 병마사를 파견하였다.

해품사의 합격Tip

한능검에서 통일 신라 관련 국가 사실을 파악하는 유형이 출제될 경우 주로 '신문왕과 관련된 키워드가 문제에서 연계'될 가능성이 높습니다!

[정답] ②

72회 4번

4. (가)~(다) 지역에 대한 설명으로 옳지 않은 것은? [3점]

답사계획서

- 주제: 도읍지를 따라가는 ○○의 역사
- 기간: 2024년 10월 △△일 ~ △△일
- 답사 지역 및 일정

1일차: **(가)**
풍납동 토성
석촌동 고분군

2일차: **(나)**
공산성
무령왕릉

3일차: **(다)**
부소산성
왕릉원
(능산리 고분군)

① (가) – 고구려에서 남하한 온조가 도읍으로 삼았다.
② (나) – 문주왕 때 천도한 곳이다.
③ (나) – 중국 남조의 영향을 받은 벽돌무덤이 있다.
④ (다) – 왕궁리 오층 석탑이 있다.
⑤ (다) – 백제 금동 대향로가 출토되었다.

키워드 추출

(가) 서울, (나) 공주, (다) 부여

정답분석

④ 익산에는 고려 전기의 문화유산으로 추정되는 왕궁리 오층 석탑이 존재한다.

오답분석

① 온조는 경기도 하남의 위례성을 도읍으로 정하였다.
② 백제 문주왕은 수도를 웅진(지금의 공주)으로 옮겼다.
③ 무령왕릉은 중국 남조 양나라의 영향을 받아 벽돌무덤 양식으로 축조되었다.
⑤ 부여의 능산리 고분군에서 불교와 도교 사상 등이 복합적으로 반영된 백제 금동 대향로가 출토되었다.

해품사의 합격Tip

한능검은 종종 문화유산 유형의 고난도 문제로 '특정 국가의 문화유산을 종합적으로 파악'하는 유형을 출제합니다.

[정답] ④

1.

다음 가상 뉴스가 보도된 시기의 경제 상황으로 옳은 것은?

역사 신문

제△△호 　　　　　　　　○○○○년 ○○월 ○○일

울산항, 국제 무역항으로 번성하다!

최근 울산항에서 일본 이외에도 이슬람 및 아라비아 상인 등 다양한 국가와의 무역이 성행하고 있어 새로운 무역의 중심지로 떠오르며 큰 화제를 모으고 있다. 이는 기존의 당항성 이외에도 새로운 문물이 교류되는 현장이 형성되었다는 점에서 그 의의가 매우 크다.

---

① 낙랑과 왜에 철을 수출하였다.
② 활구라고 불리는 은병이 유통되었다.
③ 집집마다 부경이라는 창고가 있었다.
④ 덕대가 광산을 전문적으로 경영하였다.
⑤ 조세 수취를 목적으로 촌락 문서를 작성하였다.

해품사 출제예언 - 무역항 연계

고대의 경제 유형을 출제할 때 민정 문서(촌락 문서)를 직접적으로 출제한 사례는 많지만 반대로 무역항 관련 키워드를 직접적으로 출제한 사례는 적습니다. 그러므로 추후 기출에서 무역항을 연계하여 출제되는 방식을 주목할 필요가 있습니다!

키워드 추출
당항성, 울산항 - 통일 신라의 대표적인 무역항

정답분석
⑤ 민정 문서(촌락 문서)는 통일 신라 촌락의 경제 상황을 기록한 문서다.

오답분석
① 가야는 철을 많이 생산한 국가로, 낙랑 및 왜 등 주변 국가에 철을 수출하였다.
② 고려의 숙종은 의천의 건의로 삼한통보, 해동통보, 활구 등 다양한 화폐를 간행하였다.
③ 고구려는 집집마다 부경이라는 창고가 있었다.
④ 조선 후기에는 민간의 광산 개발을 허용하며 덕대가 광산 개발을 담당하였다.

[정답] ⑤

2.

(가) 국가에 대한 설명으로 옳은 것은?

설계두는 　(가)　 귀족 가문의 자손이다. 일찍이 가까운 친구 4명과 함께 모여 술을 마시면서 각자 자신의 뜻을 말하였다. 설계두가 이르기를, "　(가)　에서는 사람을 등용하는데 골품을 따진다. 진실로 그 족속이 아니면 비록 큰 재주와 뛰어난 공이 있더라도 그 한도를 넘을 수가 없다. 나는 원컨대 중국으로 가서 세상에서 보기 드문 지략을 떨쳐서 특별한 공을 세우고 싶다."라고 하였다.

---

① 만장일치제로 운영된 화백 회의가 있었다.
② 지방 장관으로 욕살, 처려근지 등을 두었다.
③ 빈민을 구제하기 위해 진대법을 실시하였다.
④ 사회 질서를 유지하기 위한 범금 8조가 있었다.
⑤ 왕족인 부여씨와 8성의 귀족이 지배층을 이루었다.

해품사 출제예언 - 신라의 사회상

한능검에서 고대의 사회 유형이 출제될 때, 신라의 사회상과 관련된 유형을 출제한 사례가 거의 없으므로, 대표 키워드인 골품제에 주목할 필요가 있습니다.

키워드 추출
골품 - 신라의 신분 제도로, 신분에 따라 관등 승진에 제한을 두거나 집과 수레의 크기 등 일상생활을 규제함

정답분석
① 신라에는 만장일치제로 운영되는 귀족 회의인 화백 회의가 존재하였다.

오답분석
② 고구려는 큰 성에 욕살, 작은 성에 처려근지라는 지방관을 파견하여 관리하였다.
③ 고구려의 고국천왕은 빈민 구제 제도인 진대법을 실시하였다.
④ 고조선은 다양한 범죄에 대한 형벌을 규정한 범금 8조라는 제도가 존재하였다.
⑤ 백제는 왕족인 부여씨와 함께 백씨·해씨 등 8성의 귀족이 지배층을 구성하였다.

[정답] ①

어제의 오답 선지 = 내일의 정답 선지 | 한능검은 역사적 사실이 아닌 것은 선지에 포함하지 않습니다. 즉, 모든 선지는 사실이죠! 기출에서 오답 선지는 언제든 정답이 될 수 있습니다.

🔔 먼저 오른쪽 기출선지 키워드 암기를 가리고 왼쪽의 (빈칸)을 채워보세요. 그후 오른쪽 기출선지를 키워드 중심으로 달달 외우세요!

	기출선지 (키워드) 채우기	기출선지 키워드 암기	중요도
1	신라는 시장을 감독하는 관청인 (　　　)을 설치하였다.	신라는 시장을 감독하는 관청인 동시전을 설치하였다. [48, 51, 52, 53, 54, 55, 58, 61, 62, 63, 64, 65, 67, 71회]	★★★
2	통일 신라는 (　　　), 당항성이 무역항으로 번성하였다.	통일 신라는 울산항, 당항성이 무역항으로 번성하였다. [49, 63, 64, 72회]	★★
3	통일 신라는 조세 수취를 위해 3년마다 (　　　)를 작성하였다.	통일 신라는 조세 수취를 위해 3년마다 촌락 문서를 작성하였다. [54, 58회]	★★
4	고구려는 교육 기관으로 (　　　)과 경당을 두었다.	고구려는 교육 기관으로 태학과 경당을 두었다. [47, 48, 57, 63, 72회]	★★
5	고구려는 (　　　), 처려근지 등을 지방관으로 파견하였다.	고구려는 욕살, 처려근지 등을 지방관으로 파견하였다. [52, 56, 59, 61, 65, 68, 69회]	★★
6	백제는 내신좌평, 위사좌평 등 (　　　)의 관제를 마련하였다.	백제는 내신좌평, 위사좌평 등 6좌평의 관제를 마련하였다. [51, 52, 60, 62, 68, 70회]	★★
7	(　　　)는 왕족인 부여씨와 8성의 귀족이 지배층을 이루었다.	백제는 왕족인 부여씨와 8성의 귀족이 지배층을 이루었다. [49, 57, 60, 61, 68회]	★★
8	백제는 (　　　)에서 국가의 중대사를 결정하였다.	백제는 정사암에서 국가의 중대사를 결정하였다. [49, 50, 56, 58, 60, 62, 63, 64, 65, 67, 69, 70, 72회]	★★★
9	신라는 (　　　)에 따라 관등 승진에 제한이 있었다.	신라는 골품에 따라 관등 승진에 제한이 있었다. [47, 48, 49, 50, 57, 61, 63, 64, 67, 69, 72회]	★★★★
10	신라에는 만장일치제로 운영된 (　　　)가 존재하였다.	신라에는 만장일치제로 운영된 화백 회의가 존재하였다. [47, 50, 60, 62, 70, 72회]	★★
11	(　　　)는 위화부 등 14부를 두어 행정 업무를 분담하였다.	통일 신라는 위화부 등 14부를 두어 행정 업무를 분담하였다. [47, 50, 52, 58, 61, 67, 68회]	★★
12	통일 신라는 (　　　)를 시행하여 지방 세력을 견제하였다.	통일 신라는 상수리 제도를 시행하여 지방 세력을 견제하였다. [48, 51, 56, 60, 63, 70회]	★★
13	통일 신라는 (　　　)의 지방 행정 제도를 갖추었다.	통일 신라는 9주 5소경의 지방 행정 제도를 갖추었다. [49, 51, 55, 68회]	★★
14	통일 신라는 (　　　)의 군사 조직을 운영하였다.	통일 신라는 9서당 10정의 군사 조직을 운영하였다. [48, 50, 51, 54, 56, 57, 60, 62, 65, 70, 72회]	★★★

✅ 테마 학습을 다 했다면, 테마 맨 앞 키워드 판서로 돌아가 복습하세요!

고대의 문화 2

✓ 시기: 삼국 시대~남북국 시대 ✓ 중요도 및 평균 출제율: 77% ★★
✓ 난이도: 어려움 → 수험생의 입장에서 다양한 불상 및 탑, 유물 등을 외관으로 구별하기 어려움!

암기형 시대를 몰라도 키워드만 알면 풀 수 있는 유형

※ 나라별 불상과 탑

구분	불상	탑	대표 유물
고구려	금동 연가 7년명 여래입상 (광배 뒤 연가 연호가 새겨짐)		호우명 그릇
백제	서산 용현리 마애여래 삼존상 (백제의 미소)	미륵사지 석탑(탑 내부에서 금제 사리봉영기 발견) 정림사지 오층 석탑	백제 금동 대향로, 산수무늬 벽돌, 익산 왕궁리 유적
신라	경주 배동 석조여래 삼존입상	분황사 모전 석탑 (선덕 여왕 건립 추정, 신라의 가장 오래된 석탑)	천마도, 첨성대, 황남대총 금관
삼국 시대	금동 미륵보살 반가 사유상		
통일 신라	석굴암 본존불(세계 문화유산)	감은사지 삼층 석탑(신문왕 건립) 불국사 삼층 석탑(석가탑, 탑 내부에서 무구 정광 대다라니경 발견), 불국사 다보탑, 쌍봉사 철감선사탑	

해품사의 테마 출제예언!

1) 고대 국가들의 불상 및 탑의 외관 및 특징 구별하기

2) 신라에서 활동한 대표 승려들의 사상, 저서, 활동 관련 키워드 전반적으로 구별하기

3) 삼국 시대 및 남북국 시대 대표 인물들의 업적 파악하기

해품사 한능검 키워드 판서

✅ 테마 학습을 다 하고 난 후, 다시 돌아와서 한 번 더 보세요!

※ 승려

구분	사상	저서 및 활동	관련 역사적 사실
의상	관음 신앙(관세음보살 신봉)	당나라 유학, 화엄일승법계도 (화엄 사상 정리)	부석사 및 낙산사 건립
원효	일심 사상 및 화쟁 사상 아미타 신앙	『금강삼매경론』, 『대승기신론소』, 『십문화쟁론』	무애가(불교 대중화) 설총의 아버지
원광	세속 5계	걸사표 작성(수나라 군사 요청)	
자장		선덕 여왕에게 황룡사 구층 목탑 건립 건의	
혜초		인도 및 중앙아시아 기행 『왕오천축국전』 저술(기행문)	

※ 인물

구분	신분 또는 출신	저서 및 활동	관련 역사적 사실
김유신(신라)	금관가야 마지막 왕 후손 화랑 출신	비담과 염종의 난 진압	흥무 대왕 시호
설총 (신라~통일 신라)	원효의 아들	이두 창제(한자의 훈과 음 차용) 화왕계 작성(신문왕에게 진상)	
장보고 (통일 신라)		법화원 창건 완도 내 청해진 설치	신무왕(김우징) 반란 지원 →문성왕 때 반란을 일으키다 살해됨
최치원 (통일 신라)	6두품 출신	격황소서 및 『계원필경』 저술 진성 여왕에게 시무 10여조 진상 해인사 묘길상탑기 저술	당나라 빈공과 합격(과거제)

쉽게 출제될 경우	VS	어렵게 출제될 경우

기출 → 62, 67, 70회

: 의상 및 원효, 장보고 및 최치원 등 빈출 승려 및 인물의 업적 키워드 암기가 중요

⇨ 부석사, 화엄일승법계도 / 『금강삼매경론』, 『대승기신론소』, 무애가, 『십문화쟁론』 / 『계원필경』, 격황소서, 시무 10여조 / 법화원 건립, 청해진 설치

기출 → 59, 63, 69회

: 고대의 대표적인 불상, 탑의 외관 및 특징을 파악하는 유형이 출제됨!

⇨ 금동 연가 7년명 여래입상 / 서산 용현리 마애여래 삼존상, 미륵사지 석탑 / 석굴암 본존불, 분황사 모전 석탑 / 감은사지 삼층 석탑, 불국사 삼층 석탑, 불국사 다보탑, 쌍봉사 철감선사탑

📢 **해품사 공지사항!**

총 26회분(47회~72회) 기출에서 단 한 번이라도 언급된 내용은 모두 포함!

빨간색 키워드는 약 80% 이상 확률로 출제된 중요 키워드이므로 우선 암기

◻◻◻ 키워드는 그중에서도 직접적인 정답 키워드로 자주 언급되는 것

☆~☆☆☆ 테마 안에서도 더욱 빈출인 주제에 표시

1 고대의 불상 ☆

불상	설명	해품사 암기팁!
금동 연가 7년명 여래입상 (고구려)	■ 경상남도 의령에서 출토됨 ■ 광배에 연가 7년 연호가 새겨짐	✓ **해품사 암기팁!** 불상 하단의 연꽃 기억!
서산 용현리 마애여래 삼존상 (백제)	■ 6세기 이후에 충남 서산 인근 교통로에 조성됨 ■ '백제의 미소'라는 별명으로 불림	✓ **해품사 암기팁!** 불상의 웃는 모습 기억!
경주 배동 석조여래 삼존입상 (신라)	■ 경주 내 위치 ■ 어린아이와 같은 표정	✓ **해품사 암기팁!** 불상의 어린아이와 같은 미소 기억
금동 미륵보살 반가 사유상 (삼국 시대)	■ 반가의 자세(한쪽 발을 반대쪽 무릎 위에 얹은)를 함 ■ 고대 국가와 일본의 교류를 보여주는 대표적인 문화유산	✓ **해품사 암기팁!** 한 다리를 꼰 상태에서 생각하는 자세 기억
석굴암 본존불 (통일 신라)	■ 경주 토함산에 김대성이 창건한 사찰 내부에 위치 ■ 신라인의 예술성을 보여주는 대표 작품 ■ 유네스코 세계 문화유산 등재	✓ **해품사 암기팁!** 황토색 및 이마의 점 기억!

▲금동 연가 7년명 여래입상 (고구려) ▲서산 용현리 마애여래 삼존상(백제) ▲경주 배동 석조 여래 삼존입상 ▲금동 미륵보살 반가 사유상 ▲경주 석굴암 본존불

2 고대의 탑 ☆

미륵사지 석탑(백제)	■ 전라북도 익산 위치 ■ 탑 내부에서 금제 사리봉영기 발견[백제 30대 무왕 재위(639년) 당시 건립 증거] ■ 목탑 양식 반영 ■ 현존하는 가장 오래된 석탑	✔ **해품사 암기팁!** 한 입 베어먹은 사과 연상!
정림사지 오층 석탑(백제)	■ 충청남도 부여 위치 ■ 목탑 양식 반영 ■ 당나라 소정방의 기록이 남아 있음	✔ **해품사 암기팁!** 5층의 구조 기억!
분황사 모전 석탑 (신라)	■ 경주 위치 ■ 선덕 여왕 시기 건립 추정 ■ 신라의 가장 오래된 석탑	✔ **해품사 암기팁!** 직사각형 모양의 집 연상!
감은사지 삼층 석탑(통일 신라)	■ 경주 감은사 내부 위치 ■ 통일 신라 석탑의 대표 사례	✔ **해품사 암기팁!** 탑 위 뾰족한 바늘 연상!
불국사 삼층 석탑(석가탑- 통일 신라)	■ 경주 불국사 내부 위치 ■ 석가여래 형상화 ■ 통일 신라 석탑의 대표 사례 ■ 석탑 보수 과정에서 무구 정광 대다라니경 발견(현존하는 가장 오래된 목판 인쇄물)	✔ **해품사 암기팁!** 탑 상단 회오리감자 연상!
불국사 다보탑 (통일 신라)	■ 경주 불국사 내부 위치 ■ 다보여래 형상화	✔ **해품사 암기팁!** 하단의 뚫린 구조 기억!
쌍봉사 철감선사탑 (통일 신라)	■ 전라남도 화순 위치 ■ 통일 신라 하대의 대표적인 승탑(선종 관련 탑)	✔ **해품사 암기팁!** 팔각형 지붕 기억!

┌─ 현존하는 가장 오래된 금속활자인 「직지심체요절」과 구별!

▲익산 미륵사지 석탑

▲부여 정림사지 오층 석탑

▲경주 분황사 모전 석탑

▲경주 감은사지 삼층 석탑

▲경주 불국사 삼층 석탑

▲경주 불국사 다보탑

▲화순 쌍봉사 철감선사탑

3 고대의 대표 유물 ☆

고구려	**호우명 그릇**: 경주 호우총 출토, 그릇 밑바닥에 광개토 대왕을 지칭하는 명문이 새겨짐 → 신라에 대한 고구려의 간섭 증거
백제	■ **백제 금동 대향로**: 능산리 고분군에서 출토됨, 불교와 도교 사상이 복합적으로 반영됨 ■ **산수무늬 벽돌**: 백제 사비 시대의 대표적인 문화유산, 불교 및 도교와 관련된 요소가 복합적으로 표현됨 ■ **익산 왕궁리 유적**: 백제의 궁터 유적, <u>익산 왕궁리 5층 석탑 발견</u>┐ 건립 시기에 대해서 현재 고려 전기로 추정됨
신라	■ **천마도**: 천마총에서 출토됨, 말 안장에 그려진 그림 ■ **첨성대**: 선덕 여왕 때 건립됨, 천체 관측 목적 ■ **황남대총 북분 금관**: 신라 금관의 전형적인 사례

▲호우명 그릇

▲백제 금동 대향로

▲산수무늬 벽돌

▲천마도

▲첨성대

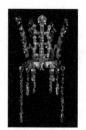
▲황남대총 북분 금관

해품사의 테마 저격!

[고구려의 벽화 유형 공략법]

한능검에서 고구려의 고분 벽화 사례는 종종 단독 유형으로 출제되거나 고구려의 특징 유형의 키워드로 제시된 경우가 있습니다. 특히 고구려의 벽화를 모두 암기하는 것은 어렵기 때문에 대표적으로 힘을 자랑하는 그림, 신분의 크기에 따라 사람의 크기를 다르게 그린 그림, 오래되어 상당히 낡은 그림, 사신도(예 현무)가 그려진 그림 등을 중심으로 파악하는 것을 권장합니다. 쉬운 예시로 기마 무사나 칼을 들고 있는 고대의 장수가 그림 힌트로 제시되면 고구려를 우선적으로 의심하는 것을 추천드립니다!

4 고대 승려의 업적 ☆☆

의상	■ **사상 및 활동**: 관음 신앙(관세보음살을 신봉함), 당나라 유학, 화엄일승법계도 저술(화엄 사상을 정리한 그림시) ■ **사찰**: 부석사 및 낙산사
원효	■ **사상**: 일심 사상, 화쟁 사상 ■ **불교 대중화**: 무애가, 아미타 신앙 ■ **저서**: 『금강삼매경론』, 『대승기신론소』, 『십문화쟁론』 ■ **관련 역사적 사실**: 설총의 아버지
원광	걸사표 작성(수나라에게 군사를 요청하는 글), 세속 5계(화랑도의 규율 제시)
자장	선덕 여왕에게 황룡사 구층 목탑 건립 건의
혜초	인도 및 중앙아시아 기행, 『왕오천축국전』 저술(기행문)

└ 진평왕 때 작성

✓ **해품사 암기팁!**
의상은 **사찰** 관련 키워드가 주로 등장!

✓ **해품사 암기팁!**
원효는 **불교 대중화** 및 **서적** 관련 키워드가 주로 등장!

✓ **해품사 암기팁!**
세속적인(세속 5계) 고스톱의 **광**(원**광**)을 노린다!

✓ **해품사 암기팁!**
중국집을 연상하여 황룡사의 자장면(**자장**)으로 기억!

✓ **해품사 암기팁!**
혜초는 멀리 **인도**까지 걸어 갔기 때문에, 배가 고파서 해초(**혜초**)를 뜯어 먹었다.

5 고대 인물의 업적 ☆

김유신(신라)	■ 금관가야 마지막 왕의 후손 출신 ■ 화랑 출신 ■ 비담과 염종의 난 진압 ── 선덕 여왕 연계 ■ 황산벌 전투 승리(삼국 통일 기여) ■ 흥무 대왕 시호
설총 (신라 ~ 통일 신라)	■ 원효의 아들 ■ 이두 창제(한자의 훈과 음 차용) ■ 화왕계 작성 ── 신문왕 연계
장보고 (통일 신라)	■ 법화원 창건 ■ 완도 내 청해진 설치 ■ 신무왕(김우징)의 반란 가담 ■ 문성왕 재위 당시 반란을 주도하다 살해됨
최치원 (통일 신라)	■ 격황소서(토황소격문) 및 『계원필경』 저술 ■ 당나라 빈공과 합격 ■ 진성 여왕에게 시무 10여조 진상 ■ 해인사 묘길상탑기 저술 ── 진성 여왕 연계 ■ 6두품 출신

총 26회분 기출분석에서 나온 대표패턴을
최신 기출문제에서 뽑았습니다.

1. 밑줄 그은 '이 탑'으로 옳은 것은? [3점]

◆ 유물 이야기 ◆

금제 사리봉영기가 남긴 고대사의 수수께끼

2009년 이 탑의 해체 수리 중에 사리장엄구와 금제 사리봉영기가 발견되었다. 사리봉영기에는 "우리 백제 왕후께서는 좌평 사택적덕의 따님으로 …… 가람을 세우시고 기해년 정월 29일에 사리를 받들어 맞이하셨다."라는 명문이 있어 큰 주목을 받았다. 이 탑을 세운 주체가 삼국유사에 나오는 선화 공주가 아니라 백제 귀족의 딸로 밝혀져 서동 왕자와 선화 공주 설화의 진위 여부에 대한 논란이 일어나기도 하였다.

① ② ③

④ ⑤

키워드 추출

금제 사리봉영기 – 미륵사지 석탑 내부에서 발견된 금판, 석탑의 건립 연도가 639년임을 보여주는 대표적인 증거

정답분석

③ 익산 미륵사지 석탑

오답분석

① 신라 경주 분황사 모전 석탑
② 통일 신라 경주 정혜사지 십삼층 석탑
④ 발해 만주 영광탑
⑤ 통일 신라 경주 감은사지 삼층 석탑

해품사의 합격Tip

문화유산 유형의 경우 각 문화유산과 관련된 역사적 사실을 바탕으로, 선지에서 해당 문화유산을 찾는 방식으로 출제됩니다.

[정답] ③

2. (가)에 해당하는 문화유산으로 옳은 것은? [1점]

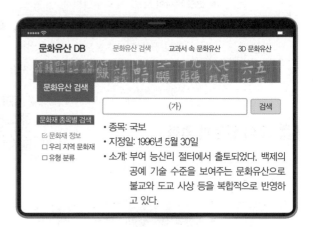

문화유산 DB | 문화유산 검색 | 교과서 속 문화유산 | 3D 문화유산

문화유산 검색

(가) [검색]

문화재 종목별 검색
☑ 문화재 정보
□ 우리 지역 문화재
□ 유형 분류

• 종목: 국보
• 지정일: 1996년 5월 30일
• 소개: 부여 능산리 절터에서 출토되었다. 백제의 공예 기술 수준을 보여주는 문화유산으로 불교와 도교 사상 등을 복합적으로 반영하고 있다.

① ② ③

④ ⑤

키워드 추출

• 부여 능산리 절터 – 백제 금동 대향로가 출토된 장소
• 불교와 도교 사상 등을 복합적으로 반영 – 백제 금동 대향로의 특징

정답분석

⑤ 백제 금동 대향로

오답분석

① 발해 이불병좌상
② 고구려 금동 연가 7년명 여래입상
③ 가야 고령 지산동 32호분 출토 금동관
④ 신라 경주 기마 인물형 토기

해품사의 합격Tip

고대 문화유산 유형의 경우 비교적 불상 및 탑이 직접적으로 출제된 사례가 매우 많습니다.

[정답] ⑤

70회 6번

3. (가) 승려에 대한 설명으로 옳은 것은? [2점]

일체유심조
모든 것은 마음먹기에 달려 있다!
우리 역사상 불교 발전에 가장 크게 이바지한 승려를 가리는 이번 투표에서 여러분들의 현명한 선택을 기다립니다.

■ 주요 활동
• 『금강삼매경론』, 『대승기신론소』 등 저술
• 일심 사상과 화쟁 사상 주장

기호 ○번 (가)

① 구법 순례기인 왕오천축국전을 남겼다.
② 황룡사 구층 목탑의 건립을 건의하였다.
③ 무애가를 지어 불교 대중화에 기여하였다.
④ 화랑도의 규범으로 세속 5계를 제시하였다.
⑤ 화엄일승법계도를 지어 화엄 사상을 정리하였다.

키워드 추출
• 『금강삼매경론』 – 원효가 지은 『금강삼매경』 해석서
• 『대승기신론소』 – 원효가 지은 『대승기신론』 주석서
• 일심 사상, 화쟁 사상 – 원효가 불교 종파 간 갈등 해소 및 불교 대중화에 기여하기 위해 강조한 사상

정답분석
③ 신라의 원효는 불교 대중화를 위해 무애가를 지었다.

오답분석
① 신라 승려인 혜초는 고대 인도 및 중앙아시아의 국가들을 답사한 이후 『왕오천축국전』을 지었다.
② 신라의 자장은 나라를 지키기 위한 목적으로 선덕 여왕에게 황룡사 9층 목탑의 건립을 건의하였다.
④ 신라의 원광은 세속 5계라는 화랑의 규율을 제시하였다.
⑤ 의상은 당에서 화엄학을 공부하였으며, 화엄일승법계도라는 그림시를 지어 화엄 사상을 정리하였다.

해품사의 합격Tip

고대의 승려 유형은 주로 의상 및 원효가 출제됩니다. 특히 불교 대중화 및 서적 키워드가 언급될 경우 우선 원효를 떠올릴 것을 권장합니다.

[정답] ③

63회 6번

4. (가)에 들어갈 내용으로 가장 적절한 것은? [2점]

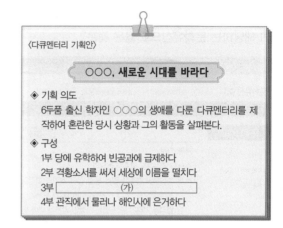

〈다큐멘터리 기획안〉

○○○, 새로운 시대를 바라다

◆ 기획 의도
6두품 출신 학자인 ○○○의 생애를 다룬 다큐멘터리를 제작하여 혼란한 당시 상황과 그의 활동을 살펴본다.

◆ 구성
1부 당에 유학하여 빈공과에 급제하다
2부 격황소서를 써서 세상에 이름을 떨치다
3부 _____(가)_____
4부 관직에서 물러나 해인사에 은거하다

① 화왕계를 지어 국왕에게 조언하다
② 외교 문서인 청방인문표를 작성하다
③ 진성 여왕에게 시무책 10여 조를 올리다
④ 청해진을 중심으로 해상 무역을 전개하다
⑤ 인도와 중앙아시아를 순례하고 왕오천축국전을 남기다

키워드 추출
• 6두품 출신 – 최치원의 출신 신분
• 격황소서 – 최치원이 당 유학 당시 황소의 난을 진압하기 위해 작성한 격문으로, 토황소격문으로도 불림

정답분석
③ 최치원은 진성 여왕에게 정치 개혁안인 시무 10여조를 건의하였다.

오답분석
① 신라의 설총은 화왕계를 지어 신문왕에게 충신을 곁에 둘 것을 건의하였다.
② 신라의 강수는 당나라에 붙잡힌 김인문을 석방시킬 것을 요구하는 외교 문서인 청방인문표를 작성하였다.
④ 통일 신라의 장보고는 완도에 청해진이라는 해상 무역 기지를 설치하였다.
⑤ 신라 승려 혜초는 고대 인도 및 중앙아시아의 국가들을 답사한 이후 『왕오천축국전』이라는 기행문을 저술하였다.

해품사의 합격Tip

고대의 대표 인물인 최치원의 경우 6두품 및 시무 10여조를 빈출 키워드로 제시하는 편입니다!

[정답] ③

1.

(가)에 해당하는 문화유산으로 옳은 것은?

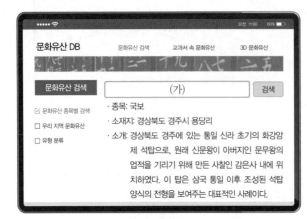

문화유산 DB   문화유산 검색   교과서 속 문화유산   3D 문화유산

문화유산 검색   (가)   검색

☑ 문화유산 종목별 검색
□ 우리 지역 문화유산
□ 유형 분류

· 종목: 국보
· 소재지: 경상북도 경주시 용당리
· 소개: 경상북도 경주에 있는 통일 신라 초기의 화강암제 석탑으로, 원래 신문왕이 아버지인 문무왕의 업적을 기리기 위해 만든 사찰인 감은사 내에 위치하였다. 이 탑은 삼국 통일 이후 조성된 석탑 양식의 전형을 보여주는 대표적인 사례이다.

①   ②   ③

④  ⑤

해품사 출제예언 - 감은사지 삼층 석탑

한능검에서 출제된 고대의 탑 유형 중 감은사지 삼층 석탑은 직접적으로 출제된 사례가 거의 없습니다. 그러므로 문화유산 유형에서 다시 출제될 가능성이 있습니다!

키워드 추출
· 통일 신라 - 감은사지 삼층 석탑이 제작된 시기
· 감은사 내에 위치 - 감은사지 삼층 석탑이 위치한 건축물 터

정답분석
③ 경주 감은사지 삼층 석탑(통일 신라)

오답분석
① 평창 월정사 팔각 구층 석탑(고려)
② 영광탑(발해)
④ 익산 미륵사지 석탑(백제)
⑤ 경주 분황사 모전 석탑(신라)

[정답] ③

2.

(가), (나) 인물에 대한 설명으로 옳은 것을 〈보기〉에서 고른 것은?

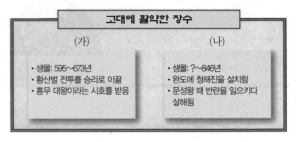

고대에 활약한 장수

(가)	(나)
· 생몰: 595~673년 · 황산벌 전투를 승리로 이끎 · 흥무 대왕이라는 시호를 받음	· 생몰: ?~846년 · 완도에 청해진을 설치함 · 문성왕 때 반란을 일으키다 살해됨

• 보기 •
ㄱ. (가) - 비담과 염종의 반란을 진압하였다.
ㄴ. (가) - 외교 문서인 청방인문표를 작성하였다.
ㄷ. (나) - 산둥 반도에 법화원을 건립하였다.
ㄹ. (나) - 진성 여왕에게 시무 10여조를 올렸다.

① ㄱ, ㄴ ② ㄱ, ㄷ ③ ㄴ, ㄷ ④ ㄴ, ㄹ ⑤ ㄷ, ㄹ

해품사 출제예언 - 2명 이상 동시 출제

한능검에서 고대의 인물을 2명 이상 동시에 출제한 사례는 거의 없습니다. 만약 실전 기출에서 2명 이상의 인물을 동시에 출제할 경우 공통점이 있는 인물들을 중심으로 묶어 출제할 가능성이 높으므로, 이를 고려하여 공부하는 전략이 필요합니다!

키워드 추출
· 황산벌 전투 승리 - 김유신
· 완도에 청해진 설치 - 장보고

정답분석
ㄱ. 김유신은 선덕 여왕 때 비담과 염종의 난을 진압하였다.
ㄷ. 장보고는 중국의 산둥 반도에 법화원이라는 사찰을 설치하였으며, 이곳에 일본의 승려인 엔닌이 체류했었다.

오답분석
ㄴ. 신라의 강수는 당나라에 붙잡힌 김인문을 석방시킬 것을 요구하는 외교 문서인 청방인문표를 작성하였다.
ㄹ. 통일 신라 하대에 주로 활동한 최치원이 진성 여왕에게 정치 개혁안인 시무 10여조를 건의하였다.

[정답] ②

어제의 오답 선지 = 내일의 정답 선지 | 한능검은 역사적 사실이 아닌 것은 선지에 포함하지 않습니다. 즉, 모든 선지는 사실이죠! 기출에서 오답 선지는 언제든 정답이 될 수 있습니다.

 먼저 오른쪽 기출선지 키워드 암기를 가리고 왼쪽의 (빈칸)을 채워보세요. 그후 오른쪽 기출선지를 키워드 중심으로 달달 외우세요!

	기출선지 (키워드) 채우기	기출선지 키워드 암기	중요도
1	의상은 ( )를 지어 화엄 사상을 정리하였다.	의상은 화엄일승법계도를 지어 화엄 사상을 정리하였다. [51, 54, 55, 56, 60, 65, 66, 70회]	★★★
2	( )는 금강삼매경론 및 대승기신론소를 저술하였다.	원효는 금강삼매경론 및 대승기신론소를 저술하였다. [47회]	★★
3	원효는 ( )를 지어 불교 대중화에 기여하였다.	원효는 무애가를 지어 불교 대중화에 기여하였다. [51, 53, 55, 60, 67, 70, 71회]	★★★
4	혜초는 구법 순례기인 ( )을 남겼다.	혜초는 구법 순례기인 왕오천축국전을 남겼다. [47, 51, 55, 56, 60, 61, 62, 63, 65, 70, 71회]	★★★
5	원광은 왕명으로 수에 군사를 청하는 ( )를 지었다.	원광은 왕명으로 수에 군사를 청하는 걸사표를 지었다. [61, 65회]	★
6	원광은 화랑도의 규범으로 ( )를 제시하였다.	원광은 화랑도의 규범으로 세속 5계를 제시하였다. [51, 55, 58, 60, 64, 65, 68, 70, 71회]	★★
7	( )은 황룡사 구층 목탑의 건립을 건의하였다.	자장은 황룡사 구층 목탑의 건립을 건의하였다. [49, 53, 55, 61, 64, 66, 67, 70, 71회]	★★
8	( )은 국왕에게 조언하는 내용인 화왕계를 집필하였다.	설총은 국왕에게 조언하는 내용인 화왕계를 집필하였다. [51, 63, 65, 70회]	★★
9	( )은 비담과 염종의 난을 진압하였다.	김유신은 비담과 염종의 난을 진압하였다. [64, 72회]	★
10	( )는 외교 문서인 청방인문표를 지었다.	강수는 외교 문서인 청방인문표를 지었다. [52, 57, 62, 63, 65, 70, 71회]	★★
11	( )은 진성 여왕에게 시무책 10여조를 건의하였다.	최치원은 진성 여왕에게 시무책 10여조를 건의하였다. [52, 58, 62, 63, 64, 65회]	★★★
12	( )는 청해진을 중심으로 해상 무역을 전개하였다.	장보고는 청해진을 중심으로 해상 무역을 전개하였다. [47, 48, 49, 51, 52, 53, 55, 56, 57, 58, 61, 62, 63, 65, 69, 71회]	★★★
13	설총은 한자의 음과 훈을 차용한 ( )를 체계적으로 정리하였다.	설총은 한자의 음과 훈을 차용한 이두를 체계적으로 정리하였다. [52, 57, 62회]	★

✓ 테마 학습을 다 했다면, 테마 맨 앞 키워드 판서로 돌아가 복습하세요!

PART 2 고려 시대

26회분(47회~72회) 평균 출제비중

15.6%

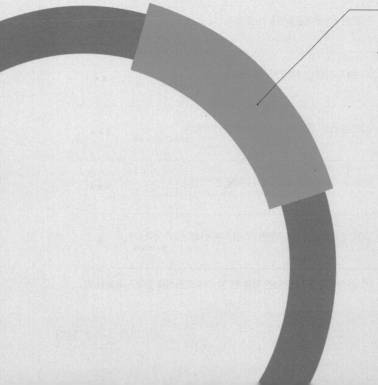

해품사 한능검 테마별 기출 총 26회분 분석 결과

난이도	중요도 및 평균 출제율

난이도

쉬움　보통　어려움

※테마 난이도를 색깔 구분으로 바로 확인하세요!

중요도 및 평균 출제율

★ 약 70% 미만
★★ 약 70~80%
★★★ 약 80~99%
★★★★ 100% 출제!

테마 08	후삼국 통일 및 고려 초기의 정치	★★★★
테마 09	고려 중기의 정치 및 무신 정권	★★
테마 10	고려 후기의 정치 및 사회	★★★
테마 11	외세의 침략과 고려의 대응	★★★
테마 12	고려의 경제 · 사회 · 문화 1	★★★★
테마 13	고려의 문화 2	★★★

후삼국의 통일 및 고려 초기의 정치

✅ 시기: 900년~약 11세기(정치 제도는 고려 시대 전체 범위에 해당)   ✅ 중요도 및 평균 출제율: 100% 출제! ★★★★
✅ 난이도: 보통 → 반복되어 출제되는 인물 또는 왕, 제도의 사례가 정해진 펜! 단, 일부 유형에서 흐름형 유형이 출제될 경우 혼동하기 쉬움!

흐름형 시대의 흐름을 따라가며 보면 좋은 유형

후삼국의 통일 과정

1. 공산 전투 → 대구 지역사 연계
2. 고창 전투 → 안동 지역사 연계
3. 신검의 견훤 금산사 유폐
4. 통일 신라 멸망
5. 일리천 전투

★ 후삼국 통일 과정 암기법 ★
공고신일

초대 왕건

1. 후삼국 통일: 개태사 설립 → 논산 지역사 연계
2. 정책: 기인 제도 및 사심관 제도,
   사성 정책 실시(왕씨 성 하사),
   역분전 지급, 발해 유민 포용,
   천수 연호 사용, 흑창 설치
3. 『정계』 및 『계백료서』(관리),
   훈요 10조(후대 왕)

2대 혜종

왕규의 난 발생

3대 정종

광군 창설

암기형 시대를 몰라도 키워드만 알면 풀 수 있는 유형

빈출 고려 시대의 중앙 정치 기구

✓ 도병마사: 고려 시대의 대표적인 독자적 기구,
  국방 및 군사 문제 논의, 중서문하성의 재신
  및 중추원의 추밀 회의 참여(재추 회의),
  원 간섭기에 도평의사사로 개편됨
✓ 어사대: 관리 비리 감찰 및 풍속 교정,
  관리 임명에 대한 서경권 행사,
  중서문하성의 낭사와 함께 대간으로 불림

이외 고려 시대의 중앙 정치 기구

✓ 중서문하성: 국정 총괄 담당 최고 관서, 문하시중 및
  재신, 낭사 구성
✓ 상서성: 6부(이·병·호·형·예·공) 구성, 실질적인 정
  무 집행 담당
✓ 삼사: 화폐 및 곡식 출납 담당
✓ 식목도감: 고려 시대의 대표적인 독자적 기구, 법제
  및 격식 담당

해품사의
테마 출제예언!

1) 견훤, 궁예, 왕건의 업적
   또는 후삼국의 통일 과정
   흐름 파악하기!

2) 고려 시대 전기 왕의 전
   반적인 재위 흐름 파악
   및 관련 역사적 사실 암
   기하기!

3) 고려 시대의 중앙 정치
   기구 및 지방 행정 제도
   와 군사 제도의 특징 파
   악하기

✓ 테마 학습을 다 하고 난 후, 다시 돌아와서 한 번 더 보세요!

4대 광종
1. 정책: 과거제 실시(후주 출신 쌍기의 건의), 관리 공복 제정, 광덕 및 준풍 연호 사용, 노비안검법 실시
2. 문화유산: 귀법사(균여), 논산 관촉사 석조 미륵보살 입상

5대 경종
시정 전시과 시행

6대 성종
1. 정책: 경학박사 및 의학박사 파견, 12목 설치(외관 파견), 최승로의 시무 28조 건의, 향리제 실시
2. 기구: 국자감(국립 교육 기관), 상평창(물가 조절 기구), 의창(기존의 흑창 개편)

7대 목종
강조의 정변 발생

8대 현종
1. 정책: 5도 및 양계 정비
2. 외교 및 문화유산: 거란의 2~3차 침입 발생, 『초조대장경』 간행

고려 시대의 지방 행정 제도

✓ 수도 및 지방 행정 체제: 5도(안찰사), 병마사(양계), 개경(수도), 서경(평양), 남경(한양), 주현보다 속현이 더 많음
✓ 향·소·부곡: 특수 행정 구역, 중앙 관청에 필요한 수공업품 생산, 거주 이전 자유 제한, 과거 응시 자격 제한, 타 지역보다 과중한 세금 부담
✓ 군사 제도: 2군 6위(중앙군), 주현군 및 주진군(지방), 대장군 및 상장군(장관)

쉽게 출제될 경우	VS	어렵게 출제될 경우

쉽게 출제될 경우

기출 → 64, 65, 66, 72회

: 견훤, 궁예, 왕건의 활동 파악 또는 고려 빈출 왕의 업적 출제!

⇨ 경애왕 피살, 완산주, 후당 및 오월에 사신 파견 / 광평성 체제, 미륵불, 무태, 철원, 태봉 / 후삼국 통일 완성, 역분전 지급, 흑창 설치, 『정계』 및 『계백료서』, 훈요 10조 / 과거제 실시, 광덕 및 준풍 연호, 노비안검법 / 최승로의 시무 28조, 12목 설치

어렵게 출제될 경우

기출 → 59, 66, 70회

: 후삼국의 통일 과정과 관련된 전투 흐름을 출제하거나, 고려 시대의 특정 제도와 관련된 사례를 출제함!

⇨ 공산 전투 → 고창 전투 → 신검에 의한 견훤의 금산사 유폐 및 통일 신라 멸망 → 일리천 전투 / 도병마사, 어사대 / 5도 및 양계, 향·소·부곡 / 응양군 및 용호군, 주현군 및 주진군, 대장군 및 상장군

해품사 공지사항!

총 26회분(47회~72회) 기출에서 단 한 번이라도 언급된 내용은 모두 포함!

빨간색 키워드는 약 80% 이상 확률로 출제된 중요 키워드이므로 우선 암기

키워드는 그중에서도 직접적인 정답 키워드로 자주 언급되는 것

☆~☆☆☆ 테마 안에서도 더욱 빈출인 주제에 표시

1 후삼국 시대 인물들의 업적 및 활동 ☆☆☆

견훤	■ **출신 및 건국**: 상주 가은현 출신 → 완산주(전주)에서 후백제 건국 ■ **외교 및 전투**: 신라를 습격하여 경애왕 피살, 후당 및 오월에 사신 파견, 공산 전투 승리 및 고창 전투 패배 ■ **가족**: 신검에 의해 금산사에 유폐됨
궁예	■ **출신 및 건국**: 신라 왕족 출신 → 승려(승려 당시 이름-선종)로 활동 → 양길 휘하에서 성장 → 송악(개성)에서 후고구려 건국 ■ **국호 · 수도 · 연호**: 마진 → 태봉(국호), 송악 → 철원(수도), 무태(연호) ■ **정치 체제**: 광평성 체제 정비, 미륵불 자처를 통한 독재 강화
왕건	■ **성장 및 건국**: 궁예 휘하에서 나주 점령(903) → 정변을 일으켜 궁예 축출 이후 고려 건국 ■ **후삼국 통일 과정**: 공산 전투 패배 및 고창 전투 승리 → 경순왕(김부) 경주 사심관 임명 → 일리천 전투 승리 → 후삼국 통일 완성

2 후삼국 시대의 통일 과정 ☆

후고구려의 멸망 및 고려 건국	왕건: 궁예의 휘하에서 성장하며 나주 점령 → 정변을 일으켜 궁예 축출 → 고려 건국
고려 및 후백제의 대립	경애왕 피살(견훤 주도, 포석정에서 피살, 경순왕 즉위) → 공산 전투(견훤 승리 및 왕건 패배, 고려의 신숭겸 전사) └ 대구 지역사 연계-팔공산 → 고창 전투(왕건 승리 및 견훤 패배)└ 안동 지역사 연계
견훤의 몰락 및 통일 신라 멸망	견훤이 아들인 신검에 의해 금산사에 유폐됨 → 경순왕이 고려에 항복하며 통일 신라 멸망 └ 기출에서는 김부(경순왕)의 경주 사심관 임명으로 언급됨
고려의 후삼국 통일 완성	일리천 전투(왕건 승리 및 신검 패배) → 고려의 후삼국 통일

3 고려 전기 왕의 업적 ☆☆☆

고려 전기의 빈출 왕 업적	■ 초대 왕건(10세기) 　- 후삼국 통일 및 관련 사례: 개태사 설립　└ 논산 지역사 연계 　- 정책: 기인 제도, 사심관 제도, 사성 정책(왕씨 성 하사), 역분전 지급, 발해 유민 포용 → 이후 거란을 적대시하며 만부교 사건 주도, 천수 연호 사용, 흑창 설치 　- 기타: 『정계』 및 『계백료서』(관리에 대한 규범 제시), 훈요 10조(후대 왕에게 조언 제시) ■ 4대 광종(10세기) 　- 정책: 과거제 실시(후주 출신 쌍기의 건의), 관리 공복 제정, 광덕 및 준풍 연호 사용, 노비안검법 실시 　- 문화유산: 귀법사 건립(균여 주지 임명), 논산 관촉사 석조미륵보살 입상 건립 　　　　　　　　　　　　　　　　　　└ 논산 지역사 연계 ■ 6대 성종(10세기) 　- 정책: 경학박사 및 의학박사 파견, 최승로의 시무 28조 건의, 향리제 실시, 12목 설치(외관 파견) 　- 기구: 국자감(국립 교육 기관), 상평창(물가 조절 기구), 의창(기존의 흑창 개편) 　　　　　　　　　　　　　　　　　└ 통일 신라 최치원의 시무 100여조와 혼동 주의!
이외 고려 전기 왕 관련 역사적 사실	■ 2대 혜종(10세기): 왕규의 난 발생 ■ 3대 정종(10세기): 광군 설치 ■ 5대 경종(10세기): 시정 전시과 실시(관품 및 인품 기준으로 전지 및 시지 지급) ■ 7대 목종(10세기): 강조의 정변 발생 ■ 8대 현종(11세기): 거란 2~3차 침입 발생(2차 침입 당시 나주 피란), 초조대장경 간행, 5도 및 양계 정비

4 고려의 중앙 정치 제도, 지방 행정 제도, 군사 제도 ☆☆

중앙 정치 제도	■ **중서문하성**: 국정 총괄 담당 최고 관서, 문하시중(수장) 및 재신(정책 심의 및 결정) 및 낭사(서경권 등 행사) 구성 ■ **상서성**: 6부(이·병·호·형·예·공) 구성, 실질적인 정무 집행 담당 ■ **중추원**: 추밀(군사 기밀) 및 승선(왕명 출납) 구성 ■ **어사대**: 관리 비리 감찰 및 풍속 교정, 관리 임명에 대한 서경권(관리 등용 여부 결정) 행사, 중서문하성의 낭사와 함께 대간으로 불림　└ 조선 시대의 사헌부와 역할이 상당히 유사함! ■ **삼사**: 화폐 및 곡식의 출납 담당 ■ **도병마사**: 고려 시대의 대표적인 독자적 기구, 국방 및 군사 문제 논의, 중서문하성의 재신 및 중추원의 추밀 회의 참여(재추 회의), 원 간섭기에 도평의사사로 개편됨　└ 원 간섭기 사회상 유형 연계 ■ **식목도감**: 고려 시대의 대표적인 독자적 기구, 법제 및 격식 담당
지방 행정 제도 및 군사 제도	■ **지방 행정 제도** 　- 수도 및 지방 행정 체제: 5도 및 양계 → 안찰사(5도) 및 병마사(양계) 파견, 개경(수도) 및 서경(평양) 및 남경(한양) 3경, 지방관이 파견된 주현보다 파견되지 않은 속현이 더 많음 　- 향·소·부곡: 고려 시대의 특수 행정 구역, 중앙 관청에 필요한 수공업품 생산, 거주 이전 자유 제한, 과거 응시 자격 제한, 다른 지역에 비해 과중한 세금 부담 | 양계 (군사 행정 구역)	• **군사 구역**: 군사적 특수 지역, 동계·북계, 양계 아래 진 설치 • **지방관**: 병마사
5도 (일반 행정 구역)	• **행정 구역**: 전국 5도 아래 주·군·현 설치 • **지방관**: 안찰사 • **행정 실무**: 조세, 공물, 노역 등 향리가 실무 담당
특수 행정 구역	향·부곡·소민 등 거주, 양민에 비하여 차별 대우 | ■ **군사 제도** 　- 중앙군: 2군(응양군 및 용호군) 및 6위 　- 지방군: 주현군(5도) 및 주진군(양계) 　- 장관: 대장군 및 상장군

총 26회분 기출분석에서 나온 대표패턴을
최신 기출문제에서 뽑았습니다.

61회 11번

1. (가)에 들어갈 인물에 대한 설명으로 옳은 것은? [2점]

초대합니다

천 백 년 태봉의 이음, 태봉제

신라 왕족 출신으로 알려진 　(가)　 이/가 세운 나라 태봉!
태봉의 도읍 철원에서 역사의 숨결을 느낄 수 있는 태봉제가 다
채롭게 진행됩니다. 여러분의 많은 관심과 참여 바랍니다.

■ 주요 행사

태봉 제례　　　　　어가 행렬
■ 기간: ○○○○년 ○○월 ○○일~○○일
■ 장소: 강원도 철원군 종합 운동장 및 철원군 일원

① 발해를 멸망시킨 거란을 적대시하였다.
② 미륵불을 자처하며 왕권을 강화하였다.
③ 신라를 공격하여 경애왕을 죽게 하였다.
④ 노비안검법을 시행하여 재정을 확충하였다.
⑤ 청해진을 설치하여 해상 무역을 장악하였다.

키워드 추출

신라 왕족 출신, 태봉(후고구려 국호) – 궁예

정답분석

② 궁예는 미륵불이라고 자처하며 독재를 일삼았다.

오답분석

① 왕건은 발해를 멸망시킨 거란을 적대시하여 거란이 선물
한 낙타를 만부교 다리 아래에서 굶겨 죽였다.
③ 견훤은 경애왕을 살해한 뒤 경순왕을 즉위시켰다.
④ 광종은 노비안검법을 실시하였다.
⑤ 장보고는 완도에 청해진을 설치하였다.

해품사의 합격Tip

궁예의 경우 무태(연호), 철원(수도), 태봉(국호) 등 국호, 수도,
연호 관련 키워드가 빈출 사례로 언급됩니다!

[정답] ②

70회 10번

2. (가)에 들어갈 내용으로 적절한 것은? [2점]

한국사 동영상 제작 계획안

다시 하나로, 민족의 재통일을 이루다

○학년 ○반 ○모둠

■ 제작 의도
고려의 후삼국 통일 과정과 역사적 의의를 주요 인물과 관
련된 사건의 발생 순서에 따라 살펴본다.

■ 장면별 구성 내용
#1. 신숭겸, 공산 전투에서 전사하다
#2. 왕건, 고창 전투에서 후백제군을 물리치다
#3. 견훤, 금산사에서 탈출하여 고려에 귀순하다
#4. 　　　　(가)
#5. 왕건, 일리천에서 신검의 군대에 승리하다

① 안승, 보덕국왕으로 책봉되다
② 궁예, 국호를 태봉으로 바꾸다
③ 경순왕 김부, 경주의 사심관이 되다
④ 윤충, 대야성을 공격하여 함락시키다
⑤ 흑치상지, 임존성에서 부흥군을 이끌다

키워드 추출

• (가) 이전 사건: 견훤은 아들인 신검에 의해 금산사에 유폐
되었다가 탈출하여 고려에 귀순함
• (가) 이후 사건: 왕건은 일리천에서 후백제 신검의 군대에
게 승리하며 후삼국 통일을 완성함

정답분석

③ 견훤이 고려에 귀순한 이후 경순왕(김부)도 고려에 항복
하였고, 경주의 사심관으로 임명되었다.

해품사의 합격Tip

후삼국의 통일 과정은 공산 전투-고창 전투-신검의 금산사 유폐
및 통일 신라 멸망-일리천 전투의 흐름을 알아야 풀 수 있습니
다. 특히 한능검은 통일 신라 멸망이 아닌 김부(경순왕)의 경주
사심관 임명을 언급할 수도 있습니다!

[정답] ③

65회 10번

3. (가) 왕의 재위 시기에 있었던 사실로 옳은 것은?
[2점]

〈탐구 활동 보고서〉

○학년 ○반 이름: △△△

1. **주제:** [(가)], 안정과 통합을 꾀하다
2. **방법:** 『고려사』 사료 검색 및 분석
3. **사료 내용과 분석**

사료 내용	분석
명주의 순식이 투항하자 왕씨 성을 내리다.	지방 호족 포섭
『정계』와 『계백료서』를 지어 반포하다.	관리의 규범 제시
흑창을 두어 가난한 백성에게 곡식을 빌려주다.	민생 안정

① 개국 공신에게 역분전을 지급하였다.

② 외침에 대비하여 광군을 조직하였다.

③ 광덕, 준풍 등의 독자적 연호를 사용하였다.

④ 관학 진흥을 목적으로 양현고를 운영하였다.

⑤ 주전도감을 설치하여 해동통보를 발행하였다.

키워드 추출

- 왕씨 성을 내림 – 왕건의 사성 정책
- 『정계』와 『계백료서』 – 왕건이 관리의 규범을 제시할 목적으로 저술한 책
- 흑창 – 왕건이 설치한 빈민 구제 기관

정답분석

① 태조 왕건은 후삼국 통일에 기여한 공신들에게 인품과 공로를 기준으로 토지(역분전)를 지급하였다.

오답분석

② 고려 정종 때 광군을 조직하였다.

③ 고려 광종은 광덕, 준풍 등의 독자적인 연호를 사용하였다.

④ 고려 예종은 장학 재단인 양현고를 설치하였다.

⑤ 고려 숙종 때 삼한통보, 해동통보, 활구 등을 발행하였다.

해품사의 합격Tip

고려의 태조 왕건은 '후삼국 시대와 연계되어 출제'될 수 있는 고려 시대 전기의 유일한 왕입니다.

[정답] ①

66회 12번

4. (가) 기구에 대한 설명으로 옳은 것은?
[2점]

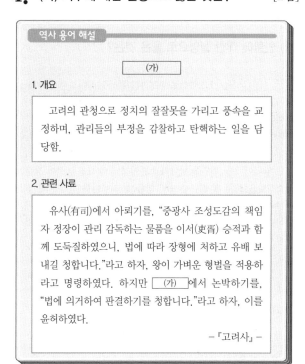

역사 용어 해설

[(가)]

1. 개요

고려의 관청으로 정치의 잘잘못을 가리고 풍속을 교정하며, 관리들의 부정을 감찰하고 탄핵하는 일을 담당함.

2. 관련 사료

유사(有司)에서 아뢰기를, "중광사 조성도감의 책임자 정장이 관리 감독하는 물품을 이서(吏胥) 승적과 함께 도둑질하였으니, 법에 따라 장형에 처하고 유배 보내길 청합니다."라고 하자, 왕이 가벼운 형벌을 적용하라고 명령하였다. 하지만 [(가)]에서 논박하기를, "법에 의거하여 판결하기를 청합니다."라고 하자, 이를 윤허하였다.

– 『고려사』 –

① 무신 집권기 최고 권력 기구였다.

② 원 간섭기에 첨의부로 격하되었다.

③ 고려 말에 도평의사사로 개편되었다.

④ 관직 임명에 대한 서경권을 행사하였다.

⑤ 서얼 출신의 학자들이 검서관으로 기용되었다.

키워드 추출

정치의 잘잘못을 가리고 풍속을 교정 – 어사대

정답분석

④ 고려의 어사대는 중서문하성의 낭사와 함께 관리 임명에 대한 동의 및 거부권 행사가 가능한 서경권을 가졌다.

오답분석

① 무신 정권 초기에는 중방이, 최충헌 집권 이후에는 교정도감이 최고 정치 기구였다.

② 원 간섭기에는 중서문하성과 상서성을 합쳐 첨의부로 격하하였다.

③ 원 간섭기에는 도병마사가 도평의사사로 개편되었다.

⑤ 조선 정조 때 서얼 출신을 규장각 검서관으로 기용하였다.

해품사의 합격Tip

한능검에서 '주로 출제되는 고려의 중앙 정치 기구는 도병마사 및 어사대'입니다.

[정답] ④

1.

(가) 인물에 대한 설명으로 옳은 것은?

> ⬚(가)⬚ 이/가 서쪽으로 순행하여 완산주에 이르니 그 백성이 환영하고 위로하였다. ⬚(가)⬚ 이/가 인심을 얻은 것을 기뻐하며 좌우에게 말하였다. "내가 삼국의 시초를 살펴보니, 마한이 먼저 일어나고 후에 혁거세가 발흥하였으므로 진한과 변한이 따라서 일어났다. 이에 백제가 금마산에서 개국하여 600여 년이 되어 총장 연간에 당나라 고종이 신라의 요청을 들어 장군 소정방을 보내 배에 군사 13만 명을 싣고 바다를 건너왔고, 신라의 김유신이 잃은 영토를 다시 찾기 위해 황산을 지나 사비에 이르러 당나라군과 합세하여 백제를 쳐서 멸망시켰다. 내 이제 감히 완산에 도읍하여 의자왕의 묵은 분함을 씻지 않겠는가?" 하며 드디어 후백제 왕을 자칭하고 관직을 마련하였다.
>
> – 『삼국사기』 –

① 신검에 의해 금산사에 유폐되었다.

② 흑창을 설치하여 빈민을 구제하였다.

③ 미륵불을 자처하며 왕권을 강화하였다.

④ 12목을 설치하고 지방관을 파견하였다.

⑤ 광평성을 비롯한 정치 기구를 마련하였다.

2.

다음 자료의 사건이 발생한 시기를 연표에서 옳게 고른 것은?

> 왕 7년, 노비를 안검하여 그 시비를 분별하도록 명하자, 노비인데 주인을 배반한 자가 매우 많았고, 윗사람을 능멸하는 풍조가 크게 행해졌다. 사람들이 모두 탄식하고 원망하였다. 대목왕후가 이를 간절히 간언하였으나, 왕은 받아들이지 않았다.

(가)	(나)	(다)	(라)	(마)
918 고려 건국	947 광군 설치	976 시정 전시과 시행	1009 강조의 정변	1104 별무반 창설	1170 무신 정변

① (가)　　　② (나)　　　③ (다)

④ (라)　　　⑤ (마)

해품사 출제예언 – 사료를 활용한 후삼국의 인물 유형

한능검에서는 종종 사료를 활용하여 후삼국 시대의 인물 유형을 출제합니다. 최근 기출에서 궁예와 관련된 사료를 활용한 문제가 출제되었기 때문에, 견훤 관련 사료 학습도 필요합니다.

키워드 추출

완산주 – 견훤은 완산주를 도읍 삼아 후백제를 건국함

정답분석

① 견훤의 첫째 아들인 신검은 견훤이 넷째 아들인 금강에게 왕위를 물려주는 것에 불만을 품고 반란을 일으켜, 아버지인 견훤을 전북 김제의 금산사에 유폐시켰다.

오답분석

② 왕건은 진휼 기관인 흑창을 설치하였다.

③ 궁예는 미륵불이라고 자처하며 독재를 일삼았다.

④ 고려 성종은 전국 주요 지역에 12목을 설치하였다.

⑤ 궁예는 최고 중앙 관서로 광평성을 설치하였다.

[정답] ①

해품사 출제예언 – 왕의 업적과 재위 순서

한능검에서는 종종 '고려 시대 전기 왕의 업적 및 재위 순서를 정확히 알아야 풀 수 있는 문제를 출제'합니다. 그러므로 최소한 초대 왕건~8대 현종의 재위 순서 및 각 왕들과 관련된 사실을 정확히 암기할 필요가 있습니다!

키워드 추출

노비를 안검 – 고려의 광종이 왕권 강화 및 호족의 경제적 기반 약화를 목적으로 시행한 노비안검법

정답분석

② 노비안검법을 시행한 왕은 고려 4대 광종으로, 3대 정종(광군 설치) 및 5대 경종(시정 전시과 시행) 사이에 재위하였기 때문에 흐름상 (나)에 해당한다.

[정답] ②

어제의 오답 선지 = 내일의 정답 선지 | 한능검은 역사적 사실이 아닌 것은 선지에 포함하지 않습니다. 즉, 모든 선지는 사실이죠! 기출에서 오답 선지는 언제든 정답이 될 수 있습니다.

❗ 먼저 오른쪽 기출선지 키워드 암기를 가리고 왼쪽의 (빈칸)을 채워보세요. 그후 오른쪽 기출선지를 키워드 중심으로 달달 외우세요!

	기출선지 (키워드) 채우기	기출선지 키워드 암기	중요도
1	견훤은 (　　　)에서 고려군에 대승을 거두었다.	견훤은 공산 전투에서 고려군에 대승을 거두었다. [47, 57회]	★★
2	견훤은 신라의 금성을 습격하여 (　　　)을 피살하였다.	견훤은 신라의 금성을 습격하여 경애왕을 피살하였다. [50, 55, 61회]	★★
3	견훤은 (　　　) 및 오월에 사신을 파견하였다.	견훤은 후당 및 오월에 사신을 파견하였다. [49, 50, 52, 54, 60, 62, 63, 64, 66회]	★★★
4	궁예는 (　　　) 등의 정치 기구를 두었다.	궁예는 광평성 등의 정치 기구를 두었다. [47, 50, 52, 55, 57, 59, 60, 64, 65, 66, 67, 70, 72회]	★★★
5	궁예는 국호를 마진, 연호를 무태로 바꾸고 (　　　)으로 천도하였다.	궁예는 국호를 마진, 연호를 무태로 바꾸고 철원으로 천도하였다. [47, 49, 50, 54, 55, 63회]	★★★
6	왕건이 재위한 당시에는 개국 공신에게 (　　　)을 지급하였다.	왕건이 재위한 당시에는 개국 공신에게 역분전을 지급하였다. [50, 53, 65, 72회]	★★
7	왕건이 재위한 당시에는 빈민 구제 기관인 (　　　)이 처음 설치되었다.	왕건이 재위한 당시에는 빈민 구제 기관인 흑창이 처음 설치되었다. [49, 54, 59, 60, 61, 62, 64, 67, 68, 69회]	★★★
8	왕건이 재위한 당시에는 정계와 (　　　)를 지어 관리의 규범을 제시하였다.	왕건이 재위한 당시에는 정계와 계백료서를 지어 관리의 규범을 제시하였다. [53, 54, 55, 58, 63, 64, 66, 70, 72회]	★★★
9	왕건이 재위한 당시에는 후대 왕들이 지켜야 할 정책 방향을 담은 (　　　)를 남겼다.	왕건이 재위한 당시에는 후대 왕들이 지켜야 할 정책 방향을 담은 훈요 10조를 남겼다. [67, 69회]	★
10	광종은 (　　　), 준풍 등의 독자적 연호를 사용하였다.	광종은 광덕, 준풍 등의 독자적 연호를 사용하였다. [58, 62, 63, 65, 68, 70, 72회]	★★★
11	광종이 재위한 당시에는 (　　　)을 시행하여 국가 재정을 확충하였다.	광종이 재위한 당시에는 노비안검법을 시행하여 국가 재정을 확충하였다. [47, 49, 50, 53, 54, 59, 60, 61, 69회]	★★
12	광종이 재위한 당시에는 쌍기의 건의로 (　　　)가 시행되었다.	광종이 재위한 당시에는 쌍기의 건의로 과거제가 시행되었다. [48, 49, 51, 52, 53, 57, 58, 61, 66, 67, 69, 71회]	★★★
13	성종이 재위한 당시에는 전국에 (　　　)을 설치하고 관리를 파견하였다.	성종이 재위한 당시에는 전국에 12목을 설치하고 관리를 파견하였다. [49, 53, 54, 56, 57, 61, 62, 67, 69, 70회]	★★★
14	성종이 재위한 당시에는 (　　　)가 왕에게 시무 28조를 올렸다.	성종이 재위한 당시에는 최승로가 왕에게 시무 28조를 올렸다. [48, 50, 53, 58, 60, 63, 66, 68, 69회]	★★★
15	(　　　)에서 국방 및 군사 문제 등을 논의하였다.	도병마사에서 국방 및 군사 문제 등을 논의하였다. [59, 69회]	★★
16	도병마사는 원 간섭기에 (　　　)로 개편되었다.	도병마사는 원 간섭기에 도평의사사로 개편되었다. [48, 53, 65, 66, 67회]	★★
17	(　　　)은 군사 기밀과 왕명 출납을 담당하였다.	중추원은 군사 기밀과 왕명 출납을 담당하였다. [67회]	★
18	(　　　)은 무신 집권기 최고 권력 기구였다.	중방은 무신 집권기 최고 권력 기구였다. [53, 66회]	★
19	어사대의 소속 관원은 낭사와 함께 (　　　)을 행사하였다.	어사대의 소속 관원은 낭사와 함께 서경권을 행사하였다. [53, 67회]	★★
20	고려의 (　　　)는 화폐, 곡식의 출납 및 회계를 담당하였다.	고려의 삼사는 화폐, 곡식의 출납 및 회계를 담당하였다. [48, 59, 60, 67회]	★★
21	고려 시대에는 5도과 양계에 각각 (　　　)와 병마사를 파견하였다.	고려 시대에는 5도과 양계에 각각 안찰사와 병마사를 파견하였다. [47, 56회]	★★
22	고려 시대에는 중앙군을 (　　　)과 용호군으로 구성하였다.	고려 시대에는 중앙군을 응양군과 용호군으로 구성하였다. [58, 68회]	★★
23	고려 시대에는 특수 행정 구역인 (　　　)가 있었다.	고려 시대에는 특수 행정 구역인 향·부곡·소가 있었다. [56, 66, 68회]	★★

✅ 테마 학습을 다 했다면, 테마 맨 앞 키워드 판서로 돌아가 복습하세요!

고려 중기의 정치 및 무신 정권

✓ 시기: 1126년~1270년 ✓ 중요도 및 평균 출제율: 73% ★★
✓ 난이도: 보통 → 대부분의 유형이 흐름형 유형으로 출제되며, 특히 무신 정권의 집권자별 사건 및 관련 업적 구별이 어려운 편

흐름형 시대의 흐름을 따라가며 보면 좋은 유형

이자겸의 난
(인종-1126)

1. 이자겸과 척준경이 반란 주도
   → 권력 일시적 찬탈
2. 이자겸의 금의 사대 요구 수용
3. 척준경의 이자겸 암살
   → 척준경 탄핵 및 유배로 종결

묘청의 서경 천도 운동 및 반란
(인종-1128~1136)

1. 묘청 및 정지상 등 풍수지리설에 근거하여 서경 천도
   주장 → 대화궁 설치 및 칭제 건원과 금국 정벌 주장
2. 묘청의 난 발발(국호 대위, 연호 천개, 천견충의군)
3. 김부식이 이끄는 관군에 의해 진압됨

★ 고려 시대 중기 정치적 변동 관련 사건 암기법 ★
이자겸의 묘는 무서워!
[이자겸의 난-묘청의 서경 천도 운동 및 반란-무신 정변]

이의방 정권　　**정중부 정권**　　**경대승 정권**　　**이의민 정권**

　　　　　　　　　　　　　　　　　　　도방 설치
　　무신 정변 주도　　　　　　　　　(최충헌 정권 때 부활)

반란 사례

• 김보당의 난　　　　망이·망소이의 난　　　　　　　김사미·효심의 난
• 조위총의 난　　　　(특수 행정 구역 차별 반발)　　(신라 부흥 표방)

최고 정치 기구

　　　중방 ──────────────────────▶　　　최씨 무신 정권 시작

해품사의 테마 출제예언!

1) 이자겸의 난~무신 정권의 전반적인 사건 흐름 파악하기 **2)** 무신 정권 시기의 집권자 흐름 파악 및 반란 사례 암기하기 **3)** 정중부, 최충헌, 최우 등 집권자별 역사적 사실 별도로 암기하기!

해품사 한능검 키워드 판서

 테마 학습을 다 하고 난 후, 다시 돌아와서 한 번 더 보세요!

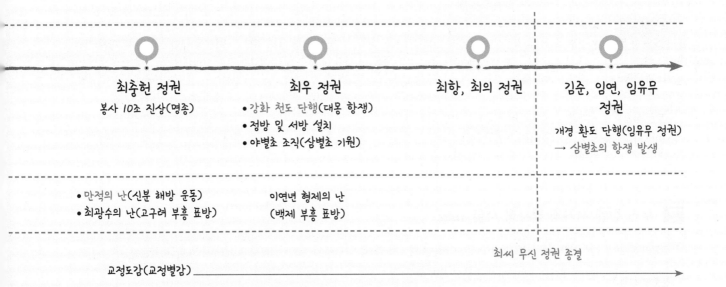

무신 정변
(의종-1170)

1. 무신에 대한 차별 대우 심화
2. 이의방, 정중부 등이 보현원에서 반란 주도
   → 문신 대거 살해
3. 의종 폐위 및 명종 즉위
   → 무신 정권 시작

최충헌 정권
봉사 10조 진상(명종)

최우 정권
• 강화 천도 단행(대몽 항쟁)
• 정방 및 서방 설치
• 야별초 조직(삼별초 기원)

최항, 최의 정권

김준, 임연, 임유무 정권
개경 환도 단행(임유무 정권)
→ 삼별초의 항쟁 발생

• 만적의 난(신분 해방 운동)
• 최광수의 난(고구려 부흥 표방)

이연년 형제의 난
(백제 부흥 표방)

최씨 무신 정권 종결

교정도감(교정별감)

쉽게 출제될 경우	VS	어렵게 출제될 경우

기출 → 64, 67, 69회

: 이자겸의 난~무신 정변의 흐름 및 무신 정권과 관련된 단순 사실 또는 집권자 업적 출제
  ⇨ 이자겸의 난 및 금의 사대 요구 수용 → 묘청의 서경 천도 운동 → 무신 정변 / 망이 · 망소이의 난 / 교정도감 설치 및 교정별감 임명, 만적의 난 / 강화 천도, 삼별초 조직, 정방 설치

기출 → 61, 72회

: 무신 정권 관련 전반적인 반란 또는 사건을 출제
  ⇨ 김보당의 난 및 조위총의 난 → 망이 · 망소이의 난 → 김사미와 효심의 난 → 만적의 난 → 이연년 형제의 난 → 개경 환도 및 삼별초의 항쟁

09 고려 중기의 정치 및 무신 정권

해품사 공지사항!

총 26회분(47회~72회) 기출에서 단 한 번이라도 언급된 내용은 모두 포함!

<u>빨간색 키워드</u>는 약 80% 이상 확률로 출제된 중요 키워드이므로 우선 암기

키워드는 그중에서도 직접적인 정답 키워드로 자주 언급되는 것

☆~☆☆☆ 테마 안에서도 더욱 빈출인 주제에 표시

1 고려 중기의 정치적 변동 ☆☆

이자겸의 난 **(17대 인종-** **1126)**	■ **배경:** 문벌 귀족의 사회 형성 → 음서(공신 및 고위 관리의 자손을 시험 없이 등용) 및 공음전(고위 관리에게 토지 지급) 등 특혜 보유, 인주 이씨(경원 이씨) 가문이 왕실과 지속적인 혼인을 맺으며 권력 확보 → 외척이자 문벌 귀족인 이자겸과 왕의 측근 간 갈등 발생 ■ **전개:** 이자겸이 척준경과 함께 반란 주도 및 권력 일시적 찬탈 → 이자겸의 금의 사대 요구 수용 → 척준경의 이자겸 제거 → 척준경 탄핵 및 유배로 반란 종결 ■ **결과:** 문벌 귀족 사회 붕괴 계기
평양 지역사 ─ **묘청의 서경** 연계 **천도 운동 및** **반란** **(17대 인종-** **1128~1136)**	■ **배경:** 내부적으로 왕권 회복의 필요성 및 외부적으로 금의 성장에 대한 대응이 필요 ■ **전개:** 묘청 및 정지상 등의 인물들이 풍수지리설에 근거하여 **서경 천도** 주장 → 서경에 대화궁 설치 및 칭제 건원(황제 호칭 사용 및 연호 제정)과 금국 정벌 주장 → 개경 내 보수 세력(개경파)과 대립하며 운동 실패 → 묘청이 서경에서 국호 대위, 연호 천개, 천견충의군이라는 군대를 이끌고 반란 주도 → 김부식이 이끄는 관군에 의해 진압됨 ■ **영향:** 신채호가 묘청의 서경 천도 운동을 '조선역사상 일천년래 제일 대사건'으로 평가함
무신 정변 **(18대 의종-** **1170)**	■ **배경:** 문신에 대비되는 무신 차별 심화 ■ **전개:** 이의방 및 정중부 등 무신들이 보현원에서 반란을 주도하며 문신 대거 살해 ■ **결과:** 무신 정권 수립, 의종 폐위 및 명종 즉위

2 무신 정권 시기의 역사적 사실 ☆☆☆

이의방 정권	집권 시기 반란 사례: 김보당의 난(동북면 병마사 출신, 의종 복위 주도), 조위총의 난(정중부 타도 주장)
정중부 정권	■ **대표 활동:** 이의방과 함께 무신 정변 주도 ■ **집권 시기 반란 사례:** 망이·망소이의 난(특수 행정 구역 차별 반발)
경대승 정권	**대표 활동:** 도방 설치(최충헌 정권 때 부활)
이의민 정권	집권 시기 반란 사례: 김사미와 효심의 난(신라 부흥 표방)
최충헌 정권	■ **대표 활동:** 교정도감 설치(최씨 무신 정권의 최고 정치 기구, 교정별감 임명), 명종에게 봉사 10조 진상 ■ **집권 시기 반란 사례:** 만적의 난(노비들의 신분 해방 도모), 최광수의 난(고구려 부흥 표방)
최우 정권	■ **대표 활동:** 강화 천도 단행(대몽 항쟁 목적), 정방 설치(인사 행정), 서방 설치(문신 숙위 기구), 야별초 조직(삼별초 기원) ■ **집권 시기 반란 사례:** 이연년 형제의 난(백제 부흥 표방)

※ 무신 정권 시기의 집권자 순서: 이의방 → 정중부 → 경대승 → 이의민 → 최충헌 → 최우 → 최항 → 최의 → 김준 → 임연 → 임유무

필수 사료와 자료

이자겸, 금의 사대 요구 수용

백관을 소집하여 금을 섬기는 문제에 대해 가부를 의논하게 하자 모두 불가하다고 하였으나, 이자겸, 척준경만이 "사신을 보내 먼저 예를 갖추어 찾아가는 것이 옳습니다."라고 하였다.

- 『고려사』 -

묘청의 서경 천도 운동 및 반란

• 묘청 등이 말하기를, "신들이 보건대 서경 임원역의 지세는 음양가들이 말하는 대화세(大華勢)에 해당합니다. 만약 궁궐을 세워 그곳으로 옮기시면 마땅히 천하를 아우르게 될 것이니 금(金)이 예물을 가지고 스스로 항복하여 올 것이며 주변국이 모두 신하가 될 것입니다."라고 하였다.

- 『고려사』 -

• 묘청이 서경을 근거지로 삼고 반란을 일으켰다. … 국호를 대위, 연호를 천개, 그 군대를 천견충의군이라 불렀다.

- 『고려사』 -

무신 정변

왕이 보현원 문에 들고 군신이 물러날 무렵에 이고 등이 임종식·이복기·한뢰 등을 죽였다. 국왕을 호종한 문관과 대소 신료 및 환관이 모두 해를 입었다. 또 개경에 있는 문신 50여 명을 죽인 후, 정중부 등이 왕을 환궁시켰다.

- 『고려사』 -

김보당의 난 및 조위총의 난

• 동북면 병마사 간의대부 김보당이 동계에서 군사를 일으켜 정중부·이의방을 치고, 전왕을 복위시키고자 했다. 동북면지병마사 한언국이 군사를 일으켜 여기에 호응하였다.

- 『고려사』 -

• 서경유수 조위총이 군사를 일으켜 정중부와 이의방을 토벌하려 모의한 후, 동북 양계의 여러 성들에 격문을 보내어 사람을 모았다. 겨울 10월 기미일에 중서시랑평장사 윤인첨을 시켜 삼군을 거느리고 조위총을 치게 하였다.

- 『고려사』 -

망이·망소이의 난과 김사미·효심의 난

• 명학소의 백성 망이·망소이 등이 무리를 모아서 산행병마사라고 자칭하고는 공주를 공격하여 함락하였다. … 망이의 고향인 명학소를 충순현으로 승격시키고 양수탁을 현령으로, 김윤실을 현위로 임명하여 그들을 달래었다.

- 『고려사』 -

• 남쪽에서 적(賊)들이 봉기하였다. 가장 심한 자들은 운문을 거점으로 한 김사미와 초전을 거점으로 한 효심이었다. 이들은 유랑민을 불러 모아 주현(州縣)을 습격하여 노략질하였다.

- 『고려사』 -

만적의 난과 이연년 형제의 난

• 만적 등이 노비들을 불러 모아서 말하기를, "장군과 재상에 어찌 타고난 씨가 있겠는가? 때가 되면 누구나 할 수 있는 것이다."라고 하였다. … 만적 등 100여 명이 체포되어 강에 던져졌다.

- 『고려사』 -

• 원율 사람인 이연년이 백적도원수라 자칭하며 많은 사람을 불러 모아 여러 주군을 공격하여 노략질하니 최린이 지휘사 김경손과 함께 그들을 격파하였다.

- 『고려사』 -

총 26회분 기출분석에서 나온 대표패턴을
최신 기출문제에서 뽑았습니다.

64회 12번

1. 밑줄 그은 '반란'이 일어난 시기를 연표에서 옳게 고른 것은? [1점]

이것은 경원 이씨 가문의 이자연 묘지명으로, 딸 셋을 모두 문종의 왕비로 보냈다는 내용이 기록되어 있습니다. 훗날 이자연의 손자 또한 딸들을 왕비로 보내 최고 권력을 누렸는데, 이에 위협을 느낀 인종이 그를 제거하려 하자 척준경과 함께 반란을 일으켰습니다.

1104	1135	1170	1196	1270	1351
(가)	(나)	(다)	(라)	(마)	
별무반 조직	묘청의 난	무신 정변	최충헌의 집권	개경 환도	공민왕 즉위

① (가)   ② (나)   ③ (다)

④ (라)   ⑤ (마)

키워드 추출

문제에 제시된 사건 – 고려 17대 인종, 이자겸의 난, 1126
· 인종 – 이자겸의 난이 발생한 시기의 왕
· 척준경 – 이자겸과 함께 반란을 주도한 대표적인 인물

정답분석

① 이자겸의 난은 인종이 재위한 당시에 발생하였으며, 묘청의 난 이전에 발생하였다.

해품사의 합격Tip

고려 시대 중기의 정치적 변동과 관련된 사건은 '이자겸의 난 및 금의 사대 요구 수용 → 묘청의 서경 천도 운동 및 반란 → 무신 정변의 흐름을 파악'하는 것이 핵심입니다. 그러므로 문제 키워드를 정확히 분석하여 어떤 사건을 제시하였는지 정확히 파악하는 것이 요구됩니다!

[정답] ①

55회 15번

2. 다음 대화에 나타난 사건에 대한 설명으로 옳은 것은? [2점]

서경 천도와 금국 정벌을 주장하며 일어났어.

연호를 천개로 하는 대위국이 선포되었어.

신채호는 '조선 역사상 일천년래 제일 대사건'으로 평가하였어.

① 국왕이 나주까지 피란하였다.

② 초조대장경 간행의 계기가 되었다.

③ 김부식 등이 이끈 관군에 의해 진압되었다.

④ 이성계가 정권을 장악하는 결과를 가져왔다.

⑤ 여진 정벌을 위한 별무반 편성에 영향을 주었다.

키워드 추출

· 서경 천도와 금국 정벌 주장 – 묘청의 서경 천도 운동 당시의 주장
· 연호를 천개로 하는 대위국이 선포됨 – 묘청의 서경 천도 운동이 실패하자 묘청이 평양에 세운 국가의 국호 및 연호

정답분석

③ 묘청의 난은 김부식에 의해 진압되었다.

오답분석

① 고려 현종은 거란의 2차 침략을 피해 나주로 피란하였다.

② 고려 현종 때 거란의 침입을 부처의 힘으로 방어할 것을 염원하며 초조대장경 조판을 시작하였다.

④ 이성계는 요동 정벌 당시 위화도에서 회군하여, 최영의 군대를 제압한 뒤 정권을 장악하였다.

⑤ 묘청의 난과 별무반은 관련이 없다.

해품사의 합격Tip

고려 시대 중기 사건 중 '묘청의 서경 천도 운동 및 반란은 가장 많은 키워드를 활용하여 출제'될 수 있습니다.

[정답] ③

63회 9번

3. 다음 상황 이후에 있었던 사실로 옳은 것은? [2점]

청교역(靑郊驛) 서리 3인이 최충헌 부자를 죽일 것을 모의하면서, 거짓 공첩(公牒)을 만들어 여러 사원의 승려들을 불러 모았다. 공첩을 받은 귀법사 승려들은 그 공첩을 가져온 사람을 잡아서 최충헌에게 고해바쳤다. [최충헌은] 즉시 영은관에 교정별감을 둔 후 성문을 폐쇄하고 대대적으로 그 무리를 색출하였다.

① 김부식이 묘청의 난을 진압하였다.
② 원종과 애노가 사벌주에서 봉기하였다.
③ 이자겸이 금의 사대 요구를 수용하였다.
④ 정중부 등이 정변을 일으켜 권력을 차지하였다.
⑤ 최우가 인사 행정 담당 기구로 정방을 설치하였다.

키워드 추출

· 최충헌 – 무신 정권의 5번째 집권자
· 교정별감 – 최충헌 때 최고 정치 기구인 교정도감의 수장

정답분석

⑤ 최우는 정방이라는 기구를 자신의 집에 설치하여 인사 행정권을 장악하였다(1225).

오답분석

① 묘청은 서경 천도 운동이 실패하자 서경을 근거지로 연호를 천개로 하는 대위국을 선포하였으며, 이후 개경파인 김부식의 군대에 의해 진압되었다(1136).
② 통일 신라 진성 여왕 때 원종과 애노의 난이 발생하였다(889).
③ 고려 인종 때 이자겸은 금의 사대 요구를 수용하였다.
④ 고려 의종 때 무신에 대한 문신들의 차별에 불만을 품은 이의방 및 정중부 등이 문신들을 대거 살해한 뒤 의종을 폐위시켰다(무신 정변).

해품사의 합격Tip

한능검에서 고려 무신 정권 시기의 역사적 사실 유형에 대비하여 '이의방 → 정중부 → 경대승 → 이의민 → 최충헌 → 최우 → 최항 → 최의 → 무신 정권 종결 및 삼별초의 항쟁을 기본적으로 숙지'합시다!

[정답] ⑤

64회 14번

4. (가) 인물의 활동으로 옳은 것은? [2점]

고려 고종의 능인 홍릉이 강화도에 조성된 이유는 무엇일까?

몽골 침략 당시 실권자였던 (가) 이/가 항전을 위해 강화 천도를 강행한 후에 고종이 이곳에서 승하했기 때문이야.

① 인사 행정 담당 기구로 정방을 설치하였다.
② 봉사 10조를 올려 시정 개혁을 건의하였다.
③ 삼별초를 이끌고 진도 용장성에서 항전하였다.
④ 군사를 일으켜 정중부 등의 제거를 도모하였다.
⑤ 전민변정도감의 책임자로 임명되어 권문세족을 견제하였다.

키워드 추출

강화 천도를 단행 – 최우 정권 때의 대몽 항쟁

정답분석

① 최우는 자신의 집에 정방을 설치하여 인사 행정을 장악하였다.

오답분석

② 최충헌은 명종에게 일종의 시무책인 봉사 10조를 올렸다.
③ 삼별초는 고려 정부의 개경 환도 정책에 반발하여 강화도–진도(배중손–용장성)–제주도(김통정–항파두리성)로 근거지를 옮기며 항전하였다.
④ 서경유수 조위총은 무신 정권이 성립된 직후 정중부 타도를 주장하며 평양에서 반란을 주도하였다.
⑤ 고려 공민왕 때 신돈의 건의로 권문세족에게 억울하게 빼앗긴 토지를 돌려주기 위해 전민변정도감이 설치되었다.

해품사의 합격Tip

한능검에서는 종종 고려 무신 정권의 특정 집권자와 관련된 인물 유형을 출제합니다. 특히 이 유형이 출제되면 '최충헌과 최우가 직접적으로 출제' 될 가능성이 높습니다!

[정답] ①

1.

다음 자료의 상황이 발생한 이후의 역사적 사실로 옳은 것은?

> 백관을 소집하여 금(金)을 섬기는 일의 가부를 의논하게 하니 모두 불가(不可)하다고 하였다. 유독 이자겸과 척준경만이 말하기를, "금이 과거 소국일 때는 요(遼)와 우리나라를 섬겼습니다. 그러나 지금 금이 급격하게 세력을 일으켜 요와 송(宋)을 멸망시켰으며, 정치를 잘 다스리고 병력도 강성하여 나날이 강대해지고 있습니다. 또 우리와는 서로 국경이 맞닿아 있어서 섬기지 않을 수 없는 상황입니다. 게다가 작은 나라가 큰 나라를 섬기는 것은 선왕의 도리이니, 사신을 보내어 먼저 예를 갖추고 위문하는 것이 옳습니다."라고 하니, 왕이 그 말을 따랐다.

① 묘청이 서경에서 난을 일으켰다.

② 강감찬이 귀주에서 대승을 거두었다.

③ 빈민 구제를 위해 흑창이 설치되었다.

④ 서희가 외교 담판을 통해 강동 6주를 획득하였다.

⑤ 신기군, 신보군, 항마군으로 구성된 별무반을 편성하였다.

해품사 출제예언 - 이자겸의 사대 요구 수용

시험에서 '이자겸의 사대 요구 수용이 출제되면 이자겸의 난과 비슷한 시기로 파악' 해야 합니다.

키워드 추출
- 금을 섬기는 일의 가부를 의논 - 고려 인종 때 금의 사대 요구에 대한 논의가 이루어짐(1126)
- 이자겸, 척준경 - 금의 사대 요구 수용을 주장한 인물들

정답분석
① 묘청의 난(1135)은 김부식에 의해 진압되었다.

오답분석
② 강감찬은 거란의 3차 침입 때 거란군을 물리쳤다(1019).
③ 고려 왕건은 흑창을 설치하였다(10세기 초).
④ 고려의 서희는 거란과의 외교 담판을 통해 강동 6주를 획득하는 성과를 얻어냈다(994).
⑤ 고려 숙종 때 윤관의 건의로 별무반을 창설하였다(1104).

[정답] ①

2.

(가), (나) 사건이 발생할 당시의 집권자와 관련된 사실로 옳은 것은?

> (가) 명학소의 백성 망이·망소이 등이 무리를 모아서 산행병마사라고 자칭하고는 공주를 공격하여 함락하였다. … 망이의 고향인 명학소를 충순현으로 승격시키고 양수탁을 현령으로, 김윤실을 현위로 임명하여 그들을 달래었다.
>
> (나) 만적 등이 노비들을 불러 모아서 말하기를, "장군과 재상에 어찌 타고난 씨가 있겠는가? 때가 되면 누구나 할 수 있는 것이다."라고 하였다. … 만적 등 100여 명이 체포되어 강에 던져졌다.

• 보기 •
ㄱ. (가) - 이의방과 함께 무신 정변을 주도하였다.
ㄴ. (가) - 배중손이 이끄는 삼별초의 반란을 진압하였다.
ㄷ. (나) - 교정별감이 되어 국정 전반을 장악하였다.
ㄹ. (나) - 김보당이 왕의 복위를 주장하며 군사를 일으켰다.

① ㄱ, ㄴ   ② ㄱ, ㄷ   ③ ㄴ, ㄷ

④ ㄴ, ㄹ   ⑤ ㄷ, ㄹ

해품사 출제예언 - 무신 정권의 집권자와 반란

무신 정권 유형을 공략하기 위해서는 우선 '각 집권자의 집권 시기별로 발생한 반란의 사례를 파악' 하는 것이 중요합니다.

키워드 추출
- 망이·망소이 - 정중부 정권 당시 특수 행정 구역에 대한 차별에 반발하여 반란을 일으킨 인물들
- 만적 - 최충헌 정권 당시 신분 해방을 위해 반란을 도모한 대표적인 노비 출신의 인물

정답분석
ㄱ. 정중부는 이의방과 함께 무신에 대한 차별에 불만을 품고 정변을 일으켜 문신들을 대거 살해하고 의종을 폐위시켰다.
ㄷ. 최충헌은 집권 이후 최고 정치 기구로 교정도감을 설치하고 스스로 교정별감이 되었다.

오답분석
ㄴ. 고려 장수 김방경은 삼별초의 반란을 진압하였다.
ㄹ. 이의방 정권 때의 사실이다.

[정답] ②

어제의 오답 선지 = 내일의 정답 선지 | 한능검은 역사적 사실이 아닌 것은 선지에 포함하지 않습니다. 즉, 모든 선지는 사실이죠! 기출에서 오답 선지는 언제든 정답이 될 수 있습니다.

❗ 먼저 오른쪽 기출선지 키워드 암기를 가리고 왼쪽의 (빈칸)을 채워보세요. 그후 오른쪽 기출선지를 키워드 중심으로 달달 외우세요!

	기출선지 (키워드) 채우기	기출선지 키워드 암기	중요도
1	( )과 척준경이 반란을 일으켜 궁궐을 불태웠다.	이자겸과 척준경이 반란을 일으켜 궁궐을 불태웠다. [49, 51, 55, 62, 66, 70회]	★★
2	이자겸은 ( )의 사대 요구를 수용하였다.	이자겸은 금의 사대 요구를 수용하였다. [63회]	★
3	( )이 칭제 건원과 금국 정벌을 주장하였다.	묘청이 칭제 건원과 금국 정벌을 주장하였다. [52, 57, 66, 67, 70회]	★★
4	( )은 관군을 이끌고 묘청의 난을 진압하였다.	김부식은 관군을 이끌고 묘청의 난을 진압하였다. [72회]	★
5	이의방, ( ) 등이 정변을 일으켜 권력을 차지하였다.	이의방, 정중부 등이 정변을 일으켜 권력을 차지하였다. [47, 51, 54, 62, 63회]	★★
6	이의방 정권 때 ( )이 의종 복위를 주장하며 난을 일으켰다.	이의방 정권 때 김보당이 의종 복위를 주장하며 난을 일으켰다. [52, 56, 60, 61, 64, 66, 69, 72회]	★★
7	이의방 정권 때 서경유수 ( )이 정중부 타도를 주장하며 반란을 일으켰다.	이의방 정권 때 서경유수 조위총이 정중부 타도를 주장하며 반란을 일으켰다. [61, 64, 67, 70회]	★★
8	정중부 정권 때 ( ) 등 하층민의 봉기가 발생하였다.	정중부 정권 때 망이·망소이의 난 등 하층민의 봉기가 발생하였다. [55, 59, 60, 62, 64, 66, 67, 68, 69, 71회]	★★★
9	최충헌 정권 때 ( )이 개경에서 노비를 모아 반란을 모의하였다.	최충헌 정권 때 만적이 개경에서 노비를 모아 반란을 모의하였다. [47, 55, 59, 61, 62, 70, 71회]	★★★
10	최충헌 정권 때 국정을 총괄하는 기구로 ( )이 설치되었다.	최충헌 정권 때 국정을 총괄하는 기구로 교정도감이 설치되었다. [50, 51, 55, 59, 60, 62, 67, 69, 72회]	★★★
11	최충헌은 ( )를 국왕에게 올렸다.	최충헌은 봉사 10조를 국왕에게 올렸다. [49, 51, 52, 56, 57, 59, 64, 66, 71, 72회]	★★★
12	최우는 인사 행정 담당 기구로 ( )을 설치하였다.	최우는 인사 행정 담당 기구로 정방을 설치하였다. [49, 51, 63, 64회]	★★★

☑ 테마 학습을 다 했다면, 테마 맨 앞 키워드 판서로 돌아가 복습하세요!

테 마 10

고려 후기의 정치 및 사회

✓ 시기: 1270년~1392년 ✓ 중요도 및 평균 출제율: 81% ★★★
✓ 난이도: 쉬움 → 새로운 키워드의 출제 가능성이 매우 적음. 반복적으로 출제되는 키워드만 암기하면 쉽게 풀이 가능!

흐름형 시대의 흐름을 따라가며 보면 좋은 유형

○ **25대 충렬왕**
두 차례 일본 원정 단행

○ **26대 충선왕**
• 만권당 설치(*설치는 충숙왕 때 이루어짐)
• 사림원 설치(인사 행정 개혁)

○ **29대 충목왕**
정치도감 설치(폐정 개혁 담당)

원 간섭기 종결

암기형 시대를 몰라도 키워드만 알면 풀 수 있는 유형

원 간섭기의 내정 간섭
✓ 관제 격하: 중서문하성+상서성 → 첨의부로 격하
✓ 영토 상실: 동녕부(평양), 쌍성총관부(화주), 탐라총관부(제주도) 설치

원 간섭기의 간섭 및 관련 인물
✓ 간섭 사례: 결혼도감 설치(공녀 징발), 권문세족 권력 장악(예 기철), 다루가치 파견, 변발 및 호복 유행, 정동행성 설치(일본 원정)
✓ 관련 인물: 김방경(여몽 연합군 활동), 제국대장 공주(충렬왕 아내)

해품사의 테마 출제예언!

1) 원 간섭기의 사회상 파악하기

2) 공민왕의 업적 이해하기

3) 고려의 멸망 및 조선의 건국 과정 흐름 파악하기

해품사 한능검 키워드 판서

⊙ 테마 학습을 다 하고 난 후, 다시 돌아와서 한 번 더 보세요!

31대 공민왕
- 권문세족 숙청(예 기철)
- 변발 및 호복 폐지
- 쌍성총관부 수복
  (철령 이북 땅 회복)
- 전민변정도감 설치(신돈)
- 정동행성 이문소 및 정방 폐지

32대 우왕
- 왜구 침입 발생
  (예 진포 대첩, 황산 대첩 등)
- 이인임 등 권문세족 잔당 숙청

33대 창왕
박위의 쓰시마섬 정벌

34대 공양왕
과전법 실시

고려 멸망 및 조선 건국 과정

1. 명의 철령위 설치 통보
   → 최영의 요동 정벌 추진

2. 이성계의 4불가론 및
   위화도 회군 → 정권 장악

3. 과전법 제정
   (정도전·조준 등 건의)

4. 정몽주 피살(선죽교) 및
   조선 건국

쉽게 출제될 경우	VS	어렵게 출제될 경우

기출 → 66, 67, 68회

: 원 간섭기 사회상 전반적 사례, 공민왕의 대표 업적 출제
⇨ 원 간섭기 사회상 사례 및 공민왕 대표 키워드 암기가 중요!
⇨ 도병마사의 도평의사사 개편, 권문세족의 활동, 변발 및 호복 유행, 정동행성 설치 / 기철 등 권문세족 숙청, 변발 및 호복 폐지, 쌍성총관부 공격, 전민변정도감 설치

기출 → 63, 70회

: 비교적 낯선 원 간섭기 사회상 관련 키워드를 연계하거나, 조선의 건국 과정 흐름을 종합적으로 출제!
⇨ 동녕부, 탐라총관부, 응방, 제국 대장 공주 / 정치도감 / 요동 정벌 추진 / 박위의 쓰시마섬 정벌 / 과전법 제정 / 최영의 요동 정벌 추진 → 이성계의 위화도 회군 → 과전법 제정 → 정몽주 피살 및 조선 건국

10 고려 후기의 정치 및 사회

해품사 공지사항!

총 26회분(47회~72회) 기출에서 단 한 번이라도 언급된 내용은 모두 포함!

빨간색 키워드는 약 80% 이상 확률로 출제된 중요 키워드이므로 우선 암기

░░░░ 키워드는 그중에서도 직접적인 정답 키워드로 자주 언급되는 것

☆~☆☆☆ 테마 안에서도 더욱 빈출인 주제에 표시

1 원 간섭기의 사회상 ☆☆☆

원 간섭기의 형성 과정	고려 정부가 몽골과 강화를 맺은 뒤 개경 환도(1270) → 무신 정권의 붕괴 → 삼별초의 반란 진압 이후 원의 부마국 (사위 국가)이 되며 원 간섭기 시작
고려의 영토 상실 및 중앙 관제 격하	■ 영토 상실: 동녕부(평양), 쌍성총관부(화주-함경남도 영흥), 탐라총관부(제주도)를 설치하여 내정 간섭 심화 ■ 관제 격하: 중서문하성+상서성 → 첨의부 격하, 6부 → 4사 격하, 왕의 호칭 앞에 충(忠) 사용
원나라의 간섭	결혼도감 설치(공녀 징발), 권문세족의 권력 장악(예 기철), 다루가치 파견, 변발 및 호복 유행, 정동행성 설치(일본 원정 목적)
대표 인물	김방경(여몽 연합군의 고려 장수), 제국 대장 공주(충렬왕의 아내) └ 삼별초의 진압도 담당함

2 고려 후기 왕의 업적 ☆☆

공민왕의 업적	■ 반원 정책: 기철 등 권문세족 숙청, 변발 및 호복 폐지, 쌍성총관부 공격(철령 이북 땅 수복), 전민변정도감 설치 (신돈 건의) ■ 중앙 관제 복구: 중서문하성 및 상서성 관제 복구, 정동행성 이문소 및 정방 폐지 ■ 관련 역사적 사실: 노국 대장 공주(아내), 천산대렵도(그림)
이외 고려 후기 왕의 업적	■ 25대 충렬왕(13세기): 두 차례의 일본 원정 단행 ■ 26대 충선왕(14세기): 만권당 건립(이제현이 원나라 학자들과 교류함), 각염법 실시(소금 전매제), 사림원 설치(왕 명 출납 및 인사 행정 담당) └ 설치는 충숙왕 때 이루어짐 └「사략」,「역옹패설」 저술 ■ 29대 충목왕: 정치도감 설치(폐정 개혁 담당) ■ 32대 우왕: 다양한 왜구 침입 발생(예 진포 대첩, 황산 대첩 등), 요동 정벌 추진(최영 담당), 이인임 등 권문세족 잔당 숙청 └ 공민왕 때 숙청된 기철과 시기 혼동 주의! ■ 33대 창왕: 쓰시마섬 정벌(박위 담당) ■ 34대 공양왕: 과전법 제정

3 고려의 멸망 및 조선의 건국 과정 ☆☆

신진 사대부 및 신흥 무인 세력의 성장	■ **신진 사대부의 성장**: 안향이 국내에 전래한 성리학을 공부한 유학자들이 과거를 통해 관직에 진출하며 개혁을 주도하기 시작 → 공민왕 때 이색을 성균관 대사성에 임명하며 후진 양성 → 정도전 및 정몽주 등 신진 사대부 출신의 인물들의 성장 ■ **신흥 무인 세력의 성장**: 14세기 이후 홍건적 및 왜구 등 외세 침입이 심화됨 → 이성계(홍건적 2차 침입 방어, 황산 대첩) 및 최영(홍산 대첩) 등 새로운 무인들이 활동하기 시작함
고려의 멸망 및 조선의 건국 과정	명나라의 철령 이북 땅 요구 및 철령위 설치 → 우왕 재위 당시 최영의 요동 정벌 추진 및 이성계 출정 → 이성계가 4불가론을 내세우며 압록강에서 위화도 회군 단행 → 개경 내 최영의 군대와 대립 결과 이성계가 승리하며 정권 장악 → 정도전, 조준 등의 건의로 과전법 제정 → 이방원의 부하에 의해 정몽주가 선죽교에서 피살됨 → 조선 건국 및 고려 멸망 └ 개경 지역사 연계

🗒 필수 사료와 자료

➤ 제국 대장 공주 관련 사료
공주의 겁령구 등에게 성과 이름을 하사하였는데 홀랄대는 인후로, 삼가는 장순룡으로, 차홀대는 차신으로 하고 관직은 모두 장군으로 하였다. … 첨의부에서 아뢰기를, "제국 대장 공주의 겁령구와 관료들이 좋은 땅을 많이 차지하여 산천으로 경계를 정하고 사패(賜牌)를 받아 조세를 납입하지 않으니, 청컨대 사패를 도로 거두소서."라고 하였다.

- 『고려사』 및 『고려사절요』 -

➤ 여몽 연합군의 일본 원정
김방경이 중군을 거느리게 하고 홀돈과 홍다구와 더불어 일본을 정벌하게 하였다. 일기도(一岐島)에 이르러 천여 명을 죽이고 길을 나누어 진격하였다. 왜인들이 달아나는데 쓰러진 시체가 마치 삼대와 같았다. 날이 저물어 이내 공격을 늦추었는데 마침 밤에 태풍이 크게 불어서 전함들이 많이 부서졌다.

- 『고려사』 -

➤ 공민왕의 변발 및 호복 폐지
이연종이 왕이 원의 제도를 따라 변발을 하고 호복을 입었다는 말을 듣고 궐에 이르러서 말하기를 "변발과 호복은 선왕의 제도가 아닙니다. 원하건대 전하께서는 본받지 마십시오."라고 하니, 왕이 기뻐하며 즉시 변발을 풀어 버렸다.

- 『고려사절요』 -

➤ 공민왕의 쌍성총관부 수복
동북면 병마사 유인우가 쌍성을 함락시키자 총관 조소생, 천호 탁도경이 도망치니 화주, 등주, 정주 등이 수복되었다.

- 『고려사』 -

➤ 명의 철령위 설치 및 최영의 요동 정벌 추진
명 황제가 말하기를 "철령을 따라 이어진 북쪽과 동쪽과 서쪽은 원래 개원로(開元路)가 관할하던 군민(軍民)에 속하던 곳이니, 한인·여진인·달달인·고려인을 그대로 요동에 소속시켜라."라고 하였다. … 왕은 최영과 함께 요동을 공격하기로 계책을 결정하였으나, 감히 드러내어 말하지 못하고 사냥 간다는 핑계를 대고 서쪽으로 해주에 행차하였다.

- 『고려사』 -

총 26회분 기출분석에서 나온 대표패턴을
최신 기출문제에서 뽑았습니다.

68회 16번

1. 다음 서술형 평가의 답안에 들어갈 내용으로 가장 적절한 것은? [2점]

> **서술형 평가** ○학년 ○○반 이름: ○○○
>
> ◎ 아래의 인물들이 활동한 시기에 볼 수 있는 사회 모습에 대해 서술하시오.
>
> ○ 윤수는 응방을 관리하였는데 권력을 믿고 악행을 행하여 사람들로부터 비난받았다.
> ○ 유청신은 몽골어를 익혀 여러 차례 원에 사신으로 가서 공을 세우고 충렬왕의 총애를 받아 장군이 되었다.
> ○ 기철과 형제들은 누이동생이 원 순제의 황후가 된 후 국법을 무시하고 횡포를 부렸다.
>
> | 답안 | |

① 왕조 교체를 예언하는 정감록이 유포되었습니다.

② 대각국사 의천이 해동 천태종을 개창하였습니다.

③ 지배층을 중심으로 변발과 호복이 유행하였습니다.

④ 가혹한 수탈에 저항하여 망이·망소이가 봉기하였습니다.

⑤ 상민층이 납속과 공명첩을 활용하여 신분 상승을 꾀하였습니다.

키워드 추출
응방(매 사육), 몽골어, 기철(권문세족) – 원 간섭기

정답분석
③ 원 간섭기에 지배층을 중심으로 변발과 호복이 유행했다.

오답분석
① 조선 후기에는 정감록이 유행하였다.
② 의천은 1097년에 해동 천태종을 창시하였다.
④ 정중부 정권 당시에 망이·망소이가 반란을 일으켰다.
⑤ 조선 후기의 모습이다.

해품사의 합격Tip
원 간섭기 유형은 특히 '몽골 또는 원나라 자체를 대놓고 키워드로 언급'하는 경우가 있습니다!

[정답] ③

60회 18번

2. (가), (나) 사이의 시기에 있었던 사실로 옳은 것은? [2점]

> (가) 용진현 출신 조휘와 정주 출신 탁청이 화주 이북 지방을 몽골에 넘겨주었다. 몽골은 화주에 쌍성총관부를 설치하고 조휘를 총관으로, 탁청을 천호(千戶)로 임명하였다.
>
> (나) 동북면 병마사 유인우가 쌍성을 함락시키자 총관 조소생, 천호 탁도경이 도망치니 화주, 등주, 정주 등이 수복되었다.

① 최윤덕이 4군을 개척하였다.

② 일본 원정을 위해 정동행성이 설치되었다.

③ 몽골 사신 저고여가 귀국길에 피살되었다.

④ 철령위 설치 문제로 요동 정벌이 추진되었다.

⑤ 서희가 외교 담판으로 강동 6주를 획득하였다.

키워드 추출
· (가) 쌍성총관부를 설치 – 원나라는 고려에 대한 간섭을 강화하기 위해 쌍성총관부를 설치함(1258)
· (나) 쌍성을 함락 – 고려의 공민왕은 쌍성총관부를 공격하여 철령 이북의 땅을 회복함(1356)

정답분석
② 원 간섭기였던 25대 충렬왕 때 일본 원정을 위하여 정동행성을 설치하였다(1280).

오답분석
① 조선 세종 때 4군 6진을 설치하였다.
③ 몽골 사신 저고여는 고려를 방문 이후 귀국길에 피살되었으며, 이는 몽골이 고려를 침략하는 원인이 되었다(1225).
④ 고려 우왕 때 명의 철령위 설치에 반발하여 최영이 요동 정벌을 추진하였다(1388).
⑤ 고려의 서희는 거란의 1차 침입 당시에 외교 담판을 통해 강동 6주를 획득하는 성과를 냈다(10세기 후반).

해품사의 합격Tip
원 간섭기 유형을 어렵게 출제할 경우 '원 간섭기 시기와 고려 후기 왕과 관련된 사실을 연계하여 흐름형 유형으로 출제' 한 뒤 원 간섭기의 다른 사례를 정답으로 제시합니다.

[정답] ②

59회 13번

3. 밑줄 그은 '왕'의 재위 시기에 있었던 사실로 옳은 것은? [1점]

> 얼마 전에 왕께서 기철과 그 일당들을 반역죄로 숙청하셨다고 하네.

> 나도 들었네. 정동행성 이문소도 철폐하였다고 하더군.

① 경기에 한하여 과전법이 실시되었다.

② 정지가 관음포에서 승리를 거두었다.

③ 국정 총괄 기구로 교정도감이 설치되었다.

④ 신돈을 중심으로 전민변정 사업이 추진되었다.

⑤ 만권당이 설립되어 원과 고려의 학자가 교유하였다.

키워드 추출

· 기철 숙청 – 공민왕 때 권문세족 숙청 사례

· 정동행성 이문소 철폐 – 공민왕의 개혁 사례

정답분석

④ 고려 공민왕 때 신돈의 건의로 전민변정도감을 설치하였다.

오답분석

① 고려 공양왕 때 토지 지급 범위를 경기도로 한정한 과전법을 실시하였다.

② 고려 우왕 때 재위한 당시에는 정지가 경상남도 남해에 위치한 관음포에서 화포를 통해 왜구에게 승리하였다.

③ 최충헌은 최고 정치 기구로 교정도감을 설치하였다.

⑤ 충선왕은 충숙왕에게 왕위를 물려준 뒤 원나라의 연경에 만권당을 세워 고려와 원의 학자들이 교류하도록 하였다.

해품사의 합격Tip

'공민왕은 한능검에서 출제되는 고려 후기의 왕 중 가장 자주 출제되는 왕' 입니다. '원 간섭기의 사회상과 관련된 사례를 반대로 적용' 하여 이해할 것을 권장합니다(예 원 간섭기-변발 및 호복 유행 vs 공민왕-변발 및 호복 폐지).

[정답] ④

65회 18번

4. 다음 대화 이후에 전개된 사실로 옳은 것은? [2점]

> 이번에 왕이 최영에게 명하여 요동을 정벌한다고 하네.

> 명 황제가 철령 이북을 일방적으로 명의 영토로 귀속시키려 한 것이 원인이라더군.

① 윤관이 별무반을 이끌고 동북 9성을 축조하였다.

② 서희가 외교 담판을 벌여 강동 6주를 획득하였다.

③ 이성계가 위화도에서 회군하여 정권을 장악하였다.

④ 배중손이 이끄는 삼별초가 용장산성에서 항전하였다.

⑤ 최우가 강화도로 도읍을 옮겨 장기 항전을 준비하였다.

키워드 추출

· 최영, 요동을 정벌 – 고려 우왕 때 최영의 주도로 요동 정벌이 추진됨(1388)

· 철령 이북, 명의 영토로 귀속 – 요동 정벌 추진의 원인

정답분석

③ 이성계는 요동 정벌을 가던 도중 위화도에서 회군하여 최영의 군대를 제압한 후 정권을 장악하였다.

오답분석

① 윤관은 별무반을 이끌고 여진을 정벌한 뒤, 인근 영토에 동북 9성을 축조하였다(12세기 전반).

② 고려 서희는 거란의 1차 침입 당시에 거란의 소손녕과의 외교 담판을 통해 강동 6주를 획득하였다(10세기 후반).

④ 삼별초는 고려 정부의 개경 환도 정책에 반발하여 강화도-진도(배중손-용장성)-제주도(김통정-항파두리성)로 근거지를 옮기며 항전하였다(13세기 후반).

⑤ 최우 정권 당시에는 대몽 항쟁을 지속하기 위해 강화 천도를 단행하였다(13세기 전반).

해품사의 합격Tip

조선 건국의 순서는 '최영의 요동 정벌 추진 → 이성계의 위화도 회군 → 과전법 제정 → 정몽주 피살 및 조선 건국' 입니다!

[정답] ③

1.

(가)에 들어갈 내용으로 옳은 것은?

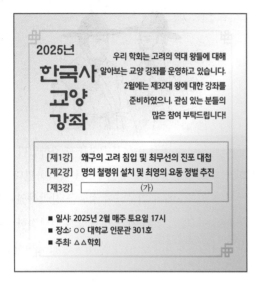

2025년
한국사 교양 강좌

우리 학회는 고려의 역대 왕들에 대해 알아보는 교양 강좌를 운영하고 있습니다. 2월에는 제32대 왕에 대한 강좌를 준비하였으니, 관심 있는 분들의 많은 참여 부탁드립니다!

[제1강] 왜구의 고려 침입 및 최무선의 진포 대첩
[제2강] 명의 철령위 설치 및 최영의 요동 정벌 추진
[제3강] (가)

■ 일시: 2025년 2월 매주 토요일 17시
■ 장소: ○○ 대학교 인문관 301호
■ 주최: △△학회

① 신돈의 전민변정사업 추진
② 과전법 실시 및 토지 제도 개혁
③ 이성계의 4불가론과 위화도 회군
④ 정동행성의 설치 및 두 차례의 일본 원정
⑤ 만권당의 설립 및 이제현과 원의 학자와의 교류

해품사 출제예언 - 우왕

우왕은 '조선 시대의 건국 과정 유형 및 왜구의 침입에 대한 고려의 대응 유형을 연계'하여 출제될 가능성이 있습니다!

키워드 추출
• 진포 대첩 - 우왕 때 발생한 왜구 침입 격퇴
• 최영의 요동 정벌 추진 - 우왕 때 최영의 요동 정벌 추진

정답분석
③ 이성계는 요동 정벌 당시 4불가론을 내세우며 위화도에서 회군하여 최영의 군대를 제압한 후 정권을 장악하였다.

오답분석
① 고려 공민왕 때 신돈의 건의로 전민변정도감을 설치하였다.
② 고려 공양왕 때 과전법을 실시하였다.
④ 고려 충렬왕 때 일이다.
⑤ 이제현은 원나라의 연경에 세워진 만권당에서 원의 학자들과 교류하였다.

[정답] ③

2.

다음 대화 이후에 전개된 사실로 옳은 것은?

최근 정도전, 조준 등의 건의로 과전법이 제정되었다고 하네.

권문세족이 차지한 토지를 몰수하는 동시에 신진사대부의 경제적 기반을 마련하는 목적이 있는 것 같더군.

① 정몽주가 선죽교에서 피살되었다.
② 정동행성 이문소와 정방이 폐지되었다.
③ 철령위 설치 문제로 요동 정벌이 추진되었다.
④ 김윤후가 처인성에서 적장 살리타를 사살하였다.
⑤ 이성계가 위화도에서 회군하여 정권을 장악하였다.

해품사 출제예언 - 조선 건국 과정

한능검에서 '과전법 실시가 문제에서 직접적으로 언급된 사례는 적은 편' 입니다. 특히 정몽주 피살이 조선 건국 직전의 대표적인 사건임을 기억하세요!

키워드 추출
과전법이 제정됨 - 공양왕 때 정도전, 조준 등 신진 사대부의 건의로 제정된 토지 제도(1391)

정답분석
① 정몽주는 이방원의 부하에 의해 선죽교에서 피살되었다(1392).

오답분석
② 공민왕은 내정 간섭 기관인 정동행성의 이문소와 인사 행정권을 장악한 정방을 폐지하였다(14세기 중반).
③ 고려 우왕 때 명의 철령위 설치에 반발하여 최영이 요동 정벌을 추진하였다(1388).
④ 김윤후는 몽골의 2차 침입 당시 경기도 용인에 위치한 처인성에서 몽골군의 침략을 방어하며 몽골의 적장인 살리타를 사살하였다(1232).
⑤ 이성계는 요동 정벌 당시 4불가론을 내세우며 위화도에서 회군하여 최영의 군대를 제압한 후 정권을 장악하였다(1388).

[정답] ①

어제의 오답 선지 = 내일의 정답 선지 | 한능검은 역사적 사실이 아닌 것은 선지에 포함하지 않습니다. 즉, 모든 선지는 사실이죠! 기출에서 오답 선지는 언제든 정답이 될 수 있습니다.

먼저 오른쪽 기출선지 키워드 암기를 가리고 왼쪽의 (빈칸)을 채워보세요. 그후 오른쪽 기출선지를 키워드 중심으로 달달 외우세요!

	기출선지 (키워드) 채우기	기출선지 키워드 암기	중요도
1	원 간섭기에는 공녀를 보내기 위해 (　　　)을 설치하였다.	원 간섭기에는 공녀를 보내기 위해 결혼도감을 설치하였다. [59회]	★
2	원 간섭기에는 (　　　)이 도평의사사를 장악하였다.	원 간섭기에는 권문세족이 도평의사사를 장악하였다. [47, 72회]	★
3	원 간섭기에는 일본 원정을 위해 (　　　)을 설치하였다.	원 간섭기에는 일본 원정을 위해 정동행성을 설치하였다. [49, 54, 60, 61, 67, 68, 70회]	★★
4	원 간섭기에는 중서문하성과 상서성이 (　　　)로 개편되었다.	원 간섭기에는 중서문하성과 상서성이 첨의부로 개편되었다. [50회]	★★
5	원 간섭기에는 지배층을 중심으로 (　　　)과 호복이 유행하였다.	원 간섭기에는 지배층을 중심으로 변발과 호복이 유행하였다. [59, 62, 68, 69, 70회]	★★★
6	공민왕 때 유인우, 이자춘 등이 (　　　)를 수복하였다.	공민왕 때 유인우, 이자춘 등이 쌍성총관부를 수복하였다. [50, 53, 55, 63, 64회]	★★★
7	공민왕 때 신돈의 건의로 (　　　)이 설치되었다.	공민왕 때 신돈의 건의로 전민변정도감이 설치되었다. [50, 51, 53, 54, 57, 59, 60, 62, 64, 66, 67, 68, 71회]	★★★
8	공민왕 때 인사 행정을 담당한 (　　　)을 폐지하였다.	공민왕 때 인사 행정을 담당한 정방을 폐지하였다. [56, 67회]	★
9	우왕 때 권문세족의 잔당인 (　　　) 일파를 축출하였다.	우왕 때 권문세족의 잔당인 이인임 일파를 축출하였다. [49, 59회]	★
10	공양왕 때 경기에 한하여 (　　　)이 실시되었다.	공양왕 때 경기에 한하여 과전법이 실시되었다. [58, 68, 71회]	★★
11	(　　　)가 위화도에서 회군하여 정권을 장악하였다.	이성계가 위화도에서 회군하여 정권을 장악하였다. [51, 55, 56, 65회]	★★
12	우왕 때 명의 철령위 설치에 반발해 (　　　)을 추진하였다.	우왕 때 명의 철령위 설치에 반발해 요동 정벌을 추진하였다. [54, 60, 61, 64, 70, 71, 72회]	★★

✓ 테마 학습을 다 했다면, 테마 맨 앞 키워드 판서로 돌아가 복습하세요!

외세의 침략과 고려의 대응

◎ 시기: 고려 시대 전체 ◎ 중요도 및 평균 출제율: 88% ★★★
◎ 난이도: 어려움 → 고려 시대 외세 방어의 전반적인 흐름도 암기할 필요가 있으며, 동시에 각 외세의 침입 및 대응 세부 순서까지 파악해야 함!

흐름형 시대의 흐름을 따라가며 보면 좋은 유형

고려 전기

초대 왕건
만부교 사건 주도

3대 정종
광군 창설

6대 성종
거란의 1차 침입
1. 소손녕이 이끄는 거란군의 고려 침략
2. 서희와 소손녕의 외교 담판
→ 서희의 강동 6주 획득

7대 목종
강조의 정변
목종 폐위 및 현종 즉위
→ 거란의 2차 침입 명분

8대 현종
거란의 2, 3차 침입
1. 2차 침입
1) 강조의 정변을 명분으로 강동 6주를 되찾기 위해 고려 침략→ 현종의 나주 피란
2) 양규가 무로대, 흥화진 등에서 거란군 방어
2. 3차 침입
소배압이 이끄는 거란군의 고려 침략→ 강감찬의 귀주 대첩으로 거란군 방어 성공 → 이후 나성 및 천리장성 축조

무신 정권

몽골 침략 이전
1. 강동성 전투
→ 고려 및 몽골 연합군의 거란군 격퇴
→ 몽골의 내정 간섭 심화
2. 저고여 피살 사건 발생
→ 몽골의 고려 침략 원인

1차 침입
• 박서의 귀주성 전투
• 노군과 잡류의 활동
└ 강감찬의 귀주 대첩과 혼동 주의!

2차 침입
1. 침입 직전 최우 정권의 강화 천도 단행
2. 김윤후의 처인성 전투
→ 적장 살리타 사살

3차 침입
• 송문주의 죽주산성 전투
• 황룡사 구층 목탑 소실

5차 침입
김윤후의 충주산성 전투
└ 충주 지역사 연계

6차 침입
충주 다인철소 주민들의 대몽 항쟁
└ 충주 지역사 연계

해품사의 테마 출제예언!

1) 거란·여진의 침입 순서 및 대응 흐름 파악하기

2) 몽골의 침입 순서·대응 및 삼별초의 항쟁 파악하기

3) 홍건적 및 왜구의 침입과 대응 전투 및 관련 인물 암기하기

해품사 한능검 키워드 판서

✓ 테마 학습을 다 하고 난 후, 다시 돌아와서 한 번 더 보세요!

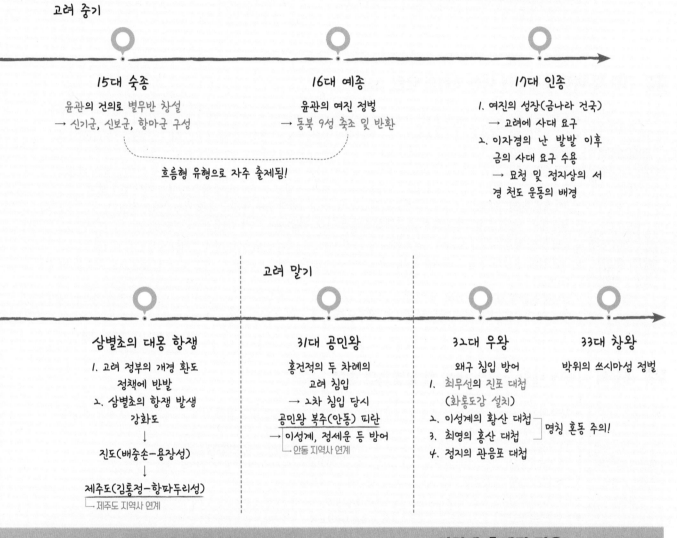

고려 중기

15대 숙종
윤관의 건의로 별무반 창설
→ 신기군, 신보군, 항마군 구성

16대 예종
윤관의 여진 정벌
→ 동북 9성 축조 및 반환

17대 인종
1. 여진의 성장(금나라 건국)
 → 고려에 사대 요구
2. 이자겸의 난 발발 이후
 금의 사대 요구 수용
 → 묘청 및 정지상의 서
 경 천도 운동의 배경

흐름형 유형으로 자주 출제됨!

고려 말기

삼별초의 대몽 항쟁
1. 고려 정부의 개경 환도
 정책에 반발
2. 삼별초의 항쟁 발생
 강화도
 ↓
 진도(배중손-용장성)
 ↓
 제주도(김통정-항파두리성)
 └ 제주도 지역사 연계

31대 공민왕
홍건적의 두 차례의
고려 침입
→ 2차 침입 당시
공민왕 복주(안동) 피란
→ 이성계, 정세운 등 방어
 └ 안동 지역사 연계

32대 우왕
왜구 침입 방어
1. 최무선의 진포 대첩
 (화통도감 설치)
2. 이성계의 황산 대첩 ┐
3. 최영의 홍산 대첩 ┘ 명칭 혼동 주의!
4. 정지의 관음포 대첩

33대 창왕
박위의 쓰시마섬 정벌

쉽게 출제될 경우 **VS** 어렵게 출제될 경우

기출 → 61, 63, 69회

: 고려 시대의 특정 외세 대응에 대한 일부 사례만 출제!

⇨ 각 외세의 침입에 대응한 인물 또는 전투 암기가 중요!

⇨ 광군 조직, 서희, 양규, 강감찬 / 윤관, 별무반, 동북 9성 축조 / 박서, 김윤후, 강화 천도 / 이성계의 황산 대첩, 최영의 홍산 대첩, 최무선의 진포 대첩

기출 → 60, 66, 68회

: 고려 시대 특정 외세의 대응 순서를 세부적으로 출제하거나, 고려 시대의 모든 외세에 대한 대응 흐름을 전반적으로 파악하는 유형이 출제됨!

⇨ 거란 → 여진 → 몽골 → 홍건적 → 왜구

11 외세의 침략과 고려의 대응

해품사 공지사항!

총 26회분(47회~72회) 기출에서 단 한 번이라도 언급된 내용은 모두 포함!
빨간색 키워드는 약 80% 이상 확률로 출제된 중요 키워드이므로 우선 암기
＿＿＿＿ 키워드는 그중에서도 직접적인 정답 키워드로 자주 언급되는 것
☆~☆☆☆ 테마 안에서도 더욱 빈출인 주제에 표시

1 거란 및 여진의 침입에 대한 고려의 대응 ☆☆☆

거란의 침입에 대한 고려의 대응	■ **침략 이전**: 만부교 사건 주도(왕건, 발해를 멸망시킨 거란에 적대적) → 광군 설치(정종, 예비 군사 조직) ■ **1차 침입(성종)**: 거란 장수 소손녕이 이끄는 거란군의 고려 침입 → **서희**가 소손녕과의 외교 담판을 주도하며 고구려의 후예임을 주장 → **강동 6주** 획득 성과 ■ **2차 침입(현종)**: 목종 재위 당시 강조가 정변을 일으켜 목종 폐위 및 현종 즉위 → 강동 6주를 되찾고 싶은 거란은 강조의 정변을 명분으로 고려 재침입 → 현종의 나주 피란 → 양규가 무로대, 흥화진 등에서 거란 침략 방어 ■ **3차 침입(현종)**: 소배압이 이끄는 거란군의 침입 발생 → **강감찬의 귀주 대첩**을 통해 거란군에게 승리함 ■ **침입 이후**: **나성 및 천리장성** 축조, 초조대장경 조판(현종, 거란 침략 방어 염원)
여진의 침입에 대한 고려의 대응	■ **침략 이전**: 여진은 본래 고려에 사대하던 유목 민족이었으나, 거란 쇠퇴 이후 점차 고려와 대립하기 시작함 ■ **여진 정벌**: 윤관의 건의로 **별무반** 조직(숙종, 신기군, 신보군, 항마군 구성) → 여진 정벌 및 **동북 9성** 축조 및 반환(예종) ■ **금나라 성장 및 사대 요구 수용**: 여진 족장 아구다(아골타)가 금나라 건국 → 이자겸이 일시적으로 권력을 찬탈한 상황 속에서 금의 사대 요구 수용 → 묘청 및 정지상 등 서경 천도 운동의 배경 └ 군대 창설 시기 및 정벌 시기를 나눠 흐름형 유형 출제 가능!

2 몽골의 침략에 대한 고려의 대응 및 삼별초의 항쟁 ☆☆☆

몽골의 침입에 대한 고려의 대응	■ **침략 이전**: 강동성 전투(고려 및 몽골 연합군이 거란 격퇴) → 몽골의 내정 간섭 심화 → 저고여 피살 사건 발생(몽골 침략 계기) ■ **1차 침입(고종)**: 박서의 **귀주성 전투**, 노군 및 잡류의 몽골 침략 방어 ┌ 강감찬의 귀주 대첩과 혼동 주의! ■ **2차 침입(고종)**: 침입 직전 최우의 **강화 천도** 단행 → **김윤후의 처인성 전투**(적장 살리타 사살) ■ **3차 침입(고종)**: 송문주의 죽주산성 전투 및 황룡사 구층 목탑 소실 ■ **5차 침입(고종)**: 김윤후의 **충주산성 전투** ┌ 충주 지역사 연계 ■ **6차 침입(고종)**: **충주 다인철소 주민의 항쟁** ┌ 충주 지역사 연계 ■ **결과**: 몽골과 강화를 맺으며 개경 환도 결정 → 삼별초는 강화에 반대하며 항쟁 발생 ■ **이외 대응 사례**: 팔만대장경 조판(몽골 침략 방어 염원)
삼별초의 항쟁	■ **삼별초의 형성 과정**: 최씨 무신 정권의 사병 조직인 야별초에서 기원 → 이후 좌별초, 우별초, 신의군이 합쳐져 삼별초 형성 ■ **항쟁 계기**: 고려 정부의 개경 환도 결정에 반발하여 항쟁 시작 → 승화후 왕온을 왕으로 추대(자신들만의 왕으로 추대함) ■ **항쟁 과정**: 강화도 → **진도(배중손-용장성)** → **제주도(김통정-항파두리성)** └ 제주도 지역사 연계

3 홍건적 및 왜구의 침략에 대한 고려의 대응 ☆

| 홍건적 및
왜구의 침입에
대한 고려의
대응 | ■ **홍건적**: 본래 원(元)의 지배에 맞서 봉기한 한족 출신의 농민 반란군 → 원나라 군대를 피하다가 두 차례에 걸쳐 고려 침략 → 2차 침입 당시 공민왕 복주(안동) 피란 → 이성계 · 정세운 등이 홍건적 침략 방어
 <div align="right">안동 지역사 연계</div> ■ **왜구**: 진포 대첩(최무선, 화통도감 설치 건의), 홍산 대첩(최영), 황산 대첩(이성계) | ✓ **해픔사 암기팁!**
 홍산 대첩과 혼동하기 쉬움! 이성계는 추후 왕(황제)이 될 인물이므로 황산 대첩이라고 암기! |

📖 필수 사료와 자료

▶ 서희의 외교 담판 및 강감찬의 귀주 대첩

- 소손녕이 서희에게 말하기를 "그대 나라는 신라 땅에서 일어났고 고구려 땅은 우리의 소유인데 그대들이 침범해왔다. 또 고려는 우리와 국경을 접하고 있는데 바다를 넘어 송(宋)을 섬겼으므로 이제 군사를 이끌고 온 것이다. 만일 땅을 떼어서 바치고 교류한다면 무사할 것이다"라고 하였다. 서희가 말하기를, "아니다. 우리나라가 곧 고구려의 옛 땅이다. 그러므로 국호를 고려라 하고 평양에 도읍하였으니 만일 국토의 경계로 말한다면 거란의 동경(東京)은 전부 우리 지역 안에 있는데 어찌 영토를 침범한 것이라 하는가?
- 『고려사』 -

- 거란 군사가 귀주를 지나니 강감찬 등이 동쪽 들에서 맞아 크게 싸웠는데 양쪽의 군대가 서로 비슷하여 승패가 결정되지 못하였다. … 아군이 기세를 타고 용기백배하여 격렬히 공격하니 거란병이 패하여 달아났다. 아군이 추격하여 석천(石川)을 건너 반령(盤嶺)에 이르니 넘어져 죽은 적의 시체가 들판을 덮고, 사로잡은 군사와 말, 낙타, 갑옷, 투구, 병기는 이루 다 헤아릴 수가 없었다.
- 『고려사』 -

▶ 윤관의 동북 9성 축조

윤관이 여진인 포로 346명과 말, 소 등을 조정에 바치고 영주 · 복주 · 웅주 · 길주 · 함주 및 공험진에 성을 쌓았다. 공험진에 비(碑)를 세워 경계로 삼고 변경 남쪽의 백성을 옮겨 와 살게 하였다.
- 『고려사절요』 -

▶ 박서의 귀주성 전투

적군이 30일 동안 귀주성을 포위하고 온갖 방법으로 공격하였으나, 박서가 임기응변으로 대응하여 굳게 지켰다. 이에 적군이 이기지 못하고 물러났다.
- 『고려사』 -

▶ 최우의 강화 천도

최우가 녹전거(祿轉車) 100여 대를 빼앗아 집안의 재물을 강화도로 옮기니, 수도가 흉흉하였다. … 또 사자(使者)를 여러 도에 나누어 보내어, 백성을 산성과 섬으로 옮겼다.
- 『고려사』 -

▶ 김윤후의 충주산성 전투

몽골군이 쳐들어와 충주성을 70여 일간 포위하니 비축한 군량이 거의 바닥났다. 김윤후가 괴로워하는 군사들을 북돋우며, "만약 힘을 다해 싸운다면 귀천을 가리지 않고 모두 관작을 제수할 것이니 불신하지 말라."라고 하였다.
- 『고려사』 -

▶ 최무선의 진포 대첩

왜구가 배 500척을 이끌고 진포 입구에 들어와서는 큰 밧줄로 배를 서로 잡아매고 병사를 나누어 지키다가, 해안에 상륙하여 여러 고을로 흩어져 들어가 불을 지르고 노략질을 자행하였다. … 나세 · 심덕부 · 최무선 등이 진포에 이르러, 최무선이 만든 화포를 처음으로 사용하여 그 배들을 불태우자 연기와 화염이 하늘을 가렸다.
- 『고려사절요』 -

총 26회분 기출분석에서 나온 대표패턴을
최신 기출문제에서 뽑았습니다.

63회 14번

1. (가) 국가에 대한 고려의 대응으로 옳은 것은? [2점]

> ○ [(가)]의 임금이 개경으로 침입하여 궁궐을 불사르고 퇴각하였다. …… 양규는 [(가)]의 군대를 무로대에서 습격하여 2,000여 급을 베고, 포로가 되었던 남녀 3,000여 명을 되찾았다. 다시 이수에서 전투를 벌이고 추격하여 석령까지 가서 2,500여 급을 베고, 포로가 되었던 1,000여 명을 되찾았다.
>
> ○ [(가)]의 병사들이 귀주를 지나가자 강감찬 등이 동쪽 교외에서 전투를 벌였다. …… 적병이 북쪽으로 달아나자 아군이 그 뒤를 쫓아가서 공격하였는데, 석천을 건너 반령에 이르기까지 시신이 들에 가득하였다.

① 강화도로 도읍을 옮겨 항전하였다.
② 광군을 조직하여 침입에 대비하였다.
③ 박위를 파견하여 근거지를 토벌하였다.
④ 압록강 상류 지역을 개척하여 4군을 설치하였다.
⑤ 신기군, 신보군, 항마군으로 구성된 별무반을 편성하였다.

키워드 추출
• 양규 – 거란의 2차 침입을 방어한 인물
• 강감찬 – 거란의 3차 침입을 방어한 인물

정답분석
② 정종은 거란의 침략을 대비하기 위해 광군을 조직하였다.

오답분석
① 최우 정권은 대몽 항쟁을 위하여 강화 천도를 단행하였다.
③ 고려의 창왕은 박위를 파견하여 쓰시마섬을 정벌하였다.
④ 조선 세종 때 최윤덕이 여진을 몰아내고 압록강 상류 지역을 개척하며 4군을 설치하였다.
⑤ 고려 숙종 때 여진 정벌을 위해 윤관의 건의로 별무반을 창설하였다.

해품사의 합격Tip

한능검에서 출제된 고려 시대 외세의 침략 중 거란이 가장 출제된 비중이 높기 때문에 세부 침입 및 대응 순서를 정확히 파악할 필요가 있습니다!

[정답] ②

69회 13번

2. (가)에 대한 고려의 대응으로 옳은 것은? [2점]

> 변방의 장수가 보고하기를, "[(가)]이/가 매우 사나워 변방의 성을 침입하고 있습니다."라고 하였다. …… 드디어 출병하기로 의논을 정하여 윤관을 원수로 삼고 지추밀원사 오연총을 부원수로 삼았다. 윤관이 아뢰기를, "신이 일찍이 선왕의 밀지를 받들었고 지금 또 엄명을 받았으니, 어찌 감히 삼군을 통솔하여 [(가)]의 보루를 깨뜨리고 우리의 강토를 개척하여 나라의 수치를 씻지 않겠습니까."라고 하였다.

① 광군을 창설하여 침입에 대비하였다.
② 박위를 파견하여 근거지를 토벌하였다.
③ 강화도로 도읍을 옮겨 장기 항전을 준비하였다.
④ 선물 받은 낙타를 만부교에서 굶어 죽게 하였다.
⑤ 동북 9성을 설치하고 경계를 알리는 비석을 세웠다.

키워드 추출

윤관 – 여진 정벌을 담당한 인물

정답분석
⑤ 윤관은 여진 정벌 뒤, 인근 영토에 동북 9성을 축조하였다.

오답분석
① 고려의 정종은 거란의 침략을 대비하기 위한 목적으로 광군을 조직하였다.
② 고려의 창왕은 박위를 파견하여 쓰시마섬을 정벌하였다.
③ 최우 정권 당시에는 대몽 항쟁을 지속하기 위해 강화 천도를 단행하였다.
④ 고려의 왕건은 거란이 선물한 낙타를 만부교 다리 아래에서 죽이는 만부교 사건을 일으켰다.

해품사의 합격Tip

고려 시대의 외세 중 여진이 출제되면, 윤관, 별무반, 동북 9성 키워드만 암기하더라도 쉽게 공략할 수 있습니다.

[정답] ⑤

66회 13번

3. (가)의 침입에 대한 고려의 대응으로 옳은 것을 〈보기〉에서 고른 것은? [2점]

> 강화중성은 [(가)]의 침략에 맞서 고려가 강화도로 천도한 이후 건립한 내성, 중성, 외성 중 하나입니다. 강화중성은 당시 수도를 둘러싼 토성(土城)으로, 이번 발굴 조사에서 방어를 위해 성벽의 바깥에 돌출시킨 대규모 치성(雉城)이 확인되었습니다.

» **보기** •

ㄱ. 양규가 무로대에서 적군을 물리쳤다.
ㄴ. 김윤후가 충주성 전투에서 활약하였다.
ㄷ. 송문주가 죽주성에서 적군을 격퇴하였다.
ㄹ. 윤관이 별무반을 이끌고 동북 9성을 쌓았다.

① ㄱ, ㄴ   ② ㄱ, ㄷ   ③ ㄴ, ㄷ
④ ㄴ, ㄹ   ⑤ ㄷ, ㄹ

키워드 추출

강화도로 천도 – 최우 정권 때 대몽 항쟁을 위해 시행한 정책

정답분석

ㄴ. 김윤후는 충주산성에서 관노들과 함께 몽골의 5차 침입을 방어하였다.
ㄷ. 송문주는 방호별감으로 죽주산성에서 몽골의 3차 침입을 방어하였다.

오답분석

ㄱ. 양규는 거란의 2차 침입이 발생할 당시에 무로대, 흥화진 등에서 거란에 항전하였다.
ㄹ. 윤관은 여진 정벌 뒤, 인근 영토에 동북 9성을 축조하였다.

해품사의 합격Tip

몽골은 침입 사례도 가장 많고, 출제될 수 있는 키워드도 가장 많은 편이기 때문에 난도가 높은 편입니다. 특히 최근 기출 경향에서 몽골의 침입 및 대응 순서도 점차 등장하고 있습니다!

[정답] ③

69회 18번

4. (가) 인물의 활동으로 옳은 것은? [2점]

> 이것은 명의 철령위 설치에 반발하여 팔도도통사로서 요동 정벌을 추진하였던 [(가)]의 초상입니다. 그는 요동 정벌에 반대한 이성계가 위화도 회군으로 정권을 장악하면서 죽임을 당하였습니다.

① 홍산 전투에서 왜구를 물리쳤다.
② 화통도감의 설치를 건의하였다.
③ 정변을 일으켜 목종을 폐위하였다.
④ 의종 복위를 도모하여 군사를 일으켰다.
⑤ 교정별감이 되어 국정 전반을 장악하였다.

키워드 추출

명의 철령위 설치에 반발, 요동 정벌을 추진 – 고려의 우왕 때 최영의 주도로 요동 정벌이 추진됨

정답분석

① 최영은 신흥 무인 세력으로, 홍산 지역에 침입한 왜구를 격퇴하였다.

오답분석

② 고려의 최무선은 왜구 격퇴를 위한 화약 및 화포 개발을 위한 화통도감의 설치를 건의하였다.
③ 고려의 강조는 정변을 일으켜 목종을 폐위한 뒤 현종을 즉위시켰다.
④ 이의방 정권 당시에는 동북면 병마사 출신의 김보당이 의종 복위를 도모하며 반란을 일으켰다.
⑤ 고려의 최충헌은 교정도감을 설치하고 기구의 최고 관직인 교정별감이 되어 국정 전반을 장악하였다.

해품사의 합격Tip

한능검에서 고려 시대의 외세 중 왜구가 출제되면, 왜구의 침입을 방어한 인물 유형을 출제할 가능성이 높습니다.

[정답] ①

1.

(가)~(다)를 일어난 순서대로 옳게 나열한 것은?

> (가) 몽골군이 쳐들어와 충주성을 70여 일간 포위하니 비축한 군량이 거의 바닥났다. 김윤후가 괴로워하는 군사들을 북돋우며, "만약 힘을 다해 싸운다면 귀천을 가리지 않고 모두 관작을 제수할 것이니 불신하지 말라."라고 하였다.
>
> (나) 살리타가 처인성을 공격하였다. 한 승려가 전쟁을 피하여 성 안에 있었는데, 살리타를 쏘아 죽였다. … 승려가 말하기를, "전투할 때에 나는 활과 화살이 없었으니, 어찌 감히 공 없이 무거운 상을 받겠습니까."라고 하고, 굳게 사양하여 받지 않았다. 이에 섭랑장(攝郞將)을 제수하였다. 승려는 바로 김윤후이다.
>
> (다) 적들이 진도로 들어가 버티면서 주군을 노략질하니, 왕이 김방경에게 명령하여 가서 그들을 토벌하게 하였다. 다음 해, 김방경이 몽골 원수 흔도 등과 함께 3군을 인솔하고 적들을 공격하여 격파하였다. 적들은 모두 처자를 버리고 달아났지만, 적장 김통정은 남은 무리를 이끌고 도망쳐서 탐라로 들어갔다.

① (가) – (나) – (다)   ② (가) – (다) – (나)
③ (나) – (가) – (다)   ④ (나) – (다) – (가)
⑤ (다) – (가) – (나)

해품사 출제예언 - 몽골의 침략 순서

기존 한능검에서 몽골의 침략 순서에 대한 순서 유형이 출제된 사례가 없습니다. 그러므로 앞으로의 출제 경향을 고려하여 복습하는 것을 권장합니다!

키워드 추출

(가) 충주성, 김윤후 - 몽골의 5차 침입(1253)
(나) 살리타, 김윤후 - 몽골의 2차 침입(1232)
(다) 김방경, 김통정 - 삼별초의 항쟁(1271)

정답분석

③ 몽골에 대한 고려의 대응 순서 흐름은 (나) 몽골의 2차 침입 → (가) 몽골의 5차 침입 → (다) 삼별초의 항쟁 순으로 발생하였다.

[정답] ③

2.

다음 자료에 나타난 상황 이후의 사실로 옳은 것은?

> 왕이 복주(福州)에 이르렀다. 정세운은 성품이 충성스럽고 청렴하였는데, 임금이 도성을 떠나 피란한 이래 밤낮으로 근심하고 분하게 여겨서 홍건적을 소탕하고 경성을 회복하는 것을 자신의 임무로 여겨 여러 차례 왕에게 청하여 말하기를, "빨리 애통교서(哀痛之敎)를 내리시어 민심을 위로하시고, 또 여러 도(道)에 사신을 보내어 군사를 징발하는 것을 독려하십시오."라고 하였다. 왕이 마침내 정세운을 총병관으로 삼고 교서를 내렸다.

① 강감찬이 귀주에서 대승을 거두었다.
② 윤관을 보내 동북 9성을 개척하였다.
③ 나세, 심덕부 등이 진포에서 왜구를 물리쳤다.
④ 강화도로 도읍을 옮겨 장기 항전을 준비하였다.
⑤ 신기군, 신보군, 항마군으로 구성된 별무반을 편성하였다.

해품사 출제예언 - 홍건적의 침략

기존 한능검에서 홍건적의 침략에 대한 대응을 직접적으로 출제한 사례는 거의 없습니다. 그러므로 고려의 거란 → 여진 → 몽골 → 홍건적 → 왜구의 대응 흐름을 학습해 둘 것을 권장합니다!

키워드 추출

• 왕이 복주에 이름 - 홍건적의 2차 침입이 발생할 당시 공민왕은 안동(복주)으로 피란하였음(1361)
• 정세운 - 이성계와 함께 홍건적의 2차 침입을 방어한 인물

정답분석

③ 최무선의 건의로 설치된 화통도감의 화약 무기를 통해 진포 대첩에서 왜구에게 승리하였다(1380).

오답분석

① 강감찬은 거란의 3차 침입이 발생한 당시에 귀주에서 거란군을 방어하였다(11세기 전반).
② 윤관은 별무반을 이끌고 여진을 정벌한 뒤, 인근 영토에 동북 9성을 축조하였다(12세기 전반).
④ 최우 정권 당시에는 대몽 항쟁을 지속하기 위해 강화 천도를 단행하였다(13세기 전반).
⑤ 고려 숙종 때에 신기군, 신보군, 항마군으로 편성된 별무반을 조직하였다(12세기 전반).

[정답] ③

어제의 오답 선지 = 내일의 정답 선지 | 한능검은 역사적 사실이 아닌 것은 선지에 포함하지 않습니다. 즉, 모든 선지는 사실이죠! 기출에서 오답 선지는 언제든 정답이 될 수 있습니다.

❗ 먼저 오른쪽 기출선지 키워드 암기를 가리고 왼쪽의 (빈칸)을 채워보세요. 그후 오른쪽 기출선지를 키워드 중심으로 달달 외우세요!

	기출선지 (키워드) 채우기	기출선지 키워드 암기	중요도
1	고려는 ( )을 조직하여 거란의 침입에 대비하였다.	고려는 광군을 조직하여 거란의 침입에 대비하였다. [48, 49, 50, 53, 58, 62, 63, 64, 65, 67, 69, 71, 72회]	★★★
2	( )의 활약으로 강동 6주를 획득하였다.	서희의 활약으로 강동 6주를 획득하였다. [52, 58, 59, 60, 61, 65, 67회]	★★★
3	( )가 정변을 일으켜 김치양을 제거하였다.	강조가 정변을 일으켜 김치양을 제거하였다. [49, 51, 55, 59, 61, 62, 66, 69, 70, 72회]	★★
4	거란의 침략 당시 국난 극복을 기원하며 ( )이 조판되었다.	거란의 침략 당시 국난 극복을 기원하며 초조대장경이 조판되었다. [47, 54, 55, 61, 62, 66, 67, 68, 70회]	★★★
5	거란의 2차 침입 당시 ( )가 무로대에서 적군을 물리쳤다.	거란의 2차 침입 당시 양규가 무로대에서 적군을 물리쳤다. [66, 70회]	★★
6	거란의 3차 침입 당시 ( )이 귀주에서 대승을 거두었다.	거란의 3차 침입 당시 강감찬이 귀주에서 대승을 거두었다. [52, 64회]	★★
7	여진을 대비하기 위해 신기군, 신보군, 항마군으로 구성된 ( )을 창설하였다.	여진을 대비하기 위해 신기군, 신보군, 항마군으로 구성된 별무반을 창설하였다. [47, 48, 51, 52, 55, 60, 63, 68, 70, 71회]	★★★
8	윤관을 보내 여진을 정벌한 뒤 ( )을 개척하였다.	윤관을 보내 여진을 정벌한 뒤 동북 9성을 개척하였다. [47, 49, 53, 54, 56, 58, 61, 65, 66, 69, 72회]	★★★
9	몽골 사신인 ( )가 귀국길에 피살되었다.	몽골 사신인 저고여가 귀국길에 피살되었다. [52, 55, 60회]	★
10	( )가 강화도로 도읍을 옮겨 항전하였다.	최우가 강화도로 도읍을 옮겨 항전하였다. [53, 54, 58, 59, 61, 63, 65, 69, 71회]	★★
11	( )가 처인성에서 살리타를 사살하였다.	김윤후가 처인성에서 살리타를 사살하였다. [51, 54, 57, 59, 62, 64, 70회]	★★
12	( )가 죽주산성에서 적군을 격퇴하였다.	송문주가 죽주산성에서 적군을 격퇴하였다. [66회]	★
13	( )의 건의로 화통도감을 두어 화포를 제작하였다.	최무선의 건의로 화통도감을 두어 화포를 제작하였다. [47, 49, 50, 51, 53, 54, 55, 57, 58, 60, 61, 62, 64, 67, 69, 71, 72회]	★★★
14	( )이 홍산 전투에서 왜구를 격퇴하였다.	최영이 홍산 전투에서 왜구를 격퇴하였다. [69회]	★
15	( )는 최씨 무신 정권의 군사적 기반 역할을 하였다.	삼별초는 최씨 무신 정권의 군사적 기반 역할을 하였다. [48, 54회]	★★
16	배중손이 이끄는 삼별초가 ( )에서 항전하였다.	배중손이 이끄는 삼별초가 용장성에서 항전하였다. [50, 60, 61, 64, 65, 68회]	★★

✅ 테마 학습을 다 했다면, 테마 맨 앞 키워드 판서로 돌아가 복습하세요!

고려의 경제·사회·문화 1

✅ 시기: 고려 시대 전체   ✅ 중요도 및 평균 출제율: 100% 출제!! ★★★★
✅ 난이도: 쉬움 → 빈출 키워드 중심으로 반복 출제되기 때문에, 출제 방식만 이해하면 쉽게 공략 가능. 단, 기록 유산은 용어가 조금 어려울 수 있음!

흐름형 시대의 흐름을 따라가며 보면 좋은 유형

	초대 왕건	5대 경종	6대 성종	7대 목종
경제 (화폐 및 토지 제도)	역분전 지급 → 건국 공신에게 공로·인품 기준 토지 지급	시정 전시과 시행 → 전·현직 관리의 관품·인품 기준으로 수조권 지급	건원중보 발행 → 우리나라 최초의 화폐	개정 전시과 시행 → 전·현직 관리의 관품만을 기준으로 수조권 지급

관학 진흥책

고려 전기

무신 정권

17대 인종	19대 명종	23대 고종
『삼국사기』(김부식)	『동명왕편』(이규보)	팔만대장경(대장도감)
• 왕명에 의해 편찬됨	• 고구려 계승 의식 반영	• 부처의 힘으로 몽골 침략 방어 염원
• 기전체 형식(예 본기, 지, 열전)	• 서사시 형식	• 합천 해인사에 보관됨
• 유교 사관 반영		• 세계 기록 유산 등재

암기형 시대를 몰라도 키워드만 알면 풀 수 있는 유형

고려 경제 관련 역사적 사실
✓ 무역항: 예성강의 벽란도
✓ 국가 주도 상점: 서적점, 다점 등의 관영 상점 운영

고려 시대의 사회 기구
✓ 빈민 구제 기구: 구급도감, 구제도감, 의창, 제위보
✓ 물가 조절 기구: 상평창
✓ 의료 관련 기구: 동서 대비원, 혜민국

★ 고려 시대 사회 기구 암기법 ★
고려 시대에는 동서남북(동서 대비원) 어디에서나 항상 평등(상평창)하게 사람들을 구급(도감) 및 구제(도감)하였기 때문에, 그 의로움(의창)과 은혜(혜민국)가 제1위(제위보)이다!

해품사의 테마 출제예언!

1) 고려 시대의 경제 상황 사례 파악하기

2) 고려 시대의 대표 사회 기구 및 역할 구별하기

3) 고려 시대의 관학 진흥책 파악하기

해품사 한능검 키워드 판서

✅ 테마 학습을 다 하고 난 후, 다시 돌아와서 한 번 더 보세요!

11대 문종	15대 숙종	16대 예종	17대 인종	34대 공양왕
경정 전시과 시행 → 현직 관리의 관품만을 기준으로 수조권 지급	• 주전도감 설치 (화폐 주조 담당) • 해동통보 및 활구 주조			과전법 시행 → 경기 지역 내 한정 토지 지급, 신진 사대부 경제 기반 확보 목적
최초의 문헌공도 (9재 학당) 건립 → 사학 12도 유행 및 관학 위축	국자감 내 서적포 설치 (출판부)	• 양현고 설치 • 7재 개설 • 청연각 및 보문각 설치	경사 6학 정비 (국자감 교육 제도)	

원 간섭기

25대 충렬왕

『삼국유사』(일연)
• 고조선 역사 서술
• 기사 본말체 형식
• 불교사를 비롯한 민간 설화 수록(예) 기이편)

『제왕운기』(이승휴)
• 고조선 및 발해 역사 서술
• 서사시 형식
• 중국과 우리나라의 역사를 대등하게 인식함

공통적으로 고조선 역사 서술

고려 말기

32대 우왕

『직지심체요절』(백운 화상)
• 청주 흥덕사에서 간행함 ──── 청주 지역사 연계
→ 현재 프랑스 국립 도서관에 보관 중(박병선 박사에 의해 발견됨)
• 세계 기록 유산으로 등재됨

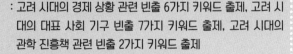

쉽게 출제될 경우	VS	어렵게 출제될 경우

기출 → 52, 65, 71회

= : 고려 시대의 경제 상황 관련 빈출 6가지 키워드 출제, 고려 시대의 대표 사회 기구 빈출 7가지 키워드 출제, 고려 시대의 관학 진흥책 관련 빈출 2가지 키워드 출제

⇨ 건원중보, 해동통보, 활구, 벽란도, 예성강, 경시서 / 구급도감, 구제도감, 상평창, 동서 대비원, 혜민국, 의창, 제위보, 양현고, 7재

기출 → 63, 69회

: 고려 시대 경제 유형에서 비교적 출제율이 낮은 정답 키워드가 언급되거나, 기록 유산이 출제됨!

⇨ 서적점 및 다점 등의 관영 상점, 전시과 시행 / 김부식, 기전체 / 이규보, 고구려 계승 의식 / 일연, 불교사를 비롯한 민간 설화 수록 / 이승휴, 고조선 및 발해 역사 서술

12 고려의 경제·사회·문화 1

해품사 공지사항!

총 26회분(47회~72회) 기출에서 단 한 번이라도 언급된 내용은 모두 포함!

빨간색 키워드는 약 80% 이상 확률로 출제된 중요 키워드이므로 우선 암기

　　　키워드는 그중에서도 직접적인 정답 키워드로 자주 언급되는 것

☆~☆☆☆ 테마 안에서도 더욱 빈출인 주제에 표시

1 고려 시대의 경제 상황 및 토지 제도의 변천 ☆☆☆

고려 시대의 경제 상황 사례	■ **화폐**: 건원중보(성종, 우리나라 최초의 화폐), **해동통보**(숙종, 주전도감에서 발행), **활구**(은병, 숙종) ■ **무역항**: **벽란도**(예성강 하구에 위치한 고려 시대의 국제 무역항, 송나라 및 아라비아 상인 교류) ■ **시장 감독 기구**: 경시서 ┌─ 신라의 동시전과 혼동 주의!
고려 시대의 토지 제도의 변천	■ **역분전(왕건)**: 후삼국 통일에 기여한 공신에게 공로와 인품을 기준으로 토지 지급 ■ **시정 전시과(경종)**: 전·현직 관리에게 관품 및 인품을 기준으로 전지(수조권이 있는 땅) 및 시지(땔감을 얻는 땅) 지급 ■ **개정 전시과(목종)**: 전·현직 관리에게 오직 관품만을 기준으로 전지 및 시지 지급 ■ **경정 전시과(문종)**: 현직 관리에게 오직 관품만을 기준으로 전지 및 시지 지급 ■ **과전법(공양왕)**: 정도전, 조준 등의 건의로 제정됨, 경기 지역에 한정하여 토지 지급, 신진 사대부의 경제적 기반 확보 목적

2 고려 시대의 사회 기구 ☆

사회 기구 사례	■ **빈민 구제 기구**: 구제도감 및 구급도감(재해 및 재난 발생 시 백성 구호를 위해 설치된 임시 기구), 흑창(왕건) → 의창(성종), 제위보(광종, 기금을 마련한 뒤 그 이자로 빈민 구제) ■ **물가 조절 기구**: 상평창(개경, 서경 및 12목에 설치) ■ **의료 관련 기구**: 동서 대비원(환자 치료 및 빈민 구제 담당), 혜민국(병자에게 의약품 제공)

✓ **해품사 암기팁!**

고려 시대에는 동서남북(동서 대비원) 어디에서나 항상 평등(상평창)하게 사람들을 구급(구급도감) 및 구제(구제도감)하였기 때문에, 그 의로움(의창)과 은혜(혜민국)가 제1위(제위보)이다!

3 고려 시대의 관학 진흥책 ☆

고려 시대의 관학 진흥책 사례	■ **배경**: 문종 재위 당시 최충의 문헌공도(9재 학당) 건립 → 사학 12도 융성으로 인해 국자감의 관학 교육이 위축됨 ■ **관학 진흥책 사례**: 서적포(숙종, 국자감 내 출판부), 양현고(예종, 국자감 내 장학 재단), 7재(예종, 국자감 내 전문 강좌), 청연각 및 보문각(예종, 경연 및 궁중 도서관), 경사 6학(인종, 국자감의 교육 제도)

4 고려 시대의 기록 유산 ☆☆

고려 전기	『삼국사기』(김부식): 인종의 왕명에 의해 편찬됨, 기전체 형식으로 서술(예 본기, 지, 열전 등), 유교 사관 반영
무신 정권	■ 「동명왕편」(이규보): 고구려 계승 의식 강조, 『동국이상국집』에 수록됨, 서사시 형식으로 서술 ■ 『팔만대장경』(대장도감): 부처의 힘으로 몽골의 침략 방어 염원, 『초조대장경』 소실 이후 간행, 합천 해인사에 보관됨, 세계 기록 유산 등재
원 간섭기	■ 『삼국유사』(일연): 고조선 역사 서술, 기사본말체 형식으로 서술, 불교사를 비롯한 민간 설화 수록(예 기이편) ■ 『제왕운기』(이승휴): 고조선 및 발해 역사 서술, 서사시 형식으로 서술됨, 중국과 우리나라의 역사를 대등하게 인식함
고려 말기	『직지심체요절』(백운 화상): 청주 흥덕사에서 간행함 → 현재 프랑스 국립 도서관에 보관중(박병선 박사에 의해 발견됨), 세계 기록 유산 등재 ┕── 청주 지역사 연계

┕ 둘 다 고조선(단군)의 역사 이야기를 수록하였으
므로, 다른 결정적 키워드로 구별 필수!

해품사의 테마 저격!

[고난도 대비] 역사서의 서술 방식 이해하기

고려 시대와 조선 시대는 공통적으로 역사서와 관련된 유형이 자주 출제되며, 특히 역사서의 서술 방식을 정확히 이해해야 역사서 유형을 풀이할 때 특징을 쉽게 구별할 수 있습니다. 따라서 아래의 표를 바탕으로 특징을 정확히 알아둘 필요가 있습니다! 단, 예시를 쉽게 이해하기 위해 조선 시대의 사례가 일부 포함됩니다.

서술 방식	특징	예시
편년체	연·월·일을 중심으로 기록(일종의 일기와 유사!)	『조선왕조실록』
기전체	인물의 중요도를 중심으로 기록(예 본기, 세가, 지, 열전 등)	『삼국사기』, 『고려사』
기사본말체	특정 사건의 제목을 중심으로 기록(예 기이, 왕력)	『삼국유사』, 『연려실기술』

📖 필수 사료와 자료

▶ 『삼국사기』 및 『삼국유사』

- 우리 해동의 삼국도 역사가 오래되었으니 마땅히 책을 써야 합니다. 그러므로 폐하께서 이 늙은 신하에게 편찬하도록 하였습니다. 폐하께서 이르기를, "삼국은 중국과 통교하였으므로 『후한서』나 『신당서』에 모두 삼국의 열전이 있지만, 상세히 실리지 않았다. 우리의 옛 기록은 빠진 사실이 많아 후세에 교훈을 주기 어렵다. 그러므로 뛰어난 역사서를 완성하여 물려주고 싶다."라고 하셨습니다.
  – 『진삼국사기표』 –
- 옛 성인은 예악으로 나라를 일으켰고 인의로 가르침을 폈으니 괴력난신은 말하지 않았다. 그러나 제왕이 일어날 때는 반드시 보통 사람과 다른 점이 있었고, 그러한 후에야 제왕의 지위를 얻고 대업을 이루었다. … 그러므로 삼국의 시조가 모두 신이한 데서 나왔다고 해서 무엇이 괴이하다고 하겠는가. 이것이 책 첫머리에 기이편이 실린 까닭이다.
  – 『삼국유사』 –

▶ 『동명왕편』 및 『제왕운기』 서문

- 구삼국사를 얻어 동명왕본기를 보니 그 신이한 사적이 세상에 전하는 것보다 더하였다. 그러나 처음에는 믿지 못해 귀환(鬼幻)으로만 여겼는데, 세 번 반복하여 읽어서 점점 그 근원에 들어가니, 환(幻)이 아니고 성(聖)이며 귀(鬼)가 아니고 신(神)이었다. … 이것을 기술하지 않으면 후인들이 장차 무엇을 볼 것인가.
  – 『동명왕편』 –
- 그 요점만을 추려 시(詩)로 읊는다면 살펴보시기에 편리하지 않겠습니까. … 운(韻)을 넣어 읊조려서 좋은 것은 본보기로 삼고 나쁜 것은 경계의 대상으로 삼으며, 그 일에 따라 비평을 하였습니다. … 요동에 별개의 천지가 있으니 뚜렷이 중국과 구분되어 나누어져 있도다.
  – 『제왕운기』 –

총 26회분 기출분석에서 나온 대표패턴을
최신 기출문제에서 뽑았습니다.

61회 16번

1. (가) 국가의 경제 상황으로 옳은 것은? [1점]

> 이 작품은 이규보가
> 예성강 하구의 정경을 묘사한
> 시입니다. 이곳에 있던 벽란도는
> (가) 의 국제 무역항으로 송과
> 아라비아 상인들이 왕래할 정도로
> 번성했습니다.

조수가 들고나니
오고 가는 배의 꼬리가 이어졌구나
아침에 이 누각 밑을 떠나면
한낮이 되지 않아
돛대는 남만(南蠻)에 이르도다
사람들은 배를 보고
물 위의 역마라고 하지만
바람처럼 달리는 준마도
이보다 빠르지는 못하리

① 송상이 전국 각지에 송방을 두었다.
② 활구라고 불리는 은병을 주조하였다.
③ 동시전을 설치하여 시장을 감독하였다.
④ 담배, 면화, 생강 등 상품 작물을 널리 재배하였다.
⑤ 일본과 교역을 위해 부산포, 염포, 제포를 개항하였다.

키워드 추출
벽란도 – 고려 시대의 국제 무역항

정답분석
② 고려의 숙종은 윤관과 의천 등의 건의로 삼한통보, 해동
통보, 활구 등 다양한 화폐를 간행하였다.

오답분석
① 조선 후기에는 개성 출신 상인인 송상이 전국 각지에 송
방이라는 근거지를 두었다.
③ 신라의 지증왕 때 동시전을 설치하였다.
④ 조선 후기에는 다양한 상품 작물 재배를 시작하였다.
⑤ 조선 세종 때 염포, 제포, 부산포를 개항하였다.

해품사의 합격Tip
고려의 경제 유형은 '주로 10번대에서 출제'되며, '건원중보, 해
동통보, 활구, 벽란도, 예성강, 경시서 6가지 키워드를 선지에서
찾으면 대부분' 풀 수 있습니다. 단, 가끔 전시과(전지 및 시지
지급) 또는 관영 상점이 정답으로 언급될 수 있습니다!

[정답] ②

52회 12번

2. (가) 시대의 정책으로 옳은 것을 〈보기〉에서 고른 것은?
[2점]

> **역사 용어 해설**
>
> **구제도감**
>
> 1. 기능
> (가) 시대에 재해가 발생했을 때 설치한 임시
> 기구로서 전염병 퇴치, 병자 치료 등의 임무를 수행
> 하며 백성을 구호하였다.
>
> 2. 관련 사료
> 왕이 명하기를, "도성 내의 백성들이 역질에 걸렸으니
> 구제도감을 설치하여 이들을 치료하고, 시신과 유골은
> 거두어 비바람에 드러나지 않게 매장하라."라고 하였다.

보기
ㄱ. 기근에 대비하기 위하여 구황촬요를 간행하였다.
ㄴ. 개경에 국립 의료기관인 동서 대비원을 설치하였다.
ㄷ. 호조에서 정한 사창절목에 따라 사창제를 시행하였다.
ㄹ. 기금을 모아 그 이자로 빈민을 구휼하는 제위보를 운영
하였다.

① ㄱ, ㄴ   ② ㄱ, ㄷ   ③ ㄴ, ㄷ
④ ㄴ, ㄹ   ⑤ ㄷ, ㄹ

키워드 추출
구제도감 – 고려 시대에 설치된 백성 구제 기관

정답분석
ㄴ. 고려 때 국립 의료 기관으로 동서 대비원을 설치하였다.
ㄹ. 고려 광종 때 제위보를 설치하였다.

오답분석
ㄱ. 조선 명종 때 『구황촬요』를 간행하였다.
ㄷ. 흥선 대원군은 환곡의 개혁을 위해 사창제를 운영하였다.

해품사의 합격Tip
고려의 사회 기구 사례 유형은 '이론에서 강조한 7가지 키워드
의 사례를 암기'하면 쉽게 풀이할 수 있습니다.

[정답] ④

57회 16번

3. 밑줄 그은 '방안'에 해당하는 내용으로 옳은 것은?

[2점]

역사 신문

제△△호 　　　　　　　　　○○○○년 ○○월 ○○일

정부, 관학 진흥에 힘쓰다

최충이 세운 문헌공도를 비롯한 사학 12도에 학생이 몰려들어 사학이 크게 융성하고 있다. 이러한 상황에서 국자감 운영에 어려움을 겪게 되자, 정부는 제술업, 명경업 등에 새로 응시하려는 사람은 국자감에 300일 이상 출석해야 한다는 규정을 만드는 등 관학을 진흥하기 위한 방안을 마련하고 있다.

① 양현고를 두어 장학 기금을 마련하였다.
② 서원을 세워 후진 양성과 선현 제향에 힘썼다.
③ 초계문신제를 시행하여 문신들을 재교육하였다.
④ 만권당을 설립하여 원의 학자들과 교류하게 하였다.
⑤ 경당을 설치하여 청소년에게 글과 활쏘기를 가르쳤다.

키워드 추출
- 정부, 관학 진흥에 힘씀 – 고려 정부의 관학 진흥책(예) 양현고)
- 최충이 세운 문헌공도를 비롯한 사학 12도가 융성함 – 고려 정부의 관학 진흥책 시행 원인

정답분석
① 고려 예종은 관학 진흥을 위해 국자감 내에 장학 재단인 양현고를 설치하였다.

오답분석
② 조선 시대의 사림 세력은 지방에 서원을 세워 선현에 대한 제사와 후진 양성에 힘썼다.
③ 조선 정조는 인재 양성의 목적으로 규장각에서 문신들을 재교육하는 초계문신제를 시행하였다.
④ 충선왕의 만권당 설치는 관학 진흥책과 관련이 없다.
⑤ 고구려는 미성년 학교인 경당과 국립 교육 기관인 태학을 운영하였다.

해풀사의 합격Tip
고려 시대의 관학 진흥책 유형은 사회 기구 유형과 더불어 빈출도가 낮습니다. 이 문제는 '정답 키워드로 주로 양현고 및 7재를 제시'하는 편입니다.

[정답] ①

59회 18번

4. 밑줄 그은 '역사서'에 대한 설명으로 옳은 것은?

[1점]

이곳은 경상북도 군위군에 위치한 인각사로 승려 일연이 마지막 여생을 보낸 곳입니다. 그는 불교사를 중심으로 민간 설화 등을 수록한 역사서를 저술하였습니다.

① 편년체 형식으로 기술되었다.
② 고조선의 건국 이야기가 서술되었다.
③ 남북국이라는 용어가 처음 사용되었다.
④ 왕명에 의해 고승들의 전기가 기록되었다.
⑤ 고구려 시조의 일대기가 서사시로 표현되었다.

키워드 추출
- 일연 – 『삼국유사』의 저자
- 불교사를 중심으로 민간 설화 등을 수록함 – 『삼국유사』

정답분석
② 일연의 『삼국유사』는 『제왕운기』와 더불어 고조선의 역사를 서술한 대표적인 고려 시대 역사서이다.

오답분석
① 『삼국유사』는 기사본말체 형식으로 기술되었다.
③ 유득공의 『발해고』는 발해와 통일 신라를 합쳐 남북국이라는 용어로 표현하였다.
④ 고려의 각훈은 삼국 시대부터 고려 시대까지의 승려들의 전기를 정리한 『해동고승전』을 저술하였다.
⑤ 이규보의 『동명왕편』은 고구려 시조의 일대기를 찬양하기 위해 서사시 형식으로 표현되었다.

해풀사의 합격Tip
고려 시대의 기록 유산 유형은 크게 '저자, 서술 방식, 서술된 역사적 내용, 의의'와 관련된 키워드를 구별하는 것이 중요합니다. 특히 『삼국유사』 및 『제왕운기』는 공통적으로 '고조선의 역사를 기록한 기록 유산'이므로 다른 결정적인 키워드를 통해 구별할 필요가 있습니다!

[정답] ②

1.

(가), (나)에 해당하는 토지 제도에 대한 설명으로 옳은 것은?

> (가) 처음으로 역분전을 제정하였는데, 통일할 때의 조정의 관리들과 군사들은 관계(官階)를 따지지 않고 그 사람의 성품과 행동의 선악과 공로의 크고 작음을 보고 차등 있게 지급하였다.
>
> (나) 목종 원년에 문무 관리 및 군인들의 전시과를 개정하였다. 제1과는 전지 100결, 시지 70결을 지급한다. … 제18과는 전지 20결을 지급한다. 이 한(限)에 들지 못한 자에게는 모두 전시 17결을 주기로 하고 이것을 통상의 법식으로 한다.

① (가) - 관리에게 전지와 시지를 지급하였다.

② (가) - 수조권 이외에 노동력 징발 권한을 부여하였다.

③ (나) - 전·현직 관리에게 관품을 기준으로 토지를 지급하였다.

④ (나) - 지급 대상 토지를 원칙적으로 경기 지역에 한정하였다.

⑤ (가), (나) - 풍흉에 따라 9등급으로 나눠 전세를 거두었다.

해품사 출제예언 - 고려의 토지 제도와 관련된 사료

최근 한능검에서 고려의 경제를 어렵게 출제하기 위해 종종 토지 제도와 관련된 사료를 활용한 유형을 출제합니다.

키워드 추출

- (가) 역분전 - 후삼국 통일에 기여한 공신들에게 공로 및 인품을 기준으로 지급한 토지
- (나) 목종 원년, 전시과를 개정(개정 전시과) - 목종 때 기존의 시정 전시과를 개정한 사례

정답분석

③ 개정 전시과는 관품을 기준으로 토지를 지급했다.

오답분석

① 고려의 전시과에 대한 설명이다.

② 고대의 토지 제도인 녹읍에 대한 설명이다.

④ 공양왕 때 시행한 과전법에 대한 설명이다.

⑤ 조선 세종 때 토지의 비옥도(6등급) 및 풍흉(9등급)을 기준으로 조세를 차등 징수하는 공법을 시행하였다.

[정답] ③

2.

(가)~(다)에서 공통적으로 설명하는 문화 유산에 대해 옳은 것은?

> (가) 합천의 해인사에는 세계에서 가장 오래된 불교 경전이 존재합니다.
>
> (나) 이는 본래 대장도감에서 16년에 걸쳐 완성된 우리나라의 소중한 문화유산입니다.
>
> (다) 현재 이 불교 경전은 체제 및 내용의 우수성을 인정받아 세계기록유산으로 등재되었습니다.

① 고구려 계승 의식이 반영되었다.

② 사초, 시정기 등을 바탕으로 편찬되었다.

③ 몽골의 침략이 발생할 당시에 조판되었다.

④ 불교사를 중심으로 민간 설화 등을 수록하였다.

⑤ 불국사 삼층 석탑을 보수하는 과정에서 발견되었다.

해품사 출제예언 - 팔만대장경

한능검 개편 이후 심화편을 기준으로 팔만대장경이 직접적으로 출제된 사례는 거의 없습니다. 그러므로 앞으로 기록 유산 유형의 사례로 출제될 수 있습니다!

키워드 추출

- 세계에서 가장 오래된 불교 경전 - 『팔만대장경』의 의의
- 대장도감 - 『팔만대장경』을 간행한 기구
- 세계 기록 유산 등재 - 『팔만대장경』은 2007년에 세계 기록 유산으로 등재됨

정답분석

③ 『팔만대장경』은 『초조대장경』이 불탄 이후 몽골의 침략을 방어하기 위한 염원을 담아 제작된 불교 대장경판이다.

오답분석

① 이규보의 『동명왕편』은 고구려 시조의 일대기를 찬양하기 위해 서사시 형식으로 표현되었다.

② 『조선왕조실록』은 사초와 시정기를 바탕으로 제작되었다.

④ 일연의 『삼국유사』는 불교사를 비롯하여 민간의 다양한 설화를 수록하였다.

⑤ 불국사 삼층 석탑을 보수하는 과정에서 현존하는 가장 오래된 목판 인쇄물인 『무구 정광 대다라니경』이 발견되었다.

[정답] ③

어제의 오답 선지 = 내일의 정답 선지 | 한능검은 역사적 사실이 아닌 것은 선지에 포함하지 않습니다. 즉, 모든 선지는 사실이죠! 기출에서 오답 선지는 언제든 정답이 될 수 있습니다.

먼저 오른쪽 기출선지 키워드 암기를 가리고 왼쪽의 (빈칸)을 채워보세요. 그후 오른쪽 기출선지를 키워드 중심으로 달달 외우세요!

	기출선지 (키워드) 채우기	기출선지 키워드 암기	중요도
1	고려 시대에는 (　　　)의 관리들이 시전의 상행위를 감독하였다.	고려 시대에는 경시서의 관리들이 시전의 상행위를 감독하였다. [49, 53, 57, 60, 64, 66, 70회]	★★★
2	고려 시대에는 관리에게 (　　　)와 시지를 지급하였다.	고려 시대에는 관리에게 전지와 시지를 지급하였다. [53, 63회]	★
3	고려 시대에는 예성강 하구의 (　　　)가 국제 무역항으로 번성하였다.	고려 시대에는 예성강 하구의 벽란도가 국제 무역항으로 번성하였다. [50, 51, 53, 56, 58, 64, 66, 71회]	★★★
4	고려 시대에는 서적점, 다점 등의 (　　　)을 운영하였다.	고려 시대에는 서적점, 다점 등의 관영 상점을 운영하였다. [66, 69, 72회]	★
5	고려 시대에는 주전도감을 설치하여 (　　　)를 발행하였다.	고려 시대에는 주전도감을 설치하여 해동통보를 발행하였다. [50, 53, 54, 59, 62, 64, 65, 66, 69, 72회]	★★★
6	고려 시대에는 활구라고 불리는 (　　　)이 유통되었다.	고려 시대에는 활구라고 불리는 은병이 유통되었다. [47, 49, 53, 55, 58, 59, 61, 63, 65, 66, 72회]	★★★
7	고려 시대에는 개국 공신에게 (　　　)을 지급하였다.	고려 시대에는 개국 공신에게 역분전을 지급하였다. [53, 60, 65회]	★★
8	고려 시대의 (　　　)은 지급 대상을 원칙적으로 경기 지역에 한정하였다.	고려 시대의 과전법은 지급 대상을 원칙적으로 경기 지역에 한정하였다. [59, 60회]	★
9	고려 시대에는 개경에 국립 의료 기관인 (　　　)을 설치하였다.	고려 시대에는 개경에 국립 의료 기관인 동서 대비원을 설치하였다. [48, 52회]	★
10	고려 시대에는 기금을 모아 그 이자로 빈민을 구제하는 (　　　)를 운영하였다.	고려 시대에는 기금을 모아 그 이자로 빈민을 구제하는 제위보를 운영하였다. [48, 52, 58, 70회]	★★
11	(　　　)은 9재 학당을 설립하여 유학 교육에 힘썼다.	최충은 9재 학당을 설립하여 유학 교육에 힘썼다. [51, 52, 55, 56, 59, 62, 67, 68, 70, 72회]	★★
12	고려 시대에는 국자감에 전문 강좌인 (　　　)를 개설하였다.	고려 시대에는 국자감에 전문 강좌인 7재를 개설하였다. [48, 55, 62, 71회]	★★★
13	고려 시대에는 장학 기금 마련을 위해 (　　　)를 설치하였다.	고려 시대에는 장학 기금 마련을 위해 양현고를 설치하였다. [49, 50, 57, 58, 59, 61, 63, 65, 67, 69, 72회]	★★★
14	고려 시대에는 (　　　)과 보문각을 설치하여 학문 연구를 장려하였다.	고려 시대에는 청연각과 보문각을 설치하여 학문 연구를 장려하였다. [54, 67, 68회]	★
15	(　　　)은 고구려의 계승 의식을 서사시 형식으로 강조하였다	동명왕편은 고구려의 계승 의식을 서사시 형식으로 강조하였다. [47, 50, 52, 54, 58, 59, 67, 71회]	★★★
16	(　　　)는 단군부터 충렬왕까지의 역사를 서사시 형식으로 서술하였다.	제왕운기는 단군부터 충렬왕까지의 역사를 서사시 형식으로 서술하였다. [55회]	★
17	팔만대장경은 (　　　)에서 간행되었다.	팔만대장경은 대장도감에서 간행되었다. [48, 49, 51, 57, 60회]	★★
18	(　　　)는 불교사를 중심으로 고대의 민간 설화를 수록하였다.	삼국유사는 불교사를 중심으로 고대의 민간 설화를 수록하였다. [48, 51, 55, 65, 67회]	★★★
19	(　　　)는 유교 사관에 입각하여 기전체 형식으로 구성되었다.	삼국사기는 유교 사관에 입각하여 기전체 형식으로 구성되었다. [50, 51, 54, 55회]	★★
20	(　　　)은 현존하는 최고(最古)의 금속 활자본이다.	직지심체요절은 현존하는 최고(最古)의 금속 활자본이다. [58, 68회]	★★

✓ 테마 학습을 다 했다면, 테마 맨 앞 키워드 판서로 돌아가 복습하세요!

고려의 문화 2

⊙ 시기: 고려 시대 전체 ⊙ 중요도 및 평균 출제율: 96% ★★★
⊙ 난이도: 어려움 → 다양한 불상 및 탑, 유물 등을 외관으로 구별하기 어려운 펜 특히 고대와 달리 건축물 유형도 직접적으로 출제!

흐름형 시대의 흐름을 따라가며 보면 좋은 유형

	고려 전기	고려 후기
불상	논산 관촉사 석조 미륵보살 입상 ㄱ 안동 이천동 마애여래 입상 │ 대형 석불! 파주 용미리 마애이불 입상 ┘ 영주 부석사 소조 여래 좌상(통일 신라 양식 계승) 하남 하사창동 철조 석가여래 좌상(철불)	
탑	평창 월정사 팔각 구층 석탑(송나라 양식 영향)	개성 경천사지 십층 석탑(대리석, 원나라 양식 영향) └ 이후 원각사지 십층 석탑 양식 영향(조선 세조)
건축물		안동 봉정사 극락전(현존하는 가장 오래된 목조 건축물) ㄱ 예산 수덕사 대웅전(충렬왕 때 건립 연도 확인 가능) │ 주심포 양식! 영주 부석사 무량수전(영주 부석사 소조 여래 좌상 소유) ┘
유물		수월관음도(불화) 나전 국화넝쿨무늬 합(나전칠기) 청자 상감운학문 매병(상감청자) 청동 은입사 포류수금문 정병(청동 정병)

해품사의 테마 출제예언!

1) 고려의 불상 및 탑의 외관 및 특징 구별하기

2) 고려 시대 건축물의 특징 및 역사적 의의 구별하기

3) 고려 시대에 활동한 대표 승려의 활동 키워드 전반적으로 구별하기

해품사 한능검 키워드 판서

✅ 테마 학습을 다 하고 난 후, 다시 돌아와서 한 번 더 보세요!

암기형　시대를 몰라도 키워드만 알면 풀 수 있는 유형

구분	관련 사찰	수행 방법 및 종파	저서 및 활동
의천(대각국사)	국청사, 흥왕사	교관겸수, 천태종	교장도감 설치 → 『교장』 편찬, 『신편제종교장총록』
지눌(보조국사)	송광사(수선사)	돈오점수, 정혜쌍수, 조계종	
균여	귀법사(광종 때 주지)		「보현십원가」(향가)
요세	백련사		법화 신앙 기반 결사 운동 주도
혜심			『선문염송집』 편찬, 유불일치설 주장

└ 지눌의 제자

	쉽게 출제될 경우	**VS**	**어렵게 출제될 경우**
=	기출 → 63, 66, 70회 : 고려 시대에 활동한 승려들의 업적 유형이 출제! ⇨ 국청사, 흥왕사, 교관겸수, 천태종, 교장도감 / 송광사, 돈오점수, 정혜쌍수 / 귀법사, 보현십원가 / 백련사, 법화 신앙 기반 결사 운동 주도 / 선문염송집, 유불일치설		기출 → 65, 67, 72회 : 고려의 대표적인 불상, 탑, 건축물에 대한 단순 사실 출제 ⇨ 논산 관촉사 석조 미륵보살 입상, 안동 이천동 마애여래 입상, 파주 용미리 마애이불입상 / 월정사 팔각 구층 석탑, 경천사지 십층 석탑 / 부석사 무량수전, 봉정사 극락전, 수덕사 대웅전

13 고려의 문화 2

해품사 공지사항!
총 26회분(47회~72회) 기출에서 단 한 번이라도 언급된 내용은 모두 포함!
빨간색 키워드는 약 80% 이상 확률로 출제된 중요 키워드이므로 우선 암기
　　　　　키워드는 그중에서도 직접적인 정답 키워드로 자주 언급되는 것
☆~☆☆☆ 테마 안에서도 더욱 빈출인 주제에 표시

1 고려 시대의 불상 ☆

논산 관촉사 석조 미륵보살 입상	■ 국보로 지정됨 ■ 광종이 재위한 당시에 건립됨 ■ 은진 미륵이라는 별명으로 불림	✓ **해품사 암기팁!** 눈을 뜨고 있는 큰 불상 기억!
안동 **이천동** 마애여래 입상	■ 자연 암벽에 조성된 대표적인 불상 ■ 제비원 미륵이라는 별명으로 불림	✓ **해품사 암기팁!** 양 쪽의 두꺼운 어깨 기억!
파주 **용미리** 마애이불 입상	■ 자연 암벽에 조성된 대표적인 불상 ■ 세조의 비 정희 왕후와 성종의 안녕을 기원하는 발원문이 새겨짐	✓ **해품사 암기팁!** 매우 큰 쌍둥이 불상 기억!
영주 **부석사** 소조 여래 좌상	■ 영주 부석사 무량수전 내부 위치 ■ 통일 신라의 불상 양식 계승 ■ 우리나라의 소조불상 중 가장 크고 오래됨	✓ **해품사 암기팁!** 황금색의 앉아 있는 불상 기억!
하남 하사창동 철조 석가여래 좌상	■ 고려 전기에 조성된 대표적인 철불 ■ 석굴암 본존불의 양식 계승	✓ **해품사 암기팁!** 어두운 색의 앉아 있는 불상 기억!

▲ 논산 관촉사 석조 미륵보살 입상

▲안동 이천동 마애여래 입상

▲파주 용미리 마애이불입상

▲영주 부석사 소조 여래 좌상

▲하남 하사창동 철조 석가여래 좌상

2 고려 시대의 탑 ✰

└─ 쉽게 비교하기 위해 조선 시대의 탑 일부 포함 주의!

평창 월정사 팔각 구층 석탑	■ 고려 전기의 대표적인 다각 다층 석탑 ■ 중국 송나라 양식의 영향을 받음	✓ **해품사 암기팁!** 탑 상단 피뢰침 연상!
개성 경천사지 십층 석탑	■ 원 간섭기에 대리석으로 조성된 탑 → 원각사지 십층 석탑에 영향을 줌 ■ 일제 강점기 때 일제에 의해 약탈됨 → 베델, 헐버트 등 반환 운동 주도 ■ 현재 국립 중앙 박물관에 위치함	✓ **해품사 암기팁!** 원 간섭기의 암을 한 어두운 색 연상!
서울 원각사지 십층 석탑	■ 조선 세조 때 대리석으로 조성된 탑 ■ 경천사지 십층 석탑의 영향을 받음 ■ 탑 근처에서 박지원, 이덕무 등이 학문적 교류를 이룸(백탑파)	✓ **해품사 암기팁!** 조선 전기의 밝은 색 연상!

▲평창 월정사 팔각 구층 석탑

▲개성 경천사지 십층 석탑

▲서울 원각사지 십층 석탑

3 고려 시대의 건축물 ✰

영주 부석사 무량수전	■ 주심포 양식 ■ 팔작지붕 및 배흘림기둥 양식 ─ 지붕의 끝이 솟아오름 ■ 내부에 소조 여래 좌상 소유
안동 봉정사 극락전	■ 주심포 양식 ■ 맞배지붕 및 배흘림기둥 양식 ─ 지붕의 끝이 솟아오르지 않음 ■ 현존하는 가장 오래된 목조 건축물
예산 수덕사 대웅전	■ 주심포 양식 ■ 맞배지붕 및 배흘림기둥 양식 ─ 지붕의 끝이 솟아오르지 않음 ■ 축조 연대를 정확히 알 수 있는 대표적인 건축물(충렬왕 34년)

▲영주 부석사 무량수전

▲안동 봉정사 극락전

▲예산 수덕사 대웅전

4 고려 시대의 기타 문화유산 ☆

불화	**수월관음도**: 고려 시대의 대표적인 불화(불교 그림), 관음보살의 모습 형상화
예술품	**나전 국화넝쿨무늬 합**: 고려 시대의 대표적인 나전 칠기, 동아시아의 예술 문화를 보여주는 대표적인 사례 ■ **상감청자**: 고려 시대의 대표적인 도자기(예 청자 상감운학문 매병), 상감 기법 활용 → 표면에 무늬를 새긴 뒤 흙을 메운 후 다른 색의 흙을 긁어 무늬를 나타냄 ┌대부분 초록색을 띔 ■ **청동 은입사 포류수금문 정병**: 은입사 기법으로 제작된 정병(물병)

▲수월관음도　　▲나전 국화넝쿨무늬 합　　▲청자 상감운학문 매병　　▲청동 은입사 포류수금문 정병

5 고려 시대 승려의 업적 ☆☆

의천	■ **출신 및 시호**: 문종의 아들, 대각국사 ■ **사찰**: 국청사, 흥왕사 ■ **수행 방법 및 종파**: 교관겸수, 천태종 ■ **기록 유산**: 교장도감 설치 →『교장』편찬,『신편제종교장총록』간행
지눌	■ **출신 및 시호**: 보조국사 ■ **사찰**: 송광사(수선사) ■ **수행 방법 및 종파**: 돈오점수, 정혜쌍수, 조계종
균여	귀법사의 주지 역임(광종),「보현십원가」저술(향가)
요세	백련사에서 법화 신앙 기반 결사 운동 주도
혜심	『선문염송집』(목판본 불교 서적) 편찬, 유불일치설 주장

> ✓ **해품사 암기팁!**
> 의천은 높은 느낌의 키워드가 주로 등장!
> [예] 대(大), 왕(王), 천(天) 등]

> ✓ **해품사 암기팁!**
> 지눌은 'ㅅ' 또는 'ㅈ'으로 시작하는 키워드가 주로 등장!
> (*『신편제종교장총록』만 예외 주의!)

해품사의 테마 저격!

[고려 시대의 문화유산 통합형 유형]

최근 한능검의 기출 경향을 분석한 결과 문화 파트의 출제비중이 이전 회차들에 비해 증가하였으며, 특히 고려 시대의 문화유산이 출제된 사례가 상당히 늘어났습니다. 여기서 주목할 사실은 기존 회차들과 달리 고려 시대의 불상, 탑, 건축물, 유물 등 모든 문화유산을 종합적으로 파악하는 유형이 출제되며, 주로 10번대에서 언급될 가능성이 높다는 점입니다! 만약 이와 같은 조건에서 출제되면, 대체로 '옳지 않은' 사례를 찾는 유형으로 제시될 가능성이 높기 때문에 고대 시대의 사례 또는 이후 테마에서 다룰 조선의 사례를 선지에서 찾으면 쉽게 풀이할 수 있습니다!

📖 필수 사료와 자료

▶ 의천 관련 사료

대각국사 의천은 원공과 작별 인사를 하고 천태산에 이르렀다. 정광불롱의 봉우리에 올라 지자대사가 친히 쓴 발원문을 보고, 지자 대사 탑 앞에서 예를 올린 후 동녘 땅에 돌아가서 천태종을 전할 것을 맹세하였다. 양공이 이를 기록하고, 승려 중립이 비석을 세웠다. … 곧 서울로 달려가 다시 흥왕사에 거처하면서 교리를 처음과 같이 강의하였다. 정축년 여름 5월 의천은 국청사에 주지로 있으면서 처음으로 천태교를 강의하였다. 이 천태종은 옛날에 이미 우리나라에 전해졌으나 중간에 폐지되었다.

– 『대각국사문집』 –

▶ 지눌 관련 사료

• 지금의 불교계를 보면, 아침 저녁으로 행하는 일들이 비록 부처의 법에 의지하였다고 하나, 자신을 내세우고 이익을 구하는 데 열중하며, 세속의 일에 골몰한다. 도덕을 닦지 않고 옷과 밥만 허비하니, 비록 출가하였다고 하나 무슨 덕이 있겠는가? … 하루는 같이 공부하는 사람 10여 인과 약속하였다. 마땅히 명예와 이익을 버리고 산림에 은둔하여 같은 모임을 맺자. 항상 선을 수행하고 지혜를 익히는 데 힘쓰자.

– 권수정혜결사문 –

• 마음 밖에서 부처를 찾아 물결치듯이 흘러다니다가 … 자신의 본래 성품을 보면, 이 성품에는 원래 번뇌가 없고, 번뇌가 없는 지혜의 성품은 스스로 갖추어져 있어서 본래의 성품이 모든 부처와 다를 것이 없다. 이를 돈오(頓悟)라고 한다. … 점수(漸修)란 비록 본래의 성품이 부처와 다르지 않음을 깨달았으나 오랜 세월의 습기(習氣)는 갑자기 제거하기 어려우므로, 그 깨달음에 의지하여 닦고 점차 공(功)을 이루고, 또 오랫동안 소질을 길러 성인이 되는 것이다.

– 『수심결』 –

▶ 균여 관련 사료

스님은 항상 남악과 북악의 종지(宗旨)가 서로 모순되며 분명해지지 않음을 탄식하여, 많은 분파가 생기는 것을 막아 한 길로 모이기를 바랐다. 그래서 스님은 수좌 인유(仁裕)와 가까이 사귀어 명산을 유람하고, 절을 왕래하면서 불법의 북을 울리고, 불법의 깃대를 세워, 불문의 젊은 학자들이 자신을 따르도록 하였다.

– 『균여전』 –

▶ 요세 관련 사료

처음 보현도량을 결성하고 법화삼매(法華三昧)를 수행하여, 극락정토에 왕생하기를 구하였는데, 모두 천태삼매의(天台三昧儀)를 그대로 따랐다. 오랫동안 법화참(法華懺)을 수행하고 전후에 권하여 발심(發心)시켜 이 경을 외우도록 하여 외운 자가 1,000여 명이나 되었다.

– 『동문선』, 만덕산백련사원묘국사비명 –

▶ 혜심 관련 사료

부처님이 말씀하시기를, "나는 두 성인을 중국에 보내어 교화를 펴리라. 한 사람은 노자로 그는 가섭보살이요, 또 한 사람은 공자로 그는 유동보살이다." 하였다. 이 말에 의하면 유(儒)와 도(道)의 종은 부처님의 법에서 흘러나온 것이다.

– 『진각국사 어록』 –

13 고려의 문화 2

최신 대표 기출문제

총 26회분 기출분석에서 나온 대표패턴을
최신 기출문제에서 뽑았습니다.

67회 16번

1. 밑줄 그은 '불상'에 해당하는 문화유산으로 옳은 것은?

[2점]

> 이것은 이색의 목은집에 실린 시의 일부입니다. 그는 관촉사에서 열린 법회에 참여하고 그곳에서 보았던 불상을 떠올리며 이 시를 지었습니다.

> 한산의 동쪽으로 백여 리쯤 되는 곳에
> 은진현이라 그 안에 관촉사*가 있다네
> 여기엔 으나큰 석상 미륵존이 있으니
> 내 나간다 나간다며 땅속에서 솟았다네
> ⋮
>
> *관족사: 현재의 관촉사

①   ②   ③

④   ⑤

키워드 추출

관촉사 – 논산 관촉사 석조 미륵보살 입상이 위치한 곳

정답분석

③ 고려 논산 관촉사 석조 미륵보살 입상

오답분석

① 고려 파주 용미리 마애이불 입상
② 통일 신라 경산 팔공산 관봉 석조 여래 좌상
④ 백제 서산 용현리 마애여래 삼존상
⑤ 고려 안동 이천동 마애여래 입상

해품사의 합격Tip

고려의 불상 중 논산 관촉사 석조 미륵보살 입상이 가장 출제율이 높습니다. 특히 불상 유형의 경우 지역 키워드가 상당히 중요한 힌트로 제시됩니다!

[정답] ③

66회 17번

2. (가)에 해당하는 문화유산으로 옳은 것은?   [3점]

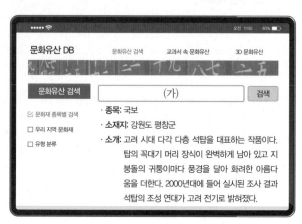

문화유산 DB · 문화유산 검색 · 교과서 속 문화유산 · 3D 문화유산

(가) [검색]

☑ 문화재 종목별 검색
☐ 우리 지역 문화재
☐ 유형 분류

· **종목**: 국보
· **소재지**: 강원도 평창군
· **소개**: 고려 시대 다각 다층 석탑을 대표하는 작품이다. 탑의 꼭대기 머리 장식이 완벽하게 남아 있고 지붕돌의 귀퉁이마다 풍경을 달아 화려한 아름다움을 더한다. 2000년대에 들어 실시된 조사 결과 석탑의 조성 연대가 고려 전기로 밝혀졌다.

①   ②   ③

④   ⑤

키워드 추출

· 강원도 평창군 – 월정사 팔각 구층 석탑의 위치
· 고려 전기 – 월정사 팔각 구층 석탑의 건축 시기

정답분석

① 고려 평창 월정사 팔각 구층 석탑

오답분석

② 통일 신라 경주 정혜사지 십삼층 석탑
③ 고려 개성 경천사지 십층 석탑
④ 발해 만주 영광탑
⑤ 고려 정선 정암사 수마노탑

해품사의 합격Tip

고려의 탑 중 개성 경천사지 십층 석탑과 더불어 평창 월정사 팔각 구층 석탑 또한 출제율이 높습니다. 월정사 팔각 구층 석탑의 지붕돌 위에 있는 금동 머리 장식을 기억하세요!

[정답] ①

65회 17번

3. (가)에 해당하는 문화유산으로 옳은 것은? [2점]

충청남도 예산군에 있는 이 건물은 맞배지붕에 주심포 양식입니다. 건물 보수 중 묵서명이 발견되어 충렬왕 34년이라는 정확한 건립 연도를 알게 되었습니다.

국보로 지정된 불교 건축물

(가)

① 수덕사 대웅전

② 화엄사 각황전

③ 부석사 무량수전

④ 봉정사 극락전

⑤ 법주사 팔상전

키워드 추출

• 충청남도 예산 – 수덕사 대웅전의 위치
• 맞배지붕, 주심포 양식 – 수덕사 대웅전의 구조
• 충렬왕 34년 – 수덕사 대웅전의 건립 연도

정답분석

① 고려 예산 수덕사 대웅전

오답분석

② 조선 후기 구례 화엄사 각황전
③ 고려 영주 부석사 무량수전
④ 고려 안동 봉정사 극락전
⑤ 조선 후기 보은 법주사 팔상전

해품사의 합격Tip

고려의 건축물 유형은 '선지에서 제시되는 사진 밑에 이름을 함께 제시'하는 편입니다. 그러므로 다른 문화유산처럼 외관을 기억하는 것보다, 각 건축물의 특징을 정확히 암기하는 것에 집중합시다!

[정답] ①

65회 13번

4. (가)에 들어갈 내용으로 옳은 것은? [2점]

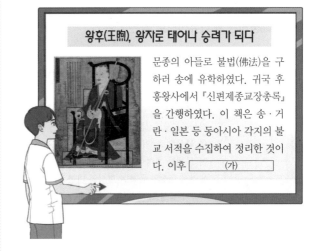

왕후(王煦), 왕자로 태어나 승려가 되다

문종의 아들로 불법(佛法)을 구하러 송에 유학하였다. 귀국 후 흥왕사에서 『신편제종교장총록』을 간행하였다. 이 책은 송·거란·일본 등 동아시아 각지의 불교 서적을 수집하여 정리한 것이다. 이후 (가)

① 국청사의 주지가 되어 해동 천태종을 개창하였다.
② 불교 개혁을 주장하며 수선사 결사를 조직하였다.
③ 선문염송집을 편찬하고 유불 일치설을 주장하였다.
④ 불교 관련 자료를 중심으로 삼국유사를 집필하였다.
⑤ 인도와 중앙아시아를 순례하고 왕오천축국전을 남겼다.

키워드 추출

• 문종의 아들 – 의천은 왕족 출신임
• 흥왕사 – 의천이 주지를 담당한 사찰
• 『신편제종교장총록』 – 의천이 정리한 불교서

정답분석

① 의천은 해동 천태종이라는 새로운 종파를 창시하였다.

오답분석

② 고려의 지눌은 불교 개혁 운동인 수선사 결사 운동을 주도하였다.
③ 고려의 혜심은 불교 경전인 『선문염송집』을 편찬하였고, 유불 일치설을 주장하였다.
④ 고려의 일연은 불교사 중심의 역사서인 『삼국유사』를 편찬하였다.
⑤ 신라의 혜초는 고대 인도 및 중앙아시아의 국가들을 답사한 이후 『왕오천축국전』이라는 기행문을 저술하였다.

해품사의 합격Tip

고려의 승려 문제는 주로 '의천과 지눌을 중심으로 출제'합니다. 특히 의천의 경우 높은 느낌의 키워드[예 왕족, 국(國), 대(大), 왕(王) 등]가 포함된 사례가 언급됩니다!

[정답] ①

1.

(가)에 해당하는 문화유산으로 옳은 것은?

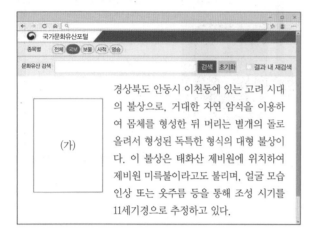

> 국가문화유산포털
>
> 종목별 전체 국보 보물 사적 명승
>
> 문화유산 검색 　　　　　 검색 초기화 □결과 내 재검색
>
> 경상북도 안동시 이천동에 있는 고려 시대의 불상으로, 거대한 자연 암석을 이용하여 몸체를 형성한 뒤 머리는 별개의 돌로 올려서 형성된 독특한 형식의 대형 불상이다. 이 불상은 태화산 제비원에 위치하여 제비원 미륵불이라고도 불리며, 얼굴 모습 인상 또는 옷주름 등을 통해 조성 시기를 11세기경으로 추정하고 있다.
>
> (가)

① 　② 　③

④ 　⑤

해품사 출제예언 – 안동 이천동 마애여래 입상

고려의 불상 중 안동 이천동 마애여래 입상만 유일하게 직접적으로 출제된 사례가 없으므로 눈여겨 보세요!

키워드 추출

안동시, 고려, 자연 암석, 제비원 미륵불 – 안동 이천동 마애여래 입상

정답분석

④ 안동 이천동 마애여래 입상

오답분석

① 고려 파주 용미리 마애이불 입상
② 통일 신라 경주 석굴암 본존불
③ 고려 영주 부석사 소조 여래 좌상
⑤ 고려 하남 하사창동 철조 석가여래 좌상

[정답] ④

2.

(가) 국가의 문화유산으로 옳지 않은 것은?

> **□□신문**
>
> 제△△호　　　　　○○○○년 ○○월 ○○일
>
> **공주 마곡사 오층석탑 국보 승격 예정**
>
> 최근 국가유산청은 보물 공주 마곡사 오층 석탑을 국보로 승격할 예정이라고 밝혔습니다. 공주 마곡사 오층 석탑은 풍마동이라 불리는 약 2m의 금동보탑을 탑 위에 올린 매우 독특한 양식을 갖췄다는 특징이 있습니다. 특히 금동보탑은 [(가)] 시대에 제작된 경천사지 십층 석탑처럼 원나라에서 유행한 불탑 양식을 재현한 특징이 있습니다.

① 　② 　③

④ 　⑤

해품사 출제예언 – 문화유산 종합적 파악

최근 한능검에서는 '고려의 문화유산을 종합적으로 파악하는 유형이 자주 출제'되었으므로, 유형을 꼭 익혀두세요!

키워드 추출

개성 경천사지 십층 석탑 – 고려 원 간섭기

정답분석

③ 백제 금동 대향로

오답분석

① 논산 관촉사 석조 미륵보살 입상, ② 수월관음도, ④ 청동 은입사 포류수금문 정병, ⑤ 안동 봉정사 극락전 모두 고려의 문화유산이다.

[정답] ③

어제의 오답 선지 = 내일의 정답 선지 | 한능검은 역사적 사실이 아닌 것은 선지에 포함하지 않습니다. 즉, 모든 선지는 사실이죠! 기출에서 오답 선지는 언제든 정답이 될 수 있습니다.

🔔 먼저 오른쪽 기출선지 키워드 암기를 가리고 왼쪽의 (빈칸)을 채워보세요. 그후 오른쪽 기출선지를 키워드 중심으로 달달 외우세요!

	기출선지 (키워드) 채우기	기출선지 키워드 암기	중요도
1	의천은 (　　　)을 설치하여 불교 경전 주석서를 편찬하였다.	의천은 교장도감을 설치하여 불교 경전 주석서를 편찬하였다. [53, 54, 61, 71회]	★★
2	의천은 이론과 수행을 함께 강조하는 (　　　)를 제시하였다.	의천은 이론과 수행을 함께 강조하는 교관겸수를 제시하였다. [48, 70회]	★★
3	의천은 해동 (　　　)을 개창하여 불교 교단 통합에 힘썼다.	의천은 해동 천태종을 개창하여 불교 교단 통합에 힘썼다. [51, 56, 59, 62, 63, 65, 66, 68회]	★★★
4	지눌은 권수정혜결사문을 작성하여 (　　　)를 강조하였다.	지눌은 권수정혜결사문을 작성하여 정혜쌍수를 강조하였다. [51, 53, 54, 61, 66, 67, 70, 71회]	★★★
5	지눌은 불교 개혁을 주장하며 (　　　)를 주장하였다.	지눌은 불교 개혁을 주장하며 수선사 결사를 주장하였다. [48, 62, 65회]	★★
6	지눌은 수행 방법으로 (　　　)와 정혜쌍수를 주장하였다.	지눌은 수행 방법으로 돈오점수와 정혜쌍수를 주장하였다. [53, 61, 63회]	★★
7	요세는 법화 신앙에 중점을 둔 (　　　)를 제창하였다.	요세는 법화 신앙에 중점을 둔 백련 결사를 제창하였다. [47, 53, 56, 70회]	★★
8	(　　　)는 보현십원가를 지어 불교 교리를 대중에게 전파하였다.	균여는 보현십원가를 지어 불교 교리를 대중에게 전파하였다. [48, 54, 63, 66, 70회]	★★
9	(　　　)은 선문염송집을 편찬하고 유불 일치설을 주장하였다.	혜심은 선문염송집을 편찬하고 유불 일치설을 주장하였다. [48, 51, 56, 61, 63, 65, 66, 70회]	★★
10	(　　　)은 승려들의 전기를 정리한 해동고승전을 편찬하였다.	각훈은 승려들의 전기를 정리한 해동고승전을 편찬하였다. [50, 54, 59, 60, 61, 63, 67회]	★★

✅ 테마 학습을 다 했다면, 테마 맨 앞 키워드 판서로 돌아가 복습하세요!

PART

3 조선 시대

26회분(47회~72회) 평균 출제비중

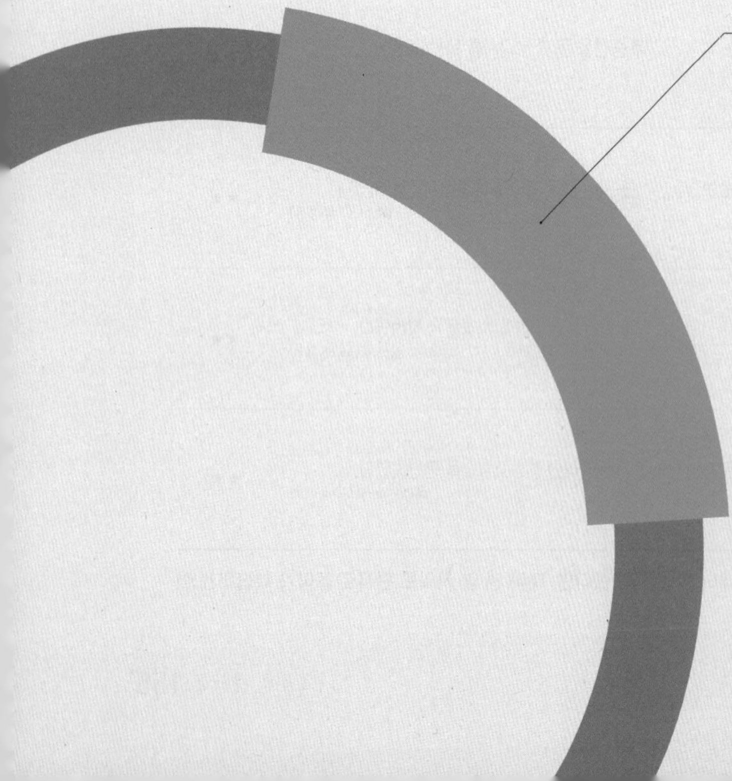

21.6%

해품사 한능검 테마별 기출 총 26회분 분석 결과

난이도

쉬움　　보통　　어려움

※테마 난이도를 색깔 구분으로 바로 확인하세요!

중요도 및 평균 출제율

★ 약 70% 미만
★★ 약 70~80%
★★★ 약 80~99%
★★★★ 100% 출제!

테마 14	조선 초기의 정치	★★★★
테마 15	조선의 사화	★★
테마 16	조선 중기의 정치 및 외세 대응	★★★★
테마 17	조선 후기의 정치 및 붕당의 대립	★★★
테마 18	조선 후기의 사회상 및 외교 흐름	★★★★
테마 19	세도 정치기 및 조선의 사회	★★
테마 20	조선의 문화 1	★
테마 21	조선의 문화 2	★
테마 22	조선의 실학파 및 인물	★★★

조선 초기의 정치

 시기: 1392년~약 15세기 후반(정치 제도는 최대 1차 갑오개혁 이전까지)   중요도 및 평균 출제율: 100% 출제! ★★★★
 난이도: 보통 → 고려 시대와 유사하게 출제되는 왕 또는 중앙 정치 기구 및 지방 행정 제도의 사례가 고정적인 편, but 암기 키워드 多

흐름형 시대의 흐름을 따라가며 보면 좋은 유형

초대 이성계

한양으로 천도하며 경복궁 건립
→ 정도전이 궁궐 및 근정전,
 강녕전 등 전각 명칭 담당
1차 왕자의 난 발생
(이방원 주도)
→ 정도전 및 이방석 살해

2대 정종

2차 왕자의 난 발생
(이방간vs이방원)

3대 태종(이방원)

1. 정책: 두 차례의 왕자의 난으로 즉위, 문하부 낭사 → 사간원으로 독립, 사병 혁파, 신문고 설치, 호패법 실시, 6조 직계제 최초 시행, 전국 8도 정비
2. 문화유산: 주자소 설치
 → 계미자 주조, 혼일강리역대국도지도(세계지도)

4대 세종

1. 정책: 공법 시행(전분6등법, 연분9등법), 의정부 서사제, 집현전 설치
2. 과학 기구 및 문화유산: 갑인자(활자), 앙부일구(해시계), 자격루(물시계), 측우기(강수량 측정), 훈민정음(언어)
3. 기록 유산: 『농사직설』(농서), 『칠정산』(역법서), 『향약집성방』(의학서)
4. 외교: 염포·제포·부산포 개항 → 일본과 계해약조 체결, 이종무의 쓰시마섬 정벌, 4군 6진 개척(최윤덕 및 김종서)

암기형 시대를 몰라도 키워드만 알면 풀 수 있는 유형

중앙 행정 조직

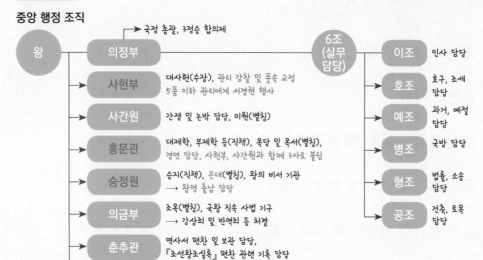

의정부	국정 총괄, 3정승 합의제
사헌부	대사헌(수장), 관리 감찰 및 풍속 교정 5품 이하 관리에게 서경권 행사
사간원	간쟁 및 논박 담당, 미원(별칭)
홍문관	대제학, 부제학 등(직책), 옥당 및 옥서(별칭), 경연 담당, 사헌부, 사간원과 함께 3사로 불림
승정원	승지(직책), 은대(별칭), 왕의 비서 기관 → 왕명 출납 담당
의금부	조옥(별칭), 국왕 직속 사법 기구 → 강상죄 및 반역죄 등 처결
춘추관	역사서 편찬 및 보관 담당, 『조선왕조실록』 편찬 관련 기록 담당
한성부	수도의 행정 및 치안 담당

6조 (실무 담당)

이조	인사 담당
호조	호구, 조세 담당
예조	과거, 예절 담당
병조	국방 담당
형조	법률, 소송 담당
공조	건축, 토목 담당

해품사의 테마 출제예언!

1) 태종, 세종, 세조, 성종 관련 빈출 키워드 우선 암기하기!

2) 사헌부, 홍문관, 승정원 등 중앙 정치 기구의 별칭(다른 이름), 역할 및 의의, 직책 구별하기!

3) 관찰사, 수령, 유향소, 향리 등 지방 행정 제도 관련 직책의 역할, 임기, 특징 구별하기!

해품사 한능검 키워드 판서

⊘ 테마 학습을 다 하고 난 후, 다시 돌아와서 한 번 더 보세요!

5대 문종

『고려사』 편찬
(김종서 등 담당, 기전체)

7대 세조

1. 정책: 간경도감 설치(불교 경전 간행), 직전법 실시(현직 관리만 토지 지급), 6조 직계제 부활
2. 사건: 계유정난으로 즉위(한명회·권람 등 주도)→성삼문 등 사육신의 단종 복위 운동 주도, 이시애의 난 발생
3. 문화유산: 서울 원각사지 십층 석탑

9대 성종

1. 정책: 관수관급제 실시(국가의 수조권 대행), 홍문관 설치(경연 담당, 집현전 계승)
2. 기록 유산: 『경국대전』(법), 『국조오례의』(예법서), 『동국통감』(역사서), 『동문선』(시문집), 『악학궤범』(음악)

지방 행정 제도

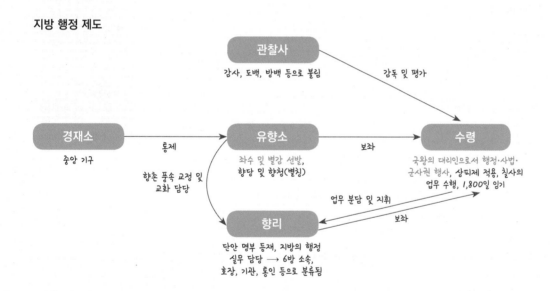

관찰사
감사, 도백, 방백 등으로 불림

감독 및 평가

경재소
중앙 기구

통제
향촌 풍속 교정 및 교화 담당

유향소
좌수 및 별감 선발, 향당 및 향청(별칭)

보좌

수령
국왕의 대리인으로서 행정·사법·군사권 행사, 상피제 적용, 칠사의 업무 수행, 1,800일 임기

업무 분담 및 지휘

향리
단안 명부 등재, 지방의 행정 실무 담당 → 6방 소속, 호장, 기관, 통인 등으로 분류됨

보좌

쉽게 출제될 경우   VS   어렵게 출제될 경우

기출 → 59, 65, 66, 72회

: 조선 시대 빈출 왕의 업적 유형을 출제하거나, 빈출 중앙 정치 기구 및 지방 행정 제도와 관련된 유형을 출제!

⇨ 문하부 낭사 사간원 독립, 6조 직계제 시행, 계미자 / 집현전, 갑인자, 『농사직설』, 계해약조 / 계유정난, 직전법 『경국대전』, 『국조오례의』, 『동국통감』/ 서경권 행사 / 3사(사헌부·사간원·홍문관) / 은대, 왕명 출납 담당 / 경재소, 좌수 및 별감 선발

기출 → 56, 58, 71회

: 비교적 출제율이 낮은 조선 시대 전기 왕 관련 역사적 사실이나 중앙 행정 기구, 지방 행정 제도 출제!

⇨ 1차 왕자의 난 발생 / 고려사 편찬 / 간쟁 및 논박 담당 / 국왕 직속의 사법 기구 / 수령 감독 / 국왕 대리인으로서 행정 · 사법 · 군사권 행사, 칠사 / 6방 소속, 지방 행정 실무 담당

14 조선 초기의 정치

해품사 공지사항!

총 26회분(47회~72회) 기출에서 단 한 번이라도 언급된 내용은 모두 포함!
빨간색 키워드는 약 80% 이상 확률로 출제된 중요 키워드이므로 우선 암기
키워드는 그중에서도 직접적인 정답 키워드로 자주 언급되는 것
☆~☆☆☆ 테마 안에서도 더욱 빈출인 주제에 표시

1 조선 시대 전기 왕의 업적 ☆☆☆

조선 전기의 빈출 왕 업적	■ 3대 태종(15세기) - **정책**: 두 차례의 왕자의 난으로 즉위, 문하부 낭사를 사간원으로 독립시킴, 사병 혁파, 신문고 설치, 호패법 실시, 6조 직계제 최초 시행(6조 의결 사항 왕 직계), 전국 8도 정비 - **문화유산**: 주자소 설치(활자 주조 기구) → 계미자 주조, 『혼일강리역대국도지도』(세계 지도) - 관련 인물: 하륜 ■ 4대 세종(15세기) - **정책**: 공법 시행(비옥도 및 풍흉에 따라 전분6등법 및 연분9등법에 의거하여 조세 부과), 의정부 서사제 실시(6조의 의결 사항을 의정부를 거쳐 왕에게 올라감), 집현전 설치(학술 연구 기관) ┐조선 전기의 과학 연구 사례 단독 유형 출제 가능! - 과학 기구 및 문화유산: 간의(천문 관측 기구), 갑인자(활자), 앙부일구(해시계), 자격루(물시계), 측우기(강수량 측정 기구), 혼천의(천문 관측 기구), 훈민정음(언어) - 기록유산: 『농사직설』(농서), 『삼강행실도』(윤리서), 『용비어천가』(서사시), 『의방유취』(의학서), 『칠정산』(역법서), 『향약집성방』(의학서) - 외교: 염포(울산), 제포(진해), 부산포 개항 → 일본과 계해약조 체결, 이종무의 쓰시마섬 정벌, 압록강 및 두만강에 4군 6진 개척(최윤덕 및 김종서) - 관련 인물: 박연(음악가), 이순지(과학자) ■ 7대 세조(15세기) - **정책**: 간경도감 설치(불교 경전 간행), 직전법 실시 → 현직 관리에게만 토지 지급(수신전 및 휼양전 폐지), 진관 체제 실시, 6조 직계제 부활 - 사건: 계유정난으로 즉위(한명회 및 권람 등 주도, 김종서 살해) → 성삼문 등 사육신의 단종 복위 운동 주도 → 집현전 폐지 계기, 이시애의 난 발생 → 유향소 폐지 계기 - 문화유산: 원각사지 십층 석탑(서울 종로 위치) - 관련 인물: 한명회(계유정난 주도) ■ 9대 성종(15세기) - **정책**: 관수관급제 실시(국가의 수조권 대행), 홍문관 설치(경연 담당, 집현전 계승) - 기록유산: 『경국대전』(법전), 『국조오례의』(예법서), 『동국통감』(역사서, 고조선~고려 말 역사 서술), 『동문선』(시문집), 『악학궤범』(음악)	**✓ 해품사 암기팁!** ■ 활자 구별 암기법: 아빠(태종)가 개미(계미자)처럼 열심히 일하여 아들(세종)이 갑(갑인자)이 되었다. ■ 고려 및 조선 서적 구별법: 고려의 서적에는 'ㅈㅅ'이 포함되지 않았으나(⑩ 『농상집요』), 조선 시대의 서적에는 'ㅈㅅ'이 포함된다(⑩ 『농사직설』)
이외 조선 전기 왕 관련 역사적 사실	■ 초대 이성계(14세기): 한양으로 천도하며 경복궁 건립 → 정도전이 근정전, 강녕전 등 전각 명칭 담당, 1차 왕자의 난 발생(정도전 및 이방석 살해) ■ 2대 정종(14세기): 2차 왕자의 난 발생(이방원vs이방간) ■ 5대 문종(14세기): 『고려사』 편찬(김종서 등, 기전체), 『고려사절요』(편년체)	

2 조선 시대의 중앙 정치 제도 및 지방 행정 제도 ☆☆

중앙 정치 제도	■ 의정부: 국정 총괄, 3정승의 합의로 운영됨(영의정, 좌의정, 우의정) ■ 6조: 이조, 호조, 예조, 병조, 형조, 공조 구성, 실무 집행 담당 ■ 사헌부: 대사헌(수장), 관리 감찰 및 풍속 교정 담당, 5품 이하 관리에게 서경권 행사 ■ 사간원: 간쟁 및 논박 담당, 미원(별칭) ■ 홍문관: 대제학 및 부제학 등 존재(대표 직책), 옥당 및 옥서(별칭), 왕의 경연(수업) 담당, 집현전 계승, 사헌부 및 사간원과 함께 삼사(언론 기구)로 불림 ■ 승정원: 승지 존재(대표 직책), 은대(별칭), 왕의 비서 기관 역할 담당 → 왕명 출납 담당 ■ 의금부: 조옥(별칭), 국왕 직속의 사법 기구, 강상죄 및 반역죄 등 처결 담당 ■ 춘추관: 역사서의 편찬 및 보관 담당, 『조선왕조실록』 편찬 관련 기록 담당 ■ 한성부: 수도의 행정 및 치안 담당
지방 행정 제도	■ 관찰사: 감사, 도백(방백) 등으로 불림, 수령 감독 및 근무 성적 평가 ■ 수령: 국왕의 대리인으로서 행정·사법·군사권 행사, 칠사의 업무 수행(예 농사의 성행, 인구 수 증가, 부역의 균등 등), 상피제 적용, 1,800일의 임기 적용 ■ 유향소: 수령 보좌 및 향리 감찰, 경재소의 통제를 받음, 좌수 및 별감 선발, 향당 및 향청(별칭) ■ 향리: 단안(壇案)이라는 명부에 등록됨, 『연조귀감』에 연혁이 수록됨, 지방 행정 실무 담당, 이방 및 호방 등 지방의 6방에 소속됨, 호장, 기관, 장교, 통인 등으로 분류됨

📖 필수 사료와 자료

▶ 태종의 계미자 및 세종의 갑인자 주조

• 왕이 시경·서경·좌전의 고주본(古註本)을 자본(字本)으로 삼아 이직 등에게 십만 자를 주조하게 하였는데, 이것이 계미자이다.
　　　　　　　　　　　　　　　　　　　　　　　　　　　　　　　　　　- 『태종실록』 -

• 이전에 주조한 활자가 크고 고르지 않았다. 이에 왕께서 경자년에 다시 주조하셨다. 그리하여 그 모양이 작고 바르게 되었으니, 이 것으로 인쇄하지 않은 책이 없었다. 이를 경자자라고 하였다. 갑인년에 다시 『위선음즐(爲善陰騭)』의 글자 모양을 본떠 갑인자를 주조하니, 경자자에 비하여 조금 크고 활자 모양이 매우 좋았다.
　　　　　　　　　　　　　　　　　　　　　　　　　　　　　　　　　　- 『세종실록』 -

▶ 문종의 『고려사』 편찬

대개 이미 지나간 나라의 흥망은 장래의 교훈이 되기 때문에 이 역사를 편찬하여 올리는 바입니다. … 범례는 사마천의 『사기』를 따르고, 대의(大義)는 모두 왕께 아뢰어 제가를 얻었습니다. 본기(本紀)라는 이름을 피하고 세가(世家)라고 한 것은 명분의 중요성을 나타내기 위함이며, 가짜 왕인 신씨들[신우, 신창]을 세가에 넣지 않고 열전으로 내린 것은 그들이 왕위를 도둑질한 사실을 엄히 논죄하려는 것입니다.
　　　　　　　　　　　　　　　　　　　　　　　　　　　　　　　　　　- 『고려사』 -

▶ 사육신의 단종 복위 운동

성삼문이 아버지 성승 및 박팽년 등과 함께 상왕의 복위를 모의하여 중국 사신에게 잔치를 베푸는 날에 거사하기로 기약하였다. … 일이 발각되어 체포되자, 왕이 친히 국문하면서 꾸짖기를 "그대들은 어찌하여 나를 배반하였는가?" 하니 성삼문이 소리치며 말하기를 "상왕을 복위시키려 했을 뿐이오. … 하늘에 두 개의 해가 없듯이 백성에게도 두 임금이 있을 수 없기 때문이오."라고 하였다.
　　　　　　　　　　　　　　　　　　　　　　　　　　　　　　　　　　- 『추강집』 -

▶ 성종의 관수관급제 시행

한명회 등이 아뢰기를 "직전(職田)의 세(稅)는 관(官)에서 거두어 관에서 주면 이런 폐단이 없을 것입니다."라고 하였다. [대왕대비가] 진지하기를, "직전의 세는 소재지의 지방관으로 하여금 감독하여 거두어 주도록 하라."라고 하였다.
　　　　　　　　　　　　　　　　　　　　　　　　　　　　　　　　　　- 『성종실록』 -

▶ 유향소의 설립 및 복립 주장

• 유향소를 설치하고 향임을 둔 것은 맡은 바를 중히 여긴 것이다. 수령은 임기가 정해져 있어 늘 바뀌니, 백성의 일에 뜻을 둔다 하여도 먼 곳까지 상세히 살필 겨를이 없다. 그러므로, 각 지역에서 충성스럽고 부지런한 사람을 뽑아 그 지역의 기강을 맡도록 하여 수령의 눈과 귀로 삼았다.
　　　　　　　　　　　　　　　　　　　　　　　　　　　　　　　　　　- 『여헌선생문집』 -

• 백성을 괴롭힘은 향리보다 더한 자가 없는데, 수령도 반드시 다 어질 수는 없습니다. 그래서 백성들이 편안하게 살 수 없는데, 비록 경재소가 있더라도 귀와 눈이 미치지 못하는 곳은 규명해 낼 수가 없습니다. … 유향소의 법은 매우 훌륭했습니다만 중간에 폐지하여 이러한 큰 폐단이 생겼으니, 다시 세우는 것이 어떻겠습니까?
　　　　　　　　　　　　　　　　　　　　　　　　　　　　　　　　　　- 『성종실록』 -

70회 17번

1. (가) 왕에 대한 설명으로 옳은 것은? [2점]

> 오늘 말씀해 주실 삼공신회맹문에는 어떤 내용이 담겨 있나요?

> 이 문서에는 두 차례에 걸친 왕자의 난으로 즉위한 (가) 이/가 삼공신들과 함께 종묘사직 및 산천에 제를 올려 충의와 신의를 맹세한 내용이 기록되어 있습니다. 삼공신은 개국공신, 제1차 왕자의 난에서 공을 세운 정사공신, 제2차 왕자의 난을 평정하는 데 도움을 준 좌명공신을 말합니다.

개국정사좌명삼공신회맹문

① 경국대전을 완성하여 통치 체제를 정비하였다.
② 초계문신제를 시행하여 문신들을 재교육하였다.
③ 길주를 근거지로 일어난 이시애의 난을 진압하였다.
④ 문하부를 폐지하고 낭사를 사간원으로 독립시켰다.
⑤ 붕당의 폐해를 경계하기 위한 탕평비를 건립하였다.

키워드 추출
두 차례에 걸친 왕자의 난 – 태종(이방원)의 즉위 과정

정답분석
④ 태종은 문하부 낭사를 사간원으로 독립시켰다.

오답분석
① 조선 성종 때 경국대전이 완성되었다.
② 조선 정조 때 초계문신제를 시행하였다.
③ 조선 세조 때 함길도에서 이시애의 난이 발생하였다.
⑤ 조선 영조는 탕평책의 의지를 담은 탕평비를 건립하였다.

해품사의 합격Tip
최근 기출에서 태종을 출제할 때 왕자의 난과 관련된 사례를 다양한 방식으로 출제하고 있다는 사실을 기억하세요!

[정답] ④

65회 21번

2. 다음 상황이 전개된 배경으로 옳은 것은? [1점]

> 교지를 내려 이르기를, "전날 성삼문 등이 상왕(上王)도 그 모의에 참여하였다고 인정하자, 백관들이 상왕도 종사(宗社)에 죄를 지었으니 편안히 도성에 거주하는 것은 마땅치 않다고 하였다. …… 상왕을 노산군(魯山君)으로 낮추고, 궁에서 내보내 영월에 거주시키도록 하라."라고 하였다.

① 인조반정으로 북인 세력이 몰락하였다.
② 인현왕후가 폐위되고 남인이 권력을 차지하였다.
③ 계유정난을 통해 수양 대군이 정권을 장악하였다.
④ 이인좌를 중심으로 한 소론 세력이 난을 일으켰다.
⑤ 폐비 윤씨 사사 사건으로 인해 김굉필 등이 처형되었다.

키워드 추출
• 성삼문 – 단종의 복위 운동을 주도한 대표적인 사육신
• 상왕을 노산군(魯山君)으로 낮춤 – 단종은 세조 집권 이후 노산군으로 강등됨

정답분석
③ 수양 대군(세조)은 한명회, 권람 등과 계유정난(1453)을 일으켜 정권을 장악한 뒤 왕위에 올랐다.

오답분석
① 서인은 인조반정을 통해 광해군을 폐위시키고 북인 세력을 몰아냈다(1623).
② 숙종 때 기사환국이 발생하여 인현왕후가 폐위되는 등 서인이 몰락하였고, 남인이 권력을 차지하였다(1689).
④ 영조 즉위 후 세력이 약화된 소론이 반란을 일으켰다(이인좌의 난, 1728).
⑤ 연산군 때 폐비 윤씨 사사 사건의 전말이 밝혀지며 훈구파 및 사림파가 동시에 희생되는 갑자사화가 발생하였다(1504).

해품사의 합격Tip
조선의 세조를 출제할 경우 '계유정난 및 단종 복위 운동을 응용하여 흐름형 유형을 출제'할 수 있습니다.

[정답] ③

---

3. (가) 기구에 대한 설명으로 옳은 것은? [2점]

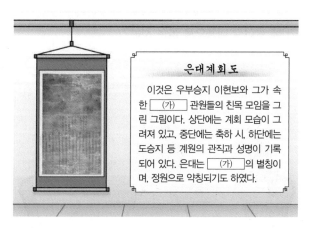

은대계회도

이것은 우부승지 이현보와 그가 속
한 (가) 관원들의 친목 모임을 그
린 그림이다. 상단에는 계회 모습이 그
려져 있고, 중단에는 축하 시, 하단에는
도승지 등 계원의 관직과 성명이 기록
되어 있다. 은대는 (가) 의 별칭이
며, 정원으로 약칭되기도 하였다.

① 사간원, 홍문관과 함께 삼사로 불렸다.

② 외국으로 가는 사신의 통역을 전담하였다.

③ 천문, 지리, 기후 등에 관한 사무를 맡았다.

④ 왕명 출납을 담당하는 왕의 비서 기관이었다.

⑤ 국왕 직속 사법 기구로 반역죄 등을 처결하였다.

키워드 추출

• 은대 – 승정원의 별칭
• 도승지 – 승정원의 승지 중 우두머리인 정3품 관직

정답분석

④ 조선의 승정원은 일종의 왕의 비서 기관으로서 왕의 명
령을 신하들에게 전달하는 역할을 담당하였다.

오답분석

① 조선 시대의 사헌부, 사간원, 홍문관은 삼사로 불렸다.

② 조선 시대의 사역원은 외국어의 번역 및 통역과 더불어
외국어의 교육을 담당하였다.

③ 조선 시대의 관상감은 현재의 기상청과 유사한 기구로, 조
선 시대의 천문, 지리, 기후 등 다양한 사무를 담당하였다.

⑤ 의금부는 국왕 직속의 사법 기구로서, 반역죄 및 강상죄
등을 처결하였다.

해품사의 합격Tip

한능검에서 출제되는 조선 시대의 중앙 정치 기구 유형은 '각
기구의 대표 직책, 별칭, 역할' 관련 키워드를 구별하는 것이 중
요합니다. 특히 승정원의 별칭인 은대는 문제 키워드로 직접 등
장한 사례가 매우 많습니다!

[정답] ④

---

4. (가) 기구에 대한 설명으로 옳은 것은? [2점]

○ 각 지역 출신 가운데 서울에 살며 벼슬하는 자들의 모임을
경재소라고 합니다. 경재소에서는 고향에 사는 유력자 중에
서 강직하고 명석한 자들을 선택하여 (가) 에 두고 향리
의 범법 행위를 규찰하고 풍속을 유지하였습니다.

○ (가) 을/를 설치하고 향임을 둔 것은 맡은 바를 중히 여
긴 것이다. 수령은 임기가 정해져 있어 늘 바뀌니, 백성의
일에 뜻을 둔다 하여도 먼 곳까지 상세히 살필 겨를이 없다.
그러므로 각 지역에서 충성스럽고 부지런한 사람을 뽑아 그
지역의 기강을 맡도록 하여 수령의 눈과 귀로 삼았다.

① 주세붕이 처음 설립하였다.

② 좌수와 별감을 선발하여 운영하였다.

③ 중앙에서 교수와 훈도를 파견하였다.

④ 대성전을 세워 성현에 제사를 지냈다.

⑤ 흥선 대원군에 의해 대부분 철폐되었다.

키워드 추출

• 경재소 – 유향소를 견제하기 위해 설치된 중앙 기구
• 수령의 눈과 귀로 삼음 – 유향소는 수령을 보좌하고 향리
를 감찰함

정답분석

② 조선의 유향소는 주요 직책으로 좌수와 별감을 선발하여
운영하였다.

오답분석

① 주세붕은 우리나라 최초의 서원인 백운동 서원을 설립하
였다.

③ 지방 관립 교육 기관인 향교에는 중앙에서 전문 교육을
담당하기 위하여 교수와 훈도를 파견하였다.

④ 조선의 성균관 및 향교는 공통적으로 제사 공간인 대성
전과 교육 공간인 명륜당을 구성하였다.

⑤ 조선의 서원은 흥선 대원군이 집권한 시기에 국가 재정
확보 및 붕당의 폐해 근절을 목적으로 약 47개소를 제외
하고 모두 철폐되었다.

해품사의 합격Tip

조선의 지방 행정 제도 관련 사례 중 가장 출제율이 높은 사례는
유향소입니다. 특히 유향소가 한능검에서 출제될 경우 유향소
견제 기구인 경재소를 문제 키워드로 제시한 사례가 많습니다!

[정답] ②

1.

다음 서술형 평가의 답안에 들어갈 내용으로 적절하지 <u>않은</u> 것은?

서술형 평가　　　　　○학년 ○○반 이름: ○○○

◎ 다음 역사적 사실이 일어난 왕의 재위 시기에 있었던 사실을 서술하시오.

○ 이천과 장영실이 구리로 간의를 제작하였다.
○ 유효통 · 노중례 · 박윤덕 등에게 명령하여 향약과 관련된 여러 방문, 방서를 집약하여 향약집성방을 편찬하였다.
○ 호조의 건의로 빗물의 양을 측정하기 위한 목적으로 측우기를 제작하였다.

답안

---

① 금속 활자인 갑인자가 제작되었다.
② 전통 한의학을 정리한 동의보감이 간행되었다.
③ 우리 풍토에 맞는 농법을 소개한 농사직설이 간행되었다.
④ 태양의 그림자로 시간을 측정하는 앙부일구가 제작되었다.
⑤ 시보 장치를 이용하여 자동으로 시각을 알리는 자격루를 만들었다.

해품사 출제예언 - 세종의 과학 기구

세종은 종종 과학 기구를 중심으로 업적을 파악하는 유형이 출제되는데, 이때 기록 유산도 연계 출제될 수 있습니다!

키워드 추출

간의(천문 관측 기구), 『향약집성방』(의학서), 측우기(강수량 측정) - 세종

정답분석

② 광해군 때 동양의학을 집대성한 『동의보감』이 완성되었다.

오답분석

① 세종 때 주자소에서 금속 활자인 갑인자를 제작하였다.
③ 세종 때 삼남 지방의 농법을 소개한 『농사직설』이 간행되었다.
④ 세종 때 그림자를 통해 시각과 절기를 파악할 수 있는 해시계를 제작하였다.
⑤ 세종 때 물을 이용하여 자동으로 시간을 알리는 시보 장치가 포함된 자격루가 제작되었다.

[정답] ②

2.

(가)에 들어갈 내용으로 옳은 것은?

국왕의 대리인으로서 지방에서 행정 · 사법 · 군사권을 행사한 직책에 대해 말해 보자.

임기는 원칙적으로 1,800일이고, 상피제의 적용을 받았어.

(가)

① 잡과를 통해 선발되었어.
② 감사 또는 방백이라고 불렸어.
③ 단안(壇案)이라는 명부에 등재되었어.
④ 농업 발전, 호구 증가 등 칠사의 업무를 수행하였어.
⑤ 관내 군현의 수령을 감독하고 근무 성적을 평가하였어.

해품사 출제예언 - 수령 및 향리

최근 한능검에서 조선 시대의 지방 행정 제도 유형을 출제할 때 유향소를 제외하고 직접적으로 출제된 사례가 적은 편입니다. 그러므로 수령 및 향리 등 일부 직책에 대한 유형을 별도로 복습하는 것을 권장합니다!

정답분석

④ 조선의 수령에게는 지방 통치에 힘써야 할 일곱 가지 사항이 있었는데(칠사), 대표적으로 농업 및 양잠의 발전, 인구 수의 증가, 학교의 부흥 등이 있다.

오답분석

① 조선 시대의 기술관은 잡과라는 과목을 통해 선발하였다.
② 조선 시대의 관찰사는 감사, 도백, 방백 등 다양한 별칭으로 불렸다.
③ 조선의 향리는 단안(壇案)이라는 명부에 등재되었으며, 향리의 이름 · 생년월일 · 출신 등이 기록되었다.
⑤ 조선의 관찰사는 각 도의 지방 통치를 관할하는 역할로서 수령을 감독하고 근무 성적을 평가하였다.

[정답] ④

기출선지 키워드로 테마 마무리

어제의 오답 선지 = 내일의 정답 선지 | 한능검은 역사적 사실이 아닌 것은 선지에 포함하지 않습니다. 즉, 모든 선지는 사실이죠! 기출에서 오답 선지는 언제든 정답이 될 수 있습니다.

❗ 먼저 오른쪽 기출선지 키워드 암기를 가리고 왼쪽의 (빈칸)을 채워보세요. 그후 오른쪽 기출선지를 키워드 중심으로 달달 외우세요!

	기출선지 (키워드) 채우기	기출선지 키워드 암기	중요도
1	태종 때 주자소를 설치하여 (　　　)를 주조하였다.	태종 때 주자소를 설치하여 계미자를 주조하였다. [51, 53, 54, 59, 61, 63, 65, 68, 72회]	★★
2	태종 때 왕권 강화를 위해 (　　　)를 처음 시행하였다.	태종 때 왕권 강화를 위해 6조 직계제를 처음 시행하였다. [56, 57, 59, 69, 70회]	★★★
3	태종 때 세계 지도인 (　　　)가 제작되었다.	태종 때 세계 지도인 혼일강리역대국도지도가 제작되었다. [49, 62, 63, 68, 69회]	★★★
4	세종 때 삼남 지방의 농법을 소개한 (　　　)이 편찬되었다.	세종 때 삼남 지방의 농법을 소개한 농사직설이 편찬되었다. [47, 50, 53, 54, 55, 61, 63, 65, 66, 68, 69회]	★★
5	세종 때 (　　　)가 왜구의 근거지인 쓰시마섬을 정벌하였다.	세종 때 이종무가 왜구의 근거지인 쓰시마섬을 정벌하였다. [47, 57, 59, 62, 64, 66, 67, 69, 70, 72회]	★★
6	세종 때 최윤덕과 김종서를 파견하여 (　　　)을 설치하였다.	세종 때 최윤덕과 김종서를 파견하여 4군 6진을 설치하였다. [49, 51, 54, 55, 56, 58, 60, 62, 63, 65, 68회]	★★★
7	세종 때 일본과 제한된 규모의 무역을 허용한 (　　　)를 체결하였다.	세종 때 일본과 제한된 규모의 무역을 허용한 계해약조를 체결하였다. [47, 51, 52, 53, 55, 56, 61, 63, 64, 65, 70, 71회]	★★★
8	세종 때 한양을 기준으로 역법을 정리한 (　　　)을 제작하였다.	세종 때 한양을 기준으로 역법을 정리한 칠정산 내편을 제작하였다. [47, 48, 49, 53, 59, 61, 62, 63, 72회]	★★
9	수양대군은 (　　　)을 통해 정권을 장악하였다.	수양대군은 계유정난을 통해 정권을 장악하였다. [48, 53, 55, 57, 65회]	★★
10	세조 때 (　　　) 등이 상왕의 복위를 꾀하다가 처형되었다.	세조 때 성삼문 등이 상왕의 복위를 꾀하다가 처형되었다. [47, 49, 59, 60, 61, 71회]	★★★
11	세조 때 현직 관리에게만 수조권을 지급하는 (　　　)을 시행하였다.	세조 때 현직 관리에게만 수조권을 지급하는 직전법을 시행하였다. [47, 49, 51, 52, 53, 54, 55, 57, 59, 61, 63, 65, 68회]	★★★
12	성종 때 국가의 기본 법전인 (　　　)이 완성되었다.	성종 때 국가의 기본 법전인 경국대전이 완성되었다. [47, 50, 51, 52, 53, 54, 55, 59, 60, 62, 66, 68, 70, 71, 72회]	★★★
13	성종 때 국가의 의례를 정비한 (　　　)가 완성되었다.	성종 때 국가의 의례를 정비한 국조오례의가 완성되었다. [55, 58, 63, 64, 70회]	★
14	성종 때 음악 이론 등을 집대성한 (　　　)이 완성되었다.	성종 때 음악 이론 등을 집대성한 악학궤범이 완성되었다. [49, 55, 57, 59, 66, 69회]	★★
15	(　　　)는 5품 이하의 관리 임명에 대한 서경권을 행사하였다.	사헌부는 5품 이하의 관리 임명에 대한 서경권을 행사하였다. [49, 51, 55, 58, 61, 69, 71회]	★★
16	(　　　)은 대사성을 수장으로 좨주, 직강 등의 관직을 두었다.	성균관은 대사성을 수장으로 좨주, 직강 등의 관직을 두었다. [55, 63, 67, 72회]	★
17	(　　　)은 왕명 출납을 담당한 왕의 비서 기관이다.	승정원은 왕명 출납을 담당한 왕의 비서 기관이다. [54, 56, 60, 62, 68, 69회]	★★
18	승정원은 (　　　)라고도 불렸다.	승정원은 은대라고도 불렸다. [49, 55, 59, 61, 72회]	★★
19	(　　　)는 국왕 직속 사법 기구로 강상죄, 반역죄 등을 다루었다.	의금부는 국왕 직속 사법 기구로 강상죄, 반역죄 등을 다루었다. [54, 56, 58, 59, 60, 62, 68, 71회]	★★
20	(　　　)은 역사서인 실록을 편찬하고 보관하는 업무를 맡았다.	춘추관은 역사서인 실록을 편찬하고 보관하는 업무를 맡았다. [56, 59, 60, 62, 69회]	★★
21	(　　　)은 사헌부, 사간원과 함께 3사로 불렸다.	홍문관은 사헌부, 사간원과 함께 3사로 불렸다. [48, 53, 54, 56, 58, 59, 60, 62, 63회]	★★★
22	(　　　)는 수도의 치안과 행정을 주관하였다.	한성부는 수도의 치안과 행정을 주관하였다. [48, 54, 56, 60, 68, 69, 71회]	★★
23	(　　　)는 감사 또는 방백이라 불렸다.	관찰사는 감사 또는 방백이라 불렸다. [58회]	★
24	(　　　)은 지방의 행정 · 사법 · 군사권을 행사하였다.	수령은 지방의 행정 · 사법 · 군사권을 행사하였다. [51회]	★★
25	(　　　)는 좌수와 별감을 중심으로 운영되었다.	유향소는 좌수와 별감을 중심으로 운영되었다. [47, 51, 57, 67회]	★★
26	(　　　)는 이방, 호방 등 6방에 소속되었다.	향리는 이방, 호방 등 6방에 소속되었다. [58회]	★

✅ 테마 학습을 다 했다면, 테마 맨 앞 키워드 판서로 돌아가 복습하세요!

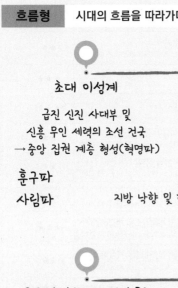

테마 15

조선의 사화

- ⊘ 시기: 15세기 말기~16세기 후반
- ⊘ 중요도 및 평균 출제율: 73% ★★
- ⊘ 난이도: 쉬움 → 출제되는 사건 및 키워드가 매우 고정적인 편! 단, 초반에 사화 관련 용어가 조금 어려울 수 있음!

흐름형 | 시대의 흐름을 따라가며 보면 좋은 유형

초대 이성계

급진 신진 사대부 및
신흥 무인 세력의 조선 건국
→중앙 집권 계층 형성(혁명파)

7대 세조

계유정난 직후
다양한 공신 책봉 시작
→ 고위 관직을 역임한 훈구파 세력 형성

9대 성종

훈구파 견제를 목적으로 김종직의
제자들이 정계 진출 시작
→ 사림파 세력 형성

훈구파
사림파   지방 낙향 및 향촌 사회 세력 형성

중종반정(10대 연산군)

1. 배경: 갑자사화 이후 지속된 연산군의
   폭정
2. 결과: 연산군 폐위 및 중종(진성 대군)
   즉위

기묘사화(11대 중종)

1. 배경: 조광조의 현량과 실시 및 위훈 삭
   제 주장
2. 전개 및 결과: 조광조를 비롯한 신진 사
   림 세력 처형

훈구파
사림파

암기형 | 시대를 몰라도 키워드만 알면 풀 수 있는 유형

중종 시기의 역사적 사실 및 조광조의 업적
- 역사적 사실: 삼포왜란 발발(비변사 설치 배경)
- 조광조의 업적: 대사헌 역임, 소격서 폐지 건의, 소학
  및 향약 보급, 위훈 삭제 주장, 현량과 실시 건의

해품사의 테마 출제예언!

1) 조선 시대의 여러 사화가
발생한 배경, 전개, 결과
파악 및 각 사건이 발생
한 시기의 왕 구별하기!

+

2) 중종 및 명종 시기의
역사적 사실 파악하기!

+

3) 조광조의 업적 및 관련
역사적 사실 단독 유형
공략하기!

해품사 한능검 키워드 판서

⊘ 테마 학습을 다 하고 난 후, 다시 돌아와서 한 번 더 보세요!

훈구파vs사림파
갈등 발생 시작!

무오사화(10대 연산군)

1. 배경: 김종직의 조의제문을 김일손 등 제자들이 사초에 실으려고 시도함
2. 전개 및 결과: 김일손 등 신진 사림파 세력 들이 처형됨

대립 발생!

갑자사화(10대 연산군)

1. 배경: 폐비 윤씨 사사 사건
2. 전개 및 결과: 폐비 윤씨 사사 사건과 연루된 훈구파 및 사림파 대거 처형

을사사화(13대 명종)

1. 배경: 대윤(윤임-인종 외척) 및 소윤(윤원형-명종 외척) 간 정치적 대립 발생
2. 전개 및 결과: 명종 즉위 이후 소윤 세력 집권
   → 문정 왕후의 수렴청정
   → 대윤 세력 및 사림 세력 숙청

14대 선조

사림 세력의 중앙 정계 재진출 및 권력 장악
→ 이조 전랑 임명권을 놓고 대립하며 사림 내 붕당 형성(동인 및 서인)

지방에서 서원, 향약 등을 통해 세력 구축

훈구파 몰락

> **명종 시기의 역사적 사실**
> 구황촬요 간행(기근 대비 서적), 양재역 벽서 사건 발생, 을묘왜변 발발(비변사 상설 기구화 배경), 임꺽정의 난

쉽게 출제될 경우	VS	어렵게 출제될 경우

기출 → 63, 69, 70, 71회

: 조선 시대의 특정 사화를 단독 유형으로 출제하거나, 조광조의 업적을 단독 유형으로 출제함!

⇨ 김종직의 조의제문 / 폐비 윤씨 사사 사건 / 위훈 삭제 및 현량과 실시 건의 / 대윤(윤임) 및 소윤(윤원형)의 대립 / 소격서 폐지 건의, 소학 및 향약 보급 주장

기출 → 48, 62, 64회

: 조선 시대 사화의 흐름을 전반적으로 출제하거나, 중종 및 명종 관련 역사적 사실을 단독 유형으로 출제함!

⇨ 무오사화 → 갑자사화 → 기묘사화 → 을사사화 / 삼포왜란 발발 / 『구황촬요』 간행 / 양재역 벽서 사건 발발, 을묘왜변 발발

15 조선의 사화

해품사 공지사항!

총 26회분(47회~72회) 기출에서 단 한 번이라도 언급된 내용은 모두 포함!

빨간색 키워드는 약 80% 이상 확률로 출제된 중요 키워드이므로 우선 암기

　　　키워드는 그중에서도 직접적인 정답 키워드로 자주 언급되는 것

☆~☆☆☆ 테마 안에서도 더욱 빈출인 주제에 표시

1 조선 시대 사화의 흐름 ☆☆☆

훈구파와 사림파의 형성 과정 및 대립 발생	■ **훈구파의 형성**: 급진 신진 사대부 및 신흥 무인 세력이 조선을 건국하며 혁명파 형성 → 세조의 계유정난을 계기로 세력 확장, 중앙 제도 정비 등을 통한 권력 및 막대한 부를 획득한 훈구파 등장 → 성종 이후 사림파가 등장하며 대립 발생 ■ **사림파의 성장 배경**: 조선 건국 이후 지방을 중심으로 성리학을 연구하며 세력 성장 → 성종 때 훈구파 세력 견제를 목적으로 김종직 및 그 문하의 인물들이 중앙 정계 진출 시작 → 훈구파의 권력 편중 및 경제적 부패 등을 지적하며 대립 발생
사화의 흐름	■ **무오사화(10대 연산군-1498)** 　- **배경**: 김종직의 제자인 김일손 등이 사초에 실은 김종직의 조의제문이 발단 → 훈구파에 의해 세조(수양 대군)가 단종을 몰아낸 것을 간접적으로 비판하였다는 혐의를 받음 　- **전개 및 결과**: 김일손 등 신진 사림파 세력이 처형됨 ■ **갑자사화(10대 연산군-1504)** ┌ '우리 엄마의 원수를 갚자'로 암기! 　- **배경**: 연산군의 어머니인 폐비 윤씨 사사 사건 　- **전개 및 결과**: 폐비 윤씨 사사 사건과 관련된 훈구파 및 사림파 세력을 대거 처형 → 중종반정 발생 → 중종(진성 대군) 즉위 및 연산군 폐위 ■ **기묘사화(11대 중종-1519)** 　- **배경**: 조광조의 현량과 실시 및 위훈 삭제(정국공신 개정) 주장 → 훈구파의 입지 약화 우려 　- **전개 및 결과**: 조광조를 비롯한 신진 사림 세력 처형 ■ **을사사화(13대 명종-1545)** ┌ '우리끼리 싸우자'로 암기! 　- **배경**: 대윤(윤임-인종 외척 세력) 및 소윤(윤원형-명종 외척 세력) 간 정치적 대립 발생 → 인종 즉위 이후 대윤 세력 집권 및 사림파 세력 일부 재등용 　- **전개**: 명종 즉위 이후 소윤 세력 집권 및 문정 왕후(명종의 어머니)의 수렴청정 → 대윤 세력을 비롯한 사림 세력 숙청
결과	사림 세력은 지방에서 은둔 생활을 하며 서원, 향약(도약정, 직월 등 선발, 향촌 자치 및 풍속 교화 담당) 등을 통해 세력 형성 → 선조 때 중앙 정계로 진출하며 권력 장악 → 이조 전랑 임명권을 놓고 대립하며 사림 내 붕당 형성(동인 및 서인)

2 중종 및 명종 시기의 역사적 사실 ☆

중종 시기의 역사적 사실	■ 역사적 사실: 삼포왜란 발발(비변사 설치 배경) ■ 조광조의 업적: 대사헌 역임, 소격서 폐지 건의, 소학 및 향약 보급 주장, 위훈 삭제 주장, 현량과 실시 건의
명종 시기의 역사적 사실	『구황촬요』 간행(기근 대비 서적), 양재역 벽서 사건 발생, 을묘왜변 발발(비변사 상설 기구화 배경), 임꺽정의 난

📖 필수 사료와 자료

➤ 무오사화

왕이 진지하기를 "김종직은 보잘 것 없는 시골의 미천한 선비였는데, 선왕께서 발탁하여 경연에 두었으니 은혜와 총애가 더 없이 컸다고 하겠다. 그런데 지금 그의 제자 김일손이 사초에 부도덕한 말로써 선왕 대의 일을 거짓으로 기록하고, 또 스승인 김종직의 조의 제문을 신고서 그 글을 찬양하였으니, 형명(刑名)을 의논하여 아뢰어라."라고 하였다.

- 『연산군일기』 -

➤ 갑자사화 및 중종반정

- 향과 봉은 정씨의 소생이다. 왕은 어머니 윤씨가 폐위되고 죽은 것이 엄씨, 정씨의 참소 때문이라 여기고, 밤에 엄씨, 정씨를 대궐 뜰에 결박하여 놓고 손수 마구 치고 짓밟다가 향과 봉을 불러 엄씨, 정씨를 가리키며 "이 죄인을 치라."라고 하였다. … 왕은 대비에게 "어찌하여 내 어머니를 죽였습니까?"라고 하며 불손한 말을 많이 하였다.

- 『연산군일기』 -

- 박원종 등이 궐문 밖에 진군하여 대비(大妃)에게 아뢰기를, "지금 임금이 도리를 잃어 정치가 혼란하고, 민생은 도탄에 빠지고, 종사는 위태롭습니다. 진성 대군은 대소 신민의 촉망을 받은지 이미 오래이므로, 이제 추대하고자 하오니 감히 대비의 분부를 여쭙니다."라고 하였다.

- 『중종실록』 -

➤ 위훈 삭제 건의 및 현량과 실시 건의

- 정국공신은 이미 10년이 지난 일이지만 허위가 많았습니다. 공신 기록을 유자광이 홀로 맡아서 이렇게까지 외람되었습니다. 지금 고치지 않으면 개정할 수 없을 것입니다.

- 『중종실록』 -

- 중앙에서는 홍문관·육경·대간, 지방에서는 감사와 수령이 천거한 사람들을 한곳에 모아 시험을 치르면 많은 인재를 얻을 수 있을 것입니다. 이는 한(漢)에서 시행한 현량과의 뜻을 이은 것입니다.

- 『중종실록』 -

➤ 을사사화

이덕응이 진술하였다. "윤임과는 항상 대윤, 소윤이라는 말 때문에 화가 미칠까 우려하여 서로 경계하였을 뿐이었고, 모략에 대해서는 모르겠습니다. … 윤임이 신에게 '주상이 전혀 소생할 기미가 없으니 만약 대군이 왕위를 계승하여 윤원로가 뜻을 얻게 되면 우리 집안은 멸족당할 것이다.'라고 하였습니다."

- 『명종실록』 -

해품사의 테마 저격!

조광조의 업적 파악하기!

조선 시대의 사화 유형은 기본적으로 특정 사림 세력의 활동 또는 특정 인물과 관련된 역사적 사건을 바탕으로 발생하였다는 사실을 파악하는 것이 중요합니다. 그중에서도 중종 때 활동한 조광조 관련 업적을 언급할 경우 기묘사화를 출제하였을 가능성이 높으며, 유일하게 단독 인물 업적 유형으로도 자주 출제되므로 더욱 주의 깊게 공략할 필요가 있습니다!

총 26회분 기출분석에서 나온 대표패턴을
최신 기출문제에서 뽑았습니다.

63회 20번

1. 다음 상황이 나타난 시기를 연표에서 옳게 고른 것은?
[2점]

> 왕이 전지하기를, "김종직은 보잘것없는 시골의 미천한 선비였는데, 선왕께서 발탁하여 경연에 두었으니 은혜와 총애가 더없이 컸다고 하겠다. 그런데 지금 그의 제자 김일손이 사초에 부도덕한 말로써 선왕 대의 일을 거짓으로 기록하고, 또 스승인 김종직의 조의제문을 싣고서 그 글을 찬양하였으니, 형명(刑名)을 의논하여 아뢰어라."라고 하였다.

1468		1494		1506		1518		1545		1589
	(가)		(나)		(다)		(라)		(마)	
남이의 옥사		연산군 즉위		중종 반정		소격서 폐지		명종 즉위		기축 옥사

① (가) ② (나) ③ (다) ④ (라) ⑤ (마)

56회 21번

2. 다음 주장이 공통으로 제기된 시기를 연표에서 옳게 고른 것은?
[3점]

> ○ 중앙에서는 홍문관·육경·대간, 지방에서는 감사와 수령이 천거한 사람들을 한 곳에 모아 시험을 치르면 많은 인재를 얻을 수 있을 것입니다. 이는 한(漢)에서 시행한 현량과의 뜻을 이은 것입니다.
>
> ○ 정국공신은 이미 10년이 지난 일이지만 허위가 많았습니다. 공신 기록을 유자광이 홀로 맡아서 이렇게까지 외람되었습니다. 지금 고치지 않으면 개정할 수 없을 것입니다.

1494		1504		1545		1567		1623		1659
	(가)		(나)		(다)		(라)		(마)	
연산군 즉위		갑자 사화		을사 사화		선조 즉위		인조 반정		기해 예송

① (가) ② (나) ③ (다) ④ (라) ⑤ (마)

키워드 추출

문제에 제시된 사건(조선 10대 연산군, 무오사화, 1498)
• 김종직 – 성종 때 등용된 대표적인 사림파 출신 인물
• 조의제문 – 김종직이 작성한 중국 초나라 황제인 의제를 애도하는 글로, 훈구파에 의해 단종의 왕위를 찬탈한 수양대군을 비판한다는 혐의를 받아 무오사화의 원인이 됨

정답분석

② 무오사화는 연산군이 재위한 당시에 발생하였기 때문에, 흐름상 연산군 즉위 이후인 ②번이 적절하다.

해품사의 합격Tip

조선 시대의 사화 유형은 '각 사화가 발생한 시기에 재위한 왕 및 관련 인물을 정확히 파악'하는 것이 중요합니다. 특히 무오사화의 경우 문제에서 김종직 또는 조의제문을 반드시 언급합니다!

[정답] ②

키워드 추출

문제에 제시된 사건(조선 11대 중종, 조광조의 현량과 실시 및 위훈 삭제 건의, 1519)
• 현량과 – 조광조가 중종에게 건의한 인재 추천 제도
• 정국공신은 이미 10년이 지난 일이지만 허위가 많음 – 조광조는 중종반정 때 공을 세운 사람에게 내려진 칭호인 정국공신에 대한 개정을 건의함

정답분석

② 조광조는 조선 중종 때 주로 활동하였기 때문에, 흐름상 갑자사화가 발생한 연산군과 을사사화가 발생한 명종 사이인 ②번이 적절하다.

해품사의 합격Tip

한능검에서 기묘사화를 출제할 때, 기묘사화의 직접적 원인인 '현량과 실시와 위훈 삭제(정국공신 개정)를 간접적으로 언급'할 수 있습니다. 특히 앞서 언급된 키워드는 조광조의 업적 유형이 출제될 때에도 자주 활용됩니다!

[정답] ②

61회 21번

3. (가), (나) 사이의 시기에 있었던 사실로 옳은 것은? [3점]

(가) 윤필상, 유순 등이 폐비(廢妃) 윤씨의 시호를 의논하며 "시호와 휘호를 함께 의논하겠습니까?"라고 아뢰니, "시호만 정하는 것이 합당하겠다."라고 하였다. …… 승정원에 전교하기를 "폐비할 때 의논에 참여한 재상, 궁궐에서 나갈 때 시위한 재상, 사약을 내릴 때 나가 참여한 재상 등을 승정원일기에서 조사하여 아뢰라."라고 하였다.

(나) 의정부에 하교하기를 "조광조 등이 서로 결탁하여, 자신들에게 붙는 자는 천거하고 자신들과 뜻이 다른 자는 배척해서 …… 후진을 유인하여 궤격(詭激)*이 버릇되게 하고, 일을 의논할 때에도 조금만 이의를 세우면 반드시 극심한 말로 배척하여 꺾어서 따르게 하였다. …… 조광조·김정 등을 원방(遠方)에 안치하라."라고 하였다.

*궤격(詭激): 언행이 정상을 벗어나고 격렬함

① 성삼문 등이 단종의 복위를 꾀하였다.

② 외척 간의 대립으로 윤임이 제거되었다.

③ 이괄이 난을 일으켜 한양을 점령하였다.

④ 성희안 일파가 반정을 통해 연산군을 몰아내었다.

⑤ 조의제문이 발단이 되어 김일손 등이 화를 입었다.

키워드 추출

• (가) 폐비 윤씨 사사 사건과 연루된 관리들을 처벌함(갑자사화, 1504)

• (나) 훈구파가 조광조를 비판함(기묘사화, 1519)

정답분석

④ 갑자사화 후 성희안과 박원종 등이 중심이 되어 연산군을 몰아내고 이복동생인 진성 대군(이후 중종)을 왕으로 추대하였다(중종반정, 1506).

오답분석

① 세조 때 성삼문 등이 단종 복위 운동을 주도하였다.

② 명종 때 대윤(윤임)과 소윤(윤원형)의 대립 결과 대윤 세력이 제거되었다(을사사화, 1545).

③ 인조 때 이괄이 반란을 주도하였다(이괄의 난, 1624).

⑤ 김종직의 조의제문이 발단이 되어 김일손 등 사림 세력들이 피해를 입었다(무오사화, 1498).

해품사의 합격Tip

사화 문제는 '무오사화 → 갑자사화 → 중종반정 → 기묘사화 → 을사사화의 흐름을 파악' 하는 것이 중요합니다!

[정답] ④

64회 23번

4. (가)에 들어갈 내용으로 가장 적절한 것은? [2점]

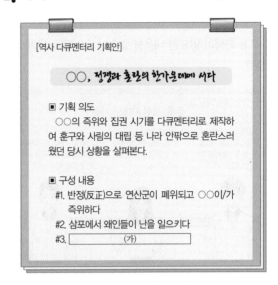

① 이괄이 난을 일으켜 도성을 점령하다

② 허적과 윤휴 등 남인이 대거 축출되다

③ 정여립 모반 사건으로 기축옥사가 일어나다

④ 위훈 삭제를 주장한 조광조 일파가 제거되다

⑤ 조의제문이 발단이 되어 김일손 등이 화를 입다

키워드 추출

• 연산군이 폐위되고 ○○이/가 즉위함 – 중종반정

• 삼포에서 왜인들이 난을 일으킴 – 삼포왜란

정답분석

④ 조선 중종 때 훈구파가 조광조 등 신진 사림 세력들을 견제하기 위하여 기묘사화를 주도하였다.

오답분석

① 조선 인조 때 공신 책봉에 불만을 품은 이괄이 반란을 주도하였다.

② 조선 숙종 때 남인 출신의 인물들이 대거 축출되는 경신환국이 발생하였다.

③ 조선 선조 때 정여립의 모반 사건으로 동인들이 피해를 입었다(기축옥사).

⑤ 조선 연산군 때 김종직의 조의제문의 발단이 되어 무오사화가 일어났다.

해품사의 합격Tip

한능검에서는 아주 가끔 '중종 및 명종 시기의 역사적 사실을 단독 유형으로 출제' 합니다. '각 왕과 관련된 사화를 연계하여 출제(중종 - 기묘사화, 명종 - 을사사화)' 할 가능성이 높습니다!

[정답] ④

1.

(가)~(다) 학생이 발표한 내용을 일어난 순서대로 옳게 나열한 것은?

〈한국사 주제 발표〉
주제: 조선 시대의 사화

김종직의 조의제문을 계기로 김일손 등의 제자들이 희생되었습니다.

폐비 윤씨 사사 사건의 전말이 밝혀지며 김광필 등이 처형되었습니다.

외척 세력 간 다툼의 결과 윤임 등 대윤 세력이 탄압받았습니다.

(가)   (나)   (다)

① (가) – (나) – (다)
② (가) – (다) – (나)
③ (나) – (가) – (다)
④ (나) – (다) – (가)
⑤ (다) – (가) – (나)

해품사 출제예언 – 두 시기 사이 유형

기존 한능검에서는 '여러 사화 사건을 바탕으로 두 시기 사이 유형을 출제'한 사례가 많습니다. 그러므로 사화의 순서 유형도 주목할 것을 권장합니다!

키워드 추출

(가) 사건(조선 10대 연산군, 무오사화, 1498)
• 김종직 - 성종 때 등용된 대표적인 사림파 출신 인물
• 조의제문 - 김종직이 작성한 글
(나) 사건(조선 10대 연산군, 갑자사화, 1504)
폐비 윤씨 사사 사건 - 갑자사화의 배경
(다) 사건(조선 13대 명종, 을사사화, 1545)
외척 세력 간 다툼의 결과 대윤 세력이 탄압받음 - 명종 때 소윤(윤원형) 세력에 의해 대윤(윤임) 세력이 탄압받음

정답분석

① 조선 시대의 사화의 흐름은 무오사화(가, 김종직의 조의제문) → 갑자사화(나, 폐비 윤씨 사사 사건) → 기묘사화(조선 11대 중종, 조광조 등 사림 제거) → 을사사화(다, 대윤 및 소윤 세력 간의 갈등) 순으로 발생하였다.

[정답] ①

2.

다음 검색창에 들어갈 왕의 재위 기간에 있었던 사실로 옳은 것은?

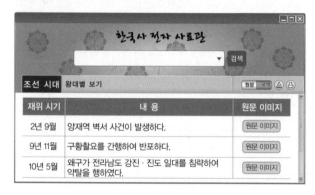

한국사 전자 사료관

[검색]

조선 시대	왕대별 보기		원문 [로그인]

재위 시기	내 용	원문 이미지
2년 9월	양재역 벽서 사건이 발생하다.	원문 이미지
9년 11월	구황촬요를 간행하여 반포하다.	원문 이미지
10년 5월	왜구가 전라남도 강진·진도 일대를 침략하여 약탈을 행하였다.	원문 이미지

① 사림이 동인과 서인으로 나뉘었다.

② 외척 간의 대립으로 윤임이 제거되었다.

③ 이괄이 난을 일으켜 도성을 점령하였다.

④ 위훈 삭제를 주장한 조광조 일파가 제거되었다.

⑤ 조의제문이 발단이 되어 김일손 등이 화를 입었다.

해품사 출제예언 – 중종 및 명종 재위 시기

앞으로 한능검에서 중종 및 명종 때의 역사적 사실 유형이 나올 확률이 높으므로 관련 키워드를 숙지하세요!

키워드 추출

• 양재역 벽서 사건 - 명종 때 윤원형 일파가 윤임 일파를 축출하기 위해 조작한 사건
• 『구황촬요』 - 명종 때 간행된 기근 대비 서적
• 왜구가 전라남도 강진·진도 일대를 침략 - 명종 때의 을묘왜변

정답분석

② 명종 때 인종의 외척인 대윤(윤임)과 명종의 외척인 소윤(윤원형)의 대립 결과 대윤 세력이 제거되었다(을사사화).

오답분석

① 선조 때 이조 전랑 임명을 둘러싸고 사림이 동인과 서인으로 분화되었다.
③ 인조 때 공신 책봉에 불만을 품은 이괄이 반란을 주도하였다.
④ 위훈 삭제, 조광조 등과 관련된 사건은 중종 때의 기묘사화이다.
⑤ 조의제문이 발단이 된 사건은 연산군 때의 무오사화이다.

[정답] ②

어제의 오답 선지 = 내일의 정답 선지 | 한능검은 역사적 사실이 아닌 것은 선지에 포함하지 않습니다. 즉, 모든 선지는 사실이죠! 기출에서 오답 선지는 언제든 정답이 될 수 있습니다.

🔔 먼저 오른쪽 기출선지 키워드 암기를 가리고 왼쪽의 (빈칸)을 채워보세요. 그후 오른쪽 기출선지를 키워드 중심으로 달달 외우세요!

	기출선지 (키워드) 채우기	기출선지 키워드 암기	중요도
1	김종직의 조의제문이 발단이 되어 김일손 등이 화를 입는 ( )가 발생하였다.	김종직의 조의제문이 발단이 되어 김일손 등이 화를 입는 **무오사화**가 발생하였다. [49, 50, 51, 52, 54, 57, 60, 61, 64, 69, 71회]	★★★
2	폐비 윤씨 사사 사건을 빌미로 ( )가 발생하였다.	폐비 윤씨 사사 사건을 빌미로 **갑자사화**가 발생하였다. [52, 59, 62, 65, 66, 68, 71회]	★★★
3	( )이 발생한 결과 진성 대군이 왕으로 즉위하였다.	**중종반정**이 발생한 결과 진성 대군이 왕으로 즉위하였다. [47, 61, 71회]	★
4	조광조가 반정 공신의 ( )를 주장하였다.	조광조가 반정 공신의 **위훈 삭제**를 주장하였다. [49, 57, 59, 60, 62, 64, 67, 68, 71회]	★★★
5	조광조의 건의로 도교 행사인 ( )가 폐지되었다.	조광조의 건의로 도교 행사인 **소격서**가 폐지되었다. [51, 58, 67회]	★
6	왕실 외척 간의 권력 다툼의 결과 윤임이 제거되는 ( )가 발생하였다.	왕실 외척 간의 권력 다툼의 결과 윤임이 제거되는 **을사사화**가 발생하였다. [47, 49, 52, 57, 59, 61, 62, 65, 66, 71회]	★★★
7	명종 때 기근에 대비하기 위하여 ( )가 간행되었다.	명종 때 기근에 대비하기 위하여 **구황촬요**가 간행되었다. [51, 52, 54, 58, 62, 70, 72회]	★★
8	중종 때 국방 문제를 논의하기 위해 ( )를 처음으로 설치하였다.	중종 때 국방 문제를 논의하기 위해 **비변사**를 처음으로 설치하였다. [48, 50, 53, 56, 62, 65, 69, 70회]	★★
9	( ) 때 조선 정부의 통제에 반발하여 삼포왜란이 발생하였다.	중종 때 조선 정부의 통제에 반발하여 **삼포왜란**이 발생하였다. [48, 56회]	★
10	조광조는 인재 등용을 위해 ( )의 실시를 건의하였다.	조광조 때 **현량과**의 실시를 건의하였다. [47, 54, 55, 60, 69회]	★★
11	명종 때 ( )으로 이언적 등이 화를 입었다.	명종 때 **양재역 벽서 사건**으로 이언적 등이 화를 입었다. [47, 55, 57, 63회]	★

✓ 테마 학습을 다 했다면, 테마 맨 앞 키워드 판서로 돌아가 복습하세요!

조선 중기의 정치 및 외세 대응

✓ 시기: 1592년~17세기 중반   ✓ 중요도 및 평균 출제율: 100% 출제! ★★★★
✓ 난이도: 보통 → 인물 및 전투 사례가 반복 출제되나, 암기해야 할 키워드가 많으며 사건의 흐름이 상당히 복잡한 편!

흐름형 시대의 흐름을 따라가며 보면 좋은 유형

1592. 4
임진왜란 발발
(14대 선조)

1592. 4
1. 연속된 패배
1) 부산진 전투(정발) ┐ 부산 지역사
2) 동래성 전투(송상현) ┘ 연계
3) 탄금대 전투(신립)
└─ 충주 지역사 연계

1592. 5 ~ 7
2. 해전의 승리
1) 옥포 해전(이순신)
2) 한산도 대첩(이순신)

1592. 10 ~ 1593. 2
3. 육지전의 승리 및 휴전
1) 진주 대첩(김시민)
2) 평양성 전투(조명 연합군)
3) 행주 대첩(권율)

★ 임진왜란 전투 순서 암기법 ★
부동탄선/옥한/진평행/명노로 앞글자 암기!

1623
인조반정(15대 광해군)
1) 배경: 광해군의 중립 외교 및 폐모살제 비판
2) 전개 및 결과: 서인 세력을 중심으로 인조반정
추진→광해군 폐위 및 인조 즉위
※ 인조 관련 대표 정책(연도 무관)
1) 군사: 어영청, 총융청, 수어청 설치
2) 경제: 영정법 실시(풍흉 관계없이 토지 1결당
4~6두 부과)

1624
이괄의 난(16대 인조)
1) 배경: 2등 공신 책봉에 불만을 품
은 이괄의 반란 주도
└─ 공주 지역사 연계
2) 전개 및 결과: 인조의 공산성 피란
→이괄의 난 잔당이 후금 피신
→정묘호란 발생 배경

1627
정묘호란(16대 인조)
1) 배경: 후금의 조선 침략
2) 전개 및 결과: 정봉수와 이립의
용골산성 항전→조선과 후금의
형제 관계 체결

두 전투 당시
산성 키워드 혼동
주의!

암기형 시대를 몰라도 키워드만 알면 풀 수 있는 유형

임진왜란 때 활동한 장수
고경명(금산 전투), 곽재우(홍의장군)
정문부(북관 대첩), 조헌(금산 전투)

훈련도감의 특징
1. 배경: 일본의 조총 부대 대비→유성룡의 건의로 설치
2. 특징: 급료를 받는 상비군 주축, 포수·살수·사수의 삼수병
체제, 조선 시대의 첫 5군영

**해품사의
테마 출제예언!**

1) 광해군, 인조, 효종의
빈출 키워드 암기하기!

2) 임진왜란 및 병자호란
관련 인물 파악 및 두
전쟁의 원인, 전개, 흐름
유형 공략하기!

3) 임진왜란 시기의 훈련도
감 및 비변사 관련 역사
적 흐름 단독 유형 공략
하기!

해품사 한능검 키워드 판서

⊘ 테마 학습을 다 하고 난 후, 다시 돌아와서 한 번 더 보세요!

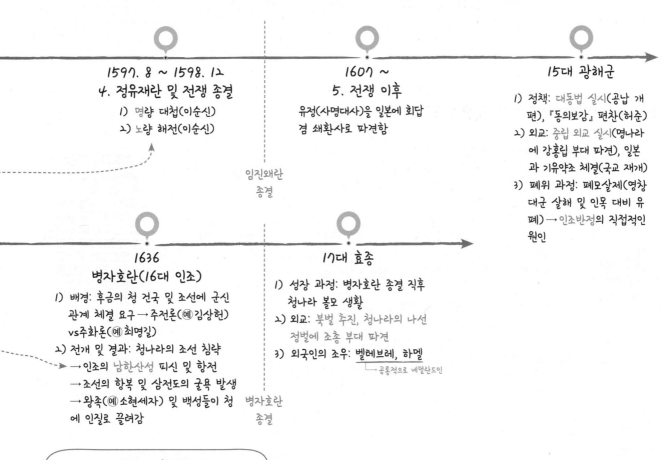

1597. 8 ~ 1598. 12
4. 정유재란 및 전쟁 종결
　1) 명량 대첩(이순신)
　2) 노량 해전(이순신)

임진왜란 종결

1607 ~
5. 전쟁 이후
유정(사명대사)을 일본에 회답 겸 쇄환사로 파견함

15대 광해군
1) 정책: 대동법 실시(공납 개편), 『동의보감』 편찬(허준)
2) 외교: 중립 외교 실시(명나라에 강홍립 부대 파견), 일본과 기유약조 체결(국교 재개)
3) 폐위 과정: 폐모살제(영창대군 살해 및 인목 대비 유폐) → 인조반정의 직접적인 원인

1636
병자호란(16대 인조)
1) 배경: 후금의 청 건국 및 조선에 군신 관계 체제 요구 → 주전론(예김상헌) vs주화론(예최명길)
2) 전개 및 결과: 청나라의 조선 침략
　→ 인조의 남한산성 피신 및 항전
　→ 조선의 항복 및 삼전도의 굴욕 발생
　→ 왕족(예소현세자) 및 백성들이 청에 인질로 끌려감

임진왜란 종결

병자호란 종결

17대 효종
1) 성장 과정: 병자호란 종결 직후 청나라 볼모 생활
2) 외교: 북벌 추진, 청나라의 나선 정벌에 조총 부대 파견
3) 외국인의 조우: 벨테브레, 하멜
　└ 공통적으로 네덜란드인

병자호란 때 활동한 인물
• 관료: 김상용(종묘의 신주를 들고 순절)
• 장수: 김준룡(광교산 전투), 임경업(백마산성), 홍명구(금화 전투)

★ 병자호란 인물 유형 암기법 ★
백마와 두 마리의 용, 그리고 명구(임경업의 백마산성 항전, 김상용, 김준룡, 홍명구)

쉽게 출제될 경우	VS	어렵게 출제될 경우

기출 → 58, 64, 72회
: 임진왜란 및 병자호란 관련 대표 인물 또는 전투 사례 및 훈련도감 단독 유형 출제!
　⇨ 대표 전투 및 인물, 훈련도감 대표 키워드 암기가 중요!
　⇨ 고경명, 곽재우, 유정, 정문부, 조헌 / 김상용, 김준룡, 임경업, 홍명구 / 포수·살수·사수의 삼수병 체제로 편제됨

기출 → 63, 67, 71회
: 임진왜란·병자호란의 전반적 흐름 및 비변사 단독 출제!
　⇨ 부산진 전투 → 동래성 전투 → 탄금대 전투 → 옥포 해전 → 한산도 대첩 → 진주 대첩 → 평양성 전투 → 행주 대첩 → 명량 대첩 → 노량 해전 / 인조반정 → 이괄의 난 → 정묘호란 → 병자호란

16 조선 중기의 정치 및 외세 대응

📢🔊 **해품사 공지사항!**

총 26회분(47회~72회) 기출에서 단 한 번이라도 언급된 내용은 모두 포함!

빨간색 키워드는 약 80% 이상 확률로 출제된 중요 키워드이므로 우선 암기

키워드는 그중에서도 직접적인 정답 키워드로 자주 언급되는 것

☆~☆☆☆ 테마 안에서도 더욱 빈출인 주제에 표시

1 임진왜란의 전개 과정 및 훈련도감의 특징 ☆☆☆

임진왜란의 전개 과정 및 대표 인물	■ **배경(일본의 조선 침략)**: 일본의 도요토미 히데요시가 전국 시대 통일 → 조선에 명나라 정벌을 위한 정명가도(명나라를 정벌하기 위한 길을 빌려줄 것을 요구)를 명분으로 조선 침략 ■ **임진왜란 대표 전투의 흐름** 　- 연속된 패배: 부산진 전투(정발) → 동래성 전투(송상현) → 탄금대 전투(신립) → 선조의 의주 피란 └부산 지역사 연계 └부산 지역사 연계 └충주 지역사 연계 　- 해전의 승리: 옥포 해전(이순신) → 한산도 대첩(이순신) 　- 육지전의 연속된 승리: 진주 대첩(김시민) → 평양성 전투(조·명 연합군) → 행주 대첩(권율) → 일시적 휴전 성립 └진주 지역사 연계 └평양 지역사 연계 　- 정유재란 발발 및 전쟁 종결: 명량 대첩(이순신) → 노량 해전(이순신) 　- 전쟁 이후 영향: 일본의 에도 막부 성립, 명의 쇠퇴 및 여진 세력의 성장, 조선이 유정(사명대사)을 일본에 회답 겸 쇄환사로 파견함 ■ **임진왜란 관련 대표 장수 및 의병장** 　- 관료 및 장수: 송상현(부산 동래성 전투), 신립(충주 탄금대 전투), 이일(상주 전투), 정발(부산진 전투) 　- 의병장: 고경명(금산 전투), 곽재우(경상북도 의령, 홍의장군), 유정(사명대사), 정문부(북관 대첩), 조헌(금산 전투)
훈련도감	■ **배경**: 일본의 조총 부대에 대비하기 위해 유성룡의 건의로 설치됨 ■ **특징**: 급료를 받는 상비군이 주축이 됨, 포수(조총)·살수(칼 또는 창)·사수(활)의 삼수병 체제로 편제됨, 조선 시대의 첫 5군영

> ✓ **해품사 암기팁!**
> 임진왜란 전투 순서 암기법: 부동탄선 / 옥한 / 진평행 / 명노(부산진 전투-동래성 전투-탄금대 전투-선조의 의주 피란 / 옥포 해전-한산도 대첩 / 진주 대첩-평양성 전투-행주 대첩 / 명량 대첩-노량 해전)

2 병자호란의 전개 과정 ☆☆

병자호란의 전개 과정 및 대표 인물	■ **배경**: 서인이 광해군의 중립 외교 정책을 비판하며 서인을 중심으로 인조반정 추진(광해군 폐위 및 인조 즉위) → 이괄의 반란 주도(2등 공신 책봉에 불만) → 인조의 공산성 피란 → 반란 진압 이후 이괄의 난 잔당이 후금으로 피신 → 정묘호란 발발 배경
	 └ 공주 지역사 연계
	 ■ **정묘호란의 전개 과정**: 후금이 광해군의 원수를 갚는다는 명분으로 조선 침략(정묘호란 발발) → 정봉수와 이립이 용골산성에서 항전 → 조선과 후금의 형제 관계 체결
	 └ 병자호란 당시의 방어 장소인 남한산성과 혼동 주의!
	 ■ **병자호란의 전개 과정**: 후금의 청나라 건국 및 조선에 군신 관계 체결 요구 → 조선 조정 내에 주전론(청나라와의 전쟁 주장, 김상헌, 윤집 등) vs 주화론(청나라와의 화의 주장, 최명길 등) → 청나라의 조선 침략 및 항전 발생(예: 백마산성 전투) → 인조의 남한산성 피신 및 항전 → 조선의 항복 및 삼전도의 굴욕 발생(삼궤구고두례) → 소현 세자, 봉림 대군 등 왕족 및 백성들이 청에 인질로 끌려감
	 ■ **전쟁 이후 영향**: 북벌론(청나라에 대한 복수 주장)과 북학론(청나라의 선진 문물 수용 주장) 대립
	 ■ **병자호란 관련 대표 인물**
	   - **관료**: 김상용이 신주를 들고 강화도에서 순절함
	   - **장수**: 김준룡(광교산 전투), 임경업(백마산성 항전), 홍명구(금화 전투)

3 조선 시대 중기 왕의 업적 ☆☆

조선 시대 중기 대표 왕의 업적	■ **15대 광해군(16세기)**
	   - **정책**: 대동법 실시(기존의 공납을 쌀, 베, 동전 등으로 대신 납부)
	   - **외교**: 명나라에 강홍립 부대를 파견하여 중립 외교 실시, 일본과 기유약조 체결
	   - **폐위 과정**: 영창 대군 살해(계축옥사) 및 인목 대비 유폐 → 서인이 광해군의 중립 외교와 폐모살제를 이유로 인조반정을 일으킴
	         └ 덕수궁 석어당에 유폐됨
	   - **기타**: 『동의보감』 완성(허준)
	 ■ **16대 인조(16세기)**
	   - **군사**: 어영청, 총융청, 수어청 설치(5군영)
	   - **경제**: 영정법 실시(풍흉에 관계없이 전세 1결당 4~6두 조세 고정)
	   - **외교**: 정묘호란 및 병자호란 발생
	 ■ **17대 효종(16세기)**
	   - **성장 과정**: 병자호란 종결 직후 청나라에서 인질 생활을 함
	   - **외교**: 북벌 추진, 청나라의 나선 정벌에 조총 부대를 파견함(변급 및 신류 파견)
	   - **외국인과의 조우**: 벨테브레 및 하멜
	         └ 공통적으로 네덜란드인(벨테브레는 인조 때 표착)

4 비변사의 형성 및 변천 과정 ☆

비변사의 형성 및 변천 과정	■ **배경**: 중종 때 삼포왜란을 계기로 변방 방비를 목적으로 임시 기구로 설치됨 ■ **변천 과정**: 명종 때 을묘왜변을 계기로 상설 기구화 → 임진왜란 및 병자호란 등을 계기로 국정 총괄 기구로 발전 → 세도 정치기에 핵심 정치 기구로 변질됨 → 흥선 대원군 집권 시기에 혁파됨 ■ **특징**: 국정 총괄 기구 격상 이후 의정부 및 6조의 기능 유명무실화, 비국 또는 주사로도 불림

총 26회분 기출분석에서 나온 대표패턴을
최신 기출문제에서 뽑았습니다.

67회 24번

1. 다음 기사에 보도된 전투 이후의 사실로 옳은 것은?

[2점]

역사 신문

제△△호 　　　　　　　　　　　　　　　○○○○년 ○○월 ○○일

조·명 연합군, 평양성 탈환

평안도 도체찰사 류성룡, 도원수 김명원이 이끄는 관군이 명 제독 이여송 부대에 합세하여 평양성을 되찾았다. 이번 전투에서 아군은 불랑기포를 비롯한 화포가 위력을 발휘하여 일본군은 크게 패하고 남쪽으로 내려갔다. 이 전투의 승리는 향후 전쟁의 판도를 바꿀 것으로 기대된다.

① 송상현이 동래성에서 항전하였다.

② 권율이 행주산성에서 적군을 격퇴하였다.

③ 이순신이 한산도 앞바다에서 대승을 거두었다.

④ 신립이 탄금대 앞에서 배수의 진을 치고 싸웠다.

⑤ 최윤덕이 올라산성에서 이만주 부대를 정벌하였다.

키워드 추출

조·명 연합군, 평양성 탈환 – 평양성 전투, 1593·1

정답분석

② 임진왜란 때 행주 대첩(1593·2).

오답분석

① 송상현은 부산 동래성에서 항전하다가 순절하였다(동래성 전투, 1592·4).

③ 이순신이 이끄는 조선 수군은 한산도 앞바다에서 일본 수군에게 크게 승리하였다(한산도 대첩, 1592·7).

④ 신립은 충주의 탄금대에서 왜군에게 항전하다가 패배하였다(탄금대 전투, 1592·4).

⑤ 세종 때 최윤덕이 압록강 인근의 여진 세력을 소탕하고 4군을 설치하였다.

해품사의 합격Tip

임진왜란은 '부산진 전투-동래성 전투-탄금대 전투-선조의 의주 피란-한산도 대첩-진주 대첩-평양성 전투-행주 대첩-명량 대첩-노량 해전' 순으로 발생하였습니다.

[정답] ②

61회 24번

2. 밑줄 그은 '전란' 중에 있었던 사실로 옳은 것은?

[2점]

일기로 본 역사

이 책은 조선 시대 문신 어한명이 작성한 강도일기(江都日記)이다. 전란을 피해 봉림 대군과 인평 대군 등이 강화로 이동할 때 당시 경기좌도 수운판관이었던 저자가 왕실을 보호하여 강화 앞바다를 건너게 한 과정을 기록하고 있다. 당시 국왕과 세자는 강화로 가는 길이 막혀 남한산성으로 피란하였다.

① 정문부가 길주에서 의병을 이끌었다.

② 강홍립이 사르후 전투에 참전하였다.

③ 김시민이 진주성에서 적군을 크게 물리쳤다.

④ 임경업이 백마산성에서 적의 침입에 대비하였다.

⑤ 최윤덕이 올라산성에서 이만주 부대를 정벌하였다.

키워드 추출

남한산성 – 병자호란 때 인조가 청군에 항전한 장소

정답분석

④ 병자호란이 발생한 직후 임경업은 평안북도에 위치한 백마산성에서 청군의 침입에 대비하였다.

오답분석

① 임진왜란 때 정문부는 의병들을 이끌고 북관 대첩을 통해 왜군을 몰아냈다.

② 광해군은 강홍립 부대를 명나라에 파견하여 명분상 후금과의 전투를 지원하였다.

③ 임진왜란 때 김시민이 진주성에서 왜군을 크게 물리쳤다.

⑤ 조선 세종 때 최윤덕이 압록강 인근의 여진 세력을 소탕하고 4군을 설치하였다.

해품사의 합격Tip

병자호란과 관련된 역사적 사실 유형에서는 '관련 인물 또는 항전 장소(남한산성) 키워드를 파악'하는 것이 중요합니다.

[정답] ④

66회 25번

3. (가)에 들어갈 내용으로 가장 적절한 것은? [2점]

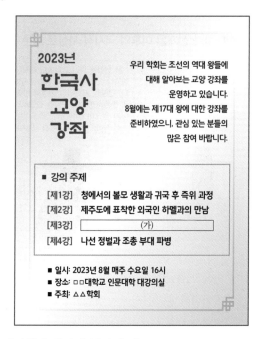

2023년
한국사 교양 강좌

우리 학회는 조선의 역대 왕들에 대해 알아보는 교양 강좌를 운영하고 있습니다. 8월에는 제17대 왕에 대한 강좌를 준비하였으니, 관심 있는 분들의 많은 참여 바랍니다.

■ 강의 주제
[제1강] 청에서의 볼모 생활과 귀국 후 즉위 과정
[제2강] 제주도에 표착한 외국인 하멜과의 만남
[제3강] (가)
[제4강] 나선 정벌과 조총 부대 파병

■ 일시: 2023년 8월 매주 수요일 16시
■ 장소: ㅁㅁ대학교 인문대학 대강의실
■ 주최: △△학회

① 어영청의 개편과 북벌 추진
② 위화도 회군과 과전법의 시행
③ 문신 재교육을 위한 초계문신제의 운영
④ 백두산정계비 건립과 청과의 국경 획정
⑤ 기유약조 체결을 통한 일본과의 무역 재개

키워드 추출
• 청에서의 볼모 생활 – 효종의 왕자 시절
• 외국인 하멜과의 만남 – 효종 때 네덜란드 출신의 하멜이 제주도에 표류됨
• 나선 정벌과 조총 부대 파견 – 효종은 청나라의 러시아 정벌에 조총 부대를 파견하여 지원함

정답분석
① 효종은 어영청을 중심으로 북벌을 추진하였다.

오답분석
② 위화도 회군 이후 과전법이 실시되었다.
③ 정조는 초계문신제를 실시하였다.
④ 숙종 때 백두산정계비가 건립되었다.
⑤ 기유약조를 체결한 시기의 왕은 광해군이다.

해품사의 합격Tip
한능검에서 조선 중기의 왕은 광해군 및 효종이 대표적입니다. 특히 효종은 북벌 추진 키워드가 자주 출제됩니다.

[정답] ①

63회 26번

4. (가) 기구에 대한 설명으로 옳은 것은? [1점]

오늘에 와서는 큰일이건 작은 일이건 중요한 것으로 취급되지 않는 것이 없어, 의정부는 한갓 헛이름만 지니고 6조는 모두 그 직임을 상실하였습니다. 명칭은 '변방의 방비를 담당하는 것'이라고 하면서 과거 시험에 대한 판하(判下)*나 비빈 간택 등의 일까지도 모두 (가) 을/를 경유하여 나옵니다. 명분이 바르지 못하고 말이 이치에 맞지 않음이 이보다 심할 수가 없습니다. 신의 어리석은 소견으로는 (가) 을/를 고쳐 정당(政堂)으로 칭하는 것이 상책이라 생각합니다.

*판하(判下): 안건을 임금이 허가하는 것

① 사헌부, 사간원과 함께 3사로 불렸다.
② 서얼 출신 학자들이 검서관에 등용되었다.
③ 흥선 대원군이 집권한 시기에 혁파되었다.
④ 서울과 수원에 설치되어 국왕의 호위를 맡았다.
⑤ 대사성을 수장으로 좨주, 직강 등의 관직을 두었다.

키워드 추출
• 의정부는 한갓 헛이름만 지니고 6조는 모두 그 직임을 상실 – 비변사의 역할 강화, 기존 중앙 정치 기구의 유명무실화
• 변방의 방비를 담당하는 것 – 비변사의 초기 설립 목적

정답분석
③ 흥선 대원군은 왕권 강화를 위하여 비변사를 혁파하였다.

오답분석
① 조선 시대의 사헌부, 사간원, 홍문관은 조선의 언론 기구인 삼사로 불렸다.
② 조선 정조 때 박제가, 유득공 등 일부 서얼 출신의 인물을 규장각 검서관으로 기용하였다.
④ 조선 정조 때 설치된 국왕 호위 부대인 장용영은 각각 서울과 수원에 설치되었다.
⑤ 조선 최고 교육 기관인 성균관에 대한 설명이다.

해품사의 합격Tip
비변사는 단독 유형으로 종종 출제되는 조선 시대의 대표적인 기구입니다. 이 기구의 경우 중종 때부터 흥선 대원군 집권까지의 다양한 역사적 사실을 활용하여 출제하며, 사료에서 의정부 및 6조의 유명무실화 맥락이 언급되는지 주목할 필요가 있습니다!

[정답] ③

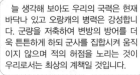
1.

밑줄 그은 '임금'의 재위 시기에 있었던 사실로 옳은 것은?

> 처음 광해가 동궁에 있을 때 선묘께서 바꾸려는 의사를 두었었는데, 결국 광해가 왕위를 계승하게 되자 영창대군을 몹시 시기하고 모후를 원수처럼 보아 그 시기와 의심이 날로 쌓였다. 적신 이이첨과 정인홍 등이 또 그의 악행을 종용하여 임해군과 영창 대군을 해도에 안치하여 죽이고 연흥 부원군 김제남을 멸족하는 등 여러 차례 대옥을 일으켜 무고한 사람들을 살육하였다. 임금이 윤리와 기강이 이미 무너져 종묘 사직이 망해가는 것을 보고 개연히 난을 제거하고 반정할 뜻을 두었다.

① 현직 관리를 대상으로 직전법을 실시하였다.
② 왕위 계승을 둘러싸고 왕자의 난이 발생하였다.
③ 총융청과 수어청을 설치하여 도성을 방비하였다.
④ 변급, 신류 등을 파견하여 나선 정벌을 단행하였다.
⑤ 시전 상인의 특권을 축소하는 신해통공을 단행하였다.

해품사 출제예언 – 인조

기존의 한능검에서 인조가 출제된 사례는 매우 적지만, 추후 출제 가능성이 있으므로 역사적 사실 중심으로 학습해 두세요!

키워드 추출
- 영창 대군을 해도에 안치하여 죽임 – 광해군은 자신의 이복동생인 영창 대군을 살해하는 계축옥사를 일으킴
- 임금이 난을 제거하고 반정할 뜻을 둠 – 인조반정을 통해 광해군이 폐위되고 인조가 즉위함

정답분석
③ 인조 때 경기도 일대와 남한산성 일대를 방어하기 위한 총융청과 수어청을 설치하였다.

오답분석
① 세조는 직전법을 시행하였다.
② 태조와 정종 때 왕자의 난이 발생하였다.
④ 효종은 청나라의 러시아 정벌에 조총 부대를 파견하여 지원하였다.
⑤ 정조는 자유로운 상업 활동을 보장하기 위한 목적으로 육의전을 제외한 시전 상인의 금난전권을 폐지하였다.

[정답] ③

2.

다음 가상 대화가 전개된 이후의 역사적 사실로 옳은 것은?

> 화의가 나라를 망친 것이 오늘날처럼 심한 적은 없었습니다. 신하된 자로서 부모의 원수와 형제의 의를 맺고 부모의 은혜를 저버릴 수 있겠습니까?

> 늘 생각해 보아도 우리의 국력은 현재 바닥에 있고 오랑캐의 병력은 강성합니다. 군량을 저축하여 변방의 방어를 더욱 튼튼하게 하되 군사를 집합시켜 움직이지 않으며 적의 허점을 노리는 것이 우리로서는 최상의 계책일 것입니다.

윤집

최명길

① 이괄이 이끈 반란군이 도성을 장악하였다.
② 정봉수와 이립이 용골산성에서 항전하였다.
③ 서인 세력의 주도로 인조반정이 발생하였다.
④ 소현 세자와 봉림 대군 등이 청에 인질로 끌려갔다.
⑤ 외적의 침입에 대비하고자 비변사가 처음 설치되었다.

해품사 출제예언 – 주전론 및 주화론

최근 기출에서 주전론 및 주화론과 관련된 키워드가 언급되었기 때문에, 앞으로의 기출 경향에서 주목할 필요가 있습니다!

키워드 추출
조선 16대 인조, 주전론과 주화론의 대립, 1636
- 윤집 – 주전론을 주장한 대표적인 인물
- 최명길 – 주화론을 주장한 대표적인 인물

정답분석
④ 병자호란이 종결된 직후 소현 세자와 봉림 대군 등의 왕족을 비롯하여 일부 백성들이 청나라에 인질로 끌려갔다(1636).

오답분석
① 이괄의 난은 1624년에 일어났다.
② 정묘호란 때 정봉수와 이립이 평안북도에 위치한 용골산성에서 후금에 항전하였다(정묘호란, 1627).
③ 서인은 인조반정을 통해 광해군을 폐위시키고 인조를 즉위시켰다(인조반정, 1623).
⑤ 조선 중종 때 삼포 왜란을 계기로 비변사가 처음 설치되었다(16세기 전반).

[정답] ④

어제의 오답 선지 = 내일의 정답 선지 | 한능검은 역사적 사실이 아닌 것은 선지에 포함하지 않습니다. 즉, 모든 선지는 사실이죠! 기출에서 오답 선지는 언제든 정답이 될 수 있습니다.

❗ 먼저 오른쪽 기출선지 키워드 암기를 가리고 왼쪽의 (빈칸)을 채워보세요. 그후 오른쪽 기출선지를 키워드 중심으로 달달 외우세요!

	기출선지 (키워드) 채우기	기출선지 키워드 암기	중요도
1	임진왜란 당시 ( )이 행주산성에서 적군을 격퇴하였다.	임진왜란 당시 권율이 행주산성에서 적군을 격퇴하였다. [53, 54, 55, 58, 67회]	★★
2	임진왜란 당시 ( )이 진주성에서 적군을 크게 물리쳤다.	임진왜란 당시 김시민이 진주성에서 적군을 크게 물리쳤다. [47, 55, 61, 66회]	★★
3	임진왜란 당시 ( )이 동래성에서 항전하였다.	임진왜란 당시 송상현이 동래성에서 항전하였다. [55, 64, 67회]	★★★
4	임진왜란 당시 ( )이 탄금대에서 배수의 진을 치고 전투를 벌였다.	임진왜란 당시 신립이 탄금대에서 배수의 진을 치고 전투를 벌였다. [51, 62, 67, 70, 72회]	★★★
5	임진왜란 당시 조·명 연합군이 ( )을 탈환하였다.	임진왜란 당시 조·명 연합군이 평양성을 탈환하였다. [54, 55, 65회]	★★
6	임진왜란 종결 이후 포로 송환을 목적으로 ( )을 회답 겸 쇄환사로 파견하였다.	임진왜란 종결 이후 포로 송환을 목적으로 유정을 회답 겸 쇄환사로 파견하였다. [50, 52, 56, 58, 59, 63회]	★★
7	임진왜란 당시 삼수병으로 구성된 ( )이 설치되었다.	임진왜란 당시 삼수병으로 구성된 훈련도감이 설치되었다. [47, 48, 49, 50, 52, 54, 55, 57, 58, 59, 62, 63, 66 70, 71회]	★★★
8	정묘호란 당시 정봉수와 이립이 ( )에서 항전하였다.	정묘호란 당시 정봉수와 이립이 용골산성에서 항전하였다. [47, 49, 53, 58, 66회]	★★
9	병자호란 당시 ( )이 강화도에서 순절하였다.	병자호란 당시 김상용이 강화도에서 순절하였다. [47, 60, 64, 66회]	★★
10	병자호란 당시 ( )이 광교산 전투에서 승리하였다.	병자호란 당시 김준룡이 광교산 전투에서 승리하였다. [48, 57, 65, 72회]	★★
11	병자호란 당시 왕이 도성을 떠나 ( )으로 피란하였다.	병자호란 당시 왕이 도성을 떠나 남한산성으로 피란하였다. [70회]	★★
12	병자호란 당시 임경업이 ( )에서 적의 침입에 대비하였다.	병자호란 당시 임경업이 백마산성에서 적의 침입에 대비하였다. [54, 60, 61회]	★★

☑ 테마 학습을 다 했다면, 테마 맨 앞 키워드 판서로 돌아가 복습하세요!

조선 후기의 정치 및 붕당의 대립

☑ 시기: 16세기 후반~19세기 전반   ☑ 중요도 및 평균 출제율: 81% ★★★
☑ 난이도: 어려움 → 조선 후기 왕 업적 유형의 경우 출제되는 키워드가 고정적이나, 붕당의 대립 사건 흐름이 상당히 복잡함!

흐름형 시대의 흐름을 따라가며 보면 좋은 유형

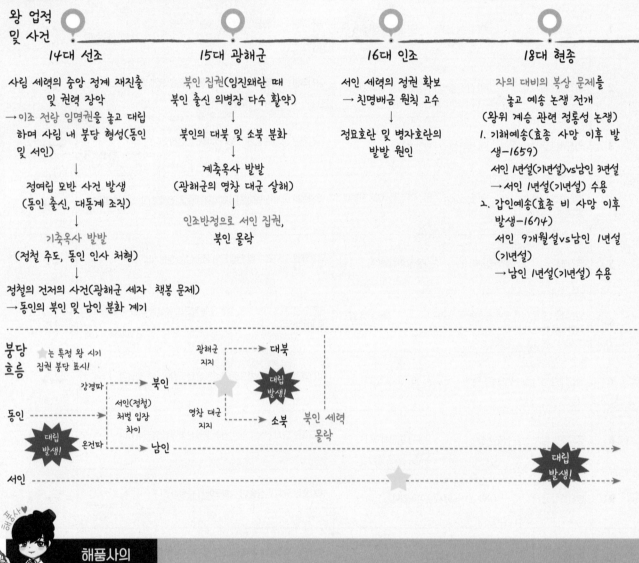

왕 업적 및 사건

14대 선조

사림 세력의 중앙 정계 재진출 및 권력 장악
→ 이조 전랑 임명권을 놓고 대립하며 사림 내 붕당 형성(동인 및 서인)
↓
정여립 모반 사건 발생
(동인 출신, 대동계 조직)
↓
기축옥사 발발
(정철 주도, 동인 인사 처형)
↓
정철의 건저의 사건(광해군 세자 책봉 문제)
→ 동인의 북인 및 남인 분화 계기

15대 광해군

북인 집권(임진왜란 때 북인 출신 의병장 다수 활약)
↓
북인의 대북 및 소북 분화
↓
계축옥사 발발
(광해군의 영창 대군 살해)
↓
인조반정으로 서인 집권, 북인 몰락

16대 인조

서인 세력의 정권 확보
→ 친명배금 원칙 고수
↓
정묘호란 및 병자호란의 발발 원인

18대 현종

자의 대비의 복상 문제를 놓고 예송 논쟁 전개
(왕위 계승 관련 정통성 논쟁)
1. 기해예송(효종 사망 이후 발생-1659)
   서인 1년설(기년설)vs남인 3년설
   → 서인 1년설(기년설) 수용
2. 갑인예송(효종 비 사망 이후 발생-1674)
   서인 9개월설vs남인 1년설(기년설)
   → 남인 1년설(기년설) 수용

붕당 흐름 ★는 특정 왕 시기 집권 붕당 표시!

동인 → 강경파 → 북인 → 광해군 지지 → 대북 / 영창 대군 지지 → 소북 북인 세력 몰락
서인(정철) 처벌 입장 차이
온건파 → 남인
대립 발생!
대립 발생!
서인
대립 발생!

해품사의 테마 출제예언!

1) 영조 및 정조 관련 빈출 키워드 우선적으로 암기하기!   2) 예송 및 환국의 전개 과정 우선적으로 공략하기!   3) 이외 붕당 대립 관련 사건 간단히 이해하기!

해품사 한능검 키워드 판서

✓ 테마 학습을 다 하고 난 후, 다시 돌아와서 한 번 더 보세요!

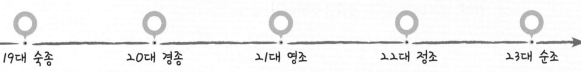

19대 숙종

1. 정책: 금위영 설치(5 군영 완성), 대동법 전국 시행, 만동묘 및 대보단 설치(만력제 제사), 상평통보 발행, 세 차례의 환국 발생
2. 외교: 백두산정계비 건립, 안용복의 독도 수호 활동

20대 경종

왕세제(연잉군─영조) 대리청정 건의로 노론과 소론 대립
↓
목호룡의 고변
(노론의 경종 암살 모의)
↓
신임사화 발생
(노론 4대신 처형)

21대 영조

1. 정책: 균역법 시행(군포 감소), 신문고 부활, 청계천 준설(준천사), 탕평책 실시 및 탕평비 건립 →정조도 준론 탕평책 시행!
2. 기록유산: 『동국문헌비고』(문물 백과사전), 『속대전』(법전)
3. 사건: 이인좌의 난 →남인 및 소론 강경파의 주도로 영조 및 노론 타도 시도

22대 정조

1. 가족: 사도세자(아버지), 혜경궁 홍씨(어머니)
2. 정책: 신해통공 시행 (금난전권 철폐), 장용영 설치, 초계문신제 시행
3. 기록 유산: 『고금도서집성』(청), 『동문휘고』(외교), 『대전통편』(법전), 『무예도보통지』(무예 훈련)
4. 문화유산: 규장각, 배다리, 수원 화성

23대 순조

1. 정책: 공노비 해방 (1801)
2. 사건: 신유박해(1801), 홍경래의 난(1811)

붕당 흐름

★는 특정 왕 시기 집권 붕당 표시!

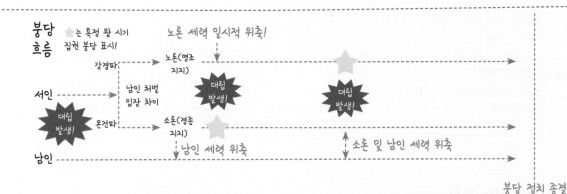

노론 세력 일시적 위축!

서인 → 강경파 → 노론(영조 지지)

남인 처벌 입장 차이

온건파 → 소론(경종 지지)

대립 발생!

대립 발생!

대립 발생!

↓남인 세력 위축

↑ 소론 및 남인 세력 위축

붕당 정치 종결

쉽게 출제될 경우	VS	어렵게 출제될 경우

기출 → 64, 66, 71회

: 조선 시대 후기 왕의 빈출 업적 유형을 출제함

⇨ 백두산정계비 건립, 상평통보 발행, 환국 발생 / 균역법 시행, 『속대전』 편찬, 청계천 준설, 탕평책 실시 및 탕평비 건립 / 사도세자, 『대전통편』 편찬, 서얼 규장각 검서관 기용, 수원 화성, 신해통공 실시, 초계문신제 시행

기출 → 55, 60, 61회

: 조선 시대 붕당의 대립과 관련된 다양한 사건을 출제함

⇨ 정여립 모반 사건 → 기축옥사 / 기해예송 → 갑인예송 / 경신 환국 → 기사환국 → 갑술환국

17 조선 후기의 정치 및 붕당의 대립

 해품사 공지사항!

총 26회분(47회~72회) 기출에서 단 한 번이라도 언급된 내용은 모두 포함!

빨간색 키워드는 약 80% 이상 확률로 출제된 중요 키워드이므로 우선 암기

　　　키워드는 그중에서도 직접적인 정답 키워드로 자주 언급되는 것

☆~☆☆☆ 테마 안에서도 더욱 빈출인 주제에 표시

1 조선 시대 후기 왕의 업적 ☆☆☆

조선 후기 왕의 업적	■ **19대 숙종(17세기~18세기)** 　- **정책**: 금위영 설치(5군영 완성), 대동법 전국 시행, 만동묘 및 대보단 설치(만력제 제사 용도), 상평통보 발행, 세 차례의 환국 발생 　- **외교**: 백두산정계비 건립, 안용복의 독도 수호 활동 ■ **21대 영조(18세기)** 　- **정책**: 균역법 시행(군포 감소), 신문고 부활, 청계천 준설(준천사 담당), 탕평책 실시 및 탕평비 건립 　　　　　　　　　　　　　　　　　　　　　　　　　　└ 정조도 준론 탕평책 실시 주의! 　- **기록 유산**: 『동국문헌비고』(문물 백과사전), 『속대전』 편찬(법전) 　- **사건**: 이인좌의 난 ■ **22대 정조(18세기)** 　- **가족**: 사도세자(아버지), 혜경궁 홍씨(어머니) 　- **정책**: 신해통공 실시(육의전 제외 시전상인의 금난전권 철폐), 장용영 설치, 초계문신제 시행(젊은 관리 재교육 목적) 　- **기록 유산**: 『고금도서집성』 수입(중국의 백과사전), 『동문휘고』(외교 문서집), 『대전통편』(법전) 『무예도보통지』(무예 훈련 교범) 　　　　　　　　　　　　　　　　　　　　　　　└ 흥선 대원군 집권 시기에 편찬된 『대전회통』과 혼동 주의! 　- **문화유산**: 규장각(학술 연구 기관, 박제가·유득공 등 서얼 출신 인사 검서관 기용), 배다리 및 수원 화성 건립 ■ **23대 순조(19세기)** 　- **정책**: 공노비 해방(약 6만 명 궁중 및 궁방 노비 해방) 　- **역사적 사건**: 신유박해(1801-이승훈, 정약용, 정약전 등 처벌), 홍경래의 난(1811-서북 지역 차별 반발, 홍경래 및 우군칙 등 주도)

2 조선 시대 붕당의 대립 흐름 ☆☆

붕당의 형성 및 초기 대립(선조 및 광해군)	■ **배경**: 선조 때 사림 세력이 중앙 정계로 진출하며 권력 장악 → 이조 전랑 임명권을 놓고 김효원과 심의겸이 대립함 → 사림 내 붕당 형성 및 동인(김효원, 이황 중심)과 서인(심의겸, 이이 중심)으로 분화 ■ **선조 때 대립 사례**: 정여립 모반 사건 발생(동인 출신, 대동계 조직) → 기축옥사 발발(서인 출신 정철 주도, 동인 출신 인사 대거 처형) → 정철의 건저의 사건(광해군 세자 책봉 문제) 발생 → 정철에 대한 처벌을 놓고 동인이 북인(강경파)과 남인(온건파)으로 분화됨 ■ **광해군 때 대립 사례**: 광해군 집권 이후 북인 집권(임진왜란 당시 북인 출신의 의병장 다수 활동) → 북인의 대북(광해군 지지) 및 소북(영창 대군 지지) 분화 → 계축옥사 발발(광해군의 영창 대군 사사) → 인조반정을 계기로 서인 집권 및 북인 몰락, 서인의 친명배금 원칙 고수(정묘호란 및 병자호란 발발 원인)

예송의 전개 과정(현종)	■ 배경: 현종 때 자의 대비의 복상 문제를 놓고 효종의 왕위 계승과 관련된 정통성 논쟁 발생, 주자가례에 대한 해석을 놓고 서인 및 남인 대립 ■ 1차 예송 논쟁(기해예송-1659): 효종 사망 이후 상복 기간을 두고 논쟁 → 서인의 1년설(기년설) vs 남인의 3년설(참최설) 대립 → 서인의 주장 채택 ■ 2차 예송 논쟁(갑인예송-1674): 효종 비 사망 이후 상복 기간을 두고 논쟁 → 서인의 9개월설(대공설) vs 남인의 1년설(기년설) 대립 → 남인의 주장 채택
환국의 전개 과정(숙종)	■ 기본 정의: 정국을 주도하는 붕당이 급격히 다른 붕당으로 교체되는 상황 ■ 경신환국(서인 집권-1680): 허적의 유악(군사용 천막) 사건을 계기로 허적, 윤휴 등 남인 인사 대거 숙청 → 서인 집권 이후 남인 처벌 문제 및 정치적 입장 대립으로 노론(대의명분) 및 소론(실리)으로 분화됨 ■ 기사환국(남인 집권-1689): 장희빈의 소생(아들)인 경종의 원자 책봉(세자 책봉) 문제를 놓고 송시열 등 서인 세력이 반대함 → 송시열 및 서인 세력 몰락 및 남인 집권 ■ 갑술환국(서인 집권-1694): 남인 세력이 인현 왕후 복위 문제 및 송시열 관작 복위 등 반대 → 남인 세력 몰락 및 서인 재집권
이외 붕당의 대립 사례 (경종~영조)	■ 경종 때 대립 사례: 노론의 왕세제(연잉군-영조) 대리청정(왕 업무 대리 수행) 건의로 인해 노론(영조 지지) 및 소론(경종 지지) 대립 발생 → 목호룡의 고변(노론의 경종 암살 모의 혐의) 제기 → 신임사화 발생(노론 4대신 처형) ■ 영조 때 대립 사례: 이인좌의 난 발생(남인 및 소론 강경파 주도, 영조 및 노론 타도 목적)

필수 사료와 자료

붕당의 형성
처음에 심의겸이 외척으로 권세를 부리니 당시 명망 있는 사람들이 섬겨 따랐다. 그런데 김효원이 전랑(銓郞)이 되어 그들을 배척하자 심의겸의 무리가 그를 미워하니, 점차 사림이 나뉘어 동인과 서인이라는 말이 나오게 되었다.

기해예송 당시 서인과 남인의 주장 사례
· 송준길이 아뢰었다. "적처(嫡妻) 소생이라도 둘째부터는 서자입니다. … 둘째 아들은 비록 왕통을 계승하였더라도 (그를 위해서는) 3년 복을 입어서는 안됩니다."

- 『현종실록』 -

· 허목이 상소하였다. "장자를 위해 3년 복을 입는다는 것은 위로 쳐서 정체(正體)이기 때문입니다. … 첫째 아들이 죽어서 적처 소생의 둘째를 세우는 것도 역시 장자라고 부릅니다."

- 『현종실록』 -

환국의 전개 과정
· 임금이 궐내에 있던 기름 먹인 장막을 허적이 벌써 가져갔음을 듣고 노하여 이르기를, "궐내에서 쓰는 것을 마음대로 가져가는 것은 한명회도 못하던 짓이다."라고 하였다. … 임금이 허적의 당파가 많아 기세가 당당하다는 말을 듣고 그들을 제거하고자 결심하였다.

- 『연려실기술』 -

· 임금이 말하기를 "송시열은 산림의 영수로서 나라의 형세가 험난한 때에 감히 원자(元子)의 명호를 정한 것이 너무 이르다고 하였으니, 삭탈 관작하고 성문 밖으로 내쳐라. 반드시 송시열을 구하려는 자가 있겠지만, 그런 자는 비록 대신이라 하더라도 용서하지 않을 것이다."라고 하였다.

- 『숙종실록』 -

· 비망기를 내려, "국운이 안정되어 왕비가 복위하였으니, 백성에게 두 임금이 없는 것은 고금을 통한 의리이다. 장씨의 왕후 지위를 거두고 옛 작호인 희빈을 내려주되, 세자가 조석으로 문안하는 예는 폐하지 않도록 하라."라고 하였다.

- 『숙종실록』 -

총 26회분 기출분석에서 나온 대표패턴을
최신 기출문제에서 뽑았습니다.

66회 23번

1. (가) 왕에 대한 설명으로 옳은 것은? [1점]

특별 전시회

탕평 군주
(가) 을/를
만나다

■ 기간: 2023년 ○○월 ○○일~○○월 ○○일
■ 장소: △△ 박물관 특별 전시실

전시 유물 소개

『**수문상친림관역도**』
한성의 홍수 예방을 위해 실시한 청계천 준설 공사 현장을 (가) 이/가 지켜보는 모습을 담은 그림

『**균역사실**』
균역법의 제정 배경 및 과정, 균역청의 운영 등을 담은 책

① 학문 연구 기관으로 집현전을 두었다.

② 삼수병으로 구성된 훈련도감을 설치하였다.

③ 속대전을 편찬하여 통치 체제를 정비하였다.

④ 궁중 음악을 집대성한 악학궤범을 편찬하였다.

⑤ 시전 상인의 특권을 축소하는 신해통공을 단행하였다.

키워드 추출

탕평 군주, 청계천 준설, 균역법 – 조선 영조의 정책 사례

정답분석

③『속대전』은 조선 영조 때에 편찬된 법전이다.

오답분석

① 조선 세종 때 학문 연구 기관으로 집현전이 설치되었다.

② 훈련도감이 설치된 시기의 왕은 선조이다.

④ 조선 성종은 궁중 음악을 비롯하여 여러 음악의 이론 및 제도 등을 설명한 『악학궤범』을 간행하였다.

⑤ 조선 후기 정조는 육의전을 제외한 시전 상인의 금난전권을 폐지하는 신해통공을 단행하였다.

해품사의 합격Tip

한능검에서 조선 후기의 왕 업적 유형은 '영조와 정조를 중심으로 출제' 됩니다. 특히 영조가 출제될 경우 『속대전』과 탕평책(탕평비)이 직접적으로 언급될 가능성이 높습니다!

[정답] ③

68회 26번

2. 다음 상황이 나타난 시기를 연표에서 옳게 고른 것은? [3점]

○ 송준길이 아뢰었다. "적처(嫡妻) 소생이라도 둘째부터는 서자입니다. …… 둘째 아들은 비록 왕통을 계승하였더라도 (그를 위해서는) 3년 복을 입어서는 안 됩니다."

○ 허목이 상소하였다. "장자를 위해 3년 복을 입는다는 것은 위로 쳐서 정체(正體)이기 때문입니다. …… 첫째 아들이 죽어서 적처 소생의 둘째를 세우는 것도 역시 장자라고 부릅니다."

	(가)		(나)		(다)		(라)		(마)	
계유정난		중종반정		을사사화		인조반정		경신환국		이인좌의 난

① (가)　② (나)　③ (다)　④ (라)　⑤ (마)

키워드 추출

문제에 제시된 사건 [조선 18대 현종, 기해예송, 1659]

• 송준길, 둘째 아들은 비록 왕통을 계승하였더라도 그를 위해서는 3년 복을 입어서는 안 됩니다 – 기년설(1년 상복)을 주장한 대표적인 서인 세력

• 허목, 장자를 위해 3년 복을 입는다는 것은 위로 쳐서 정체(正體)이기 때문입니다 – 참최설(3년 상복)을 주장한 대표적인 남인 세력

정답분석

④ 기해예송은 현종 때 발생하였기 때문에, 흐름상 인조반정이 발생한 광해군 대와 경신환국이 발생한 숙종 대 사이인 ④번이 적절하다.

해품사의 합격Tip

한능검에서 예송 논쟁과 관련된 유형을 출제할 경우 '주로 흐름형 유형으로 제시' 된 사례가 많습니다. 그러므로 특정 붕당이 주장하는 상복 기간 암기에 치중하는 것보다는 예송이 발생한 시기를 이해하는 것에 더욱 중점을 두는 것을 권장드립니다!

[정답] ④

61회 26번

3. (가) 왕이 추진한 정책으로 옳은 것은? [1점]

서호천을 따라 (가) 의 자취를 느끼다

우리 역사 동아리에서는 (가) 와/과 관련된 유적을 돌아보는 답사 프로그램을 마련하였습니다.

축만제 / 노송지대 / 지지대비 / 도착
출발

왕이 수원 화성 및 장용영 운영을 위해 조성한 둔전의 수리 시설

왕이 현륭원* 식목관에 내탕금을 내려 소나무 등을 심도록 한 곳
*현륭원: 왕의 생부인 사도세자의 무덤

왕의 효심을 기리기 위해 아들 순조가 건립한 비

■ 일시: 2022년 10월 22일 10시
■ 출발 장소: 서호 공원

① 경기도에 한하여 대동법을 시행하였다.
② 군역 부담을 줄이기 위해 균역법을 제정하였다.
③ 육의전을 제외한 시전 상인의 금난전권을 폐지하였다.
④ 제한된 규모의 무역을 허용한 계해약조를 체결하였다.
⑤ 현직 관리에게만 수조권을 지급하는 직전법을 실시하였다.

키워드 추출

수원 화성 – 조선 정조 때 설치된 문화 유산

정답분석

③ 조선 정조 때 시행된 경제 정책이다.

오답분석

① 조선 광해군 때 경기도 지역에 대동법을 처음 시행하였다.
② 조선 영조 때 균역법이 제정되었다.
④ 계해약조는 세종 때 체결하였다.
⑤ 직전법은 세조 때 시행하였다.

해품사의 합격Tip

한능검에서 정조의 경우 '사도세자·혜경궁 홍씨 등 가족과 관련된 키워드가 언급'될 가능성이 높습니다.

[정답] ③

69회 26번

4. (가) 시기에 있었던 사실로 옳은 것은? [3점]

며칠 전 주상께서 희빈 장씨가 낳은 왕자를 원자로 삼으셨다고 하네.

중전께서 아직 젊으신데 너무 성급한 결정은 아닌지 우려스럽네.

(가)

장씨에게 내렸던 왕후의 지위를 거두고 옛 작호인 희빈을 내려주도록 하라.

① 무신 이징옥이 반란을 일으켰다.
② 송시열이 유배된 후 사사되었다.
③ 자의 대비의 복상 문제로 예송이 일어났다.
④ 정여립 모반 사건을 빌미로 기축옥사가 발생하였다.
⑤ 붕당 정치의 폐해를 막기 위해 탕평비가 건립되었다.

키워드 추출

• 주상께서 희빈 장씨가 낳은 왕자를 원자로 삼음 – 희빈 장씨 소생의 원자 책봉(1689)
• 장씨에게 내렸던 왕후의 지위를 거두고 옛 작호인 희빈을 내려줌 – 인현 왕후 복위 및 왕비 장씨의 지위 강등(1694)

정답분석

② 송시열은 희빈 장씨 소생의 원자 책봉이 이르다고 상소하였다가 유배 후 사사되었으며, 이로 인해 서인이 몰락하고 남인이 권력을 차지하였다(기사환국, 1689).

오답분석

① 이징옥은 계유정난 이후 여진족에게 지원을 요청하며 반란을 모의하려다 죽임을 당하였다(이징옥의 난, 1453).
③ 조선 현종 때 자의 대비의 복상 문제를 계기로 두 차례의 예송이 발생하였다.
④ 조선 선조 때 정여립의 모반 사건을 계기로 서인이 동인을 처벌하는 기축옥사를 주도하였다.
⑤ 조선 영조는 탕평책의 의지를 담은 탕평비를 건립하였다.

해품사의 합격Tip

한능검에서 출제하는 환국 유형은 '경신환국 → 기사환국 → 갑술환국의 흐름 및 관련 키워드를 암기'하는 것이 중요합니다.

[정답] ②

1.

(가) 왕의 재위 시기에 있었던 사실로 옳은 것은?

① 청과 국경을 정하는 백두산정계비가 건립되었다.
② 한양을 기준으로 한 역법서인 칠정산을 만들었다.
③ 붕당의 폐해를 경계하기 위한 탕평비를 건립하였다.
④ 통치 체제를 정비하기 위해 대전통편이 편찬되었다.
⑤ 각 궁방과 중앙 관서의 공노비 6만여 명을 해방시켰다.

해품사 출제예언 – 숙종

기존에는 '조선 후기 왕의 업적 유형에서 영조·정조를 중심으로 출제'하였습니다. 앞으로의 경향을 고려할 때 숙종과 관련된 역사적 사실도 보충하는 것을 권장합니다.

키워드 추출
상평통보 – 조선 숙종 때 발행한 법정 화폐

정답분석
① 조선 숙종 때 청과 국경을 나눈 백두산정계비를 건립하였다.

오답분석
② 조선 세종 때 우리나라의 실정에 맞는 역법서인 『칠정산』을 간행하였다.
③ 조선 영조는 탕평책의 의지를 담은 탕평비를 건립하였다.
④ 『대전통편』은 정조 때 편찬한 법전이다.
⑤ 조선의 순조 때 내노비와 시노비 등 약 6만여 명의 공노비를 양민으로 해방시켰다.

[정답] ①

2.

(가) 시기에 있었던 사실로 옳은 것은?

① 사림이 동인과 서인으로 나뉘었다.
② 위훈 삭제를 주장한 조광조 일파가 축출되었다.
③ 인현 왕후가 폐위되고 남인이 권력을 차지하였다.
④ 이인좌를 중심으로 한 소론 세력이 난을 일으켰다.
⑤ 효종 사망 이후 상복 기간을 두고 기해예송이 전개되었다.

해품사 출제예언 – 붕당의 대립 사례

한능검에서 붕당의 흐름을 어렵게 출제하기 위해서 가끔 '선조 대부터 숙종 대까지 발생하였던 붕당의 대립 사례를 동시에 연계'하는 유형을 출제합니다.

키워드 추출
• 정철의 주도로 수많은 동인 출신의 인사들이 심문을 받음 – 선조 때의 기축옥사(1589)
• 허적이 궐내에서 쓰는 유악을 자신의 집의 연회를 위해 멋대로 가져감 – 숙종 때 일어난 경신환국의 원인(1680)

정답분석
⑤ 현종 때 자의 대비의 복상 문제로 기해예송이 일어났다(1659).

오답분석
① 선조 때 이조 전랑 임명권을 놓고 사림이 동인과 서인으로 분화되었다(붕당형성, 1575).
② 중종 때 훈구파가 조광조 등 신진 사림 세력들을 견제하기 위한 기묘사화를 주도하였다(기묘사화, 1519).
③ 숙종 때 발생한 기사환국의 결과 인현 왕후가 폐위되고 남인이 권력을 차지하였다(기사환국, 1689).
④ 영조 즉위 이후 세력이 약화된 소론이 영조의 즉위에 비판을 제기하며 반란을 주도하였다(이인좌의 난, 1728).

[정답] ⑤

어제의 오답 선지 = 내일의 정답 선지 | 한능검은 역사적 사실이 아닌 것은 선지에 포함하지 않습니다. 즉, 모든 선지는 사실이죠! 기출에서 오답 선지는 언제든 정답이 될 수 있습니다.

🔔 먼저 오른쪽 기출선지 키워드 암기를 가리고 왼쪽의 (빈칸)을 채워보세요. 그후 오른쪽 기출선지를 키워드 중심으로 달달 외우세요!

	기출선지 (키워드) 채우기	기출선지 키워드 암기	중요도
1	숙종 때 (　　　)를 세워 청과의 국경을 정하였다.	숙종 때 백두산정계비를 세워 청과의 국경을 정하였다. [47, 52, 53, 57, 58, 65, 66, 70, 72회]	★★★
2	숙종 때 수도 방어를 위하여 (　　　)이 창설되었다.	숙종 때 수도 방어를 위하여 금위영이 창설되었다. [51, 58, 69, 71회]	★★
3	영조 때 군역의 부담을 줄여주기 위해 (　　　)을 시행하였다.	영조 때 군역의 부담을 줄여주기 위해 균역법을 시행하였다. [50, 51, 53, 56, 61, 68회]	★★
4	영조 때 붕당의 폐해를 경계하기 위한 (　　　)가 건립되었다.	영조 때 붕당의 폐해를 경계하기 위한 탕평비가 건립되었다. [47, 49, 52, 53, 54, 55, 56, 57, 62, 65, 67, 69, 70, 72회]	★★★
5	영조 때 (　　　)을 편찬하여 통치 체제를 정비하였다.	영조 때 속대전을 편찬하여 통치 체제를 정비하였다. [47, 54, 58, 61, 63, 65, 66, 70, 72회]	★★★
6	영조 때 역대 문물 제도를 정리한 (　　　)를 편찬하였다.	영조 때 역대 문물 제도를 정리한 동국문헌비고를 편찬하였다. [49, 50, 52, 54, 59, 64, 66, 69회]	★★
7	정조 때 국왕의 친위 부대인 (　　　)이 창설되었다.	정조 때 국왕의 친위 부대인 장용영이 창설되었다. [47, 48, 51, 52, 53, 54, 55, 57, 58, 59, 63, 68, 70, 71회]	★★★
8	정조 때 (　　　) 출신의 학자들이 검서관으로 기용되었다.	정조 때 서얼 출신의 학자들이 검서관으로 기용되었다. [48, 49, 58, 59, 62, 63, 65, 66, 72회]	★★★
9	정조 때 시전 상인의 특권을 축소하는 (　　　)을 단행하였다.	정조 때 시전 상인의 특권을 축소하는 신해통공을 단행하였다. [48, 50, 53, 55, 56, 57, 58, 60, 61, 62, 65, 66, 69, 70, 71회]	★★★
10	정조 때 (　　　)를 시행하여 문신을 재교육하였다.	정조 때 초계문신제를 시행하여 문신을 재교육하였다. [50, 51, 52, 54, 55, 56, 57, 58, 63, 64, 66, 67, 68, 69, 70, 71, 72회]	★★★
11	정조 때 통치 체제를 정비하기 위해 (　　　)을 간행하였다.	정조 때 통치 체제를 정비하기 위해 대전통편을 간행하였다. [48, 55, 62, 71회]	★★★
12	(　　　)을 둘러싸고 김효원과 심의겸이 대립하며 동인과 서인으로 나뉘었다.	이조 전랑 임명을 둘러싸고 김효원과 심의겸이 대립하며 동인과 서인으로 나뉘었다. [55, 60, 62, 72회]	★★
13	선조 때 정여립 모반 사건을 빌미로 (　　　)가 일어났다.	선조 때 정여립 모반 사건을 빌미로 기축옥사가 일어났다. [49, 51, 53, 54, 55, 57, 58, 64, 66, 69, 70, 71회]	★★★
14	현종 때 자의 대비의 복상 문제를 놓고 (　　　)이 전개되었다.	현종 때 자의 대비의 복상 문제를 놓고 예송이 전개되었다. [49, 51, 53, 57, 60, 64, 65, 66, 67, 69, 70회]	★★★
15	(　　　)이 발생한 이후 허적과 윤휴 등 남인이 대거 축출되었다.	경신환국이 발생한 이후 허적과 윤휴 등 남인이 대거 축출되었다. [51, 54, 64회]	★★
16	희빈 장씨 소생의 원자 책봉 문제로 (　　　)이 발생하였다.	희빈 장씨 소생의 원자 책봉 문제로 기사환국이 발생하였다. [49, 52, 57, 59, 60, 63, 66, 69회]	★★★

✅ 테마 학습을 다 했다면, 테마 맨 앞 키워드 판서로 돌아가 복습하세요!

조선 후기의 사회상 및 외교 흐름

✓ 시기: 약 17세기 전반~19세기 중반 ✓ 중요도 및 평균 출제율: 100% 출제! ★★★★
✓ 난이도: 쉬움 → 사회상 유형은 빈출 키워드를 중심으로 반복되어 출제되기 때문에, 암기만 기반이 되면 쉽게 공략할 수 있음!

흐름형 시대의 흐름을 따라가며 보면 좋은 유형

조세 개혁

15대 광해군 대동법	16대 인조 영정법	21대 영조 균역법
1. 배경: 방납(공납)의 폐단 발생→이원익의 건의로 경기도 지역 한정 시행	1. 배경: 양난을 계기로 재정 수입 감소 및 농민 생활 피폐, 기존 공법의 복잡한 징수 절차로 인한 조세 수취의 어려움	1. 배경: 군역의 부담 완화, 군포 폐단 극복 (예 백골징포, 황구첨정)
2. 특징: 기존의 특산물을 쌀, 베, 동전 등 으로 납부, 선혜청에서 조세 수취 담당	2. 특징: 풍흉에 관계없이 1결당 4~6두 전세 부과	2. 특징: 기존에 납부하던 군포를 2필→1필 로 감소
3. 영향: 공인의 등장 배경, 숙종 때 전국 시행(평안도, 함경도 제외)		3. 조세 보충 방안: 어장세, 염세, 선박세 등 국가 재정 귀속, 선무군관포 징수, 지주에게 1결당 2두의 결작세 부과

암기형 시대를 몰라도 키워드만 알면 풀 수 있는 유형

사회상(경제)

- 모내기법의 전국 확대 ──→ • 상품 작물 재배 시작(예 담배, 목화, 인삼 등)
  - 구황 작물의 전래(감자 및 고구마)

장시(시장)의 활성화

다양한 상인(사상)의 활동	화폐 유통	대외 무역의 활성화
객주 및 여각, 경강 상인, 내상, 만상, 송상, 시전 상인, 보부상	숙종 때 상평통보 발행→법화 사용	• 일본 및 청나라와 개시 무역(공무역) 및 후시 무역(밀무역) 주도 • 초량 왜관 설치 └ 조선 전기의 염포, 제포 왜관과 혼동 주의!

사회상(문화)

다양한 신분의 문화 활동 향유
- → 양반
  문화유산 향유: 진경산수화(그림), 청화 백자
  └ 조선 전기의 분청사기와 혼동 주의!
- → 중인
  문화 활동 향유: 시사(詩社)를 조직 하여 문학 활동 전개
- → 평인(서민)
  • 민간 내 민화, 사설시조 유행
  • 탈춤 및 판소리의 활성화
  • 한글 소설 유행(예 「춘향전」, 「홍길동 전」)→전기수 등장

해품사의 테마 출제예언!

1) 조선 시대 후기의 경제상 및 문화 사례 빈출 키워 드 암기하기!

2) 대동법, 영정법, 균역법의 시행 원인, 특징, 영향 파악하기!

3) 조선 시대 전기 및 후기에 교류한 국가 및 활동 사례 구별하기!

해품사 한능검 키워드 판서

⊘ 테마 학습을 다 하고 난 후, 다시 돌아와서 한 번 더 보세요!

흐름형 시대의 흐름을 따라가며 보면 좋은 유형

조선 전기 ────── **조선 후기** ────────────→

중국(명나라)

교류
- 성절사·천추사·하정사 파견(정기적)
- 조천사 파견(비정기적)

대립
정도전의 요동 정벌 추진

중국(청나라)

교류
- 백두산정계비 건립
- 연행사 파견 → 중상학파 형성 영향

대립
병자호란 발생 → 효종의 북벌 추진 및 어영청 확대

일본

교류
- 염포, 제포, 부산포 개항 → 계해약조 체결
- 동평관 설치
  └→ 여진의 북평관과 구별!
- 신숙주의 『해동제국기』 편찬

일본

교류
- 기유약조 체결, 초량 왜관 개항
- 통신사 파견 → 한양에서 에도로 이동, 동아시아 문물 교류 역할, 관련 기록물 세계 기록 유산 등재

대립
임진왜란 발발

여진

교류
- 북평관 개설(여진 사신 접대)
- 무역소 설치

대립
4군 6진 개척(최윤덕 및 김종서)

쉽게 출제될 경우   VS   어렵게 출제될 경우

기출 → 68, 70회

: 조선 후기의 경제상 또는 조선 후기의 문화 사례를 전반적으로 파악하는 유형 출제!

⇒ 모내기법 전국 시행, 상품 작물 재배, 공인 활동, 만상 및 송상 등 활동, 상평통보 발행, 초량 왜관 설치, 덕대 활동 및 설점수 세제 시행 / 중인의 시사 조직, 판소리 및 탈춤 유행, 전기수의 활동, 한글 소설 유행

기출 → 59, 65, 69, 72회

: 조선 후기의 조세 개혁 및 대외 관계의 흐름 출제!

⇒ 방납의 폐단, 선혜청, 공인의 출현 계기 / 풍흉에 관계없이 1결당 4~6두 조세 부과 / 어장세, 염세, 선박세 등 부과, 선무군관포 부과, 지주에게 1결당 2두 결작세 부과

18 조선 후기의 사회상 및 외교 흐름

 해품사 공지사항!

총 26회분(47회~72회) 기출에서 단 한 번이라도 언급된 내용은 모두 포함!

빨간색 키워드는 약 80% 이상 확률로 출제된 중요 키워드이므로 우선 암기

키워드는 그중에서도 직접적인 정답 키워드로 자주 언급되는 것

☆~☆☆☆ 테마 안에서도 더욱 빈출인 주제에 표시

1 조선 시대 후기의 경제 상황 및 문화 ☆☆☆

조선 후기의 경제 상황	■ 농법 및 수리 시설의 발달: 모내기법의 전국 시행 확대 ■ 다양한 작물 재배 시작: 상품 작물 재배(例 고추, 담배, 목화, 인삼 등), 구황 작물 전래(감자 및 고구마) ■ 시장의 활성화 및 다양한 상인들의 활동: 공인 활동(대동법 영향), 장시 활성화, 내상, 만상, 송상 등 다양한 사상(私商) 등장 ■ 공식 화폐 발행: 숙종 때 상평통보 발행 및 법화 사용 ┌ 조선 전기의 염포 및 제포 왜관 시기 혼동 주의! ■ 대외 무역 발생: 일본 및 청나라와 개시 무역 및 후시 무역 주도, 초량 왜관 설치 ■ 광산 개발: 덕대의 활동 시작(광산 개발 담당) → 설점수세제 시행(조세 제도)
조선 후기에 활동한 상인	■ 객주 및 여각: 포구 근처에서 금융·숙박업·중개 등 담당 ■ 경강 상인: 한강을 중심으로 운송업 담당 ■ 내상: 동래(부산) 지역을 중심으로 일본과 무역 ┌부산 지역사 연계 ■ 만상: 의주 지역을 중심으로 청나라와 무역 ┌개성 지역사 연계 ■ 송상: 개성 지역을 중심으로 성장, 송방을 근거지로 활동, 사개치부법(회계법) 사용 ■ 시전 상인: 수도(한성)를 중심으로 활동, 금난전권 혜택 보유 → 신해통공 이후 육의전을 제외하고 폐지됨 ■ 보부상: 보따리 상인, 전국의 장시를 유통망으로 활용함, 개항기에 혜상공국의 보호를 받음
조선 후기의 문화	■ 다양한 신분의 문화 활동 향유: 중인들의 시사(詩社) 조직, 판소리 및 탈춤 등 유행, 민간 내에서 민화, 사설시조, 한글 소설(例 「춘향전」, 「홍길동전」) 등 유행 → 전기수(이야기꾼) 등장 배경 ■ 문화유산: 진경산수화(그림) 및 청화 백자 유행

2 조선 시대 후기의 조세 개혁 ☆☆

조선 후기의 조세 개혁	■ 대동법(15대 광해군) 　- 배경: 방납(공납)의 폐단 → 이원익 등 건의로 경기도 지역에 한하여 처음 시행 　- 특징: 기존의 특산물을 쌀, 베, 동전 등으로 대신 납부, 선혜청에서 조세 수취 담당 　- 영향: 공인의 출현 계기 → 기존의 공납에서 필요한 물품을 대신 담당, 평안도 및 함경도 등을 제외하고 전국 시행(例 김육의 충청도 대동법 확대 건의) ■ 영정법(16대 인조) 　- 배경: 양난으로 인해 재정 수입 감소 및 농민 생활 피폐, 기존 공법의 복잡한 징수 절차로 인한 조세 수취의 어려움 　- 특징: 풍흉에 관계없이 1결당 4~6두의 전세 부과

- 균역법(21대 영조) ┌질적으로 조세 보충 방안이 정답 키워드로 언급됨!
  - **배경**: 군역의 부담 완화, 군포 징수로 인한 폐단 극복(예 백골징포, 황구첨정, 인징, 족징 등)
  - **특징**: 기존에 납부하던 군포를 2필에서 1필로 감소함
  - **조세 보충 방안**: 어장세, 선박세, 염세 등 국가 재정 귀속, 부유한 양민에게 선무군관포 부과, 지주에게 1결당 2두의 결작세 부과

3 조선 시대 대외 관계의 변천 ☆☆

조선 전기의 대외 관계	■ 명나라 - 교류: 성절사(황제 및 황후 생일 축하), 천추사(황태자 생일 축하), 하정사(신년 축하) 파견, 조천사(비정기적으로 파견되는 사절단) 파견 - 대립: 조선 건국 직후 정도전의 요동 정벌 추진 ■ 여진 - 교류: 북평관(사신 접대) 및 무역소 설치 - 대립: 최윤덕 및 김종서의 4군 6진 개척 ■ 일본 ┌ 여진의 북평관과 혼동 주의! - 교류: 염포 · 제포 · 부산포 개항 → 계해약조 체결, 동평관 설치, 신숙주의 『해동제국기』 편찬
조선 후기의 대외 관계	■ 청나라 - 교류: 백두산정계비 건립, 연행사 파견 → 중상학파 형성 영향 - 대립: 병자호란 발생 → 효종의 북벌 추진 및 어영청 강화 ■ 일본 - 교류: 기유약조 체결, 두모포 왜관 및 초량 왜관 개항, 통신사 파견(한양에서 에도로 이동, 동아시아의 문물 교류 역할 담당, 관련 기록물 세계 기록 유산 등재) - 대립: 임진왜란 발발

해품사의 테마 저격!

조선 후기 사회상 유형의 빈출 오답 공략하기

조선 후기의 경제상과 문화 사례를 동시에 출제하는 조선 후기 사회상 유형은 빈출도가 매우 높은 유형이기 때문에 반드시 공략할 필요가 있습니다. 특히 '옳지 않은' 유형으로 출제될 경우 정답 키워드로 고대나 고려 시대의 사례를 언급할 수도 있으나, 의외로 '조선 전기의 사례가 언급'되면 오답률이 높아집니다. 이 유형에서 출제될 수 있는 조선 전기의 사례로는 대표적으로 과전법 또는 염포 및 제포 왜관에서 교류하였다는 사실이 있으므로 반드시 암기할 필요가 있습니다!

총 26회분 기출분석에서 나온 대표패턴을
최신 기출문제에서 뽑았습니다.

61회 25번

1. 다음 기사에 나타난 시기의 경제 상황으로 옳은 것은?
[2점]

> **역사 신문**
>
> 제△△호　　　　　　　　○○○○년 ○○월 ○○일
>
> **거상(巨商) 임상옥, 북경에서 인삼 무역으로 큰 수익**
>
> 연행사의 수행원으로 북경에 간 만상(灣商) 임상옥이 인삼 무역으로 큰 수익을 거두었다. 북경 상인들이 불매 동맹을 통해 인삼을 헐값에 사려 하자, 그는 가져간 인삼 보따리를 태우는 기지를 발휘해 북경 상인에게 인삼을 높은 가격에 매각하여 막대한 이익을 얻은 것이다.

① 삼한통보, 해동통보가 발행되었다.
② 솔빈부의 말이 특산물로 수출되었다.
③ 초량 왜관을 통해 일본과 교역하였다.
④ 당항성, 영암이 국제 무역항으로 번성하였다.
⑤ 경시서의 관리들이 수도의 시전을 감독하였다.

키워드 추출
• 연행사 – 조선 후기 청나라에 파견된 사절단
• 만상 – 조선 후기 청나라와 주로 교역한 대표적인 상인

정답분석
③ 조선 후기에는 부산에 초량 왜관을 설치하여 일본과 교류하였다.

오답분석
① 고려 숙종 때 삼한통보, 해동통보, 활구 등을 발행하였다.
② 발해 15부 중 솔빈부에서는 말이 유명하였다.
④ 통일 신라는 당항성, 울산항 등을 통해 당나라 및 아라비아 상인 등 여러 국가와 교류하였다.
⑤ 고려 시대에는 경시서를 설치하여 시전의 상행위를 감독하였다.

해품사의 합격Tip
조선 후기의 사회상 유형은 크게 경제와 문화로 나눠 출제되거나, 두 사례를 동시에 연계하여 출제될 수 있습니다. 특히 '만상, 송상 등 특정 상인이 직접적으로 언급'될 수 있습니다.

[정답] ③

59회 25번

2. 밑줄 그은 '이 시기'의 문화에 대한 설명으로 옳은 것은?
[1점]

① 원각사지 십층 석탑이 건립되었다.
② 인왕제색도 등 진경산수화가 그려졌다.
③ 주자소가 설치되어 계미자가 주조되었다.
④ 표면에 백토를 바른 분청사기가 유행하였다.
⑤ 청주 흥덕사에서 직지심체요절이 간행되었다.

키워드 추출
한글 소설 유행 – 조선 후기의 문화 활동 사례

정답분석
② 조선 후기에는 자연의 모습을 사실적으로 표현한 진경산수화가 유행하였다.

오답분석
① 원각사지 십층 석탑은 조선 세조 때 건립되었다.
③ 태종 때 주자소를 설치하여 계미자를 주조하였다.
④ 조선 전기에는 태토 위에 백토로 표면을 분장한 분청사기가 유행하였다.
⑤ 고려 후기 청주 흥덕사에서 현존하는 가장 오래된 금속 활자인 『직지심체요절』을 간행하였다.

해품사의 합격Tip
한능검에서 출제되는 조선 후기의 문화 사례는 주로 '탈춤, 판소리, 한글 소설 등 평민 계층이 향유할 수 있는 사례'를 언급합니다.

[정답] ②

69회 19번

3. 밑줄 그은 '대책'에 대한 탐구 활동으로 가장 적절한 것은? [2점]

> 양역(良役)의 편중됨이 실로 양민의 뼈를 깎아 지탱하지 못하는 폐단이 됩니다. 전하께서 이를 불쌍하게 여겨 2필의 역을 특별히 1필로 감하였으니, 이는 천지와 같은 큰 은덕이요 죽은 사람을 살려 주는 은혜입니다. …… 그러나 이미 포를 감하였으니 마땅히 그 대신할 것을 보충해야 하나 나라의 재원은 한정이 있습니다. …… 이에 신들은 감히 눈앞의 한때 일을 다행으로 여기지 않고 좋은 <u>대책</u>을 찾아 반드시 오래도록 이어지게 하겠습니다.

① 공인이 등장하게 된 배경을 살펴본다.
② 당백전 발행이 끼친 영향을 파악한다.
③ 선무군관포를 징수한 목적을 찾아본다.
④ 토산물을 쌀, 동전 등으로 납부하게 한 원인을 조사한다.
⑤ 전세를 풍흉에 따라 9등급으로 차등 부과한 이유를 알아본다.

키워드 추출
• 양역의 편중됨 – 조선 시대 후기 군역의 폐단
• 2필의 역을 1필로 감함 – 균역법의 시행 방식

정답분석
③ 균역법이 시행된 이후 선무군관에 임명된 양민에게 1필씩 군포를 부과하였다.

오답분석
① 조선 후기 대동법 시행 이후에 공인이 등장하였다.
② 흥선 대원군은 경복궁 중건 비용을 마련하기 위해 당백전을 발행하고 원납전을 징수하였다.
④ 대동법이 시행된 이후에는 기존에 부과하던 공물을 쌀, 베, 동전 등으로 납부할 수 있게 하였다.
⑤ 세종은 토지의 비옥도(6등급) 및 풍흉(9등급)을 기준으로 조세를 차등 징수하는 공법을 시행하였다.

해품사의 합격Tip
조선 후기의 조세 개혁은 주로 대동법과 균역법이 제시됩니다. 특히 균역법을 출제할 경우 균역법의 시행 배경, 특징보다는 오히려 실질적으로 '균역법 시행 이후의 조세 대책 방안'을 정답 키워드로 제시합니다.

[정답] ③

55회 26번

4. (가) 국가에 대한 조선의 정책으로 옳은 것을 〈보기〉에서 고른 것은? [2점]

> **그림으로 보는 조선사** 외교
>
> 이것은 기유약조로 교역이 재개된 **(가)** 와/과의 무역 중심지인 초량 일대를 그린 그림이다. 그림 아래 부분의 동관 지역은 **(가)** 상인들과 관리들의 집단 거주지였으며, 거류민 관리와 조선과의 교섭 등을 담당하던 관수의 관사(官舍)도 위치해 있었다.

보기
ㄱ. 막부의 요청에 따라 통신사를 파견하였다.
ㄴ. 한성에 동평관을 두어 무역을 허용하였다.
ㄷ. 하정사, 성절사, 동지사 등 사절단을 보내었다.
ㄹ. 어윤중을 서북 경략사로 임명하여 사무를 관장하였다.

① ㄱ, ㄴ　　　② ㄱ, ㄷ　　　③ ㄴ, ㄷ
④ ㄴ, ㄹ　　　⑤ ㄷ, ㄹ

키워드 추출
• 기유약조 – 광해군 때 일본과 체결한 조약
• 초량 일대 – 초량 왜관이 위치한 곳

정답분석
ㄱ. 조선 후기 일본의 요청으로 통신사를 파견하였다.
ㄴ. 조선 전기에는 일본의 사신 접대 및 숙박 업무를 해결하기 위한 목적으로 한성에 동평관을 설치하였다.

오답분석
ㄷ. 조선은 명나라에 성절사, 천추사, 하정사 등 정기적인 사절단을 파견하였다.
ㄹ. 서북 경략사란 평안도 및 함경도 지방의 정치 관련 사건을 담당하기 위한 임시 벼슬로, 고종 때 어윤중을 서북 경략사로 임명하였다.

해품사의 합격Tip
조선 시대의 대외 관계 유형은 기본적으로 '의주 – 중국 관련 국가, 부산 – 일본과 관련된 사례'를 출제할 가능성이 높습니다.

[정답] ①

1.

(가)~(마)에 들어갈 내용으로 옳은 것은?

<온라인 한국사 교양 강좌>

조선 시대 후기 상인들의 활동

우리 학회에서는 조선 후기에 활동한 다양한 상인들의 활동을 이해하는 교양 강좌를 마련하였습니다.

■ 강좌 안내 ■

제1강 경강 상인	(가)
제2강 만상	(나)
제3강 보부상	(다)
제4강 송상	(라)
제5강 시전 상인	(마)

• 기간: 2025년 ○○월 ○○일~○○월 ○○일
매주 일요일 13:00
• 방식: 화상 회의 플랫폼 활용

① (가) – 금난전권을 행사하여 사상의 활동을 억압하였다.
② (나) – 한강을 중심으로한 운송업에 종사하였다.
③ (다) – 대청 무역을 통해 막대한 부를 축적하였다.
④ (라) – 전국 각지에 송방이라는 지점을 설치하였다.
⑤ (마) – 왜관을 중심으로 대일 무역을 전개하였다.

해품사 출제예언 - 특정 상인의 활동 사례

한능검에서 조선 후기의 상인의 활동을 파악하는 유형은 고난도로 출제되는 편입니다.

정답분석
④ 송상은 전국에 송방이라는 지점을 설치하였다.

오답분석
① 시전 상인은 금난전권이라는 특혜를 보유하였다.
② 경강 상인은 한강을 중심으로 활동하며 선박을 통해 운송업을 담당하였다.
③ 만상은 대청 무역을 통해 부를 축적하였다.
⑤ 내상은 왜관을 중심으로 대일 무역을 전개하였다.

[정답] ④

2.

(가) 국가에 대한 조선의 정책으로 옳은 것은?

그림으로 보는 조선 사절단의 여정

항해조천도는 조선 인조의 책봉을 요청하기 위해 1624년에 (가) (으)로 파견된 이덕형 일행의 사신 행차를 담은 그림입니다. 이 그림은 (가) 에 파견된 대표적인 조천사의 사행 과정을 파악할 수 있다는 데 의의가 있습니다.

① 광군을 조직하여 침입에 대비하였다.
② 한성에 동평관을 세워 무역을 허용하였다.
③ 정기적으로 연행사를 파견하여 교류하였다.
④ 하정사, 성절사, 동지사 등의 사절단을 파견하였다.
⑤ 포로 송환을 위하여 유정을 회답 겸 쇄환사로 파견하였다.

해품사 출제예언 - 명나라에 대한 조선의 대외 관계

한능검에서 조선과 명의 관계는 출제율이 매우 낮은 편이지만, 추후 출제 가능성이 있으므로 익혀두세요!

키워드 추출

조천사 – 조선이 명나라에 파견한 비정기적인 사절단

정답분석
④ 조선은 명나라에 성절사, 천추사, 하정사 등 정기적인 사절단을 파견하였다.

오답분석
① 고려 정종 때 거란의 침략을 대비하기 위해 광군을 조직했다.
② 한성에 일본 사신을 위한 동평관을 설치하였다.
③ 조선은 청에 정기적으로 연행사를 파견하였다.
⑤ 임진왜란이 종결된 이후 조선은 포로 송환 문제 해결을 위해 일본에 유정(사명대사)을 회답 겸 쇄환사로 파견하였다.

[정답] ④

어제의 오답 선지 = 내일의 정답 선지 | 한능검은 역사적 사실이 아닌 것은 선지에 포함하지 않습니다. 즉, 모든 선지는 사실이죠! 기출에서 오답 선지는 언제든 정답이 될 수 있습니다.

❗ 먼저 오른쪽 기출선지 키워드 암기를 가리고 왼쪽의 (빈칸)을 채워보세요. 그후 오른쪽 기출선지를 키워드 중심으로 달달 외우세요!

	기출선지 (키워드) 채우기	기출선지 키워드 암기	중요도
1	조선 후기에는 감자, 고구마 등의 ( )이 재배되었다.	조선 후기에는 감자, 고구마 등의 구황 작물이 재배되었다. [49, 55, 56, 60, 64, 66, 69, 70, 71회]	★★★
2	조선 후기에는 관청에 필요한 물품을 납부하는 ( )이 등장하였다.	조선 후기에는 관청에 필요한 물품을 납부하는 공인이 등장하였다. [49, 51, 65, 66, 67, 71회]	★★
3	조선 후기에는 광산을 전문적으로 경영하는 ( )가 나타났다.	조선 후기에는 광산을 전문적으로 경영하는 덕대가 나타났다. [47, 48, 49, 50, 51, 53, 54, 56, 57, 59, 60, 62, 65, 66, 68, 69, 70, 72회]	★★★
4	조선 후기에는 담배, 면화 등의 ( )을 널리 재배하였다.	조선 후기에는 담배, 면화 등의 상품 작물을 널리 재배하였다. [47, 49, 50, 51, 52, 53, 54, 56, 57, 59, 61, 63, 64, 65, 67, 70, 71, 72회]	★★★
5	조선 후기에는 ( )의 확대로 벼와 보리의 이모작이 성행하였다.	조선 후기에는 모내기법의 확대로 벼와 보리의 이모작이 성행하였다. [48, 49, 50, 60, 72회]	★★
6	조선 후기에는 ( )의 시행으로 민간의 광산 개발이 허용되었다.	조선 후기에는 설점수세제의 시행으로 민간의 광산 개발이 허용되었다. [55, 72회]	★★
7	조선 후기에는 ( )을 통해 일본과 교역하였다.	조선 후기에는 초량 왜관을 통해 일본과 교역하였다. [49, 51, 54, 60, 61, 65, 66회]	★★
8	조선 후기에는 장시에서 전기수가 ( )을 읽어주었다.	조선 후기에는 장시에서 전기수가 한글 소설을 읽어주었다. [49, 54, 60, 68회]	★★
9	조선 후기에는 장시에서 ( ) 및 판소리 등의 공연이 이루어졌다.	조선 후기에는 장시에서 탈춤 및 판소리 등의 공연이 이루어졌다. [50, 53, 57, 62, 64, 65, 67회]	★★★
10	조선 후기에는 ( )이 시사(詩社)를 조직하여 활동하였다.	조선 후기에는 중인이 시사(詩社)를 조직하여 활동하였다. [47, 49, 53, 54, 57, 60, 65, 67회]	★★★
11	( )이 대청 무역으로 부를 축적하였다.	만상이 대청 무역으로 부를 축적하였다. [47, 48, 51, 62회]	★★
12	( )이 전국 각지에 송방을 설치하였다.	송상이 전국 각지에 송방을 설치하였다. [48, 51, 53, 58, 61, 71, 72회]	★★
13	한강을 무대로 ( )이 상업에 종사하였다.	한강을 무대로 경강상인이 상업에 종사하였다. [60회]	★
14	( ) 시행 이후 특산물 대신 쌀, 베 동전 등으로 납부하게 하였다.	대동법 시행 이후 특산물 대신 쌀, 베 동전 등으로 납부하게 하였다. [49, 69회]	★★
15	대동법의 시행 결과 관청에 물품을 조달하는 ( )이 등장하는 배경이 되었다.	대동법의 시행 결과 관청에 물품을 조달하는 공인이 등장하는 배경이 되었다. [57, 69, 70, 72회]	★★★
16	( ) 시행 이후 풍흉에 관계없이 전세를 4~6두로 고정시켰다.	영정법 시행 이후 풍흉에 관계없이 전세를 4~6두로 고정시켰다. [50, 53회]	★
17	( ) 시행 이후 재정을 보충하기 위해 토지 1결당 쌀 2두의 결작을 부과하였다.	균역법 시행 이후 재정을 보충하기 위해 토지 1결당 쌀 2두의 결작을 부과하였다. [57, 70, 71, 72회]	★★★
18	균역법 시행 이후 부족한 재정 보충을 위해 지주에게 ( )를 징수하였다.	균역법 시행 이후 부족한 재정 보충을 위해 지주에게 선무군관포를 징수하였다. [49, 54, 69, 72회]	★★★

✓ 테마 학습을 다 했다면, 테마 맨 앞 키워드 판서로 돌아가 복습하세요!

세도 정치기 및 조선의 사회

✓ 시기: 약 19세기 전반~1862년 ✓ 중요도 및 평균 출제율: 77% ★★
✓ 난이도: 쉬움 → 세도 정치기의 사회상 및 반란 유형의 경우 출제 방식이 비교적 고정적인 편!

흐름형 시대의 흐름을 따라가며 보면 좋은 유형

1791
신해박해
(22대 정조)

1. 배경: 조상에 대한 제사 거부 및 조상의 신주를 불태움

2. 전개 및 결과: 권상연·윤지충 등 처형

1801
신유박해
(23대 순조)

전개: 이승훈, 정약용(강진 유배), 정약전(흑산도 유배, 『자산어보』 저술) 등 처벌

↓

황사영 백서 사건의 원인 (베이징 주재 프랑스 선교사에게 구원 요청)

세도 정치기 시작

1811
홍경래의 난
(23대 순조)

1. 배경: 세도 정치기 수탈 및 서북 지역 차별 반발

2. 반란 주도 인물: 홍경래, 우군칙, 이희저

3. 특징: 반란군의 청천강 이북 지역 점령(예 가산, 곽산, 정주성 등)
→ 정부군에 의해 진압됨

1839
기해박해
(24대 헌종)

모방·샤스탕 등 프랑스 선교사 처형

암기형 시대를 몰라도 키워드만 알면 풀 수 있는 유형

세도 정치기 관련 역사적 사실
- ✓ 정의: 안동 김씨·풍양 조씨 등 특정 소수 가문이 권력을 장악한 시기(헌종~철종)
- ✓ 다양한 폐단 발생: 삼정의 문란(전정, 군정, 환곡), 비변사 변질(세도 가문의 정치적 기구로 이용), 이양선 출몰, 미륵 신앙 유행, 정감록 유행

해품사의 테마 출제예언!

1) 세도 정치기의 사회상 특징 및 반란 사례 파악하기!

2) 조선 시대 신분 제도의 변화 및 특수 신분 관련 역사적 사실 암기하기!

3) 천주교, 동학, 양명학의 특징 및 관련 사건 파악하기!

해품사 한능검 키워드 판서

✓ 테마 학습을 다 하고 난 후, 다시 돌아와서 한 번 더 보세요!

1846	1860	1862	1866
병오박해(24대 헌종)	동학 창시 (25대 철종)	임술 농민 봉기 (25대 철종)	병인박해 (흥선 대원군)

1846 병오박해(24대 헌종)

김대건(한국인 최초 신부) 처형

1862 임술 농민 봉기 (25대 철종)

1. 배경: 탐관오리 백낙신의 학정에 반발 → 진주 지역 농민 봉기
2. 반란 주도 인물: 유계춘
3. 특징: 안핵사로 파견된 박규수가 삼정이정청 설치 건의

1866 병인박해 (흥선 대원군)

1. 배경: 흥선 대원군이 프랑스 선교사를 통해 러시아 견제 시도 → 실패
2. 전개 및 결과: 남종삼 및 프랑스 선교사(예 베르뇌 주교) 처형
   → 병인양요의 원인

세도 정치기 종결

※ 조선 시대 후기의 종교의 특징

종교	관련 인물	특징	사상, 저서, 활동
천주교	• 김대건(한국인 신부) • 베르뇌 주교(프랑스 선교사)	서학으로 국내에 소개됨 → 사학(邪學)으로 탄압받음	의민단 조직(군사 조직) └ 일제 강점기 종교 유형 연계
동학	• 최제우(초대 교주) • 최시형(2대 교주)	• 보국안민 및 제폭구민 • 유·불·선 및 민간 요소 포함	• 『동경대전』(경전), 『용담유사』(포교가사집) • 한울님을 모시는 시천주 강조
양명학	정제두(강화 학파 형성)	일부 소론 계열 학자들에게 수용됨	심즉리, 지행합일, 치양지

※ 조선 시대의 특수 신분 사례

신분	특징	관련 역사적 사실
서얼	금고법에 의해 차별받음 → 과거 응시 자격 제한, 재산 상속권 제한 등	통청 운동 전개 → 일부 인물 규장각 검서관 기용(예 박제가, 유득공)
중인	역관(외국어 번역), 율관(법), 의관(의학), 천문관(천문학) 등 다양한 직책 담당	• 시사(詩社)를 조직하여 문학 활동 전개 • 통청 운동 전개
백정	• 고려 시대까지는 일반 평민! • 양수척, 화척 등으로 불림	1차 갑오개혁 때 법제적으로 해방됨 → 일제 강점기에 형평 운동 주도 └ 일제 강점기 신분 해방 운동 연계

쉽게 출제될 경우 VS 어렵게 출제될 경우

기출 → 59, 61, 69회

: 세도 정치기의 사회상 및 반란 특징 파악 유형 출제!

➡ 안동 김씨 및 풍양 조씨 등 특정 소수 가문의 권력 장악, 삼정의 문란 발생, 이양선 출몰, 정감록 유행 / 서북 지역에 대한 차별 반발, 홍경래, 우군칙, 정주성 등 점령 / 백낙신의 학정에 반발, 유계춘, 박규수의 삼정이정청 설치 건의

기출 → 59, 63, 66회

: 조선 시대의 특수 신분 특징 파악 또는 조선 시대의 종교 관련 사실 파악 유형 출제!

➡ 규장각 검서관 기용 / 시사 조직 / 형평 운동 주도 / 서학, 신해박해, 신유박해, 황사영 백서 사건, 병인박해 / 최제우, 보국안민 및 인내천 사상 강조, 『동경대전』 및 『용담유사』 / 심즉리, 지행합일, 정제두의 강화 학파 형성

19 세도 정치기 및 조선의 사회

해품사 공지사항!

총 26회분(47회~72회) 기출에서 단 한 번이라도 언급된 내용은 모두 포함!

빨간색 키워드는 약 80% 이상 확률로 출제된 중요 키워드이므로 우선 암기

　　　키워드는 그중에서도 직접적인 정답 키워드로 자주 언급되는 것

☆~☆☆☆ 테마 안에서도 더욱 빈출인 주제에 표시

1 세도 정치기의 역사적 사실 및 반란 사례 ☆☆☆

세도 정치기의 특징	■ 정의: 현종~철종 재위 당시 안동 김씨 및 풍양 조씨 등 소수 특정 가문이 권력을 장악한 시기 ■ 다양한 폐단 발생: 삼정의 문란 발생(전정, 군정, 환곡의 수취 체제 변질), 비변사 변질(세도 가문의 정치적 기구 이용), 이양선 출몰(우리나라 해안에 등장한 서양의 배), 미륵 신앙 유행, 정감록 유행(이씨 왕조 멸망 및 정씨 왕조 부흥)
세도 정치기에 발생한 반란 사례	■ 홍경래의 난(23대 순조-1811) 　- 배경: 세도 정치기의 수탈 및 서북 지역에 대한 차별에 반발 　- 반란 주도 인물: 홍경래(평서대원수), 우군칙, 이희저 　- 특징: 반란군의 청천강 이북 지역 점령(❹ 가산, 곽산, 정주성 등) → 정부군에 의해 진압됨 ■ 임술 농민 봉기 　- 배경: 진주 지역에서 탐관오리인 백낙신의 학정에 반발하여 농민들이 봉기함 　- 반란 주도 인물: 유계춘 　- 특징: 안핵사로 파견된 박규수가 삼정의 문란을 해결하기 위해 삼정이정청의 설치를 건의함

2 조선 시대의 신분 제도 및 변천 과정 ☆

조선 시대의 특수 신분	■ 서얼 　- 특징: 금고법에 의해 다른 신분에 비해 차별받음 → 과거 응시 자격 제한, 재산 상속권 제한 등 　- 관련 역사적 사실: 통청 운동 전개(상위 관직 진출 요구) → 일부 인물들이 규장각 검서관으로 기용됨(❹ 박제가, 유득공, 이덕무, 서이수 등) ■ 중인 　- 특징: 역관(외국어 번역, 사역원에서 교육 담당), 율관(법), 의관(의학), 천문관(천문학) 등 다양한 직책 담당 　- 관련 역사적 사실: 조선 후기에 시사(詩社)를 조직하여 문예 활동 향유, 통청 운동 전개　　현대의 전문직과 유사한 직책 사례로 이해! ■ 백정 ─── 근현대사까지 모두 학습한 이후 복습 권장! 　- 특징: 고려 시대에는 일반 평민 신분에 속하였음, 양수척, 화척 등으로 불림 　- 관련 역사적 사실: 1차 갑오개혁 때 법제적으로 해방됨(신분제 폐지 영향) → 일제 강점기에 형평 운동 주도(사회적 신분 차별 철폐)
조선 시대 후기의 신분 제도 변천	■ 신분제의 동요: 공명첩(돈이나 곡식을 통해 구매하는 관직 임명장) 및 납속책(곡식, 돈 납부 등을 통해 면천·면역 등의 특혜를 부여한 정책) 등을 통해 신분 상승 유도 ■ 양반의 몰락 및 부농층의 성장: 양반 중 일부가 토지를 잃고 몰락하거나 노동자로 전락함(구향) → 막대한 경제력을 바탕으로 양반이 된 부농층(신향)이 성장함 → 향전의 발생(구향 vs 신향)

3 조선 시대 후기의 종교 사례 ☆☆

조선 시대 후기의 종교 사례 및 특징	■ **천주교**: 서학으로 국내에 처음 소개됨 → 사학(邪學-간사한 학문)으로 탄압받음, 의민단 조직
	└─ 일제 강점기에 조직된 군사 조직
	■ **동학**
	  - 대표 인물: 최제우(초대 교주), 최시형(2대 교주)
	  - 사상: 보국안민 및 인내천 강조, 유·불·선 바탕 및 민간 신앙 요소 포함
	  - 특징: 『동경대전』(경전) 및 『용담유사』(포교가사집) 활용, 한울님을 모시는 시천주 강조
	■ **양명학**
	  - 사상: 심즉리, 지행합일, 치양지
	  - 특징: 정제두 등이 강화도에서 강화 학파를 조직하며 연구, 일부 소론 계열 학자들에게 수용됨

조선 시대 천주교 박해의 흐름	■ **신해박해(정조, 1791, 진산 사건)**: 권상연 및 윤지충 등이 조상에 대한 제사 거부 및 신주를 불태움 → 권상연·윤지충 등 처형 ■ **신유박해(순조, 1801)**: 이승훈, 정약용(전라남도 강진 유배), 정약전(흑산도 유배, 『자산어보』 저술) 등 처벌 → 황사영 백서 사건 발발 원인(신앙 자유를 목적으로 베이징에 주재하는 프랑스 선교사에게 편지를 보냄) ■ **기해박해(헌종, 1839)**: 모방·샤스탕 등 프랑스 선교사 처형 ■ **병오박해(헌종, 1846)**: 김대건(한국인 최초 선교사) 처형 ■ **병인박해(흥선 대원군 집권, 1866)**: 흥선 대원군이 프랑스 선교사를 통해 정치적 목적(러시아 견제)을 이루려다가 실패함 → 남종삼(한국인 천주교 신자) 및 프랑스 선교사(예 베르뇌 주교) 처형 → 병인양요의 원인

📖 필수 사료와 자료

➤ **홍경래의 난 및 임술 농민 봉기**
- 평서대원수는 급히 격문을 띄우노니 관서 지역의 모든 사람들은 들으라. … 조정에서는 관서 지역을 썩은 흙과 같이 버렸다. 심지어 권세가의 노비들도 관서 사람을 보면 반드시 평안도 놈이라고 한다. 어찌 억울하고 원통하지 않겠는가.

  - 『패림』 -

- 임술년 2월 19일, 진주 백성 수만 명이 머리에 흰 수건을 두르고 손에는 나무 몽둥이를 들고 무리를 지어 진주 읍내에 모여 서리들의 가옥 수십 호를 불사르고 부수니, 그 움직임이 결코 가볍지 않았다.

  - 『임술록』 -

➤ **신해박해**

한영규가 아뢰기를, 서양의 간특한 설이 언제부터 나왔으며 누구를 통해 전해진 것인지 모르겠으나, 세상을 현혹시키고 백성을 속이며 윤리와 강상을 없애고 어지럽히는 것이 어찌 진산의 권상연, 윤지충 같은 자가 있겠습니까. 제사를 폐지하는 것으로도 부족해서 위패를 불태우고 조문을 거절하는 것으로도 그치지 않고 그 부모의 시신을 내버렸으니, 그 죄악을 따져보자면 어찌 하루라도 이 하늘과 땅 사이에 그대로 용납해 둘 수 있겠습니까.

  - 『정조실록』 -

➤ **신유박해**

아! 통분스럽습니다. 이가환, 이승훈, 정약용의 죄를 이루 다 처벌할 수 있겠습니까? 이른바 사학(邪學)이란 것은 반드시 국가를 흉화(凶禍)의 지경에 이르게 하고야 말 것입니다.

  - 『순조실록』 -

➤ **병인박해**

죄인 남종삼은 윤리 도덕을 파괴하는 것을 능사로 여기고 화란(禍亂)을 불러일으키기를 좋아하며 감히 딴마음을 가졌습니다. 또한 그는 러시아에 변란이 있을 것이라는 말과 프랑스와 조약을 맺을 계책이 있다고 말을 만들어내서 여러 사람들을 현혹시켰습니다. 감히 나라를 팔아먹을 계책을 품고 몰래 외적을 끌어들일 음모를 하였습니다. … 서양인 4명을 군영에 넘겨주어 효수하여 경계하도록 하였습니다.

  - 『고종실록』 -

총 26회분 기출분석에서 나온 대표패턴을
최신 기출문제에서 뽑았습니다.

71회 27번

1. 밑줄 그은 '이 시기'에 있었던 사실로 옳은 것은?

[2점]

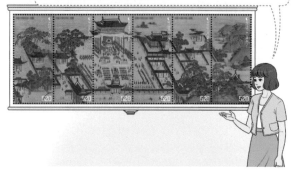

이 우표 속 그림은 국왕의 혼인을 축하하기 위해 거행된 진하례 모습을 그린 궁중 행사도입니다. 그림에 보이는 왕실 행사의 화려함과는 달리 안동 김씨 등 외척 세력이 세 왕에 걸쳐 60여 년 동안 권력을 잡은 이 시기에는 국왕의 실권이 많이 위축되었습니다.

① 어영청을 중심으로 북벌이 추진되었다.

② 윤지충 등이 처형된 신해박해가 일어났다.

③ 이필제가 영해 지역을 중심으로 난을 일으켰다.

④ 경복궁 중건 비용 마련을 위해 당백전이 발행되었다.

⑤ 삼정의 문란을 해결하기 위해 삼정이정청이 설치되었다.

키워드 추출

안동 김씨 – 세도 정치기에 권력을 획득한 외척 세력

정답분석

⑤ 임술 농민 봉기 발생 뒤 안핵사로 파견된 박규수는 삼정의 문란을 해결하기 위해 삼정이정청 설치를 건의하였다.

오답분석

① 효종 때의 정책 사례이다.

② 조선 정조 때 일어난 천주교 박해 사건이다.

③ 동학교도인 이필제는 2대 교주인 최시형과 함께 동학 세력을 모아 영해 지역에서 봉기하였다.

④ 흥선 대원군 집권 때의 왕권 강화 정책이다.

해품사의 합격Tip

세도 정치기 사회상 유형은 '안동 김씨 및 풍양 조씨 등 외척 세력에 의한 권력 장악이 제시'될 가능성이 높습니다.

[정답] ⑤

59회 28번

2. 다음 대화에 나타난 사건에 대한 설명으로 옳은 것은?

[1점]

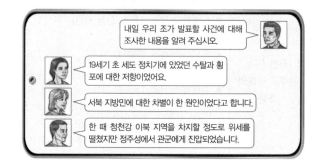

내일 우리 조가 발표할 사건에 대해 조사한 내용을 알려 주십시오.

19세기 초 세도 정치기에 있었던 수탈과 횡포에 대한 저항이었어요.

서북 지방민에 대한 차별이 한 원인이었다고 합니다.

한 때 청천강 이북 지역을 차지할 정도로 위세를 떨쳤지만 정주성에서 관군에게 진압되었습니다.

① 홍경래, 우군칙 등이 주도하였다.

② 청군이 파병되는 결과를 가져왔다.

③ 제물포 조약이 체결되는 배경이 되었다.

④ 보국안민, 제폭구민을 기치로 내걸었다.

⑤ 박규수가 안핵사로 파견되는 계기가 되었다.

키워드 추출

• 서북 지방민에 대한 차별 – 홍경래의 난이 발생한 대표 원인

• 청천강 이북 지역을 차지 – 홍경래 세력의 점령 지역

정답분석

① 홍경래의 난은 홍경래를 비롯한 우군칙, 이희저 등의 주도로 발생하였다.

오답분석

② 개항기에 발생한 임오군란, 갑신정변, 동학 농민 운동 당시 정부의 요청으로 청군이 파병되었다.

③ 임오군란에 대한 설명이다.

④ 동학 농민 운동 발생 당시 동학 농민군은 보국안민과 제폭구민을 구호로 내세웠다.

⑤ 임술 농민 봉기 발생 뒤 안핵사로 파견된 박규수는 삼정의 문란을 해결하기 위해 삼정이정청 설치를 건의하였다.

해품사의 합격Tip

한능검에서는 홍경래의 난이 출제될 경우 '청천강 이북 지역 등 지역 키워드'가, 임술 농민 봉기가 출제될 경우 '삼정이정청 설치의 건의 등 사건의 영향과 관련된 키워드'가 주로 언급됩니다.

[정답] ①

68회 28번

3. (가)에 들어갈 대답으로 적절한 것은? [2점]

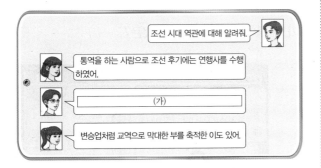

조선 시대 역관에 대해 알려줘.

통역을 하는 사람으로 조선 후기에는 연행사를 수행하였어.

(가)

변승업처럼 교역으로 막대한 부를 축적한 이도 있어.

① 사간원에서 간쟁을 담당하였어.

② 매매, 상속, 증여의 대상이었어.

③ 수군, 봉수 등 천역에 종사하였어.

④ 수령을 보좌하면서 향촌 실무를 담당하였어.

⑤ 사역원에서 노걸대언해 같은 교재로 교육받았어.

키워드 추출

• 역관 – 중인 신분
• 변승업 – 일본어 역관으로, 막대한 부를 축적한 인물

정답분석

⑤ 조선 시대 역관들은 사역원에서 교육을 받았다.

오답분석

① 사헌부와 사간원은 서경, 간쟁, 봉박의 권한을 가지고 있었다.

② 조선 시대의 노비는 일종의 재산으로서 매매, 상속, 증여의 대상이 되었다.

③ 조선 시대의 신량역천은 신분상 양인이나, 수군, 봉수 등 고된 잡무를 담당하였다.

④ 조선 시대의 향리는 고려 시대보다 지위가 격하되어 수령을 보좌하는 동시에 향촌 실무를 담당하였다.

해품사의 합격Tip

조선의 신분과 관련된 유형은 빈출도가 매우 낮습니다. 그래서 일부 신분의 경우 '조선 시대의 다른 유형과 연계하여 출제(예 정조 때 서얼의 규장각 검서관 기용)'하거나, '다른 시기의 역사적 사실을 연계하여 통합형 유형으로 출제(예 백정의 형평 운동)'될 수 있습니다.

[정답] ⑤

63회 28번

4. (가), (나) 사이의 시기에 있었던 사실로 옳은 것은? [3점]

(가) 전라도 관찰사 정민시가 [진산의] 죄인 윤지충과 권상연에 대한 조사 결과를 아뢰었다. "…… 근래에 그들은 평소 살아 계신 부모나 조부모처럼 섬겨야 할 신주를 태워 없애면서도 이마에 진땀 하나 흘리지 않았으니 정말 흉악한 일입니다. 제사를 폐지한 일은 오히려 부차적입니다."

(나) 의금부에서 아뢰었다. "얼마 전 죄인 남종삼은 명백한 근거도 없이 러시아에 변란이 있을 것이고, 프랑스와 조약을 맺을 계책이 있다는 요망한 말로 여러 사람을 현혹하였습니다. 감히 나라를 팔아먹고자 몰래 외적을 끌어들일 음모를 꾸몄으니, 즉시 참형에 처해야 합니다. …… [베르뇌를 비롯한] 서양인 4명을 군영에 넘겨 효수하여 본보기로 삼도록 하였습니다."

① 대종교 계열의 중광단이 결성되었다.

② 한용운이 조선불교유신론을 저술하였다.

③ 보은에서 교조 신원을 요구하는 집회가 열렸다.

④ 이수광이 지봉유설에서 천주실의를 소개하였다.

⑤ 황사영이 외국 군대의 출병을 요청하는 백서를 작성하였다.

키워드 추출

• (가) 윤지충 · 권상연, 신주를 태워 – 신해박해(1791)
• (나) 남종삼, 베르뇌를 비롯한 서양인 4명 – 병인박해(1866)

정답분석

⑤ 신유박해가 발생한 직후 황사영은 베이징에 주재하는 프랑스 선교사에게 군대 출병을 요청하는 백서를 작성하였다(1801).

오답분석

① 일제 강점기에 대종교는 중광단을 조직하였다(1911).

② 한용운은 불교 개혁을 위해 『조선불교유신론』을 저술하였다(1913).

③ 동학교도들은 보은에서 최제우의 신변을 회복하기 위한 교조 신원 운동을 벌였다(1893).

④ 광해군 때 이수광이 『지봉유설』에서 천주실의를 소개하였다.

해품사의 합격Tip

한능검에서 천주교와 관련된 박해의 흐름형 유형을 출제할 경우 기본적으로 '신해박해 → 신유박해 → 병인박해'의 흐름을 파악하는 것이 중요합니다!

[정답] ⑤

1.

(가), (나) 사건에 대해 옳은 것을 〈보기〉에서 고른 것은?

> (가) 평서대원수는 급히 격문을 띄우노니 관서 지역의 모든 사람들은 들으라. … 조정에서는 관서 지역을 썩은 흙과 같이 버렸다. 심지어 권세가의 노비들도 관서 사람을 보면 반드시 평안도 놈이라고 한다. 어찌 억울하고 원통하지 않겠는가.
>
> (나) 임술년 2월 19일, 진주 백성 수만 명이 머리에 흰 수건을 두르고 손에는 나무 몽둥이를 들고 무리를 지어 진주 읍내에 모여 서리들의 가옥 수십 호를 불사르고 부수니, 그 움직임이 결코 가볍지 않았다.

➙ 보기 ●

ㄱ. (가) – 홍경래, 우군칙 등이 주도하였다.
ㄴ. (가) – 남접과 북접이 연합하여 전개되었다.
ㄷ. (나) – 박규수가 안핵사로 파견되는 계기가 되었다.
ㄹ. (나) – 폐정 개혁안 실천을 위한 집강소 설치를 요구하였다.

① ㄱ, ㄴ   ② ㄱ, ㄷ   ③ ㄴ, ㄷ
④ ㄴ, ㄹ   ⑤ ㄷ, ㄹ

해품사 출제예언 – 세도 정치기의 반란

최근 세도 정치기의 반란 사례 유형에 대한 출제 비중이 상당히 감소하였지만, 제시문의 두 반란은 추후 재출제될 가능성이 매우 높기 때문에 반드시 학습할 것을 권장합니다!

키워드 추출
• (가) 평서대원수, 관서, 평안도 놈 – 홍경래의 난
• (나) 임술년, 진주 – 임술 농민 봉기

정답분석
ㄱ. 홍경래의 난은 홍경래를 비롯한 우군칙, 이희저 등의 주도로 발생하였다.
ㄷ. 임술 농민 봉기 발생 후 안핵사로 파견된 박규수는 삼정의 문란을 해결하기 위하여 삼정이정청의 설치를 건의하였다.

오답분석
ㄴ, ㄹ. 동학 농민 운동에 대한 설명이다.

[정답] ②

2.

(가)에 들어갈 내용으로 옳은 것은?

성리학의 형식화와 절대화를 비판하며 형성된 학문인 양명학이 국내에 수용된 사례에 대해 아는대로 대화창에 올려 주세요.

ON **대화창**
소론 계열 일부 학자가 수용했어요.
박은식이 유교구신론을 제창했어요.
(가)

① 동경대전과 용담유사를 경전으로 활용하였어요.
② 박중빈을 중심으로 새생활 운동이 추진되었어요.
③ 미륵불이 세상을 구원한다는 예언이 유행하였어요.
④ 정제두를 대표로 연구하여 강화 학파를 형성하였어요.
⑤ 청을 다녀온 사신들에 의해 일종의 서학으로 소개되었어요.

해품사 출제예언 – 양명학

시험 개편 이후 양명학이 직접적으로 출제된 사례는 없지만, 유형 복습을 위해 해당 문제의 키워드를 참고하는 것을 권장합니다!

키워드 추출
양명학의 국내 수용 – 정제두의 강화 학파 형성에 영향

정답분석
④ 양명학은 정제두를 대표로 강화도에 형성된 강화 학파를 통하여 독자적인 연구가 이루어졌다.

오답분석
① 『동경대전』과 『용담유사』는 동학의 경전이다.
② 원불교는 박중빈을 중심으로 새생활 운동을 전개하였다.
③ 세도 정치기에는 미륵불 신앙이 유행하였다.
⑤ 천주교는 본래 국내에서 종교가 아닌 일종의 학문으로 소개되었다.

[정답] ④

어제의 오답 선지 = 내일의 정답 선지 | 한능검은 역사적 사실이 아닌 것은 선지에 포함하지 않습니다. 즉, 모든 선지는 사실이죠! 기출에서 오답 선지는 언제든 정답이 될 수 있습니다.

🔊 먼저 오른쪽 기출선지 키워드 암기를 가리고 왼쪽의 (빈칸)을 채워보세요. 그후 오른쪽 기출선지를 키워드 중심으로 달달 외우세요!

	기출선지 (키워드) 채우기	기출선지 키워드 암기	중요도
1	세도 정치기에는 안동 김씨 등의 세도 정치로 ( )이 성행하였다.	세도 정치기에는 안동 김씨 등의 세도 정치로 매관매직이 성행하였다. [69회]	★★
2	세도 정치기에는 ( )이 세상을 구원한다고 예언하였다.	세도 정치기에는 미륵불이 세상을 구원한다고 예언하였다. [58회]	★
3	세도 정치기에는 왕조 교체를 예언하는 ( )이 유포되었다.	세도 정치기에는 왕조 교체를 예언하는 정감록이 유포되었다. [60, 68, 71회]	★★
4	( )은 세도 정치기의 수탈과 지역 차별에 반발하여 일어났다.	홍경래의 난은 세도 정치기의 수탈과 지역 차별에 반발하여 일어났다. [52, 54, 56회]	★★
5	홍경래, 우군칙 등이 봉기하여 ( )을 점령하였다.	홍경래, 우군칙 등이 봉기하여 정주성을 점령하였다. [47, 48, 49, 51, 55, 58, 59, 61, 64, 71, 72회]	★★★
6	( )의 탐학이 발단이 되어 진주에서 농민들이 봉기하였다.	백낙신의 탐학이 발단이 되어 진주에서 농민들이 봉기하였다. [64회]	★★
7	임술 농민 봉기의 결과 ( )가 안핵사로 파견되는 계기가 되었다.	임술 농민 봉기의 결과 박규수가 안핵사로 파견되는 계기가 되었다. [48, 49, 50, 52, 55, 56, 59, 67, 70회]	★★
8	임술 농민 봉기 이후 삼정의 문란을 해결하기 위해 ( )이 설치되었다.	임술 농민 봉기 이후 삼정의 문란을 해결하기 위해 삼정이정청이 설치되었다. [47, 50, 51, 52, 53, 54, 57, 58, 59, 60, 61, 62, 65, 66, 68, 69, 70, 71회]	★★★
9	서얼 및 중인은 청요직 진출을 요구하는 ( )을 전개하였다.	서얼 및 중인은 청요직 진출을 요구하는 통청 운동을 전개하였다. [50, 56, 57, 58, 71회]	★★
10	( )는 제사와 신주를 모시는 문제로 정부의 탄압을 받았다.	천주교는 제사와 신주를 모시는 문제로 정부의 탄압을 받았다. [57회]	★★
11	정조 때 윤지충 등이 처형된 ( )가 일어났다.	정조 때 윤지충 등이 처형된 신해박해가 일어났다. [71회]	★
12	순조 때 이승훈, 정약용 등이 처벌받은 ( )가 발생하였다.	순조 때 이승훈, 정약용 등이 처벌받은 신유박해가 발생하였다. [53, 61, 64, 66회]	★
13	신유박해 직후 ( )이 외국 군대의 출병을 요구하는 백서를 작성하였다.	신유박해 직후 황사영이 외국 군대의 출병을 요구하는 백서를 작성하였다. [48, 53, 63, 64, 65, 66, 69, 70, 71, 72회]	★★★
14	동학은 ( )과 『용담유사』를 경전으로 삼았다.	동학은 『동경대전』과 『용담유사』를 경전으로 삼았다. [58, 66회]	★★
15	( )은 마음 속에 한울님을 모시는 시천주를 강조하였다.	동학은 마음 속에 한울님을 모시는 시천주를 강조하였다. [48회]	★
16	정제두는 ( )을 연구하여 강화 학파를 형성하였다.	정제두는 양명학을 연구하여 강화 학파를 형성하였다. [47, 51, 52, 54, 59, 60, 62, 63, 64, 67, 68, 71, 72회]	★★★

⊘ 테마 학습을 다 했다면, 테마 맨 앞 키워드 판서로 돌아가 복습하세요!

조선의 문화 1

✓ 시기: 조선 시대 전체(*궁궐 유형의 경우 현대사까지 범위가 확장될 수 있음!)   ✓ 중요도 및 평균 출제율: 50% ★
✓ 난이도: 어려움 → 수험생의 입장에서 다양한 그림 및 문화유산의 특징을 구별하기 어려워하는 편!

흐름형   시대를 흐름을 따라가며 보면 좋은 유형

조선(~흥선 대원군 집권 이전)		개항기	일제 강점기	현대
경복궁(북궐, 근정전, 강녕전)	태조 때 한양으로 천도하며 창건	명성 황후의 시해(건청궁)	• 궁궐 앞에 조선 총독부 건립 • 조선 물산 공진회 개최 장소	김영삼 정부 때 조선 총독부 철거 (우리 역사 바로 세우기 운동)
덕수궁(석어당, 석조전, 정관헌, 중명전)	인목 대비의 유폐 장소 (석어당)	• 고종이 아관 파천 이후 환궁한 곳(경운궁) • 일제와 을사늑약 체결 (중명전)		두 차례의 미·소 공동 위원회 개최(석조전)
창덕궁(동궐, 규장각, 돈화문, 부용정)	태종이 한양으로 수도를 다시 옮기며 건립		6·10 만세 운동 당시 순종 장례 행렬 출발(돈화문)	유네스코 세계 문화유산 등재
경희궁(서궐, 숭정전, 흥화문)	유사시 왕이 본궁을 떠나 옮기는 이궁(離宮)			
창경궁(동궐, 명정전, 홍화문)			일제에 의해 창경원으로 격하됨 → 동물원 및 식물원 설치	

암기형   시대를 몰라도 키워드만 알면 풀 수 있는 유형

> **조선 시대의 대표 문화유산**
> - ✓ 종묘: 이성계가 왕실 정통성 확립, 효 실천 목적으로 건립, 역대 왕과 왕비 신주 보관, 유네스코 세계 문화유산 등재
> - ✓ 사직단: 토지와 곡식의 신에게 제사하는 제단
> - ✓ 선농단: 중국 신농과 후직의 신에게 제사 담당 제단
> - ✓ 수원 화성: 정조 재위 당시 거중기(정약용이 제작)로 건립됨, 장용영 외영이 위치한 곳, 공심돈 및 포루 등 방어 시설 형성, 유네스코 세계 문화유산 등재

해품사의 테마 출제예언!

1) 조선 시대 대표 궁궐의 부속 건물 및 역사적 사실 파악하기

2) 조선 시대 대표 궁중 문화유산의 특징 및 의의 파악하기

3) 조선 시대 전기 및 후기의 그림 구별하기

해품사 한능검
기특 무료강의

해품사 한능검 키워드 판서

✓ 테마 학습을 다 하고 난 후, 다시 돌아와서 한 번 더 보세요!

조선 전기

안견(현동자)

안평 대군이 꿈에서 본
이상 세계 표현

▲몽유도원도

강희안(인재)

인간의 내면 세계 표현

▲고사관수도

조선 후기

김홍도(단원)

일상 표현 그림 다수!

▲무동　　▲벼타작　　▲씨름도

신윤복(혜원)

여자 표현 그림 다수!

▲단오풍정　　　　▲월하정인도

정선(겸재)

진경 산수화 제작
(자연 사실적 표현)

▲금강전도　　　▲인왕제색도

김득신(백곡)

일상 표현 그림 다수!
└ 김홍도 그림과 혼동 주의!

▲파적도

김정희(추사, 완당)

제자인 이상적에게 책을
받은 답례로 그림을 그려줌

▲세한도

강세황(첨재)

서양의 원근법 표현

▲영통동구도

쉽게 출제될 경우	VS	어렵게 출제될 경우

기출 → 51, 54, 70, 72회

: 조선 시대 전기 및 후기의 그림을 파악하는 유형 출제!

⇨ 안견의 「몽유도원도」/강희안의 「고사관수도」/김홍도의 「무동」, 「벼타작」, 「씨름도」/신윤복의 「단오풍정」, 「미인도」, 「월하정인」/정선의 「금강전도」, 「인왕제색도」/김정희의 「세한도」

기출 → 62, 64, 66, 68회

: 조선 시대의 궁궐 및 궁중 문화유산 파악 유형 출제

⇨ 근정전, 경회루, 태조 때 한양으로 천도하며 창건, 조선 물산 공진회 개최/석조전, 중명전, 일제와 을사늑약 체결, 미·소 공동 위원회 개최/규장각, 돈화문, 부용정, 태종 때 한양으로 재천도하며 건립, 유네스코 세계 문화유산/역대 왕과 왕비의 신주 보관/정약용의 거중기로 설계, 장용영 외영 위치

20 조선의 문화 1

1 조선 시대의 궁궐 ☆☆

경복궁(북궐)	■ **부속 건물**: 근정전(정전), 강녕전(왕의 침전), 경회루(연회 장소), 향원정(후원의 정자) ■ **역사적 사실**: 태조 때 한양으로 천도하며 창건, 명성 황후 시해 사건(을미사변) 발발 장소(건청궁), 일제 강점기에 궁궐 앞에 조선 총독부 건립 → 김영삼 정부 때 철거(우리 역사 바로 세우기 운동), 조선 물산 공진회 개최 장소
덕수궁	■ **부속 건물**: 석어당, 석조전(서양 근대식 석조 건물), 정관헌(가장 오래된 서양식 건물), 중명전(고종의 거처 장소) ■ **역사적 사실**: 고종이 아관 파천 이후 환궁한 장소(경운궁), 인목대비의 유폐 장소(석어당), 일제와 을사늑약을 체결한 장소(중명전), 두 차례의 미·소 공동 위원회 개최 장소(석조전) ⌐개항기의 근대 문물 유형과 연계하여 출제 가능!
창덕궁 (동궐)	■ **부속 건물**: 규장각(왕실 도서관), 돈화문(정문), 부용정(인공 연못) ■ **역사적 사실**: 태종이 한양으로 수도를 다시 옮기며 건립한 궁궐, 6·10 만세 운동 당시 순종의 장례 행렬이 출발한 장소(돈화문), 유네스코 세계 문화유산 등재
경희궁(서궐)	■ **부속 건물**: 숭정전(정전), 흥화문(정문) ■ **역사적 사실**: 도성 내 서쪽에 있어 서궐로 불림, 유사시에 왕이 본궁을 떠나 옮기는 이궁(離宮)으로 건립됨
창경궁 (동궐)	■ **부속 건물**: 명정전(정전), 홍화문(정문) ■ **역사적 사실**: 일제에 의해 창경원으로 격하됨 → 궁궐 내 동물원 및 식물원 설치

▲경복궁(북궐)　　　▲덕수궁　　　▲창덕궁　　　▲경희궁(서궐)　　　▲창경궁

2 조선 시대 궁중 문화유산 ☆

종묘	■ 이성계가 왕실 정통성 확립 및 효의 실천을 목적으로 건립 ■ 역대 왕과 왕비의 신주를 모심 ■ 유네스코 세계문화유산 등재

사직단	토지와 곡식의 신에게 제사를 지낸 제단
선농단	중국의 신농과 후직의 신에게 제사를 지낸 제단
수원 화성	■ 정조가 재위한 당시에 정약용이 제작한 거중기로 건립함 → 『화성성역의궤』에 제작 과정 기록 ■ 장용영 외영이 위치한 곳 ■ 공심돈(주변 감시 및 공격 역할 담당) 및 포루(방어 진지) 등 방어 시설 형성 ■ 유네스코 세계 문화유산 등재

▲종묘

▲사직단

▲선농단

▲수원 화성

3 조선 시대의 그림 ☆☆

조선 전기	
 **안견(현동자)** 몽유도원도 (안평 대군이 꿈에서 본 이상 세계 표현) ✓ **해품사 암기팁!** 가로로 긴 산 그림 기억!	 ✓ **해품사 암기팁!** 바위에 누워있는 남자 기억! **강희안(인재)** 고사관수도

조선 후기

김홍도(단원) 씨름도 └ 김득신의 그림과 혼동 주의	**신윤복(혜원)** 단오풍정	**정선(겸재)** 인왕제색도	**김정희(완당, 추사)** 세한도(김정희가 제자인 이상적에게 답례로 그려줌)	**강세황(첨재)** 영통동구도(서양의 원근법 활용)	**김득신(백곡)** 파적도 └ 김홍도의 그림과 혼동 주의!
✓ **해품사 암기팁!** 일상의 다양한 모습 표현 기억!	✓ **해품사 암기팁!** 여자가 포함된 그림 기억!	✓ **해품사 암기팁!** 다양한 산 그림 기억! └ 안견의 몽유도원도와 혼동 주의!	✓ **해품사 암기팁!** 두 그루의 소나무 아래 집 기억!	✓ **해품사 암기팁!** 물이 고여있는 바위 기억!	✓ **해품사 암기팁!** 일상의 다양한 모습 표현 기억!

👩‍🏫 총 26회분 기출분석에서 나온 대표패턴을
최신 기출문제에서 뽑았습니다.

70회 31번

1. (가) 궁궐에 대한 설명으로 옳은 것은? [3점]

> **돈덕전으로의 초대**
>
> 돈덕전이 재건되어 전시관으로 개관
> 합니다. 많은 관람 부탁드립니다.
>
> ■ 주소: 서울특별시 중구 세종대로 99
> ■ 개관일: 2023년 ○○월 ○○일

> ⊙ **소개**
>
> 돈덕전은 (가) 안에 지어진 유
> 럽풍 외관의 건물로, 고종 즉위 40주년
> 기념행사를 열기 위해 건립되었다. 1층
> 에는 폐하를 알현하는 폐현실, 2층에는
> 침실이 자리하여 각국 외교 사절의 폐
> 현 및 연회장, 국빈급 외국인의 숙소로
> 사용되었다.
>   러시아 공사관에서 (가) 으로
> 거처를 옮긴 뒤부터 고종은 중명전을
> 비롯한 서구식 건축물을 지어 근대 국
> 가로서의 면모를 보여주고자 하였다.
> 돈덕전 역시 이러한 의도가 투영된 건
> 축물이다.

① 제1차 미소 공동 위원회가 개최되었다.

② 도성 내 서쪽에 있어 서궐이라고 불렸다.

③ 일제에 의해 창경원으로 격하되기도 하였다.

④ 정도전이 궁궐과 주요 전각의 명칭을 정하였다.

⑤ 태종이 도읍을 한양으로 다시 옮기며 건립하였다.

키워드 추출

중명전 – 덕수궁의 대표 부속 건물

정답분석

① 덕수궁 석조전에서 미·소 공동 위원회가 개최되었다.

오답분석

② 경희궁에 대한 설명이다.

③ 창경궁은 일제 강점기에 창경원으로 격하되었다.

④ 정도전은 개국 직후 조선 최초의 궁궐 및 주요 전각에 자
신의 정치적 이상향과 소망을 담아 명칭을 정하였다.

⑤ 창덕궁에 대한 설명이다.

해품사의 합격Tip

한능검에서 조선의 궁궐 유형은 부속 건물 외에도 '근현대사 시
기에 발생한 궁궐 관련 역사적 사실을 연계' 하기 때문에 난이도
가 매우 높은 편입니다.

[정답] ①

62회 27번

2. (가) 문화유산에 대한 설명으로 옳은 것을 〈보기〉에서
고른 것은? [2점]

> 정조가 정치적 이상을 담아 축
> 조한 (가) 안의 모습이 참
> 예쁘네!

> 정조가 행차할 때 머물렀던
> 행궁과 장용영 군사를 지휘했
> 던 서장대도 보여.

⟫ 보기

ㄱ. 고종이 아관 파천 이후 환궁한 곳이다.

ㄴ. 포루, 공심돈 등 방어 시설을 갖추었다.

ㄷ. 당백전을 발행하여 건설 비용에 충당하였다.

ㄹ. 정약용이 고안한 거중기 등을 이용하여 축조되었다.

① ㄱ, ㄴ ② ㄱ, ㄷ ③ ㄴ, ㄷ ④ ㄴ, ㄹ ⑤ ㄷ, ㄹ

키워드 추출

정조가 이상을 담아 축조 – 수원 화성의 건립 시기

정답분석

ㄴ. 수원 화성 내부에는 주변 방어의 목적으로 벽을 덧붙이
거나 망루 등을 설치하였다.

ㄹ. 조선 후기의 실학자인 정약용은 수원 화성을 보다 쉽게
축조하기 위해 과학 기구인 거중기를 발명하였다.

오답분석

ㄱ. 덕수궁에 대한 설명이다.

ㄷ. 흥선 대원군이 집권한 당시에는 경복궁 중건 비용을 마
련하기 위해 당백전을 발행하고 원납전을 징수하였다.

해품사의 합격Tip

수원 화성의 경우 '정조의 업적 유형을 출제할 때 빈출 키워드
로 자주 연계' 됩니다!

[정답] ④

65회 22번

3. (가)에 해당하는 작품으로 옳은 것은? [1점]

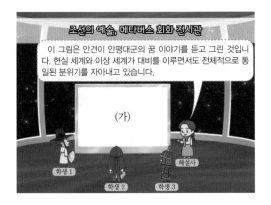

조선의 예술, 메타버스 회화 전시관

이 그림은 안견이 안평대군의 꿈 이야기를 듣고 그린 것입니다. 현실 세계와 이상 세계가 대비를 이루면서도 전체적으로 통일된 분위기를 자아내고 있습니다.

(가)

학생 1   학생 2   학생 3   해설사

①

②

③

④

⑤

키워드 추출

안견이 안평대군의 꿈 이야기를 듣고 그린 것 – 몽유도원도

정답분석

① 안견의 「몽유도원도」

오답분석

② 김정희의 「세한도」

③ 김홍도의 「옥순봉도」

④ 강희안의 「고사관수도」

⑤ 정선의 「인왕제색도」

해품사의 합격Tip

한능검에서 그림 유형은 가끔 '선지에서 낯선 그림을 최소 1~2개 정도 언급'할 수 있습니다. '정답은 대체로 기존 기출에서 출제된 것 위주'로 언급되므로, 익숙한 그림을 우선적으로 파악할 것을 권장합니다!

[정답] ①

61회 28번

4. (가) 인물의 작품으로 옳은 것은? [2점]

이 작품은 단원 [(가)] 이/가 그린 추성부도(秋聲賦圖)로, 인생의 허망함과 쓸쓸함을 묘사한 글인 추성부를 그림으로 표현했습니다. 죽음을 앞둔 노년에 자신의 심정을 나타낸 것으로 보입니다. 도화서 화원 출신인 그는 풍속화, 산수화, 인물화 등 다양한 분야에서 뛰어난 작품을 남겼습니다.

①

②

③

④

⑤

키워드 추출

단원 – 김홍도의 호

정답분석

② 김홍도의 「벼타작」

오답분석

① 정선의 「인왕제색도」

③ 신윤복의 「단오풍정」

④ 강세황의 「영통동구도」

⑤ 김정희의 「세한도」

해품사의 합격Tip

최근 한능검에서는 조선 시대의 그림 유형을 어렵게 출제하기 위해 '특정 화가의 낯선 그림 사례와 함께 호를 주요 힌트로 제시'합니다. '각 화가의 호(따로 지어 부르는 이름)만 가지고도 문제에 제시된 화가를 유추'할 수 있어야 합니다.

[정답] ②

1.

(가) 궁궐에 대한 설명으로 옳은 것은?

> 이곳은 (가) 궁궐 내에 위치한 대온실로, 철골 구조와 유리, 목재 등이 혼합된 우리나라 최초의 양식 온실이라는 의의가 있습니다. 그러나, 이 장소는 일제가 순종을 위로한다는 명목하에 동물원과 함께 지은 건물로서, 제국주의 시대의 문화 침탈의 비극을 보여주는 대표적인 장소라고도 할 수 있습니다.

① 왕실 도서관인 규장각이 설치된 곳이다.
② 도성 내 동쪽에 있어 동궐이라고 불렸다.
③ 조선 물산 공진회 개최 장소로 이용되었다.
④ 인목 대비가 광해군에 의해 유폐된 장소이다.
⑤ 정도전이 궁궐과 주요 전각의 명칭을 정하였다.

해품사 출제예언 - 경희궁과 창경궁

기존에는 주로 '경복궁, 덕수궁, 창덕궁이 제시' 되었습니다. 즉, 경희궁과 창경궁이 직접적으로 제시된 사례가 거의 없기 때문에 보다 다양한 유형을 학습하기 위해 참고할 것을 권장합니다!

키워드 추출

동물원 - 창경궁 내 설치된 건물

정답분석

② 조선의 궁궐 중 창덕궁과 창경궁은 동궐, 경희궁은 서궐, 경복궁은 북궐로 불렸다.

오답분석

① 정조는 창덕궁 내부에 왕실 도서관인 규장각을 설치하였다.
③ 경복궁은 일제가 개최한 조선 물산 공진회의 개최 장소로 이용되었다.
④ 광해군은 인목 대비를 덕수궁 석어당에 유폐시켰다.
⑤ 정도전은 개국 직후 조선 최초의 궁궐 및 주요 전각에 자신의 정치적 이상향과 소망을 담아 명칭을 정하였다.

[정답] ②

2.

(가)에 들어갈 그림으로 옳은 것은?

<기획 전시>
백곡(栢谷) 김득신 특별전
■ 기간: 2025년 ○○월 ○○일~
　　　○○월 ○○일
■ 장소: ◇◇ 예술회관 특별 전시실

대표 전시 작품

(가)

조선 후기에 활동하였고 도화서 화원 출신인 김득신의 대표 작품으로, 생활 풍속에서 느낄 수 있는 흥겹고 해학적인 요소를 소재로 활용한 풍속화로 유명하다.

① 　②

③ 　④

⑤

해품사 출제예언 - 김홍도와 김득신

최근 한능검에서 '거의 매 번 오답으로 언급되었던 화가의 그림이 정답으로 출제' 되었습니다. 특히 수험생의 입장에서 김홍도의 풍속화와 김득신의 풍속화를 혼동하기 쉽기 때문에 주의해야 합니다!

정답분석

④ 김득신의 「파적도」

오답분석

① 신윤복의 「단오풍정」, ② 김홍도의 「씨름도」
③ 김정희의 「세한도」, ⑤ 강희안의 「고사관수도」

[정답] ④

어제의 오답 선지 = 내일의 정답 선지 | 한능검은 역사적 사실이 아닌 것은 선지에 포함하지 않습니다. 즉, 모든 선지는 사실이죠! 기출에서 오답 선지는 언제든 정답이 될 수 있습니다.

🔔 먼저 오른쪽 기출선지 키워드 암기를 가리고 왼쪽의 (빈칸)을 채워보세요. 그후 오른쪽 기출선지를 키워드 중심으로 달달 외우세요!

	기출선지 (키워드) 채우기	기출선지 키워드 암기	중요도
1	(　　　)은 태조가 한양으로 천도하며 창건되었다.	경복궁은 태조가 한양으로 천도하며 창건되었다. [48, 50회]	★★
2	(　　　)은 고종이 아관 파천 이후 환궁한 곳이다.	덕수궁은 고종이 아관 파천 이후 환궁한 곳이다. [48, 62회]	★★
3	(　　　)은 태종이 도읍을 한양으로 다시 옮기며 건립하였다.	창덕궁은 태종이 도읍을 한양으로 다시 옮기며 건립하였다. [64, 66, 70회]	★★
4	(　　　)은 도성 내 서쪽에 있어 서궐이라고 불렸다.	경희궁은 도성 내 서쪽에 있어 서궐이라고 불렸다. [53, 60, 64, 66, 70회]	★★
5	(　　　)은 일제 강점기에 창경원으로 격하되며 동물원 등이 설치되었다.	창경궁은 일제 강점기에 창경원으로 격하되며 동물원 등이 설치되었다. [60, 64, 66, 68, 70회]	★★
6	(　　　)은 명성 황후가 일본 낭인들에 의해 시해된 장소이다.	경복궁은 명성 황후가 일본 낭인들에 의해 시해된 장소이다. [48, 49회]	★
7	(　　　)은 왕실 도서관인 규장각이 설치된 곳이다.	창덕궁은 왕실 도서관인 규장각이 설치된 곳이다. [53, 60회]	★★
8	(　　　)은 일제와 을사늑약을 체결한 장소이다.	덕수궁 석조전은 일제와 을사늑약을 체결한 장소이다. [65회]	★★
9	(　　　)은 조선 물산 공진회 개최 장소로 이용되었다.	경복궁은 조선 물산 공진회 개최 장소로 이용되었다. [50, 53, 66회]	★
10	(　　　)은 제1차 미·소 공동 위원회가 개최된 장소이다.	덕수궁 석조전은 제1차 미·소 공동 위원회가 개최된 장소이다. [49, 53, 66, 70회]	★★
11	(　　　)은 토지와 곡식의 신에게 제사를 지낸 곳이다.	사직단은 토지와 곡식의 신에게 제사를 지낸 곳이다. [68회]	★
12	(　　　)는 역대 국왕과 왕비의 신주를 모신 곳이다.	종묘는 역대 국왕과 왕비의 신주를 모신 곳이다. [68회]	★
13	(　　　)은 국왕이 신농, 후직에게 풍년을 기원한 곳이다.	선농단은 국왕이 신농, 후직에게 풍년을 기원한 곳이다. [50회]	★

✅ 테마 학습을 다 했다면, 테마 맨 앞 키워드 판서로 돌아가 복습하세요!

조선의 문화 2

✓ 시기: 조선 시대 전체   ✓ 중요도 및 평균 출제율: 54% ★
✓ 난이도: 어려움 → 조선 시대의 교육 기관 또는 건축물 유형은 암기할 키워드의 양은 적으나, 기록 유산의 사례가 많고 암기하기 까다로운 편!

흐름형   시대의 흐름을 따라가며 보면 좋은 유형

	조선 전기 ───────	조선 후기 ───────→
관찬 기록물	『조선왕조실록』 『승정원일기』	『일성록』 『비변사등록』
농서	『농사직설』(세종, 정초 및 변효문)	『농가집성』(신속) 『산림경제』(홍만선) 『임원경제지』(서유구)
역사서	『고려사』(문종, 김종서 등) 『동국통감』(성종, 서거정 등)	『발해고』(유득공) 『연려실기술』(이긍익) 『해동역사』(한치윤)

암기형   시대를 몰라도 키워드만 알면 풀 수 있는 유형

조선 시대 교육 기관의 특징

교육기관	부속 건물	특징	의의
성균관	대성전 및 명륜당	• 생원 및 진사시 합격자에게 입학 자격 부여 • 세자가 입학한 사례 존재 • 원점제 실시(출석 제도)	조선 시대 최고 관립 교육 기관
향교	대성전 및 명륜당	• 고을 크기에 따른 정원 차이 발생 • 교수 및 훈도 파견	지방의 최고 관립 교육 기관
서원	두 교육 기관이 겹치므로 다른 키워드로 구별 필수! (예 지역)	• 주세붕이 최초로 건립(백운동 서원 → 소수 서원) • 붕당의 여론 형성 기구 → 유학 교육 및 선현 제사 • 국왕으로부터 노비, 토지, 서적 등 지급받음(사액 서원)	9곳 유네스코 세계 문화유산 등재

해품사의 테마 출제예언!

1) 성균관, 향교, 서원의 위치, 특징, 의의 구별하기

2) 조선의 관찬 기록물, 농서, 역사서, 의학서, 지도 특징 구별하기

3) 조선 후기의 대표 건축물 및 조선 도자기의 흐름 파악하기

해품사 한능검 키워드 판서

⊘ 테마 학습을 다 하고 난 후, 다시 돌아와서 한 번 더 보세요!

조선 전기 ──────── 조선 후기 ──────────→

	조선 전기	조선 후기
의학서		『동의보감』(허준) 『마과회통』(정약용) 『동의수세보원』(이제마)
지도	『혼일강리역대국도지도』(태종) 『동국여지승람』(성종)	『곤여만국전도』(마테오 리치) 『대동여지도』(김정호) 『동국지도』(정상기) 『택리지』(이중환)
건축물		구례 화엄사 각황전 김제 금산사 미륵전 보은 법주사 팔상전
도자기	분청사기	순백자
	청화 백자 ────────→ 유행 제작 시작	

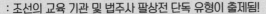

쉽게 출제될 경우	**VS**	어렵게 출제될 경우

기출 → 54, 55, 56회

: 조선의 교육 기관 및 법주사 팔상전 단독 유형이 출제됨!

⇨ 생원 및 진사시의 합격자에게 입학 자격 부여, 원점제/교수 및 훈도 파견/주세붕이 최초로 건립, 사액 서원, 유네스코 세계 문화 유산 등재/충청북도 보은, 부처의 생애를 여덟 장면으로 표현

기출 → 50, 52, 67, 68회

: 조선 시대의 다양한 기록 유산 및 토기 구별 관련 유형 출제

⇨ 『조선왕조실록』, 『승정원일기』/『농사직설』/『고려사』, 『동국통감』/『동의보감』, 『마과회통』/『혼일강리역대국도지도』, 『대동여지도』/분청사기, 백자, 청화 백자

해품사 공지사항!

총 26회분(47회~72회) 기출에서 단 한 번이라도 언급된 내용은 모두 포함!

빨간색 키워드는 약 80% 이상 확률로 출제된 중요 키워드이므로 우선 암기

　　　　　키워드는 그중에서도 직접적인 정답 키워드로 자주 언급되는 것

☆~☆☆☆ 테마 안에서도 더욱 빈출인 주제에 표시

1 조선의 교육 기관 ☆

성균관	■ **부속 건물:** 대성전 및 명륜당　향교와 겹치기 때문에 지역 키워드 등으로 구별 필수! ■ **특징:** 성현에 대한 제사, 생원·진사시 합격자에게 입학 자격 부여, 세자가 입학한 사례 존재, 원점제 실시(출석 제도) ■ **의의:** 조선 최고의 관립 교육 기관
향교	■ **부속 건물:** 대성전 및 명륜당　성균관과 겹치기 때문에 지역 키워드 등으로 구별 필수! ■ **특징:** 성현에 대한 제사, 고을 크기에 따른 정원 차이 발생, 교수 및 훈도 파견 ■ **의의:** 지방의 최고 관립 교육 기관
서원	■ **특징:** 주세붕이 최초로 건립(백운동 서원 → 이후 소수 서원), 사림의 여론 형성 기구로 발전됨, 유학 교육 및 선현에 대한 제사 담당, 국왕으로부터 토지 및 서적, 노비 등을 지원받음(사액 서원) ■ **의의:** 서원 9곳 유네스코 세계 문화유산 등재

2 조선의 기록 유산 사례 ☆

관찬 기록물	■ 조선 전기 - 『승정원일기』: 국왕의 비서 기관에서 작성, 왕명의 출납 및 행정 사무 등 기록, 세계 기록 유산 등재 - 『조선왕조실록』: 태조~철종의 역사를 기록(편년체), 사초·시정기를 바탕으로 실록청에서 편찬, 세계 기록 유산 등재 　└──── 조선 후기까지 제작됨 ■ 조선 후기 - 『일성록』: 정조가 세손 시절부터 쓴 『존현각일기』에서 유래, 국왕의 동정 및 국정 기록, 세계 기록 유산 등재 - 『비변사등록』: 비변사에서 논의 및 결정된 사항 기록, 비국 등록으로도 불림
농서	■ 조선 전기 - 『농사직설』(세종): 삼남 지방의 농법 중심 → 우리나라 풍토에 맞는 농법을 종합하여 편찬 ■ 조선 후기 - 『농가집성』(신속): 모내기법 등 벼농사 중심의 농법 소개 - 『삼림경제』(홍만선): 상품 작물 재배 및 원예 기술 수록 - 『임원경제지』(서유구): 농촌 생활 및 농업 기술의 혁신 방안을 제시한 일종의 백과사전
역사서	■ 조선 전기 - 『고려사』(문종-김종서 등 편찬 담당): 사마천의 사기 범례를 따름 → 기전체 형식(세가, 지, 열전 구성) - 『동국통감』(성종-서거정 등 편찬 담당): 고조선부터 고려 말까지의 역사를 정리 ■ 조선 후기 - 『발해고』(유득공): 규장각 검서관 출신의 서얼이 기록, 남북국 용어 최초 사용 - 『연려실기술』(이긍익): 기사본말체 형식, 조선 시대의 정치 및 문화 실증적으로 정리 - 『해동역사』(한치윤): 고조선부터 고려 시대의 역사 정리 → 500여 종의 자료를 참고하여 제작함, 기전체 형식

의학서	■ 『동의보감』(광해군-허준): 중국 및 우리나라의 의학 서적 망라 → 전통 의학 집대성, 유네스코 세계 기록 유산 등재 ■ 『마과회통』(정약용): 홍역에 대한 지식 정리 ■ 『동의수세보원』(이제마): 사상 의학 정리(사람의 체질 특성에 따라 태양·태음·소양·소음 분류)
지도·지리서	■ 조선 전기 　- 『혼일강리역대국도지도』(태종): 동양에서 가장 오래된 세계 지도, 중국 중심의 화이관 반영 　- 『동국여지승람』(성종): 『팔도지리지』를 참고하여 만든 인문 지리서 ■ 조선 후기 　- 『곤여만국전도』(마테오 리치): 조선인들의 세계관에 영향을 미침 　- 『대동여지도』(김정호): 10리마다 눈금 표시, 22첩의 목판본으로 제작됨 　- 『동국지도』(정상기): 최초로 100리 척을 적용하여 지도 제작 　- 『택리지』(이중환): 인문 지리서, 사민, 복거, 팔도총론 구성

3 조선 후기의 건축물 ☆

보은 법주사 팔상전	■ 국보 등재 ■ 내부에 부처의 생애를 여덟 장면으로 표현한 불화(팔상) 존재 ■ 현존하는 조선 시대의 유일한 목탑
김제 금산사 미륵전	견훤이 신검에 의해 유폐된 금산사 내부에 위치함
구례 화엄사 각황전	■ 팔작지붕 양식 ■ 내부 통층 구성 ■ 임진왜란 때 소실 이후 숙종 때 중건됨

▲보은 법주사 팔상전

▲김제 금산사 미륵전

▲구례 화엄사 각황전

4 조선의 도자기 사례 ☆

조선 전기	조선 중기	조선 후기
분청사기: 조선 전기에 유행한 대표적인 도자기, 태토 위에 백토로 표면을 분장함, 철분이 든 안료 활용 └→ 주로 회청색을 띰	백자: 조선 중기에 유행한 대표적인 도자기, 태토와 유약이 모두 백색으로 약 1,200도 이상에서 구워서 제작함 └→ 주로 순수한 백색을 띰	청화 백자: 조선 전기부터 제작되기 시작하여 조선 후기에 유행한 도자기, 회회청 또는 토청 등 코발트 안료 사용 └→ 주로 푸른색을 띰

▲분청사기 음각어문 편병

▲백자 달항아리

▲백자 청화 송죽문 항아리

총 26회분 기출분석에서 나온 대표패턴을
최신 기출문제에서 뽑았습니다.

56회 25번

1. (가) 교육 기관에 대한 설명으로 옳은 것은? [1점]

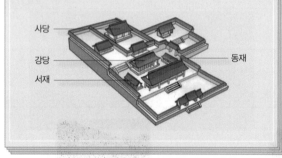

조사 보고서

1. 주제: 조선의 교육 기관 [(가)]을/를 찾아서
2. 개관

　중종 38년(1543) 풍기 군수 주세붕이 처음 건립하였다. 국왕으로부터 현판과 토지, 노비 등을 받기도 하였다. 흥선 대원군에 의해 정리되어 47곳이 남았는데, 이 중 대표적인 9곳이 유네스코 세계 유산으로 등재되었다.

3. 주요 건물 배치도

사당 / 강당 / 서재 / 동재

① 전국의 모든 군현에 하나씩 설치되었다.
② 선현의 제사와 유학 교육을 담당하였다.
③ 전문 강좌인 7재가 설치되어 운영되었다.
④ 중앙에서 교수나 훈도를 교관으로 파견하였다.
⑤ 소과에 합격한 생원, 진사에게 입학 자격이 부여되었다.

키워드 추출
　주세붕, 흥선 대원군에 의해 정리, 유네스코 세계 유산 – 서원

오답분석
① 조선 향교는 부·목·군·현에 하나씩 설치되었다.
③ 고려 국자감 내에 7재가 개설되었다.
④ 향교에는 중앙에서 교관인 교수와 훈도를 파견하였다.
⑤ 성균관에 대한 설명이다.

해품사의 합격Tip
서원은 지역 특성상 향교와 키워드를 혼동하기 쉽습니다.

[정답] ②

54회 28번

2. (가)에 대한 설명으로 옳은 것은? [3점]

이번 경매 물건은 김정호가 당시 조선의 지도 제작 기술을 집대성하여 만든 [(가)]입니다. 10리마다 눈금을 표시하여 거리를 알 수 있게 하였고, 개개의 산보다 산줄기를 표시하는 데 역점을 두었습니다. 또한 군현별로 다른 색이 칠해진 채색본으로는 국내에 유일하게 남아 있는 것입니다.

○○월 경매

① 최초로 100리 척이 적용되었다.
② 전체 22첩의 목판본으로 되어 있다.
③ 우리나라에서 제작된 현존 최고(最古)의 지도이다.
④ 각 지방의 연혁, 산천, 풍속 등이 자세히 나타나 있다.
⑤ 전국의 지리 정보에 주요 인물과 역사적 사실을 병기하였다.

키워드 추출
　김정호 – 「대동여지도」를 제작한 인물

정답분석
② 김정호의 「대동여지도」에 대한 설명이다.

오답분석
① 정상기의 「동국지도」에 대한 설명이다.
③ 태종 때 제작된 「혼일강리역대국도지도」에 대한 설명이다.
④ 성종 때 제작된 「동국여지승람」에 대한 설명이다.
⑤ 조선의 김수홍이 제작한 「조선팔도고금총람도」에 대한 설명이다.

해품사의 합격Tip
지도 유형이 출제될 경우 '지리 표기의 특성, 축적법 등과 관련된 키워드를 우선적으로 파악' 할 것을 권장합니다!

[정답] ②

55회 27번

3. (가)에 해당하는 문화유산으로 옳은 것은? [1점]

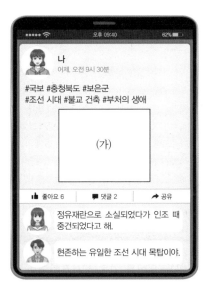

#국보 #충청북도 #보은군
#조선 시대 #불교 건축 #부처의 생애

정유재란으로 소실되었다가 인조 때 중건되었다고 해.

현존하는 유일한 조선 시대 목탑이야.

① 법주사 팔상전

② 화엄사 각황전

③ 금산사 미륵전

④ 무량사 극락전

⑤ 마곡사 대웅보전

키워드 추출

현존하는 유일한 조선 시대 목탑 – 법주사 팔상전의 의의

정답분석

① 조선 후기 보은 법주사 팔상전

오답분석

② 조선 후기 구례 화엄사 각황전

③ 조선 후기 김제 금산사 미륵전

④ 조선 후기 부여 무량사 극락전

⑤ 조선 후기 공주 마곡사 대웅보전

해품사의 합격Tip

문제에서 충청북도 보은이나 조선 시대의 유일한 목탑이 언급될 경우 법주사 팔상전을 떠올려야 합니다.

[정답] ①

53회 21번

4. (가)에 해당하는 문화유산으로 옳은 것은? [2점]

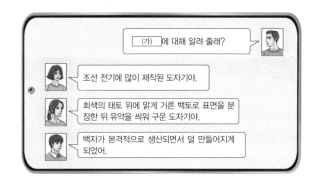

(가) 에 대해 알려 줄래?

조선 전기에 많이 제작된 도자기야.

회색의 태토 위에 맑게 거른 백토로 표면을 분장한 뒤 유약을 씌워 구운 도자기야.

백자가 본격적으로 생산되면서 덜 만들어지게 되었어.

① ② ③
④ ⑤

키워드 추출

조선 전기, 회색의 태토 위에 백토로 표면을 분장 – 분청사기

정답분석

④ 분청사기 조화어문 편병

오답분석

① 고려 청자 상감운학문 매병

② 조선 후기 백자 청화매죽문 항아리

③ 고려 청자 참외모양 병

⑤ 발해 삼채 향로

해품사의 합격Tip

토기 사례가 단독으로 출제되면 도자기의 제작 시기를 잘 구별해야 합니다. 대표적으로 조선 전기 - 분청사기, 조선 후기 - 청화백자가 있습니다.

[정답] ④

1.

(가) 교육 기관에 대한 설명으로 옳은 것은?

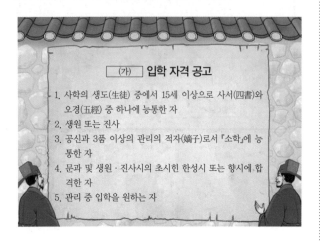

(가) 입학 자격 공고

1. 사학의 생도(生徒) 중에서 15세 이상으로 사서(四書)와 오경(五經) 중 하나에 능통한 자
2. 생원 또는 진사
3. 공신과 3품 이상의 관리의 적자(嫡子)로서 『소학』에 능통한 자
4. 문과 및 생원·진사시의 초시한 한성시 또는 향시에 합격한 자
5. 관리 중 입학을 원하는 자

① 전문 강좌인 7재가 운영되었다.
② 유네스코 세계 문화유산으로 등재되었다.
③ 일종의 출석 제도인 원점제를 운영하였다.
④ 중앙에서 교관인 교수나 훈도가 파견되었다.
⑤ 유학을 비롯하여 율학, 서학, 산학을 교육하였다.

해품사 출제예언 – 조선 시대의 교육 기관 유형

최근 한능검에서 '조선 시대 교육 기관의 출제 비중이 상당히 감소'하였습니다. 해당 유형은 복습 목적으로 풀이할 것을 권장합니다!

키워드 추출

입학 자격, 생원 또는 진사 – 성균관

정답분석

③ 성균관은 아침과 저녁에 식당에서 서명을 해야 원점 1점을 부여하는 출석 제도를 운영하였다.

오답분석

① 고려 시대에는 관학 진흥책의 일환으로 국자감 내에 전문 강좌인 7재를 개설하여 운영하였다.
② 서원은 2019년에 유네스코 세계 문화유산으로 등재된 우리나라의 교육 기관이다.
④ 조선 시대의 지방 향교에는 중앙에서 교관인 교수와 훈도를 파견하였다.
⑤ 고려의 국자감은 유학을 비롯하여 율학(형법), 서학(서예 교육), 산학(산술)에 대한 교육을 담당하였다.

[정답] ③

2.

밑줄 그은 '책'에 대한 설명으로 옳은 것은?

고려가 끝내 발해사를 편찬하지 않아 토문강 북쪽과 압록강 서쪽의 누구 땅인지 알 수 없게 되었다. 여진을 책망하려 하여도 할 말이 없고, 거란을 책망하려 하여도 할 말이 없다. 고려가 약한 나라가 된 것은 발해의 땅을 차지하지 못하였기 때문이다. … 내가 내규장각 관리로 있으면서 비밀스러운 책(祕書)을 꽤 많이 읽었으므로 발해에 관한 일을 차례로 편찬하여, 군고(君考)·신고(臣考) 등 9편으로 구성된 책을 만들었다.

① 남북국이라는 용어를 최초로 사용하였다.
② 현존하는 우리나라 최고(最古)의 역사서이다.
③ 고구려 시조의 일대기를 서사시로 표현하였다.
④ 불교사를 중심으로 고대의 민간 설화를 수록하였다.
⑤ 고조선부터 고려 말까지의 역사를 연대순으로 기록하였다.

해품사 출제예언 – 특정 역사서

최근 한능검에서 '특정 역사서의 일부 내용을 바탕으로 단일 유형 또는 통합사 유형을 출제'하는 경향이 확인됩니다. 역사서의 본문을 해석하여 해당 역사서를 유추하는 훈련이 필요합니다!

키워드 추출

내규장각 관리, 발해에 관한 일 편찬 – 유득공, 『발해고』

정답분석

① 유득공은 『발해고』에서 남북국이라는 용어를 최초로 사용하였다.

오답분석

② 고려 인종 때 편찬된 『삼국사기』는 현존하는 우리나라에서 가장 오래된 역사서이다.
③ 이규보의 『동명왕편』은 고구려 동명성왕의 일대기를 찬양하는 서사시 형식으로 구성되었다.
④ 고려의 승려인 일연은 『삼국유사』를 저술하며 고조선의 역사, 불교사를 비롯하여 다양한 민간 설화를 수록하였다.
⑤ 조선 성종 때 편찬된 『동국통감』은 고조선부터 고려 말까지의 역사를 연대순으로 정리한 편년체 사서이다.

[정답] ①

어제의 오답 선지 = 내일의 정답 선지 | 한능검은 역사적 사실이 아닌 것은 선지에 포함하지 않습니다. 즉, 모든 선지는 사실이죠! 기출에서 오답 선지는 언제든 정답이 될 수 있습니다.

🔊 먼저 오른쪽 기출선지 키워드 암기를 가리고 왼쪽의 (빈칸)을 채워보세요. 그후 오른쪽 기출선지를 키워드 중심으로 달달 외우세요!

	기출선지 (키워드) 채우기	기출선지 키워드 암기	중요도
1	(　　　)은 소과에 합격한 생원, 진사에게 입학 자격을 부여하였다.	성균관은 소과에 합격한 생원, 진사에게 입학 자격을 부여하였다. [47, 50, 54, 56회]	★★
2	(　　　)는 중앙에서 교수나 훈도를 파견하였다.	향교는 중앙에서 교수나 훈도를 파견하였다. [47, 50, 51, 54, 56, 57, 64, 67회]	★★★
3	(　　　)은 풍수 군수 주세붕이 처음 설립하였다.	서원은 풍수 군수 주세붕이 처음 설립하였다. [54, 57, 67회]	★★
4	국왕은 (　　　)에 서적과 노비 등을 지급하였다.	국왕은 사액 서원에 서적과 노비 등을 지급하였다. [48, 63, 71회]	★★
5	서원은 (　　　)에 의해 대부분 철폐되었다.	서원은 흥선 대원군에 의해 대부분 철폐되었다. [47, 57회]	★★
6	(　　　)는 국왕의 비서 기관에서 작성하였다.	승정원일기는 국왕의 비서 기관에서 작성하였다. [51회]	★
7	(　　　)은 사초, 시정기 등을 바탕으로 편찬하였다.	『조선왕조실록』은 사초, 시정기 등을 바탕으로 편찬하였다. [50, 51, 54, 55, 58, 62, 66회]	★★★
8	(　　　)은 강희맹이 손수 농사를 지은 경험과 견문을 종합하여 서술하였다.	『금양잡록』은 강희맹이 손수 농사를 지은 경험과 견문을 종합하여 서술하였다. [50회]	★
9	(　　　)는 인삼, 고추 등의 상품 작물 재배법과 원예 기술을 수록하였다.	『산림경제』는 인삼, 고추 등의 상품 작물 재배법과 원예 기술을 수록하였다. [50회]	★
10	(　　　)는 농촌 생활을 위해 서유구가 백과사전식으로 저술한 책이다.	『임원경제지』는 농촌 생활을 위해 서유구가 백과사전식으로 저술한 책이다. [50회]	★
11	(　　　)은 단군 조선부터 고려 말까지의 역사를 다룬 통사이다.	『동국통감』은 단군 조선부터 고려 말까지의 역사를 다룬 통사이다. [52, 67회]	★★
12	(　　　)는 세가, 열전, 지, 연표 등의 체제로 구성되었다.	『고려사』는 세가, 열전, 지, 연표 등의 체제로 구성되었다. [51, 52회]	★★
13	(　　　)는 남북국이라는 용어가 처음 사용되었다.	『발해고』는 남북국이라는 용어가 처음 사용되었다. [47, 51, 52, 54, 58, 59, 63, 65회]	★★★
14	(　　　)는 한치윤이 500여 종의 자료를 참고하여 편찬하였다.	『해동역사』는 한치윤이 500여 종의 자료를 참고하여 편찬하였다. [52회]	★
15	(　　　)는 목판으로 인쇄되었으며 10리마다 눈금을 표시하였다.	『대동여지도』는 목판으로 인쇄되었으며 10리마다 눈금을 표시하였다. [52, 70회]	★★
16	(　　　)는 최초로 100리 척을 적용하였다.	『동국지도』는 최초로 100리 척을 적용하였다. [50, 52, 54, 62, 67회]	★★

☑ 테마 학습을 다 했다면, 테마 맨 앞 키워드 판서로 돌아가 복습하세요!

조선의 실학파 및 인물

✓ 시기: 조선 시대 전체　✓ 중요도 및 평균 출제율: 85%　★★★
✓ 난이도: 보통 → 빈출 인물 유형의 경우 공략이 크게 어렵지 않으나, 실학파 유형의 난이도가 까다로운 편!

암기형　시대를 몰라도 키워드만 알면 풀 수 있는 유형

중농학파(토지 분배 및 자영농 육성)

	인물	주장	저서	관련 역사적 사실
개혁 방향	유형원	균전론 → 토지를 모든 신분에게 분배 └ 신분에 따른 차등 분배 조건	『반계수록』	
	이익	• 육종론(예 과거제, 노비제) • 한전론 → 토지 매매의 하한선인 영업전 주장	• 『곽우옥』 • 『성호사설』	
	정약용	여전론(토지의 공동 경작 및 분배) → 정전론(토지를 井 구획, 가운데 공동 경작)	• 『경세유표』　• 『마과회통』 • 『목민심서』　• 『아방강역고』 • 『흠흠신서』	거중기, 배다리

중상학파(상업 발전 또는 청 문물 수용)

	인물	주장	저서	관련 역사적 사실
공통적으로 청나라에 연행사 파견	박제가	소비를 우물에 비유하여 소비 권장	『북학의』	정조 때 규장각 검서관으로 기용됨
	박지원	수레 및 선박 이용 강조	• 『과농소초』 • 『열하일기』 • 『양반전』, 『허생전』, 『호질』 → 양반의 무능 및 허례 풍자	
	홍대용		『의산문답』(허자와 실옹 간 가상 대화 형식 활용) → 지전설 및 무한 우주론 주장	혼천의 └ 조선 전기 혼천의와 다른 사례 주의!
	유수원	사농공상의 직업적 평등화 주장	『우서』	

해품사의 테마 출제예언!

1) 중상학파 및 중농학파의 대표 인물들의 저서, 주장, 활동 구별하기

2) 조선 시대 전기, 중기, 후기의 대표 인물들의 업적 파악하기

3) 인물의 활동 시기를 파악하여 조선 시대의 낯선 인물 유형 공략하기

해품사 한능검 키워드 판서

⊘ 테마 학습을 다 하고 난 후, 다시 돌아와서 한 번 더 보세요!

흐름형 시대의 흐름을 따라가며 보면 좋은 유형

조선 전기

정도전(삼봉)

- 『경제문감』, 『불씨잡변』(불교 비판), 『조선경국전』
- 요동 정벌 추진
  └ 최영의 요동 정벌과 혼동 주의!
- 1차 왕자의 난으로 인해 사망함(이방원 주도)

김종서(절재)

- 세종 때 함길도 병마절도사 임명 → 6진 개척
- 문종 때 『고려사』, 『고려사절요』 편찬
- 세조(수양대군)가 주도한 계유정난으로 인해 사망

조선 중기

이황(퇴계)

- 기대승과 사단칠정 논쟁 전개
- 『성학십도』, 『주자서절요』 저술
- 예안향약 시행
- 일본 성리학 영향

유성룡(서애)

- 『징비록』 저술
- 훈련도감 설치 건의(선조)
- 병산 서원에 배향됨

이이(율곡)

- 강릉 오죽헌 출신
- 『격몽요결』, 『동호문답』, 『성학집요』 저술
- 해주향약 시행

조선 후기

김육(잠곡)

- 시헌력 도입 건의
- 대동법 확대 실시 건의(효종)

송시열(우암)

- 기축봉사 건의(효종)
- 기해예송 당시 기년복 주장(현종)
- 기사환국으로 인해 유배됨(숙종)

김정희(완당, 추사)

- 『금석과안록』 저술
  → 진흥왕 순수비 고증
- 세한도 제작
- 추사체 창안

쉽게 출제될 경우	VS	어렵게 출제될 경우

쉽게 출제될 경우

기출 → 60, 63, 68, 71회

: 정도전, 이황, 이이, 김정희 등 빈출 인물의 업적 키워드 암기가 중요

⇨ 『불씨잡변』, 『조선경국전』/기대승과 사단칠정 논쟁 전개, 『성학십도』, 예안향약/『동호문답』, 『성학집요』, 해주향약/『금석과안록』, 세한도, 추사체

어렵게 출제될 경우

기출 → 62, 64, 66, 69회

: 조선 시대의 중농학파 및 중상학파 구별과 관련 인물들의 키워드 암기가 중요!

⇨ 균전론, 『반계수록』/한전론, 『곽우록』, 『성호사설』/여전론, 거중기, 『경세유표』, 『마과회통』/규장각 검서관 기용, 『북학의』/『양반전』 및 『허생전』 및 『호질』, 『열하일기』/『의산문답』, 혼천의

22 조선의 실학파 및 인물

 해품사 공지사항!

총 26회분(47회~72회) 기출에서 단 한 번이라도 언급된 내용은 모두 포함!

빨간색 키워드는 약 80% 이상 확률로 출제된 중요 키워드이므로 우선 암기

키워드는 그중에서도 직접적인 정답 키워드로 자주 언급되는 것

☆~☆☆☆ 테마 안에서도 더욱 빈출인 주제에 표시

1 조선 시대의 실학파 ☆☆☆

중농학파	**유형원(반계)** ■ 주장: 균전론 → 토지를 모든 신분에게 분배하되, 신분에 따른 차등 분배 ■ 저서: 『반계수록』
	이익(성호) ■ 주장: 육좀론(나라를 해치는 여섯 가지 폐단 ⑩ 과거제, 노비제 등), 한전론 → 토지 매매의 하한선을 규정한 영업전 ■ 저서: 『곽우록』, 『성호사설』
	정약용(다산) ■ 주장: 여전론(토지의 공동 경작 및 분배) → 정전론(토지를 井자 모양으로 나눠, 가운데 공동 경작) ■ 저서: 『경세유표』, 『마과회통』, 『목민심서』, 『아방강역고』, 『흠흠신서』 ■ 과학 기구: 거중기, 배다리
중상학파 중상학파들은 공통적으로 청나라에 연행사로 파견됨!	**박제가(초정)** ■ 주장: 소비를 우물에 비유하여 소비를 권장함 ■ 활동: 정조 때 규장각의 검서관으로 기용됨 ■ 저서: 『북학의』
	박지원(연암) ■ 주장: 수레 및 선박 이용 강조 ■ 저서: 『과농소초』, 『열하일기』, 「양반전」, 「허생전」, 「호질」 → 양반의 무능 및 허례 풍자
	홍대용(담헌) ■ 저서: 『의산문답』(허자 및 실옹 가상 대화 형식 활용) → 지전설 및 무한 우주론 주장 ■ 활동: 혼천의 제작 ─ 조선 전기의 혼천의와 다른 사례 주의!
	유수원(농암) ■ 주장: 사농공상의 직업적 평등화 주장 ■ 저서: 『우서』

2 조선 시대 대표 인물의 업적 ☆☆

조선 전기	**정도전(삼봉)** ■ 『경제문감』, 『불씨잡변』(불교 비판), 『조선경국전』(법전 저술) ■ 요동 정벌 추진 ── 최영의 요동 정벌과 혼동 주의! ■ 1차 왕자의 난으로 인해 사망함(이방원 주도) **김종서(절재)** ■ 세종 때 함길도 병마절도사 임명 → 6진 개척 ■ 문종 때 『고려사』, 『고려사절요』 편찬 ■ 세조(수양대군)가 주도한 계유정난으로 인해 사망함
조선 중기	**유성룡(서애)** ■ 『징비록』 저술 ■ 훈련도감 설치 건의 ■ 병산 서원에 배향됨 **이황(퇴계)** ■ 백운동 서원 사액 건의 → 소수 서원 사액 ■ 기대승과 사단칠정 논쟁 전개 ■ 『성학십도』, 『주자서절요』 저술 ■ 예안향약 시행 ■ 일본 성리학에 영향을 미침 ■ 도산 서원에 배향됨 **이이(율곡)** ■ 강릉 오죽헌 출신 ■ 『격몽요결』, 『동호문답』, 『성학집요』 저술 ■ 해주향약 시행 ■ 자운 서원에 배향됨 **김육(잠곡)** ■ 시헌력 도입 건의 ■ 효종에게 대동법 확대 실시 건의
조선 후기	**송시열(우암)** ■ 효종에게 기축봉사 건의 ■ 현종 때 발생한 기해예송 당시 기년설(1년 상복) 주장 ■ 숙종 때 기사환국으로 인해 유배 후 사사됨 **김정희(추사, 완당)** ■ 『금석과안록』 저술 → 서울 북한산 진흥왕 순수비 고증 ■ 세한도 제작 ■ 추사체 창안

해품사의 테마 저격!

[고난도 유형] 시기를 활용한 조선 시대의 인물 공략하기

조선 시대는 사실상 우리나라에서 존재하였던 국가 중에서 가장 시기가 길기 때문에, 출제할 수 있는 인물도 가장 많고, 수험생 입장에서 낯선 인물이 출제된 사례도 많은 편입니다! 만약 낯선 인물이 출제되면, 문제에서 인물의 활동 시기를 파악할 수 있는 키워드를 찾는 것을 권장합니다. 예를 들어 활동 시기가 조선 전기인데, 오답 선지에서 조선 후기에 주로 활동한 인물의 사례만 언급되면 쉽게 소거하여 풀이할 수 있습니다!

▲정도전(삼봉)

▲유성룡(서애)

▲이황(퇴계)

▲이이(율곡)

총 26회분 기출분석에서 나온 대표패턴을
최신 기출문제에서 뽑았습니다.

58회 27번

1. (가) 인물의 활동으로 옳은 것은? 　[2점]

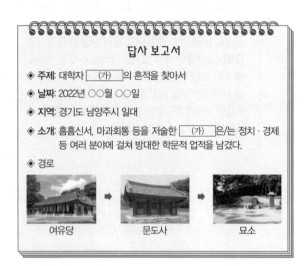

답사 보고서

◈ 주제: 대학자 (가) 의 흔적을 찾아서
◈ 날짜: 2022년 ○○월 ○○일
◈ 지역: 경기도 남양주시 일대
◈ 소개: 흠흠신서, 마과회통 등을 저술한 (가) 은/는 정치·경제
　등 여러 분야에 걸쳐 방대한 학문적 업적을 남겼다.
◈ 경로

여유당 → 문도사 → 묘소

① 성호사설에서 한전론을 주장하였다.
② 양반전에서 양반의 허례와 무능을 지적하였다.
③ 의산문답에서 중국 중심의 세계관을 비판하였다.
④ 북학의에서 절약보다 적절한 소비를 권장하였다.
⑤ 경세유표에서 국가 제도의 개혁 방향을 제시하였다.

키워드 추출

흠흠신서, 마과회통 – 정약용의 대표 저서

정답분석

⑤ 정약용은 『경세유표』를 집필하였다.

오답분석

① 『성호사설』은 이익이 저술하였다.
② 박지원은 「양반전」, 「허생전」, 「호질」 등을 저술하여 양반
　의 허례와 무능을 비판 및 풍자하였다.
③ 『의산문답』은 홍대용이 집필하였다.
④ 『북학의』는 박제가가 집필하였다.

해품사의 합격Tip

정약용은 '가장 직접적인 출제율이 높은 동시에, 다른 유형과 연
계되어 출제될 가능성이 가장 높은 인물'입니다.

[정답] ⑤

52회 27번

2. (가) 인물에 대한 설명으로 옳은 것은? 　[2점]

(가) 이/가 과학 기술인 명예의 전당에 헌정되었습니다. 그는 천문학에 조예가 깊어 기존의 혼천의를 개량했으며, 그의 학문은 담헌서로 정리되어 오늘날 전해지고 있습니다.

(가) , 과학 기술인 명예의 전당에 헌정

① 의산문답에서 무한 우주론을 주장하였다.
② 기기도설을 참고하여 거중기를 설계하였다.
③ 자동 시보 장치를 갖춘 자격루를 제작하였다.
④ 사상 의학을 정립한 동의수세보원을 편찬하였다.
⑤ 서양의 과학 기술을 정리한 지구전요를 저술하였다.

키워드 추출

혼천의 – 홍대용이 제작한 과학 기구

정답분석

① 홍대용은 『의산문답』을 통해 중국 중심의 천하관을 비판
　하였다.

오답분석

② 정약용은 『기기도설』을 참고하여 거중기를 설계하였다.
③ 세종 때 장영실 등이 자격루를 제작하였다.
④ 이제마는 『동의수세보원』을 편찬하였다.
⑤ 조선 후기의 실학자인 최한기는 『지구전요』를 저술하였다.

해품사의 합격Tip

조선 시대의 실학파 중 중상학파에 속하는 홍대용은 '천문학과
관련된 키워드가 주로 언급'된다는 특징이 있습니다. 특히 홍대
용이 제작한 혼천의와 조선 세종 때 제작된 혼천의는 다른 사례
임을 주의할 필요가 있습니다!

[정답] ①

63회 22번

3. 밑줄 그은 '이 인물'에 대한 설명으로 옳은 것은?

[3점]

해주 향약을 시행하여 향촌 교화에 힘썼던 이 인물에 대해 말해 보자.

동호문답에서 수취 제도 개편 등 다양한 개혁 방안을 제시하였어.

격몽요결을 저술하여 체계적인 성리학 교육에 힘썼어.

① 명에 대한 의리를 내세운 기축봉사를 올렸다.

② 청으로부터 시헌력을 도입하자고 건의하였다.

③ 양반의 허례와 무능을 풍자한 양반전을 저술하였다.

④ 예학을 조선의 현실에 맞게 정리한 가례집람을 지었다.

⑤ 군주가 수양해야 할 덕목과 지식을 담은 성학집요를 집필하였다.

키워드 추출

해주 향약, 동호문답, 격몽요결 – 이이의 대표 저서

정답분석

⑤ 이이는 제왕의 학문을 정리하여 군주가 수행해야 할 덕목과 지식을 총망라한 『성학집요』를 집필하였다.

오답분석

① 송시열은 효종에게 기축봉사를 올려 명에 대한 의리를 강조하였다.

② 김육은 시헌력 도입을 건의하였다.

③ 박지원은 『양반전』, 『허생전』, 『호질』 등을 저술하여 양반의 허례와 무능을 비판 및 풍자하였다.

④ 김장생은 『가례집람』이라는 예법서를 편찬하였다.

해품사의 합격Tip

조선 시대의 인물 유형은 '실학파와 더불어 성리학자가 출제'될 가능성이 높습니다. 특히 이황과 이이의 경우 '저서 및 향약 등 특정 키워드의 명칭들이 상당히 유사'하기 때문에 주의하여 암기할 필요가 있습니다!

[정답] ⑤

71회 25번

4. 밑줄 그은 '이 인물'에 대한 설명으로 옳은 것은?

[2점]

이것은 이 인물이 제주도 유배지에서 부인에게 보낸 한글 편지입니다. 편지에는 유배 생활의 곤궁함과 함께 위독한 부인에 대한 걱정과 그리움이 담겨 있습니다. 독창적인 서체로 유명한 이 인물은 유배지에서 세한도를 그리기도 하였습니다.

① 기대승과 사단칠정 논쟁을 전개하였다.

② 북한산비가 진흥왕 순수비임을 고증하였다.

③ 양명학을 연구하여 강화 학파를 형성하였다.

④ 청으로부터 시헌력을 도입하자고 건의하였다.

⑤ 열하일기에서 수레와 선박의 사용을 강조하였다.

키워드 추출

세한도 – 김정희가 그린 그림

정답분석

② 김정희는 『금석과안록』에서 북한산비가 진흥왕 순수비임을 고증하였다.

오답분석

① 이황은 기대승과 성리학의 해석을 놓고 학문적인 논쟁을 전개하였다.

③ 양명학은 정제두를 대표로 강화도에 형성된 강화 학파를 통해 독자적인 연구가 이루어졌다.

④ 김육은 시헌력 도입을 건의하였다.

⑤ 박지원은 자신의 기행문인 『열하일기』를 통해 수레와 선박의 이용을 강조하였다.

해품사의 합격Tip

김정희는 단독 인물 유형으로 자주 언급되는 조선 시대의 대표적인 인물입니다. 특히 김정희는 '고대의 비석 유형 및 조선 시대의 그림 유형과 연계' 되어 출제될 수 있습니다!

[정답] ②

1.

다음 가상 문서의 내용을 주장한 주인공에 대한 설명으로 옳은 것은?

> 경자유전의 원칙에 따라 모든 농민에게 균일하게 토지를 분배하며, 이를 바탕으로 조세 및 군역도 일률적으로 부과하여야 한다. 여기서 관리들은 품계에 따라 최고 12경에서 최하 2경의 토지를 지급하며, 농민에게는 장정 1인당 1경씩의 토지를 지급하는 것이 핵심이다.

① 의산문답을 통해 무한 우주론을 주장하였다.

② 마과회통에서 홍역에 대한 지식을 정리하였다.

③ 우서에서 사농공상의 직업적 평등을 주장하였다.

④ 가례집람을 지어 예학을 조선의 현실에 맞게 정리하였다.

⑤ 국가 운영과 개혁에 대한 견해를 담은 반계수록을 저술하였다.

해품사 출제예언 - 유형원

기존에는 '조선의 중농학파 유형에서 이익 및 정약용이 주로 출제'되었고, 유형원이 출제된 사례가 거의 없습니다. 유형원은 균전론 및 『반계수록』을 중심으로 키워드를 공략하는 것을 권장합니다!

키워드 추출

균일하게 토지를 분배 - 유형원이 제시한 토지 개혁(균전론)

정답분석

⑤ 유형원은 국가 운영과 개혁에 대한 견해를 담은 『반계수록』을 저술하였다.

오답분석

① 홍대용은 『의산문답』을 통해 중국 중심의 천하관을 비판하였다.

② 정약용은 홍역에 대한 의학 지식을 정리한 의학서인 『마과회통』을 저술하였다.

③ 유수원은 중상학파로서 사회 개혁안을 담은 『우서』를 저술하였다.

④ 김장생은 『가례집람』이라는 예법서를 편찬하였다.

[정답] ⑤

2.

다음 검색창에 들어갈 인물의 활동으로 옳은 것은?

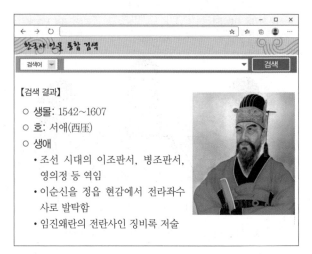

① 훈련도감의 설치를 건의하였다.

② 여진을 정벌하고 6진을 개척하였다.

③ 불씨잡변을 지어 불교를 비판하였다.

④ 탄금대에서 배수의 진을 치고 싸웠다.

⑤ 왜구의 근거지인 쓰시마섬을 정벌하였다.

해품사 출제예언 - 키워드로 유추하기

최근 한능검은 종종 '문제에 제시된 키워드를 통해 논리력을 요구하는 유형을 출제'합니다. 이 문제의 경우 이순신, 임진왜란 등 특정 키워드를 통해 이 시기에 설치된 훈련도감을 간접적으로 연결할 수 있는 힌트가 제시되었음에 주목해야 합니다!

키워드 추출

이순신을 전라좌수사로 발탁함, 징비록 - 유성룡

정답분석

① 임진왜란 중 유성룡의 건의로 훈련도감이 설치되었다.

오답분석

② 세종 때 김종서는 6진을 개척하였다.

③ 정도전은 불교를 비판한 『불씨잡변』을 저술하였다.

④ 신립은 임진왜란 때 탄금대에서 강(바다)을 등지고 싸우는 배수의 진을 치고 왜군에 항전하였다.

⑤ 세종 때 이종무는 쓰시마섬을 정벌하였다.

[정답] ①

어제의 오답 선지 = 내일의 정답 선지 | 한능검은 역사적 사실이 아닌 것은 선지에 포함하지 않습니다. 즉, 모든 선지는 사실이죠! 기출에서 오답 선지는 언제든 정답이 될 수 있습니다.

❗ 먼저 오른쪽 기출선지 키워드 암기를 가리고 왼쪽의 (빈칸)을 채워보세요. 그후 오른쪽 기출선지를 키워드 중심으로 달달 외우세요!

	기출선지 (키워드) 채우기	기출선지 키워드 암기	중요도
1	정약용은 ( )를 활용하여 수원 화성을 축조하였다.	정약용은 거중기를 활용하여 수원 화성을 축조하였다. [48, 50, 52, 53, 54, 62, 63, 64, 68, 69, 70회]	★★★
2	이익은 ( )에서 토지 매매를 제한하는 한전론을 제시하였다.	이익은 곽우록에서 토지 매매를 제한하는 한전론을 제시하였다. [47, 56, 57, 58, 65, 67회]	★★
3	정약용은 ( )을 통해 마을 단위의 공동 경작을 주장하였다.	정약용은 여전론을 통해 마을 단위의 공동 경작을 주장하였다. [67회]	★
4	정약용은 ( )를 집필하여 국가 제도의 개혁 방안을 제시하였다.	정약용은 경세유표를 집필하여 국가 제도의 개혁 방안을 제시하였다. [58, 60, 68회]	★★
5	( )는 북학의를 저술하여 수레와 배의 이용을 권장하였다.	박제가는 북학의를 저술하여 수레와 배의 이용을 권장하였다. [47, 49, 54, 55, 56, 57, 58, 66, 68회]	★★★
6	박제가는 ( ) 출신으로 규장각 검서관에 기용되었다.	박제가는 서얼 출신으로 규장각 검서관에 기용되었다. [69회]	★★
7	박지원은 ( )을 지어 양반의 허례와 무능을 풍자하였다.	박지원은 양반전을 지어 양반의 허례와 무능을 풍자하였다. [58, 60, 63, 66, 69, 72회]	★★★
8	( )은 열하일기에서 수레와 선박의 사용을 강조하였다.	박지원은 열하일기에서 수레와 선박의 사용을 강조하였다. [54, 56, 71회]	★★
9	홍대용은 ( )에서 지전설과 무한 우주론을 주장하였다.	홍대용은 의산문답에서 지전설과 무한 우주론을 주장하였다. [49, 50, 52, 56, 58, 59, 60, 65, 66, 67, 69회]	★★★
10	홍대용은 천체의 운행과 위치를 측정한 ( )를 제작하였다.	홍대용은 천체의 운행과 위치를 측정한 혼천의를 제작하였다. [50회]	★★
11	유수원은 ( )에서 사농공상의 직업적 평등을 주장하였다.	유수원은 우서에서 사농공상의 직업적 평등을 주장하였다. [49, 54, 70회]	★
12	( )은 불씨잡변을 저술하여 불교를 비판하였다.	정도전은 불씨잡변을 저술하여 불교를 비판하였다. [51, 52, 56, 60, 67, 71, 72회]	★★
13	( )는 두만강 일대에 6진을 개척하였다.	김종서는 두만강 일대에 6진을 개척하였다. [65, 67, 69, 70회]	★★
14	( )은 성학십도를 지어 군주의 도를 도식으로 설명하였다.	이황은 성학십도를 지어 군주의 도를 도식으로 설명하였다. [48, 51, 54, 68회]	★★
15	( )는 군주가 수양해야 할 덕목과 지식을 담은 성학집요를 집필하였다.	이이는 군주가 수양해야 할 덕목과 지식을 담은 성학집요를 집필하였다. [58, 63, 69회]	★★
16	( )은 충청도 지역에 대동법을 실시하고자 건의하였다.	김육은 충청도 지역에 대동법을 실시하고자 건의하였다. [52, 67회]	★
17	( )은 명에 대한 의리를 내세운 기축봉사를 건의하였다.	송시열은 명에 대한 의리를 내세운 기축봉사를 건의하였다. [48, 60, 63회]	★
18	( )는 금석과안록에서 북한산비가 진흥왕 순수비임을 고증하였다.	김정희는 금석과안록에서 북한산비가 진흥왕 순수비임을 고증하였다. [49, 50, 51, 57, 59, 60, 63, 64, 65, 66, 70, 71회]	★★★

✅ 테마 학습을 다 했다면, 테마 맨 앞 키워드 판서로 돌아가 복습하세요!

PART **4** 개항기

26회분(47회~72회) 평균 출제비중

15.5%

해품사 한능검 테마별 기출 총 26회분 분석 결과

난이도

쉬움　　　보통　　　어려움

※테마 난이도를 색깔 구분으로 바로 확인하세요!

중요도 및 평균 출제율

★ 약 70% 미만

★★ 약 70~80%

★★★ 약 80~99%

★★★★ 100% 출제!

테마 23	흥선 대원군 집권 및 개항 과정	★★★
테마 24	개항기 전기의 사건 및 조약	★★★
테마 25	동학 농민 운동~대한 제국	★★★
테마 26	구한말 일제의 침략 및 저항	★★★
테마 27	개항기의 문화 및 인물	★

흥선 대원군 집권 및 개항 과정

✓ 시기: 1863년~1883년 ✓ 중요도 및 평균 출제율: 96% ★★★
✓ 난이도: 쉬움 → 흥선 대원군 관련 역사적 사실이나 사절단 유형, 흐름 유형 모두 출제되는 포인트가 명확함!

흐름형 시대의 흐름을 따라가며 보면 좋은 유형

1863
고종 즉위 및
흥선 대원군 집권

1. 병인박해: 남종상 및 프랑스 선교사(예 베르뇌 주교) 처형 → 병인양요의 원인
2. 제너럴셔먼호 사건: 박규수의 제너럴셔먼호 격침 → 신미양요의 원인
3. 병인양요: 로즈 제독이 이끄는 프랑스군의 조선 침략 → 프랑스군의 외규장각 내 도서 및 의궤 등 문화유산 약탈

1866
병인박해~병인양요

1868
오페르트 도굴 사건

독일인 상인 오페르트의
남연군 묘 도굴 시도

1871
신미양요 및 척화비 건립

1. 신미양요: 로저스 제독이 이끄는 미군의 조선 침략 → 어재연 부대(광성보) 및 초지진 내 항전 → 미군이 어재연 장군의 수자기(장수의 깃발) 약탈
2. 척화비 건립: 흥선 대원군이 서울의 종로 및 전국 각지에 통상 수교 거부 의지를 표방한 비석 건립

1873
흥선 대원군의 하야

최익현의 계유상소 등이 원인 → 경복궁 중건 및 서원 철폐 등 비판

위정척사 운동의 흐름 ──── 척화 주전론(이항로, 기정진): 서양과의 통상 수교 반대 → 흥선 대원군 쇄국 정책 지지 ────→

암기형 시대를 몰라도 키워드만 알면 풀 수 있는 유형

흥선 대원군 시기의 역사적 사실

왕권 강화
• 경복궁 중건: 당백전 발행 및 원납전 징수
• 법전 정비: 『대전회통』 및 『육전조례』 편찬
• 비변사 혁파: 의정부(정치) 및 삼군부 기능 부활
• 서원 정리 및 만동묘 철폐: 국가 재정 확보 및 붕당 폐해 근거지 제거

민생 안정(삼정의 문란 개혁)
• 전정 개혁: 양전 사업 실시 및 은결(감추어진 토지) 색출
• 군정 개혁: 호포제 실시(양반에게도 군포 부과)
• 환곡 개혁: 사창제 실시(마을 단위 곡물 대여 기관 설치, 민간 자치 운영)

관련 역사적 사실
• 고종의 아버지
• 최익현의 계유상소 등을 계기로 하야함

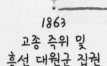

 해품사의 테마 출제예언!

1) 개항기 전기의 외세 침입 관련 사건 흐름 파악하기

2) 흥선 대원군 집권 시기의 역사적 사실 암기하기

3) 개항기에 활동한 사절단의 특징 암기 및 위정척사 운동의 흐름 파악하기

해품사 한능검 키워드 판서

⊘ 테마 학습을 다 하고 난 후, 다시 돌아와서 한 번 더 보세요!

1875	1876	1880	1881~1882	1883
운요호 사건	**강화도 조약 체결 및 1차 수신사 파견**	**2차 수신사 파견**	**영선사 및 조사 시찰단 파견, 조미 수호 통상 조약 체결**	**보빙사 파견**

1875 운요호 사건

일본 군함 운요호의 강화도 및 영종도 공격

1876 강화도 조약 체결 및 1차 수신사 파견

1. 강화도 조약: 운요호 사건 이후 일본의 무력 시위 발생 → 연무당에서 조선 및 일본 대표 측 협상 → 한국 최초의 근대적 조약 체결
2. 1차 수신사 파견
   (1) 배경: 강화도 조약 체결 이후 일본 공사 부임 답례 목적
   (2) 대표 인물: 김기수 → 『일동기유』 작성

1880 2차 수신사 파견

1. 대표 인물: 김홍집
2. 영향: 『조선책략』 국내 유포 → 국내에서 미국과의 수교 필요성 논의 대두

1881~1882 영선사 및 조사 시찰단 파견, 조미 수호 통상 조약 체결

1. 영선사(1881~1882)
   (1) 배경: 청의 근대식 무기 제조 기술 학습 → 국내 기기창 설립 계기, 미국과의 수교 필요성 논의
   (2) 대표 인물: 김윤식
2. 조사 시찰단(1881)
   (1) 배경: 일본의 선진 문물 시찰 → 개화 반대 여론을 의식하여 고종의 밀명으로 비밀리에 파견됨(암행어사 형식 활동)
   (2) 대표 인물: 박정양, 어윤중, 홍영식

1883 보빙사 파견

1. 배경: 조미 수호 통상 조약 체결 이후 미국 공사 부임 답례로 파견 → 미국 대통령 아서 접견
2. 대표 인물: 민영익(전권대신), 홍영식(부전권대신)

개항기에 파견된 사절단 흐름

일본	수신사 ——— 조사 시찰단 ———→	
청		영선사 ———→
미국		보빙사 ———→

위정척사 운동

왜양 일체론(최익현): 일본과 서양은 똑같은 오랑캐! → 지부복궐척화의소

미국과의 수교 반대(이만손): 『조선책략』에서 미국과의 수교 주장 → 유생들이 영남 만인소로 수교 반대

쉽게 출제될 경우	VS	어렵게 출제될 경우

기출 → 58, 61, 62, 69회

: 개항기 전기의 외세 침입 사례의 흐름을 출제하거나, 흥선 대원군 시기의 역사적 사실 유형 출제!

⇨ 병인박해 → 제너럴셔먼호 사건 → 병인양요 → 오페르트 도굴 사건 → 신미양요 → 척화비 건립 → 운요호 사건 → 강화도 조약 / 경복궁 중건, 당백전 발행, 『대전회통』 편찬, 비변사 혁파, 사창제 실시, 호포제 실시

기출 → 50, 58, 71회

: 개항기 사절단의 특징 파악 또는 위정척사 운동의 흐름이 출제됨!

⇨ 강화도 조약 체결 이후 파견 / 개화 반대 여론 의식, 비밀리에 파견, 박정양, 어윤중 / 김윤식, 기기창 설립 계기 / 조미 수호 통상 조약 체결 이후 파견, 민영익, 홍영식 / 척화 주전론 → 왜양 일체론 → 미국과의 수교 반대

23 흥선 대원군 집권 및 개항 과정

해품사 공지사항!

총 26회분(47회~72회) 기출에서 단 한 번이라도 언급된 내용은 모두 포함!

빨간색 키워드는 약 80% 이상 확률로 출제된 중요 키워드이므로 우선 암기

키워드는 그중에서도 직접적인 정답 키워드로 자주 언급되는 것

☆~☆☆☆ 테마 안에서도 더욱 빈출인 주제에 표시

---

1 흥선 대원군의 집권 및 개혁 ☆☆

흥선 대원군의 개혁 사례 및 관련 역사적 사실 (1863~1873)	■ **왕권 강화**: 경복궁 중건 → 당백전 발행 및 원납전 징수, 법전 정비 → 『대전회통』(조선 시대의 마지막 법전) 및 『육전조례』 편찬, 비변사 혁파 → 의정부(정치) 및 삼군부(군사) 기능 부활, 서원 정리 및 만동묘 철폐 → 국가 재정 확보 및 붕당의 폐해 근거지 제거 ┌한능검에서 가장 많이 출제되는 양전 사업은 광무개혁 때 사례! ■ **민생 안정**(삼정의 문란 개혁): 전정 개혁 → **양전 사업**(토지 측량) 실시를 통한 은결(감추어진 토지) 색출, 군정 개혁 → **호포제** 실시(양반에게도 군포 부과), 환곡 개혁 → **사창제** 실시(마을 단위로 곡물 대여 기관 설치, 민간 자치 운영, 흥선 대원군 하야 이후 유명무실화) ■ **관련 역사적 사실**: 고종의 아버지, 최익현의 계유상소(경복궁 중건 및 서원 철폐 비판) → 흥선 대원군 하야 계기

---

2 개항기 전기의 외세 침입 과정과 조선의 개항 ☆☆☆

개항기 전기의 외세 침입 사례 및 개항의 흐름 ┌병인박해-척화비 건립은 흥선 대원군 집권 시기에 발생함!	■ **병인박해**(1866): 흥선 대원군이 프랑스 선교사를 통해 정치적 목적(러시아 견제)을 이루려다가 실패함 → 남종삼(한국인 천주교 신자) 및 프랑스 선교사(예 베르뇌 주교) 처형 → 병인양요의 원인 ■ **제너럴셔먼호 사건**(1866): 미국 상선 제너럴셔먼호의 조선 통상 수교 요구 → 협상 과정에서 평양 관민과 제너럴셔먼호 내 승무원과 마찰 발생 → 박규수가 제너럴셔먼호 격침 → 신미양요의 원인 ■ **병인양요**(1866): 로즈 제독이 이끄는 프랑스군의 조선 내 강화도 침략 → 양헌수 부대(정족산성) 및 한성근 부대(문수산성)의 항전 → 프랑스군이 외규장각 내 도서 및 의궤 등 문화유산 약탈 ┌프랑스의 베르사유의 장미=로즈 연상! ■ **오페르트 도굴 사건**(1868): 독일인 상인 오페르트의 남연군(흥선 대원군의 아버지) 묘 도굴 시도 ■ **신미양요**(1871): 로저스 제독이 이끄는 미군의 조선 내 강화도 침략 → 어재연 부대(광성보) 및 초지진 내 항전 → 미군이 어재연 장군의 수자기(장수의 깃발) 약탈 ■ **척화비 건립**(1871): 흥선 대원군이 서울 종로를 비롯한 전국 각지에 통상 수교 거부 의지를 표방하는 비석 건립 ■ **운요호 사건**(1875): 일본 군함 운요호의 강화도 및 영종도 공격 ■ **강화도 조약 체결**(1876): 운요호 사건 이후 일본의 무력 시위를 계기로 조선과 일본이 연무당에서 협상 → 한국 최초의 근대적 조약 체결

✔ **해품사 암기팁!**
병제병오신척운강

---

3 개항기 사절단의 활동 사례 ☆

개항기의 사절단 활동 사례 및 특징	■ **수신사**(일본, 1876~1882) 　- 파견 배경: 강화도 조약 체결 이후 일본 공사 부임 답례 목적 　- 대표 인물: 김기수(1차 수신사-『일동기유』 작성), 김홍집(2차 수신사, 황준헌의 『조선책략』 국내 유포 → 국내에서 미국과의 수교 필요성 논의 대두)

- 조사 시찰단(일본, 1881)
  - 파견 배경: 일본의 선진 문물 시찰 → 개화 반대 여론을 의식하여 고종의 밀명으로 비밀리에 파견됨(암행어사 형식으로 활동)
  - 대표 인물: 박정양, 어윤중, 홍영식
- 영선사(청나라, 1881~1882)
  - 파견 배경: 청의 근대식 무기 제조 기술 학습 → 사절단 귀국 이후 기기창 설립 계기, 미국과의 수교 여부 논의
  - 대표 인물: 김윤식
- 보빙사(미국, 1883)
  - 파견 배경: 조미 수호 통상 조약 체결 이후 미국 공사 부임 답례로 파견 → 미국 대통령 아서 접견
  - 대표 인물: 민영익(전권대신), 홍영식(부전권대신)

4 위정척사 운동의 흐름 ☆

위정척사 운동의 사례 및 흐름	■ 척화 주전론(1860년대) - 배경 및 특징: 서양의 통상 요구 및 침입 발생 → 서양과의 통상 수교 반대 → 흥선 대원군의 쇄국 정책 지지 - 대표 인물: 이항로, 기정진 ■ 왜양 일체론(1870년대) - 배경 및 특징: 강화도 조약 체결 직전 일본에 개항을 반대하는 세력을 중심으로 형성 → 일본과 서양은 똑같은 오랑캐라고 주장 - 대표 인물: 최익현 → 지부복궐척화의소 ┌── 도끼를 들고 궁궐 앞에 꿇어 엎드리며 개항에 반대하는 상소 ■ 미국과의 수교 반대(1880년대) - 배경 및 특징: 2차 수신사 김홍집이 황준헌의 『조선책략』 국내 유포 → 러시아 남하 견제를 위해 조선이 청·일본·미국과 수교할 것을 주장(친중국, 결일본, 연미국) → 미국과의 수교 필요성 논의 대두 - 대표 인물: 이만손 → 유생들과 영남 만인소 주도

📖 필수 사료와 자료

▶ 병인박해

지난 달 조선에서 국왕의 명령에 의해 선교 중이던 프랑스인 주교 2명과 선교사 9명, 조선인 사제 7명과 무수히 많은 남녀노소 천주교도들이 학살되었습니다. … 며칠 내로 우리 군대가 조선을 정복하기 위해 출발할 것입니다. … 이제 우리는 중국 정부의 조선 왕국에 대한 어떤 영향력도 인정하지 않을 것임을 선언합니다. - 『베이징 주재 프랑스 대리공사 벨로네의 서한』 -

▶ 신미양요

강화 진무사 정기원의 치계에, "미국 배가 다시 항구로 들어와서 광성진을 습격하여 함락하였는데, 중군 어재연이 힘껏 싸우다가 목숨을 바쳤고, 사망한 군사가 매우 많았습니다. 적병은 초지포 부근에 주둔하였습니다. 장수 이렴이 밤을 이용하여 습격해서야 그들을 퇴각시켰습니다."라고 하였습니다. - 『고종실록』 -

▶ 척화비 건립

돌을 캐어 종로에 비석을 세웠다. 그 비면에 글을 써서 이르기를 "서양 오랑캐가 침범하는데 싸우지 않으면 즉 화친하는 것이요, 화친을 주장함은 나라를 팔아먹는 짓이다."라고 하였다. - 『대한계년사』 -

▶ 최익현의 왜양 일체론

일단 강화를 맺고 나면 저들의 욕심은 물화를 교역하는 데 있습니다. 저들의 물화는 모두 지나치게 사치하고 기이한 노리개로 공산품이며 그 양이 무궁합니다. 우리의 물화는 모두가 백성들의 생명이 달린 것이고 땅에서 나는 것으로 한정이 있는 것입니다. … 저들이 비록 왜인이라고 하지만 본질적으로 서양 오랑캐와 다를 것이 없습니다. 강화가 이루어지면 사악한 서적과 천주교가 다시 들어와 사악한 기운이 온 나라를 덮게 될 것입니다. - 『면암집』 -

▶ 이만손의 『영남 만인소』

미국은 우리가 원래 잘 모르던 나라입니다. 쓸데없이 다른 사람의 종용을 받아 우리 스스로 미국을 끌어들여 풍랑과 바다의 온갖 험난함을 무릅쓰고 건너와서 우리 신하들을 피폐하게 하고 우리 재물을 자꾸 없앨 것입니다. … 러시아는 본래 우리와 아무런 감정도 없습니다. 공연히 남이 이간질하는 말을 믿었다가 우리의 체통이 손상되는 바가 클 것입니다. 먼 나라와의 외교에 기대어 가까운 나라와 배척하는 전도된 조처를 했다가 헛소문이 먼저 퍼져 이것을 빙자하여 틈을 만들어 전쟁의 단서를 찾는다면 장차 어떻게 구원할 수 있겠습니까. - 『영남 만인소』 -

총 26회분 기출분석에서 나온 대표패턴을
최신 기출문제에서 뽑았습니다.

61회 31번

1. (가) 사건 이후에 전개된 사실로 옳은 것은? [2점]

> 이곳은 어재연 장군과 그의 군사를 기리기 위해 조성된 충장사입니다. 어재연 장군의 부대는 [(가)] 때 광성보에서 로저스 제독이 이끄는 미군에 맞서 결사 항전하였지만 끝내 함락을 막지 못하였습니다.

① 종로와 전국 각지에 척화비가 세워졌다.

② 평양 관민이 제너럴셔먼호를 불태웠다.

③ 한성근 부대가 문수산성에서 항전하였다.

④ 신유박해로 많은 천주교도가 처형되었다.

⑤ 오페르트가 남연군 묘 도굴을 시도하였다.

키워드 추출

어재연, 광성보, 미군 – 신미양요(1871)

정답분석

① 흥선 대원군은 신미양요 직후 서양과의 통상 수교 반대 의지를 표방하는 척화비를 전국에 건립하였다(1871).

오답분석

② 제너럴셔먼호 사건에 대한 설명이다(1866).

③ 병인양요에 대한 설명이다(1866).

④ 순조 때 신유박해가 발생하였다(신유박해, 1801).

⑤ 독일인 상인 오페르트가 흥선 대원군의 아버지인 남연군 의 묘 도굴을 시도하였다(1868).

해품사의 합격Tip

개항기 전기 외세 침입은 '병인박해 → 제너럴셔먼호 사건 → 병인양요 → 오페르트 도굴 사건 → 신미양요 → 척화비 건립 → 운요호 사건 → 척화비 건립의 흐름을 파악'합시다!

[정답] ①

58회 28번

2. 밑줄 그은 '시기'에 있었던 사실로 옳은 것은? [2점]

> 창녕의 관산 서원 터에서 매주(埋主) 시설이 발견되었습니다. 이 시설은 서원에 모셔져 있던 신주를 옹기에 넣고 기와로 둘러싼 뒤 묻은 것입니다. 이번 발굴로 만동묘 철거 이후 서원을 철폐하던 시기에 신주를 어떻게 처리했는지 알 수 있게 되었습니다.

서원 철폐 관련 매주 시설 첫 발견

① 나선 정벌에 조총 부대가 동원되었다.

② 박규수의 건의로 삼정이정청이 설치되었다.

③ 지역 차별에 반발하여 홍경래가 봉기하였다.

④ 제너럴셔먼호 사건을 구실로 미군이 침입하였다.

⑤ 시전 상인의 특권을 축소하는 신해통공이 단행되었다.

키워드 추출

서원 철폐 – 흥선 대원군의 정책 사례(1865 이후)

정답분석

④ 제너럴셔먼호 사건(1866)은 흥선 대원군 때 사건이다.

오답분석

① 효종은 청의 러시아 정벌에 조총 부대를 파견하였다.

② 임술 농민 봉기가 발생하자 정부는 삼정의 문란을 해결 하기 위하여 삼정이정청을 설치하였다.

③ 순조 때 홍경래의 난이 일어났다(1811).

⑤ 정조 때 시행된 경제 정책이다.

해품사의 합격Tip

흥선 대원군의 집권 시기 유형은 사실상 '왕 업적 유형과 공략이 유사한 사례'라고 평가할 수 있습니다. 특히 '흥선 대원군이 집권한 시기에는 병인박해~척화비 건립이 발생'하였다는 사실을 파악하는 것이 중요합니다!

[정답] ④

68회 33번

3. (가) 사절단에 대한 설명으로 옳은 것은? [2점]

> 미국 공사의 부임에 대한 답례로 [(가)] 이/가 파견되었습니다. 8명의 조선 관리로 구성된 이들은 40여 일 동안 미국에 체류하면서 뉴욕의 전등 시설과 우체국, 보스턴 박람회 등을 시찰하였습니다.

(가) 일행

① 에도 막부의 요청으로 파견되었다.

② 별기군(교련병대) 창설을 건의하였다.

③ 조선책략을 들여와 국내에 소개하였다.

④ 기기국에서 무기 제조 기술을 습득하고 돌아왔다.

⑤ 전권대신 민영익과 홍영식, 서광범 등으로 구성되었다.

47회 31번

4. 다음 가상 대화 이후 전개된 사실로 옳은 것을 〈보기〉에서 고른 것은? [2점]

  현재 조선에 가장 시급한 외교 사안이 무엇이라고 생각하십니까?

 러시아를 막는 것입니다. 이를 위해서는 중국을 가까이 하고, 일본과 관계를 공고히 하며, 미국과 연계하여 자강을 도모해야 합니다.

김홍집

황준헌

> **보기**
> ㄱ. 운요호 사건이 일어났다.
> ㄴ. 전국에 척화비가 건립되었다.
> ㄷ. 이만손 등이 영남 만인소를 올렸다.
> ㄹ. 조미 수호 통상 조약이 체결되었다.

① ㄱ, ㄴ　　　② ㄱ, ㄷ　　　③ ㄴ, ㄷ

④ ㄴ, ㄹ　　　⑤ ㄷ, ㄹ

키워드 추출

미국 공사 부임 답례 – 보빙사의 파견 목적

정답분석

⑤ 보빙사의 대표 구성원은 전권대신 민영익과 부전권대신 홍영식 등으로 구성되었다.

오답분석

① 조선 통신사는 일본 에도 막부의 요청으로 동아시아의 근대 문물을 전파하기 위한 목적으로 파견되었다.

② 1881년에는 군제를 개편하며 신식 군대인 별기군이 창설되었고, 일본 교관의 훈련을 받았다.

③ 2차 수신사인 김홍집은 황준헌의 『조선책략』을 국내에 들여와 소개하였다.

④ 영선사는 청나라의 기기국에서 근대식 무기 제조 기술을 학습한 뒤, 국내에 근대식 무기 제조 기구인 기기창이 설립되는 데 영향을 주었다.

해품사의 합격Tip

한능검에서 출제되는 사절단 유형은 '파견 국가, 파견 배경, 특징' 관련 키워드를 구별하는 것이 중요합니다. 특히 보빙사의 경우 조미 수호 통상 조약과 자주 연계되어 출제됩니다!

[정답] ⑤

키워드 추출

김홍집 – 2차 수신사, 국내에 『조선책략』 유포

정답분석

ㄷ. 『조선책략』 국내 유포 이후, 이만손 등 유생은 미국과의 수교를 반대하는 『영남 만인소』를 올렸다(1881).

ㄹ. 『조선책략』 국내 유포 이후 미국과의 수교의 필요성이 논의된 이후, 청의 알선으로 조선은 서양과 맺은 최초의 근대적 조약인 조미 수호 통상 조약을 체결하였다(1882).

오답분석

ㄱ. 일본은 해안 탐사를 명목으로 운요호라는 함대를 이끌고 강화도와 영종도를 침략하였다(운요호 사건, 1875).

ㄴ. 흥선 대원군은 신미양요 직후 전국 각지에 척화비를 건립하였다(1871).

해품사의 합격Tip

한능검에서 위정척사 운동은 '출제율이 매우 낮은 유형' 입니다. 단, 최익현의 지부복궐척화의소 및 황준헌의 『조선책략』 등은 다음 테마에서 배울 '개항기 전기의 조약 또는 개항기의 인물과 연계되어 언급'될 수 있습니다.

[정답] ⑤

1.

(가), (나) 사절단에 대한 설명으로 옳은 것은?

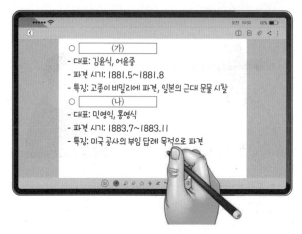

① (가) - 수신사라는 이름으로 보내졌다.
② (가) - 개화 반대 여론으로 인해 비밀리에 출국하였다.
③ (나) - 에도 막부의 요청으로 파견되었다.
④ (나) - 국내에 기기창이 설립되는 계기를 가져왔다.
⑤ (가), (나) - 조선책략을 처음으로 소개하였다.

해품사 출제예언 - 사절단

개항기에 파견된 사절단은 '파견된 국가 및 인물 키워드 암기'가 중요합니다!

키워드 추출
• (가) 김윤식, 어윤중, 비밀리에 파견 - 조사 시찰단
• (나) 민영익, 홍영식, 미국 - 보빙사

정답분석
② 조사 시찰단은 고종의 밀명을 받아 암행어사 형식으로 비밀리에 출국하였다.

오답분석
① 수신사는 강화도 조약 체결 이후 일본 공사 부임의 답례 목적으로 파견된 사절단이다.
③ 조선 통신사는 일본의 에도 막부의 요청으로 동아시아의 근대 문물을 전파하기 위한 목적으로 파견되었다.
④ 영선사는 기기창이 설립되는 데 영향을 주었다.
⑤ 2차 수신사인 김홍집은 국내에 『조선책략』을 유포하였다.

[정답] ②

2.

(가)~(다)가 발표된 순서대로 옳게 나열한 것은?

(가) 미국은 우리가 원래 잘 모르던 나라입니다. 쓸데없이 다른 사람의 종용을 받아 우리 스스로 미국을 끌어들여 풍랑과 바다의 온갖 험난함을 무릅쓰고 건너와서 우리 신하들을 피폐하게 하고 우리 재물을 자꾸 없앨 것입니다. 만에 하나 우리의 허점을 엿보고 우리의 약함을 업신여겨 응하기 어려운 요청을 강요하거나 감당할 수 없는 비용을 떠맡긴다면 장차 어떻게 응대하겠습니까.

(나) 양이(洋夷)의 화가 금일에 이르러 홍수나 맹수의 해로움보다 더 심합니다. 전하께서는 부지런히 힘쓰시고 외물(外物)에 견제·동요됨을 경계하시어 안으로는 관리들로 하여금 사학(邪學)의 무리를 잡아 베게 하시고 밖으로는 장병들로 하여금 바다로 건너오는 적을 징벌하게 하소서.

(다) 저들이 비록 왜인이라고 하지만 본질적으로 서양 오랑캐와 다를 것이 없습니다. 강화가 이루어지면 사악한 서적과 천주교가 다시 들어와 사악한 기운이 온 나라를 덮게 될 것입니다.

① (가) - (나) - (다)　　② (가) - (다) - (나)
③ (나) - (가) - (다)　　④ (나) - (다) - (가)
⑤ (다) - (가) - (나)

해품사 출제예언 - 위정척사 운동의 흐름

한능검에서 위정척사 운동은 매우 빈출도가 낮은 유형이기 때문에 예시 문항을 복습하기 어렵습니다. 그러므로 각 위정척사 운동과 관련된 사료를 한 번이라도 복습하는 것을 권장드립니다!

키워드 추출
• (가) 영남 만인소(1880년대)
• (나) 척화 주전론(1860년대)
• (다) 왜양 일체론(1870년대)

정답분석
④ 위정척사 운동의 흐름은 척화 주전론(나-서양과의 통상 수교 반대) → 왜양 일체론(다-일본과의 수교 반대) → 영남 만인소(가-미국과의 수교 반대) 순으로 발생하였다.

[정답] ④

어제의 오답 선지 = 내일의 정답 선지 | 한능검은 역사적 사실이 아닌 것은 선지에 포함하지 않습니다. 즉, 모든 선지는 사실이죠! 기출에서 오답 선지는 언제든 정답이 될 수 있습니다.

⚠️ 먼저 오른쪽 기출선지 키워드 암기를 가리고 왼쪽의 (빈칸)을 채워보세요. 그후 오른쪽 기출선지를 키워드 중심으로 달달 외우세요!

	기출선지 (키워드) 채우기	기출선지 키워드 암기	중요도
1	병인양요 당시 양헌수 부대가 (　　　)에서 적군을 물리쳤다.	병인양요 당시 양헌수 부대가 정족산성에서 적군을 물리쳤다. [50, 51, 55, 60회]	★★★
2	병인양요 당시 의궤를 비롯한 (　　　)의 도서가 약탈당하였다.	병인양요 당시 의궤를 비롯한 외규장각의 도서가 약탈당하였다. [51, 52, 57, 62, 64, 67, 69, 71회]	★★
3	(　　　)를 비롯한 평양 관민이 제너럴셔먼호를 불태웠다.	박규수를 비롯한 평양 관민이 제너럴셔먼호를 불태웠다. [48, 50, 51, 52, 53, 55, 57, 59, 60, 61, 63, 65, 71회]	★★★
4	(　　　)가 남연군 묘 도굴을 시도하였다.	오페르트가 남연군 묘 도굴을 시도하였다. [47, 51, 52, 53, 55, 56, 60, 61, 64, 65, 70, 71회]	★★★
5	신미양요 당시 어재연 부대가 (　　　)에서 항전하였다.	신미양요 당시 어재연 부대가 광성보에서 항전하였다. [48, 51, 53, 67, 72회]	★★★
6	흥선 대원군 집권 때 종로를 비롯한 전국 각지에 (　　　)를 건립하였다.	흥선 대원군 집권 때 종로를 비롯한 전국 각지에 척화비를 건립하였다. [47, 50, 51, 52, 53, 54, 56, 57, 61, 69, 71회]	★★★
7	흥선 대원군 집권 때 양반에게도 군포를 징수하는 (　　　)를 시행하였다.	흥선 대원군 집권 때 양반에게도 군포를 징수하는 호포제를 시행하였다. [49, 57, 65, 70, 72회]	★★
8	흥선 대원군 집권 때 통치 체제를 정비하기 위해 (　　　)이 편찬되었다.	흥선 대원군 집권 때 통치 체제를 정비하기 위해 『대전회통』이 편찬되었다. [51, 59, 68, 70회]	★★
9	흥선 대원군 집권 때 환곡의 폐단을 시정하기 위해 (　　　)를 전국적으로 시행하였다.	흥선 대원군 집권 때 환곡의 폐단을 시정하기 위해 사창제를 전국적으로 시행하였다. [47, 48, 51, 55, 70회]	★★
10	김기수가 (　　　)로 일본에 파견되었다.	김기수가 수신사로 일본에 파견되었다. [48, 50, 51, 52, 53, 56, 58, 59, 60, 61, 69, 70회]	★★★
11	영선사 파견 이후 국내에 무기 제조 공장인 (　　　)이 설립되는 계기가 되었다.	영선사 파견 이후 국내에 무기 제조 공장인 기기창이 설립되는 계기가 되었다. [48, 49, 58, 59회]	★★
12	보빙사는 전권대신 (　　　)과 홍영식, 서광범 등이 참여하였다.	보빙사는 전권대신 민영익과 홍영식, 서광범 등이 참여하였다. [51, 52, 62, 63, 64, 68, 72회]	★★
13	(　　　)은 개화 반대 여론을 의식하여 암행어사의 형태로 비밀리에 파견되었다.	조사 시찰단은 개화 반대 여론을 의식하여 암행어사의 형태로 비밀리에 파견되었다. [51, 52, 53회]	★
14	(　　　)과 기정진이 척화주전론을 주장하였다.	이항로와 기정진이 척화 주전론을 주장하였다. [59회]	★
15	(　　　)은 지부복궐척화의소를 올려 왜양 일체론을 주장하였다.	최익현은 지부복궐척화의소를 올려 왜양 일체론을 주장하였다. [60, 67회]	★★
16	(　　　)은 황준헌이 쓴 『조선책략』을 들여와 국내에 소개하였다.	김홍집은 황준헌이 쓴 『조선책략』을 들여와 국내에 소개하였다. [49, 51, 52, 56, 62, 67, 68회]	★★
17	(　　　) 등이 주도하여 영남 만인소를 올렸다.	이만손 등이 주도하여 영남 만인소를 올렸다. [47, 51, 56, 60, 64, 65회]	★★

✅ 테마 학습을 다 했다면, 테마 맨 앞 키워드 판서로 돌아가 복습하세요!

개항기 전기의 사건 및 조약

✓ 시기: 1876년~1886년 ✓ 중요도 및 평균 출제율: 88% ★★★
✓ 난이도: 보통 → 개항기 전기에 발생한 사건 유형은 공략하기 쉬움! 그러나 체결된 조약의 원문 파악 및 조항 비교가 어려운 편!

흐름형 시대의 흐름을 따라가며 보면 좋은 유형

1880~1881
통리기무아문 설치 및 군제 개편

1. 배경: 국제 정세에 대응하기 위한 개화 정책 총괄 기구 설치 및 개혁 필요성 대두

2. 통리기무아문 설치: 개화 정책 총괄 기구, 산하에 12사 설치 (예) 교린사, 군무사, 통상사 등)

3. 군제 개편: 기존의 5군영 → 2영 통합(무위영, 장어영), 신식 군대 별기군 창설 → 일본인 교관 채용

1882
임오군란

1. 배경: 구식 군인에 대한 차별 대우 반발, 민씨 정권의 개화 정책에 대한 반발

2. 전개: 구식 군인들의 선혜청, 일본 공사관 습격
   ↓
   명성 황후의 장호원 피신, 흥선 대원군의 임시 재집권 (별기군 및 2영 폐지, 5군영 복구)
   ↓
   청군의 개입으로 반란 종결

3. 결과: 청의 내정 간섭 심화[마젠창(내정 고문) 및 묄렌도르프(외교 고문) 파견], 제물포 조약 체결(조선-일본, 배상금 지불 및 일본 공사관 내 경비병 주둔), 조청 상민 수륙 무역 장정 체결(조선-청, 치외 법권 인정, 한성 및 양화진 내 내지 통상권 허용)

1884
갑신정변

1. 배경: 급진 개화파(개화당)의 입지 약화 → 일본의 정변 지원 약속, 청불 전쟁 발발로 인해 청군 대부분의 국내 철수

2. 전개
   우정총국 개국 축하연 계기로 정변 발생
   ↓
   민씨 정권 주요 인사 살해 및 고종과 황후 경우궁 거처 이관
   ↓
   개화당 정부 임시 수립 및 개혁 정강 14조 발표
   ↓
   청군의 개입 및 일본군과 청군 대립
   ↓
   청군의 승리로 인한 3일 만에 정변 실패, 개화당 세력의 일본 망명

3. 결과: 한성 조약 체결(조선-일본, 배상금 지불 및 일본 공사관 신축비 부담), 톈진 조약 체결(청-일본, 양국 군대의 동시 철수, 조선에 군대 파병 시 양국 간 사전 통보 규정)

1885~1887
거문도 불법 점령

1. 배경: 러시아의 남하 정책 견제를 위해 영국이 거문도를 불법 점령

2. 영향: 국내에서 조선의 중립론 제기 → 유길준의 조선 중립화론 및 독일 영사 부들러의 조선 영세 중립화 건의

해품사의 테마 출제예언!

1) 임오군란 및 갑신정변의 배경, 전개, 영향 구별하기!

2) 통리기무아문 설치~거문도 불법 점령의 사건 흐름 파악하기!

3) 개항기 전기에 체결된 조약 원문 이해 및 대표 조항 암기하기!

해품사 한능검 키워드 판서

⊘ 테마 학습을 다 하고 난 후, 다시 돌아와서 한번 더 보세요!

| 1876 | 1878 | 1882 | 1883 | 1884 | 1886 |

두모포 수세 사건 (1878)

동아시아 국가

1. 강화도 조약(조선-일본, 조일 수호 조규): 치외 법권 규정, 항구 개항(부산, 원산, 인천), 해양 측량권 인정

2. 조일 수호 조규 부록(조선-일본): 간행이정 10리 설정, 개항장 내 일본 화폐 유통 허용, 일본 외교관의 국내 여행 자유 허용

3. 조일 무역 규칙: 일본 상품 무관세 및 일본 상선 무항세 허용, 양곡 무제한 유출 허용

영향!

1. 제물포 조약(조선-일본): 배상금 지불, 일본 공사관 내 군대 주둔 규정

2. 조청 상민 수륙 무역 장정(조선-청): 치외 법권 인정, 한성 및 양화진 내 내지 통상권 허용

조일 통상 장정(조선-일본): 관세 규정, 방곡령 규정(쌀 수출 금지 → 함경도 관찰사 조병식 선포), 최혜국 대우 규정

텐진 조약(청-일본): 양국 군대 동시 철수, 양국간 조선에 군대 파병 시 사전 통보 규정

서양 국가

조미 수호 통상 조약(조선-미국): 거중 조정, 관세 규정, 치외 법권 규정, 최혜국 대우 규정

조불 수호 통상 조약(조선-프랑스): 천주교 포교 허용 규정

조약 체결 국가의 전반적 흐름

동아시아 국가 위주(일본, 청 등) → 서양 국가로의 확대(미국, 프랑스 등) →

| 쉽게 출제될 경우 | VS | 어렵게 출제될 경우 |

기출 → 55, 61, 63, 71회

: 통리기무아문 설치~거문도 불법 점령 등이 출제됨!

⇒ 통리기무아문 및 12사 설치, 별기군 / 구식 군인에 대한 차별 반발, 선혜청 및 일본 공사관 습격, 제물포 조약·조청 상민 수륙 무역 장정 체결 / 우정총국 개국 축하연 계기로 정변 발생, 개혁 정강 14조 발표, 한성 조약 체결 / 러시아의 남하 정책 견제

기출 → 62, 68, 72회

: 개항기 전기에 체결된 조약과 관련된 유형을 출제함!

⇒ 치외 법권 규정, 항구 개항, 해양 측량권 인정, 간행이정 10리 설정, 일본 화폐 유통 허용 / 무관세 및 무항제 규정, 양곡 무제한 수출 허용 / 거중 조정, 관세 규정, 치외 법권 규정, 최혜국 대우 규정 / 관세 규정, 방곡령 규정, 최혜국 대우 규정 / 천주교 포교 허용 규정

24 개항기 전기의 사건 및 조약

 해품사 공지사항!

총 26회분(47회~72회) 기출에서 단 한 번이라도 언급된 내용은 모두 포함!
빨간색 키워드는 약 80% 이상 확률로 출제된 중요 키워드이므로 우선 암기
키워드는 그중에서도 직접적인 정답 키워드로 자주 언급되는 것
☆~☆☆☆ 테마 안에서도 더욱 빈출인 주제에 표시

1 통리기무아문 설치~거문도 불법 점령의 흐름 ☆☆☆

통리기무아문 설치 및 군제 개편 (1880~1881)	■ **배경**: 국제 정세에 대응하기 위한 개화 정책 총괄 기구 설치 및 개혁의 필요성 대두 ■ **통리기무아문 설치(1880)**: 개화 정책 추진 총괄 기구, 아래에 12사 설치(예 교린사-외교, 군무사-군사, 통상사-통상 업무 등) ■ **군제 개편(1881)**: 기존의 5군영을 2영으로 개편함 → 무위영 및 장어영, 신식 군대인 별기군 창설 → 일본인 교관 채용
임오군란 (1882)	■ **배경**: 군제 개혁 이후 구식 군인에 대한 차별 대우 반발, 민씨 정권의 개화 정책에 대한 반발 ■ **전개**: 구식 군인들의 선혜청 및 일본 공사관 습격 → 명성 황후의 장호원 피신 → 흥선 대원군의 임시 재집권(별기군 및 2영 폐지, 5군영 복구) → 민씨 정권의 요청으로 위안스카이가 이끄는 청군의 개입(흥선 대원군 톈진 납치) 및 반란 종결 ■ **결과**: 청의 내정 간섭 심화(마젠창-내정 고문, 묄렌도르프-외교 고문 국내 파견), 제물포 조약 체결(조선-일본 체결, 배상금 지불 및 일본 공사관 내 경비병 주둔 규정), 조청 상민 수륙 무역 장정 체결(조선-청 체결, 치외 법권 인정, 한성 및 양화진 내 내지 통상권 허용) → 청 상인의 국내 진출 본격화 및 일본 상인과의 갈등 심화
갑신정변 (1884)	■ **배경**: 급진 개화파(개화당)의 입지 약화 → 일본의 정변 지원 약속, 청불 전쟁 발생 → 청군 대부분의 국내 철수 ■ **전개**: 김옥균, 박영효 등 개화당의 주도로 우정총국 개국 축하연을 계기로 정변 발생 → 민씨 정권의 주요 인사 살해 및 고종과 황후 경우궁 거처 이관 → 개화당 정부 임시 수립 및 개혁 정강 14조 발표(예 흥선 대원군 조기 귀국, 문벌 폐지 및 인민 평등권 확립, 호조 재정 일원화) → 청군의 개입 및 일본군과 청군 대립 → 청군의 승리로 인해 3일 만에 정변이 실패하며 개화당 세력이 일본으로 망명함(삼일천하) ■ **결과**: 한성 조약 체결(조선-일본 체결, 배상금 지불 및 일본 공사관 신축비 비용 부담), 톈진 조약 체결(청-일본 체결, 양국 군대의 동시 철수, 조선에 군대 파병 시 양국 간 사전 통보 규정)
거문도 불법 점령 (1885~1887)	■ **배경**: 러시아의 남하 정책 견제를 목적으로 영국이 거문도를 불법 점령 ■ **영향**: 국내에서 조선의 중립론 제기 → 국내 유길준의 조선 중립화론 주장, 독일 영사 부들러의 조선 영세 중립화 건의

2 개항기 전기에 체결된 조약 사례 ☆☆

동아시아의 국가	1. 일본과 체결한 조약 사례
	■ 강화도 조약(조일 수호 조규-1876)
	  - 배경: 운요호 사건 이후 일본의 무력 시위 발생 → 연무당에 조선 측 대표(신헌)·일본 측 대표(구로다 기요타카)가 협상
	  - 대표 조항: 일본의 해양 측량권 인정, 치외 법권 규정, 항구 개항(부산, 원산, 인천)
	  - 영향: 국내에서 일본에 수신사 파견 배경

- 조일 수호 조규 부록(1876)
  - 배경: 강화도 조약 체결 이후 부속 성격의 조약 체결
  - 대표 조항: 간행이정(일본인 통행 가능 거리) 10리 설정, 개항장 내 일본 화폐 유통 허용, 일본 외교관의 국내 여행 자유 허용
- 조일 무역 규칙(1876)
  - 배경: 강화도 조약 체결 이후 부속 성격의 조약 체결
  - 대표 조항: 일본 상품 무관세 및 일본 상선 무항세 허용, 양곡의 무제한 유출 허용
  - 영향: 두모포 수세 사건(1878)의 배경이 됨 → 일본 상인에 대한 관세 자주권 확보 욕구
- 제물포 조약(1882) ┌─── 부산 지역사 연계
  - 배경: 임오군란 이후 조선에 대한 배상 요구
  - 대표 조항: 배상금 지불, 일본 공사관 내 군대 주둔 규정
- 조일 통상 장정(1883)
  - 배경: 조선의 관세 자주권 회복 요구 → 조미 수호 통상 조약 체결 이후 본격화
  - 대표 조항: 일본 상품에 대한 관세 규정, 방곡령 규정 → 국내 사정에 따라 1개월 전 일본 영사관에 양곡 수출 금지 사전 통보, 함경도 관찰사 조병식이 조항에 근거하여 선포, 최혜국 대우 규정

2. 청나라와 체결한 조약 사례
- 조청 상민 수륙 무역 장정(1882)
  - 배경: 임오군란 진압 이후 청의 내정 간섭 본격화
  - 대표 조항: 치외 법권 인정, 한성 및 양화진 내 내지 통상권 허용

서양의 국가

1. 미국
- 조미 수호 통상 조약(1882)
  - 배경: 2차 수신사 김홍집이 황준헌의 『조선책략』 국내 유포로 인한 미국과의 수교 필요성 대두 → 청의 알선으로 조약 체결
  - 대표 조항: 거중 조정, 관세 규정, 치외 법권 규정, 최혜국 대우 규정

2. 이외 국가(1883~1886)
- 조영 수호 통상 조약(1883) ┌──→ 미국 이후 다양한 서양 국가와 조약을 체결하였다는 사실만 간단히 암기!
- 조독 수호 통상 조약(1883)
- 조이 수호 통상조약(1884)
- 조러 수호 통상 조약(1884)
- 조불 수호 통상 조약(1886): 천주교 포교 허용

해품사의 테마 저격!

갑신정변 연계 흐름형 유형

한능검에서 갑신정변은 종종 특정 시기 이후 유형으로 출제될 수 있습니다. 예를 들어 문제에서 우정총국 개국 축하연 정변 관련 사료를 제시한 뒤, 정답 키워드로 개혁 정강 14조 발표나 한성 조약 체결 등을 제시할 수 있습니다. 만약 실전에서 이와 같이 출제될 경우 갑신정변과 관련된 유형을 출제한 것이기 때문에, 대부분의 경우 선지에서 갑신정변과 관련된 역사적 사실을 고르면 정답을 쉽게 맞힐 수 있습니다!

총 26회분 기출분석에서 나온 대표패턴을
최신 기출문제에서 뽑았습니다.

65회 30번

1. (가)에 대한 설명으로 옳은 것은? [2점]

> 동대문 일대 재개발 당시 발견된 하도감 터 사진이군요. 이곳은 어떤 용도로 사용된 장소인가요?

> 여기는 훈련도감에 속한 하도감이 있었던 장소로 군사를 훈련시키고 무기를 제작했던 곳입니다. 1881년부터 이듬해 구식 군인들에 대한 차별 대우로 발생한 [(가)] 때까지 교련병대의 훈련 장소로 사용되었습니다.

TV 교양 한국사

하도감 터

① 입헌 군주제 수립을 목표로 하였다.
② 조선 총독부의 방해와 탄압으로 실패하였다.
③ 우정총국 개국 축하연을 이용하여 일어났다.
④ 홍범 14조를 기본 개혁 방향으로 제시하였다.
⑤ 일본 공사관에 경비병이 주둔하는 계기가 되었다.

키워드 추출

1881년부터 이듬해 구식 군인들에 대한 차별 대우로 발생 – 임오군란의 발생 원인(1882)

정답분석

⑤ 임오군란의 결과 일본 공사관에 군대 주둔을 허용하는 제물포 조약이 체결되었다.

오답분석

① 갑신정변에 대한 설명이다.
② 조선 총독부는 1910년에 설립되었다.
③ 갑신정변은 우정총국 개국 축하연을 빌미로 발발하였다.
④ 2차 갑오개혁에 대한 설명이다.

해품사의 합격Tip

한능검에서 임오군란이 출제될 경우 문제 키워드로 구식 군인에 대한 차별 대우에 반발하였다는 사실이 언급될 가능성이 높습니다!

[정답] ⑤

66회 29번

2. 다음 사건 이후에 전개된 사실로 옳은 것은? [2점]

> 홍영식이 우정국에서 개업식을 명목으로 연회를 열어 세인들이 독립당이라고 칭하는 사람들과 각국 사관(使官) 등을 초대하였다. 연회가 끝날 무렵에 우정국 옆에서 불이 일어났다. …… 마침내 어젯밤의 사변에 따라 독립당이 정권을 획득하였다. 조보(朝報)에서는 새롭게 관리를 임명하겠다는 취지를 포고하였다. 박영효, 김옥균, 서광범은 승지가 되었고, 김옥균은 혜상공국 당상을 겸하였다.
> – 「조난기사」 –

① 한성 조약이 체결되었다.
② 신식 군대인 별기군이 창설되었다.
③ 김윤식이 청에 영선사로 파견되었다.
④ 일본 군함 운요호가 영종도를 공격하였다.
⑤ 개화 정책을 총괄하는 통리기무아문이 설치되었다.

키워드 추출

홍영식이 우정국에서 개업식을 명목으로 연회를 엶 – 갑신정변(1884) 시작의 배경이 된 행사

정답분석

① 갑신정변의 결과 조선은 일본에게 배상금 지불을 규정한 한성 조약을 체결하였다(한성 조약, 1884).

오답분석

② 1881년에 신식 군대인 별기군이 창설되었다.
③ 김윤식 등 영선사는 1881년에 청에 파견되었다.
④ 일본은 해안 탐사를 명목으로 운요호라는 함대를 이끌고 강화도와 영종도를 침략하였다(1875).
⑤ 1880년에 통리기무아문과 12사가 설치되었다.

해품사의 합격Tip

한능검에서 갑신정변 유형이 출제될 경우 종종 '특정 시기 이후 역사적 사실 유형을 활용'하여 제시될 수 있습니다. 이때 정답 키워드 역시 '갑신정변과 관련된 사례가 제시'될 수 있습니다.

[정답] ①

68회 30번

3. 다음 대화가 오갔던 회담 결과 체결된 조약에 대한 설명으로 옳은 것은? [2점]

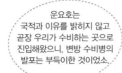

운요호가 작년에 귀국 경내를 통과하다가 포격을 받았으니, 귀국이 교린의 우의를 저버린 것입니다.

운요호는 국적과 이유를 밝히지 않고 곧장 우리가 수비하는 곳으로 진입해왔으니, 변방 수비병의 발포는 부득이한 것이었소.

일본 전권변리대신 구로다 기요타카

조선 접견대관 신헌

① 천주교 포교가 허용되었다.

② 갑신정변의 영향으로 체결되었다.

③ 일본 측의 해안 측량권이 인정되었다.

④ 통신사가 처음 파견되는 계기가 되었다.

⑤ 외국 상인의 내지 통상권을 최초로 규정하였다.

키워드 추출

구로다 기요타카, 신헌, 운요호 – 강화도 조약

정답분석

③ 강화도 조약의 제7조에는 일본이 조선 연안의 해양을 측량할 수 있도록 규정하였다

오답분석

① 조불 수호 통상 조약이 체결된 결과 국내에서 천주교 포교가 허용되었다.

② 갑신정변이 종결된 이후 조선은 일본과 한성 조약을 체결하였으며, 청과 일본은 텐진 조약을 체결하였다.

④ 조선 후기 통신사는 1607년부터 파견되었다.

⑤ 조청 상민 수륙 무역 장정이 체결된 결과 조선은 청나라 상인의 한성 및 양화진 내 내지 통상권을 허용하였다.

해품사의 합격Tip

개항기 전기에 체결된 조약 중 '강화도 조약 및 조미 수호 통상 조약, 조일 통상 장정은 출제율이 높은 대표적인 조약 사례'입니다.

[정답] ③

72회 30번

4. (가), (나) 체결 사이의 시기에 있었던 사실로 옳은 것은? [3점]

(가) 제 6칙 이후 조선국 항구에 거주하는 일본 인민은 양미(糧米)와 잡곡을 수출, 수입할 수 있다.
제 7칙 일본국 정부에 속한 모든 선박은 항세를 납부하지 않는다.

(나) 제 9관 입항하거나 출항하는 각 화물이 해관을 통과할 때는 응당 본 조약에 첨부된 세칙(稅則)에 따라 관세를 납부해야 한다.
제37관 조선국에서 가뭄과 홍수, 전쟁 등의 일로 인해 국내에 양식이 결핍할 것을 우려하여 일시 쌀 수출을 금지하려고 할 때에는 1개월 전에 지방관이 일본 영사관에게 통지하여 미리 그 기간을 항구에 있는 일본 상인들에게 전달하여 일률적으로 준수하는 데 편리하게 한다.

① 조미 수호 통상 조약이 체결되었다.

② 러시아가 용암포 조차를 요구하였다.

③ 영국이 거문도를 불법적으로 점령하였다.

④ 일본 군함 운요호가 영종도를 공격하였다.

⑤ 청과 대등한 입장에서 한청 통상 조약이 맺어졌다.

키워드 추출

• (가) 양미와 잡곡을 수출, 수입, 모든 선박은 항세를 납부하지 않음 – 조일 무역 규칙(1876)

• (나) 1개월 전에 지방관이 일본 영사관에게 통지 – 조일 통상 장정(1883)

정답분석

① 조선은 미국과 1882년에 조미 수호 통상 조약을 체결하였다.

오답분석

② 러시아는 1903년에 용암포 및 압록강 하구를 점령한 뒤 조선에 조차를 요구하였다.

③ 영국은 거문도를 불법으로 점령하였다(1885).

④ 일본은 운요호라는 함대를 이끌고 강화도와 영종도를 침략하였다(운요호 사건, 1875).

⑤ 1899년에 한청 통상 조약을 체결하였다.

해품사의 합격Tip

한능검에서는 종종 '두 개 이상의 조약을 제시하여, 각 조약의 특징을 동시에 파악하거나 흐름형 유형으로 출제'합니다.

[정답] ①

1.

(가) 시기에 있었던 사실로 옳은 것은?

① 신식 군대인 별기군이 창설되었다.

② 통리기무아문과 12사가 설치되었다.

③ 영국이 거문도를 불법으로 점령하였다.

④ 우정총국 개국 축하연에서 정변이 일어났다.

⑤ 구식 군인들이 선혜청과 일본 공사관을 습격하였다.

해품사 출제예언 - 인과관계 확인

앞 사건의 종결과 뒤 사건의 종결을 시점으로 제시하였기 때문에, 뒤 사건의 배경을 인과관계에 맞게 고르는 것이 중요합니다!

키워드 추출

- 난병들이 일본 공사관을 습격, 일본 공사관에 군대를 주둔 - 임오군란, 제물포 조약(1882)
- 개화당의 정변이 삼일천하로 실패, 일본 공사관 신축비를 요구 - 갑신정변, 한성 조약(1884)

정답분석

④ 김옥균 등 개화당 세력은 우정총국 개국 축하연에서 갑신정변을 일으켰다(1884).

오답분석

① 1881년에는 신식 군대인 별기군이 창설되었다.

② 1880년에는 개화 정책 총괄 기구인 통리기무아문과 12사가 설치되었다.

③ 영국은 러시아의 남하 정책을 견제하기 위해 한반도 아래에 위치한 거문도를 불법으로 점령하였다(1885).

⑤ 임오군란 발발 직후 구식 군인들은 선혜청과 일본 공사관을 습격하여 관련 인물 및 일본인 교관을 피살하였다(1882).

[정답] ④

2.

(가), (나) 조약과 관련된 사실로 옳은 것은?

(가) 제5관 미국 상인과 상선이 조선에 와서 무역을 할 때 입출항하는 화물은 모두 세금을 바쳐야 하며, 세금을 거두는 권한은 조선이 자주적으로 행사한다.

(나) 제2조 중국 상인이 조선 항구에서 개별적으로 고소를 제기할 일이 있을 경우 중국 상무위원에게 넘겨 심의·판결한다. 이밖에 재산 문제에 관한 범죄 사건에 조선 인민이 원고가 되고 중국 인민이 피고일 때에도 중국 상무위원이 체포하여 심의 판결한다.

① (가) - 부산, 원산, 인천 항구가 개항되었다.

② (가) - 재정 고문을 두도록 하는 조항이 포함되었다.

③ (나) - 갑신정변의 영향으로 체결되었다.

④ (나) - 외국 상인의 내지 통상권을 최초로 규정하였다.

⑤ (가), (나) - 최혜국 대우 내용을 포함하였다.

해품사 출제예언 - 조약 2개 이상 출제

현재까지 한능검에서 조미 수호 통상 조약과 조청 상민 수륙 무역 장정을 동시에 연계하여 출제된 사례가 없습니다. 그러므로 대표 조약의 원문을 복습하기 위해 풀이하는 것을 권장합니다!

키워드 추출

- (가)-미국 상인과 상선이 조선에 와서 무역을 할 때 입출항하는 화물은 모두 세금을 바쳐야 함 - 조미 수호 통상 조약
- (나)-중국 상인이 중국 상무위원에게 넘겨 심의 판결 - 조청 상민 수륙 무역 장정의 치외 법권 규정

정답분석

④ 조청 상민 수륙 무역 장정이 체결된 결과 조선은 청나라 상인의 한성 및 양화진 내 내지 통상권을 허용하였다.

오답분석

① 강화도 조약의 체결 결과 조선은 일본에 부산, 원산, 인천의 항구를 차례로 개항하였다.

② 1차 한일 협약의 체결 결과 일제는 국내에 외교 고문인 스티븐스와 재정 고문인 메가타를 파견하였다.

③ 조청 상민 수륙 무역 장정은 임오군란의 영향으로 체결되었다.

⑤ 최혜국 대우 조항은 조청 상민 수륙 무역 장정에는 해당하지 않는다.

[정답] ④

어제의 오답 선지 = 내일의 정답 선지 | 한능검은 역사적 사실이 아닌 것은 선지에 포함하지 않습니다. 즉, 모든 선지는 사실이죠! 기출에서 오답 선지는 언제든 정답이 될 수 있습니다.

먼저 오른쪽 기출선지 키워드 암기를 가리고 왼쪽의 (빈칸)을 채워보세요. 그후 오른쪽 기출선지를 키워드 중심으로 달달 외우세요!

	기출선지 (키워드) 채우기	기출선지 키워드 암기	중요도
1	개항기에는 개화 정책 총괄 기구로 (　　　)과 12사가 설치되었다.	개항기에는 개화 정책 총괄 기구로 통리기무아문과 12사가 설치되었다. [47, 48, 49, 51, 52, 54, 55, 56, 60, 61, 62, 66, 67, 68, 69회]	★★★
2	개항기에는 5군영이 2영으로 통합되며, 신식 군대인 (　　　)이 창설되었다.	개항기에는 5군영이 2영으로 통합되며, 신식 군대인 별기군이 창설되었다. [47, 49, 50, 52, 53, 54, 55, 56, 58, 60, 62, 63, 66, 68, 69, 71, 71, 72회]	★★★
3	(　　　)은 구식 군인에 대한 차별 대우가 발단이 되어 일어났다.	임오군란은 구식 군인에 대한 차별 대우가 발단이 되어 일어났다. [48, 61, 63, 70회]	★★★
4	임오군란 발생 이후 (　　　)이 재집권하는 결과를 가져왔다.	임오군란 발생 이후 흥선 대원군이 재집권하는 결과를 가져왔다. [49회]	★
5	(　　　)은 일본 경비병의 공사관 주둔을 명시하였다.	제물포 조약은 일본 경비병의 공사관 주둔을 명시하였다. [51, 53, 55, 59, 60, 65, 67, 69회]	★★★
6	임오군란 이후 조선과 청나라 사이에 (　　　)이 체결되었다.	임오군란 이후 조선과 청나라 사이에 조청 상민 수륙 무역 장정이 체결되었다. [49, 52, 53, 56, 65, 72회]	★★
7	갑신정변 이후 개화당 정부가 수립되고 (　　　)이 발표되었다.	갑신정변 이후 개화당 정부가 수립되고 개혁 정강 14조가 발표되었다. [59회]	★
8	갑신정변은 (　　　) 개국 축하연을 이용하여 일어났다.	갑신정변은 우정총국 개국 축하연을 이용하여 일어났다. [48, 53, 55, 56, 61, 65회]	★★★
9	갑신정변 이후 조선과 일본 사이에 (　　　)이 체결되는 결과를 가져왔다.	갑신정변 이후 조선과 일본 사이에 한성 조약이 체결되는 결과를 가져왔다. [49, 50, 52, 63, 66, 70회]	★★★
10	갑신정변 이후 청과 일본 사이에 (　　　)이 체결되었다.	갑신정변 이후 청과 일본 사이에 톈진 조약이 체결되었다. [50, 60, 71회]	★★
11	영국이 러시아를 견제하기 위해 (　　　)를 불법적으로 점령하였다.	영국이 러시아를 견제하기 위해 거문도를 불법적으로 점령하였다. [48, 49, 50, 51, 53, 54, 57, 58, 59, 60, 61, 63, 65, 70, 71, 72회]	★★★
12	강화도 조약 체결의 결과 (　　　), 원산, 인천이 개항되었다.	강화도 조약 체결의 결과 부산, 원산, 인천이 개항되었다. [48, 49, 53, 59, 62, 70회]	★★
13	조미 수호 통상 조약은 (　　　)를 최초로 규정하였다.	조미 수호 통상 조약은 최혜국 대우를 최초로 규정하였다. [51, 59, 67, 70회]	★★
14	조일 통상 장정은 (　　　) 시행에 대한 규정을 명시하였다.	조일 통상 장정은 방곡령 시행에 대한 규정을 명시하였다. [47, 48, 49, 51, 53, 54, 55, 60, 71회]	★★★
15	조불 수호 통상 조약은 (　　　) 포교 허용의 근거가 되었다.	조불 수호 통상 조약은 천주교 포교 허용의 근거가 되었다. [48, 51, 54, 59, 66, 69, 70회]	★★

⊘ 테마 학습을 다 했다면, 테마 맨 앞 키워드 판서로 돌아가 복습하세요!

동학 농민 운동~대한 제국

◇ 시기: 1894년~1904년 ◇ 중요도 및 평균 출제율: 88% ★★★
◇ 난이도: 어려움 → 초반에 동학 농민 운동 및 여러 사건의 흐름 유형을 공략하기 어렵고, 특히 개항기의 개혁 사례 유형 암기량이 많은 편!

흐름형 시대의 흐름을 따라가며 보면 좋은 유형

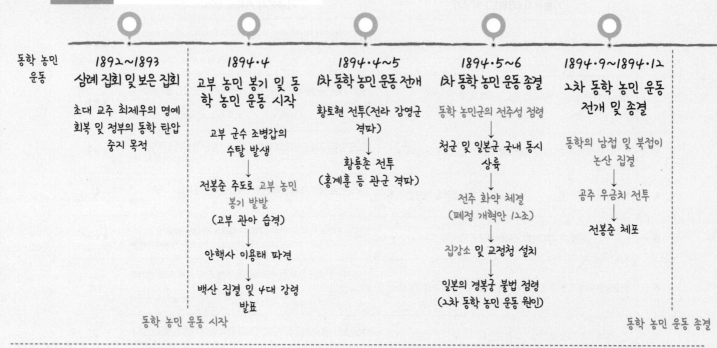

동학 농민 운동

1892~1893 삼례 집회 및 보은 집회

초대 교주 최제우의 명예 회복 및 정부의 동학 탄압 중지 목적

1894·4 고부 농민 봉기 및 동학 농민 운동 시작

고부 군수 조병갑의 수탈 발생
↓
전봉준 주도로 고부 농민 봉기 발발 (고부 관아 습격)
↓
안핵사 이용태 파견
↓
백산 집결 및 4대 강령 발표

동학 농민 운동 시작

1894·4~5 1차 동학 농민 운동 전개

황토현 전투(전라 감영군 격파)
↓
황룡촌 전투 (홍계훈 등 관군 격파)

1894·5~6 1차 동학 농민 운동 종결

동학 농민군의 전주성 점령
↓
청군 및 일본군 국내 동시 상륙
↓
전주 화약 체결 (폐정 개혁안 12조)
↓
집강소 및 교정청 설치
↓
일본의 경복궁 불법 점령 (2차 동학 농민 운동 원인)

1894·9~1894·12 2차 동학 농민 운동 전개 및 종결

동학의 남접 및 북접이 논산 집결
↓
공주 우금치 전투
↓
전봉준 체포

동학 농민 운동 종결

개혁 사례

1894·6 1차 갑오개혁

1. 담당 기구(인물): 군국기무처(김홍집 내각)
2. 개혁 사례: 개국 기년 연호 사용, 과거제 폐지, 과부 재가 허용, 공사 노비법 혁파 → 신분제 폐지

1894·12~ 1895·7 2차 갑오개혁

1. 담당 기구(인물): 김홍집 및 박영효 연립 내각
2. 개혁 사례: 교육 입국 조서 반포 → 한성 사범 학교 설립, 재판소 설치, 홍범 14조 반포

해품사의 테마 출제예언!

1) 동학 농민 운동의 전반적 사건 흐름 파악하기!

2) 청·일 전쟁~대한 제국 건립의 흐름 파악 및 열강의 이권 침탈 사례 암기하기!

3) 갑오개혁, 을미개혁, 광무개혁의 개혁 사례 구별 및 독립 협회의 활동 사례 암기하기!

해품사 한능검 키워드 판서

◇ 테마 학습을 다 하고 난 후, 다시 돌아와서 한 번 더 보세요!

사건

1894~1895	1895	1896	1897~1904
청·일 전쟁 및 영향	을미사변 및 을미개혁	아관 파천	대한 제국 건립 및 광무개혁 실시

1894~1895 청·일 전쟁 및 영향

1차 동학 농민 운동 종결 이후 청·일 전쟁 발발
↓
시모노세키 조약 체결
(배상금 지불, 랴오둥 반도 등 할양)
↓
삼국 간섭 발생
(독·프·러)
→ 일본의 랴오둥 반도 반환
↓
친러 내각 형성

1895 을미사변 및 을미개혁

1. 을미사변
1) 배경: 친러 내각 형성으로 인한 일본의 견제
2) 전개: 일본 낭인들이 경복궁 건청궁에서 명성 황후 시해

2. 을미개혁
1) 배경: 친일 내각 형성을 통한 개혁 시도
2) 영향: 을미의병 발발 원인

1896 아관 파천

1. 배경: 을미사변 등 계기로 고종의 신변 위협

2. 전개: 고종이 궁녀로 위장하여 가마를 타고 러시아 공사관 피신

3. 영향: 고종이 경운궁 (덕수궁)으로 환궁하며 대한 제국 선포 및 황제 즉위

개혁 사례

1895·8~1895·12 을미개혁

1. 담당 인물: 김홍집 내각
2. 개혁 사례: 건양 연호 및 태양력 채택, 단발령 실시, 소학교 설치, 우편 사무 재개, 종두법 시행, 진위대 및 친위대 설치

1897~1904 광무개혁

1. 정치: 구본신참, 대한국 국제 반포, 원수부 설치
2. 경제: 양전 사업 실시 → 지계 발급, 상공 학교 설립
3. 외교: 대한 제국 칙령 제41호, 이범윤 간도 관리사 파견

쉽게 출제될 경우	VS	어렵게 출제될 경우

기출 → 63, 65, 67, 68회

: 동학 농민 운동의 흐름 유형, 개항기 대표 개혁 사례 유형 출제

⇨ 고부 농민 봉기 → 안핵사 이용태 파견 → 백산 집결 및 4대 강령 발표 → 황토현 전투 → 황룡촌 전투 → 전주성 점령 및 전주 화약 체결 → 집강소 설치 및 교정청 설치 → 일본의 경복궁 불법 점령 → 동학의 남접 및 북접 연합 → 공주 우금치 전투 → 전봉준 체포

기출 → 52, 62, 72회

: 청·일 전쟁~대한 제국의 건립 흐름 또는 열강의 이권 침탈 사례 및 개항기의 개혁 사례 관련 고난도 키워드를 연계하여 출제함!

⇨ 청·일 전쟁 → 시모노세키 조약 체결 → 삼국 간섭 → 친러 내각 형성 → 을미사변 → 을미개혁 → 아관 파천 → 대한 제국 건립

25 동학 농민 운동~대한 제국

해품사 공지사항!

총 26회분(47회~72회) 기출에서 단 한 번이라도 언급된 내용은 모두 포함!

빨간색 키워드는 약 80% 이상 확률로 출제된 중요 키워드이므로 우선 암기

키워드는 그중에서도 직접적인 정답 키워드로 자주 언급되는 것

☆~☆☆☆ 테마 안에서도 더욱 빈출인 주제에 표시

1 동학 농민 운동(1894)의 전개 과정 ☆☆☆

동학 농민 운동 전개 과정	■ 동학 농민 운동 발발 이전 동학 교도의 활동 　- 교조 신원 운동 주도: 초대 교주 최제우의 명예 회복 및 정부의 동학 탄압 중지 목적 → 삼례 집회(1892, 전라도) 　　및 보은 집회(1893, 서울) 개최 ■ 1차 동학 농민 운동의 전개 　- 배경: 고부 군수 조병갑의 수탈 강화(⑩ 만석보를 설치하여 수세를 강제로 징수) 　- 전개: 전봉준의 주도로 고부 농민 봉기 발발(고부 관아 습격) → 안핵사 이용태의 파견 → 백산 집결 및 4대 강령 　　발표 → 황토현 전투(전라 감영군 격파) → 황룡촌 전투(홍계훈 등 관군 격파) → 정부의 요청으로 청군 국내 파병 　　(톈진 조약 영향으로 일본군도 함께 파병) → 전주성 점령 및 전주 화약 체결(폐정 개혁안 12개조 요구) → 집강소 　　(농민 자치 기구) 및 교정청(정부 주도 임시 관청) 설치 　- 의의: 보국안민 → 탐관오리 처벌 등 주장 ■ 2차 동학 농민 운동의 전개 　── 청·일 전쟁 및 갑오개혁도 동시에 진행됨 　- 배경: 일본군의 경복궁 불법 점령 → 청·일 전쟁 발발 원인 　- 전개: 동학의 남접(전봉준)과 북접(손병희)의 연합 부대가 논산 집결 → 공주 우금치에서 동학 농민군이 관군과 　　일본 연합군에 대치 → 전봉준 등 지도자 체포로 동학 농민 운동 종결　└─ 공주 지역사 연계 　- 의의: 제폭구민 → 반외세 운동 전개　└─ 논산 지역사 연계

2 청·일 전쟁~대한 제국 건립의 흐름 ☆☆

청·일 전쟁 (1894~1895)	■ 배경: 일본군의 조선에서의 철병 거부 → 청·일 양국 군대의 대치 발생 ■ 전개 및 결과: 청·일 전쟁 결과 일본 승리 → 시모노세키 조약 체결(배상금 지불 및 중국의 랴오둥 반도 및 타이완 　일본 할양) ■ 영향: 독일, 프랑스, 러시아 주도로 삼국 간섭 발생 → 일본이 청나라에 랴오둥 반도 반환 → 조선 조정 내 친러 내 　각 형성 계기
을미사변 ~ 대한 제국 수립 (1895~1897)	■ 을미사변 　- 배경: 조선 내 명성 황후의 주도로 친러 내각의 형성으로 인한 일본의 견제 필요성 인식 　- 전개: 일본 공사 미우라 고로의 지휘 아래 일본 낭인들이 경복궁 건청궁에서 명성 황후 시해 ■ 을미개혁 　- 배경: 친일 내각 형성을 통한 일본의 영향력 아래 개혁 추진 → 김홍집 내각 추진 　- 전개: 건양 연호 및 태양력 채택, 단발령 실시, 진위대 및 친위대 설치 　- 영향: 을미사변과 더불어 단발령 실시 반대로 인한 을미의병 발발

■ 아관 파천
- 배경: 을미사변 등 계기로 고종이 일본에 의한 신변의 위협을 느낌
- 전개: 고종이 궁녀로 위장하며 가마를 타고 러시아 공사관 피신
- 영향: 고종이 경운궁(덕수궁)으로 환궁하며 대한 제국 선포 및 황제 즉위

3 청·일 전쟁 및 아관 파천 이후 열강의 조선 이권 침탈 ☆

금광 채굴권	■ 독일: 당현 금광 채굴권 ■ 미국: 운산 금광 채굴권 ■ 영국: 은산 금광 채굴권	✓ 해품사 암기팁! 당돌한 미운 영은이!(당현-독일, 미국-운산, 영국-은산)
삼림 채벌권	러시아: 두만강 삼림 채벌권, 압록강 삼림 채벌권, 울릉도 삼림 채벌권	✓ 해품사 암기팁! 러시아는 냉랭한 기후로 유명한 국가이므로 땔감이 많이 필요하다고 암기!
철도 부설권	■ 미국 → 일본: 경인선 철도 부설권 ■ 프랑스 → 일본: 경의선 철도 부설권 ■ 일본: 경부선 철도 부설권	✓ 해품사 암기팁! 경인선의 'ㅣ'과 미국의 'ㅣ', 경의선의 'ㅡ'와 프랑스의 'ㅡ' 공통점 연상하여 암기!

4 개항기의 개혁 사례 ☆☆☆

갑오개혁 (1894~1895)	■ 1차 갑오개혁 - 담당 기구(인물): 군국기무처(김홍집 내각) - 개혁 사례: 개국 기년 연호 사용, 과거제 폐지 → 선거조례 실시, 과부 재가 허용, 공사 노비법 혁파 → 신분제 폐지, 연좌제 폐지, 은본위제 시행, 조혼 금지, 6조 → 8아문 개편 ■ 2차 갑오개혁 - 담당 기구(인물): 김홍집·박영효 연립 내각(군국기무처 폐지) ┌ 1차 갑오개혁과 혼동 주의! - 개혁 사례: 교육 입국 조서 반포 → 한성 사범 학교 설립, 재판소 설치, 홍범 14조 반포(예 왕실 사무 및 국정 사무 분리, 조세 징수 탁지아문 관할) 8아문 → 7부, 8도 → 23부 개편 └ 탁지아문은 1, 2차 갑오개혁 공통 키워드 가능 주의!
을미개혁 (1895)	개혁 사례: 건양 연호 및 태양력 채택, 단발령 실시, 소학교 설치, 우편 사무 재개, 종두법 시행, 진위대 및 친위대 설치
광무개혁 (대한 제국-1897~1904)	■ 정치 관련 사례: 구본신참 바탕, 대한국 국제 반포(헌법), 원수부 설치(황제 직속 군대 설치), 환구단에서 황제로 즉위 ■ 경제 관련 사례: 양전 사업 시행 → 지계 발급, 상공 학교 설립 ■ 외교 관련 사례: 대한 제국 칙령 제41호 반포 → 독도 영유권 규정, 이범윤 간도 관리사 파견, 용암포 점령 사건 발발 → 러·일 전쟁 원인
독립 협회 (1896~1898)	■ 대표 인물: 서재필 및 윤치호 ■ 활동: 관민 공동회 및 만민 공동회 개최, 기존의 영은문 자리에 독립문 건립, 러시아의 절영도 조차 요구 저지, 한·러 은행 폐쇄 주도, 헌의 6조 반포 → 중추원 관제 개편 추진 ■ 특징: 입헌 군주제 지향(공화정을 지향하였다고 모함받음) → 황국 협회에 의해 해산됨 └ 신민회의 특징과 혼동 주의!

총 26회분 기출분석에서 나온 대표패턴을
최신 기출문제에서 뽑았습니다.

67회 32번

1. 다음 가상 뉴스에서 보도하는 사건 이후에 전개된 사실로 옳은 것은? [1점]

> 지난달 전주성을 점령한 동학 농민군이 마침내 정부와 화약을 체결하였습니다. 농민군은 곧 집강소를 중심으로 폐정 개혁에 착수할 것으로 예상됩니다.

속보 전주 화약 체결

① 남접과 북접이 논산에서 연합하였다.

② 농민군이 황룡촌 전투에서 관군에 승리하였다.

③ 교조 신원을 요구하는 보은 집회가 개최되었다.

④ 사태 수습을 위해 안핵사 이용태가 파견되었다.

⑤ 전봉준이 농민을 이끌고 고부 관아를 습격하였다.

키워드 추출

전주 화약 체결(1894 · 5) – 동학 농민군은 정부와 전주 화약을 체결한 뒤 집강소를 중심으로 개혁을 추진하기 시작함

정답분석

① 일본의 경복궁 불법 점령 이후 동학 농민군의 남접과 북접이 논산에서 집결하였다(1894 · 9).

오답분석

② 황룡촌 전투는 1894년 4월의 일이다.

③ 1893년에 보은 집회가 개최되었다.

④ 고부 농민 봉기 발발 직후 정부는 사태 수습을 위해 이용태를 안핵사로 파견하였다(1894 · 2).

⑤ 1894년 1월에 고부 농민 봉기가 일어났다.

해품사의 합격Tip

동학 농민 운동은 '흐름형 유형으로 출제' 될 가능성이 매우 높으므로 전개 과정을 꼭 기억하세요!

[정답] ①

56회 29번

2. 다음 사건 이후 추진된 개혁의 내용으로 옳은 것은? [2점]

> 일본군의 엄호 속에 사복 차림의 일본인들이 건청궁으로 침입하였다. 그들은 왕과 왕후의 처소로 달려가 몇몇은 왕과 왕태자의 측근들을 붙잡았고, 다른 자들은 왕후의 침실로 향하였다. 폭도들이 달려들자 궁내부 대신은 왕후를 보호하기 위해 두 팔을 벌려 앞을 가로막아 섰다. …… 의녀가 나서서 손수건으로 죽은 왕후의 얼굴을 덮어 주었다.

① 과거제를 폐지하였다.

② 태양력을 시행하였다.

③ 육영 공원을 설립하였다.

④ 공사 노비법을 혁파하였다.

⑤ 통리기무아문을 설치하였다.

키워드 추출

일본인들이 건청궁으로 침입, 죽은 왕후의 얼굴을 덮어줌 – 을미사변의 과정(1895)

정답분석

② 을미개혁 때 건양이라는 연호와 태양력을 채택하였다(1895).

오답분석

① 1차 갑오개혁 때 과거제가 폐지되며 관리 임용을 위해 선거조례를 새로 실시하였다(1894).

③ 1886년에는 정부 주도로 최초의 공립 교육기관인 육영 공원이 설립되었다.

④ 1차 갑오개혁 때 공사 노비법을 혁파하여 사실상 신분제가 폐지되었다(1894).

⑤ 1880년에 개화 정책 총괄 기구인 통리기무아문과 12사가 설치되었다.

해품사의 합격Tip

최소한 을미사변 → 을미개혁 → 아관 파천의 흐름을 기억해야 합니다.

[정답] ②

52회 34번

3. (가)~(마)에 들어갈 내용으로 옳지 않은 것은?
[2점]

국가	사례
독일	(가)
일본	(나)
미국	(다)
러시아	(라)
프랑스	(마)

〈 청일 전쟁 이후 열강이 침탈한 이권 〉

① (가) – 당현 금광 채굴권
② (나) – 경부선 철도 부설권
③ (다) – 운산 금광 채굴권
④ (라) – 울릉도 삼림 채벌권
⑤ (마) – 경인선 철도 부설권

정답분석
⑤ 경인선 철도 부설권은 본래 미국이 가지고 있었으나, 이후 자금 조달의 문제로 일본에 이관되었다.

오답분석
① 독일은 당현 금광의 채굴권을 획득하였다.
② 경부선은 일본의 자본 회사인 경부 철도 주식회사에 의해 설립된 우리나라의 두 번째 철도이다.
③ 미국은 운산 금광의 채굴권을 획득하였다.
④ 러시아는 두만강, 압록강, 울릉도 등 다양한 지역의 삼림 채벌권을 획득하였다.

해품사의 합격Tip
한능검에서 청·일 전쟁 및 아관 파천 이후 열강의 이권 침탈 유형은 '출제율이 매우 낮은 대표적인 사례'입니다. 이 유형은 단순 암기형 유형이지만, 키워드가 매우 적은 편이므로 암기법을 활용하여 빠르게 공략하는 것을 권장합니다!

[정답] ⑤

59회 37번

4. 밑줄 그은 '이 시기'에 볼 수 있는 모습으로 적절한 것은?
[2점]

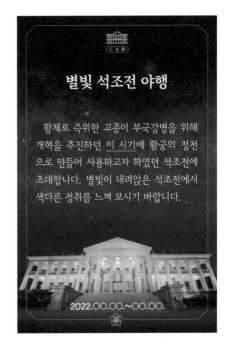

별빛 석조전 야행

황제로 즉위한 고종이 부국강병을 위해 개혁을 추진하던 이 시기에 황궁의 정전으로 만들어 사용하고자 하였던 석조전에 초대합니다. 별빛이 내려앉은 석조전에서 색다른 정취를 느껴 보시기 바랍니다.

2022.00.00.~00.00.

① 영선사 일행으로 청에 가는 생도
② 육영 공원에서 영어를 공부하는 학생
③ 거문도를 불법 점령하고 있는 영국 해군
④ 양전 사업을 실시하고 지계를 발급하는 관리
⑤ 보은 집회에서 교조 신원을 주장하는 동학교도

키워드 추출
황제로 즉위한 고종이 추진한 개혁 – 광무개혁(1897)

정답분석
④ 광무개혁 시기에 양전 사업이 실시되고, 토지 소유 문건인 지계가 발급되었다.

오답분석
① 영선사는 1881년에 파견되었다.
② 1886년에 육영 공원이 설립되었다.
③ 영국은 1885년부터 1887년까지 거문도를 불법으로 점령하였다.
⑤ 동학교도는 1893년에 보은 집회를 개최하였다.

해품사의 합격Tip
개항기의 개혁 유형 사례 중 광무개혁이 가장 출제율이 높은 편입니다. 특히 문제 키워드로 고종의 황제 즉위를 주로 제시합니다.

[정답] ④

1.

(가)~(마)에 들어갈 내용으로 적절하지 않은 것은?

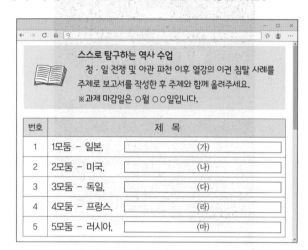

① (가) - 은산 금광 채굴권
② (나) - 운산 금광 채굴권
③ (다) - 당현 금광 채굴권
④ (라) - 경의선 철도 부설권
⑤ (마) - 두만강 삼림 채벌권

해품사 출제예언 – 아관 파천 이후 열강의 이권 침탈

열강의 이권 침탈은 관련 키워드의 수가 적은 편이므로 암기해 두고 빠르게 정답을 찾을 것을 권장합니다!

정답분석
① 은산 금광의 채굴권을 획득한 것은 영국이다.

오답분석
② 미국은 운산 금광의 채굴권을 획득하였다.
③ 독일은 당현 금광의 채굴권을 획득하였다.
④ 경의선 철도 부설권은 본래 프랑스가 획득하였으나, 자금 조절 문제로 한국에 이관되었다가, 러·일 전쟁 발발을 기점으로 다시 일본에 이관되었다.
⑤ 러시아는 압록강·두만강·울릉도의 삼림 채벌권을 획득하였다.

[정답] ①

2.

(가)~(마)에 들어갈 내용으로 적절한 것은?

〈동학 농민 운동의 전개 지역〉

지역	사건
정읍 황토현	(가)
장성 황룡촌	(나)
전주	(다)
논산	(라)
공주	(마)

① (가) - 홍계훈의 관군을 상대로 농민군이 승리하였다.
② (나) - 농민군이 정부와 화약을 맺었다.
③ (다) - 농민들이 조병갑의 탐학에 맞서 만석보를 파괴하였다.
④ (라) - 전봉준이 이끄는 남접과 손병희가 이끄는 북접이 연합하였다.
⑤ (마) - 동학 농민군이 4대 강령을 선포하였다.

해품사 출제예언 – 동학 농민 운동과 관련된 특정 지역

최근 한능검에서 동학 농민 운동과 관련된 특정 지역을 바탕으로 사실형 유형을 어렵게 출제하였습니다. 동학 농민 운동과 관련된 특정 지역에 대해 한 번씩 복습하는 것을 권장드립니다!

정답분석
④ 일본의 경복궁 불법 점령 이후 동학 농민군의 남접과 북접이 논산에서 집결하였다.

오답분석
① 동학 농민군은 장성 황룡촌에서 홍계훈의 관군에게 승리하였다.
② 동학 농민군은 전주성 점령 이후 정부와 조약을 체결하며 집강소의 설치 및 폐정 개혁안의 실천을 합의하였다.
③ 전봉준은 탐관오리인 조병갑의 수탈 및 횡포에 저항하여 동학 농민들을 이끌고 고부 농민 봉기를 주도하였다.
⑤ 동학 농민군은 백산에 집결하여 4대 강령을 발표하였다.

[정답] ④

기출선지 키워드로 테마 마무리

어제의 오답 선지 = 내일의 정답 선지 | 한능검은 역사적 사실이 아닌 것은 선지에 포함하지 않습니다. 즉, 모든 선지는 사실이죠! 기출에서 오답 선지는 언제든 정답이 될 수 있습니다.

❗ 먼저 오른쪽 기출선지 키워드 암기를 가리고 왼쪽의 (빈칸)을 채워보세요. 그후 오른쪽 기출선지를 키워드 중심으로 달달 외우세요!

	기출선지 (키워드) 채우기	기출선지 키워드 암기	중요도
1	동학교도가 교조 신원을 주장하며 삼례 집회 및 ( )를 개최 하였다.	동학교도가 교조 신원을 주장하며 삼례 집회 및 보은 집회를 개최 하였다. [47, 51, 55, 58, 59, 63, 64, 67회]	★★
2	고부 농민들이 ( )의 탐학에 맞서 만석보를 파괴하였다.	고부 농민들이 조병갑의 탐학에 맞서 만석보를 파괴하였다. [51, 52, 56, 65, 67, 72회]	★★
3	동학 농민군은 황토현 전투와 ( )에서 관군에 승리하였다.	동학 농민군은 황토현 전투와 황룡촌 전투에서 관군에 승리하였다. [47, 67회]	★
4	동학 농민군은 폐정 개혁안 실천을 위해 ( ) 설치를 요구하 였다.	동학 농민군은 폐정 개혁안 실천을 위해 집강소 설치를 요구하였다. [48, 49, 56, 57, 63, 70회]	★★★
5	동학 농민군이 정부와 ( )을 체결하였다.	동학 농민군이 정부와 전주 화약을 체결하였다. [55, 61, 64, 72회]	★★
6	( )에서 농민군이 관군과 일본군에게 패배하였다.	공주 우금치에서 농민군이 관군과 일본군에게 패배하였다. [47, 49, 51, 53, 56, 64, 65회]	★★★
7	( ) 발생 이후 고종이 러시아 공사관으로 거처를 옮겼다.	을미사변 발생 이후 고종이 러시아 공사관으로 거처를 옮겼다. [50, 51, 59, 63회]	★★
8	1차 갑오개혁을 추진하기 위해 ( )가 창설되었다.	1차 갑오개혁을 추진하기 위해 군국기무처가 창설되었다. [47, 49, 51, 65, 66, 71회]	★★
9	공사 노비법을 혁파하며 ( )가 폐지되었다.	공사 노비법을 혁파하며 신분제가 폐지되었다. [47, 49, 52, 55, 56, 59, 61, 69, 72회]	★★★
10	1차 갑오개혁이 시행된 결과 ( )가 폐지되었다.	1차 갑오개혁이 시행된 결과 과거제가 폐지되었다. [47, 49, 52, 56, 72회]	★★
11	2차 갑오개혁이 시행된 당시 개혁의 방향을 제시한 ( )를 반포하였다.	2차 갑오개혁이 시행된 당시 개혁의 방향을 제시한 홍범 14조를 반 포하였다. [49, 54, 55, 57, 63, 65, 67, 72회]	★★
12	교육 입국 조서 반포를 계기로 ( )가 설립되었다.	교육 입국 조서 반포를 계기로 한성 사범 학교가 설립되었다. [48, 53, 54, 55, 57, 59, 60, 64, 66, 67, 70, 71, 72회]	★★★
13	2차 갑오개혁이 시행된 결과 지방 행정 구역을 8도에서 ( ) 로 개편하였다.	2차 갑오개혁이 시행된 결과 지방 행정 구역을 8도에서 23부로 개 편하였다. [49, 52, 61, 67, 71회]	★★
14	을미개혁 때 건양이라는 연호를 제정하고 ( )을 채택하였다.	을미개혁 때 건양이라는 연호를 제정하고 태양력을 채택하였다. [47, 49, 50, 54, 55, 56, 58, 59, 61, 62, 63, 64, 66, 69회]	★★★
15	을미개혁 때 군제를 개편하여 ( )와 진위대를 설치하였다.	을미개혁 때 군제를 개편하여 친위대와 진위대를 설치하였다. [71회]	★
16	광무개혁이 시행된 당시 군 통수권 장악을 위해 ( )를 두었다.	광무개혁이 시행된 당시 군 통수권 장악을 위해 원수부를 두었다. [47, 49, 51, 53, 57, 59, 60, 63, 66, 67, 71회]	★★★
17	광무개혁이 시행된 당시 ( )가 반포되었다.	광무개혁이 시행된 당시 대한국 국제가 반포되었다. [50, 57, 58, 60, 65회]	★★
18	광무개혁이 시행된 당시 양전 사업을 실시하여 ( )를 발급 하였다.	광무개혁이 시행된 당시 양전 사업을 실시하여 지계를 발급하였다. [47, 48, 54, 55, 56, 57, 58, 59, 60, 65, 66, 68, 69, 71, 72회]	★★★
19	대한 제국은 ( )을 간도 관리사로 파견하였다.	대한 제국은 이범윤을 간도 관리사로 파견하였다. [47, 55, 60회]	★
20	독립 협회는 관민 공동회를 개최하여 ( )를 결의하였다.	독립 협회는 관민 공동회를 개최하여 헌의 6조를 결의하였다. [50, 51, 53, 59, 63, 69, 70회]	★★
21	독립 협회는 영은문이 있던 자리 부근에 ( )을 건립하였다.	독립 협회는 영은문이 있던 자리 부근에 독립문을 건립하였다. [50, 51, 53, 54, 61, 66회]	★★
22	독립 협회는 ( )을 통한 의회 설립을 추진하였다.	독립 협회는 중추원 개편을 통한 의회 설립을 추진하였다. [49, 61, 62, 65, 69, 71회]	★★

✅ 테마 학습을 다 했다면, 테마 맨 앞 키워드 판서로 돌아가 복습하세요!

구한말 일제의 침략 및 저항

✓ 시기: 1904년~1910년 ✓ 중요도 및 평균 출제율: 88% ★★★
✓ 난이도: 보통 → 러·일 전쟁~한일 병합 조약의 흐름 및 조약 파악이 어려운 편! 그러나 다른 유형들은 대체로 고정적으로 출제!

흐름형 시대의 흐름을 따라가며 보면 좋은 유형

1904~1905
러·일 전쟁

대한 제국에 대한 지배권을 두고 러시아와 일본 대립

· 국내: 한일 의정서 체결, 제1차 한일 협약 체결, 독도 불법 편입
· 국외: 가쓰라·태프트 밀약 체결, 제2차 영일 동맹 체결
↓
포츠머스 조약 체결

1905
제2차 한일 협약 (을사늑약) 체결

러·일 전쟁 승리 이후 대한 제국에 대한 지배권 강화 목적
↓
• 민영환 자결, 이재명의 이완용 습격
• 을사 5적 암살단 조직 (자신회, 나철, 오기호),
• 을사의병 발발 (예 신돌석, 최익현 등),
• 장지연의 '시일야방성대곡' 게재 (황성신문)
• 헤이그 특사 파견 (이준, 이위종, 이상설)

1907
정미 7조약 (한일 신협약) 체결, 신문지법 제정

헤이그 특사 파견 계기로 고종 견제 필요성 제기
↓
고종 강제 퇴위 및 정미 7 조약 체결 → 대한 제국 군대 강제 해산 → 정미 의병 발발 배경

1908
서당 규칙, 장인환·전명운의 스티븐스 저격

1909
기유각서 체결, 안중근의 이토 히로부미 저격

1910
한일 병합 조약 체결, 일제 강점기 시작

국내 · 한일 의정서
· 1차 한일 협약
· 포츠머스 조약
국외 · 가쓰라·태프트 밀약 (미국-일본)
제2차 영일 동맹 (영국-일본)

제2차 한일 협약 (을사늑약): 외교권 박탈, 통감부 설치

정미 7조약(한일 신협약): 차관 정치, 통감부의 내정 간섭 강화

기유각서: 대한 제 국의 사법권 강탈

해품사의 테마 출제예언!

1) 러·일 전쟁~정미 7조약 체결 흐름 파악 및 관련 조약 사례 파악하기!

2) 개항기의 의병 및 애국 계몽 운동 단체의 특징 구별하기!

3) 화폐 정리 사업 및 국채 보상 운동의 배경, 특징, 영향 파악하기!

해품사 한능검 키워드 판서

✓ 테마 학습을 다 하고 난 후, 다시 돌아와서 한 번 더 보세요!

암기형 시대를 몰라도 키워드만 알면 풀 수 있는 유형

※ 애국 계몽 운동 단체의 특징

단체	활동 시기	활동	특징
보안회	1904	일제의 황무지 개간권 요구 저지	
헌정 연구회	1905	의회 설립을 통한 입헌적 정치 체제 수립	
대한 자강회	1906~1907	• 고종의 강제 퇴위 반대 운동 전개 • 월보 간행을 통한 민중 계몽 주장	
신민회	1907~1911	• 안창호, 양기탁, 이승훈 등 조직 • 대성 학교(안창호) 및 오산 학교(이승훈) 설립 • 신흥 강습소(신흥 무관 학교) 설립 • 태극 서관 및 자기 회사 설립	105인 사건으로 해체됨 → 데라우치 총독 암살 혐의

※ 화폐 정리 사업과 국채 보상 운동

사건	배경	전개	관련 역사적 사실
화폐 정리 사업 (1905)	백동화 남발로 인한 물가 상승 등 경제적 혼란 발생 → 재정 고문 메가타의 화폐 정리 사업 추진	• 백동화을 갑, 을, 병 3등급으로 나눠 제일은행권 화폐로 교환 • 탁지부에서 정책 집행	• 국내 상공인 타격 → 화폐 풍질에 따라 대부분 제값을 받지 못함 • 일본 제일은행권 법정 통화 → 대한 제국 재정 일제 예속 • 일본 차관 도입으로 인한 막대한 빚 발생 → 국채 보상 운동 배경
국채 보상 운동 (1907)	일제의 차관 도입으로 인한 막대한 빚 발생 (1,300만 원)	• 서상돈·김광제 등 대구에서 모금 운동 시작 ↓ • 국채 보상 기성회 조직 ↓ • 개화 지식인, 여성, 유학생 등 참여	• 다양한 언론 기관의 지원 (예 대한매일신보) • 통감부의 방해와 탄압으로 실패함

쉽게 출제될 경우 VS 어렵게 출제될 경우

=

기출 → 61, 65, 69회

: 개항기의 의병, 신민회, 화폐 정리 사업 및 국채 보상 운동 특징 유형이 출제됨!

⇨ 단발령·을미사변 반발 / 을사늑약, 민종식, 신돌석, 최익현 / 고종 강제 퇴위 및 군대 해산, 13도 창의군·서울 진공 작전 / 신흥 무관 학교, 태극 서관, 105인 사건 / 메가타, 백동화 / 서상돈, 대한매일신보 지원

기출 → 59, 60, 64회

: 러·일 전쟁~정미 7조약 관련 흐름 유형이 출제됨!

⇨ 러·일 전쟁 → 포츠머스 조약 체결 → 을사늑약 체결 → 헤이그 특사 파견 → 고종 강제 퇴위, 정미 7조약 체결 및 대한 제국 군대 강제 해산 → 정미의병 발발

26 구한말 일제의 침략 및 저항

 해품사 공지사항!

총 26회분(47회~72회) 기출에서 단 한 번이라도 언급된 내용은 모두 포함!
빨간색 키워드는 약 80% 이상 확률로 출제된 중요 키워드이므로 우선 암기
키워드는 그중에서도 직접적인 정답 키워드로 자주 언급되는 것
☆~☆☆☆ 테마 안에서도 더욱 빈출인 주제에 표시

1 구한말 일제의 침략 과정 ☆☆☆

러·일 전쟁 (1904~1905)	■ **배경**: 용암포 점령 사건을 계기로 대한 제국에 대한 지배권을 두고 러시아와 일본이 대립 ■ **전개** 　－ 국내: 전쟁 진행 중 일본이 대한 제국과 한·일 의정서 체결(일본의 주요 군사적 요충지 확보 인정) 및 제1차 한일 협약 체결(외교 고문－스티븐스 및 재정 고문－메가타 파견 규정), 일본의 독도 시마네현 불법 편입 　－ 국외: 가쓰라·태프트 밀약 체결(미국의 필리핀 지배 및 일본의 대한 제국 지배 상호 인정), 제2차 영일 동맹 체결(영국의 인도 지배 및 일본의 대한 제국 지배 상호 인정) ■ **결과**: 러·일 전쟁 결과 일본 승리 → 포츠머스 조약 체결(배상금 지불, 러시아가 대한 제국에 대한 지배 인정 및 일본의 대한 제국에 대한 정치적·경제적 간섭에 대한 간섭 배제 규정)
을사늑약 체결 및 저항 (1905~)	■ **배경**: 일본이 러·일 전쟁 승리 이후 대한 제국에 대한 지배권 강화를 위해 을사늑약 체결(제2차 한일 협약－1905, 외교권 박탈, 통감부 설치－초대 통감 이토 히로부미 부임) ■ **영향(저항 사례)**: 민영환 자결, 을사 5적 암살단 조직(자신회, 나철 및 오기호 조직 담당), 이재명이 명동 성당에서 이완용 저격(1909), 장지연의 '시일야방성대곡' 게재(황성신문), 을사의병 발발(⑩ 신돌석, 최익현 등), 네덜란드 만국 평화 회의에 헤이그 특사 파견(이준, 이위종, 이상설)
정미 7조약 체결 및 저항 (1907~)	■ **배경**: 헤이그 특사 파견을 계기로 일제의 고종 견제 필요성 제기 ■ **전개**: 고종 강제 퇴위 및 정미 7조약 체결(한일 신협약, 차관 정치, 내정 간섭 강화) → 대한 제국 군대 강제 해산 　└ 을사늑약과 조약 원문 혼동 주의! ■ **영향**: 박승환 자결(대한 제국 시위대 대대장), 정미의병 발발(대한 제국 군대 강제 해산 반발)
정치적·사회적· 경제적 탄압 및 일제 강점기 시작 (1907~ 1910)	■ **정치적·사회적·경제적 탄압**: 신문지법 제정(1907), 동양 척식 주식회사 설립(1908), 사립 학교령 제정(1908) ■ **저항 사례**: 장인환·전명운이 샌프란시스코에서 스티븐스 처단, 안중근이 하얼빈에서 이토 히로부미 저격(1909) ■ **조약 체결**: 간도 협약 체결(1909, 청－일본 체결, 청에 간도 귀속), 기유각서 체결(1909, 사법권 강탈), 한일 병합 조약(1910, 경술국치, 대한 제국 통치권 일본에게 양여, 조선 총독부 설치－초대 총독 데라우치 부임)

2 개항기에 활동한 의병의 특징 ☆

을미의병 (1895)	■ **배경**: 을미사변 및 을미개혁 때 추진된 단발령을 계기로 유생들이 반발 ■ **대표 인물**: 유인석 및 이소응 → 주로 유생 출신들이 주도 ■ **특징**: 고종의 의병 해산 권고 준칙으로 자체 해산

을사의병 (1905)	■ 배경: 을사늑약 체결에 대해 반발 ■ 대표 인물: 민종식(유생, 충남 홍주성 점령), 신돌석(최초의 평민 의병장), 최익현(전북 태인, 쓰시마섬에서 순국)
정미의병 (1907)	■ 배경: 고종의 강제 퇴위 및 군대 해산에 대해 반발 ■ 대표 인물: 이인영(총대장), 허위(군사장), 매켄지(영국인, 정미의병 사진 취재) ■ 특징: 국제법상 교전단체 승인 요구, 해산된 대한 제국 군인 일부 합류 → 13도 창의군 결성, 서울 진공 작전 전개

3 애국 계몽 운동 단체 ☆☆

애국 계몽 운동 단체	■ 보안회(1904): 일제의 황무지 개간권 요구 저지 ■ 헌정 연구회(1905): 의회 설립을 통한 입헌적 정치 체제 수립 주장 ■ 대한 자강회(1906): 고종의 강제 퇴위 반대 운동 전개, 월보 간행을 통한 민중 계몽 주장
신민회의 특징 (1907~1911)	■ 대표 인물: 안창호, 양기탁, 이승훈 ■ 대표 활동: 대성 학교 설립(안창호), 오산 학교 설립(이승훈), 신흥 강습소 설립(이후 신흥 무관 학교, 남만주 삼원보에 설치, 독립군 양성), 자기 회사 설립(자금 확보), 태극 서관 운영(민중 계몽 서적 및 출판물 보급) ■ 특징: 공화정 지향, 데라우치 총독 암살 혐의 → 105인 사건으로 해체됨

4 일제의 경제 침탈 및 경제 구국 운동 사례 ☆☆

화폐 정리 사업 (1905)	■ 배경: 백동화 남발로 인한 물가 상승 등 경제적 혼란 발생 → 재정 고문 메가타의 화폐 정리 사업 추진 ■ 전개: 백동화를 갑, 을, 병으로 3등급으로 나눠 제일은행권 화폐로 교환, 탁지부에서 정책 집행 ■ 특징: 국내 상공인 타격 → 화폐 품질에 따라 제값으로 교환하지 못한 경우 다수 발생, 일본 제일은행권이 법정 통화가 됨 → 대한 제국 재정이 일제에 예속됨, 일본 차관 도입으로 인한 막대한 빚 발생 → 국채 보상 운동의 배경
국채 보상 운동 (1907)	■ 배경: 일제의 차관 도입으로 인한 막대한 빚 발생(1,300만 원) ■ 전개: 서상돈, 김광제 등이 대구에서 모금 운동 시작 → 국채 보상 기성회 조직(서울) → 모금 활동 전개 및 개화 지식인, 여성, 유학생 등 참여 └ 물산 장려 운동 시작 지역과 혼동 주의! ■ 특징: 다양한 언론 기관의 지원을 받음(대한매일신보, 제국신문, 황성신문 등), 통감부의 방해와 탄압으로 실패함 └ 조선 총독부의 탄압으로 실패 오답 출제 가능성 높음!
이외 개항기의 경제 구국 운동 사례	■ 대동 상회 및 장통 회사 설립(1883): 우리나라 사람들이 건립한 대표적인 회사 ■ 황국 중앙 총상회 설립(1898): 일본·청의 경제적 침탈에 맞서 시전 상인들이 조직한 단체 ■ 한성은행 설립(1897) 및 대한 천일 은행 설립(1899): 민족 자본 육성 및 보호 목적

📱 필수 사료와 자료

≫ 을사늑약
제2조 일본국 정부는 한국과 타국 간에 현존하는 조약의 실행을 완수하는 임무를 담당하고 한국 정부는 지금부터 일본국 정부의 중개를 거치지 않고서는 국제적 성질을 가진 어떤 조약이나 약속을 맺지 않을 것을 서로 약속한다.
제3조 일본국 정부는 그 대표자로 한국 황제 폐하 밑에 1명의 통감을 두되 통감은 오로지 외교에 관한 사항을 관리하기 위해 경성에 주재하고 친히 황제 폐하를 만날 수 있는 권리를 가진다.

≫ 정미 7조약
제1조 한국 정부는 시정 개선에 관하여 통감의 지도를 받을 것
제2조 한국 정부의 법령 제정 및 중요한 행정상의 처분은 미리 통감의 승인을 거칠 것
제5조 한국 정부는 통감이 추천하는 일본인을 한국 관리로 임명할 것

26 구한말 일제의 침략 및 저항

최신 대표 기출문제

총 26회분 기출분석에서 나온 대표패턴을
최신 기출문제에서 뽑았습니다.

57회 38번

1. 밑줄 그은 '특사'가 파견된 배경으로 가장 적절한 것은?
[1점]

> 전보 제○○○호
>
> 발신인: 하야시 외무대신(도쿄)
> 수신인: 이토 통감(한성)
>
> 헤이그에서 발행된 평화회의보는 한국 전 부총리 대신 이상설 외 2명이 평화회의에 특사로 파견되었다고 보도함. 기사에는 우선 그 한국인이 평화회의 위원으로 한국 황제가 파견한 자라는 것이 기재되었고, 이어서 일본이 한국 황제의 뜻을 배반하고, 병력으로 한국의 법규 관례를 유린하고 동시에 한국의 외교권을 탈취한 점, 그 결과 자신들이 한국 황제가 파견한 위원임에도 불구하고 평화회의에 참여할 수 없음이 유감이라는 점 등이 실렸음.

① 임오군란이 일어났다.
② 집강소가 설치되었다.
③ 을사늑약이 체결되었다.
④ 조선 태형령이 제정되었다.
⑤ 대한 제국의 군대가 해산되었다.

키워드 추출
이상설 외 2인 – 헤이그 특사의 대표 인물(1907)

정답분석
③ 을사늑약 체결에 항거하기 위해 헤이그 특사가 파견되었다.

오답분석
① 1882년에 임오군란이 발생하였다.
② 동학 농민군은 1894년에 집강소를 설치하였다.
④ 1912년에 조선 태형령이 제정되었다.
⑤ 정미 7조약 체결로 대한 제국 군대가 해산되었다.

해품사의 합격Tip
러·일 전쟁~정미의병의 흐름을 파악하세요!

[정답] ③

65회 33번

2. 다음 의병 부대에 대한 설명으로 옳은 것은? [2점]

> 이인영을 총대장으로 추대하고, 허위를 군사장으로 삼아 …… 각 도에 격문을 전하니 전국에서 불철주야 달려온 지원자들이 만여 명이더라. 이에 서울로 진군하여 국권을 회복하고자 …… 먼저 이인영은 심복을 보내 각국 영사에게 진군의 이유를 상세히 알리며 도움을 요청하고, 각 도의 의병으로 하여금 일제히 진군하게 하였다.

① 조선 혁명 선언을 지침으로 삼았다.
② 이만손이 주도하여 영남 만인소를 올렸다.
③ 상덕태상회를 통하여 군자금을 모집하였다.
④ 일본에 국권 반환 요구서를 제출하고자 하였다.
⑤ 고종의 강제 퇴위와 군대 해산에 반발하여 결성되었다.

키워드 추출
이인영, 허위 – 정미의병을 이끈 대표 인물

정답분석
⑤ 정미의병은 고종의 강제 퇴위 및 대한 제국의 군대 해산에 반발하여 결성되었다.

오답분석
① 신채호는 의열단의 활동 지침인 조선 혁명 선언을 작성하였다.
② 『조선책략』 국내 유포 이후 이만손 등 영남 유생들은 영남 만인소를 올렸다.
③ 대한 광복회는 본부이자 연락 거점인 상덕태상회를 통해 군자금을 모집하였다.
④ 독립 의군부는 조선 총독부에 국권 반환 요구서 제출을 시도하였다.

해품사의 합격Tip
한능검에서 개항기의 의병 유형이 출제될 경우 '정미의병이 출제' 될 가능성이 가장 높습니다. 특히 정미의병의 경우 '한일 신협약(정미 7조약)과 연계하여 이해' 하는 것을 권장합니다!

[정답] ⑤

62회 34번

3. 교사의 질문에 대한 학생의 답변으로 옳은 것은?

[2점]

> 이것은 대한매일신보에 태극 서관이 게재한 서적 할인 광고입니다. 태극 서관은 신지식 보급과 민족의식 고취를 위해 이 단체가 운영한 기관입니다. 인재 양성을 위해 대성 학교도 설립한 이 단체에 대해 말해 볼까요?

① 민립 대학 설립 운동을 전개하였어요.

② 러시아의 절영도 조차 요구를 저지하였어요.

③ 파리 강화 회의에 독립 청원서를 제출하였어요.

④ 안창호, 양기탁 등이 비밀 결사로 조직하였어요.

⑤ 국문 연구소를 세워 한글의 문자 체계를 정리하였어요.

키워드 추출

태극 서관 – 신민회가 설립한 서점

정답분석

④ 신민회는 안창호, 양기탁, 이승훈 등이 비밀 결사로 조직한 애국 계몽 운동 단체이다.

오답분석

① 1923년 이상재 등은 민립 대학 설립 운동을 주도하였다.

② 독립 협회는 러시아의 이권 침탈 저지를 위한 절영도 조차 요구 저지 및 한·러 은행 폐쇄를 추진하였다.

③ 신한 청년당은 김규식을 파리 강화 회의에 파견하여 독립 청원서를 제출하게 하였다.

⑤ 주시경은 한글 수호 활동을 위해 한글 연구소인 국문 연구소의 위원으로 활동하였다.

해품사의 합격Tip

한능검에서 애국 계몽 운동은 '신민회가 출제'될 가능성이 가장 높습니다. 특히 신민회의 경우 신흥 무관 학교 설립, 태극 서관 운영, 105인 사건으로 해체 등 키워드를 암기하는 것을 권장합니다!

[정답] ④

61회 35번

4. 다음 자료에 나타난 민족 운동에 대한 설명으로 옳은 것은?

[2점]

> 우리나라가 채무를 지고 우리 백성이 채노(債奴)*가 된 것이 여러 해가 되었습니다. …… 대황제 폐하께서 진 외채가 1,300만 원이지만 채무를 청산할 방법이 없어 밤낮으로 걱정하시니, 백성된 자로서 있는 힘을 다하여 보상하려고 해도 겨를이 없습니다. …… 우리 동포는 빨리 단체를 결성하여 열성적으로 의연금을 내어 채무를 상환하고 채노에서 벗어나, 머리는 대한의 하늘을 이고, 발은 대한의 땅을 밟도록 해 주시기를 눈물을 머금고 간절히 요구합니다.
>
> *채노(債奴): 빚을 갚지 못해 노비가 된 사람

① 일제가 치안 유지법을 적용하여 탄압하였다.

② 백정에 대한 사회적 차별 철폐를 요구하였다.

③ 독립문 건립을 위한 모금 활동을 전개하였다.

④ 자작회, 토산 애용 부인회 등의 단체가 활동하였다.

⑤ 대한매일신보 등 당시 언론이 적극적으로 참여하였다.

키워드 추출

채무를 지고 우리 백성이 채노(債奴)가 됨, 대황제 폐하께서 진 외채가 1,300만 원임 – 국채 보상 운동의 원인

정답분석

⑤ 대한매일신보는 국채 보상 운동을 지원한 대표적인 신문이다.

오답분석

① 이른바 문화 통치기에 일제는 사회주의자들을 탄압할 목적으로 치안 유지법을 제정하였다.

② 일제 강점기에 백정들은 조선 형평사를 조직하여 형평 운동을 주도하였다.

③ 독립 협회는 자주 독립을 표방하기 위해 기존의 청나라 사신을 맞이하던 영은문을 헐고 독립문을 건립하였다.

④ 물산 장려 운동과 관련된 대표적인 단체이다.

해품사의 합격Tip

한능검에서 개항기의 경제 구국 운동 유형이 출제될 경우 '국채 보상 운동이 출제'될 가능성이 가장 높습니다. 특히 국채 보상 운동의 경우 '개항기의 신문 중 대한매일신보와 연계'하여 이해하는 것을 권장합니다!

[정답] ⑤

1.

(가)~(다)를 일어난 순서대로 옳게 나열한 것은?

> (가) 생각하건대 저 국적(國賊)들의 머리부터 발끝까지의 머리카락이 누구로부터 나온 것인가. 원통함을 어찌할까. 국모의 원수를 생각하며 이미 이를 갈았는데, 참혹함이 더욱 심해져 임금께서 머리를 깎이시고 의관을 찢기는 지경에 이른 데다가 또 이런 망극한 화를 당하였으니…
>
> (나) 신돌석이 화적의 수괴가 되어 혹은 독립하고 혹은 다른 집단과 연합하여 영양·영덕 지방을 근거로 하여 본도(경상도) 북부는 거의 횡행하지 아니한 곳이 없다.
>
> (다) 박승환은 병대(兵隊)에 대한 해산 소식을 듣고 통곡하며 부하들에게 말하기를, "이제 국가가 망하였는데도 일본인 하나를 죽이지 못하였으니 죽어도 그 죄를 씻지 못할 것이다. 나는 차마 제군들이 병대를 떠나도록 놓아둘 수 없다. 차라리 내가 죽고 말겠다."라고 하면서 결국 자결하였다.

① (가) – (나) – (다)　　② (가) – (다) – (나)
③ (나) – (가) – (다)　　④ (나) – (다) – (가)
⑤ (다) – (가) – (나)

해품사 출제예언 - 개항기의 의병

을미의병 및 을사의병을 직접적으로 출제한 사례가 거의 없기 때문에 관련 예시 사료를 학습하기 어려운 편입니다. 이 유형을 통해 각 의병과 관련된 대표 사료를 학습하는 것을 권장합니다!

키워드 추출
- (가) 국모의 원수를 생각, 임금께서 머리를 깎이시고 의관을 찢기는 지경에 이름 - 을미의병의 대표 발생 원인인 을미사변 및 단발령(을미의병, 1895)
- (나) 신돌석 - 을사의병(1905) 당시의 대표적인 평민 의병장
- (다) 박승환, 병대(兵隊)에 대한 해산 소식을 듣고 통곡 - 정미의병(1907)

정답분석
① 개항기에 발생한 의병의 흐름은 을미의병(가-단발령 반발) → 을사의병(나-신돌석) → 정미의병(다 - 대한 제국의 군대 해산 및 박승환의 자결) 순으로 발생하였다.

[정답] ①

2.

(가), (나) 체결 사이의 시기에 있었던 사실로 옳은 것은?

> (가) 제1조 대한 제국 정부는 대일본 제국 정부가 추진한 일본인 1명을 재정 고문으로 삼아 재무에 관한 주요 사무는 일체 그의 의견을 들어 시행해야 한다.
> 　　제2조 대한 제국 정부는 대일본 제국 정부가 추진한 외국인 1명을 외교 고문으로 삼아 외부(外部)에 용빙하여 외교에 관한 주요 사무는 일체 그의 의견을 물어서 시행해야 한다.

> (나) 제1조 한국 정부는 지금부터 일본국 정부의 중개를 거치지 않고서는 국제적 성질을 가진 어떤 조약이나 약속을 맺지 않을 것을 서로 약속한다.
> 　　제3조 일본국 정부는 그 대표자로 한국 황제 폐하 밑에 1명의 통감을 두되 통감은 오로지 외교에 관한 사항을 관리하기 위해 경성에 주재하고 친히 황제 폐하를 만날 수 있는 권리를 가진다.

① 포츠머스 조약이 체결되었다.
② 용암포 점령 사건이 발생하였다.
③ 영국이 거문도를 불법 점령하였다.
④ 13도 창의군이 서울 진공 작전을 전개하였다.
⑤ 네덜란드 만국 평화 회의에 헤이그 특사가 파견되었다.

해품사 출제예언 - 조약 유형을 활용한 흐름형 유형

한능검은 종종 고난도 유형으로 조약 유형을 활용한 흐름형 유형을 출제합니다.

키워드 추출
- (가) 재정 고문, 외교 고문 – 제1차 한일 협약(1904·8)
- (나) 통감, 외교 – 을사늑약(1905·11)

정답분석
① 포츠머스 조약은 1905년 9월에 체결되었다.

오답분석
② 러시아는 용암포를 점령한 뒤 조선에 조차를 요구하였다(1903).
③ 영국은 거문도를 불법으로 점령하였다(1885).
④ 서울 진공 작전은 1908년에 전개되었다.
⑤ 1907년에 헤이그 특사가 파견되었다.

[정답] ①

어제의 오답 선지 = 내일의 정답 선지 | 한능검은 역사적 사실이 아닌 것은 선지에 포함하지 않습니다. 즉, 모든 선지는 사실이죠! 기출에서 오답 선지는 언제든 정답이 될 수 있습니다.

❗ 먼저 오른쪽 기출선지 키워드 암기를 가리고 왼쪽의 (빈칸)을 채워보세요. 그후 오른쪽 기출선지를 키워드 중심으로 달달 외우세요!

	기출선지 (키워드) 채우기	기출선지 키워드 암기	중요도
1	러·일 전쟁 당시 군사 전략상 필요한 지역을 일본에게 제공하는 (　　　)가 강요되었다.	러·일 전쟁 당시 군사 전략상 필요한 지역을 일본에게 제공하는 한일 의정서가 강요되었다. [64회]	★
2	러·일 전쟁 당시 (　　　)가 대한 제국의 재정 고문으로 초빙되었다.	러·일 전쟁 당시 메가타가 대한 제국의 재정 고문으로 초빙되었다. [48, 50, 51, 53, 57, 59, 60, 64, 70회]	★★
3	(　　　)의 체결 결과 외교권이 박탈되고 통감부가 설치되었다.	을사늑약의 체결 결과 외교권이 박탈되고 통감부가 설치되었다. [50, 51, 52, 55, 57, 59, 67, 70회]	★★
4	을사늑약의 체결 결과 (　　　)에서 열린 만국 평화 회의에 특사가 파견되었다.	을사늑약의 체결 결과 헤이그에서 열린 만국 평화 회의에 특사가 파견되었다. [50, 51, 53, 54, 55, 66, 67, 70회]	★★★
5	일제는 (　　　)를 체결하여 사법권을 강탈하였다.	일제는 기유각서를 체결하여 사법권을 강탈하였다. [52, 58, 64, 67, 69회]	★★
6	(　　　)은 고종의 해산 권고 조칙에 따라 해산되었다.	을미의병은 고종의 해산 권고 조칙에 따라 해산되었다. [70회]	★
7	(　　　)이 을사늑약 체결에 반대하여 태인에서 의병을 일으켰다.	최익현이 을사늑약 체결에 반대하여 태인에서 의병을 일으켰다. [52, 64, 70, 72회]	★★
8	(　　　)은 고종의 강제 퇴위 및 군대 해산에 반발하여 결성되었다.	정미의병은 고종의 강제 퇴위 및 군대 해산에 반발하여 결성되었다. [57, 65회]	★★
9	정미의병은 13도 창의군을 결성하여 (　　　)을 전개하였다.	정미의병은 13도 창의군을 결성하여 서울 진공 작전을 전개하였다. [47, 48, 49, 51, 53, 54, 57, 63, 64, 67, 68, 69, 70, 72회]	★★★
10	(　　　)는 일제의 황무지 개간권 요구를 저지시켰다.	보안회는 일제의 황무지 개간권 요구를 저지시켰다. [49, 55, 56, 57, 58, 61, 62, 64, 67, 68, 69, 71회]	★★★
11	(　　　)는 고종의 강제 퇴위 반대 운동을 전개하였다.	대한 자강회는 고종의 강제 퇴위 반대 운동을 전개하였다. [49, 53, 61, 63, 71회]	★★
12	신민회는 대성 학교와 (　　　)를 설립하여 민족 교육을 실시하였다.	신민회는 대성 학교와 오산 학교를 설립하여 민족 교육을 실시하였다. [47, 49, 51, 54, 57, 63, 64, 71회]	★★★
13	신민회는 안창호, 양기탁, (　　　) 등이 비밀 결사로 조직하였다.	신민회는 안창호, 양기탁, 이승훈 등이 비밀 결사로 조직하였다. [62회]	★
14	신민회는 삼원보에 (　　　)를 세워 무장 투쟁을 준비하였다.	신민회는 삼원보에 신흥 강습소를 세워 무장 투쟁을 준비하였다. [49, 51, 55, 56, 58, 59, 61, 65, 66회]	★★★
15	신민회는 일제가 조작한 (　　　)으로 와해되었다.	신민회는 일제가 조작한 105인 사건으로 와해되었다. [47, 48, 50, 51, 53, 56, 58, 60, 63, 65, 66, 67, 68, 69회]	★★★
16	재정 고문 메가타의 주도로 (　　　)이 실시되었다.	재정 고문 메가타의 주도로 화폐 정리 사업이 실시되었다. [53, 57, 70, 61, 62, 66, 68, 71회]	★★★
17	국채 보상 운동은 (　　　)에서 시작되어 전국으로 확산되었다.	국채 보상 운동은 대구에서 시작되어 전국으로 확산되었다. [49회]	★★
18	국채 보상 운동은 (　　　) 등의 지원을 받았다.	국채 보상 운동은 대한매일신보 등의 지원을 받았다. [48, 56, 61, 67, 69회]	★★★

✅ 테마 학습을 다 했다면, 테마 맨 앞 키워드 판서로 돌아가 복습하세요!

개항기의 문화 및 인물

✓ 시기: 개항기 전체 ✓ 중요도 및 평균 출제율: 54% ★
✓ 난이도: 어려움 → 빈출 인물 유형의 경우 공략이 크게 어렵지 않으나, 문물 유형의 경우 암기해야 할 사례가 많으며, 문물 설립 연도 암기가 필요함!

흐름형 시대의 흐름을 따라가며 보면 좋은 유형

	1883~1884	1885~1887	1896	1898	1899	1900~1901	1904	1905~1906	1908~1910
교육 기관	• 동문학 (1883) • 원산 학사 (1883)	• 육영 공원 (1886) • 배재 학당 (1885) • 이화 학당 (1886)							
신문	한성순보 (1883)	한성주보 (1886)	독립신문	• 제국신문 • 황성신문				대한매일신보	
근대 문물	• 기기창 (1883) • 박문국 (1883) • 전환국 (1883)	• 광혜원 (1885) • 전신 개통 (1885) • 경복궁 내 전등 가설 (1887)		경인선 개통 (서울~인천)		• 광제원 (1900) • 덕수궁 중명전 (1901)		• 경부선 개통 (1905, 서울~부산) • 경의선 개통 (1906, 서울~의주)	• 원각사 (1908) • 덕수궁 석조전 (1909)

해품사의 테마 출제예언!

1) 개항기의 교육 기관 및 신문의 특징 구별하기!

2) 개항기 근대 문물 관련 사례 이해 및 설립 연도 암기하기!

3) 개항기의 대표 인물들의 업적 파악하기

해품사 한능검 키워드 판서

⊘ 테마 학습을 다 하고 난 후, 다시 돌아와서 한 번 더 보세요!

개항기 전기 →→→→→→ 개항기 후기 →→→→→→ 일제 강점기

김홍집
- 2차 수신사 파견 → 황준헌의『조선 책략』국내 유포
- 1차 갑오개혁 주도(김 홍집 총재)

유길준
- 『서유견문』 집필
- 조선 중립화론 주장
- 『노동야학독본』 편찬
- 『대한문전』 편찬

박정양
- 군국기무처 부총재
- 초대 주미공사 → 『미속습유』집필
- 독립협회 제안을 수용 하여 중추원 관제 개 편 추진

최익현
- 계유상소 진상
- 지부복궐척화의소 진상
- 청토역복의제소 진상
- 을사의병 주도(전북 태인)

안중근
- 『동양평화론』 저술
- 하얼빈에서 이토 히로 부미 저격

양기탁
- 만민 공동회 간부 역임
- 베델과 대한매일신보 창간 → 국채 보상 운동 지원
- 신민회 간부 담당
- 대한민국 임시 정부 국무 위원 역임

이승훈
- 신민회 간부 담당 → 오산 학교 설립
- 자기 회사 운영
- 민족 대표 33인 기독교 대표

쉽게 출제될 경우	VS	어렵게 출제될 경우

기출 → 60, 67, 71회

: 개항기의 교육 기관, 신문 유형 관련 유형이 출제됨!

⇨ 함경남도 덕원부 관민이 설립, 우리나라 최초 근대식 사립 교육 기관 / 우리나라 최초 근대식 공립 교육 기관, 헐버트 등 외국인 교사 초빙 / 박문국, 우리나라 최초 근대식 신문, 10일에 한 번 발행 / 서재필, 우리나라 최초의 민간 신문 / 양기탁 및 베델, 국채 보상 운동 확산 기여, 항일 논설 다수 게재

기출 → 60, 64, 65, 71회

: 개항기 근대 문물 사례 및 대표 인물 업적 유형이 출제됨!

⇨ 기기창, 박문국, 전환국 / 광혜원, 전신 설치 / 경인선 → 경부 선 → 경의선 / 원각사 / 2차 수신사 파견, 1차 갑오개혁 주도 / 계유상소, 지부복궐척화의소, 전북 태인에서 을사의병 주도 / 『동양평화론』 저술, 하얼빈에서 이토 히로부미 저격

해품사 공지사항!

총 26회분(47회~72회) 기출에서 단 한 번이라도 언급된 내용은 모두 포함!

빨간색 키워드는 약 80% 이상 확률로 출제된 중요 키워드이므로 우선 암기

키워드는 그중에서도 직접적인 정답 키워드로 자주 언급되는 것

☆~☆☆☆ 테마 안에서도 더욱 빈출인 주제에 표시

1 개항기의 문화 ☆☆

교육 기관	■ 원산 학사(1883): 덕원 부사 정현석의 건의 → 함경남도 덕원부 관민이 설립 → 우리나라 최초 근대식 사립 교육 기관 ■ 육영 공원(1886): 정부 주도로 최초의 근대식 공립 교육 기관 설치 → 신학문 교육(영어, 산학, 지리 등), 좌원(관료) 및 우원(상류층 자제) 구성, 헐버트, 길모어, 벙커 등 외국인 교사 초빙 ■ 이외 교육 기관 　- 동문학(1883): 관립 외국어 교육 기관 　- 배재 학당(1885-아펜젤러): 미국인 선교사가 설립한 근대식 중등 교육 기관 　- 이화 학당(1886-스크랜튼): 미국인 선교사 설립한 한국 최초의 여성 사립 교육 기관
신문	┌→ 순보의 순(旬) = 열흘이라는 의미! ■ 한성순보(1883~1884-박문국): 순한문 발행, 관보적 성격(정부의 개화 정책 홍보 목적), 우리나라 최초의 근대적 신문, 10일에 한 번 발행 ┌→ 주보의 주(週) = 일주일이라는 의미! ■ 한성주보(1886~1888-박문국): 최초 상업 광고 게재, 일주일에 한 번 발행 ■ 독립신문(1896~1899-서재필): 국문·영문 혼용 발행 → 민중 계몽 및 외국에 국내 소식 전달 목적, 최초의 민간 신문 ■ 제국신문(1898~1910-이종일): 순한글 발행, 부녀자 및 민중 대상　　을사늑약의 체결로 매일 밤 목놓아 소리내며 운다는 의미! ■ 황성신문(1898~1910-남궁억 및 장지연): 국문 및 한문 혼용 발행, 장지연의 시일야방성대곡 게재 ■ 대한매일신보(1904~1910-양기탁 및 베델): 국문 및 영문 혼용 발행, 국채 보상 운동 확산 기여, 항일 논설 다수 게재(에 을사늑약 부당성 폭로 기사 게재) ■ 만세보(1906~1907): 천도교의 기관지, 일제 강점기 이후 친일파 기관지로 변질됨(대한신문)
근대 문물 └경인선 설립 연도만이라도 암기 권장!	■ 1883년: 기기창(근대식 무기 제조 기구), 박문국(정부의 근대식 신문 발행 기구), 전환국(근대식 화폐 주조 기구, 백동화 발행) ■ 1884년: 우정총국(근대식 우편 제도 업무 담당, 갑신정변 최초 발발 장소) ■ 1885년: 광혜원(미국인 알렌 및 정부가 설립한 최초의 서양식 근대식 병원, 이후 제중원으로 개칭), 전신 개통(서울~인천, 서울~의주) ■ 1887년: 경복궁 내 전등 가설 ┌→ 전등이 낡아서 빠지직(87) 소리가 난다고 연상! ■ 1898년: 전화 개통(서울에 최초 가설), 한성 전기 회사 설립(한국 최초 전기 회사) ■ 1899년: 경인선 개통(서울~인천 이동, 한국 최초의 근대식 철도), 전차 개통(서대문~청량리 이동) 　└→ 은하철도 999 연상하여 연도 암기! ■ 1900년: 광제원 설립(대한 제국 때 설립된 국립 병원) ■ 1901년: 덕수궁 중명전 설립(대한 제국의 황실 도서관, 일제와 을사늑약 체결) ■ 1905년: 경부선 개통(서울~부산 이동) ■ 1906년: 경의선 개통(서울~의주 이동) ■ 1908년: 원각사 설치(한국 최초의 서양식 극장, 은세계 및 치악산 공연) ■ 1910년: 덕수궁 석조전 설립(신고전주의 양식 궁전, 르네상스 양식)

2 개항기 대표 인물의 업적 ☆☆

└→ 각 인물의 대표 업적에 따라 시기 구별!

개항기 전기

▲김홍집

김홍집
- 2차 수신사 파견 → 황준헌의 『조선책략』 국내 유포
- 1차 갑오개혁 주도(김홍집 총재)

▲유길준

유길준
- 미국 유학 → 『서유견문』 (기행문) 집필
- 거문도 불법 점령 발발 직후 조선 중립화론 주장
- 『노동야학독본』 편찬 → 노동자의 민중 계몽 주장)
- 『대한문전』 편찬

개항기 후기

박정양
- 군국기무처 부총재
- 초대 주미 공사 → 『미속습유』 집필
- 독립 협회의 제안을 수용하여 중추원 관제 개편 추진

최익현
- 계유상소 진상 → 흥선 대원군 탄핵 주장
- 지부복궐척화의소 진상 → 일본과의 강화도 조약 체결 반대(왜양 일체론 주장)
- 청토역복의제소 진상 → 을미개혁 비판
- 을사늑약에 반발하여 전북 태인에서 의병 활동 주도 → 쓰시마 섬에서 순국

양기탁
- 만민 공동회 간부 역임
- 베델과 제휴하여 대한매일신보 창간 → 국채 보상 운동 지원
- 신민회 간부 담당
- 대한민국 임시 정부 국무 위원 역임

안중근
- 『동양평화론』 저술
- 하얼빈에서 이토 히로부미 저격

이승훈
- 신민회 간부 담당 → 오산 학교 설립
- 자기 회사 운영
- 민족 대표 33인 기독교 대표
  └→ 3·1운동 연계

▲박정양

▲최익현

▲양기탁

▲안중근

▲이승훈

해품사의 테마 저격!

개항기의 근대 문물 유형

한능검에서 출제되는 근대 문물 관련 역사적 사실 유형은 난이도가 매우 높은 대표적인 사례입니다. 그 이유는 개항기와 관련된 근대 문물의 설립 연도를 암기해야만 풀 수 있는, 유일한 연도 암기형 유형이기 때문입니다. 그만큼 암기의 부담감이 매우 높기 때문에 가장 나중에 공략하거나 생략하는 것을 권장하며, 굳이 공략을 원할 경우 경인선의 설립 연도(1899)가 가장 출제율이 높기 때문에 이를 반드시 암기하는 것을 권장합니다!

총 26회분 기출분석에서 나온 대표패턴을
최신 기출문제에서 뽑았습니다.

67회 33번

1. 다음 대화에 해당하는 교육 기관에 대한 설명으로 옳은 것은? [2점]

주제: 근대 교육 기관

이 학교는 신학문을 가르치는 관립 교육 기관이야.

젊은 관리가 소속된 좌원과 명문가의 자제를 선발한 우원으로 구성되었어.

주요 과목으로 영어, 산학, 지리 등이 있었어.

① 7재라는 전문 강좌가 개설되었다.

② 조선 총독부의 탄압으로 폐교되었다.

③ 교육 입국 조서에 근거하여 세워졌다.

④ 주요 건물로 대성전과 명륜당을 두었다.

⑤ 헐버트, 길모어 등이 교사로 초빙되었다.

키워드 추출

신학문을 가르치는 관립 교육 기관 – 육영 공원(1886)

정답분석

⑤ 육영 공원은 영어를 가르치기 위해 헐버트, 길모어, 벙커 등의 외국인 교사를 초빙하였다.

오답분석

① 고려의 관학 진흥책의 일환으로 개설되었다.

② 조선 총독부는 1910년에 설립되었다.

③ 2차 갑오개혁 때 교육 입국 조서에 근거하여 한성 사범 학교가 수립되었다.

④ 조선의 성균관과 향교에 대한 설명이다.

해품사의 합격Tip

육영 공원 관련 키워드는 헐버트 등 '한국을 도운 외국인 유형과 연계' 될 수 있습니다!

[정답] ⑤

64회 34번

2. (가) 신문에 대한 설명으로 옳은 것은? [1점]

경천사지 십층 석탑에 대한 일본인의 약탈 행위에 관해 보도한 〔(가)〕 기사를 읽어 보았는가? 보도 내용을 접한 헐버트가 사건 현장을 방문하여 사진을 촬영하고 목격자 의견을 청취했다더군.

일본인의 이런 행위가 알려진 것은 양기탁과 베델이 창간한 〔(가)〕의 노력 덕분이라고 하네.

① 상업 광고를 처음으로 실었다.

② 천도교의 기관지로 발행되었다.

③ 국채 보상 운동의 확산에 기여하였다.

④ 일장기를 삭제한 손기정 사진을 게재하였다.

⑤ 순 한문 신문으로 열흘마다 발행하는 것이 원칙이었다.

키워드 추출

양기탁과 베델이 창건 – 대한매일신보의 창간자

정답분석

③ 대한매일신보는 국채 보상 운동을 지원한 내표적인 신문이다.

오답분석

① 한성주보는 상업 광고를 최초로 게재한 신문이다.

② 만세보는 천도교의 기관지로 발행된 신문이다

④ 동아일보 및 조선일보는 1936년에 개최된 베를린 올림픽의 마라톤의 금메달 수상자인 손기정 사진에서 일장기를 삭제하여 일제의 탄압을 받았다.

⑤ 한성순보는 순 한문 신문으로 열흘마다 한 번 발행되었다.

해품사의 합격Tip

한능검에서 근대 신문 유형은 주로 '한성순보, 독립신문, 대한 매일신보가 출제' 되며. 특히 대한매일신보는 '국채 보상 운동의 빈출 키워드로 자주 언급' 됩니다!

[정답] ③

60회 36번

3. 다음 기사가 보도된 이후의 사실로 옳은 것은?
[2점]

> **역사 신문**
>
> 제△△호　　　　　　　○○○○년 ○○월 ○○일
>
> **전차 운행 중 사망 사고 발생**
>
> 　오늘 종로 거리를 달리던 전차에 다섯 살 난 아이가 치여 죽는 사고가 발생하였다. 이를 목격한 사람들이 격노하여 전차를 부수었고, 이어 달려오던 전차까지 전복시켜 파괴하고 기름을 뿌려 불태웠다. 동대문에서 성대한 개통식을 열고 전차를 운행한 지 한 달도 되지 않아 참혹한 사건이 발생한 것이다.

① 미국에 보빙사를 파견하였다.
② 베델이 대한매일신보를 창간하였다.
③ 이만손 등이 영남 만인소를 올렸다.
④ 신식 군대인 별기군(교련병대)이 창설되었다.
⑤ 통리기무아문을 설치하여 개혁을 추진하였다.

키워드 추출

전차 – 1899년에 개통된 이동 수단

정답분석

② 영국인 베델은 양기탁과 제휴하여 대한매일신보를 창간하였다(1904).

오답분석

① 보빙사는 미국 공사 부임의 답례 목적으로 미국에 파견된 사절단이다(1883).
③ 『조선책략』 국내 유포 이후 이만손 등 유생은 미국과의 수교를 반대하는 영남 만인소를 올렸다(1881).
④ 1881년에 군제를 개편하며 신식 군대인 별기군이 창설되었고, 일본 교관의 훈련을 받았다(1881).
⑤ 1880년에 개화 정책 총괄 기구인 통리기무아문과 12사가 설치되었다.

해품사의 합격Tip

개항기의 근대 문물은 '특정 문물 또는 사건의 연도를 암기해야 풀이할 수 있는 유형이 출제'되기 때문에 난이도가 높습니다.

[정답] ②

56회 37번

4. (가) 인물에 대한 설명으로 옳은 것은?
[2점]

> 이곳은 최근 다시 개관한 하얼빈의 (가) 기념관입니다. (가) 동상 위의 시계는 9시 30분에 멈춰 있습니다. 이토 히로부미를 저격한 바로 그 시각입니다.

① 동양평화론을 저술하였다.
② 친일 인사인 스티븐스를 사살하였다.
③ 5적 처단을 위해 자신회를 조직하였다.
④ 명동 성당 앞에서 이완용을 습격하였다.
⑤ 동양 척식 주식회사에 폭탄을 투척하였다.

키워드 추출

하얼빈, 이토 히로부미를 저격 – 안중근의 의거 활동

정답분석

① 안중근은 옥중에서 『동양평화론』을 저술하였다.

오답분석

② 장인환 및 전명운은 샌프란시스코에서 친일파 미국 인사인 스티븐스를 저격하였다.
③ 나철 및 오기호는 을사 5적을 처단하기 위해 자신회를 조직하였다.
④ 이재명은 을사늑약 체결 이후 명동 성당에서 을사 5적의 대표 인물인 이완용에게 중상을 입혔다.
⑤ 의열단의 대표 인물인 나석주는 동양 척식 주식회사에 폭탄을 투척하는 의거를 주도하였다.

해품사의 합격Tip

안중근은 단독 인물 유형으로 자주 언급되는 대표적 인물입니다. 특히 『동양평화론』 저술 및 하얼빈에서 이토 히로부미 저격'을 빈출 키워드로 제시합니다!

[정답] ①

1.

(가)에 들어갈 내용으로 가장 적절하지 않은 것은?

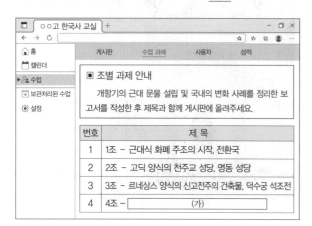

① 서양식 의료의 수용, 광혜원

② 한국 최초의 서양식 극장, 원각사

③ 서울과 의주를 잇는 통신망, 전신 개통

④ 우리나라 최초의 영화 상영 장소, 단성사

⑤ 노량진과 제물포를 잇는 근대식 교통 시설, 경인선

해품사 출제예언 – 개항기의 근대 문물

한능검에서는 종종 '개항기 근대 문물의 전반적인 특징을 파악' 하는 유형을 출제합니다. 각 근대 문물의 특징을 복습하는 것을 권장합니다!

정답분석

④ 1926년에 나운규가 제작한 아리랑이 단성사에서 상영되었다.

오답분석

① 1885년에 최초의 서양식 국립 병원인 광혜원을 설립하였다.

② 1908년에 한국 최초의 서양식 극장인 원각사가 설립되어 은 세계, 치악산 등을 공연하였다.

③ 1885년에 근대식 통신망인 전신이 설치되었다.

⑤ 1899년에 노량진(서울)과 제물포(인천)를 잇는 한국 최초의 철도인 경인선이 개통되었다.

[정답] ④

2.

(가) 인물에 대한 설명으로 옳은 것은?

이달의 독립운동가

민족의 국권회복과 독립에 평생을 바친 (가)

- 생몰년: 1871~1938
- 생애 및 활동

[(가)] 은/는 본래 독립협회에 가입하여 만민 공동회의 간부로 활약하였다. 그러나 독립 협회가 해산된 이후 다양한 국가를 여행하며 견문을 넓힌 뒤 귀국하여, 영국인 베델과 제휴하여 국한문 혼용체의 신문인 대한매일신보를 창간하여 언론 활동을 주도하였다.

① 조선 중립화론을 주장하였다.

② 갑신정변 실패 직후 일본으로 망명하였다.

③ 인재 양성을 위해 오산 학교를 설립하였다.

④ 배재 학당을 설립하여 근대 교육을 보급하였다.

⑤ 경제 구국 운동인 국채 보상 운동을 지원하였다.

해품사 출제예언 – 양기탁

양기탁은 주로 '신민회 및 국채 보상 운동과 연계' 하여 출제할 수 있는 대표적인 인물입니다. 인물을 모르더라도 대한매일신보만 가지고도 정답을 연결지을 수 있습니다!

키워드 추출

만민 공동회의 간부, 베델과 대한매일신보를 창간 – 양기탁

정답분석

⑤ 베델 및 양기탁은 경제 구국 운동인 국채 보상 운동의 확산에 기여하였다.

오답분석

① 유길준은 조선 중립화론을 주장하였다.

② 김옥균 등은 갑신정변이 실패하자 일본으로 망명하였다.

③ 이승훈은 민족 학교인 오산 학교를 설립하였다.

④ 미국인 선교사 아펜젤러는 배재 학당을 설립하였다.

[정답] ⑤

어제의 오답 선지 = 내일의 정답 선지 | 한능검은 역사적 사실이 아닌 것은 선지에 포함하지 않습니다. 즉, 모든 선지는 사실이죠! 기출에서 오답 선지는 언제든 정답이 될 수 있습니다.

> ❗ 먼저 오른쪽 기출선지 키워드 암기를 가리고 왼쪽의 (빈칸)을 채워보세요. 그후 오른쪽 기출선지를 키워드 중심으로 달달 외우세요!

	기출선지 (키워드) 채우기	기출선지 키워드 암기	중요도
1	함경도 덕원 지방의 관민들이 ( )를 설립하였다.	함경도 덕원 지방의 관민들이 원산 학사를 설립하였다. [64회]	★
2	정부는 근대 교육 기관인 ( )을 설립하였다.	정부는 근대 교육 기관인 육영 공원을 설립하였다. [47, 49, 54, 55, 56, 57, 59, 64, 65, 72회]	★★
3	육영 공원은 ( ), 길모어 등이 교사로 초빙되었다.	육영 공원은 헐버트, 길모어 등이 교사로 초빙되었다. [67회]	★
4	정부는 박문국을 설치하여 ( )를 발행하였다.	정부는 박문국을 설치하여 한성순보를 발행하였다. [47, 49, 50, 51, 53, 54, 55, 58, 60, 62, 68, 71회]	★★★
5	( )는 상업 광고를 최초로 게재하였다.	한성주보는 상업 광고를 최초로 게재하였다. [47, 49, 55, 64, 72회]	★★
6	서재필은 ( ) 발행하였다.	서재필은 독립신문을 발행하였다. [52, 54, 72회]	★★
7	베델이 양기탁과 함께 ( )를 창간하였다.	베델이 양기탁과 함께 대한매일신보를 창간하였다. [49, 53, 57, 59, 60, 63회]	★★★
8	( )는 천도교의 기관지로 발행되었다.	만세보는 천도교의 기관지로 발행되었다. [55, 64회]	★
9	( )에서 백동화를 주조하였다.	전환국에서 백동화를 주조하였다. [56, 57, 65, 67회]	★
10	알렌의 건의로 ( )이 건립되었다.	알렌의 건의로 광혜원이 건립되었다. [48, 50, 58회]	★
11	노량진에서 제물포를 잇는 우리나라 최초의 철도인 ( )이 개통되었다.	노량진에서 제물포를 잇는 우리나라 최초의 철도인 경인선이 개통되었다. [50, 70회]	★★★
12	( )에서 은세계, 치악산 등의 신극이 공연되었다.	원각사에서 은세계, 치악산 등의 신극이 공연되었다. [49, 70, 71회]	★
13	( )은 총리대신으로 갑오개혁을 주도하였다.	김홍집은 총리대신으로 갑오개혁을 주도하였다. [57회]	★★
14	( )은 『서유견문』을 집필하여 서양 근대 문명을 소개하였다.	유길준은 『서유견문』을 집필하여 서양 근대 문명을 소개하였다. [49, 64, 67회]	★★
15	( )은 독립 협회의 제안을 받아들여 중추원 관제 개편을 추진하였다.	박정양은 독립 협회의 제안을 받아들여 중추원 관제 개편을 추진하였다. [48, 67회]	★
16	( )은 지부복궐척화의소를 올려 왜양일체론을 주장하였다.	최익현은 지부복궐척화의소를 올려 왜양일체론을 주장하였다. [67회]	★★
17	( )은 하얼빈에서 이토 히로부미를 사살하였다.	안중근은 하얼빈에서 이토 히로부미를 사살하였다. [48, 49, 53, 59, 71회]	★★★

> ⊘ 테마 학습을 다 했다면, 테마 맨 앞 키워드 판서로 돌아가 복습하세요!

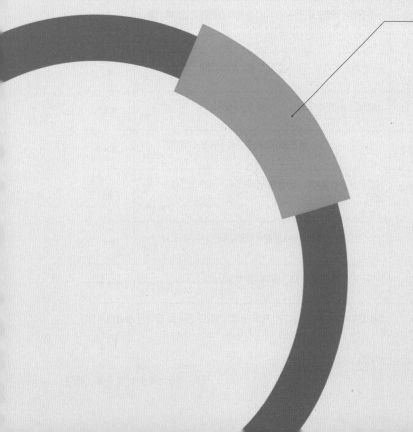

PART **5** 일제 강점기

26회분(47회~72회) 평균 출제비중

14.1%

해품사 한능검 테마별 기출 총 26회분 분석 결과

난이도	중요도 및 평균 출제율

쉬움   보통   어려움

★ 약 70% 미만
★★ 약 70~80%
★★★ 약 80~99%
★★★★ 100% 출제!

※테마 난이도를 색깔 구분으로 바로 확인하세요!

테마 28	일제의 식민 통치 및 국내 항일 운동	★★★★
테마 29	일제 강점기의 국외 독립운동 1	★★
테마 30	일제 강점기의 국외 독립운동 2	★★
테마 31	일제 강점기의 경제 · 사회 · 문화	★★★
테마 32	일제 강점기의 인물	★

일제의 식민 통치 및 국내 항일 운동

✓ 시기: 일제 강점기 전체(*항일 운동의 경우 1919~1929) ✓ 중요도 및 평균 출제율: 100% 출제! ★★★★
✓ 난이도: 쉬움 → 일제의 식민 통치 정책, 사회상, 국내 독립운동 단체 및 항일 운동 모두 쉽게 공략 가능!

흐름형 시대의 흐름을 따라가며 보면 좋은 유형

영향

	1910	1915	1919	1919	1925	1926
	일제 강점기 시작	조선 물산 공진회 개최	3·1 운동	이른바 '문화 통치' 시작	치안 유지법 제정	6·10 만세 운동

정책
- 교사가 제복을 입고 칼을 차고 수업
- 범죄 즉결례
- 조선 태형령
- 헌병 경찰제

- 형식상 문관 총독 임명 규정 → 실제로는 한 명도 X
- 보통 경찰제 실시 밑 헌병 경찰제, 태형 폐지 → 경찰 수 대거 증가
- 언론·출판·결사 등 자유 허용 → 다수 검열, 폐지
- 치안 유지법 → 독립운동 및 사회주의 세력 탄압 (1925)

경제 침탈
- 광업령, 삼림령, 어업령
- 토지 조사 사업
- 회사령(허가주의)

- 조선 관세령 철폐 및 회사령 폐지(신고제 전환)
  → 일본 산업 국내 침투 심화 → 물산 장려 운동 계기
- 산미 증식 계획 시행

조선 교육령 및 문화
제1차 조선 교육령(1911~1922)
→ 보통학교 수업 연한 4년, 일본어 중심 교과목, 초등 교육 및 실무 교육 위주

- 제2차 조선 교육령(1922~1938)
  → 보통학교 수업 연한 6년, 조선어 교육 포함, 대학 설립 규정
  → 민립 대학 설립 운동 추진 계기
- 나운규의 아리랑 상영(단성사)
- 사회주의 성향 작가들의 카프(KAPF) 결성

해품사의 테마 출제예언!

1) 1910, 1920, 1930년대 후반 이후 일제의 정책 및 사회상 구별하기 **2)** 독립 의군부 및 대한 광복회의 특징 및 활동 구별하기 **3)** 항일 운동 배경, 전개 영향 구별 및 신간회의 특징 암기하기

해품사 한능검 키워드 판서

⊘ 테마 학습을 다 하고 난 후, 다시 돌아와서 한 번 더 보세요!

1930년대 이후(민족 말살기)

일제의 민족 말살 통치 영향 ⟷ 민족 말살 정책 본격화

1927	1929	1931	1937	1938	1941	1945
신간회 창립	세계 대공황	만주 사변 발생	중·일 전쟁	국가 총동원법 시행	태평양 전쟁	광복

전쟁
- 국가 총동원법 제정
- 금속 및 미곡 공출
- 위안부
- 조선 사상범 예방 구금령(1941)
- 지원병제 및 학도병제

세뇌
- 신사 참배
- 창씨 개명
- 황국 신민 서사

노역
- 국민 징용령
- 몸뻬 착용 강조
- 여자 정신 근로령
- 징용제

- 남면북양 정책(남쪽 목화 재배, 북쪽 양 사육)
- 병참 기지화 정책(한반도 전쟁 및 군수 물자 공급 기지 활용)

- 제3차 조선 교육령(1938~1943)
  → 조선어 수의 과목 변경, 국민학교령 발표(소학교 → 국민학교)
- 제4차 조선 교육령(1943~1945)
  → 군사 교육 중심, 조선인 학생 전시 동원 체제, 조선어 교육 금지

쉽게 출제될 경우	**VS**	어렵게 출제될 경우

기출 → 61, 66, 70회

: 일제 강점기의 정책 및 사회상 파악 유형 또는 1910년대의 국내 독립운동 단체 관련 특징을 파악하는 유형이 출제됨!

⇨ 조선 태형령, 헌병 경찰제, 토지 조사 사업, 회사령 / 치안 유지법, 산미 증식 계획 / 국가 총동원법, 조선 사상범 예방 구금령, 황국 신민 서사, 여자 정신 근로령 / 임병찬, 복벽주의 지향, 조선 총독부에 국권 반환 요구서 제출 / 박상진, 공화정 지향

기출 → 63, 64, 67, 69회

: 일제 강점기의 항일 운동을 파악하는 유형이 출제됨!

⇨ 고종의 인산일, 대한민국 임시 정부 수립 계기, 이른바 문화 통치 배경 / 순종의 인산일, 정우회 선언 / 초대 회장 이상재, 기회주의 일체 부인 / 한·일 학생 간 충돌 계기, 신간회에서 진상 조사단 파견

일제의 식민 통치 및 국내 항일 운동

해품사 공지사항!

총 26회분(47회~72회) 기출에서 단 한 번이라도 언급된 내용은 모두 포함!

빨간색 키워드는 약 80% 이상 확률로 출제된 중요 키워드이므로 우선 암기

키워드는 그중에서도 직접적인 정답 키워드로 자주 언급되는 것

☆~☆☆☆ 테마 안에서도 더욱 빈출인 주제에 표시

1 일제 식민 통치 정책의 변화 및 사회상 ☆☆☆

1910년대- **무단 통치** └ 공포와 관 련된 사례 가 많음!	■ **정책**: 일본의 군인 출신을 조선 총독으로 임명 → 입법·사법·행정 및 군 통수권 장악, 중추원이 조선 총독부 자문 기관으로 변질됨, 교사가 제복을 입고 칼을 찬 상태로 수업을 진행함, 범죄 즉결례 → 일정한 범죄나 법규 위반 행 위에 대해 재판 없이 바로 처벌 가능, 조선 태형령, 헌병 경찰제 ■ **경제 침탈**: 광업령, 삼림령, 어업령 반포, 토지 조사 사업(근대적 토지 소유 확립 명목) → 관습적 경작권 부정 및 식민지 지주의 확산, 총독부의 지세 수입 증가, 회사령 → 조선인이 회사 설립 시 조선 총독의 허가 필요 ■ **교육**: 제1차 조선 교육령 반포(1911~1922) → 보통학교 수업 연한 4년 규정, 일본어 중심 교과목, 초등 교육 및 실 무 교육 위주로 인한 고등 교육 기회 제한 ■ **관련 역사적 사실**: 서당 규칙(1918), 조선 물산 공진회(1915-경복궁에서 개최)

1920년대-
이른바
문화 통치
 	
└ 분열와 관
련된 사례
가 많음!
	■ **배경**: 3·1 운동을 계기로 조선에 대한 통치 방식의 노선 변화의 필요성 인식 → 이른바 '문화 통치' 시작
	■ **정책**: 형식상 문관 총독 임명 규정 → 실제로 임명된 사례 없음, 도평의회, 부·면 협의회 구성(지방 자치 명목으로
	설치된 일종의 지방 의회) → 친일파 위주 선발, 보통 경찰제 전환 및 헌병 경찰체와 태형 폐지 → 경찰 수 대거 증
	가, 언론·출판·결사·집회 자유 허용(예 동아일보·조선일보 발행) → 검열, 기사 삭제, 폐간 등 강력한 언론 탄압
	을 통해 일제가 인정하는 범위 내 언론 허용, 치안 유지법 제정(1925) → 독립운동 및 사회주의 세력 탄압 목적
	■ **경제 침탈**: 조선 관세령 철폐 및 회사령 신고제 전환 → 일본 산업의 국내 침투 심화 → 물산 장려 운동의 계기
	■ **산미 증식 계획(1920~1934)**
	  - 배경: 일제가 자국의 식량 문제를 해결하기 위해 시행
	  - 전개: 개간·간척 사업 및 수리 시설 개선, 종자 개량 등 통해 쌀 생산량 증대
	  - 영향: 군산항 및 목포항을 주요 쌀 수탈항 이용, 쌀 중심의 단작형 농업 구조 심화, 농민에게 수리 조합비 전가,
	    일제가 쌀 증산량보다 더욱 많이 수탈하여 식량 사정 악화 → 만주산 잡곡의 수입 결과
	■ **문화**: 나운규의 아리랑 상영(단성사에서 상영), 사회주의 성향의 신경향파 작가들이 카프(KAPF) 결성
	■ **교육**: 제2차 조선 교육령(1922~1938) → 보통학교 수업 연한 6년, 조선어 교육 포함, 대학 설립 규정 실시 → 민립
	대학 설립 운동 추진 계기

1930년대
이후-민족 말살
 	
└ 전쟁, 세뇌,
노역과 관련된
사례가 많음!
	■ **배경**: 세계 대공황 발생 및 일제의 침략 전쟁 본격화(예 만주 사변-1931) → 내선일체 강조, 남면북양 정책(남쪽
	목화 재배, 북쪽 양 사육), 병참 기지화 정책 시행(한반도를 전쟁 및 군수 물자의 공급 기지로 활용)└ 일본과 조선은 한 몸이다!
	■ **전쟁 관련 사례**: 국가 총동원법 공포(1938) → 전시 체제 대비 조선인 물적·인적 수탈 규정, 금속 및 미곡 공출, 식
	량 배급제, 중·일 전쟁 및 태평양 전쟁, 애국반, 위안부, 조선 사상범 예방 구금령(1941), 지원병제 및 학도병제
	■ **세뇌 관련 사례**: 신사 참배, 창씨 개명, 황국 신민 서사 └ 조선 사상범 보호 관찰령(1936)과 혼동 주의!
	■ **노역 관련 사례**: 국민 징용령, 몸뻬 착용 강조, 여자 정신 근로령, 징용제
	■ **교육**
	  - 제3차 조선 교육령(1938~1943): 조선어 수의(선택) 과목 변경(사실상 폐지), 국민 학교령 반포(1941, 소학교 →
	    국민학교 변경)
	  - 제4차 조선 교육령(1943~1945): 군사 교육 중심, 조선인 학생 전시 동원 체제 편입, 조선어 교육 금지

■ **관련 역사적 사실**: 손기정 일장기 말소 사건(1936) → 베를린 올림픽 마라톤 금메달 선수 기념 사진 속 일장기 삭제 → 조선중앙일보 휴간 및 동아일보 무기 정간 처분

2 1910년대의 국내 독립운동 단체 ☆

독립 의군부 (1912)	■ **대표 인물**: 임병찬 ■ **활동 지역**: 전라도에서 결성됨 ■ **특징**: 고종의 밀명을 받아 조직한 비밀 결사 단체, 복벽주의 지향 → 나라를 되찾고 군주정 회복, 일본(조선 총독부)에 국권 반환 요구서 제출 시도
대한 광복회 (1915) └ 결성 연도가 힌트로 자주 제시되는 편	■ **대표 인물**: 박상진, 채기중 ■ **활동 지역**: 대구 지역에서 결성됨 → 상덕태상회(본래 곡물상, 대한 광복회 본부 및 국내외 독립운동 비밀 연락 본부) 기반으로 활동 ┌ 독립 의군부의 정치적 지향점과 자주 비교하여 출제됨! ■ **특징**: 공화정 지향(신민회와 동일), 군대식 조직을 갖춘 비밀 결사 → 친일 부호의 의연금 및 일본이 불법 징수한 세금 압수 등 활동, 풍기 광복단과 조선 국권 회복단의 일부 인사 중심으로 결성

3 1910~1920년대의 국내 항일 운동 ☆☆☆

3·1 운동 (1919)	■ **배경**: 미국 대통령 윌슨의 민족 자결주의 제창, 도쿄 청년 유학생들의 2·8 독립 선언서 발표 및 중광단 등의 대한 독립 선언서(무오 독립 선언서) 발표 → 고종의 인산일을 계기로 만세 운동 준비 ■ **전개**: 민족 대표 33인의 기미 독립 선언서 작성 → 탑골 공원에서 기미 독립 선언서 낭독 및 독립운동 전개(예) 유관순의 천안 아우내 장터 독립운동) → 처음 비폭력 운동에서 무력적 저항 운동으로 발전 → 일제의 제암리 학살 사건 자행 ┌ 영국인 기자 스코필드가 외국에 보도 ■ **영향 및 의의**: 대한민국 임시 정부 수립의 계기 → 조직적인 독립운동의 필요성 모색, 연해주·미주 등 독립운동 확산, 일제의 통치 방식이 이른바 '문화 통치'로 변화, 중국의 5·4 운동 및 인도 비폭력 운동 영향, 최대 규모의 민족 운동
6·10 만세 운동(1926)	┌ 광주 학생 항일 운동과 유사 주의! ┌ 가끔 기출에서 융희 황제의 인산일이라고도 표현됨! ■ **배경**: 일제의 식민지 교육 정책 반발, 순종의 인산일을 계기로 만세 운동 준비 ■ **전개**: 사회주의 계열 및 학생 중심으로 만세 운동 준비 → 사회주의 계열은 사전에 발각되어 실패하였으나, 학생들의 주도로 창덕궁 돈화문부터 순종의 장례 행렬에 맞춰 만세 운동 전개 ■ **영향 및 의의**: 정우회 선언(비타협적 민족주의 계열 및 사회주의 계열의 제휴 및 연합 강조) → 민족 유일당 운동 발생 → 신간회 창립
신간회의 활동 (1927~1931) └ 개항기의 신민회와 용어 혼동 주의!	■ **결성 과정**: 민족 유일당 운동을 계기로 비타협적 민족주의 세력과 사회주의 세력이 연합 → 초대 회장 이상재 선출, 강령 발표(정치적·경제적 각성, 단결을 공고히 함, 기회주의 일체 부인) ■ **활동**: 광주 학생 항일 운동에 진상 조사단 파견, 전국 순회 강연, 전국 주요 도시에 지회 설립 ■ **해체**: 민족주의 계열 및 사회주의 계열의 활동 노선 갈등 → 코민테른의 노선 변화로 인한 사회주의 계열의 이탈로 해소 └ 6·10 만세 운동 관련 사실 빈출 오답으로 자주 언급될 주의! ■ **의의**: 민족주의 계열 및 사회주의 계열의 민족 협동 전선, 일제 강점기 최대 규모의 사회 단체
광주 학생 항일 운동(1929)	■ **배경**: 한·일 학생 간 충돌 계기(일본 경찰이 한국 학생만 탄압) ■ **전개**: 광주 지역을 중심으로 동맹 휴학 및 조선인 본위의 교육 제도 확립과 식민지 교육 철폐 등을 요구하며 항일 운동 발발 → 독서회 및 성진회 등 학생 단체의 주도적 활동 ■ **영향 및 의의**: 신간회에서 진상 조사단을 파견하여 지원함, 전국적인 동맹 휴학이 발생하는 계기가 됨, 3·1 운동 이후 최대의 민족 운동, 11월 3일 기념일 지정

총 26회분 기출분석에서 나온 대표패턴을
최신 기출문제에서 뽑았습니다.

69회 38번

1. 밑줄 그은 '시기'에 볼 수 있는 모습으로 가장 적절한 것은? [1점]

이곳은 전라남도 여수시 거문도에 있는 해안 동굴 진지입니다. 국가 총동원법이 시행되던 시기에 일제는 이와 같은 군사 시설물을 거문도를 비롯한 각지에 구축하였습니다.

① 태형을 집행하는 헌병 경찰
② 원산 총파업에 참여하는 노동자
③ 황국 신민 서사를 암송하는 학생
④ 경성 제국 대학 설립을 추진하는 관리
⑤ 서울 진공 작전에 참여하는 13도 창의군 의병

키워드 추출

국가 총동원법 – 1930년대 이후 일제가 제정한 법

정답분석

③ 일제는 1930년대 후반에 조선인에게 황국 신민 서사 암송을 강요하였다.

오답분석

① 1912년 일제는 조선 태형령을 공포하였다.
② 원산 노동자 총파업은 1929년에 일어났다.
④ 일제가 경성 제국 대학을 설립한 것은 1924년이다.
⑤ 개항기에 정미의병은 해산된 군인이 일부 합류한 뒤 13도 창의군을 결성하여 서울 진공 작전을 전개하였다.

해품사의 합격Tip

일제 강점기의 사회상 유형은 '민족 말살기를 출제'한 사례가 가장 많습니다. 특히 민족 말살기는 '전쟁, 세뇌, 노역과 관련된 키워드를 주로 출제'합니다!

[정답] ③

61회 38번

2. (가) 단체에 대한 설명으로 옳은 것은? [2점]

□□ 신문

제△△호　　　　　　　　2022년 ○○월 ○○일

박상진 의사 유물, 국가등록문화재 등록

옥중 편지 및 상덕태상회 청구서

군자금 모집과 친일파 처단 등의 활동을 전개한 ___(가)___ 의 총사령 박상진 의사의 유물이 국가등록문화재로 등록되었다. 이 유물은 친일 부호 처단 사건으로 체포된 박상진의 옥중 상황과 ___(가)___ 의 비밀 연락 거점이었던 상덕태상회의 규모 등을 보여준다는 점에서 귀중한 가치를 지니고 있다.

① 고종 강제 퇴위 반대 운동을 전개하였다.
② 공화정체의 국민 국가 수립을 목표로 삼았다.
③ 파리 강화 회의에 독립 청원서를 제출하였다.
④ 미군과 연합하여 국내 진공 작전을 계획하였다.
⑤ 만민 공동회를 개최하여 민권 신장을 추구하였다.

키워드 추출

총사령 박상진, 상덕태상회 – 대한 광복회

정답분석

② 대한 광복회는 공화정체의 국민 국가 수립을 지향하였다.

오답분석

① 대한 자강회에 대한 설명이다.
③ 대한민국 임시 정부 및 신한 청년당 출신의 김규식은 파리 강화 회의에 독립 청원서를 제출하였다.
④ 한국 광복군에 대한 설명이다.
⑤ 독립 협회에 대한 설명이다.

해품사의 합격Tip

1910년의 국내 독립운동 단체의 경우 한능검에서 출제율이 낮은 유형으로, 대표적인 '두 단체 관련 대표 인물 및 활동 키워드만 암기'하면 쉽게 풀이할 수 있습니다.

[정답] ②

70회 35번

3. 밑줄 그은 '운동'에 대한 설명으로 옳은 것은? [1점]

이 자료는 고종의 인산일을 계기로 시작된 만세 운동에서 불렀던 독립가 전단입니다. 당시에 우리 민족은 독립 선언서를 발표하고 대한 독립 만세를 외치며 전국 각지와 해외 곳곳에서 시위를 이어 나갔습니다.

터졌구나 터졌구나
조선독립성
십 년을 참고 참아
이제 터졌네
삼천리의 금수강산
이천만 민족
살았구나 살았구나
이 한 소리에

① 통감부의 방해와 탄압으로 중단되었다.
② 천도교 소년회가 창립된 후 본격화되었다.
③ 일제가 이른바 문화 통치를 실시하는 배경이 되었다.
④ 성진회와 각 학교 독서회에 의해 전국으로 확산되었다.
⑤ 시위를 준비하는 과정에서 사회주의자들이 대거 검거되었다.

키워드 추출
고종의 인산일 – 3·1 운동의 배경

정답분석
③ 3·1 운동은 일제가 조선인에 대한 통치 방식을 무단 통치에서 이른바 '문화 통치'로 변화하는 계기를 제공하였다.

오답분석
① 3·1 운동은 조선 총독부의 방해와 탄압으로 실패하였다.
② 방정환을 비롯한 천도교 소년회는 어린이의 권익을 주장하는 활동을 추진하였다.
④ 광주 학생 항일 운동에 대한 설명이다.
⑤ 6·10 만세 운동에 대한 설명이다.

해품사의 합격Tip
일제 강점기의 항일 운동 중 3·1 운동이 항일 운동 사례 중 가장 출제 빈도도 높기 때문에 반드시 공략해야 합니다!

[정답] ③

66회 42번

4. 다음 자료에 나타난 민족 운동에 대한 설명으로 옳은 것은? [2점]

2천만 피압박 민중 제군이여!

우리 2천만 생령(生靈)을 사랑하고 조국을 사랑하는 광주 학생 남녀 수십 명이 빈사(瀕死)의 중상을 입었다. 고뇌하는 청년 학생 2백 명이 불법으로 철창 속에 갇혀 있다. 그들은 정의를 위하여 거리로 나가 시위를 했다. 그러나 지배 계급의 미친개의 이빨에 물리고 말았다. 우리들은 광주 학생의 석방을 요구하는 동시에 참을 수 없는 피눈물로 시위 대열에 나가는 것이다.

–감금된 학생을 탈환하자
–총독 폭압 정치 절대 반대
–교육에 경찰 간섭 반대
–치안 유지법을 철폐하라

① 순종의 장례일을 맞아 가두시위를 벌였다.
② 대한민국 임시 정부 수립에 영향을 주었다.
③ 조선 사람 조선 것이라는 구호를 내세웠다.
④ 신간회의 지원을 받으며 전국적으로 확산되었다.
⑤ 일본, 프랑스 등의 노동 단체로부터 격려 전문을 받았다.

키워드 추출
광주 학생 – 광주 학생 항일 운동의 주요 세력

정답분석
④ 광주 학생 항일 운동은 진상 조사단 파견 등 신간회의 지원을 받으며 전국적으로 확산되었다.

오답분석
① 6·10 만세 운동은 순종의 인산일을 계기로 발생하였다.
② 3·1 운동 이후 독립운동가들은 상하이에 대한민국 임시 정부를 수립하였다.
③ 물산 장려 운동에 대한 설명이다.
⑤ 일제 강점기에 발생한 원산 노동자 총파업은 일본, 중국, 프랑스 등의 노동단체로부터 격려 전문 및 후원을 받았다.

해품사의 합격Tip
한능검에서 광주 학생 항일 운동을 출제할 경우 주로 '광주 학생 또는 한·일 학생 간 싸움이 배경'을 문제 키워드로 제시합니다. 특히 신간회는 '6·10 만세 운동 이후 창설'되었기 때문에 시기를 절대로 혼동하지 않도록 주의할 필요가 있습니다!

[정답] ④

1. _____

(가), (나) 인물에 대한 설명으로 옳은 것은?

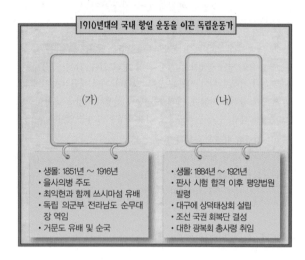

1910년대의 국내 항일 운동을 이끈 독립운동가

(가)

(나)

- 생몰: 1851년 ~ 1916년
- 을사의병 주도
- 최익현과 함께 쓰시마섬 유배
- 독립 의군부 전라남도 순무대장 역임
- 거문도 유배 및 순국

- 생몰: 1884년 ~ 1921년
- 판사 시험 합격 이후 평양법원 발령
- 대구에 상덕태상회 설립
- 조선 국권 회복단 결성
- 대한 광복회 총사령 취임

① (가) – 국권 침탈 과정을 정리한 한국통사를 저술하였다.
② (가) – 국권 반환 요구서를 보냈다.
③ (나) – 명동 성당 앞에서 이완용을 습격하였다.
④ (나) – 조선 혁명 선언을 집필하였다.
⑤ (가), (나) – 공화정체의 근대 국민 국가를 수립하려고 하였다.

해품사 출제예언 – 독립 의군부 및 대한 광복회

한능검에서 아직까지 독립 의군부 및 대한 광복회를 동시에 출제한 기출 사례가 존재하지 않습니다. 따라서 대표적인 두 인물을 함께 공부하는 것을 권장합니다!

키워드 추출
- (가) 독립 의군부 전라남도 순무대장 역임 - 임병찬
- (나) 상덕태상회, 대한 광복회 총사령 - 박상진

정답분석
② 임병찬은 국권 반환 요구서를 보냈다.

오답분석
① 박은식은 『한국통사』를 집필하였다.
③ 이재명은 이완용에게 중상을 입혔다.
④ 신채호는 조선 혁명 선언을 집필하였다.
⑤ 대한 광복회는 공화정체의 국민 국가 수립을 지향하였다.

[정답] ②

2. _____

(가)~(다)를 일어난 순서대로 옳게 나열한 것은?

주제: 1910~1920년대의 국내 항일 운동의 흐름

융희 황제의 인산일을 계기로 전국적인 만세 시위가 계획되었어요.

각 학교의 독서회를 비롯한 성진회의 활동 결과 항일 운동이 전국으로 확산되었어요.

민족 대표 33인의 명의로 작성된 기미 독립 선언서가 탑골 공원에서 발표되었어요.

(가)   (나)   (다)

① (가) – (나) – (다)
② (가) – (다) – (나)
③ (나) – (가) – (다)
④ (나) – (다) – (가)
⑤ (다) – (가) – (나)

해품사 출제예언 – 항일 운동의 흐름

최근 6 · 10 만세 운동 ~ 광주 학생 항일 운동의 흐름을 동시에 파악하는 유형이 출제되었습니다. 앞으로의 경향을 고려하여 3 · 1 운동 ~ 광주 학생 항일 운동의 흐름을 파악할 필요가 있습니다.

키워드 추출
- (가) 융희 황제의 인산일 – 6 · 10 만세 운동(1926)
- (나) 독서회, 성진회 – 광주 학생 항일 운동(1929)
- (다) 민족 대표 33인 – 3 · 1 운동(1919)

정답분석
⑤ 1910년대~1920년대의 국내 항일 운동 흐름은 3 · 1 운동(다 - 기미 독립 선언서) → 6 · 10 만세 운동(가-융희 황제의 인산일) → 광주 학생 항일 운동(나-독서회, 성진회) 순으로 발생하였다.

[정답] ⑤

어제의 오답 선지 = 내일의 정답 선지 | 한능검은 역사적 사실이 아닌 것은 선지에 포함하지 않습니다. 즉, 모든 선지는 사실이죠! 기출에서 오답 선지는 언제든 정답이 될 수 있습니다.

❗ 먼저 오른쪽 기출선지 키워드 암기를 가리고 왼쪽의 (빈칸)을 채워보세요. 그후 오른쪽 기출선지를 키워드 중심으로 달달 외우세요!

	기출선지 (키워드) 채우기	기출선지 키워드 암기	중요도
1	무단 통치기에는 조선인에게만 적용된 형벌인 ( )이 시행되었다.	무단 통치기에는 조선인에게만 적용된 형벌인 조선 태형령이 시행되었다. [49, 52, 53, 54, 55, 56, 57, 61, 63, 64, 66, 67, 69, 70, 72회]	★★★
2	무단 통치기에는 근대적 토지 소유권 확립을 명분으로 ( )을 시행하였다.	무단 통치기에는 근대적 토지 소유권 확립을 명분으로 토지 조사 사업을 시행하였다. [47, 48, 49, 57, 58, 59, 62, 65, 66, 68회]	★★★
3	무단 통치기에는 강압적 통치를 목적으로 ( )가 시행되었다.	무단 통치기에는 강압적 통치를 목적으로 헌병 경찰제가 시행되었다. [47, 51, 53, 58, 61, 62, 63, 64, 65, 66, 67, 69, 70, 72회]	★★★
4	무단 통치기에는 회사 설립 시 총독의 허가를 받도록 하는 ( )을 공포하였다.	무단 통치기에는 회사 설립 시 총독의 허가를 받도록 하는 회사령을 공포하였다. [49, 50, 53, 56, 57, 58, 59, 60, 61, 64, 70회]	★★★
5	이른바 '문화 통치' 시기에는 나운규가 제작한 아리랑이 ( )에서 개봉되었다.	이른바 '문화 통치' 시기에는 나운규가 제작한 아리랑이 단성사에서 개봉되었다. [50, 51, 53, 55, 57, 63, 65, 72회]	★★
6	이른바 '문화 통치' 시기에는 일제가 ( )을 제정하여 독립 운동을 탄압하였다.	이른바 '문화 통치' 시기에는 일제가 치안 유지법을 제정하여 독립 운동을 탄압하였다. [53, 58, 59, 60, 61, 62, 65, 70회]	★★★
7	민족 말살기에는 ( )을 제정하여 인력과 물자를 강제 동원하였다.	민족 말살기에는 국가 총동원법을 제정하여 인력과 물자를 강제 동원하였다. [60, 64, 65, 71회]	★★★
8	민족 말살기에는 ( )이 편성되어 몸뻬 착용을 강요하는 등 일상생활이 통제되었다.	민족 말살기에는 애국반이 편성되어 몸뻬 착용을 강요하는 등 일상생활이 통제되었다. [58, 60, 64, 70, 72회]	★★
9	민족 말살기에는 일제가 ( )을 시행하였다.	민족 말살기에는 일제가 조선 사상범 예방 구금령을 시행하였다. [47, 48, 55, 58, 59, 64, 66, 69, 70회]	★★★
10	민족 말살기에는 조선인들에게 ( )을 강요하였다.	민족 말살기에는 조선인들에게 황국 신민 서사 암송을 강요하였다. [49, 53, 54, 55, 57, 58, 63, 67, 69, 70, 71회]	★★★
11	임병찬은 고종의 밀지를 받아 ( )를 조직하였다.	임병찬은 고종의 밀지를 받아 독립 의군부를 조직하였다. [48, 49, 50, 51, 52, 53, 54, 55, 57, 62, 63, 65회]	★★★
12	독립 의군부는 조선 총독부에 ( )를 제출하고자 하였다.	독립 의군부는 조선 총독부에 국권 반환 요구서를 제출하고자 하였다. [59, 65, 66, 67, 69, 70회]	★★
13	( )은 대한 광복회를 조직하여 친일파를 처단하였다.	박상진은 대한 광복회를 조직하여 친일파를 처단하였다. [49, 50, 51, 53, 62, 64, 67, 71회]	★★
14	대한 광복회는 ( )의 국민 국가 수립을 목표로 하였다.	대한 광복회는 공화정체의 국민 국가 수립을 목표로 하였다. [61회]	★★
15	3·1 운동은 ( ) 수립의 계기가 되었다.	3·1 운동은 대한민국 임시 정부 수립의 계기가 되었다. [47, 49, 50, 55, 66, 72회]	★★
16	3·1 운동 발생 이전에 도쿄 유학생들을 중심으로 ( )가 발표되었다.	3·1 운동 발생 이전에 도쿄 유학생들을 중심으로 2·8 독립 선언서가 발표되었다. [49, 50, 57, 59, 62, 65, 66회]	★★
17	3·1 운동은 일제가 이른바 ( )를 실시하는 배경이 되었다.	3·1 운동은 일제가 이른바 문화 통치를 실시하는 배경이 되었다. [49, 51, 58, 61, 67, 70회]	★★★
18	사회주의 세력은 ( )을 기회로 삼아 대규모 시위를 계획하였다.	사회주의 세력은 순종의 인산일을 기회로 삼아 대규모 시위를 계획하였다. [55, 61, 63, 66, 68, 72회]	★★
19	( )는 광주 학생 항일 운동에 진상 조사단을 파견하였다.	신간회는 광주 학생 항일 운동에 진상 조사단을 파견하였다. [48, 49, 50, 51, 52, 53, 55, 57, 61, 62, 63, 66, 67, 72회]	★★★
20	광주 학생 항일 운동 이후 당시 ( )와 각 학교 독서회에 의해 전국적으로 항일 운동이 확산되었다.	광주 학생 항일 운동 이후 당시 성진회와 각 학교 독서회에 의해 전국적으로 항일 운동이 확산되었다. [48, 49, 63, 70, 72회]	★★
21	( )은 한국인 학생과 일본인 학생 간의 충돌에서 비롯되었다.	광주 학생 항일 운동은 한국인 학생과 일본인 학생 간의 충돌에서 비롯되었다. [47, 53, 57, 61회]	★★

✅ 테마 학습을 다 했다면, 테마 맨 앞 키워드 판서로 돌아가 복습하세요!

일제 강점기의 국외 독립운동 1

✓ 시기: 1919년~1945년(*국외 독립운동 기지 사례의 경우 1910년대 위주!)   ✓ 중요도 및 평균 출제율: 77% ★★
✓ 난이도: 어려움 → 국외 독립운동 기지 사례의 암기 난이도가 높은 편이며, 대한민국 임시 정부의 활동 및 흐름 파악도 까다로운 편!

흐름형   시대의 흐름을 따라가며 보면 좋은 유형

영향 →

1919	1923	1925	1927
상하이 임시 정부 구성	국민 대표 회의	박은식 2대 대통령 선출 및 국무령제 개헌	집단 지도 체제 개헌

1) 비밀 행정 조직: 교통국(이륭양 행 지원), 연통제
2) 독립운동 자금 모집: 독립(애 국) 공채 발행, 백산 상회 지원(안희제)
3) 문화: 독립신문 발행, 사료 편찬 위원회 설치 → 『한·일 관계 사료집』 발간
4) 외교: 구미 위원부 설치(워싱턴), 파리 강화 회의에 김규식 파견

1) 배경: 교통국 및 연통제 발각 및 붕괴, 임시 정부 내 독립운동 노선 갈등 → 독립운동 새 활로 필요성 모색
2) 전개: 창조파(신채호)vs개조파(안창호) 노선 대립
3) 결과: 이승만 탄핵 → 박은식 2대 선출 → 이상룡 초대 국무령 선출

암기형   시대를 몰라도 키워드만 알면 풀 수 있는 유형

대한민국 임시 정부 구성

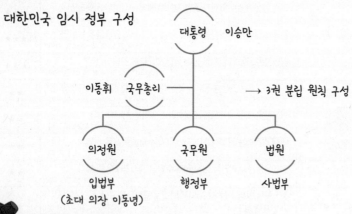

대통령   이승만

이동휘 국무총리 ──── → 3권 분립 원칙 구성

의정원	국무원	법원
입법부	행정부	사법부
(초대 의장 이동녕)		

해품사의 테마 출제예언!

1) 간도, 연해주, 미주, 멕시코, 일본, 상하이 지역의 국외 독립운동 사례 구별하기

➕

2) 상하이 및 충칭 시기 대한민국 임시 정부의 대표 활동 사례 구별하기

➕

3) 국민 대표 회의의 전반적인 사실 암기하기

해품사 한능검 키워드 판서

임시 정부 상하이
→ 충칭 이동 기점

✓ 테마 학습을 다 하고 난 후, 다시 돌아와서 한 번 더 보세요!

1932
윤봉길 상하이
훙커우 공원 의거

1940
대한민국 임시 정부
충칭 정착

1) 한국 국민당, 한국 독립당,
조선 혁명당
↓
한국 독립당(여당) 합당

2) 한국 광복군 창설

1941
대한민국 건국 강령 및
대일 선전 성명서 발표

1945
국내 진공 작전 추진,
광복

상하이 → 항저우 → 창사 → 광저우 등
──────────────────→
임시 정부 이동

대한민국 임시 정부 개헌 과정

정부	개헌 순서	지도 체제	지도자
상하이 임시 정부	1차(1919)	대통령 중심제	이승만 → 박은식(1925, 임시)
	2차(1925)	국무령제 (내각 책임제)	이상룡
	3차(1927)	집단 지도 체제	국무위원
충칭 임시 정부	4차(1940)	주석제	김구
	5차(1944)	주석·부주석제	김구·김규식

쉽게 출제될 경우 VS 어렵게 출제될 경우

기출 → 55, 61, 63, 71회

: 빈출도가 높은 국외 독립운동 사례가 출제됨!

⇨ 경학사, 서로 군정서, 신흥 강습소(신흥 무관 학교) / 간민회, 중광단, 서전서숙, 명동 학교, 봉오동 전투, 청산리 전투 / 권업회, 대한 광복군 정부, 대한 국민 의회, 신한촌 / 대한인 국민회, 대조선 국민 군단, 흥사단

기출 → 53, 58, 67회

: 빈출도가 낮은 국외 독립운동 사례가 출제되거나, 대한민국 임시 정부의 상하이, 충칭 시기 활동을 구별하는 유형이 출제됨!

⇨ 대한민국 임시 정부, 대동 단결 선언 / 이봉창 의거, 2·8 독립 선언서 / 교통국 및 연통제 조직, 독립(애국) 공채, 『한·일 관계 사료집』 / 한국 광복군 조직, 대한민국 건국 강령

29 일제 강점기의 국외 독립운동 1

해품사 공지사항!
총 26회분(47회~72회) 기출에서 단 한 번이라도 언급된 내용은 모두 포함!
빨간색 키워드는 약 80% 이상 확률로 출제된 중요 키워드이므로 우선 암기
키워드는 그중에서도 직접적인 정답 키워드로 자주 언급되는 것
☆~☆☆☆ 테마 안에서도 더욱 빈출인 주제에 표시

1 일제 강점기의 국외 독립운동 기지 건설 및 독립운동 개괄 ☆☆☆

간도	■ 서간도(남만주) ──주로 신민회 출신 인사들이 이주 - 기구(단체): 경학사(자치 단체, 이회영, 이시영 조직) → 최초의 한인 자치 기구 → 해체 이후 부민단 조직, 서로 군정서, 신흥 강습소(이후 신흥 무관 학교, 남만주 삼원보, 이회영, 이동녕, 이상룡 조직) ■ 북간도(북만주) - 기구(단체): 간민회(자치 단체), 중광단(대종교 계열, 김좌진 등 참여) → 이후 북로 군정서 개편 - 관련 역사적 사실: 민족 학교 건설(주로 용정촌·명동촌에서 형성됨) → 서전서숙(이상설), 명동 학교(김약연) - 독립운동 사례: 봉오동 전투(홍범도-대한 독립군), 청산리 전투(김좌진-북로 군정서군)
상하이	■ 기구(단체): 대한민국 임시 정부(1919~1932), 동제사(독립운동 단체, 신규식, 조소앙 등 조직), 신한 청년당(김규식, 여운형 등 조직) → 김규식은 파리 강화 회의에 파견됨 ──상하이 시기 대한민국 임시 정부 키워드도 연계 가능! ■ 관련 역사적 사실: 대동 단결 선언 발표(1917, 신규식, 박은식, 조소앙-선언문 작성 등 14명의 독립운동가 발표) → 대한민국 임시 정부 수립 영향 ■ 독립운동 사례: 윤봉길의 홍커우 공원 의거(한인 애국단)
연해주	■ 기구(단체): 권업회(초대 회장 최재형-안중근 하얼빈 의거 지원, 권업신문 발간), 신한촌(한인 집단 거주지, 블라디보스토크 위치), 대한 광복군 정부(정통령 이상설, 부통령 이동휘 선출), 전로 한족회 중앙 총회 → 대한 국민 의회 ■ 관련 역사적 사실: 스탈린의 한인 중앙아시아 강제 이주 정책 시행(1937) → 2차 세계 대전 발발 직전 스탈린이 일본 첩자 미연 방지 목적 등 원인, 해조신문 발간(최봉준, 블라디보스토크)
일본	■ 관련 역사적 사실: 간토 대지진 → 일본인의 한인 대학살 발생, 토월회 결성(도쿄 유학생 중심, 신극 운동 주도) ■ 독립운동 사례: 김지섭의 일본 궁성 폭탄 투척(의열단), 이봉창의 일왕 마차 폭탄 투척(한인 애국단), 2·8 독립 선언서 발표(도쿄 유학생 중심) → 3·1 운동 영향
멕시코	■ 기구(단체): 숭무 학교(이근영) ■ 관련 역사적 사실: 에네켄 농장(유카탄 반도 위치, 한인 노동자 거주)
미주	■ 기구(단체): 대한인 국민회(독립운동 단체, 안창호, 이승만 등 조직), 대조선 국민 군단(박용만, 하와이), 윌로우스 비행 학교, 흥사단(안창호) ──멕시코의 에네켄 농장과 혼동 주의! ■ 관련 역사적 사실: 사진 결혼 유행, 사탕수수 농장(하와이 위치, 한인 노동자 거주)

2 대한민국 임시 정부의 활동 ★★★

상하이 시기 (1919~1932)	■ **결성 배경 및 조직 형태** - 결성 배경: 국내외 여러 임시 정부 통합 → 상하이 임시 정부가 대한 국민 의회(연해주), 한성 정부(서울) 융합 　 → 대한민국 임시 정부 수립 - 조직: 3권 분립 → 임시 의정원(입법부–초대 의정원 이동녕), 국무원(행정부), 법원(사법부) - 지도부: 대통령 이승만, 국무총리 이동휘 ■ **활동**　┌→ 영국인 루이스 쇼의 이륭양행의 지원을 받음 - 비밀 행정 조직: 교통국 및 연통제 조직 → 국내 연락망 확보, 독립운동 자금 모집 - 독립운동 자금 모집: 독립(애국) 공채 발행, 백산 상회(안희제)에서 지원 ┌→ 부산 지역사 연계 - 문화: 독립신문 발행, 임시 사료 편찬 위원회 설치 → 『한·일 관계 사료집』 발간 - 외교: 구미 위원부 설치(워싱턴) → 대미 외교 주도, 파리 강화 회의에 김규식 파견 　 └→ 서재필의 독립신문과 다른 사례 주의!　　　　　　　　　└→ 신한 청년당 연계! ■ **국민 대표 회의(1923)** ┌→ 연도를 연계하여 흐름형 유형 출제 가능! - 배경: 일제에 의해 교통국 및 연통제 발각 및 붕괴, 대한민국 임시 정부 내 독립운동 방향 노선 갈등, 이승만의 　 위임 통치 청원서 제출 → 독립운동의 새로운 활로 필요성 모색 - 전개: 창조파(임시 정부의 해체 및 새로운 정부 조직, 무장 투쟁론, 신채호 중심) vs 개조파(임시 정부의 개편, 　 외교 독립론, 안창호 중심)의 대립 발생, 이외 현상 유지파(임시 정부의 유지, 김구 중심)도 존재 - 결과: 회의 결렬 및 많은 독립운동가의 이탈과 임시 정부의 위상 약화 → 이승만 탄핵 이후 박은식 2대 대통령 　 선출 → 국무령 중심의 의원 내각제 개편 및 초대 국무령 이상룡 선출 ■ **개헌 과정** - 대통령 중심제(1919-1차): 이승만(초대) → 박은식(2대–임시 역임) - 국무령제(1925-2차, 내각 책임제): 이상룡(초대 국무령) - 집단 지도 체제(1927-3차): 국무위원 └→ 연도를 연계하여 흐름형 유형 출제 가능! ■ **이동 과정**: 김구의 한인 애국단 조직(1931) → 윤봉길의 상하이 훙커우 공원 의거(1932)를 계기로 상하이를 떠나 임 　 시 정부 이동
충칭 시기 (1940~1945)	■ **결성 과정**　┌→ 상하이 → 충칭 이동 제외하고는 크게 중요하지 않으므로 가볍게 보고 넘기기! - 대한민국 임시 정부의 이동 및 정착(1932~1940): 상하이 → 항저우 → 창사 → 광저우 등 이동 및 충칭 최종 정착 - 여당 형성: 한국 국민당(1935, 김구), 한국 독립당(1930, 조소앙), 조선 혁명당(1937, 지청천)의 3당 합당 → 한국 　 독립당(1940, 김구)으로 개편 　　　　　　　　　　　　　└→ 민족 혁명당 이탈 이후 재건한 정당 주의! ■ **활동** - 정치 활동: 조소앙의 대한민국 건국 강령 발표(삼균주의–정치·경제·교육의 균등) - 군사 활동: 한국 광복군 창설 → 대일 선전 성명서 발표(연합군의 일원으로 참전) → 국내 진공 작전 추진(미군 　 과 연계, 실현 X) ■ **개헌 과정** - 주석제(1940-4차): 김구(초대) - 부주석제(1944-5차): 김구(주석), 김규식(부주석)

해품사의 테마 저격!

대한민국 임시 정부 상하이, 충칭 시기 구별

한능검에서 대한민국 임시 정부를 어렵게 출제할 경우 상하이 시기와 충칭 시기의 활동을 구별하는 유형을 출제합니다. 기본적으로는 암기형 유형으로 출제하며, 예를 들어 상하이 시기 키워드가 나오면 정답도 같은 시기의 사례를 제시하나, 흐름형 유형으로 출제할 경우 대체로 특정 시기 이후의 역사적 사실 유형으로 제시할 가능성이 높습니다. 이때 대체로 정답 키워드는 충칭 시기의 사례가 제시됩니다.

총 26회분 기출분석에서 나온 대표패턴을
최신 기출문제에서 뽑았습니다.

61회 44번

1. (가) 지역에서 있었던 민족 운동으로 옳은 것은? [2점]

해외 독립운동 유적 조사 보고서

■ 주제: ___(가)___ 지역에 서린 항일 독립 정신을 찾아서

■ 조사 내용
1. 김약연의 명동 학교 설립과 교육 활동
2. 이상설이 세운 민족 교육의 요람, 서전서숙
3. 윤동주와 송몽규의 민족의식이 싹튼 용정촌

■ 유적 사진

명동 학교   서전서숙 기념비   용정촌 윤동주 생가

① 권업회가 설립되어 권업신문을 발간하였다.
② 이봉창이 일왕의 행렬에 폭탄을 투척하였다.
③ 박용만의 주도로 대조선 국민 군단이 창설되었다.
④ 북로 군정서가 조직되어 독립 전쟁을 전개하였다.
⑤ 유학생들이 중심이 되어 2·8 독립 선언서를 발표하였다.

키워드 추출

명동 학교, 서전서숙, 윤동주 – 북간도

정답분석

④ 북로 군정서는 북간도 지역에서 조직되었다.

오답분석

① 연해주 신한촌에서 권업회가 설립되었다.
② 도쿄에서 이봉창 의거가 발생하였다.
③ 대조선 국민 군단은 하와이에서 조직되었다.
⑤ 2·8 독립 선언서는 일본 도쿄에서 발표되었다.

해품사의 합격Tip

국외 독립운동 사례 유형 중 북간도 지역은 '학교 관련 키워드 및 만주 지역의 독립운동' 관련 키워드가 제시됩니다.

[정답] ④

71회 36번

2. (가) 지역에서 일어난 민족 운동에 대한 설명으로 옳은 것은? [3점]

이 문서는 일제에 협력하는 것을 방지한다는 명분으로 ___(가)___ 의 한인들을 중앙아시아로 강제 이주시키라는 명령서이다.

1937년에 소련 공산당 서기장 스탈린이 승인한 이 명령의 시행으로 블라디보스토크를 포함한 ___(가)___ 의 한인 10만 명 이상이 우즈베키스탄, 카자흐스탄 등지로 강제 이주당하였다.

① 권업회를 조직하고 신문을 발행하였다.
② 한인 자치 기구인 경학사를 설립하였다.
③ 유학생을 중심으로 2·8 독립 선언서를 발표하였다.
④ 독립군 양성을 위해 대조선 국민 군단을 결성하였다.
⑤ 서전서숙과 명동 학교를 설립하여 민족 교육을 실시하였다.

키워드 추출

한인들을 중앙아시아로 강제 이주 – 스탈린의 강제 이주 정책

정답분석

① 연해주 지역에 위치한 한인 집단 거주지인 신한촌에서 권업회가 조직되었다.

오답분석

② 신민회의 간부들은 서간도 지역에 경학사를 설립하였다.
③ 2·8 독립 선언서는 일본 도쿄에서 발표되었다.
④ 하와이에서 박용만의 주도로 대조선 국민 군단이 창설되었다.
⑤ 북간도 지역에서 서전서숙·명동 학교와 같은 민족 학교가 설립되었다.

해품사의 합격Tip

한능검에서 국외 독립운동 사례 유형 중 연해주 지역의 경우 사실상 유일하게 '1930년대 이후의 역사적 사실을 연계하여 출제'하는 국외 독립운동 지역이라는 특징이 있습니다.

[정답] ①

65회 41번

3. (가) 정부의 활동에 대한 설명으로 옳은 것은?

[2점]

도내 관공서의 조선인 관리·기타 조선인 부호 등에게 빈번하게 불온 문서를 배부하는 자가 있어서 수사한 결과 이○○의 소행으로 판명되어 그의 체포에 노력하고 있다. …… 그는 (가) 의 교통부 차장과 재무부 총장 등으로부터 여러 가지 명령을 받았다. 조선에 돌아가서 인쇄물을 뿌리는 등 인심을 교란하는 동시에 (가) 이/가 발행한 독립 공채를 판매하는 한편, 조선 내부와의 연락 및 기타 기관을 충분히 갖추게 하는 것 등이었다.

– 『고등 경찰 요사』 –

① 무장 투쟁을 위해 중광단을 결성하였다.
② 민족 교육을 위해 서전서숙을 설립하였다.
③ 독립군 양성을 위해 신흥 강습소를 세웠다.
④ 외교 활동을 위해 구미 위원부를 설치하였다.
⑤ 농촌 계몽을 위해 브나로드 운동을 전개하였다.

키워드 추출
독립 공채 – 대한민국 임시 정부에서 발행한 채권

정답분석
④ 대한민국 임시 정부는 외교 활동을 위해 구미 위원부를 설치하였다.

오답분석
① 대종교는 북간도에서 중광단을 결성하였다.
② 이상설은 북간도에 서전서숙을 설립하였다.
③ 이회영, 이동녕, 이상룡 등은 서간도 삼원보에 신흥 강습소를 설립하였다.
⑤ 동아일보는 1930년대에 농촌 계몽을 목적으로 브나로드 운동을 주도하였다.

해품사의 합격Tip
한능검에서 상하이 시기의 대한민국 임시 정부 유형을 출제할 경우 대표적인 활동 사례 키워드를 중심으로 연계합니다. 그러므로 조직, 독립운동 자금 모집 방법, 문화, 외교 관련 키워드를 암기하는 것이 중요합니다!

[정답] ④

62회 41번

4. (가) 정부에 대한 설명으로 옳은 것은?

[2점]

이것은 (가) 요인들의 가족이 중심이 되어 조직한 한국 혁명 여성 동맹의 창립 기념 사진입니다. 이 단체는 충칭에서 대일 선전 성명서를 발표한 (가) 의 독립운동을 지원하고 교육 활동 등에 주력하였습니다.

① 좌우 합작 7원칙을 발표하였다.
② 한인 자치 기관인 경학사를 조직하였다.
③ 조선 혁명 선언을 활동 지침으로 삼았다.
④ 한글 맞춤법 통일안과 표준어를 제정하였다.
⑤ 삼균주의를 기초로 한 건국 강령을 선포하였다.

키워드 추출
충칭에서 대일 선전 성명서를 발표함 – 충칭 시기의 대한민국 임시 정부

정답분석
⑤ 충칭 시기의 대한민국 임시 정부는 1941년에 삼균주의에 바탕을 둔 건국 강령을 발표하였다.

오답분석
① 제1차 미·소 공동 위원회가 결렬된 이후 여운형 및 김규식은 좌우 합작 위원회를 조직한 뒤 좌우 합작 7원칙을 발표하였다.
② 신민회의 간부들은 서간도 지역에 경학사를 설립하였다.
③ 신채호가 작성한 조선 혁명 선언은 의열단의 활동 지침이 되었다.
④ 조선어 학회는 국어 문법을 정리한 한글 맞춤법 통일안을 제정하였다.

해품사의 합격Tip
한능검에서 충칭 시기의 대한민국 임시 정부를 출제할 경우 주로 '조소앙의 삼균주의에 기반한 대한민국 건국 강령이나 한국 광복군을 제시'할 가능성이 높습니다.

[정답] ⑤

1.

(가)에 해당하는 지역을 지도에서 옳게 찾은 것은?

```
          탐구 활동 계획서

                        ○학년 ○반 이름 ○○○

 1. 주제:  [ (가) ] 지역 이주민의 삶

 2. 탐구 방법: 문헌 조사, 인터넷 검색 등

 3. 탐구 내용
    가. 사진 결혼의 유행 배경
    나. 사탕수수 농장 노동자들의 노동 현장
    다. 군대 양성을 위한 대조선 국민 군단 설립
```

(가) 서간도
(나) 연해주
(라) 하와이
(마) 멕시코
(다) 상하이

① (가)   ② (나)   ③ (다)
④ (라)   ⑤ (마)

해품사 출제예언 – 국외 독립운동 지역 관련 지도

한능검에서는 종종 국외 독립운동 유형을 출제할 때 '국외 독립운동 지역을 연결한 지도를 활용'합니다. 이 경우 문제 키워드만 파악하면 쉽게 풀이할 수 있습니다!

키워드 추출

사진 결혼, 사탕수수, 대조선 국민 군단 – 하와이

정답분석

④ 미주(하와이) 지역의 기구 및 국외 독립운동의 사례로는 항일 독립운동 단체인 대한인 국민회, 안창호 등을 중심으로 조직된 흥사단, 박용만 등 대조선 국민 군단, 대한민국 임시 정부와 연계하여 한인 비행사 양성을 위해 설립된 윌로우스 비행 학교 등이 있다.

[정답] ④

2.

다음 편지가 작성된 이후의 사실로 옳은 것은?

```
지금 서안에 체류하고 있는 한국 광복군 제5지대로 산서와 섬
서 두 성으로부터 수천 명의 한국 청년들이 속속 집중하여 선
후를 기다리고 있습니다. 공사다망하시겠지만 한국 광복군이
속히 정식으로 편조될 수 있도록 더욱 많은 도움 부탁드립니
다. 그 은혜 절대 잊지 않겠습니다. 한국 독립당 동지들이 불
경스러운 부분이 있었다면 용서해 주십시오.      김구
```

① 대일 선전 성명서가 발표되었다.
② 파리 강화 회의에 독립 청원서를 제출하였다.
③ 외교 활동을 위한 구미 위원부가 설치되었다.
④ 국민 대표 회의를 열어 독립운동의 방향성을 논의하였다.
⑤ 임시 사료 편찬회를 두어 한·일 관계 사료집을 간행하였다.

해품사 출제예언 – 충칭 시기의 대한민국 임시 정부

'충칭 시기의 대한민국 임시 정부의 흐름 유형은 정확한 연도 암기보다는 '한국 광복군 창설 → 대일 선전 성명서 → 국내 진공 작전 추진의 흐름을 파악' 하는 것이 중요합니다!

키워드 추출

한국 광복군 – 충칭 시기의 대한민국 임시 정부의 군사 조직

정답분석

① 충칭 시기의 대한민국 임시 정부는 연합군의 일원으로 대일 선전 성명서를 발표하며 일본에게 전쟁을 선포하였다(1941·12).

오답분석

② 상하이 시기의 대한민국 임시 정부 출신의 김규식은 파리 강화 회의에 독립 청원서를 제출하였다(1919).
③ 상하이 시기의 대한민국 임시 정부는 대미 외교를 수행하기 위해 워싱턴에 구미 위원부를 설치하였다(1919).
④ 상하이 시기의 대한민국 임시 정부는 침체된 대한민국 임시 정부의 새로운 독립운동의 방향성을 논의하기 위한 목적으로 국민 대표 회의를 개최하였다(1923).
⑤ 상하이 시기의 대한민국 임시 정부는 『한·일 관계 사료집』을 간행하였다(1919).

[정답] ①

어제의 오답 선지 = 내일의 정답 선지 | 한능검은 역사적 사실이 아닌 것은 선지에 포함하지 않습니다. 즉, 모든 선지는 사실이죠! 기출에서 오답 선지는 언제든 정답이 될 수 있습니다.

❶ 먼저 오른쪽 기출선지 키워드 암기를 가리고 왼쪽의 (빈칸)을 채워보세요. 그후 오른쪽 기출선지를 키워드 중심으로 달달 외우세요!

	기출선지 (키워드) 채우기	기출선지 키워드 암기	중요도
1	서간도 삼원보 지역에는 (　　　)를 세워 무장 투쟁을 준비하였다.	서간도 삼원보 지역에는 신흥 강습소를 세워 무장 투쟁을 준비하였다. [56, 58, 59, 61, 65, 66회]	★★
2	서간도 지역에는 한인 자치 기구인 (　　　)가 설립되었다.	서간도 지역에는 한인 자치 기구인 경학사가 설립되었다. [62, 67, 71, 72회]	★★
3	북간도 지역에는 (　　　)과 명동 학교를 설립하여 민족 교육을 실시하였다.	북간도 지역에는 서전서숙과 명동 학교를 설립하여 민족 교육을 실시하였다. [51, 52, 53, 54, 65, 67, 72회]	★★
4	연해주 지역에는 (　　　)를 조직하고 권업신문과 해조신문을 발행하였다.	연해주 지역에는 권업회를 조직하고 권업신문과 해조신문을 발행하였다. [48, 49, 51, 53, 54, 56, 58, 61, 71, 72회]	★★★
5	연해주 지역에 (　　　)를 세워 무장 독립 투쟁을 전개하였다.	연해주 지역에 대한 광복군 정부를 세워 무장 독립 투쟁을 전개하였다. [53, 67회]	★
6	미주 지역에 독립군 양성을 위해 박용만이 (　　　)을 결성하였다.	미주 지역에 독립군 양성을 위해 박용만이 대조선 국민 군단을 결성하였다. [49, 50, 51, 58, 61, 67, 71, 72회]	★★★
7	미주 지역에는 항일 독립운동 단체인 (　　　)이 설립되었다.	미주 지역에는 항일 독립운동 단체인 흥사단이 설립되었다. [66, 71회]	★
8	상하이 지역에서는 (　　　)이 발표되었다.	상하이 지역에서는 대동 단결 선언이 발표되었다. [50, 52, 53, 56, 57회]	★
9	멕시코 지역에서는 (　　　)를 설립하여 독립군을 양성하였다.	멕시코 지역에서는 숭무 학교를 설립하여 독립군을 양성하였다. [48, 49, 50, 52, 53, 54, 56회]	★★
10	도쿄 지역에서는 유학생을 중심으로 (　　　)를 발표하였다.	도쿄 지역에서는 유학생을 중심으로 2·8 독립 선언서를 발표하였다. [48, 53, 54, 61, 67, 71, 72회]	★★
11	대한민국 임시 정부는 대미 외교를 수행하기 위해 (　　　)를 설치하였다.	대한민국 임시 정부는 대미 외교를 수행하기 위해 구미 위원부를 설치하였다. [47, 57, 61, 62, 65회]	★★
12	(　　　)은 대한민국 임시 정부의 제2대 대통령을 역임하였다.	박은식은 대한민국 임시 정부의 제2대 대통령을 역임하였다. [66회]	★
13	대한민국 임시 정부는 독립운동 자금 마련을 위해 (　　　)를 발행하였다.	대한민국 임시 정부는 독립운동 자금 마련을 위해 독립 공채를 발행하였다. [48, 52, 53, 54, 57, 59, 62, 69, 71회]	★★★
14	대한민국 임시 정부는 비밀 행정 조직인 교통국과 (　　　)를 조직하였다.	대한민국 임시 정부는 비밀 행정 조직인 교통국과 연통제를 조직하였다. [53, 55, 66회]	★★
15	대한민국 임시 정부는 상하이에서 (　　　)를 개최하였다.	대한민국 임시 정부는 상하이에서 국민 대표 회의를 개최하였다. [47, 50, 53, 55, 66회]	★★
16	대한민국 임시 정부는 임시 사료 편찬회를 두어 (　　　)을 편찬하였다.	대한민국 임시 정부는 임시 사료 편찬회를 두어 한·일 관계 사료집을 편찬하였다. [51, 57, 62회]	★★
17	대한민국 임시 정부는 파리 강화 회의에 (　　　)을 파견하여 독립 청원서를 제출하였다.	대한민국 임시 정부는 파리 강화 회의에 김규식을 파견하여 독립 청원서를 제출하였다. [47, 48, 50, 53, 61, 62, 63, 64, 65, 66, 68회]	★★★
18	(　　　) 시기의 대한민국 임시 정부는 대일 선전 성명서를 발표하였다.	충칭 시기의 대한민국 임시 정부는 대일 선전 성명서를 발표하였다. [50, 68회]	★
19	(　　　) 시기의 대한민국 임시 정부는 조소앙의 삼균주의를 기초로 건국 강령을 발표하였다.	충칭 시기의 대한민국 임시 정부는 조소앙의 삼균주의를 기초로 건국 강령을 발표하였다. [47, 48, 50, 51, 54, 56, 58, 62, 64, 66, 68, 69, 70회]	★★★

✅ 테마 학습을 다 했다면, 테마 맨 앞 키워드 판서로 돌아가 복습하세요!

일제 강점기의 국외 독립운동 2

○ 시기: 1919~1945년 ○ 중요도 및 평균 출제율: 73% ★★
○ 난이도: 보통 → 의열단 및 한인 애국단, 1920년대 독립운동은 어렵지 않으나 1930년대 이후 독립운동이 어려운 편!

흐름형 시대의 흐름을 따라가며 보면 좋은 유형

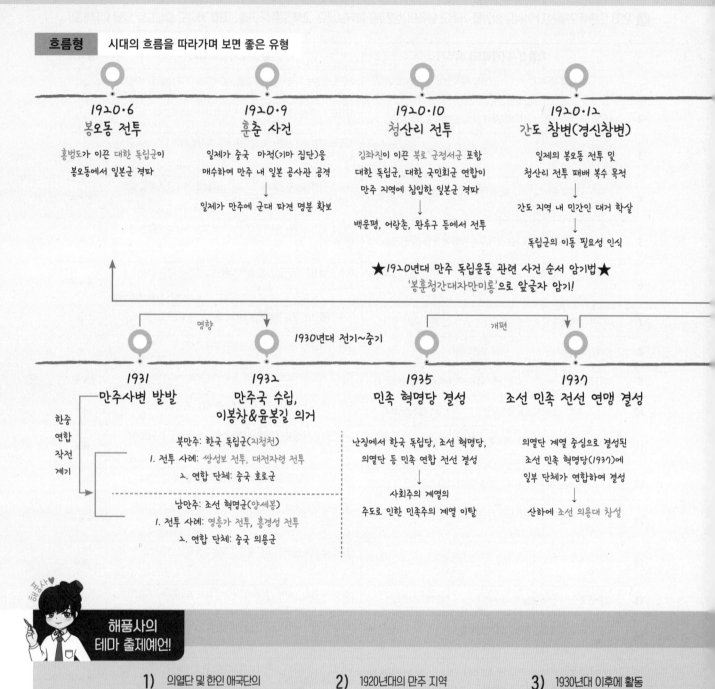

1920·6
봉오동 전투

홍범도가 이끈 대한 독립군이
봉오동에서 일본군 격파

1920·9
훈춘 사건

일제가 중국 마적(기마 집단)을
매수하여 만주 내 일본 공사관 공격
↓
일제가 만주에 군대 파견 명분 확보

1920·10
청산리 전투

김좌진이 이끈 북로 군정서군 포함
대한 독립군, 대한 국민회군 연합이
만주 지역에 침입한 일본군 격파
↓
백운평, 어랑촌, 완루구 등에서 전투

1920·12
간도 참변(경신참변)

일제의 봉오동 전투 및
청산리 전투 패배 복수 목적
↓
간도 지역 내 민간인 대거 학살
↓
독립군의 이동 필요성 인식

★1920년대 만주 독립운동 관련 사건 순서 암기법★
'봉훈청간대자만미롱'으로 앞글자 암기!

영향 ← | 1930년대 전기~중기 | 개편

1931
만주사변 발발

한중
연합
작전
계기

북만주: 한국 독립군(지청천)
1. 전투 사례: 쌍성보 전투, 대전자령 전투
2. 연합 단체: 중국 호로군
- - - - - - - - - - - - - -
남만주: 조선 혁명군(양세봉)
1. 전투 사례: 영릉가 전투, 흥경성 전투
2. 연합 단체: 중국 의용군

1932
**만주국 수립,
이봉창&윤봉길 의거**

1935
민족 혁명당 결성

난징에서 한국 독립당, 조선 혁명당,
의열단 등 민족 연합 전선 결성
↓
사회주의 계열의
주도로 인한 민족주의 계열 이탈

1937
조선 민족 전선 연맹 결성

의열단 계열 중심으로 결성된
조선 민족 혁명당(1937)에
일부 단체가 연합하여 결성
↓
산하에 조선 의용대 창설

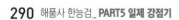

**해품사의
테마 출제예언!**

1) 의열단 및 한인 애국단의
활동 사례 암기하기

+

2) 1920년대의 만주 지역
독립운동 흐름 파악하기

+

3) 1930년대 이후에 활동
한 독립운동 단체 활동
구별하기

해품사 한능검 기특 무료강의

해품사 한능검 키워드 판서

☑ 테마 학습을 다 하고 난 후, 다시 돌아와서 한 번 더 보세요!

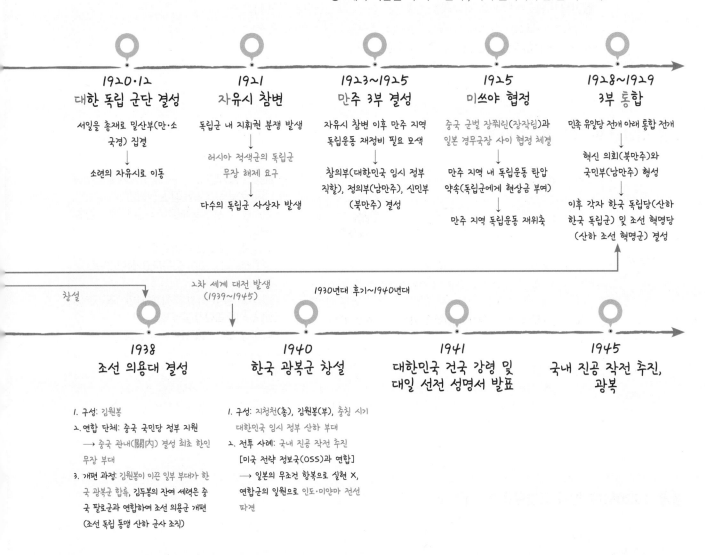

1920.12 대한 독립 군단 결성

서일을 총재로 밀산부(만·소 국경) 집결

소련의 자유시로 이동

1921 자유시 참변

독립군 내 지휘권 분쟁 발생

↓

러시아 적색군의 독립군 무장 해제 요구

↓

다수의 독립군 사상자 발생

1923~1925 만주 3부 결성

자유시 참변 이후 만주 지역 독립운동 재정비 필요 모색

↓

참의부(대한민국 임시 정부 직할), 정의부(남만주), 신민부 (북만주) 결성

1925 미쓰야 협정

중국 군벌 장쭤린(장작림)과 일본 경무국장 사이 협정 체결

↓

만주 지역 내 독립운동 탄압 약속(독립군에게 현상금 부여)

↓

만주 지역 독립운동 재위축

1928~1929 3부 통합

민족 유일당 전개 아래 통합 전개

↓

혁신 의회(북만주)와 국민부(남만주) 형성

↓

이후 각자 한국 독립당(산하 한국 독립군) 및 조선 혁명당 (산하 조선 혁명군) 결성

창설

2차 세계 대전 발생 (1939~1945)

1930년대 후기~1940년대

1938 조선 의용대 결성

1. 구성: 김원봉
2. 연합 단체: 중국 국민당 정부 지원
   → 중국 관내(關內) 결성 최초 한인 무장 부대
3. 개편 과정: 김원봉이 이끈 일부 부대가 한국 광복군 합류, 김두봉의 잔여 세력은 중국 팔로군과 연합하여 조선 의용군 개편 (조선 독립 동맹 산하 군사 조직)

1940 한국 광복군 창설

1. 구성: 지청천(총), 김원봉(부), 충칭 시기 대한민국 임시 정부 산하 부대
2. 전투 사례: 국내 진공 작전 추진 [미국 전략 정보국(OSS)과 연합] → 일본의 무조건 항복으로 실현 X, 연합군의 일원으로 인도·미얀마 전선 파견

1941 대한민국 건국 강령 및 대일 선전 성명서 발표

1945 국내 진공 작전 추진, 광복

쉽게 출제될 경우	VS	어렵게 출제될 경우

기출 → 56, 60, 69, 70회

: 의열단 및 한인 애국단의 활동 사례를 파악하거나, 1920년대의 만주 독립운동 흐름을 파악하는 유형이 출제됨

⇨ 김원봉, 김상옥, 김상옥, 김지섭, 나석주, 박재혁, 조선 혁명 선언 / 김구, 이봉창, 윤봉길 / 봉오동 전투 → 훈춘 사건 → 청산리 전투 → 간도 참변 → 대한 독립 군단 결성 → 자유시 참변 → 만주 3부 결성 → 미쓰야 협정 → 3부 통합

기출 → 63, 65, 66, 71회

: 1930년대 이후의 국외 독립운동 단체의 활동을 파악하는 유형이 출제됨!

⇨ 지청천, 북만주, 쌍성보 전투, 대전자령 전투 / 양세봉, 남만주, 영릉가 전투, 흥경성 전투 / 김원봉, 한커우, 중국 관내(關內) 결성 최초 한인 부대, 호가장 전투 / 지청천, 김원봉, 충칭 시기 대한민국 임시 정부 산하 군사 조직, 국내 진공 작전 추진

일제 강점기의 국외 독립운동 2

 해품사 공지사항!

총 26회분(47회~72회) 기출에서 단 한 번이라도 언급된 내용은 모두 포함!

빨간색 키워드는 약 80% 이상 확률로 출제된 중요 키워드이므로 우선 암기

키워드는 그중에서도 직접적인 정답 키워드로 자주 언급되는 것

☆~☆☆☆ 테마 안에서도 더욱 빈출인 주제에 표시

1 의열단 및 한인 애국단의 활동 ☆☆

의열단	■ **배경**: 김원봉(단장), 윤세주 등이 만주 길림에서 비밀 결사로 조직(1919) ■ **활동 사례**: 김익상(조선 총독부 폭탄 투척), 김상옥(종로 경찰서 폭탄 투척), 김지섭(도쿄 궁성 폭탄 투척), 나석주(동양 척식 주식 회사 및 조선 식산 은행 폭탄 투척), 박재혁(부산 경찰서 폭탄 투척), 이종암(상하이 황포탄 폭탄 투척) ■ **특징**: 단원들이 중국 황포 군관 학교에서 훈련을 받음(1926) → 김원봉이 조선 혁명 간부 학교 설립을 통한 간부 양성(1932), 신채호의 조선 혁명 선언을 활동 지침으로 삼음 → 직접적이고 폭력적인 투쟁 전개 배경

✓ **해품사 암기팁!** ┌반드시 암기해야 할 필요 없음!

의열단 인물들의 의거 장소 암기법

· 김익상: 조선 총독부에서 높은 느낌의 건축물(上) 연상
· 김상옥: 경찰서에서 감옥 연상
· 김지섭: 국내 외에 외국까지 섭렵하였다고 연상
· 나석주: 동양 척식 주식 회사의 '주' 연상 및 주식에 필요한 돈=은행 연상
· 박재혁: 부산 경찰서의 'ㅂ' 연상

한인 애국단	■ **배경**: 김구가 침체된 대한민국 임시 정부의 부흥을 목적으로 조직함(1931) ■ **활동 사례**: 이봉창이 일왕 마차에 폭탄 투척 → 의거 활동에 대한 중국의 호의적 반응 언론 보도로 인해 일본 여론 악화(상하이 사변 계기) → 윤봉길이 상하이 훙커우 공원 전승 기념식에서 일본 장성들에게 폭탄 투척 ■ **특징**: 중국 국민당 정부의 지원 계기, 대한민국 임시 정부의 이동 배경(윤봉길 의거 영향)

2 1920년대 만주 독립운동의 흐름 ☆☆

만주 독립운동 사례	■ **남만주**: 서로 군정서, 대한 독립단 ■ **북만주**: 대한 독립군(홍범도) → 봉오동 전투 승리, 북로 군정서군(김좌진, 중광단을 중심으로 조직) → 대한 독립군 및 대한 국민회군 등과 연합하여 청산리 전투 승리(백운평, 어랑촌, 완루구 등)
만주 독립운동 흐름	■ **봉오동 전투(1920)**: 홍범도가 이끈 대한 독립군이 본거지를 습격한 일본군을 격파 ■ **훈춘 사건(1920)**: 일제가 중국 마적(기마 집단)을 매수한 뒤 만주 내 일본 공사관 공격 → 일제가 만주로 군대를 파견할 수 있는 명분 확보 ■ **청산리 전투(1920)**: 김좌진이 이끈 북로 군정서군을 비롯한 대한 독립군 및 대한 국민회군 등 연합과 함께 만주 지역에 침입한 일본군 격파 ■ **간도 참변(1920, 경신참변)**: 일본군이 봉오동 전투 및 청산리 전투의 패배해 대한 보복 목적으로 간도 지역 내 민간인 대거 학살 → 독립군의 이동 필요성 인식 ■ **대한 독립 군단 결성(1920)**: 서일을 총재로 밀산부(만주·소련 국경 지대) 집결 → 소련의 자유시로 이동

✓ **해품사 암기팁!**

1920년대 만주 독립운동 흐름 암기법: 봉훈청 간대자만미통

- **자유시 참변(1921)**: 독립군 내부에서 지휘권 분쟁 발생 러시아 적색군의 독립군 무장 해제 요구 거부 → 다수의 독립군 사상자 발생
- **만주 3부 결성(1293~1925)**: 자유시 참변 이후 만주 지역의 독립운동 재정비 필요성 모색 → 참의부(대한민국 임시 정부 직할), 정의부(남만주 중심), 신민부(북만주 중심) 결성
- **미쓰야 협정 체결(1925)**: 중국의 군벌 장쭤린(장작림)과 일본의 경무국장 사이에 협정 체결 → 만주 지역의 독립군 탄압 약속 → 만주 지역 독립운동 재위축　　　　　　우리나라의 독립운동가에게 현상금을 걸었음┘
- **3부 통합(1928~1929)**: 민족 유일당 전개 아래 통합 전개 → 혁신 의회(북만주)와 국민부(남만주) 형성 → 이후 각자 한국 독립당(산하 한국 독립군) 및 조선 혁명당(산하 조선 혁명군) 결성

3 1930년대 이후 국외 독립운동의 흐름 ☆☆☆

1930년대 전반 국외 독립운동 사례	■ 배경 **한·중 연합 작전 전개**: 일제가 만주사변(1931)을 일으킨 이후 만주국 수립(1932-괴뢰국, 일종의 꼭두각시 국가) → 중국 내 반일 감정 고조로 인한 한·중 연합 작전 전개 ■ 독립운동 사례 1. 한국 독립군(1931, **지청천**, 북만주-한국 독립당 산하) 　- 전투 사례: 쌍성보 전투, 대전자령 전투 　- 연합 단체: 중국 호로군과 연합 2. 조선 혁명군(1929, 양세봉, 남만주-조선 혁명당 산하) 　- 전투 사례: 영릉가 전투, 흥경성 전투 　- 연합 단체: 중국 의용군과 연합 3. 동북 항일 연군(공산주의 계열) 중국 공산당 소속 동북 인민 혁명군 내 한인 항일 유격대를 중심으로 개편
1930년대 후반 이후 국외 독립운동 사례	■ 배경 **민족 혁명당 결성(1935) 및 분열**: 난징에서 한국 독립당, 조선 혁명당, 의열단 등 민족 연합 전선 결성 → 사회주의 계열의 민족 혁명당 주도로 인한 지청천, 조소앙 등 민족주의 계열의 이탈 발생 → 잔여 세력이 의열단 중심의 조선 민족 혁명당 개편(1937) → 일부 단체를 연합하여 조선 민족 전선 연맹을 결성한 뒤 산하에 조선 의용대 창설 ■ 독립운동 사례 1. 조선 의용대(1938, **김원봉**, 우한시의 한커우) 　- 전투 사례: 호가장 전투(조선 의용대 화북 지대 중심)┐ 선지에서 한자가 언급되면 조선 의용대 의심! 　- 연합 단체: 중국 국민당 정부의 지원 → 중국 관내(關內)에서 조직된 최초의 한인 무장 부대 　- 개편 과정: 김원봉이 이끄는 일부 부대의 한국 광복군 합류(1942), 김두봉이 이끈 잔여 세력은 중국 팔로군과 연합하여 타이항산에서 조선 의용대 화북 지대 결성(호가장 전투) → 이후 조선 의용군 개편(조선 독립 동맹 산하 군사 조직) 2. 한국 광복군(1940, 총사령 지청천, 부사령 김원봉, 충칭 시기 대한민국 임시 정부 산하 부대) 　- 전투 사례: 국내 진공 작전 추진 → 미국 전략 정보국(OSS)과 연합하여 국내 정진군 훈련 → 일본의 무조건 항복으로 실현 X, 연합군의 일원으로 인도·미얀마 전선 파견

✓ **해품사 암기팁!**
- **한국 독립군 암기법**: 한국의 독립(한국 독립군)을 위해 쌍대전차(쌍성보 전투 및 대전자령 전투) 이끌고 호롤롤(중국 호로군) 소리를 내며 북쪽(북만주)으로 이동하는 소리가 하늘(지청천)까지 들렸다!
- **조선 혁명군 암기법**: 세봉(양세봉)이는 남쪽(남만주)의 영흥 지역(영릉가 및 흥경성 전투)에서 혁명(조선 혁명군)을 일으키다 의롭게(중국 의용군) 죽은 위인이다!

해품사의 테마 저격!

지청천이 활동한 독립운동 단체 구별법

한능검에서 출제되는 일제 강점기의 독립운동가 중 김원봉과 지청천은 업적이 많은 대표적인 인물입니다. 예로 김원봉은 의열단, 조선 의용대, 한국 광복군을 동시에 연계할 수 있으며, 지청천은 한국 독립군과 한국 광복군의 활동 사례를 혼동하기 쉽습니다! 만약 기출에서 지청천이 활동한 독립군을 출제한다면, 한국 독립군의 경우 대표 전투 사례를 추가 힌트로 제시하며, 한국 광복군의 경우 충칭 시기의 대한민국 임시 정부의 산하 군사 조직이라는 사실을 추가 힌트로 제시할 가능성이 높습니다!

총 26회분 기출분석에서 나온 대표패턴을
최신 기출문제에서 뽑았습니다.

58회 36번

1. (가) 단체에 대한 설명으로 옳은 것은? [2점]

> 검사: 폭탄을 구해 숨겨 놓은 이유가 무엇인가?
> 곽재기: 재작년 3월 이후로 조선 독립을 평화적으로 요청했지만 아무 소용없었다. 그래서 우리는 상하이로 가서 육혈포와 폭탄을 구해 피로써 독립을 이루려고 하였다.
> 이성우: 폭탄으로 고위 관리를 죽이고 중요 건물을 파괴하여 독립을 쟁취하려고 하였다. 이것이 중국 지린성에서 김원봉과 함께 [(가)]을/를 조직한 이유이다.
>
> – 1921년 6월 7일 밀양 폭탄 사건 공판 기록 –

① 조선 혁명 선언을 활동 지침으로 삼았다.
② 일제의 황무지 개간권 요구를 저지하였다.
③ 복벽주의를 내세우며 의병 전쟁을 준비하였다.
④ 삼균주의를 기초로 하는 건국 강령을 발표하였다.
⑤ 단원인 이봉창이 일왕의 행렬에 폭탄을 투척하였다.

키워드 추출

육혈포, 폭탄, 김원봉과 함께 조직 – 의열단

정답분석

① 의열단은 신채호의 조선 혁명 선언을 활동 지침으로 삼았다.

오답분석

② 보안회는 일제의 황무지 개간권 요구를 저지하였다.
③ 독립 의군부는 복벽주의를 지향하였다.
④ 충칭 시기의 대한민국 임시 정부에 해당한다.
⑤ 이봉창은 한인 애국단의 단원이었다.

해품사의 합격Tip

의열단 유형이 출제될 경우 단장 김원봉 또는 대표 단원의 의거 사례가 많이 출제되며, '신채호의 조선 혁명 선언'이 언급될 가능성이 매우 높습니다!

[정답] ①

59회 36번

2. 다음 상황이 나타나게 된 배경으로 가장 적절한 것은? [2점]

> 경신년 시월에 일본 토벌대들이 전 만주를 휩쓸어 애국지사들은 물론이고 농민들도 무조건 잡아다 학살하였다. …… 독립군의 성과가 컸기 때문에 그에 대한 보복으로 일본군이 대학살을 감행한 것이었다. 이것이 이른바 경신 참변이다. 그래서 애국지사들은 가족들을 두고 단신으로 길림성 오상현, 흑룡강성 영안현 등으로 흩어졌다.
>
> – 『아직도 내 귀엔 서간도 바람소리가』 –

① 조선 의용대가 호가장 전투에서 활약하였다.
② 대한 독립군 등이 봉오동에서 일본군을 격파하였다.
③ 조선 혁명군이 영릉가에서 일본군에 승리를 거두었다.
④ 한국 독립군이 대전자령 전투에서 일본군을 격퇴하였다.
⑤ 대한민국 임시 정부가 직할 부대로 참의부를 결성하였다.

키워드 추출

경신 참변(간도 참변) – 봉오동·청산리 전투 등에서 패배한 일제가 복수를 위해 간도 지역에서 벌인 학살극(1920·12)

정답분석

② 홍범도가 이끈 대한 독립군은 북만주(북간도)에 위치한 봉오동에서 일본군에게 승리를 거두었다(1920·6).

오답분석

① 조선 의용대 화북 지대는 중국 팔로군과 연합하여 호가장에서 일본군과 맞서 싸웠다(1941).
③ 조선 혁명군은 중국 의용군과 연합하여 영릉가, 흥경성 전투에서 승리를 거두었다(1932).
④ 한국 독립군은 중국 호로군과 연합하여 쌍성보, 대전자령 전투에서 승리를 거두었다(1933).
⑤ 상하이 시기의 대한민국 임시 정부는 만주에 대한민국 임시 정부 직할 부대로 참의부를 결성하였다(1923).

해품사의 합격Tip

한능검에서 1920년대의 만주 독립운동 유형은 주로 흐름형으로 출제됩니다!

[정답] ②

3. (가) 부대에 대한 설명으로 옳은 것은? [2점]

> 주제: (가) 의 무장 독립 투쟁

> 국민부 산하 군사 조직으로 편성되었다가 이후 여러 부대를 통합하며 재편되었습니다.

> 총사령에 양세봉, 참모장에 김학규가 임명되어 부대를 이끌었습니다.

> 만주사변 이후 중국 의용군과 함께 남만주 일대에서 항일 투쟁을 벌였습니다.

① 간도 참변 이후 자유시로 이동하였다.

② 영릉가 전투에서 일본군과 싸워 크게 승리하였다.

③ 조선 독립 동맹 산하의 군사 조직으로 개편되었다.

④ 영국군의 요청으로 인도·미얀마 전선에 투입되었다.

⑤ 중국 국민당 정부의 지원을 받아 우한에서 창설되었다.

키워드 추출

국민부 산하 군사 조직, 총사령 양세봉 – 조선 혁명군

정답분석

② 조선 혁명군은 중국 의용군과 연합하여 영릉가, 흥경성 전투에서 승리를 거두었다.

오답분석

① 서일을 총재로 밀산부에 집결한 독립군 세력들은 대한 독립 군단을 결성하여 자유시로 이동하였다.

③ 김두봉이 이끄는 조선 의용대의 일부 부대는 조선 독립 동맹 산하의 조선 의용군으로 개편되었다.

④ 한국 광복군은 연합군의 일원으로서 영국군의 요청으로 인도·미얀마 전선에 파견되었다.

⑤ 조선 의용대는 중국 국민당의 지원을 받아 중국 관내(關內)에서 결성된 최초의 한인 군사 조직이다.

해품사의 합격Tip

1930년대 이후의 독립운동 사례 유형을 처음 공략할 때 헷갈리기 쉬운 것은 '각 독립군의 이름 및 활동 지역'입니다. 특히 한국 독립군과 조선 혁명군의 활동 지역을 혼동하기 쉽기 때문에 주의가 필요합니다!

[정답] ②

---

4. (가) 부대에 대한 설명으로 옳은 것은? [3점]

> 〈 이달의 독립운동가 〉

> **호가장 전투에서 순국한 열사들**

> 중국 우한(武漢)에서 창설된 한인 무장 부대의 일부는 화북으로 이동하여 1941년 7월 타이항산에서 (가) 을/를 결성하였다. (가) 의 무장선전대로 활동하던 손일봉, 최철호, 박철동, 이정순은 호가장 전투에서 다른 대원들이 포위망을 벗어날 때까지 일본군과 싸우다 장렬히 순국하였다. 정부는 이들의 공훈을 기려 1993년 애국장을 추서하였다.

> 손일봉 1912~1941 최철호 1915~1941 박철동 1915~1941 이정순 1918~1941

① 봉오동 전투에서 일본군을 격파하였다.

② 총사령 양세봉의 지휘 아래 활동하였다.

③ 미군과 연계하여 국내 진공 작전을 계획하였다.

④ 조선 독립 동맹 산하의 군사 조직으로 개편되었다.

⑤ 간도 참변 이후 조직을 정비하고 자유시로 이동하였다.

키워드 추출

• 중국 우한에서 창설 – 조선 의용대가 창설된 지역

• 1941년 7월 타이항산에서 (가) 결성 – 조선 의용대 화북 지대 결성

정답분석

④ 조선 의용대 화북 지대는 이후 조선 독립 동맹의 산하 군사 조직인 조선 의용군으로 개편되었다.

오답분석

① 홍범도가 이끈 대한 독립군에 대한 설명이다.

② 조선 혁명군에 대한 설명이다.

③ 한국 광복군은 미국 전략 정보국(OSS)과 연합하여 국내 진공 작전을 추진하였다.

⑤ 간도 참변 이후 밀산부에 집결한 독립군 세력은 대한 독립 군단을 결성하고 자유시로 이동하였다.

해품사의 합격Tip

최근 조선 의용대를 출제할 때 '조선 의용군 개편 또는 일부 부대의 한국 광복군 합류' 키워드를 제시하는 사례가 늘었습니다.

[정답] ④

1.

다음 인물의 활동으로 옳은 것은?

> **이달의 독립운동가**
>
> ## 일왕에게 폭탄을 던진 ○○○
>
> • 생몰년: 1901~1932
> • 주요 활동
>   서울 출신으로 본래 남만주철도주식회사의 기차운전견습생으로 취업하였다가, 이후 한·일간 임금 격차 문제를 계기로 항일의식을 키웠다. 이후 국내에서 항일 단체인 금정청년회를 조직하였으며, 1932년에는 도쿄에 있는 사쿠라다문(櫻田門)에서 일왕 히로히토를 겨냥하여 폭탄 투척을 시도하였다. 이 의거 활동은 비록 실패하였으나 독립운동 전선에 활력을 주었으며, 악화된 한·중 관계를 개선하는 데 기여하였다.

① 조선 총독부에 폭탄을 투척하였다.
② 대한 광복군 정부 수립을 주도하였다.
③ 김구가 조직한 한인 애국단의 단원으로 활동하였다.
④ 중국 국민당과 협력하여 조선 의용대를 창설하였다.
⑤ 민중의 직접 혁명을 주장하는 조선 혁명 선언을 집필하였다.

해품사 출제예언 - 이봉창의 의거 활동

최근 한인 애국단과 관련된 유형을 출제한 사례가 거의 없으므로, 이 유형을 통해 대표 인물들의 활동을 복습하는 것을 권장합니다!

키워드 추출
일왕에게 폭탄을 던진 - 이봉창의 의거 활동

정답분석
③ 이봉창은 한인 애국단의 단원으로 활동하였다.

오답분석
① 김익상은 조선 총독부에 폭탄을 투척하였다.
② 연해주에서 망명 정부인 대한 광복군 정부가 수립되었으며, 정통령으로 이상설, 부통령으로 이동휘를 선발하였다.
④ 김원봉은 중국 관내(關內)에서 중국 국민당 정부의 지원을 받아 조선 의용대를 창설하였다.
⑤ 조선 혁명 선언은 신채호가 작성하였다.

[정답] ③

2.

(가), (나) 인물에 대한 설명으로 옳은 것은?

> (가) 국내에서 대한 광복회에 가입하였으며, 국내에서 3 · 1 운동이 발생한 직후 대종교에서 창설한 군대의 군사 책임자로 활동하였다. 이후 개편된 북로 군정서군의 사령관도 역임하였다.

> (나) 만주 지린성에서 윤세주와 의열단을 조직하였으며, 이후 난징에서 민족 혁명당 결성에 참여하였다. 또한 대한민국 임시 정부에 합류하여 한국 광복군의 부사령관도 담당하였다.

① (가) - 봉오동 전투에서 일본군을 격파하였다.
② (가) - 대한 독립군과 연합하여 청산리에서 일본군과 맞서 싸웠다.
③ (나) - 동양 척식 주식 회사에 폭탄을 투척하였다.
④ (나) - 조선 총독부에 폭탄을 투척하였다.
⑤ (가), (나) - 조선 혁명 간부 학교를 설립하였다.

해품사 출제예언 - 김좌진 및 김원봉

김좌진 및 김원봉은 일제 강점기의 독립운동 단체 유형을 출제할 때 자주 언급될 수 있는 대표 인물입니다.

키워드 추출
• 대한 광복회 가입, 북로 군정서군 사령관 - 김좌진
• 의열단 조직, 한국 광복군 부사령관 - 김원봉

정답분석
② 김좌진이 이끈 북로 군정서군은 대한 독립군, 대한 국민회군 등과 연합하여 청산리 전투에서 일본군에게 승리하였다.

오답분석
① 대한 독립군은 봉오동에서 일본군을 물리쳤다.
③ 나석주는 동양 척식 주식 회사에 폭탄을 투척하였다.
④ 김익상은 조선 총독부에 폭탄을 투척하였다.
⑤ 김원봉은 조선 혁명 간부 학교를 설립하였다.

[정답] ②

어제의 오답 선지 = 내일의 정답 선지 | 한능검은 역사적 사실이 아닌 것은 선지에 포함하지 않습니다. 즉, 모든 선지는 사실이죠! 기출에서 오답 선지는 언제든 정답이 될 수 있습니다.

⚠ 먼저 오른쪽 기출선지 키워드 암기를 가리고 왼쪽의 (빈칸)을 채워보세요. 그후 오른쪽 기출선지를 키워드 중심으로 달달 외우세요!

	기출선지 (키워드) 채우기	기출선지 키워드 암기	중요도
1	( )은 의열단을 조직하여 단장으로 활동하였다.	김원봉은 의열단을 조직하여 단장으로 활동하였다. [49회]	★★
2	단원인 ( )는 동양 척식 주식회사에 폭탄을 투척하였다.	단원인 나석주는 동양 척식 주식회사에 폭탄을 투척하였다. [48, 49, 56, 59, 67회]	★★
3	의열단은 ( )을 활동 지침으로 삼았다.	의열단은 조선 혁명 선언을 활동 지침으로 삼았다. [47, 48, 49, 50, 51, 52, 53, 54, 55, 56, 58, 61, 62, 64, 65, 66, 68, 69, 70, 72회]	★★★
4	한인 애국단은 ( )를 단장으로 상하이에서 조직되었다.	한인 애국단은 김구를 단장으로 상하이에서 조직되었다. [48, 51, 53, 63, 66회]	★★
5	( )은 도쿄에서 일왕이 탄 마차를 향해 폭탄을 던졌다.	이봉창은 도쿄에서 일왕이 탄 마차를 향해 폭탄을 던졌다. [47, 51, 55, 58, 60, 61회]	★★
6	한인 애국단은 훙커우 공원에서 일어난 ( ) 의거를 계획하였다.	한인 애국단은 훙커우 공원에서 일어난 윤봉길 의거를 계획하였다. [47, 60, 69회]	★★★
7	대한 독립군은 ( )에서 일본군을 격퇴하였다.	대한 독립군은 봉오동 전투에서 일본군을 격퇴하였다. [49, 53, 59, 60, 62, 66, 71, 72회]	★★
8	청산리 전투 이후 일본군의 보복으로 ( )이 발생하였다.	청산리 전투 이후 일본군의 보복으로 간도 참변이 발생하였다. [48, 52, 66회]	★
9	간도 참변 이후 조직을 정비하고 ( )로 이동하였다.	간도 참변 이후 조직을 정비하고 자유시로 이동하였다. [48, 58, 60, 63, 64, 67회]	★★
10	만주 군벌과 일제 사이에 ( )을 체결하였다.	만주 군벌과 일제 사이에 미쓰야 협정을 체결하였다. [47, 52, 53, 55, 59, 61, 65, 66회]	★★
11	한국 독립군은 쌍성보 전투 및 ( )에서 일본군을 상대로 승리를 거두었다.	한국 독립군은 쌍성보 전투 및 대전자령 전투에서 일본군을 상대로 승리를 거두었다. [48, 49, 51, 52, 53, 55, 59, 60, 61, 62, 64, 65, 66, 68, 69, 71회]	★★★
12	조선 혁명군은 영릉가 및 ( )에서 일본군에게 승리를 거두었다.	조선 혁명군은 영릉가 및 흥경성에서 일본군에게 승리를 거두었다. [47, 48, 51, 54, 57, 58, 59, 63, 64, 68, 69, 71, 72회]	★★★
13	조선 의용대의 대원 일부는 ( )에 합류하였다.	조선 의용대의 대원 일부는 한국 광복군에 합류하였다. [57, 65회]	★★
14	( )는 중국 관내(關內)에서 결성된 최초의 한인 무장 부대이다.	조선 의용대는 중국 관내(關內)에서 결성된 최초의 한인 무장 부대이다. [48, 52, 58, 61, 66, 67회]	★★
15	한국 광복군은 영국군의 요청으로 ( )·미얀마 전선에 투입되었다.	한국 광복군은 영국군의 요청으로 인도·미얀마 전선에 투입되었다. [47, 51, 63, 67회]	★★
16	한국 광복군은 미국과 연계하여 ( )을 전개하였다.	한국 광복군은 미국과 연계하여 국내 진공 작전을 전개하였다. [48, 52, 53, 54, 58, 59, 60, 61, 64, 66, 68, 69, 71, 72회]	★★★

⊘ 테마 학습을 다 했다면, 테마 맨 앞 키워드 판서로 돌아가 복습하세요!

일제 강점기의 경제·사회·문화

☑ 시기: 1920년대~1940년대 중반 ☑ 중요도 및 평균 출제율: 85% ★★★
☑ 난이도: 쉬움 → 암기할 사례가 적은 편은 아니나, 출제 방식이 매우 고정적이고 빈출 키워드만 암기하면 매우 쉽게 공략할 수 있는 유형이 많음!

흐름형 시대의 흐름을 따라가며 보면 좋은 유형

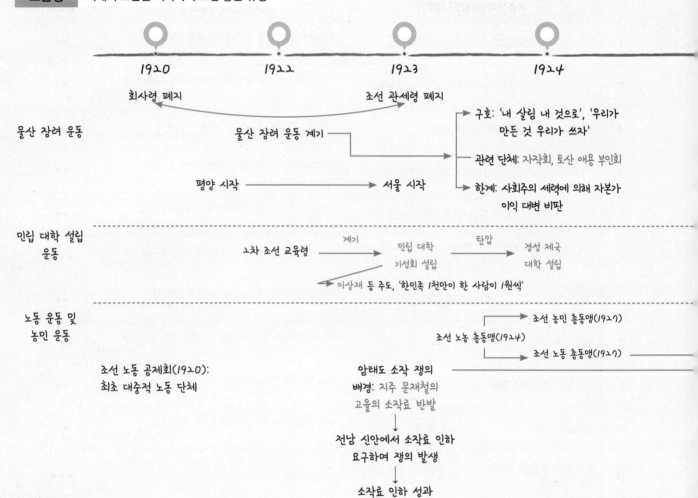

1920	1922	1923	1924

회사령 폐지 ← → 조선 관세령 폐지

물산 장려 운동

물산 장려 운동 계기

→ 구호: '내 살림 내 것으로', '우리가 만든 것 우리가 쓰자'

평양 시작 → 서울 시작

→ 관련 단체: 자작회, 토산 애용 부인회

→ 한계: 사회주의 세력에 의해 자본가 이익 대변 비판

민립 대학 설립 운동

2차 조선 교육령 —계기→ 민립 대학 기성회 설립 —탄압→ 경성 제국 대학 설립

이상재 등 주도, '한민족 1천만이 한 사람이 1원씩'

노동 운동 및 농인 운동

조선 노동 공제회(1920): 최초 대중적 노동 단체

암태도 소작 쟁의
배경: 지주 문재철의 고율의 소작료 반발
↓
전남 신안에서 소작료 인하 요구하며 쟁의 발생
↓
소작료 인하 성과

→ 조선 농민 총동맹(1927)
조선 노농 총동맹(1924)
→ 조선 노동 총동맹(1927)

해품사의 테마 출제예언!

1) 물산 장려 운동 및 민립 대학 설립 운동의 전개 과정 파악하기!

2) 일제 강점기의 종교 및 신분 해방 운동 사례 및 특징 암기하기

3) 조선어 학회의 대표 인물 및 활동 사례 파악하기!

해품사 한능검 키워드 판서

✅ 테마 학습을 다 하고 난 후, 다시 돌아와서 한 번 더 보세요!

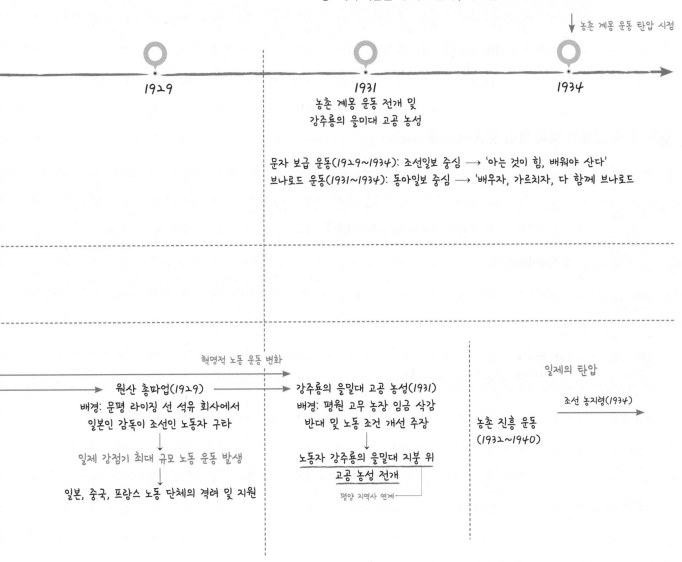

↓ 농촌 계몽 운동 탄압 시점

1929 ─── 1931 ─── 1934

1931
농촌 계몽 운동 전개 및
강주룡의 을미대 고공 농성

문자 보급 운동(1929~1934): 조선일보 중심 ⟶ '아는 것이 힘, 배워야 산다'
브나로드 운동(1931~1934): 동아일보 중심 ⟶ '배우자, 가르치자, 다 함께 브나로드'

혁명적 노동 운동 변화

원산 총파업(1929) ⟶ 강주룡의 을밀대 고공 농성(1931)
배경: 문평 라이징 선 석유 회사에서   배경: 평원 고무 농장 임금 삭감
일본인 감독이 조선인 노동자 구타   반대 및 노동 조건 개선 주장
                                              ↓
일제 강점기 최대 규모 노동 운동 발생   노동자 강주룡의 을밀대 지붕 위
                                          고공 농성 전개
일본, 중국, 프랑스 노동 단체의 격려 및 지원   └ 평양 지역사 연계 ┘

농촌 진흥 운동
(1932~1940)

일제의 탄압

조선 농지령(1934) ⟶

쉽게 출제될 경우	VS	어렵게 출제될 경우

쉽게 출제될 경우

기출 → 63, 68, 70회

: 일제 강점기의 대표 사회 운동 및 종교 활동 사례 파악 또는 조선어 학회의 활동을 파악하는 유형이 출제됨

⇨ 천도교 소년회, 방정환, 어린이 운동 / 근우회, 신간회의 자매 단체 / 진주에서 조선 형평사 조직, 백정에 대한 사회적 차별 저항, 공평, 사랑 등 강조 / 나철, 단군 숭배, 북간도에서 중광 단 조직 / 손병희, 『개벽』 및 『신여성』, 『만세보』

어렵게 출제될 경우

기출 → 64, 65, 71회

: 일제 강점기 실력 양성 운동의 흐름을 파악하거나, 노동 운동 및 농민 운동의 흐름을 파악하는 유형이 출제됨!

⇨ 회사령 폐지, 조선 관세령 폐지 → 물산 장려 운동 전개, 평양, 조만식, 조선 물산 장려회 조직 / 2차 조선 교육령 발표 → 민립 대학 기성회 조직 → 경성 제국 대학 설립, 이상재 / 암태도 소작 쟁의 → 원산 총파업 → 강주룡의 을밀대 고공 농성

31 일제 강점기의 경제 · 사회 · 문화

 해품사 공지사항!

총 26회분(47회~72회) 기출에서 단 한 번이라도 언급된 내용은 모두 포함!

빨간색 키워드는 약 80% 이상 확률로 출제된 중요 키워드이므로 우선 암기

키워드는 그중에서도 직접적인 정답 키워드로 자주 언급되는 것

☆~☆☆☆ 테마 안에서도 더욱 빈출인 주제에 표시

1 일제 강점기 실력 양성 운동의 전개 ☆☆

물산 장려 운동 (1920년대)	■ **배경**: 회사령 신고제 전환(1920) 및 조선 관세령 철폐(1923) → 국내에서 경제적 자립 도모를 위한 다양한 공장 및 기업 설립 시작, 관세 철폐로 인한 일본 산업의 국내 침투 심화 → 민족의 자본·산업 육성을 목적으로 물산 장려 운동이 추진되는 계기가 됨 ┌대구에서 시작된 국채 보상 운동과 혼동 주의! ■ **전개**: 평양에서 조만식의 주도로 조선 물산 장려회 설립(1920) → 서울에서 조선 물산 장려회 설립(1923) ■ **특징**: '내 살림 내 것으로', '우리가 만든 것 우리가 쓰자', '조선 사람 조선 것으로' 등 구호 발표, 자작회, 토산 애용 부인회 등 활동 ■ **결과**: 민족 기업의 생산력 부족으로 인한 한계 발생, 사회주의 계열에 의해 자본가 계급의 이익만 추구한다는 비판을 받음
민립 대학 설립 운동 (1920년대)	■ **배경**: 2차 조선 교육령에서 대학 설립에 대한 규정 포함, 민족 역량 향상을 위해 우리나라만의 고등 교육의 필요성 모색 ■ **전개**: 이상재, 이승훈 등을 중심으로 민립 대학 기성회 조직(1923) ■ **특징**: '한민족 1천만이 한 사람이 1원씩' 구호 발표 ┌물산 장려 운동 구호와 혼동 주의! ■ **결과**: 일제가 경성 제국 대학을 설립(1924)하며 민립 대학 설립 운동 탄압
농촌 계몽 운동 (1920년대 후반~ 1930년대 전반)	■ **배경**: 일제의 식민지 차별화 교육으로 인한 국내 문맹자 급증 → 한글 학습 및 언론사를 중심으로 한 농촌 계몽 운동 본격화 ■ **전개** – 문자 보급 운동(1929~1934): 조선일보를 중심으로 문자 보급 운동 전개 → "아는 것이 힘, 배워야 산다" – 브나로드 운동(1931~1934): 동아일보를 중심으로 브나로드 운동 전개 → "배우자, 가르치자, 다 함께 브나로드" ■ **영향**: 일제의 문맹 퇴치 금지 운동 탄압 심화

2 일제 강점기의 노동 운동 및 농민 운동의 전개 ☆

1920년대의 노동 운동 및 농민 운동	■ **노동 단체 형성**: 조선 노동 공제회(서울, 최초의 대중적 노동 단체) ■ **암태도 소작 쟁의(1923~1924)**: 지주 문재철의 고율의 소작료에 반발 → 전남 신안에서 소작료 인하를 요구하며 운동 발생(소작 쟁의) → 소작료 인하 성과 ■ **노동 단체 및 농민 단체의 연합 및 해산**: 조선 노농 총동맹 결성(1924) → 노선 차이로 인한 조선 노동 총동맹 및 조선 농민 총동맹 분화(1927) ■ **원산 총파업(1929)**: 문평 라이징 선 석유 주식회사의 공장에서 일본인 감독이 조선인 노동자를 구타한 일이 배경 → 일제 강점기 최대 규모의 노동 운동 발생 → 일본, 중국, 프랑스 등 노동 단체의 격려 격문을 받음 ┌노동 단체에 한정해서는 국가와 무관하게 응원하였다고 기억!

- 강주룡의 을밀대 고공 농성(1931): 평원 고무 농장의 임금 삭감 반대 및 노동 조건 개선 주장 → 노동자 강주룡이 을밀대 지붕 위에서 단식 농성 전개 → 혁명적 노동 운동의 대표 사례
  └ 평양 지역사 연계
- 일제의 대책
  - 일제의 농촌 진흥 운동 전개(1932~1940): 세계 대공황으로 인한 농촌 경제 몰락으로 인한 농민 회유 목적 및 농민 운동의 활성화 통제 목적
  - 조선 농지령 제정(1934): 명분상 농촌 경제 활성화 및 자작농 양성, 소작 쟁의 무마 목적 → 실효성 없음

3 일제 강점기의 사회 운동 및 종교 활동 ☆☆

사회 운동 (1920년대 위주!)	■ 어린이 운동(1920년대 전기) ┌ 천도교 연계! 　- 대표 단체(인물): 천도교 소년회(방정환-색동회 조직) 　- 활동 사례: 어린이 권익 주장 운동 전개, 어린이날 제정(5월 1일), 잡지 『어린이』 창간 　　　　　　　　　　　　　　　└ 현재의 어린이날과 일자가 다름! ■ 여성 운동(1920년대 후반 이후 위주) 　- 대표 단체(인물): 근우회(1927) ┌ 개항기에 발표된 여권통문(1898)이 빈출 오답으로 자주 언급되므로 주의! 　- 활동 사례: 신간회의 자매 단체로 결성됨 → 민족주의 계열 및 사회주의 계열 여성들의 연합 활동 전개, 조선 여성들의 단결 및 지위 향상 목표, 잡지 『근우』 창간 ■ 형평 운동(백정, 1920년대 전반 위주) 　- 대표 단체(인물): 조선 형평사(1923, 진주) ─ 진주 지역사 연계 　- 활동 사례: 신분 해방 이후에도 백정에 대한 사회적 차별 반발, 공평, 사랑, 애정 등 강조
종교 운동	■ 대종교 　- 대표 인물: 나철, 오기호 　- 활동 사례: 단군 숭배 사상 강조, 북간도에서 중광단 조직 → 이후 북로 군정서 개편 ■ 천도교 　- 대표 인물: 손병희(동학 3대 교주) 　- 활동 사례: 기존의 동학 개편, 『개벽』 및 『신여성』 등 잡지 간행, 『만세보』를 기관지로 활용함 ■ 불교 　- 대표 인물: 한용운 　- 활동 사례: 사찰령 폐지 운동 전개, 조선 불교 유신회 조직(한용운) → 『조선 불교 유신론』 발간 ■ 원불교 　- 대표 인물: 박중빈 　- 활동 사례: 개간 및 간척 사업 주도, 새생활 운동 전개 ■ 천주교: 경향신문 발행, 의민단 조직(만주, 독립운동 단체)

4 일제 강점기의 한글 수호 단체 ☆
┌ 일제 강점기 사례는 아니지만 비교 위해 수록!

국문 연구소 (1907)	■ 대표 인물: 주시경(한힌샘, 독립신문 교보원 활동), 지석영 ■ 특징 및 활동 사례: 학부 아래에 설립됨 → 국문 연구안 간행
조선어 연구회 (1921)	■ 대표 인물: 이윤재, 장지영, 최현배 ─대부분 조선어 학회에서도 활동! ■ 특징 및 활동 사례: 가갸날(한글날) 제정, 잡지 『한글』 간행 　　　　　　　　　　조선어 학회도 해당되므로 주의! ┘
조선어 학회 (1931)	■ 대표 인물: 이극로, 이윤재, 최현배 ■ 특징 및 활동 사례: 우리말(조선말) 큰 사전 편찬 시도, 잡지 『한글』 간행, 한글 맞춤법 통일안 제정, 조선어 학회 사건으로 해산됨(1942) ┘ 민족 말살기의 일제 사회상 키워드 연계 가능!

해품사의 테마 저격!

일제 강점기의 실력 양성 운동 흐름형 유형 공략

한능검에서 물산 장려 운동과 민립 대학 설립 운동을 출제할 때 흐름형 유형을 자주 활용합니다. 조선 관세령 폐지 → 물산 장려 운동 시작을 흐름형 유형으로 제시할 수 있으며, 특히 2차 조선 교육령 발표 → 민립 대학 설립 기성회 발족(민립 대학 설립 운동 시작) → 경성 제국 대학 설립의 흐름은 기존 기출에서도 자주 출제되었으므로 주목할 필요가 있습니다!

총 26회분 기출분석에서 나온 대표패턴을
최신 기출문제에서 뽑았습니다.

---

1. 밑줄 그은 '이 운동'에 대한 설명으로 옳은 것은?

[2점]

이것은 평양에서 조만식 등의 주도로 시작된 이 운동의 선전 행렬을 보여주는 사진이야.

이 운동은 '조선 사람 조선 것' 등의 구호를 내세웠지만, 자본가의 이익만을 추구하는 이기적인 운동이라고 비판받기도 했어.

① 통감부의 탄압과 방해로 중단되었다.

② 조선 관세령 폐지를 계기로 확산되었다.

③ 황국 중앙 총상회가 설립되는 결과를 가져왔다.

④ 한성 은행, 대한 천일 은행 설립에 영향을 끼쳤다.

⑤ 일본, 프랑스 등의 노동 단체로부터 격려 전문을 받았다.

키워드 추출

평양, 조만식, 조선 사람 조선 것 – 물산 장려 운동

정답분석

② 물산 장려 운동은 회사령 폐지와 조선 관세령 폐지를 계기로 민족 자본을 육성하기 위한 목적으로 시작되었다.

오답분석

① 물산 장려 운동은 조선 총독부의 방해로 실패하였다.

③ 시전 상인들이 황국 중앙 총상회를 조직하였다.

④ 개항기에 한성 은행, 대한 천일 은행 등이 설립되었다.

⑤ 원산 총파업에 대한 설명이다.

해품사의 합격Tip

물산 장려 운동이 출제될 경우 선지에서 '개항기의 국채 보상 운동과 혼동하기 쉬운 키워드(예 시작 지역, 통감부 또는 총독부의 방해로 실패)를 언급'할 가능성이 높습니다.

[정답] ②

---

2. (가) 종교에 대한 설명으로 옳은 것은?

[1점]

이곳은 동학에서 시작된 종교인 (가) 소속의 방정환, 김기전 등이 인내천 사상을 바탕으로 1922년 '어린이의 날'을 선포한 장소입니다. 그들은 어린이들과 함께 이곳에서 출발하여 거리 행진을 하며 선전문을 배포한 뒤 어린이날 제정 축하 기념회를 열었습니다.

① 만세보를 발행하여 민중 계몽에 힘썼다.

② 중광단을 조직하여 무장 투쟁을 전개하였다.

③ 배재 학당을 세워 신학문 보급에 기여하였다.

④ 박중빈을 중심으로 새생활 운동을 추진하였다.

⑤ 일제의 통제에 맞서 사찰령 폐지 운동을 주도하였다.

키워드 추출

동학에서 시작된 종교, 방정환 – 천도교

정답분석

① 만세보는 천도교의 기관지로 간행된 신문이다.

오답분석

② 대종교는 무장 투쟁을 위해 북간도에서 군사 조직인 중광단을 결성하였다.

③ 미국인 선교사 아펜젤러는 서울 정동에 근대식 중등 교육 기관인 배재 학당을 설립하였다.

④ 박중빈이 창시한 원불교는 새생활 운동을 추진하였다.

⑤ 한용운은 사찰령에 대한 폐지 운동을 주도하였다.

해품사의 합격Tip

천도교는 '동학 및 어린이 운동과 연계'하여 출제될 수 있는 일제 강점기의 종교입니다.

[정답] ①

71회 41번

3. (가) 사건 이후에 전개된 사실로 옳은 것은? [3점]

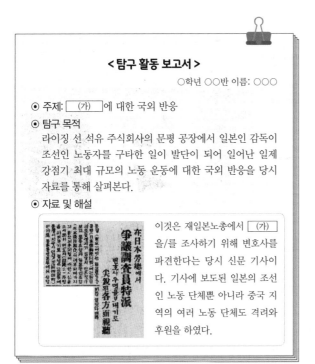

〈탐구 활동 보고서〉

○학년 ○○반 이름: ○○○

⊙ 주제: (가) 에 대한 국외 반응

⊙ 탐구 목적
라이징 선 석유 주식회사의 문평 공장에서 일본인 감독이 조선인 노동자를 구타한 일이 발단이 되어 일어난 일제 강점기 최대 규모의 노동 운동에 대한 국외 반응을 당시 자료를 통해 살펴본다.

⊙ 자료 및 해설

이것은 재일본노총에서 (가) 을/를 조사하기 위해 변호사를 파견한다는 당시 신문 기사이다. 기사에 보도된 일본의 조선인 노동 단체뿐 아니라 중국 지역의 여러 노동 단체도 격려와 후원을 하였다.

① 동양 척식 주식회사가 설립되었다.

② 강주룡이 을밀대 지붕에서 고공 농성을 벌였다.

③ 황실의 지원을 받아 대한 천일 은행이 창립되었다.

④ 전국 단위의 조직인 조선 노동 총동맹이 조직되었다.

⑤ 고율의 소작료에 반발하여 암태도 소작 쟁의가 발생하였다.

키워드 추출

최대 규모의 노동 운동 – 원산 총파업(1929)

정답분석

② 강주룡이 을밀대에서 농성한 것은 1931년이다.

오답분석

① 동양 척식 주식 회사가 설립된 것은 1908년이다.

③ 대한 천일 은행 등이 설립된 것은 1899년이다.

④ 서울에서 전국의 노동 단체 및 농민 단체가 모여 전국적인 노동 운동 단체가 형성된 것은 1924년이다.

⑤ 암태도 소작 쟁의가 전개된 것은 1923년이다.

해풍사의 합격Tip

'암태도 소작 쟁의 → 조선 노농 총동맹 결성 → 원산 총파업 → 강주룡 을밀대 고공 농성'의 흐름을 기억하세요!

[정답] ②

63회 39번

4. 다음 검색창에 들어갈 단체에 대한 설명으로 옳은 것은? [2점]

한국사 강의

단체 ▼ [   ] 검색

우리말을 힘써 모으다
– 학생들을 통해 시골말, 놀이말, 속담 등 수집

최현배, 이극로 등 다수의 회원이 검거되다
– 사전 편찬 활동 등을 치안 유지법으로 탄압

'조선말 큰사전' 편찬 작업을 재개하다
– 서울역 창고에서 일제에 압수되었던 원고 발견

① 한글 신문인 제국신문을 간행하였다.

② 태극 서관을 설립하여 서적을 보급하였다.

③ 파리 강화 회의에 독립 청원서를 제출하였다.

④ 한글 맞춤법 통일안과 표준어 사정안을 제정하였다.

⑤ 국문 연구소를 두어 한글을 체계적으로 연구하였다.

키워드 추출

최현배, 이극로, '조선말 큰 사전' 편찬 사업 – 조선어 학회

정답분석

④ 조선어 학회 한글 맞춤법 통일안을 비롯한 표준어 사정안을 제정하였다.

오답분석

① 개항기에 이종일이 부녀자 및 민중을 대상으로 순한글 신문인 제국 신문을 간행하였다.

② 신민회는 민중 계몽을 위한 서적 및 출판물을 보급하기 위한 서점인 태극 서관을 설립하였다.

③ 대한민국 임시 정부 및 신한 청년당 출신의 김규식은 파리 강화 회의에 독립 청원서를 제출하였다.

⑤ 주시경은 한글 수호 활동을 위해 국문 연구소의 위원으로 활동하였다.

해풍사의 합격Tip

한글 수호 단체 유형이 출제될 경우 조선어 학회가 가장 출제 가능성이 높습니다. 특히 조선어 학회를 출제할 경우 '국문 연구소를 빈출 오답으로 제시'한 사례가 가장 많습니다.

[정답] ④

1.

(가)~(다)를 일어난 순서대로 옳게 나열한 것은?

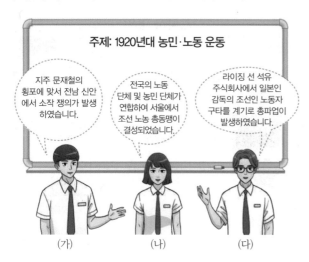

주제: 1920년대 농민·노동 운동

> 지주 문재철의 횡포에 맞서 전남 신안에서 소작 쟁의가 발생하였습니다.

> 전국의 노동 단체 및 농민 단체가 연합하여 서울에서 조선 노농 총동맹이 결성되었습니다.

> 라이징 선 석유 주식회사에서 일본인 감독의 조선인 노동자 구타를 계기로 총파업이 발생하였습니다.

(가)　　　　(나)　　　　(다)

① (가) – (나) – (다)
② (가) – (다) – (나)
③ (나) – (가) – (다)
④ (나) – (다) – (가)
⑤ (다) – (가) – (나)

해품사 출제예언 – 1920년대 농민·노동 운동의 흐름

아직까지 1920년대의 노동 운동의 흐름을 동시에 파악하는 유형이 출제되지 않았기 때문에 암태도 소작 쟁의 → 조선 노농 총동맹 결성 → 조선 노동(농민) 총동맹 결성 → 원산 총파업의 흐름을 다시 한번 복습하는 것을 권장합니다!

키워드 추출

- (가) 지주 문재철의 횡포에 맞서 전남 신안에서 소작 쟁의가 발생함 – 암태도 소작 쟁의(1923)
- (나) 조선 노농 총동맹 결성 – 전국의 노동 단체 및 농민 단체가 연합하여 조직한 노동 운동 단체(1924)
- (다) 라이징 선 석유 주식회사에서 일본인 감독이 조선인 노동자를 구타한 것을 계기로 총파업이 발생함 – 원산 총파업(1929)

정답분석

① 일제 강점기에 발생한 노동 운동의 흐름은 암태도 소작 쟁의(가-1923) → 조선 노농 총동맹 결성(나-1924) → 원산 총파업(다-1929) 순으로 발생하였다.

[정답] ①

2.

(가)~(다) 문화유산과 관련된 각 단체의 특징으로 옳은 것은?

일제 강점기의 신분 해방 운동 관련 문화유산		
사진		
이름	『신여성』	『근우』	형평사 전국 대회 포스터
단체	(가)	(나)	(다)

① (가) – 백정에 대한 사회적 차별 철폐를 주장하였다.
② (나) – 민족주의 계열과 사회주의 계열의 여성들이 연합하였다.
③ (다) – 어린이날을 정하고 잡지 어린이를 발간하였다.
④ (가), (나) – 중광단을 조직하여 무장 투쟁을 전개하였다.
⑤ (나), (다) – 경향신문을 발행하여 민중 계몽을 위해 노력하였다.

해품사 출제예언 – 신분 해방 운동 통합사 유형

심화편 개편 이후 신분 해방 운동 사례를 동시에 파악하는 유형이 출제된 적이 없으므로 더욱 유의깊게 볼 필요가 있습니다.

키워드 추출

(가) 『신여성』 – 천도교, (나) 『근우』 – 근우회, (다) 형평사 – 조선 형평사

정답분석

② 근우회는 신간회의 자매 단체로서 민족주의 계열 및 사회주의 계열의 여성들이 연합·조직하였다.

오답분석

① 백정들은 사회적 차별에 맞서 형평 운동을 주도하였다.
③ 천도교 소년회는 어린이 운동을 추진하였다.
④ 대종교는 북간도에서 군사 조직인 중광단을 결성하였다.
⑤ 개항기에 천주교는 경향신문을 발간하였다.

[정답] ②

어제의 오답 선지 = 내일의 정답 선지 │ 한능검은 역사적 사실이 아닌 것은 선지에 포함하지 않습니다. 즉, 모든 선지는 사실이죠! 기출에서 오답 선지는 언제든 정답이 될 수 있습니다.

🔍 먼저 오른쪽 기출선지 키워드 암기를 가리고 왼쪽의 (빈칸)을 채워보세요. 그후 오른쪽 기출선지를 키워드 중심으로 달달 외우세요!

	기출선지 (키워드) 채우기	기출선지 키워드 암기	중요도
1	물산 장려 운동이 진행된 당시에는 (　　　), 토산 애용 부인회 등의 단체가 활동하였다.	물산 장려 운동이 진행된 당시에는 자작회, 토산 애용 부인회 등의 단체가 활동하였다. [48, 60, 61회]	★★
2	(　　　) 등의 주도로 민립 대학 설립 운동을 전개하였다.	이상재 등의 주도로 민립 대학 설립 운동을 전개하였다. [51, 54회]	★★★
3	동아일보는 농촌 계몽을 위한 (　　　)을 전개하였다.	동아일보는 농촌 계몽을 위한 브나로드 운동을 전개하였다. [47, 54, 57, 58, 62, 65, 66, 72회]	★★
4	지주 문재철의 고율의 소작료에 반발하여 (　　　)가 발생하였다.	지주 문재철의 고율의 소작료에 반발하여 암태도 소작 쟁의가 발생하였다. [56, 61, 71회]	★★
5	(　　　)은 라이징 선 석유 회사의 한국인 구타 사건을 계기로 시작되었다.	원산 총파업은 라이징 선 석유 회사의 한국인 구타 사건을 계기로 시작되었다. [51, 68회]	★★
6	원산 총파업은 (　　　), 중국, 프랑스 등의 노동 단체로부터 격려 전문을 받았다.	원산 총파업은 일본, 중국, 프랑스 등의 노동 단체로부터 격려 전문을 받았다. [48, 54, 60, 64, 66, 72회]	★★
7	(　　　)은 평양의 을밀대 지붕에서 고공 농성을 벌였다.	강주룡은 평양의 을밀대 지붕에서 고공 농성을 벌였다. [48, 71회]	★
8	천도교는 (　　　)를 발행하여 민중 계몽에 힘썼다.	천도교는 만세보를 발행하여 민중 계몽에 힘썼다. [57, 59, 61, 65, 67, 69회]	★★
9	천도교 소년회는 (　　　)을 제정하고 소년 운동을 전개하였다.	천도교 소년회는 어린이날을 제정하고 소년 운동을 전개하였다. [48, 50, 51, 52, 56, 61, 64, 65회]	★★★
10	(　　　)는 민족주의 계열과 사회주의 계열의 여성이 연합하였다.	근우회는 민족주의 계열과 사회주의 계열의 여성이 연합하였다. [52회]	★★
11	형평 운동은 (　　　)에 대한 사회적 차별 철폐를 목적으로 하였다.	형평 운동은 백정에 대한 사회적 차별 철폐를 목적으로 하였다. [48, 57, 61, 63, 69회]	★★★
12	천도교는 (　　　), 신여성 등의 잡지를 발간하였다.	천도교는 개벽, 신여성 등의 잡지를 발간하였다. [55, 56, 69, 70회]	★★★
13	대종교는 (　　　) 숭배 사상을 통해 민족 의식을 고취하였다.	대종교는 단군 숭배 사상을 통해 민족 의식을 고취하였다. [58, 61회]	★★
14	대종교는 (　　　)을 결성하여 항일 무장 투쟁을 전개하였다.	대종교는 중광단을 결성하여 항일 무장 투쟁을 전개하였다. [52, 55, 57, 59, 62, 63, 65, 66, 70회]	★★★
15	(　　　)은 일제의 통제에 맞서 사찰령 폐지 운동을 벌였다.	한용운은 일제의 통제에 맞서 사찰령 폐지 운동을 벌였다. [48, 55, 59, 67, 70회]	★
16	원불교는 (　　　)을 중심으로 새생활 운동을 전개하였다.	원불교는 박중빈을 중심으로 새생활 운동을 전개하였다. [48, 52, 55, 57, 58, 59, 61, 66, 67, 70회]	★★
17	천주교는 (　　　)을 조직하여 항일 무장 투쟁을 전개하였다.	천주교는 의민단을 조직하여 항일 무장 투쟁을 전개하였다. [61, 67회]	★
18	조선어 학회는 (　　　) 편찬 사업을 추진하였다.	조선어 학회는 우리말 큰 사전 편찬 사업을 추진하였다. [55, 56, 69회]	★★★
19	조선어 학회는 (　　　)을 제정하였다.	조선어 학회는 한글 맞춤법 통일안을 제정하였다. [50, 52, 54, 56, 62, 63, 64회]	★★★

✅ 테마 학습을 다 했다면, 테마 맨 앞 키워드 판서로 돌아가 복습하세요!

일제 강점기의 인물

✓ 시기: 일제 강점기 전체 중반 ✓ 중요도 및 평균 출제율: 69% ★
✓ 난이도: 보통 → 문학가는 작품 위주로 공략하면 쉬운 편이나, 다른 인물들의 경우 앞의 내용을 제대로 복습하지 않을 경우 어려울 수 있음!

흐름형 시대의 흐름을 따라가며 보면 좋은 유형

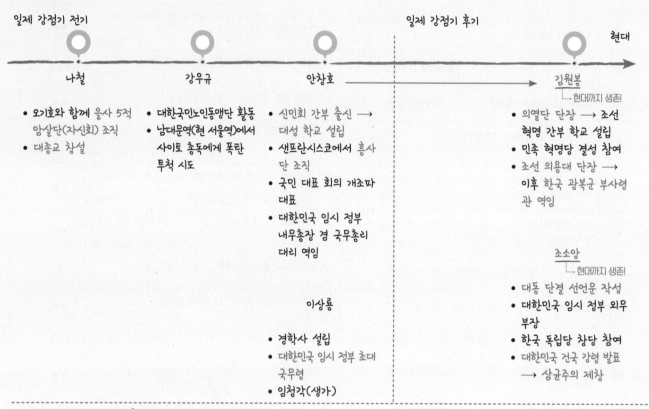

일제 강점기 전기

나철
- 오기호와 함께 을사 5적 암살단(자신회) 조직
- 대종교 창설

강우규
- 대한국민노인동맹단 활동
- 남대문역(현 서울역)에서 사이토 총독에게 폭탄 투척 시도

안창호
- 신민회 간부 출신 → 대성 학교 설립
- 샌프란시스코에서 흥사단 조직
- 국민 대표 회의 개조파 대표
- 대한민국 임시 정부 내무총장 겸 국무총리 대리 역임

이상룡
- 경학사 설립
- 대한민국 임시 정부 초대 국무령
- 임청각(생가)

일제 강점기 후기

현대

김원봉
└ 현대까지 생존!
- 의열단 단장 → 조선 혁명 간부 학교 설립
- 민족 혁명당 결성 참여
- 조선 의용대 단장 → 이후 한국 광복군 부사령관 역임

조소앙
└ 현대까지 생존!
- 대동 단결 선언문 작성
- 대한민국 임시 정부 외무부장
- 한국 독립당 창당 참여
- 대한민국 건국 강령 발표 → 삼균주의 제창

※ 생존 시기 무관하게 기출에서 잘 나오는 시기에 배치!

해품사의 테마 출제예언!

1) 심훈, 윤동주, 이육사 등 문학가의 대표 저서 및 활동 암기하기!

2) 신채호, 박은식, 백남운 등 역사학자의 대표 저서 및 활동 파악하기!

3) 일제 강점기의 대표 인물들의 업적 파악하기!

해품사 한능검 키워드 판서

✓ 테마 학습을 다 하고 난 후, 다시 돌아와서 한 번 더 보세요!

일제 강점기의 문학가

이름	문학 작품	생애 및 활동
심훈	그날이 오면, 상록수	• 3·1 운동 참여　• 영화 '먼 동이 틀 때' 감독
윤동주	• 별 헤는 밤, 서시, 쉽게 쓰여진 시, 참회록 • 하늘과 바람과 별과 시(유고집)	• 북간도 명동촌 출생 → 연희 전문 학교 • 후쿠오카 형무소에서 순국
이기영	고향	카프(KAPF)에서 활동
이육사	광야, 절정, 청포도	• 조선은행 대구 지점 폭파 사건 연루 • 조선 혁명 간부 학교 입학

일제 강점기의 역사학자

연구 방향	시기	이름	역사서	생애 및 활동
민족주의 사학	전기 (1910년대 ~1930년대)	신채호	• 『독사신론』(묘청의난 일천년래 제일대사건 평가) • 『조선상고사』[아(我)vs비아(非我)] • 『을지문덕전』, 『이순신전』	• 국민 대표 회의 창조파 대표 • 조선 혁명 선언 작성 → 의열단 활동 영향 • 뤼순 감옥에서 순국
		박은식	• 『한국통사』 → 국혼(國魂) 사상 강조 • 『한국독립운동지혈사』	• 대한민국 임시 정부 제2대 대통령 • 유교구신론
	후기 (1930년대 이후)	정인보	• 『조선사연구』 ┐신채호의 『조선사연구초』와 혼동 주의! • 『5천년 간 조선의 얼』 → 조선 민족의 얼 강조	• 동제사 참여　┌ 정약용 연계 • 조선학 운동 주도 → 『여유당전서』 간행
사회 경제 사학	1930년대 이후	백남운	『조선사회경제사』 → 유물 사관을 바탕으로 일제의 정체성론 반박	
실증주의 사학	1930년대 이후	이병도	진단 학회 창립 → 실증주의 사학 연구	

쉽게 출제될 경우　VS　어렵게 출제될 경우

기출 → 57, 59, 66, 70회

: 일제 강점기의 문학가 및 대표 인물이 출제됨!

⇨ 그날이 오면, 상록수 / 별 헤는 밤, 서시, 쉽게 쓰여진 시, 참회록 / 광야, 절정, 청포도 / 대성 학교 설립, 흥사단 창립 / 헤이그 특사 파견 / 의열단 단장, 조선 의용대 단장, 한국 광복군 부사령관 / 경학사, 대한민국 임시 정부 초대 국무령 / 삼균주의 기반 대한민국 건국 강령 발표

기출 → 55, 60, 67, 69회

: 일제 강점기의 역사학자 관련 유형이 출제됨!

⇨ 『독사신론』, 『조선상고사』, 조선 혁명 선언 작성 / 국혼 사상 강조, 『한국통사』, 『한국독립운동지혈사』, 유교구신론 / 조선의 얼 강조, 조선학 운동 주도 / 『조선사회경제사』, 일제의 정체성론 반박

일제 강점기의 인물

1 일제 강점기에 활동한 문학가 ☆☆

심훈	■ **문학 작품** – 그날이 오면(저항시) – 상록수(소설) → 브나로드 운동 소재	■ **생애 및 활동** – 3·1 운동 참여 – 영화 '먼 동이 틀 때' 감독
윤동주	■ **문학 작품** – 별헤는 밤, 서시, 쉽게 쓰여진 시, 참회록 등 　→ 공통적으로 저항시 – 『하늘과 바람과 별과 시』(유고집)	■ **생애 및 활동** – 북간도 명동촌 출생 → 연희 전문 학교 이수 – 후쿠오카 형무소에서 순국
이기영	■ **문학 작품**: 고향을 통한 농촌 현실 고발(농촌 소설)	■ **생애 및 활동**: 카프(KAPF)에서 활동
이육사 (이원록)	■ **문학 작품**: 광야, 절정, 청포도 등 　→ 공통적으로 저항시	■ **생애 및 활동** – 조선은행 대구 지점 폭파 사건 연루 – 조선 혁명 간부 학교 입학(의열단 출신)
한용운 └ 문학가는 아니지만 문학 작품이 종종 언급되어 포함!	■ **문학 작품**: 님의 침묵(저항시)	■ **생애 및 활동** – 민족 대표 33인 불교 대표 – 사찰령 폐지 운동 전개 – 『조선불교유신론』 저술 → 불교 개혁 운동 전개

▲심훈　　　　▲윤동주　　　　▲이기영　　　　▲이육사(이원록)　　　　▲한용운

2 일제 강점기에 활동한 역사학자 ☆☆

민족주의 사학	전기 (1910년대~ 1930년대)	신채호 └ 전근대사 위 주 역사서가 많음!	■ **역사서** – 『독사신론』 – 『조선사연구초』 → 묘청의 난 관련 – 『조선상고사』[역사를 아(我)와 비아 　(非我)의 투쟁으로 정의] – 『을지문덕전』, 『이순신전』	■ **생애 및 활동** – 국민 대표 회의 창조파 대표 – 조선 혁명 선언 작성 → 의열단 활동 　지침 – 뤼순 감옥에서 순국

		박은식 └ 근현대사 위 주 역사서가 많음!	■ 역사서 – 『한국통사』→ 국혼(國魂) 사상 강조 – 『한국독립운동지혈사』	■ 생애 및 활동 – 대한민국 임시 정부 제2대 대통령 역임 – 유교구신론 주장
	후기 (1930년대 이후)	정인보	■ 역사서 – 『조선사연구』 신채호의 조선사연구초와 혼동 주의! – 『5천년 간 조선의 얼』→ 조선 민족의 　'얼' 강조	■ 생애 및 활동 – 동제사 참여 – 조선학 운동 주도 → 『여유당전서』 　간행 참여 └ 정약용 연계
사회·경제 사학	1930년대 이후	백남운	■ 역사서 : 『조선사회경제사』 → 유물 사관[원시 공산 사회–고대 노예 사회–중세 봉건 사회–근대 자본주의 사회(현재)–공산주의 사회(예언)]을 바탕으로 일제의 정체성론 반박 → 조선도 세계사적 일원론적 역사 법칙에 의해 같은 발전을 거쳤다고 강조	
실증주의 사학	1930년대 이후	이병도	■ 생애 및 활동: 진단 학회 창립 → 실증주의 사학 연구	

▲신채호

▲박은식

▲정인보

▲백남운

┌ 각 인물의 대표 업적에 따라 시기 구별!

3 일제 강점기 대표 인물의 업적 ☆☆

일제 강점기 전기 위주					일제 강점기 후기 위주	
강우규	나철	안창호	이상설	이상룡	김원봉	조소앙
■ 대한국민노인 동맹단 활동 ■ 남대문역 광 장(현재의 서 울역)에서 사 이토 총독에 게 폭탄 투척 시도	■ 오기호와 함 께 을사 5적 암살단(자신 회) 조직 ■ 대종교 창설	■ 신민회 간부 출신 → 대성 학교 설립 ■ 샌프란시스 코에 흥사단 조직 ■ 국민 대표 회의 개조파 대표 ■ 대한민국 임시 정부 내무총장 겸 국무총리 대리 역임	■ 이준, 이위종 과 함께 헤이 그 특사 파견 ■ 권업회 활동 ■ 대한 광복군 정부 정통령 ■ 서전서숙 설립	■ 경학사 설립 ■ 대한민국 임 시 정부 초대 국무령 ■ 임청각(생가)	■ 의열단 단장 → 조선 혁명 간부학교 설립 ■ 민족 혁명당 결성 참여 ■ 조선 의용대 단장 → 이후 한국 광복군 부사령관 역임	■ 대동 단결 선 언문 작성 ■ 대한민국 임 시 정부 외무 부장 ■ 한국 독립당 창당 참여 ■ 대한민국 건 국 강령 발표 → 삼균주의 주장

▲강우규　　▲나철　　▲안창호　　▲이상설　　▲이상룡　　▲김원봉　　▲조소앙

총 26회분 기출분석에서 나온 대표패턴을
최신 기출문제에서 뽑았습니다.

60회 35번

1. 밑줄 그은 '나'의 활동으로 옳은 것은? [2점]

> 나는 일제 침략에 맞서 민족의식을 고취하기 위해, 국난을 극복한 영웅의 전기인 이순신전과 을지문덕전을 집필하였습니다. 또 조선상고사에서는 역사를 아(我)와 비아(非我)의 투쟁으로 정의하였습니다.

① 여유당전서를 간행하고 조선학 운동을 주도하였다.
② 유교의 개혁을 주장하는 유교 구신론을 제창하였다.
③ 조선사 편수회에 들어가 조선사 편찬에 참여하였다.
④ 조선사회경제사에서 식민 사학의 정체성론을 반박하였다.
⑤ 민중의 직접 혁명을 주장한 조선 혁명 선언을 작성하였다.

키워드 추출

이순신전, 을지문덕전, 조선상고사 – 신채호

정답분석

⑤ 신채호의 조선 혁명 선언은 의열단의 활동 지침이 되었다.

오답분석

① 정인보는 『여유당전서』를 간행하였다.
② 박은식은 유교구신론을 주장하였다.
③ 조선사 편찬에 참여한 대표인물로 이병도가 있다.
④ 백남운은 『조선사회경제사』를 통해 유물 사관을 바탕으로 일제의 정체성론을 반박하였다.

해품사의 합격Tip

한능검에서 일제 강점기의 민족주의 역사학자를 출제할 경우 '신채호와 박은식이 언급' 될 가능성이 높습니다.

[정답] ⑤

69회 40번

2. 다음 가상 인터뷰의 주인공에 대한 설명으로 옳은 것은? [2점]

> 며칠 전 경성에서 조선사회경제사 출판 축하회가 있었습니다. 저자로서 책에 대한 소개를 부탁드립니다.

> 저는 우리 역사의 전개 과정을 세계사의 보편적인 발전 법칙에 따라 네 단계로 나누어 파악하였습니다. 이 책에서는 그중 원시 씨족 사회와 삼국 정립기의 노예제 사회에 대해 서술하였습니다.

① 진단 학회를 조직하였다.
② 한국독립운동지혈사를 저술하였다.
③ 식민 사학의 정체성론을 반박하였다.
④ 우리말 큰사전 편찬 사업을 추진하였다.
⑤ 민족의 얼을 강조하고 조선학 운동을 주도하였다.

키워드 추출

조선사회경제사, 보편적인 발전 법칙 – 백남운

정답분석

③ 백남운은 『조선사회경제사』를 통해 유물 사관을 바탕으로 일제의 정체성론을 반박하였다.

오답분석

① 이병도 및 손진태는 진단 학회를 창립하였다.
② 박은식은 『한국독립운동지혈사』를 저술하였다.
④ 조선어 학회는 『우리말(조선말) 큰사전』 편찬을 시도하였다.
⑤ 정인보는 정약용의 저술을 모은 『여유당전서』를 간행하는 등 조선학 운동을 주도하였다.

해품사의 합격Tip

한능검에서 사회 경제사 또는 세계사의 보편적 발전 법칙 등이 언급되면 백남운을 우선적으로 고려하세요!

[정답] ③

---

3. (가) 인물에 대한 설명으로 옳은 것은? [3점]

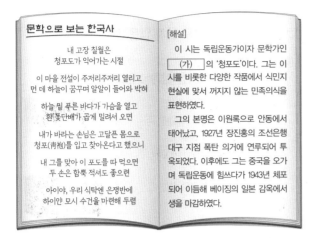

① 소설 상록수를 신문에 연재하였다.

② 광야, 절정 등의 저항시를 발표하였다.

③ 타이완에서 일본 육군 대장을 저격하였다.

④ 삼균주의를 바탕으로 한 건국 강령을 만들었다.

⑤ 여유당전서를 간행하고 조선학 운동을 전개하였다.

키워드 추출

청포도, 이원록 – 이육사

정답분석

② 이육사는 저항시인 광야, 절정, 청포도 등을 발표하였다.

오답분석

① 심훈은 브나로드 운동을 소재로 한 농촌 계몽 소설인 '상록수'를 발표하였다.

③ 조명하는 타이완에서 일본 육군 대장인 구니노미야를 저격하였다.

④ 삼균주의를 바탕으로 건국 강령을 작성한 것은 조소앙이다.

⑤ 정인보는 민족의 얼을 강조하였으며, 조선학 운동의 일환으로 정약용의 저술을 모은 『여유당전서』를 간행하였다.

해품사의 합격Tip

출제되는 문학 인물 중 이육사는 사실상 '유일하게 독립운동 활동을 적극적으로 전개한 인물'이기 때문에 의열단 관련 키워드가 자주 연계됩니다.

[정답] ②

4. 밑줄 그은 '나'에 대한 설명으로 옳은 것은? [3점]

나는 1913년 상하이 망명 후 동제사에 참여하였소. 1917년에는 대동단결 선언을 작성했다오. 여기에서 나는 주권이 국민에게 있음을 밝혔는데, 이것이 공화정을 지향하는 정치사상으로 평가받고 있다오. 1930년에는 안창호 등과 함께 한국 독립당을 창당하였소. 이후 대한민국 임시 정부 건국 강령 초안도 작성하였다오.

대동단결의 선언

① 조선 혁명 선언을 작성하였다.

② 한국독립운동지혈사를 저술하였다.

③ 극동 인민 대표 대회에서 의장단으로 선출되었다.

④ 헤이그에서 열린 만국 평화 회의에 특사로 파견되었다.

⑤ 새로운 국가 건설을 위한 이념으로 삼균주의를 주장하였다.

키워드 추출

동제사, 대동 단결 선언, 한국 독립당 창당, 건국 강령 초안 – 조소앙

정답분석

⑤ 삼균주의를 바탕으로 건국 강령을 기초한 것은 조소앙이다.

오답분석

① 신채호의 조선 혁명 선언은 의열단의 활동지침이 되었다.

② 박은식은 『한국독립운동지혈사』를 저술하였다.

③ 김규식은 국제 대회인 극동 인민 대표 대회에 참여하였다.

④ 헤이그 특사는 을사늑약의 체결에 반발하여 1907년에 이준, 이위종, 이상설을 중심으로 네덜란드 만국 평화 회의에 파견된 사절단이다.

해품사의 합격Tip

조소앙은 일제 강점기의 대표적인 인물로, 삼균주의를 기반으로 한 대한민국 건국 강령 발표 키워드 하나만 제대로 암기하여도 인물 유형을 쉽게 공략할 수 있는 사례가 자주 제시됩니다!

[정답] ⑤

1.

(가)에 들어갈 내용으로 가장 적절한 것은?

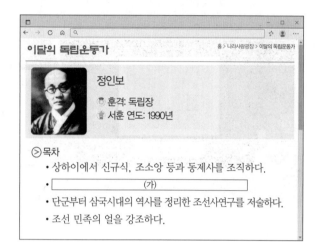

① 권업회의 초대 회장으로 선출되다.

② 파리 강화 회의에 독립 청원서를 제출하다.

③ 조선학 운동을 주도하여 여유당전서를 간행하다.

④ 대한민국 임시 정부의 초대 국무령으로 취임하다.

⑤ 서울역에서 신임 총독의 마차에 폭탄을 투척하다.

해품사 출제예언 - 정인보

한능검에서 정인보는 직접적으로 언급된 사례가 거의 없습니다. 특히 '조선사연구'라는 키워드는 신채호의 '조선사연구초'와 혼동하기 쉬우므로 주의할 필요가 있습니다!

정답분석

③ 정인보는 민족의 얼을 강조하였으며, 조선학 운동의 일환으로 정약용의 저술을 모은 『여유당전서』를 간행하였다.

오답분석

① 최재형은 연해주에 설립된 항일 독립운동 단체인 권업회의 초대 회장을 역임하였다.

② 김규식은 파리 강화 회의에 독립 청원서를 제출하였다.

④ 1925년에 대한민국 임시 정부가 국무령제를 채택한 후 이상룡이 초대 국무령으로 취임하였다.

⑤ 강우규는 서울역(구 남대문역 광장)에서 사이토 마코토 총독에게 폭탄 투척 의거를 단행하였다.

[정답] ③

2.

㉠~㉤에 대한 설명으로 옳지 <u>않은</u> 것은?

약산 김원봉 연보

1898년	경상남도 밀양에서 출생
1919년	만주 지린성에서 ㉠ 의열단 조직
1926년	황푸 군관 학교 졸업
1932년	㉡ 조선 혁명 간부 학교 설립
1935년	㉢ 민족 혁명당 결성
1937년	조선 민족 전선 연맹 결성
1938년	㉣ 조선 의용대 결성
1942년	㉤ 한국 광복군 제1지대장 취임
1944년	대한민국 임시 정부 군무부장

① ㉠ - 신채호의 조선 혁명 선언을 활동 지침으로 삼았다.

② ㉡ - 이봉창, 윤봉길 등의 단원들이 교육을 받았다.

③ ㉢ - 난징에서 조직된 민족연합전선의 독립운동단체이다.

④ ㉣ - 중국 관내(關內)에서 결성된 최초의 한인 군사 조직이다.

⑤ ㉤ - 국내 정진군을 조직하여 국내 진공 작전을 추진하였다.

해품사 출제예언 - 특정 인물의 연보

최근 한능검에서 일제 강점기 특정 인물의 연보를 바탕으로 다양한 키워드를 동시에 제시하는 유형이 출제되었습니다.

정답분석

② 조선 혁명 간부 학교는 한인 애국단의 단원과는 관련이 없다.

오답분석

① 신채호는 직접적이고 폭력적인 혁명의 방향성을 제시한 조선 혁명을 집필하였으며, 이는 의열단의 활동 지침이 되었다.

③ 민족 혁명당은 1935년에 한국 독립당, 조선 혁명당, 의열단 등 여러 단체가 연합하여 난징에서 결성된 민족 연합 전선 성격의 독립운동 단체이다.

④ 조선 의용대는 중국 국민당의 지원을 받아 중국 관내(關內)에서 결성된 최초의 군사 조직이다.

⑤ 한국 광복군은 미국 전략 정보국(OSS)과 연합하여 국내 정진군을 육성한 뒤 국내 진공 작전을 추진하였다.

[정답] ②

어제의 오답 선지 = 내일의 정답 선지 | 한능검은 역사적 사실이 아닌 것은 선지에 포함하지 않습니다. 즉, 모든 선지는 사실이죠! 기출에서 오답 선지는 언제든 정답이 될 수 있습니다.

⚠️ 먼저 오른쪽 기출선지 키워드 암기를 가리고 왼쪽의 (빈칸)을 채워보세요. 그후 오른쪽 기출선지를 키워드 중심으로 달달 외우세요!

	기출선지 (키워드) 채우기	기출선지 키워드 암기	중요도
1	(　　　　)은 소설 상록수를 신문에 연재하였다.	심훈은 소설 상록수를 신문에 연재하였다. [57, 66회]	★★
2	(　　　　)는 별 헤는 밤, 참회록 등의 시를 남겼다.	윤동주는 별 헤는 밤, 참회록 등의 시를 남겼다. [57, 72회]	★★
3	(　　　　)은 일제 강점기 농촌 현실을 묘사한 소설 고향을 연재하였다.	이기영은 일제 강점기 농촌 현실을 묘사한 소설 고향을 연재하였다. [50회]	★
4	(　　　　)는 광야, 절정 등의 저항시를 발표하였다.	이육사는 광야, 절정 등의 저항시를 발표하였다. [51, 57, 66회]	★★
5	(　　　　)은 조선불교유신론을 저술하였다.	한용운은 조선불교유신론을 저술하였다. [63회]	★
6	신채호는 민족을 역사 서술의 중심에 둔 (　　　　)을 발표하였다.	신채호는 민족을 역사 서술의 중심에 둔 독사신론을 발표하였다. [56, 64회]	★★
7	박은식은 국권 피탈 과정을 정리한 (　　　　)를 저술하였다.	박은식은 국권 피탈 과정을 정리한 한국통사를 저술하였다. [48, 49, 51, 54, 59, 61, 63, 64, 65, 66회]	★★
8	박은식은 실천적인 유교 정신을 강조하는 (　　　　)을 저술하였다.	박은식은 실천적인 유교 정신을 강조하는 유교구신론을 저술하였다. [55, 56, 57, 72회]	★★
9	정인보는 여유당전서를 간행하고 (　　　　)을 전개하였다.	정인보는 여유당전서를 간행하고 조선학 운동을 전개하였다. [48, 55, 59, 61, 66, 67, 69회]	★★
10	백남운은 (　　　　)를 통해 식민 사회의 정체성론을 반박하였다.	백남운은 조선사회경제사를 통해 식민 사회의 정체성론을 반박하였다. [48, 50, 69회]	★
11	(　　　　) 및 손진태는 진단 학회를 조직하여 실증주의 사학을 발전시켰다.	이병도 및 손진태는 진단 학회를 조직하여 실증주의 사학을 발전시켰다. [48, 55, 56, 69회]	★
12	(　　　　)는 서울역에서 신임 총독의 마차에 폭탄을 투척하였다.	강우규는 서울역에서 신임 총독의 마차에 폭탄을 투척하였다. [51, 53, 71회]	★
13	(　　　　)은 조선 혁명 간부 학교를 세워 독립군을 양성하였다.	김원봉은 조선 혁명 간부 학교를 세워 독립군을 양성하였다. [47, 52, 60, 62, 63회]	★★
14	(　　　　)는 샌프란시스코에서 흥사단을 창설하였다.	안창호는 샌프란시스코에서 흥사단을 창설하였다. [48, 50, 66, 67회]	★★
15	(　　　　)와 이상설은 대한 광복군 정부의 수립을 주도하였다.	이동휘와 이상설은 대한 광복군 정부의 수립을 주도하였다. [49, 52회]	★

✅ 테마 학습을 다 했다면, 테마 맨 앞 키워드 판서로 돌아가 복습하세요!

PART **6** 현대

26회분(47회~72회) 평균 출제비중

11.3%

해품사 한능검 테마별 기출 총 26회분 분석 결과

난이도

쉬움   보통   어려움

※테마 난이도를 색깔 구분으로 바로 확인하세요!

중요도 및 평균 출제율

★ 약 70% 미만

★★ 약 70~80%

★★★ 약 80~99%

★★★★ 100% 출제!

테마 33	대한민국 정부 수립 과정 및 6 · 25 전쟁	★★★
테마 34	이승만~전두환 정부	★★★★
테마 35	노태우~문재인 정부 및 현대의 인물	★★★

대한민국 정부 수립 과정 및 6·25 전쟁

☑ 시기: 1945년~1953년 ☑ 중요도 및 평균 출제율: 81% ★★★
☑ 난이도: 보통 → 광복~대한민국 정부 수립의 흐름을 파악하는 것이 어려운 편이나, 다른 유형은 빈출 키워드만 암기하면 쉽게 공략 가능!

흐름형 시대의 흐름을 따라가며 보면 좋은 유형

광복 시점

1943~1945
국제 사회의 한국 독립 약속

1. 카이로 회담(1943·11, 미·영·중): 적절한 시기에 한국 독립 약속 → 최초 한국 독립 약속

2. 얄타 회담(1945·2, 미·영·소): 소련의 대일전 참전

3. 포츠담 선언(1945·7, 미·영·소·중): 일본의 무조건 항복 요구, 카이로 회담 이행 재확인 → 한국 독립 재확인

1945·8
광복 및 분단

조선 건국 준비 위원회 결성 (여운형 및 안재홍): 조선 건국 동맹 세력 바탕으로 치안대 조직 등 활동

미군정 설치 및 38도선 기준 한반도 분단 형성

1945·12
모스크바 3국 외상 회의

미·영·소의 외무장관이 한반도 문제 논의

↓

임시 정부 수립을 위한 미·소 공동 위원회 설치 및 한반도 내 신탁 통치 실시 결의

↓

한반도 내 신탁 통치에 대한 찬탁(예 박헌영) 및 반탁 (예 김구, 이승만) 의견 대립

1946·3~1946·6
제1차 미·소 공동 위원회 및 이승만의 정읍 발언

임시 민주 정부 수립을 위한 협의에 참여할 단체 논의 필요

↓

덕수궁 석조전에서 미·소 공동 위원회 개최

↓

소련 및 미국의 의견 대립 및 결렬

↓

이승만의 정읍 발언 제기 (남한만이라도 단독 정부 수립 주장)

1946·7~10
좌우 합작 위원회 활동

여운형 및 김규식의 좌우 합작 위원회 결성

↓

좌우 합작 7원칙 발표 (미·소 공동 위원회 속개, 토지 제도 개혁 등 주장)

↓

여운형이 혜화동에서 피살되며 단체 와해

6·25 전쟁 발발 시점

1950·1
애치슨 선언 발표

미국의 태평양 지역 방어선에서 한국 및 타이완 제외

1950·6~1950·8
북한의 남침 및 전쟁 발발

북한의 남침 및 초반 북한군 우세, 16개국으로 구성된 유엔군의 참전

↓

부산 임시 수도 이전, 다부동 전투

1950·9~1950·10
인천 상륙 작전 전개 및 국군의 역전

인천 상륙 작전 전개

↓

서울 수복 및 압록강 인근 유역까지 진출

1950·10~1951·1
중공군의 개입 및 후퇴

중공군의 6·25 전쟁 참여

↓

흥남 철수 작전 전개

↓

1·4 후퇴 전개

1951·3~1951·7
서울 재탈환 및 휴전 회담 최초 개최

국군 및 유엔군의 서울 재탈환

↓

소련이 유엔에게 휴전 제의

↓

개성에서 첫 휴전 회담 개최

↑ 해당 범위에 해당되는 사건들만 6·25 전쟁 시기의 역사적 사실에 포함됨!

해품사의
테마 출제예언!

1) 광복~대한민국 정부 수립 과정 파악하기

2) 제헌 국회의 활동 및 제주 4·3 사건의 배경, 전개, 영향 파악하기!

3) 6·25 전쟁의 배경, 전개, 영향 흐름 파악하기

해품사 한능검 키워드 판서

✓ 테마 학습을 다 하고 난 후, 다시 돌아와서 한 번 더 보세요!

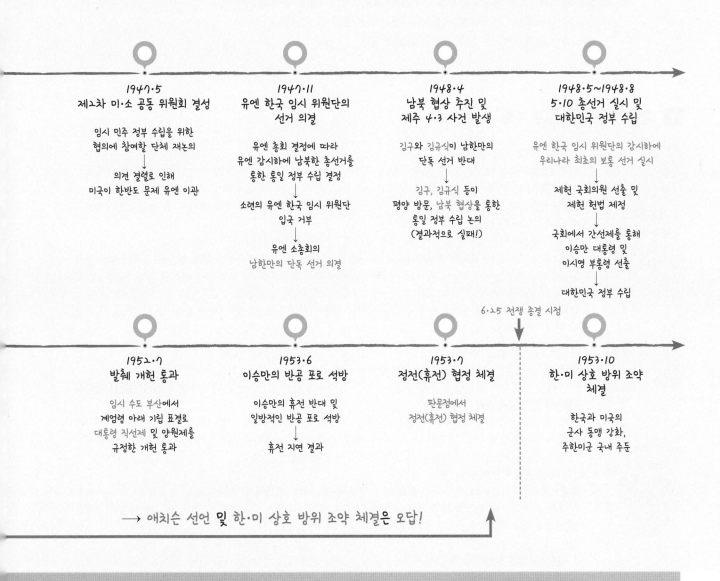

1947·5
제2차 미·소 공동 위원회 결성

임시 민주 정부 수립을 위한
협의에 참여할 단체 재논의

↓

의견 결렬로 인해
미국이 한반도 문제 유엔 이관

1947·11
유엔 한국 임시 위원단의
선거 의결

유엔 총회 결정에 따라
유엔 감시하에 남북한 총선거를
통한 통일 정부 수립 결정

↓

소련의 유엔 한국 임시 위원단
입국 거부

↓

유엔 소총회의
남한만의 단독 선거 의결

1948·4
남북 협상 추진 및
제주 4·3 사건 발생

김구와 김규식이 남한만의
단독 선거 반대

↓

김구, 김규식 등이
평양 방문, 남북 협상을 통한
통일 정부 수립 논의
(결과적으로 실패!)

1948·5~1948·8
5·10 총선거 실시 및
대한민국 정부 수립

유엔 한국 임시 위원단의 감시하에
우리나라 최초의 보통 선거 실시

↓

제헌 국회의원 선출 및
제헌 헌법 제정

↓

국회에서 간선제를 통해
이승만 대통령 및
이시영 부통령 선출

↓

대한민국 정부 수립

1952·7
발췌 개헌 통과

임시 수도 부산에서
계엄령 아래 기립 표결로
대통령 직선제 및 양원제를
규정한 개헌 통과

1953·6
이승만의 반공 포로 석방

이승만의 휴전 반대 및
일방적인 반공 포로 석방

↓

휴전 지연 결과

1953·7
정전(휴전) 협정 체결

판문점에서
정전(휴전) 협정 체결

6·25 전쟁 종결 시점

1953·10
한·미 상호 방위 조약
체결

한국과 미국의
군사 동맹 강화,
주한미군 국내 주둔

→ 애치슨 선언 및 한·미 상호 방위 조약 체결은 오답!

쉽게 출제될 경우	VS	어렵게 출제될 경우

쉽게 출제될 경우

기출 → 59, 63, 68회

: 제헌 국회, 제주 4·3 사건, 6·25 전쟁 관련 사실이 출제됨

⇒ 5·10 총선거, 간선제 규정, 농지 개혁법, 반민족 행위 처벌법 / 남한만의 단독 선거 반대 / 북한의 남침 → 인천 상륙 작전 전개 → 중공군 개입 → 흥남 철수 작전 전개 → 1·4 후퇴 → 개성에서 첫 휴전 회담 개최 → 이승만의 반공 포로 석방 주도 → 판문점에서 정전 협정 체결

어렵게 출제될 경우

기출 → 60, 64, 70회

: 광복~대한민국 정부 수립의 흐름을 파악하는 유형이 출제됨

⇒ 조선 건국 준비 위원회 → 모스크바 3국 외상 회의 → 제1차 미·소 공동 위원회 → 이승만의 정읍 발언 → 좌우 합작 위원회 조직 및 좌우 합작 7원칙 발표 → 유엔 소총회의 남한만의 단독 선거 의결 → 남북 협상 추진 → 5·10 총선거 → 대한민국 정부 수립

해품사 공지사항!

총 26회분(47회~72회) 기출에서 단 한 번이라도 언급된 내용은 모두 포함!

빨간색 키워드는 약 80% 이상 확률로 출제된 중요 키워드이므로 우선 암기

키워드는 그중에서도 직접적인 정답 키워드로 자주 언급되는 것

☆~☆☆☆ 테마 안에서도 더욱 빈출인 주제에 표시

1 광복~대한민국 정부 수립 과정 ☆☆☆

대한민국의 광복 및 분단 (1945·8~ 1945·9)	■ 국제 사회의 한국 독립 약속 - 카이로 회담(1943·11, 미·영·중 참여): 적절한 시기에 한국을 독립시킬 것을 결의함 → 최초의 한국 독립 약속 - 얄타 회담(1945·2, 미·영·소 참여): 소련의 대일전 참전 약속, 한국의 신탁 통치 최초 논의 - 포츠담 선언(1945·7, 미·영·중·소 참여): 일본의 무조건 항복 요구, 카이로 회담의 이행 재확인 → 한국의 독립 재확인 ■ 8·15 광복 및 남북 분단 시작 - 배경: 국내외 독립운동의 결실 및 제2차 세계 대전의 결과 일본의 무조건 항복으로 광복 실현 - 전개: 조선 건국 준비 위원회 결성(1945·8) - 여운형 및 안재홍 주도, 여운형이 광복 직전에 조직한 조선 건국 동맹(1944) 세력을 바탕으로 조직, 치안대 조직 등 국가 재건 활동 주도 → 조선 인민 공화국 수립 선포 이후 해산 → 전국에 지방 인민 위원회 조직 - 결과: 미군의 조선 인민 공화국 수립 부정 및 남한에 미군정 설치 → 38도선을 기준으로 한반도 남부 및 북부 분단 형성
모스크바 3국 외상 회의~ 한반도 문제 유엔 이관 (1945·12~ 1947·9)	■ 모스크바 3국 외상 회의(1945·12) - 배경: 미국·영국·소련의 외무장관이 한반도 문제 논의 - 논의 사항: 한반도에 임시 민주 정부 수립, 임시 정부 수립을 위한 미·소 공동 위원회 설치, 최고 5년간 한반도 내 신탁 통치 실시 결의 - 영향: 한반도 내 신탁 통치에 대한 국내 여론 대립 → 반대(반탁 세력, 우익 중심) 세력은 한반도 내 신탁 통치에 대해 극렬한 반대(예 김구, 이승만)vs찬성(찬탁 세력, 좌익 중심) 세력은 모스크바 3국 외상 회의의 결정의 본질이 '임시 정부 수립'에 있다고 판단하여 결정 지지로 전환(예 박헌영) ■ 제1차 미·소 공동 위원회(1946·3) - 배경: 모스크바 3국 외상 회의 이후 임시 민주 정부 수립을 위한 협의에 참여할 단체 논의 필요 → 덕수궁 석조전에서 제1차 미·소 공동 위원회 개최 → 모든 단체 포함(미국 측) vs 모스크바 3국 외상 회의에 반대하는 정당 및 단체 배제(소련 측) 의견 대립 및 결렬 - 전개 　1. 이승만의 정읍 발언(1946·6): 제1차 미·소 공동 위원회 결렬 이후 남한만이라도 단독 정부를 수립하자는 의견 제시 　2. 좌우 합작 위원회의 활동(1946·7): 여운형(중도좌파) 및 김규식의 주도로 좌우 합작 위원회 결성 및 좌우 합작 7원칙 발표(예 미·소 공동 위원회의 속개, 토지 제도 개혁 등) → 여운형이 혜화동에서 피살되며 단체 와해 - 결과: 제2차 미·소 공동 위원회의 재개(1947·5) 및 결렬(의견 차이 재발생) → 한반도 문제 유엔 이관(1947·9)
5·10 총선거 실시 및 대한민국 정부 수립 (1947·11~ 1948·8)	■ 남한 단독 선거 결정 - 배경: 유엔 총회 결정에 따라 유엔 감시하에 남북 인구 비례에 따른 총선거를 통한 통일 정부 수립 결정 - 전개: 소련의 유엔 한국 임시 위원단 입국 거부 → 유엔 소총회에서 선거가 가능한 남한만의 단독 선거 의결(1948·2) - 결과: 김구, 김규식 등이 남한만의 단독 선거 반대(예 김구의 삼천만 동포에게 읍고함) 및 평양 방문을 통해 남북 협상(1948·4, 남북 연석 회의 개최-김구, 김규식, 김일성, 김두봉)을 통한 통일 정부 수립 논의(결과적으로 실패)

- **5·10 총선거 실시(1948·5)**
  - **배경**: 남북 협상 등의 시도에도 불구하고 유엔 한국 임시 위원단의 감시하에 우리나라 최초의 보통 선거 실시
  - **전개**: 제헌 국회의원 선출 → 제헌 헌법 제정(1948·7) → 국회에서 간선제를 통해 대통령 이승만, 부통령 이시영 선출 및 대한민국 정부 수립(1948·8)

2 제헌 국회의 특징 및 제주 4·3 사건 ☆

제헌 국회의 특징 (1948~1950) 제헌 국회에서 제정한 법은 이승만 정부 키워드로도 연결됨!	■ **출범 과정**: 우리나라 최초의 보통 선거인 5·10 총선거를 통해 결성 ■ **활동 사례**: 귀속 재산 처리법 제정 → 미군정 시기에 신한 공사가 관리한 일제의 귀속 재산을 민간인 연고자들에게 매각, 농지 개혁법 제정(자영농 육성, 유상 몰수 및 유상 분배 원칙), 반민족 행위 처벌법 제정(반민특위 결성, 친일파 처벌) ■ **특징**: 간선제 시행 → 국회의원들의 선거로 대통령 선출, 제헌 헌법 제정을 위한 과도기적 성격의 국회 → 다른 국회에 비해 임기가 짧음(2년)
제주 4·3 사건(1948·4)	■ **배경**: 남한만의 단독 선거 반대 ■ **전개**: 남조선 노동당(남로당) 계열의 무장대가 무장봉기 주도 → 미군정 및 정부가 결성한 토벌대의 과잉 진압으로 인한 무고한 민간인 희생자 대거 발생 ■ **영향**: 여수·순천 10·19 사건 발생(1948·10, 여수 지역 군대 내 좌익 세력의 제주 4·3 사건 진압 명령 거부), 제주도의 2개 선거구의 투표가 무효됨, 김대중 정부 이후 진상 보고서 작성 및 희생자들의 명예 회복을 위한 특별법 제정 └ 제헌 국회 특징 유형 연계!

3 6·25 전쟁의 전개 과정 ☆☆☆

6·25 전쟁 (1950·6~1953·7)	■ **배경**: 주한 미군의 철수 및 미국의 국무장관 애치슨의 애치슨 선언 발표(1950·1) – 태평양 지역 방어선에서 한국 및 타이완이 제외됨 └ 6·25 전쟁 사실 유형 빈출 오답! ■ **전개** - **북한의 남침 및 전쟁 발발**: 초반 북한군의 우세로 서울 함락 및 16개국으로 구성된 유엔군의 참전 → 정부의 부산 임시 수도 이전 → 낙동강 전선에서 대립(예 다부동 전투) → 맥아더 장군의 지휘로 인천 상륙 작전 전개 → 서울 수복 및 압록강 인근 유역까지 진출 - **중공군의 개입 및 전쟁 장기화**: 중공군의 참전으로 인한 국군 및 유엔군 후퇴 → 흥남 철수 작전 전개 → 1·4 후퇴 전개 → 서울 재함락 및 재수복 반복 → 소련이 유엔에 요청하여 개성에서 정전(휴전) 회담 시작 → 이승만 정부의 반공 포로 석방(휴전 지연 결과) → 판문점에서 정전(휴전) 협정 체결 및 전쟁 종결 └ 개성 지역사 연계 ■ **영향**: 한·미 상호 방위 조약 체결(1953·10) → 한국과 미국의 군사 동맹 강화 ■ **관련 역사적 사실**: 국민 방위군 사건 발생(국민 방위군 장교들의 횡령 사건), 부산에서 발췌 개헌 통과(1952) └ 6·25 전쟁 사실 유형 빈출 오답! └ 현대의 개헌 흐름 유형 연계

📖 필수 사료와 자료

▶ 이승만의 정읍 발언
이제 우리는 무기 휴회된 공위가 재개될 기색도 보이지 않으며, 통일 정부를 고대하나 여의케 되지 않으니, 우리는 남방만이라도 임시 정부, 혹은 위원회 같은 것을 조직하여 38도선 이북에서 소련이 철퇴하도록 세계 공론에 호소하여야 될 것이다.

▶ 좌우 합작 7원칙
1. 조선의 민주 독립을 보장한 3상 회의의 결정에 의하여 남북을 통한 좌우 합작으로 민주주의 임시 정부를 수립할 것
2. 미·소 공동 위원회 속개를 요청하는 공동 성명을 발표할 것
4. 친일파 민족 반역자를 처리할 조례를 본 합작 위원회에서 입법 기구에 제안하여 입법 기구로 하여금 심리 결정하게 하여 실시하게 할 것

총 26회분 기출분석에서 나온 대표패턴을
최신 기출문제에서 뽑았습니다.

70회 42번

1. 다음 편지가 작성된 시기를 연표에서 옳게 고른 것은?

[2점]

친애하는 메논 박사

남북 지도자 회담에 관하여 귀하와 귀 위원단에게 우리의 의견과 각서를 이미 제출한 바이어니와 우리는 가급적 우리 양인의 명의로 남에서 이에 찬동하는 제 정당의 대표 회담을 소집하여 이미 제출한 바에 제1차 보조를 하겠습니다. 이 회의에서 남쪽이 대표를 선출하면 북쪽에 연락할 인원과 방법에 대한 것을 결정하겠습니다. 귀 위원단이 이에 대하여 원만하고 적극적인 협조를 직접 간접으로 하여 주시면 대단히 감사하겠으며 우리 양방의 노력으로 하여금 우리가 공동으로 목적하는 바를 이루어지기를 믿습니다. 끝으로 우리의 심각한 경의를 표합니다.

김구, 김규식

	(가)	(나)	(다)	(라)	(마)	
8·15 광복		모스크바 3국 외상 회의	이승만 정읍 발언	좌우 합작 7원칙 발표	유엔 총회 남북한 총선거 결정	제헌 국회 구성

① (가)　② (나)　③ (다)　④ (라)　⑤ (마)

키워드 추출

남북 제 정당의 대표 회담 소집, 김구·김규식 – 남북 협상 추진(1948·4)

정답분석

⑤ 남북 협상은 유엔 소총회에서 남한만의 단독 선거가 의결된 이후에 추진되었기 때문에, 흐름상 ⑤번이 적절하다.

해품사의 합격Tip

한능검에서 광복~대한민국 정부 수립의 흐름을 출제할 경우 거의 흐름형 유형으로 출제될 가능성이 높습니다. 그만큼 상당히 짧은 기간 동안 복잡한 흐름을 제시하기 때문에 꼼꼼한 이해와 암기가 필요합니다!

[정답] ⑤

63회 41번

2. 밑줄 그은 '국회'에 대한 설명으로 옳지 <u>않은</u> 것은?

[3점]

이 우표는 우리나라 최초로 실시된 총선거를 기념하기 위해 발행되었습니다. 보통·직접·평등·비밀 선거 원칙에 따라 치른 이 선거를 통해 구성된 국회에서 활동한 의원의 임기는 2년이었습니다.

① 반민족 행위 처벌법을 제정하였다.
② 의원들의 선거로 대통령을 선출하였다.
③ 민의원과 참의원의 양원제로 운영되었다.
④ 일부 지역의 국회의원이 선출되지 못한 채 출범하였다.
⑤ 일제가 남긴 재산 처리를 위한 귀속 재산 처리법을 만들었다.

키워드 추출

• 우리나라 최초로 실시된 총선거 – 5·10 총선거
• 임기는 2년 – 제헌 국회의원의 임기

정답분석

③ 제5대 국회(장면 내각 시기)는 3차 개헌에 근거하여 민의원 및 참의원의 양원제로 운영되었다.

오답분석

① 제헌 국회는 반민족 행위 처벌법을 제정하였다.
② 제헌 국회는 간선제를 시행하였다.
④ 제헌 국회는 제주 4·3 사건의 영향으로 2개의 선거구에서 국회의원을 선출하지 못한 채 출범하였다.
⑤ 제헌 국회는 귀속 재산 처리법을 제정하였다.

해품사의 합격Tip

제헌 국회 관련 역사적 사실은 다음 테마에서 다룰 '이승만 정부 시기의 역사적 사실 유형과 연계'될 수 있습니다!

[정답] ③

62회 42번

3. (가) 사건에 대한 설명으로 옳은 것은? [2점]

기념관에 있는 이 비석은 왜 아무 글자도 새겨져 있지 않은 걸까?

(가) 의 역사적 평가가 아직 마무리되지 못했음을 상징하는 거래. 제주도에서 일어난 (가) 은/는 남한만의 단독 선거를 반대하는 무장대와 이를 진압하는 토벌대 간의 무력 충돌이 있었고, 그 뒤 진압 과정에서 수많은 사람이 희생된 사건이야.

① 유신 헌법의 철폐를 요구하였다.

② 통일 주체 국민 회의가 설치되는 결과를 가져왔다.

③ 희생자들의 명예 회복을 위한 특별법이 제정되었다.

④ 4 · 13 호헌 철폐와 독재 타도 등의 구호를 내세웠다.

⑤ 귀속 재산 처리를 위한 신한 공사 설립의 계기가 되었다.

키워드 추출

제주, 단독 선거 반대, 무장대, 토벌대 – 제주 4·3 사건

정답분석

③ 김대중 정부 때 제주 4·3 사건 진상 규명 및 희생자 명예 회복에 관한 특별법이 국회에서 제정되었다.

오답분석

① 박정희 정부 때 장준하 등은 개헌 청원 100만인 서명 운동을 통해 유신 헌법의 철폐를 주장하였다.

② 박정희 정부 때 단행된 유신 헌법의 결과 통일 주체 국민 회의가 설치되었다.

④ 전두환 정부 때 발생한 6월 민주 항쟁은 4·13 호헌 조치 철폐와 독재 타도 등의 구호를 내세웠다.

⑤ 미군정 시기에는 일제가 남긴 귀속 재산 처리를 목적으로 신한 공사를 설립하였다.

해품사의 합격Tip

제주 4·3 사건은 한능검에서 '광복~대한민국 정부 수립 유형과 연계하여 출제'될 수 있는 대표적인 단독 사실형 유형입니다. 특히 이 유형은 사건 이후 '진상 규명 및 특별법 제정 등의 키워드가 정답으로 제시'될 가능성이 높습니다!

[정답] ③

61회 46번

4. (가) 전쟁 중에 있었던 사실로 옳지 않은 것은? [1점]

대성동 마을은 경기도 파주시에 있으며, 군사 분계선 남쪽 비무장 지대에 위치한 민간인 마을입니다. 1/3

(가) 의 정전 협정 체결 직후 비무장 지대에 남북이 민간인 마을을 하나씩만 남긴다는 후속 합의에 따라 마을로 조성되었습니다. 2/3

'자유의 마을'로 불리는 대성동 마을은 유엔군 사령부의 관할 지역으로, 외부인은 허락 없이 들어가지 못합니다. 3/3

① 애치슨 선언이 발표되었다.

② 부산이 임시 수도로 정해졌다.

③ 흥남 철수 작전이 전개되었다.

④ 인천 상륙 작전 이후 서울을 수복하였다.

⑤ 국회에서 국민 방위군 사건이 폭로되었다.

키워드 추출

비무장 지대, 정전 협정 – 6·25 전쟁

정답분석

① 미국의 국무장관 애치슨은 태평양 지역 방어선을 발표하였는데, 이때 한반도와 타이완이 제외되었다.

오답분석

② 6·25 전쟁 때 일시적으로 부산을 임시 수도로 정하였다.

③ 6·25 전쟁 때 국군과 유엔군이 함경남도 흥남에서 대규모 철수 작전을 전개하였다.

④ 6·25 전쟁 때 인천 상륙 작전 성공 후 서울을 수복하였다.

⑤ 6·25 전쟁 때 국민 방위군의 장교들이 국고금(국가 소유 헌금) 및 군수물자를 부정 처분하는 일종의 횡령 사건을 일으켰다.

해품사의 합격Tip

한능검에서 6·25 전쟁 시기의 역사적 사실 유형을 출제할 경우 '애치슨 선언(배경)과 한 · 미 상호 방위 조약 체결(결과)이 빈출 오답으로 제시'될 가능성이 높습니다.

[정답] ①

1.

(가) 시기에 있었던 사실로 옳은 것은?

> A: 강대국에 의한 신탁 통치가 실현되는 것은 우리 조선 민족의 정치적 능력을 무시하는 것입니다.
> B: 최근 모스크바 회담의 결정 사항은 조선 국내의 정세에 비출 때, 조선 민족의 이익을 존중하는 가장 적절한 해결책입니다.
>
> ↓
> (가)
> ↓
>
> C: 우리는 남방만이라도 임시 정부 혹은 위원회 같은 것을 조직하여 이북에 있는 소련이 철수할 수 있도록 세계 공론에 호소하여야 합니다.

① 제1차 미·소 공동 위원회가 결렬되었다.

② 좌우 합작 위원회에서 좌우 합작 7원칙이 발표되었다.

③ 우리나라 최초의 보통 선거인 5·10 총선거가 시행되었다.

④ 유엔 총회에서 인구 비례에 의한 남북 총선거가 의결되었다.

⑤ 조선 건국 준비 위원회를 조직하여 조선 인민 공화국을 선포하였다.

해품사 출제예언 – 두 사건 사이

아직까지 제1차 미·소 공동 위원회 결렬~이승만의 정읍 발언의 흐름을 출제한 사례가 없으므로 주목하는 것을 권장합니다!

키워드 추출
- (가) 이전 – 찬탁 및 반탁 운동 전개(1945·12~ 1946·1)
- (가) 이후 – 이승만의 정읍 발언(1946·6)

정답분석
① 제1차 미·소 공동 위원회가 결렬되자(1946·5), 이승만은 정읍에서 남한만의 단독 정부 수립을 주장하였다.

오답분석
② 좌우 합작 위원회는 좌우 합작 7원칙을 발표하였다(1946·10).
③ 1948년에 5·10 총선거가 실시되었다.
④ 유엔 총회는 처음에는 남북 인구 비례에 따른 총선거를 통한 정부 수립을 가결하였다(1947·11).
⑤ 조선 건국 준비 위원회는 조선 인민 공화국 선포 후 해산되었다(1945·9).

[정답] ①

2.

밑줄 그은 '사건' 이후의 역사적 사실로 옳은 것은?

> **문학으로 보는 한국사**
>
> 눈보라가 휘날리는 바람찬 흥남부두에
> 목을 놓아 불러 봤다 찾아를 봤다
> 금순아 어데로 가고 길을 잃고 헤매었던가
> 영도다리 난간 위에 초생달만 외로이 떴다
> 철의 장막 모진 설움 받고서 살아를 간들
> 천지간에 너와 난데 변함 있으랴
> 금순아 굳세어다오 남북통일 그날이 되면
> 손을 잡고 울어보자 얼싸안고 춤도 춰보자
>
> [해설]
> 이 곡은 6·25 전쟁 당시 중공군의 개입으로 인해 국군과 유엔군이 흥남 부두에서 후퇴한 <u>사건</u> 이후 부산으로 넘어온 피난민의 애환을 표현한 대표적인 대중가요입니다. 특히 이 노래의 주인공인 화자가 금순이와 이별하게 된 실화를 바탕으로 제작되었기 때문에 당시 전쟁 상황의 안타까움을 사실적으로 표현하였다는 평가를 받습니다.

① 애치슨 선언이 발표되었다.

② 인천 상륙 작전이 전개되었다.

③ 모스크바 3국 외상 회의가 개최되었다.

④ 소련의 제안으로 개성에서 정전 회담이 개최되었다.

⑤ 국군이 다부동 전투에서 북한군의 공세를 방어하였다.

해품사 출제예언 – 역사적 사실과 관련된 노래, 문학

한능검에서는 종종 '특정 역사적 사실과 관련된 노래, 문학 등을 연계한 문제를 출제'합니다. 이때 문제 키워드는 주로 '우측의 해설 파트에서 제시'될 가능성이 높습니다!

키워드 추출
흥남 부두에서 후퇴한 사건 – 흥남 철수 작전(1950·12)

정답분석
④ 6·25 전쟁이 장기화되자, 소련의 제의로 개성에서 첫 정전(휴전) 회담이 개최되었다(1951·6).

오답분석
① 미국의 국무장관 애치슨은 태평양 지역 방어선을 발표하였는데, 이때 한반도와 타이완이 제외되었다(1950·1).
② 6·25 전쟁 때 인천 상륙 작전이 성공한 뒤 서울을 수복하였다(1950·9).
③ 광복 직후 미국, 영국, 소련의 외무장관은 한반도 문제를 논의하기 위해 모스크바에서 회의를 개최하였다(1945·12).
⑤ 국군 및 미군은 낙동강 전선에 위치한 다부동에서 북한군의 공세를 성공적으로 방어하였다(1950·8).

[정답] ④

어제의 오답 선지 = 내일의 정답 선지 | 한능검은 역사적 사실이 아닌 것은 선지에 포함하지 않습니다. 즉, 모든 선지는 사실이죠! 기출에서 오답 선지는 언제든 정답이 될 수 있습니다.

⚠️ 먼저 오른쪽 기출선지 키워드 암기를 가리고 왼쪽의 (빈칸)을 채워보세요. 그후 오른쪽 기출선지를 키워드 중심으로 달달 외우세요!

	기출선지 (키워드) 채우기	기출선지 키워드 암기	중요도
1	(　　　)에서 조선 인민 공화국을 선포하였다.	조선 건국 준비 위원회에서 조선 인민 공화국을 선포하였다. [47, 48, 58, 64회]	★★
2	(　　　)에서 제1차 미·소 공동 위원회가 개최되었다.	덕수궁 석조전에서 제1차 미·소 공동 위원회가 개최되었다. [51, 55회]	★★★
3	이승만이 (　　　)을 통해 남한만의 단독 정부 수립을 주장하였다.	이승만이 정읍 발언을 통해 남한만의 단독 정부 수립을 주장하였다. [48, 54, 68회]	★
4	여운형, 김규식 등이 조직한 (　　　)는 좌우 합작 7원칙을 발표하였다.	여운형, 김규식 등이 조직한 좌우 합작 위원회는 좌우 합작 7원칙을 발표하였다. [47, 49, 51, 55, 56, 57, 58, 60, 62, 64, 65, 66, 68, 69회]	★★★
5	(　　　) 총회에서 인구 비례에 의한 남북 총선거가 의결되었다.	유엔 총회에서 인구 비례에 의한 남북 총선거가 의결되었다. [48, 51, 57, 58, 60회]	★★
6	김구, (　　　) 등이 남북 협상에 참여하였다.	김구, 김규식 등이 남북 협상에 참여하였다. [47, 54, 69, 71회]	★★
7	우리나라 최초의 보통 선거인 (　　　)가 실시되었다.	우리나라 최초의 보통 선거인 5·10 총선거가 실시되었다. [47, 55, 64회]	★★
8	미군정 시기에는 귀속 재산 처리를 위해 (　　　)가 설립되었다.	미군정 시기에는 귀속 재산 처리를 위해 신한 공사가 설립되었다. [49, 52, 53, 56, 58, 61, 62, 64, 66회]	★★
9	제헌 국회는 (　　　)를 통해 국회의원들이 대통령을 선출하였다.	제헌 국회는 간선제를 통해 국회의원들이 대통령을 선출하였다. [63회]	★
10	제헌 국회는 친일파 처벌을 위한 (　　　)를 설치하였다.	제헌 국회는 친일파 처벌을 위한 반민족 행위 특별 조사 위원회를 설치하였다. [47, 49, 51, 52, 56, 60, 61, 62, 63, 66, 69, 70회]	★★★
11	유상 매수, 유상 분배를 규정한 (　　　)이 제정되었다.	유상 매수, 유상 분배를 규정한 농지 개혁법이 제정되었다. [47, 48, 54, 55, 57, 58, 62, 70, 71, 72회]	★★★
12	제헌 국회는 일제가 남긴 재산 처리를 위한 (　　　)을 제정하였다.	제헌 국회는 일제가 남긴 재산 처리를 위한 귀속 재산 처리법을 제정하였다. [51, 63회]	★
13	(　　　) 이후 희생자들의 명예 회복을 위한 특별법이 제정되었다.	제주 4·3 사건 이후 희생자들의 명예 회복을 위한 특별법이 제정되었다. [53, 62회]	★
14	6·25 전쟁 당시 (　　　)이 임시 수도로 정해졌다.	6·25 전쟁 당시 부산이 임시 수도로 정해졌다. [61, 65회]	★★
15	6·25 전쟁 당시 비상계엄이 선포된 가운데 (　　　)이 통과되었다.	6·25 전쟁 당시 비상계엄이 선포된 가운데 발췌 개헌이 통과되었다. [51, 52, 59, 66, 68, 70, 72회]	★★
16	6·25 전쟁 당시에 유엔군이 (　　　)을 전개하였다.	6·25 전쟁 당시에 유엔군이 인천 상륙 작전을 전개하였다. [61, 62, 66, 68회]	★★★
17	6·25 전쟁 당시에 (　　　)에서 대규모 철수 작전이 전개되었다.	6·25 전쟁 당시에 흥남에서 대규모 철수 작전이 전개되었다. [51, 55, 61, 68, 69회]	★★
18	6·25 전쟁 당시에 판문점에서 (　　　)이 조인되었다.	6·25 전쟁 당시에 판문점에서 정전 협정이 조인되었다. [50회]	★

✅ 테마 학습을 다 했다면, 테마 맨 앞 키워드 판서로 돌아가 복습하세요!

이승만~전두환 정부

✓ 시기: 1948년~1988년 ✓ 중요도 및 평균 출제율: 100% 출제! ★★★★
✓ 난이도: 어려움 → 각 정부의 역사적 사실, 개헌 사례, 민주화 운동의 사례를 모두 동시에 파악할 필요가 있기 때문에 난이도가 까다로운 편!

흐름형 **시대의 흐름을 따라가며 보면 좋은 유형**

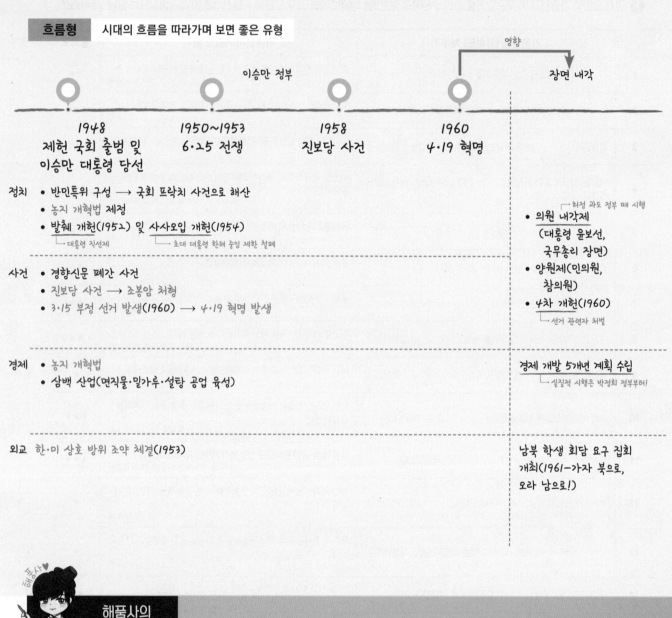

이승만 정부

영향

장면 내각

1948	1950~1953	1958	1960
제헌 국회 출범 및 이승만 대통령 당선	6·25 전쟁	진보당 사건	4·19 혁명

정치
• 반민특위 구성 → 국회 프락치 사건으로 해산
• 농지 개혁법 제정
• 발췌 개헌(1952) 및 사사오입 개헌(1954)
  └→ 대통령 직선제 └→ 초대 대통령 한해 중임 제한 철폐

사건
• 경향신문 폐간 사건
• 진보당 사건 → 조봉암 처형
• 3·15 부정 선거 발생(1960) → 4·19 혁명 발생

경제
• 농지 개혁법
• 삼백 산업(면직물·밀가루·설탕 공업 육성)

외교 한·미 상호 방위 조약 체결(1953)

└→ 허정 과도 정부 때 시행
• 의원 내각제
  (대통령 윤보선,
   국무총리 장면)
• 양원제(민의원,
   참의원)
• 4차 개헌(1960)
  └→ 선거 관련자 처벌

경제 개발 5개년 계획 수립
  └→ 실질적 시행은 박정희 정부부터!

남북 학생 회담 요구 집회
개최(1961-가자 북으로,
오라 남으로!)

**해품사의
테마 출제예언!**

1) 이승만, 박정희, 전두환 정부의 정치, 경제, 외교 업적 및 사건 구별하기

2) 이승만, 박정희, 전두환 정부 시기에 발생한 민주화 운동의 배경, 전개, 영향 파악하기

3) 이승만, 박정희, 전두환 정부 시기에 시행된 개헌의 특징 및 흐름 파악하기!

해품사 한능검 키워드 판서

◈ 테마 학습을 다 하고 난 후, 다시 돌아와서 한 번 더 보세요!

박정희 정부 ──────────── **전두환 정부**

1961	1969	1972	1972	1979	1980	1987
5·16 군사 정변	3선 개헌	7·4 남북 공동 성명 발표	유신 헌법 제정	10·26 사태	8차 개헌 및 5·18 광주 민주화 운동	6월 민주 항쟁 및 9차 개헌

대통령 연임 3회 제한

* 국민 교육 헌장 발표
* 무즙 파동 → 중학교 무시험 진학 제도
* 5차 개헌(1962)

* 유신 헌법 발표 → 긴급 조치 규정 및 통일 주체 국민 회의 설치(간선제, 국회의원 1/3 추천)
* 미니스커트 및 장발 단속

유화
* 교복 자율화
* 야간 통행 금지 해제
* 해외 여행 부분 허용

독재
* 삼청 교육대 설치
* 언론 보도 지침 규정
* 프로 야구단 및 축구단 출범(3S 정책- 섹스, 스크린, 스포츠)
* 8차 개헌

---

* 6·3 시위(1964)
* 전태일 분신 자살 사건(1970)
* 광주 대단지 사건(1971)

* 개헌 청원 100만인 서명 운동(1973)
* 민청학련 사건 → 인민 혁명당 재건위 사건(1974)
* 함평 고구마 피해 보상 투쟁(1976)
* 부·마 민주 항쟁(1979)

대통령 선거인단 구성, 임기 7년 단임

* 5·18 광주 민주화 운동(1980)
* 6월 민주 항쟁 → 9차 개헌

5년 단임 대통령 직선제

---

* 경부 고속 도로 개통(1970)
* 새마을 운동(1970)
* 제1차, 제2차 경제 개발 계획 시행(1962~1971) → 경공업 중심
* 8·3 조치

* 제3차 경제 개발 계획 시행(1972~1976) → 포항 제철 건립
* 제1차(1973) 및 제2차(1978) 석유 파동
* 100억 달러 수출 달성(1977)

* 국민연금제
* 최저임금제
* 3저 호황(저달러·저유가·저금리)

외국 • 브라운 각서 체결(베트남 전쟁 참전, 미국)
　　　• 서독 광부 및 간호사 파견(독일) ──────────→
　　　• 김종필·오히라 회담 → 6·3 시위(1964) → 한·일 기본 조약 체결

국제 대회
서울 아시안 게임(1986)

북한(대립 및 통일)
* 1·21 북한 무장 공비 청와대 습격 사건(김신조 사건)
* 7·4 남북 공동 성명 발표(1972) → 남북 조절 위원회 설치 및 유신 헌법 시행

통일
* 민족·화합·민주 통일 방안 발표
* 남북 이산가족 고향 방문단 최초 실현

쉽게 출제될 경우　　**vs**　　어렵게 출제될 경우

기출 → 61, 64, 68, 72회

=

: 이승만 정부~전두환 정부의 역사적 사실 및 민주화 운동이 출제됨!

⇨ 반민족 행위 처벌법, 농지 개혁법, 진보당 사건, 4·19 혁명 / 경부 고속 도로, 새마을 운동, 7·4 남북 공동 성명, 3·1 민주 구국 선언, 부·마 민주 항쟁 / 삼청 교육대 설치, 프로 야구단 창설, 5·18 광주 민주화 운동, 6월 민주 항쟁

기출 → 60, 63, 67회

: 현대사의 개헌과 관련된 특징 또는 흐름을 파악하는 유형이 출제됨!

⇨ 대통령 직선제 / 초대 대통령에 한해 중임 제한 철폐 / 의원 내각제 및 양원제 / 대통령의 연임 횟수 3회 제한 / 국회의원 1/3 추천 권한 보유, 국회 해산권, 대통령 임기 6년, 통일 주체 국민 회의 / 대통령 선거인단 / 대통령 임기 5년 단임 규정

해품사 공지사항!

총 26회분(47회~72회) 기출에서 단 한 번이라도 언급된 내용은 모두 포함!

빨간색 키워드는 약 80% 이상 확률로 출제된 중요 키워드이므로 우선 암기

키워드는 그중에서도 직접적인 정답 키워드로 자주 언급되는 것

☆~☆☆☆ 테마 안에서도 더욱 빈출인 주제에 표시

1 이승만~전두환 정부 시기의 정책 및 역사적 사실 ☆☆☆

이승만 정부 (제1 공화국- 1948~1960)	■ **정치**: 반민특위 운영(반민족 행위 처벌법 제정을 통해 구성, 친일파 처벌) → 국회 프락치 사건으로 인해 해산됨, 문맹국민 완전 퇴치 5개년 계획 수립, 부산 정치 파동 → 계엄령 아래 기립 표결로 발췌 개헌 시행(1952) → 대통령 직선제 및 양원제 규정, 사사오입 개헌 시행(1954) → 초대 대통령에 한해 중임 제한 철폐 *사실상 대통령 직선제만 시행될 주의!* ■ **경제**: 농지 개혁법 제정(자영농 육성, 유상 몰수 및 유상 분배 원칙), 삼백 산업 시행(면직물·밀가루·설탕 공업) ■ **외교**: 한·미 상호 방위 조약 체결(1953) ■ **사건**: 경향신문 폐간 사건, 국가보안법 파동, 진보당 사건(1958) → 조봉암 처형, 3·15 부정 선거 발생(1960) → 4·19 혁명 및 이승만 대통령 하야 원인 └ 흐름형 유형 빈출 정답 키워드!
장면 내각 (제2 공화국- 1960~1961)	■ **정치**: 의원 내각제(대통령 윤보선, 국무총리 장면-실질적 권력 행사!) 및 양원제 시행(민의원, 참의원 구성), 4차 개헌 시행(3·15 부정 선거 관련자 처벌) ■ **경제**: 경제 개발 5개년 계획 수립 — 실질적인 시행은 박정희 정부부터! ■ **외교**: 남북 학생 회담 요구 집회 개최(1961) → '가자 북으로, 오라 남으로!' 구호 개최
박정희 정부 (제3, 4 공화국 - 1961~1979)	**유신 헌법 시행 이전(제3 공화국-1961~1972)** ■ **정치**: 5·16 군사 정변으로 집권(1961) → 국가 재건 최고 회의 건설(정부 수립 이전 최고 권력 기관), 국민 교육 헌장 발표, 무즙 파동 발발(과도한 중학교 입시 제도 비판) → 중학교 무시험 진학 제도 실시(1969), 3선 개헌 실시(1969) → 대통령의 연임 횟수 3회 제한 ■ **경제**: 경부 고속 도로 개통(1970), 새마을 운동(1970) → 도시와 농촌 빈부 격차 해소 목적, 제1차·제2차 경제 개발 계획 시행(1962~1971) → 경공업 중심, 8·3 조치 → 기업 사채 동결 영향 ■ **외교** 1. **미국**: 브라운 각서 체결(베트남 전쟁 참전) → 경제 및 군사 원조 2. **독일**: 서독 광부 및 간호사 파견 — 1970년대까지 지속됨 3. **일본**: 김종필·오히라 회담(일본의 무상 및 유상 차관 규정) → 6·3 시위 발발 → 한·일 기본 조약 체결 4. **북한** 　- **대립**: 1·21 북한 무장 공비 청와대 습격 사건(김신조 사건) → 향토예비군 창설 계기(1968), 울진·삼척 무장 공비 침투 사건, 푸에블로호 납치 사건(미국 정보수집함 나포) 　- **통일**: 남북 적십자 회담 개최(1971), 7·4 남북 공동 성명 발표(1972, 자주·평화·민족적 대단결) → 남북 조절 위원회 설치 및 유신 헌법 시행 배경 ■ **사건**: 광주 대단지 사건(1971, 대규모 노동자 운동) → 정부의 과도한 도시화 정책 반발 **유신 헌법 시행 이후(제4 공화국-1972~1979)** ■ **정치**: 유신 헌법 발표 → 국회 해산권 보유 및 긴급 조치 규정, 통일 주체 국민 회의 설치(대통령 간선제 선출, 국회의원 1/3 추천 권한 보유), 미니스커트 및 장발 단속

	▪ 경제: 제3차 경제 개발 계획 시행(1972~1976) → 포항 제철 건립, 제1차 석유 파동(1973) 및 제2차 석유 파동 석유 파동(1978) 발생, 100억 달러 수출 달성(1977) ┌─ 사법 역사상 암흑의 날 ▪ 사건: 민청학련 사건 → 인민 혁명당 재건위 사건(1974), 함평 고구마 피해 보상 투쟁(1976, 대규모 농민 운동)
전두환 정부 (1980~1988)	▪ 정치 - 유화 및 교육 정책: 교복 자율화 실시, 야간 통행 금지 해제, 해외 여행 부분 허용, 대학 본고사 폐지 및 졸업 정원제 실시, 최초의 중학교 의무 교육 → 중학교 의무 교육 전국 시행은 김대중 정부 주의! - 독재 정책: 12·12 사태로 집권(1980) → 국가 보위 비상 대책 위원회 설치(정부 수립 이전 최고 권력 기관), 삼청교육대 설치, 언론 보도 지침 규정, 프로 야구단 및 축구단 출범(3S 정책─성, 스크린, 스포츠), 8차 개헌(간선제, 대통령 선거인단 구성, 대통령 임기 7년 단임) ▪ 경제: 국민연금제, 최저임금제, 3저 호황(저달러·저유가·저금리) ▪ 외교 - 국제 대회: 서울 아시안 게임(1986) - 통일: 민족·화합·민주 통일 방안 발표, 남북 이산가족 고향 방문단 최초 실현

2 이승만~전두환 정부 시기의 민주화 운동 사례 ☆☆☆

이승만 정부	**4·19 혁명(1960)** - 배경: 이승만의 장기 독재에 저항 → 대구 2·28 민주화 운동 발생 - 전개: 3·15 부정 선거 발생 및 김주열 시신이 마산 앞바다에서 발견되며 민주화 운동 본격화 → 경무대(현재 청와대)에서 경찰이 시위대에게 총격, 대학 교수단 시위 전개 - 영향: 이승만 대통령 하야 → 허정 과도 정부 수립(3차 개헌 발표) → 장면 내각 출범 및 의원 내각제 시행
박정희 정부	**유신 헌법 시행 이전(제3 공화국-1961~1972)** ▪ 6·3 시위(1964) - 배경: 한국과 일본의 굴욕적인 한·일 회담 반대 - 전개: 대학생 단체를 중심으로 대규모 시위 전개(민족적 민주주의 장례식) ▪ 전태일 분신 자살 사건(1970) - 배경: 서울의 평화시장에서 노동자로 일하며 열악한 노동 현장의 현실 인식 및 저항 - 전개: 근로 기준법 개선을 요구하며 분신 자살 시도 - 영향: 청계 피복 노동 조합 결성 계기(노동 조건 개선 및 노동자의 경제적·사회적 지위 향상 도모) **유신 헌법 시행 이후(제4 공화국-1972~1979)** ▪ 개헌 청원 100만인 서명 운동(1973) 및 3·1 민주 구국 선언(1976) - 배경: 유신 헌법의 개정 또는 철폐 요구 - 전개: 장준하의 유신 헌법 개헌 청원 서명 운동 전개 및 정치인·종교인 등의 긴급 조치 철폐 요구 선언 발표 ▪ 부·마 민주 항쟁(1979) - 배경: YH 무역 사건(YH 무역 회사의 여공 농성) 발생 - 전개: 신민당 당사 점거 농성을 계기로 신민당의 김영삼 총재 국회의원 제명 → 부산·마산 지역 중심으로 항쟁 지속 - 영향: 10·26 사태 발생 및 유신 체제 붕괴
전두환 정부	▪ 5·18 광주 민주화 운동(1980) - 배경: 신군부의 비상 계엄 확대 및 무력 진압 저항 - 전개: 금남로 및 전남도청 등에서 자발적으로 조직된 시민군이 계엄군에 저항함, 윤상원 열사 등의 활동 - 영향: 관련 기록물 세계 기록 유산 등재 ▪ 6월 민주 항쟁(1987) - 배경: 전국적인 대통령 직선제 개헌 요구 발생 → 전두환 정부의 4·13 호헌 조치 발발 - 전개: 박종철(남영동 대공분실 고문 치사 사건) 열사 및 이한열(연세대 앞에서 최루탄 피격) 열사 등의 희생 → 호헌 철폐 및 독재 타도를 주장하며 민주화 운동 확대 - 영향: 6·29 민주화 선언 발표 → 5년 단임 대통령 직선제 개헌 시행 ┌─ 전두환 정부 때 민주 정의당 대표 노태우가 발표 주의!

34 이승만~전두환 정부

총 26회분 기출분석에서 나온 대표패턴을
최신 기출문제에서 뽑았습니다.

58회 41번

1. 밑줄 그은 '선거' 이후의 사실로 옳은 것은? [3점]

이번 선거에 자유당, 민주당 후보 등 여러 명이 출마했군.

여당은 현 대통령의 3선을, 야당은 정권 교체를 주장하고 있군.

① 국회에서 국민 방위군 사건이 폭로되었다.
② 평화 통일론을 내세우던 진보당이 해체되었다.
③ 경찰이 반민족 행위 특별 조사 위원회를 습격하였다.
④ 조선 건국 준비 위원회 지부가 인민 위원회로 개편되었다.
⑤ 초대 대통령에 한해 중임 제한을 폐지하는 개헌안이 통과되었다.

키워드 추출

대통령 3선 주장, 이승만, 조봉암 – 제3대 대통령 선거(1956)

정답분석

② 이승만 정부는 조봉암에게 간첩 혐의를 씌워 사형시킨 뒤 진보당을 해체하였다(1958).

오답분석

① 6·25 전쟁 때 국민 방위군 사건이 일어났다(1951·1).
③ 이승만 정부는 반민특위를 해산시켰다(1949·10).
④ 조선 건국 준비 위원회는 조선 인민 공화국을 선포한 뒤 해산되었다(1945·9).
⑤ 이승만의 사사오입 개헌(1954·11)

해품사의 합격Tip

한능검에서 이승만 정부를 기준으로 특정 시기 이후의 역사적 사실 유형을 출제하면, 비교적 늦게 발생한 사건인 진보당 사건을 정답으로 자주 제시합니다!

[정답] ②

62회 45번

2. 다음 정부 시기에 볼 수 있는 모습으로 가장 적절한 것은? [2점]

실감 콘텐츠로 만나는 ○○○ 정부

포항 제철소 착공식   제1차 석유 파동으로 멈춰 선 버스   100억 불 수출 달성

① 최저 임금법 제정으로 최저 임금을 심의하는 위원
② 금융 실명제에 따라 신분증 제시를 요구하는 은행원
③ 한·칠레 자유 무역 협정(FTA)의 비준을 보도하는 기자
④ 전국 민주 노동조합 총연맹 창립 대회에 참가하는 노동자
⑤ 정부의 도시 정책에 반발해 시위를 하는 광주 대단지 이주민

키워드 추출

포항 제철소 착공식, 제1차 석유 파동, 100억 불 수출 달성 – 박정희 정부

정답분석

⑤ 박정희 정부 때 서울시가 철거민을 경기 광주로 강제 이주시켜 주민들의 반발을 일으키며 시위가 발생하였다.

오답분석

① 전두환 정부 때 최저 임금법을 제정하였다.
② 김영삼 정부 때 금융 실명제를 실시하였다.
③ 노무현 정부 때 한국과 칠레 간 FTA를 체결하였다.
④ 김영삼 정부 때 전국 민주 노동조합 총연맹이 창립되었다.

해품사의 합격Tip

현대에서 박정희 정부는 재임 시기도 가장 길기 때문에, 그만큼 문제에서 출제될 수 있는 키워드도 가장 다양하며, 특히 경제 관련 키워드가 제시될 가능성이 높습니다!

[정답] ⑤

64회 46번

3. (가), (나) 민주화 운동에 대한 설명으로 옳은 것은?
[1점]

① (가) – 굴욕적인 한일 국교 정상화에 반대하였다.

② (가) – 군부 독재를 타도하려 한 민주화 운동이었다.

③ (나) – 대통령 직선제 개헌을 이끌어냈다.

④ (나) – 전개 과정에서 시민군이 자발적으로 조직되었다.

⑤ (가), (나) – 대통령이 하야하는 결과를 가져왔다.

키워드 추출
- (가) 대학 교수단, 3·15 부정 선거 규탄 – 4·19 혁명
- (나) 호헌 철폐, 독재 타도 – 6월 민주 항쟁

정답분석
③ 6월 민주 항쟁의 결과 9차 개헌을 통해 5년 단임의 대통령 직선제 개헌을 이끌어내는 성과를 얻어냈다.

오답분석
① 박정희 정부 때 굴욕적인 한·일 국교 정상화를 반대하며 대학생을 중심으로 시위가 전개되었다.

② 5·18 광주 민주화 운동은 신군부의 비상 계엄 확대 및 무력 진압에 저항하며 발생하였다.

④ 5·18 광주 민주화 운동 당시 광주 시민들이 자발적으로 시민군을 조직하였다.

⑤ 이승만 정권 때 발생한 4·19 혁명의 결과 이승만 대통령이 하야 후 하와이로 망명하였다.

해품사의 합격Tip
각각의 민주화 운동과 연결되는 키워드들을 파악하고, 특히 6월 민주 항쟁은 대통령 직선제 관련 키워드를 기억하세요.

[정답] ③

63회 44번

4. (가), (나) 헌법이 제정된 시기 사이에 있었던 사실로 옳은 것은?
[3점]

(가)	(나)
제1조 ① 대한민국은 민주 공화국이다. ② 대한민국의 주권은 국민에게 있고, 모든 권력은 국민으로부터 나온다. 제64조 ① 대통령은 국민의 보통·평등·직접·비밀 선거에 의하여 선출한다. 제69조 ① 대통령의 임기는 4년으로 한다. ③ 대통령의 계속 재임은 3기에 한한다.	제1조 ① 대한민국은 민주 공화국이다. ② 대한민국의 주권은 국민에게 있고, 국민은 그 대표자나 국민 투표에 의하여 주권을 행사한다. 제39조 ① 대통령은 통일 주체 국민 회의에서 토론 없이 무기명 투표로 선거한다. 제47조 대통령의 임기는 6년으로 한다. 제59조 ① 대통령은 국회를 해산할 수 있다.

① 지방 자치제가 전면 시행되었다.

② 여수·순천 10·19 사건이 일어났다.

③ 일부 군인들이 5·16 군사 정변을 일으켰다.

④ 서울과 평양에서 7·4 남북 공동 성명이 발표되었다.

⑤ 한일 국교 정상화에 반대하는 6·3 시위가 전개되었다.

키워드 추출
- (가) 계속 재임은 3기 – 3선 개헌(1969)
- (나) 통일 주체 국민 회의, 임기 6년, 국회 해산 – 유신 헌법(1972·12)

정답분석
④ 박정희 정부 때 7·4 남북 공동 성명이 발표되었다(1972·7).

오답분석
① 김영삼 정부 시기에 지방 자치제가 전면 실시되었다.

② 여수에 주둔하고 있던 국방경비대 제14연대 소속의 일부 군인들은 제주 4·3 사건의 진압을 거부하며 무장 봉기를 일으켰다(1948·10).

③ 박정희는 육군사관학교 출신의 군인들과 함께 군사 정변을 일으켜 정권을 장악하였다(1961).

⑤ 박정희 정부 시기에 발생한 6·3 시위는 굴욕적인 한일 국교 정상화를 반대하며 대학교 학생 세력을 중심으로 전개되었다(1964).

해품사의 합격Tip
한능검에서 현대의 개헌 유형을 출제할 경우 '각 개헌의 대표 조항을 해석' 하는 것이 중요합니다.

[정답] ④

1.

밑줄 그은 '정부' 시기에 있었던 사실로 옳은 것은?

① 국민 교육 헌장이 발표되었다.

② 서울 올림픽 대회가 개최되었다.

③ 양성 평등 실현을 위해 호주제가 폐지되었다.

④ 원조 물자를 가공하는 삼백 산업이 발달하였다.

⑤ 사회 정화를 명분으로 삼청 교육대가 설치되었다.

해품사 출제예언 – 세 가상 인물의 대화

최근 한능검에서 '세 인물의 대화 형식을 활용'하여 특정 정부의 역사적 사실을 출제하는 사례가 늘어났습니다.

키워드 추출

프로 야구단 출범, 3S 정책 – 전두환 정부

정답분석

⑤ 전두환 정부 때 삼청 교육대를 설치하여 시민들을 강제로 연행하는 인권 탄압이 발생하였다.

오답분석

① 박정희 정부 때 국민의 교육 지표 방향을 제시한 국민 교육 헌장을 발표하였다.

② 노태우 정부 때 국제 대회인 제24회 서울 올림픽 대회가 개최되었다.

③ 노무현 정부 때 양성 평등을 목적으로 호주제를 폐지하고 가족 관계 등록부를 신설하였다.

④ 이승만 정부 때 미국의 원조 문자를 바탕으로 면직물·밀가루·설탕 공업을 육성하는 삼백 산업이 발달하였다.

[정답] ⑤

2.

(가) 민주화 운동과 관련된 설명으로 옳은 것은?

① 시위 도중 대학생 이한열이 희생되었다.

② 굴욕적인 한일 국교 정상화에 반대하였다.

③ 야당 총재의 국회의원직 제명으로 촉발되었다.

④ 3·15 부정 선거에 항의하며 시위가 시작되었다.

⑤ 관련 기록물이 유네스코 세계 기록 유산으로 등재되었다.

해품사 출제예언 – 최근 역사적 이슈

한능검은 종종 '최근 역사적 이슈를 활용하여 관련 역사적 사실을 출제'하는 기법을 활용합니다!

키워드 추출

광주에서 계엄군에 의해 희생됨 – 5·18 광주 민주화 운동

정답분석

⑤ 5·18 광주 민주화 운동 관련 기록물이 세계 기록 유산으로 등재되었다.

오답분석

① 6월 민주 항쟁 당시 박종철 열사 및 이한열 열사가 희생되었다.

② 박정희 정부 때 발생한 6·3 시위는 굴욕적인 한·일 국교 정상화를 반대하며 대학교 학생 세력을 중심으로 전개되었다.

③ 박정희 정부 때 신민당의 김영삼을 제명한 것을 계기로 부산과 마산 지역에서 민주 항쟁이 발생하였다.

④ 이승만 정부 때 3·15 부정 선거를 계기로 4·19 혁명이 발생하였다.

[정답] ⑤

어제의 오답 선지 = 내일의 정답 선지

한능검은 역사적 사실이 아닌 것은 선지에 포함하지 않습니다. 즉, 모든 선지는 사실이죠! 기출에서 오답 선지는 언제든 정답이 될 수 있습니다.

❗ 먼저 오른쪽 기출선지 키워드 암기를 가리고 왼쪽의 (빈칸)을 채워보세요. 그후 오른쪽 기출선지를 키워드 중심으로 달달 외우세요!

	기출선지 (키워드) 채우기	기출선지 키워드 암기	중요도
1	이승만 정부 때 국회 프락치 사건을 계기로 ( )가 해체되었다.	이승만 정부 때 국회 프락치 사건을 계기로 반민족 행위 특별 조사 위원회가 해체되었다. [53, 58, 59, 64, 69, 72회]	★★
2	이승만 정부 때 평화 통일론을 주장한 진보당의 ( )이 처형되었다.	이승만 정부 때 평화 통일론을 주장한 진보당의 조봉암이 처형되었다. [49, 52, 53, 54, 55, 56, 58회]	★★★
3	이승만 정부 때 원조 물자를 가공하는 ( )이 발달하였다.	이승만 정부 때 원조 물자를 가공하는 삼백 산업이 발달하였다. [48, 60, 64, 66, 70회]	★★
4	장면 내각 때 민의원과 참의원으로 구성된 ( )를 운영하였다.	장면 내각 때 민의원과 참의원으로 구성된 양원제를 운영하였다. [52, 53, 60, 62, 63, 69회]	★★
5	박정희 정부 때 농촌의 근대화를 표방한 ( )이 전개되었다.	박정희 정부 때 농촌의 근대화를 표방한 새마을 운동이 전개되었다. [56, 57, 60회]	★★★
6	유신 헌법 시행 이후의 박정희 정부 때 ( )에서 대통령이 선출되었다.	유신 헌법 시행 이후의 박정희 정부 때 통일 주체 국민 회의에서 대통령이 선출되었다. [58, 59, 62, 67, 71, 72회]	★★★
7	박정희 정부 때 제3차 경제 개발 5개년 계획을 추진하며 ( )을 준공하였다.	박정희 정부 때 제3차 경제 개발 5개년 계획을 추진하며 포항 제철을 준공하였다. [53, 58, 69회]	★★
8	박정희 정부 때 7·4 남북 공동 성명을 실천하기 위해 ( )를 구성하였다.	박정희 정부 때 7·4 남북 공동 성명을 실천하기 위해 남북 조절 위원회를 구성하였다. [47, 48, 50, 51, 52, 53, 56, 57, 58, 59, 60, 61, 62, 63, 64, 65, 67, 68, 69, 70, 71회]	★★★
9	박정희 정부 때 굴욕적인 한·일 국교 정상화에 반대하는 ( )가 일어났다.	박정희 정부 때 굴욕적인 한·일 국교 정상화에 반대하는 6·3 시위가 일어났다. [50, 52, 53, 54, 55, 60, 61, 62, 63, 64, 69, 72회]	★★★
10	( ) 정부 때 남북 이산가족 고향 방문단의 교환을 최초로 실현하였다.	전두환 정부 때 남북 이산가족 고향 방문단의 교환을 최초로 실현하였다. [47, 49, 51, 52, 53, 56, 57, 58, 59, 60, 61, 62, 63, 65, 66, 67, 68, 70, 71회]	★★★
11	전두환 정부 때 사회 정화를 명분으로 ( )가 설치되었다.	전두환 정부 때 사회 정화를 명분으로 삼청 교육대가 설치되었다. [56, 63, 71회]	★★★
12	전두환 정부 때 저유가·저금리·저달러의 ( )이 있었다.	전두환 정부 때 저유가·저금리·저달러의 3저 호황이 있었다. [52, 53, 60, 63, 64, 68, 70회]	★★
13	( )의 결과 대통령이 하야하여 미국으로 망명하는 결과를 가져왔다.	4·19 혁명의 결과 대통령이 하야하여 미국으로 망명하는 결과를 가져왔다. [57, 63, 64, 66, 67, 71회]	★★
14	4·19 혁명의 결과 대통령 중심제에서 ( )로 바뀌는 계기가 되었다.	4·19 혁명의 결과 대통령 중심제에서 의원 내각제로 바뀌는 계기가 되었다. [47, 48, 54, 55, 60, 61, 64, 72회]	★★★
15	( ) 때 호헌 철폐, 독재 타도 등의 구호를 내세웠다.	6월 민주 항쟁 때 호헌 철폐, 독재 타도 등의 구호를 내세웠다. [48, 50, 51, 53, 55, 56, 57, 58, 59, 60, 61, 62, 66, 69회]	★★★
16	( )의 관련 기록물은 유네스코 세계 기록 유산으로 등재되었다.	5·18 광주 민주화 운동의 관련 기록물은 유네스코 세계 기록 유산으로 등재되었다. [48, 53, 57, 58, 61, 63, 69회]	★★
17	5·18 광주 민주화 운동은 ( )의 비상계엄 확대와 무력 진압에 저항한 운동이다.	5·18 광주 민주화 운동은 신군부의 비상계엄 확대와 무력 진압에 저항한 운동이다. [47, 49, 51, 53, 57, 58, 60, 62, 64회]	★★★

✔ 테마 학습을 다 했다면, 테마 맨 앞 키워드 판서로 돌아가 복습하세요!

노태우~문재인 정부 및 현대의 인물

✓ 시기: 1998년~2018년(*최근 교육과정 범위 기준 작성) ✓ 중요도 및 평균 출제율: 92% ★★★
✓ 난이도: 쉬움 → 대부분의 정부가 경제 업적 또는 통일 업적 위주로 출제됨, 키워드도 앞의 정부에 비해 양이 많지 않은 편! 인물 유형도 공략이 쉬움!

흐름형 시대의 흐름을 따라가며 보면 좋은 유형

	1988~1993 노태우 정부	1993~1998 김영삼 정부	1998~2003 김대중 정부
정치	3당 합당 → 민주 자유당 창당	우리 역사 바로 세우기 운동 추진 → 옛 조선 총독부 건물 철거, 국민학교 명칭 초등학교로 변경	• 국가 인원 위원회 및 여성부 신설 • 국민 기초 생활 보장법 제정 • 금 모으기 운동 전개 → 국제 통화 기금 (IMF) 조기 상환 • 중학교 의무 교육 전국 실시
경제 및 사회		• 금융 실명제 실시 • 전국 민주 노동조합 총연맹 창립 • 삼풍 백화점 붕괴 사고(1995)	
외교	국제 대회 서울 올림픽 개최(1988) 사회주의 국가 소련, 중국, 헝가리 국교 수립 북한(통일) • 남북한 유엔 동시 가입 • 남북 기본 합의서 • 한반도 비핵화 공동 선언	• 경제 협력 개발 기구(OECD) 가입 • 우루과이라운드 협상 타결 • 세계 무역 기구(WTO 가입) • 국제 통화 기금(IMF) 구제 금융 요청 (1997)	국제 대회 • 부산 아시안 게임 개최 • 한·일 월드컵 개최(2002) 북한(통일) • 최초 남북 정상 회담 개최 → 6·15 남북 공동 선언 발표 (2000) • 개성공단 설치 합의 • 경의선 복원 사업 시행 • 금강산 해로 관광 사업 시작

**해품사의
테마 출제예언!**

1) 노태우, 김영삼, 김대중, 노무현 정부의 정치, 경제, 외교 업적 및 사건 구별하기

2) 이명박, 박근혜, 문재인 정부의 정책 및 관련 역사적 사실 가볍게 암기하기!

3) 현대 대표 인물들의 업적 파악하기!

해품사 한능검
기특 무료강의

해품사 한능검 키워드 판서

⊘ 테마 학습을 다 하고 난 후, 다시 돌아와서 한 번 더 보세요!

2003~2008 노무현 정부	2008~2013 이명박 정부	2013~2017 박근혜 정부	2017~2022 문재인 정부
• 노인 장기 요양 보호법 • 여성가족부 개편 • 질병관리본부 설치 ┐ 반민특위와 혼동 주의! • 친일 반민족 행위 진상 규명 위원회 출범 • 행정 중심 복합 도시 건설 추진(세종시) • 호주제 폐지 → 가족 관계 등록부 신설	• 다문화 가족 지원법 • 4대강 사업 추진	• 기초연금제 • 미래창조과학부 신설 • 촛불 혁명 발생 → 헌정 사상 최초 탄핵 가결 ┗ 최초 부결은 노무현 정부	
• 아시아·태평양 경제 협력체(APEC) 정상 회의 개최 • 한·칠레 FTA 체결 • 한·미 FTA 체결			

• 제2차 남북 정상 회담 개최
→ 10·4 남북 정상 선언 발표(2007)
• 개성공단 착공식 개최
• 경의선 시범 운영
• 금강산 육로 관광 시행
	• 서울에서 G20 정상 회의
	  개최(2010)
	• 한·미 FTA 발효
		한·중 FTA 체결	• 평창 동계 올림픽 개최 및
			  남북 단일팀 참가
			• 4·27 판문점 선언 발표

쉽게 출제될 경우 VS 어렵게 출제될 경우

기출 → 61, 66, 70, 71회

: 노태우 정부~노무현 정부의 역사적 사실이 출제됨

⇨ 남북 기본 합의서, 남북한 유엔 동시 가입 / 금융 실명제 실시, 경제 협력 개발 기구(OECD) 가입, 국제 통화 기금(IMF) 구제 금융 / 국민 기초 생활 보장법 실시, 금 모으기 운동, 최초의 남북 정상 회담, 6·15 남북 공동 선언 발표 / 호주제 폐지, 제2차 남북 정상 회담, 10·4 남북 정상 선언 발표

기출 → 63, 66, 68회

: 현대사의 대표 인물 유형이 출제됨

⇨ 대한민국 임시 정부 초대 주석, 한인 애국단 단장, 남북 협상 / 파리 강화 회의 파견, 좌우 합작 위원회 조직 / 조선 건국 준비 위원회 조직 / 조선 건국 동맹, 좌우 합작 위원회 조직 / 개헌 청원 100만인 서명 운동 / 평화시장 노동자, 바보회, 근로기준법 준수를 요구하며 분신 자살 시도

35 노태우~문재인 정부 및 현대의 인물

해품사 공지사항!

총 26회분(47회~72회) 기출에서 단 한 번이라도 언급된 내용은 모두 포함!
빨간색 키워드는 약 80% 이상 확률로 출제된 중요 키워드이므로 우선 암기
키워드는 그중에서도 직접적인 정답 키워드로 자주 언급되는 것
☆~☆☆☆ 테마 안에서도 더욱 빈출인 주제에 표시

1 노태우~노무현 정부 시기의 정책 및 역사적 사실 ☆☆☆

노태우 정부 **(1988~1993)**	■ **정치**: 3당 합당 → 민주정의당 및 신민주공화당 및 통일민주당 → 민주자유당 합당 ■ **외교** 　- **국제 대회**: 서울 올림픽 개최(1988) ┌ 박정희 정부의 7·4 남북 공동 성명과 혼동 주의! 　- **통일**: 민족 자존과 통일 번영을 위한 <u>7·7 선언</u> 발표 → <u>남북한 유엔 동시 가입</u>, 북방 외교 및 국교 수립(예) 소련, 중국, 헝가리 등)과 통일 교류 활성화 모색 → 남북 사이의 화해와 불가침 및 교류 협력에 관한 합의서(<u>남북 기본 합의서</u>-1991, 남북 상호 체제 존중, 화해 및 상호 불가침 규정) 채택, 한반도 비핵화 공동 선언 발표
김영삼 정부 **(1993~1998)**	■ **정치**: 우리 역사 바로 세우기 운동 → 경복궁 내 옛 조선 총독부 철거, 국민학교 명칭을 초등학교로 변경, 하나회 숙청(군 내부 사조직 해체) ■ **경제 및 사회**: 금융 실명제 실시(1993), 전국 민주 노동조합 총연맹 창립 ■ **외교**: <u>경제 협력 개발 기구(OECD) 가입(1996)</u>, 우루과이라운드 협상 타결, 세계 무역 기구(WTO) 가입, 국제 통화 기금(IMF) 구제 금융 요청(1997) ■ **사건**: 삼풍 백화점 붕괴 사고 발생(1995)
김대중 정부 **(1998~2003)**	■ **정치**: 최초의 여야 평화적 정권 교체, 국가 인권 위원회 및 여성부 신설, 국민 기초 생활 보장법 제정, 노사정 위원회 신설, 금 모으기 운동 전개 → 국제 통화 기금(IMF) 조기 상환, 중학교 의무 교육 전국 시행 ■ **외교** 　- **국제 대회**: 부산 아시안 게임 개최, 한·일 월드컵 개최(2002) 　- **통일**: <u>최초의 남북 정상 회담 개최</u> → <u>6·15 남북 공동 선언</u> 발표(2000, 남측의 연합제 안과 북측의 낮은 단계의 연방제 안의 공통성 인정), 개성공단 설치 합의, 경의선 복원 사업 시행, 금강산 해로 관광 사업 시작
노무현 정부 **(2003~2008)**	■ **정치**: 노인 장기 요양 보호법 제정, 여성가족부 개편, 질병관리본부 설치, 진실·화해를 위한 과거사 정리 위원회 출범, <u>친일 반민족 행위 진상규명 위원회</u> 출범, 행정 중심 복합 도시 건설 추진(세종시), 호주제 폐지 → 가족 관계 등록부 신설 └ 이승만 정부의 반민특위와 혼동 주의! ■ **외교** 　- **국제**: 아시아·태평양 경제 협력체(APEC) 정상 회의 개최, 한·칠레 FTA 체결(2004), 한·미 FTA 체결(2007) 　- **통일**: <u>제2차 남북 정상 회담 개최</u> → <u>남북 관계의 발전과 평화 번영을 위한 10·4 남북 정상 선언</u> 발표(2007, 6·15 남북 공동 선언 내용 재확인 및 발전), <u>개성 공단 착공식</u> 개최, 경의선 시범 운영, 금강산 육로 관광 시행 └ 김대중 정부의 개성 공단 설치 합의와 혼동 주의!

> ✓ **해품사 암기팁!**
> 노태우 정부 통일 업적 암기법: 유엔(남북한 UN 동시 가입)은 기본적으로(남북 기본 합의서 채택) 비핵화(한반도 비핵화 공동 선언 발표)를 좋아한다!

2 이명박~문재인 정부 시기의 정책 및 역사적 사실 ☆

이명박 정부 (2008~2013)	■ **정치**: 다문화 가족 지원법, 4대강 사업 추진 ■ **외교**: 서울에서 G20 정상 회의 개최(2010), 한·미 FTA 발효
박근혜 정부 (2013~2017)	■ **정치**: 기초연금제, 미래창조과학부 신설, 인천 아시안 경기 대회 개최(2014), 촛불 혁명 발생 → 헌정 사상 <u>최초</u> <u>탄핵 가결</u> ── 헌정 사상 최초 탄핵 부결은 노무현 정부 주의! ■ **외교**: 한·중 FTA 체결(2015)
문재인 정부 (2017~2022)	**외교**: 평창 동계 올림픽 개최 및 남북 단일팀 참가(2017), 4·27 판문점 선언 발표(2018) └ 현재까지는 2017~2018년 사례만 출제!

┌ 각 인물의 대표 업적에 따라 시기 구별!

3 현대의 대표 인물의 <u>업적</u> ☆

대한민국 정부 수립 이전 중심				대한민국 정부 수립 이후 중심	
김구	김규식	안재홍	여운형	장준하	전태일
■ 대한민국 임시 정부 경무국장 및 초대 주석 역임 ■ 한인 애국단 단장 ■ 김규식과 남북 협상 추진 ■ 경교장(개인 사저)	■ 신한 청년당 및 대한민국 임시 정부 외무부장 활동 → 파리 강화 회의 파견 ■ 민족 혁명당 결성 참여 ■ 대한민국 임시 정부 부주석 역임 ■ 여운형과 좌우 합작 위원회 조직 ■ 김구와 남북 협상 추진	■ 동제사 참여 ■ 정인보와 조선학 운동 주도 → 『여유당전서』 간행 참여 ■ 『조선상고사감』 저술 ■ 여운형과 조선 건국 준비 위원회 조직	■ 일제 강점기의 조선중앙일보 사장 ■ 조선 건국 동맹 결성(1944) ■ 안재홍과 조선 건국 준비 위원회 조직 ■ 김규식과 좌우 합작 위원회 조직	■ 한국 광복군 활동 ■ 『사상계』(월간 시사잡지) 창간 ■ 옥중 출마하여 7대 총선 당선 ■ 개헌 청원 100만 인 서명 운동 주도(1973)	■ 서울 평화시장의 노동자 출신 → 바보회 조직 ■ 평화시장에서 근로 기준법 준수를 요구하며 분신 자살 시도 → 청계 피복 노동 조합 결성 계기

▲김구

▲김규식

▲안재홍

▲여운형

▲장준하

▲전태일

총 26회분 기출분석에서 나온 대표패턴을
최신 기출문제에서 뽑았습니다.

63회 50번

1. 다음 선언을 발표한 정부의 통일 노력으로 옳은 것은?

[3점]

> 나는 오늘 온 겨레의 염원인 조국의 평화적 통일을 실현해 나가기 위한 새 공화국의 정책을 밝히려 합니다. 우리 민족이 남북 분단의 고통을 겪어온 지 반세기가 가까워 옵니다. …… 민족자존과 통일 번영의 새 시대를 열어나갈 것임을 약속하면서 다음과 같은 정책을 추진해 나갈 것을 내외에 선언합니다.
>
> ……
>
> 셋째, 남북 간 교역의 문호를 개방하고 남북 간 교역을 민족 내부 교역으로 간주한다.
>
> ……
>
> 여섯째, 한반도의 평화를 정착시킬 여건을 조성하기 위하여 북한이 미국, 일본 등 우리 우방과의 관계를 개선하는 데 협조할 용의가 있으며 또한 우리는 소련, 중국을 비롯한 사회주의 국가들과의 관계 개선을 추구한다.

① 남북 조절 위원회를 구성하였다.

② 개성 공업 지구 건설에 합의하였다.

③ 10·4 남북 정상 선언을 발표하였다.

④ 남북한이 국제 연합(UN)에 동시 가입하였다.

⑤ 남북 이산가족 고향 방문을 최초로 실현하였다.

키워드 추출

소련, 중국을 비롯한 사회주의 국가들과의 관계 개선을 추구
– 노태우 정부

정답분석

④ 노태우 정부 때 남북한이 유엔에 동시 가입하였다.

오답분석

① 박정희 정부 때 남북 조절 위원회가 구성되었다.

② 김대중 정부 때 개성 공업 지구 건설에 합의하였다.

③ 노무현 정부 때 10·4 남북 정상 선언을 발표하였다.

⑤ 전두환 정부 때의 일이다.

해품사의 합격Tip

한능검에서 노태우 정부의 통일 관련 문제가 출제되면 앞서 제시한 'UN은 기본적으로 비핵화를 좋아한다'는 암기법을 연상하세요!

[정답] ④

70회 46번

2. (가) 시기에 있었던 사실로 옳은 것은? [1점]

 오늘 내린 긴급 재정 경제 명령은 명실상부한 금융 실명제에 대한 국민의 열망을 반영하고 있습니다. (가)  정부는 금융 외환 시장의 어려움을 극복하기 위해 국제 통화 기금에 유동성 조절 자금 지원을 요청하였습니다.

① 처음으로 수출액 100억 달러를 달성하였다.

② 미국과 자유 무역 협정(FTA)을 체결하였다.

③ 저유가·저금리·저달러의 3저 호황이 있었다.

④ 경제 협력 개발 기구(OECD) 회원국이 되었다.

⑤ 원조 물자를 가공하는 삼백 산업이 발달하였다.

키워드 추출

• (가) 이전 – 금융 실명제 실시(1993)

• (가) 이후 – 국제 통화 기금(IMF)에 구제 금융 요청(1997)

정답분석

④ 김영삼 정부 때 우리나라는 경제 협력 개발 기구(OECD)의 29번째 회원국이 되었다(1996).

오답분석

① 박정희 정부 때 수출액 100억 달러를 달성하는 경제적 성과를 얻어냈다(1977).

② 노무현 정부 때 한국과 미국 간 자유 무역 협정(FTA)을 체결하였다(2007).

③ 전두환 정부 때 저금리·저달러·저유가의 3저 호황으로 인해 경제적 호황을 누렸다(3저 호황, 1986).

⑤ 이승만 정부 때 면직물·밀가루·설탕 공업을 육성하는 삼백 산업이 발달하였다(1950).

해품사의 합격Tip

이번 유형의 경우 김영삼 정부 정권 초기 및 말기의 역사적 사실을 제시하여 김영삼 정부 시기의 역사적 사실을 고르는 것이 중요하였습니다!

[정답] ④

62회 47번

3. (가), (나) 사이의 시기에 있었던 사실로 옳은 것은?
[2점]

> (가) 2. 남과 북은 나라의 통일을 위한 남측의 연합제 안과 북측의 낮은 단계의 연방제 안이 서로 공통성이 있다고 인정하고, 앞으로 이 방향에서 통일을 지향시켜 나가기로 하였다.
> – 「6·15 남북 공동 선언」 –

> (나) 4. 남과 북은 현 정전 체제를 종식시키고 항구적인 평화 체제를 구축해 나가야 한다는 데 인식을 같이하고 직접 관련된 3자 또는 4자 정상들이 한반도 지역에서 만나 종전을 선언하는 문제를 추진하기 위해 협력해 나가기로 하였다.
> – 「10·4 남북 정상 선언」 –

① 남북 조절 위원회가 구성되었다.

② 7·4 남북 공동 성명이 발표되었다.

③ 개성 공업 지구 건설이 착공되었다.

④ 남북한 비핵화 공동 선언이 채택되었다.

⑤ 남북 이산가족 고향 방문단의 교환 방문이 최초로 성사되었다.

키워드 추출

- (가) 6·15 남북 공동 선언 – 김대중 정부(2000)
- (나) 10·4 남북 정상 선언 – 노무현 정부(2007)

정답분석

③ 노무현 정부 시기에 김대중 정부 때 합의된 개성 공업 지구 건설이 본격적으로 시작되었다(2003).

오답분석

① 박정희 정부 때 7·4 남북 공동 성명을 계기로 통일 교류 실천을 위한 남북 조절 위원회가 구성되었다(1972).

② 박정희 정부 때 7·4 남북 공동 성명이 발표되었다(1972).

④ 노태우 정부 때 한반도 비핵화 공동 선언이 발표되었다(1991).

⑤ 전두환 정부 때 남북 이산가족 고향 방문단의 교환을 최초로 실현하였다(1985).

해품사의 합격Tip

한능검에서 '노태우, 김대중, 노무현 정부는 공통적으로 통일 관련 교류 사례를 자주 출제'한다는 특징이 있습니다.

[정답] ③

52회 50번

4. (가)~(다) 학생이 발표한 내용을 일어난 순서대로 옳게 나열한 것은?
[1점]

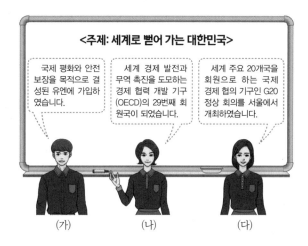

① (가) – (나) – (다)　　② (가) – (다) – (나)

③ (나) – (가) – (다)　　④ (나) – (다) – (가)

⑤ (다) – (가) – (나)

키워드 추출

- (가) 유엔에 가입 – 노태우 정부
- (나) 경제 협력 개발 기구 회원국 – 김영삼 정부
- (다) G20 정상 회의 – 이명박 정부

정답분석

① 한국 세계화의 흐름은 유엔 가입(가 – 노태우 정부) → 경제 협력 개발 기구(OECD) 가입(나 – 김영삼 정부) → G20 정상 회의 서울 개최(다 – 이명박 정부) 순으로 발생하였다.

해품사의 합격Tip

한능검에서 현재까지 직접적으로 문제 키워드로 언급된 정부는 이명박 정부까지입니다. 그러나 박근혜 정부 및 문재인 정부 관련 키워드 역시 특정 주제를 바탕으로 문제에서 언급될 수 있기 때문에 핵심 키워드를 암기할 것을 추천합니다!

[정답] ①

1.

다음 연설문을 발표한 정부의 통일 노력으로 옳은 것은?

> 존경하고 사랑하는 국민 여러분! 저는 오늘부터 이박 삼일 동안 평양을 방문합니다. … 평양에서 저는 김정일 국방위원장과 역사적인 남북 정상 회담을 갖게 될 것입니다. 지난 55년 동안 영원히 막힐 것 같이 보였던 정상 회담의 길이 이제 우리 앞에 열리게 된 것입니다. 이 길이 열리기까지는 무엇보다 남북의 화해와 협력, 그리고 평화통일을 바라는 국민 여러분의 한결같은 염원과 성원의 힘이 컸습니다. 진심으로 감사를 드립니다.

① 남북한이 유엔에 동시 가입하였다.

② 7·4 남북 공동 성명을 발표하였다.

③ 개성 공업 지구 건설에 합의하였다.

④ 한반도 비핵화 공동 선언을 채택하였다.

⑤ 남북 이산가족 고향 방문단의 교환 방문이 최초로 성사되었다.

해품사 출제예언 - 연설문

한능검에서 대통령 업적 유형을 출제할 경우 종종 '특정 대통령의 연설문'을 사용하여 출제하는 경우가 있습니다. 연설문 속 핵심이 되는 키워드를 놓치지 마세요!

키워드 추출

평양에서 저는 김정일 국방위원장과 역사적인 남북 정상 회담을 갖게 될 것 - 김대중 정부

정답분석

③ 김대중 정부 때 남북 경제 교류 및 협력을 위한 개성 공업 지구 건설에 합의하였다.

오답분석

① 노태우 정부 때 남북한이 유엔에 동시 가입하였다.

② 박정희 정부 때 7·4 남북 공동 성명이 발표되었다.

④ 노태우 정부 때 한반도 비핵화 공동 선언이 발표되었다.

⑤ 전두환 정부 때 남북 이산가족 고향 방문단의 교환을 최초로 실현하였다.

[정답] ③

2.

(가)~(다) 학생이 발표한 내용을 일어난 순서대로 옳게 나열한 것은?

주제: 한국이 개최한 국제 대회

서울에서 제24회 올림픽 경기 대회가 개최되었습니다.

인천에서 제17회 아시안 게임이 개최되었습니다.

한국과 일본의 공동 주최로 제17회 FIFA 한일 월드컵이 성사되었습니다.

(가)   (나)   (다)

① (가) – (나) – (다)

② (가) – (다) – (나)

③ (나) – (가) – (다)

④ (나) – (다) – (가)

⑤ (다) – (가) – (나)

해품사 출제예언 - 박근혜 정부 및 문재인 정부

현재까지 한능검 기출에서 박근혜 정부 및 문재인 정부의 키워드를 활용하여 문제를 직접적으로 출제한 사례가 거의 없습니다. 그러므로 앞으로의 시험에 대비하기 위해 예시 문항을 학습하는 것을 권장합니다!

키워드 추출

• (가) 서울 올림픽 - 노태우 정부

• (나) 인천 아시안 게임 - 박근혜 정부

• (다) 한일 월드컵 - 김대중 정부

정답분석

② 한국이 개최한 국제 대회의 흐름은 서울 올림픽(가-노태우 정부) → 한일 월드컵(다-김대중 정부) → 인천 아시안 게임(나-박근혜 정부) 순으로 발생하였다.

[정답] ②

어제의 오답 선지 = 내일의 정답 선지 | 한능검은 역사적 사실이 아닌 것은 선지에 포함하지 않습니다. 즉, 모든 선지는 사실이죠! 기출에서 오답 선지는 언제든 정답이 될 수 있습니다.

💡 먼저 오른쪽 기출선지 키워드 암기를 가리고 왼쪽의 (빈칸)을 채워보세요. 그후 오른쪽 기출선지를 키워드 중심으로 달달 외우세요!

	기출선지 (키워드) 채우기	기출선지 키워드 암기	중요도
1	(　　　) 정부 때 경제 협력 개발 기구(OECD) 회원국이 되었다.	김영삼 정부 때 경제 협력 개발 기구(OECD) 회원국이 되었다. [47, 48, 50, 51, 54, 56, 60, 63, 64, 70회]	★★★
2	김영삼 정부 때 대통령 긴급 명령으로 (　　　)를 실시하였다.	김영삼 정부 때 대통령 긴급 명령으로 금융 실명제를 실시하였다. [47, 49, 51, 52, 53, 55, 57, 58, 60, 61, 62, 66, 68, 69회]	★★★
3	김영삼 정부 때 역사 바로 세우기를 내세우며 옛 (　　　) 건물을 철거하였다.	김영삼 정부 때 역사 바로 세우기를 내세우며 옛 조선 총독부 건물을 철거하였다. [69회]	★
4	김대중 정부 때 경제적 취약 계층을 위한 (　　　)을 시행하였다.	김대중 정부 때 경제적 취약 계층을 위한 국민 기초 생활 보장법을 시행하였다. [50, 61, 69회]	★★
5	김대중 정부 때 (　　　)의 구제 금융 지원금을 조기 상환하였다.	김대중 정부 때 국제 통화 기금(IMF)의 구제 금융 지원금을 조기 상환하였다. [54, 69회]	★
6	김대중 정부 때 외환 위기 극복을 위한 (　　　)이 전개되었다.	김대중 정부 때 외환 위기 극복을 위한 금 모으기 운동이 전개되었다. [57, 71회]	★★
7	김대중 정부 때 남북 교류 협력을 위한 (　　　) 조성에 합의하였다.	김대중 정부 때 남북 교류 협력을 위한 개성 공업 지구 조성에 합의하였다. [48, 53, 59, 60, 63, 64회]	★★★
8	김대중 정부 때 (　　　)을 채택하였다.	김대중 정부 때 6 · 15 남북 공동 선언을 채택하였다. [58, 61, 65, 66, 68, 71회]	★★★
9	(　　　) 정부 때 남북 경제 협력을 위한 개성 공업 지구가 조성되었다.	노무현 정부 때 남북 경제 협력을 위한 개성 공업 지구가 조성되었다. [51, 52, 56, 61, 62, 66, 68, 69회]	★★
10	노무현 정부 때 남북 관계 발전과 평화 번영을 위한 (　　　)에 서명하였다.	노무현 정부 때 남북 관계 발전과 평화 번영을 위한 10 · 4 남북 정상 선언에 서명하였다. [47, 48, 50, 57, 63, 64, 67, 72회]	★★★
11	노무현 정부 때 양성 평등의 실현을 위해 (　　　)가 폐지되고 가족 관계 등록부를 신설하였다	노무현 정부 때 양성 평등의 실현을 위해 호주제가 폐지되고 가족 관계 등록부를 신설하였다. [50, 54, 56, 68, 72회]	★★
12	(　　　) 정부 때 진실 · 화해를 위한 과거사 정리 위원회가 출범하였다.	노무현 정부 때 진실 · 화해를 위한 과거사 정리 위원회가 출범하였다. [54, 70회]	★
13	(　　　) 정부 때 G20 정상 회의를 서울에서 개최하였다.	이명박 정부 때 G20 정상 회의를 서울에서 개최하였다. [55, 70회]	★★
14	(　　　) 정부 때 중국과 자유 무역 협정(FTA)을 체결하였다.	박근혜 정부 때 중국과 자유 무역 협정(FTA)을 체결하였다. [50, 59회]	★★
15	(　　　) 정부 때 판문점에서 남북 정상 회담을 개최하였다.	문재인 정부 때 판문점에서 남북 정상 회담을 개최하였다. [59, 65, 70회]	★★
16	문재인 정부 때 (　　　)에 남북 단일팀이 참가하였다.	문재인 정부 때 평창 동계 올림픽에 남북 단일팀이 참가하였다. [66, 70회]	★★
17	(　　　)은 광복 직전에 조선 건국 동맹을 결성하였다.	여운형은 광복 직전에 조선 건국 동맹을 결성하였다. [49, 50, 54, 57, 67, 67, 69회]	★★
18	여운형 및 (　　　)은 조선 건국 준비 위원회의 활동을 주도하였다.	여운형 및 안재홍은 조선 건국 준비 위원회의 활동을 주도하였다. [63회]	★
19	김구 및 (　　　)은 남북 협상에 참여하였다.	김구 및 김규식은 남북 협상에 참여하였다. [47, 54, 69, 71회]	★★

✅ 테마 학습을 다 했다면, 테마 맨 앞 키워드 판서로 돌아가 복습하세요!

마지막에 보면 좋을 특수주제만 모았다!

+변별력 확보 특강

26회분(47회~72회) 평균 출제비중

2.5%

해품사 한능검 테마별 기출 총 26회분 분석 결과

난이도

쉬움　　보통　　어려움

※테마 난이도를 색깔 구분으로 바로 확인하세요!

중요도 및 평균 출제율

★ 약 70% 미만
★★ 약 70~80%
★★★ 약 80~99%
★★★★ 100% 출제!

특강 01	세시 풍속	★
특강 02	지역사	★★
특강 03	외국인 및 여성 위인	★

세시 풍속

해품사 한능검
기특 무료강의

✅ 난이도: 쉬움 → 해당 날짜, 대표 음식 및 풍습만 암기하더라도 쉽게 풀이 가능!
✅ 중요도 및 평균 출제율: 12% ★출제율 매우 낮음(10회에 1번 나올까 말까)

해품사의 테마 저격!

세시 풍속 공략 팁

1. 세시 풍속의 이름에 포함되는 숫자 키워드에 주목해보기(예 삼짓날=3월, 칠석=7월)

2. 춘하추동(春夏秋冬) 한자 암기하기(봄, 여름, 가을, 겨울)

3. 독특한 암기법을 활용하기(예 한국인은 한식을 사랑한다! → 사랑=4월)

❶ 설날

음력 1월 1일에 해당하는 세시 풍속으로, 음력 정월 초하룻날을 의미하는 한 해의 시작을 알리는 명절입니다. 이날에는 새해 인사와 더불어 덕담 등을 나누었으며, 복주머니나 복조리를 만들기도 하였습니다. 또한 널뛰기, 연날리기, 윷놀이 등의 놀이를 즐기며, 떡국, 식혜, 수정과 등의 음식을 즐겨 먹었습니다.

❷ 정월 대보름

음력 1월 15일에 해당하는 세시 풍속으로, 한 해의 첫 보름이자 보름달이 뜨는 날을 의미합니다. 이날에는 달집태우기, 쥐불놀이 등을 하였으며 귀밝이술, 오곡밥을 즐겨 먹고, 몸에 부스럼이 생기지 않고 이가 튼튼하도록 부럼 깨기를 하였습니다.

❸ 삼짓날

음력 3월 3일에 해당하는 세시 풍속으로, 강남 갔던 제비가 돌아오는 날이라고도 합니다. 이날은 날짜에 3이 두 번 겹쳐 중삼일(重三日)이라고도 부르며, 푸른 새잎을 밟는 풍습이 있어 답청절(踏靑節)이라고도 불렀습니다. 이날에는 꽃을 활용하여 화전을 부쳐 먹었습니다.

❹ 한식

동지로부터 105일째 되는 날에 해당하는 세시 풍속으로, 일정 기간 불을 사용하지 않고 찬 음식을 먹는 고대 중국의 풍습에서 기원하였습니다. 이날은 농사가 시작되는 시기이기 때문에 풍년을 기원하며 조상에게 성묘를 지냈습니다.

❺ 초파일

음력 4월 8일에 해당하는 세시 풍속으로, 본래 석가 탄신일로 불렸으나 최근에는 부처님 오신 날로 공식 명칭이 변경되었습니다. 이날에는 연등 행사를 비롯한 탑돌이 등의 불교적인 놀이 및 행사가 이뤄졌으며, 검은콩, 미나리 등의 음식을 즐겨 먹었습니다.

❻ 단오

음력 5월 5일에 해당합니다. 수릿날이라고도 불렸으며 1년 중 양기가 가장 왕성한 날로 여겨졌습니다. 이날에는 그네, 씨름, 창포물에 머리 감기 등의 풍습이 있었으며, 수리취떡 등의 음식을 즐겨 먹었습니다. 이외에도 임금이 신하들에게 부채를 하사하였다는 기록이 있습니다.

❼ 유두

음력 6월 15일에 해당하는 세시 풍속으로, 동쪽으로 흐르는 물에 머리를 감는 풍속에서 이름이 유래하였습니다. 이날에는 시원한 물에 발을 담그는 탁족 놀이가 유행하였으며, 오색면을 허리에 매달아 액운을 막고, 찹쌀가루, 밀가루 등으로 경단을 만든 뒤 얼음 꿀물에 넣어 먹는 수단을 즐겨 먹었습니다.

❽ 칠석

음력 7월 7일에 해당하는 세시 풍속으로, 견우와 직녀가 만나는 날이라고도 합니다. 이날에는 부녀자들이 별을 보며 바느질 솜씨가 좋아지기를 기원하는 풍속이 있었습니다.

❾ 백중

음력 7월 15일에 해당하는 세시 풍속으로, 머슴날이라고도 합니다. 이날은 여름철의 휴한기에 휴식을 즐기며 풍년을 기원하였으며, 머슴에게 일손을 쉬게 하고 돈을 주어 하루를 즐기게 하는 문화가 있었습니다.

❿ 추석

음력 8월 15일에 해당하는 세시 풍속으로, 가배(嘉俳), 중추절(仲秋節), 한가위 등으로도 불렸습니다. 이날은 일 년 중 가장 큰 보름달이 뜨는 날로 강강술래나 보름달을 보고 소원을 비는 풍속이 있었고, 송편, 햇곡식, 햇과일을 즐겨 먹었습니다.

⓫ 중양절

음력 9월 9일에 해당하는 세시 풍속으로, 이날은 날짜에 9가 두 번 겹쳐 양수가 겹친 날이라는 의미가 있습니다. 이날에 강남에서 왔던 제비가 다시 돌아간다고 합니다. 이날에는 조상에 대한 제사나 성묘를 하고, 국화전, 국화주, 밤떡 등을 즐겨 먹었습니다.

⓬ 성주제

음력 10월의 오일(午日)또는 길일(吉日)에 집을 지키면서 집안의 평안과 부귀를 관장하는 신령인 성주에게 제사를 지내는 날입니다. 이날에는 시루떡, 돼지고기 등을 주로 즐겨 먹었습니다.

⓭ 입동

양력으로는 11월 7~8일경, 음력으로는 10월경에 해당하는 세시 풍속으로, 겨울이 시작된다는 의미를 담은 날입니다. 입동 무렵이면 겨울을 보낼 준비를 하기 위해 김장을 담그거나, 마을에서 일정 연령을 넘긴 노인들을 모시고 선물 및 음식을 마련해 잔치를 하는 치계미를 준비하였습니다.

⓮ 동지

양력으로는 12월 22~23일경, 음력으로는 11월경에 해당하는 세시 풍속으로, 이날은 일 년 중 밤이 가장 길고 낮이 가장 짧은 날이라는 특징이 있습니다. 이날은 작은 설이라고도 불렸으며 나쁜 기운을 물리치기 위해 팥죽을 먹거나, 대문 또는 담장 벽에 뿌렸습니다.

총 26회분 기출분석에서 나온 대표패턴을
최신 기출문제에서 뽑았습니다.

56회 34번

1. (가)에 들어갈 세시 풍속으로 옳은 것은? 　　　[1점]

(가)에 대해 검색해 줘.

검색 결과입니다.

1. 개관
　음력 5월 5일로 수릿날이라고도
한다. 1년 중 양기가 가장 왕성한 날
이라 여겼다. 무더위를 잘 견디라는
의미로 왕이 이날 신하들에게 부채
를 선물하였다는 기록이 있다.

2. 관련 풍습
· 씨름, 그네뛰기
· 수리취떡 만들어 먹기
· 창포물에 머리 감기

① 한식　　② 백중　　③ 추석
④ 단오　　⑤ 정월 대보름

키워드 추출

· 음력 5월 5일 – 단오에 해당하는 일자
· 수릿날 – 단오를 다르게 부르는 용어
· 씨름, 그네뛰기, 수리취떡, 창포물에 머리 감기 – 단오와
  관련된 대표적인 풍속

정답분석

④ 단오는 음력 5월 5일에 해당하는 세시 풍속이다.

오답분석

① 한식은 동지로부터 105일째 되는 날로, 이날은 조상에 대
  한 성묘를 지내고 불을 쓰지 않는 찬 음식을 먹었다.
② 백중은 음력 7월 15일에 해당하는 세시 풍속으로, 머슴날
  이라고도 하였다.
③ 추석은 음력 8월 15일에 해당하는 세시 풍속으로, 가배,
  한가위 등으로도 불렀다.
⑤ 정월 대보름은 음력 1월 15일에 해당하는 세시 풍속이다.

해품사의 합격Tip

단오는 삼짇날과 더불어 봄 기간에 해당하는 세시 풍속 중
한능검에서 자주 출제되는 대표적인 사례입니다. 특히 '수
릿날 또는 수리취떡 먹기나, 창포물에 머리 감기라는 키워
드가 자주 언급'됩니다!

[정답] ④

58회 48번

2. 다음 세시 풍속에 대한 탐구 활동으로 가장 적절한 것
은? 　　　[2점]

이달의 세시 풍속

푸른 새잎을 밟는 날, 답청절(踏靑節)

강남 갔던 제비가 돌아온다는
중삼일(重三日)은 본격적인 봄의
시작을 알리는 날이다. 이날에는
들에 나가 푸른 새잎을 밟는 풍
습이 있어 답청절이라고 부른다.
답청의 풍습은 신윤복의 〈연소답
청(年少踏靑)〉에 잘 나타나 있다.

◈ 날짜: 음력 3월 3일
◈ 음식: 화전, 쑥떡
◈ 풍속: 노랑나비 날리기, 활쏘기

① 칠석날의 전설을 검색한다.
② 한식날의 의미를 파악한다.
③ 삼짇날의 유래를 알아본다.
④ 동짓날에 먹는 음식을 조사한다.
⑤ 단오날에 즐기는 민속놀이를 찾아본다.

키워드 추출

중삼일, 답청절, 화전(음식) – 삼짇날

정답분석

③ 삼짇날은 음력 3월 3일에 해당하는 세시 풍속이다.

오답분석

① 칠석은 음력 7월 7일에 해당하는 날이다.
② 한식은 동지로부터 105일째 되는 날이다.
④ 동지는 양력 12월 22~23일, 음력 11월경에 해당하며 일
  년 중 밤이 가장 길고 낮이 가장 짧은 날이다.
⑤ 단오는 음력 5월 5일에 해당하는 세시 풍속으로, 수릿날
  이라고도 불렀다.

해품사의 합격Tip

삼짇날은 봄의 시작과 연상되는 '꽃과 관련된 키워드가 자
주 언급'됩니다!

[정답] ③

60회 50번

3. 밑줄 그은 '이날'에 해당하는 세시 풍속으로 옳은 것은?

[1점]

> 이곳은 남원 광한루원의 오작교입니다. 조선 시대 남원 부사 장의국이 헤어져 있던 견우와 직녀가 오작교에서 만난다는 전설을 형상화하여 만들었습니다. 음력 7월 7일인 <u>이날</u>에는 여인들이 별을 보며 바느질 솜씨가 좋아지기를 비는 풍속이 있었습니다.

① 단오 ② 칠석 ③ 백중 ④ 동지 ⑤ 한식

키워드 추출

- 음력 7월 7일 – 칠석에 해당하는 일자
- 여인들이 별을 보며 바느질 솜씨가 좋아지기를 비는 풍속
  – 칠석에 즐기는 풍속

정답분석

② 칠석은 음력 7월 7일에 해당하는 세시 풍속으로, 견우와 직녀가 만나는 날이라고 여겼다.

오답분석

① 단오는 음력 5월 5일에 해당하는 세시 풍속으로, 수릿날이라고도 불렀다.

③ 백중은 음력 7월 15일에 해당하는 세시 풍속으로, 머슴날이라고도 하였다.

④ 동지는 양력으로는 12월 22~23일, 음력으로는 11월경에 해당하며 일 년 중 밤이 가장 길고 낮이 가장 짧은 날이라는 특징이 있다.

⑤ 한식은 동지로부터 105일째 되는 날에 해당하는 세시 풍속으로, 이날은 조상에 대한 성묘를 지내고 불을 쓰지 않는 찬 음식을 먹었다.

해품사의 합격Tip

칠석은 한능검에서 자주 출제되는 대표적인 세시 풍속으로, 견우와 직녀가 힌트로 언급될 가능성이 매우 높습니다.

[정답] ②

특강 02 지역사

✓ 난이도: 어려움 → 여러 지역과 관련된 문화유산 및 역사적 사실 모두 암기 필요!
✓ 중요도 및 평균 출제율: 77% ★★

해품사의 테마 저격!

지역사 공략 팁

1. 특정 지역과 관련된 대표 문화유산 암기하기
2. 특정 지역과 관련된 대표적인 역사적 사실 파악하기
3. 익숙한 지역 먼저 공부하고 낯선 지역으로 배경지식 넓히기!

강릉
조선: 경포대, 오죽헌(이이 출생 장소), 선교장

강진
• 고려: 백련사(요세의 신앙 결사 운동 장소), 고려청자 도요지
• 조선: 다산 초당(정약용), 무위사 극락전

나주
• 후고구려: 왕건의 나주 점령(903)
• 일제 강점기: 광주 학생 항일 운동 발생 지역(나주역)

논산
• 백제: 황산벌 전투
• 고려: 관촉사 석조 미륵보살 입상, 개태사, 돈암 서원(김장생)
• 개항기: 동학의 남접·북접 집결 지역

개성
• 후삼국 시대: 후고구려 수도(송악)
• 고려: 고려의 수도, 만월대, 선죽교, 왕건릉, 첨성대(*고려 시대 사례), 만적의 난, 무신 정변
• 조선: 송상의 활동 근거지
• 현대: 6·25 전쟁 당시 첫 정전 회담 개최 지역, 개성 공단 설치 지역

공주
• 선사: 석장리 유적
• 백제: 공산성, 공주 무령왕릉과 왕릉원, 문주왕의 웅진 천도
• 통일 신라: 김헌창의 난
• 고려: 망이·망소이의 난(공주 명학소)
• 조선: 이괄의 난 당시 인조 피난 지역
• 개항기: 우금치 전투

부산
• 선사: 동삼동 패총(신석기)
• 조선: 내상의 활동 지역, 부산포 왜관, 임진왜란 당시 격전지(정발, 송상현), 초량 왜관
• 개항기: 강화도 조약 체결 이후 개항 장소, 두모포 수세 사건(1878)
• 일제 강점기: 백산 상회 → 대한민국 임시 정부 독립 자금 지원, 박재혁의 부산 경찰서 폭탄 투척 의거
• 현대: 부·마 항쟁, 부산 아시안 게임(김대중 정부), 6·25 전쟁 당시 임시 수도

대구

- 통일 신라: 신문왕의 달구벌 천도 시도
- 후삼국 시대: 공산 전투
- 개항기: 국채 보상 운동
- 현대: 2·28 민주화 운동

부여

- 백제: 관북리 유적, 나성, 부여 왕릉원(백제 금동 대향로), 부소산성, 정림사지 오층 석탑

안동

- 후삼국 시대: 고창 전투
- 고려: 봉정사 극락전, 홍건적의 2차 침입 당시 공민왕 피란 지역
- 조선: 도산 서원, 하회 마을
- 일제 강점기: 임청각

익산

- 백제: 미륵사지 석탑, 왕궁리 유적
- 삼국 시대: 고구려의 부흥 운동 → 보덕국 건립(금마저)

인천

- 선사: 비류 도읍지(미추홀)
- 개항기: 경인선 개통 지역, 강화도 조약 체결 이후 개항 장소, 제물포 조약 체결 지역
- 현대: 자장면 박물관(차이나타운), 인천 상륙 작전, 인천 아시안 게임(박근혜 정부)

전주

- 후삼국 시대: 동고산성(견훤의 후백제 도읍)
- 조선: 경기전(이성계 어진 보관), 『조선왕조실록』 사고 위치
- 개항기: 전주 화약 체결(풍남문)

진주

- 고려: 촉석루
- 조선: 임술 농민 봉기, 임진왜란 당시 격전지(김시민)
- 일제 강점기: 조선 형평사 창립 지역

청주

- 통일 신라: 5소경 중 하나(서원경) → 민정 문서 관련 지역
- 고려: 흥덕사 → 『직지심체요절』 인쇄

평양

- 고구려: 장수왕의 평양 천도
- 고려: 묘청의 서경 천도 운동, 원나라의 동녕부 설치, 조위총의 난
- 조선: 임진왜란 당시 격전지(조·명 연합군의 평양성 전투)
- 개항기: 대성 학교(안창호), 제너럴셔먼호 사건
- 일제 강점기: 을밀대(강주룡의 고공 농성 전개), 송죽회, 물산 장려 운동 시작 지역
- 현대: 6·15 남북 공동 선언 발표 지역

독도

- 신라: 이사부의 우산국 정벌
- 조선: 『세종실록지리지』, 『동국문헌비고』, 안용복의 독도 수호 활동
- 개항기: 대한 제국 칙령 제41호 발표(영유권 천명), 러·일 전쟁 당시 일본이 시마네현에 불법 편입 → 울릉 군수 심흥택의 보고서 진상
- 현대: 우리나라의 가장 동쪽에 있는 섬, 10월 25일(독도의 날)
- 일본: 태정관 지령 문서

제주도

- 선사: 고산리 유적(신석기)
- 고려: 항파두리성(삼별초), 원나라의 탐라총관부 설치
- 조선: 김만덕의 자선 활동, 김정희의 유배 지역
- 일제 강점기: 알뜨르 비행장
- 현대: 제주 4·3 사건

강화도

- 선사: 고인돌 유적지, 참성단
- 고려: 고려궁지, 대몽 항쟁 당시 임시 수도
- 조선: 병자호란 때 김상용의 순절 장소, 외규장각
- 개항기: 병인양요 및 신미양요의 격전지

진도

고려: 용장성(삼별초)

완도

신라: 장보고의 청해진 설치

충주

- 고구려: 충주 고구려비(장수왕)
- 고려: 김윤후의 충주산성 전투(몽골의 5차 침입 방어), 다인철소 주민 항쟁(몽골의 6차 침입 방어)
- 조선: 임진왜란 당시 격전지(신립의 탄금대 전투)

거문도

- 개항기: 러시아의 남하 정책 견제를 위해 영국군이 불법으로 점령
- 일제 강점기: 임병찬 순지비

흑산도

조선: 정약전의 유배 지역 → 『자산어보』 저술

영도(절영도)

개항기: 러시아가 저탄소(석탄 저장고) 설치를 명분으로 조차 요구

총 26회분 기출분석에서 나온 대표패턴을
최신 기출문제에서 뽑았습니다.

69회 25번

1. (가) 지역에서 있었던 사실로 옳은 것은? [2점]

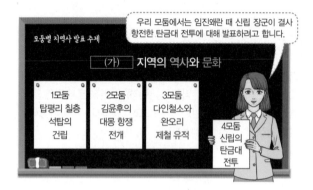

모둠별 지역사 발표 주제

우리 모둠에서는 임진왜란 때 신립 장군이 결사 항전한 탄금대 전투에 대해 발표하려고 합니다.

(가) 지역의 역사와 문화

1모둠
탑평리 칠층 석탑의 건립

2모둠
김윤후의 대몽 항쟁 전개

3모둠
다인철소와 완오리 제철 유적

4모둠
신립의 탄금대 전투

① 제1차 미소 공동 위원회가 개최되었다.

② 명 신종을 기리는 만동묘가 건립되었다.

③ 강주룡이 을밀대 지붕에서 고공 농성을 벌였다.

④ 고구려비가 남한 지역에서 유일하게 발견되었다.

⑤ 박재혁이 경찰서에서 폭탄을 터뜨리는 의거를 일으켰다.

키워드 추출

김윤후의 대몽 항쟁. 다인철소. 탄금대―충주

정답분석

④ 충주 지역에서는 한반도 내에서 유일하게 고구려 비석인 충주 고구려비가 발견되었다.

오답분석

① 서울 덕수궁 석조전에서 미·소 공동 위원회가 개최되었다.

② 충청북도 괴산 지역에는 만력제(신종)를 위한 사당인 만동묘가 건립되었다.

③ 평원 고무 농장의 여성 노동자인 강주룡은 평양의 을밀대 지붕 위에서 농성을 벌였다.

⑤ 일제 강점기에 의열단 출신의 박재혁이 부산 경찰서에 폭탄을 투척하는 의거를 단행하였다.

해품사의 합격Tip

한능검에서 출제되는 지역사 중 특히 충주 지역의 경우 고려 시대의 대몽 항쟁 및 임진왜란 때 신립의 탄금대 전투가 가장 많이 언급됩니다!

[정답] ④

60회 26번

2. 다음 지역에 대한 탐구 활동으로 옳은 것은? [2점]

○○시 문화유산 홍보 채널
구독자 526명   구독

홈 | 동영상 | 재생목록 | 커뮤니티 | 채널 | 정보 >

업로드한 동영상 ∨   정렬 기준

동고산성에서 찾아보는 후백제의 흔적
조회수 212회

6·25 전쟁 중 소실된 전라 감영 복원
조회수 721회

순교지에 세워진 전동 성당
조회수 1,209회

① 장용영의 외영이 설치된 위치를 파악한다.

② 홍경래가 난을 일으켜 점령한 지역을 알아본다.

③ 인조가 피신하여 청군과 항전을 벌인 곳을 찾아본다.

④ 태조의 어진을 모신 경기전이 건립된 장소를 조사한다.

⑤ 유계춘이 백낙신의 수탈에 맞서 봉기한 지역을 검색한다.

키워드 추출

동고산성, 전라 감영, 전동 성당 – 전주

정답분석

④ 전주에는 경기전이 건립되었다.

오답분석

① 수원 화성에는 국왕 호위 부대인 장용영 외영이 설치되었다.

② 홍경래의 난 당시 반란군은 평안북도의 정주 지역 등을 점령하였다.

③ 병자호란 때 인조는 남한산성으로 피란하여 청군에게 항전하였다.

⑤ 백낙신의 탐학이 발단이 되어 진주 농민 봉기가 일어났다.

해품사의 합격Tip

한능검에서 출제되는 지역 중 전주 지역은 비교적 '다양한 문화유산이 언급'되는 비중이 높은 대표적인 사례입니다. 대표적인 사례로는 경기전, 동고산성, 풍남문이 있습니다!

[정답] ④

71회 18번

3. (가) 지역에서 있었던 사실로 옳은 것은? [3점]

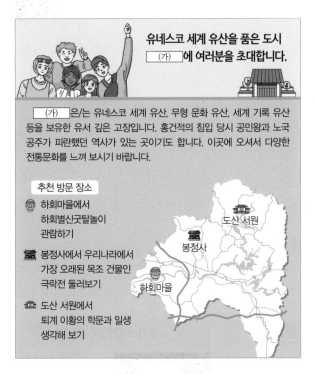

(가) 은/는 유네스코 세계 유산, 무형 문화 유산, 세계 기록 유산 등을 보유한 유서 깊은 고장입니다. 홍건적의 침입 당시 공민왕과 노국 공주가 피란했던 역사가 있는 곳이기도 합니다. 이곳에 오셔서 다양한 전통문화를 느껴 보시기 바랍니다.

추천 방문 장소
🎭 하회마을에서 하회별신굿탈놀이 관람하기
🏯 봉정사에서 우리나라에서 가장 오래된 목조 건물인 극락전 둘러보기
🏛 도산 서원에서 퇴계 이황의 학문과 일생 생각해 보기

① 왕건이 고창 전투에서 견훤에게 승리하였다.
② 묘청이 반란을 일으키고 국호를 대위라 하였다.
③ 흥덕사에서 금속 활자본인 직지심체요절이 간행되었다.
④ 정중부를 비롯한 무신들이 보현원에서 정변을 일으켰다.
⑤ 이성계를 중심으로 한 고려군이 황산에서 왜구를 격퇴하였다.

키워드 추출
공민왕 피란, 하회 마을, 도산 서원─안동

정답분석
① 고려의 왕건은 고창군(현재의 안동)에서 후백제의 견훤에게 승리하였다(고창 전투).

오답분석
② 묘청은 평양에서 연호를 천개로 하는 대위국을 선포하였다.
③ 청주 흥덕사에서 『직지심체요절』이 간행되었다.
④ 이의방, 정중부 등이 개성 보현원에서 정변을 일으켰다.
⑤ 전라도 황산에서 이성계가 왜구를 격퇴하였다.

해품사의 합격Tip
한능검에서 출제되는 지역 중 안동 지역은 주로 '우리나라의 세계 문화유산과 관련된 사례'가 언급됩니다!

[정답] ①

58회 50번

4. (가) 섬에 대한 설명으로 옳지 않은 것은? [1점]

1946년 1월에 작성된 연합국 최고 사령부 문서에는 제주도, 울릉도, (가) 이/가 우리 영토로 표시되어 있습니다. (가) 은/는 우리나라 동쪽 끝에 있는 섬입니다.

① 안용복이 일본에 건너가 우리 영토임을 주장하였다.
② 영국군이 러시아를 견제하기 위해 불법 점령하였다.
③ 러일 전쟁 때 일본이 불법으로 자국 영토로 편입하였다.
④ 대한 제국이 칙령을 통해 울릉 군수가 관할하도록 하였다.
⑤ 1877년 태정관 문서에 일본과는 무관한 지역임이 명시되었다.

키워드 추출
우리나라 동쪽 끝에 있는 섬 - 독도

정답분석
② 영국은 러시아를 견제하기 위해 1885년부터 1887년까지 거문도를 불법 점령하였다.

오답분석
① 조선 숙종 때 어부인 안용복이 일본에 넘어가 독도의 영유권을 주장하였다.
③ 러·일 전쟁이 진행되던 당시에 일본이 독도를 시마네현에 불법으로 강제 편입하였다.
④ 대한 제국은 칙령 제41호를 발표하여 독도에 대한 관리 및 영유권을 명시하였다.
⑤ 일본의 기록 유산 중 태정관 문서에는 독도가 일본과 무관한 지역임이 명시되었다.

해품사의 합격Tip
한능검에서는 가끔 강화도, 독도, 제주도 등 우리나라의 섬과 관련된 다양한 역사적 사실이 출제됩니다!

[정답] ②

외국인 및 여성 위인

해풍사 한능검 기특 무료강의

✓ 난이도: 보통 → 유형이 낯설어 어렵지만 암기 키워드가 매우 적음!

✓ 중요도 및 평균 출제율: 12% ★출제율 매우 낮음(10회에 1번 나올까 말까)

해풍사의 테마 저격!

외국인 및 여성 위인 공략 팁

1. 한국을 도운 외국인의 출신 국가 구별하기

2. 조선~일제 강점기에 활동한 여성 위인의 업적 파악하기

3. 실전에서 구별이 어려울 경우 국내에서 활동한 빈출 인물 관련 키워드를 우선적으로 소거하기

---

1 한국을 도운 외국인

벨테브레(박연, 네덜란드인)

- 조선 인조 때 제주도 표류
- 훈련도감 소속 → 대포, 화약 기술 전수

헨드릭 하멜(네덜란드인)

- 조선 효종 때 제주도 표류
- 귀국 이후 『하멜표류기』 저술

호러스 알렌(미국인)

- 갑신정변 당시 중 상을 입은 민영익 치료
- 광혜원(제중원) 설립 주도(1885)

헨리 아펜젤러(미국인)

서울 정동에 배재 학당 설립(1885)

메리 스크랜튼(미국인)

서울에 이화 학당 설립(1886)

호머 헐버트(미국인)

- 육영 공원의 영어 교사 담당
- 『사민필지』(세계 지리 교과서) 저술
- 을사늑약 직후 고 종의 친서 미국 대통령 전달 시도

어니스트 베델(영국인)

양기탁과 함께 대 한매일신보 창간 → 국채 보상 운동 지원

프레더릭 매켄지(영국인)

정미의병의 현장 취재

프랭크 스코필드(영국인)

3·1 운동 당시 제 암리 학살 사건의 참상 외국 보도

조지 루이스 쇼(영국인)

중국 단둥에 이륭양행(무역 회사) 운영 → 대한민국 임시 정부 교통국 지원

위르겐 힌츠 페터(독일인)

5·18 광주 민주화 운동의 참상 외국 보도

2 우리나라의 여성 위인

논개

- 기생 출신 여성
- 임진왜란 때 적장과 함께 남강에 투신 (제2차 진주성 전투)

이빙허각

- 우리나라의 대표적인 여성 출신 실학자
- 『규합총서』 저술

김만덕

- 제주도에서 숙박 및 유통업 담당
- 흉년이 발생하자 자신의 돈을 기부하여 제주도민 구제

권기옥

- 송죽회 활동
- 대한민국 임시 정부의 지원으로 항공 학교 입학 → 한국 최초의 여성 비행사

김마리아

- 3·1 운동 참여
- 대한민국 애국 부인회 회장
- 미국 유학 중 근화회 결성

남자현

- 국제 연맹 조사단에 혈서 전달 시도
- 여자 권학회 조직
- 사이토 마코토 총독 암살 계획
- 만주국 주재 일본 대사 암살 계획

박차정

- 김원봉의 아내
- 근우회 중앙 집행 위원
- 조선 의용대 부녀 복무단장

오광심

한국 광복군 활동 → 기관지 『광복』 간행 담당

총 26회분 기출분석에서 나온 대표패턴을
최신 기출문제에서 뽑았습니다.

48회 37번

1. (가), (나) 인물에 대한 설명으로 옳은 것을 <보기>에서
고른 것은?   [3점]

한국의 독립을 도운 외국인

(가)   (나)

- 미국인
- 세계지리 교과서인 『사민필지』를 한글로 저술함
- 을사늑약 직후 고종의 친서를 미국 정부에 전달함
- 1950년 건국훈장 독립장 추서

- 아일랜드계 영국인
- 김구 등이 상하이로 갈 수 있도록 도움
- 독립운동을 지원하다가 일제에 의해 내란죄로 체포됨
- 1963년 건국훈장 독립장 추서

▶ 보기 ◀

ㄱ. (가) – 육영 공원에서 학생들에게 영어를 가르쳤다.
ㄴ. (가) – 최초의 서양식 병원인 광혜원 설립을 주관하였다.
ㄷ. (나) – 중국 안동에서 무역 회사인 이륭양행을 운영했다.
ㄹ. (나) – 이화 학당을 설립하여 근대적 여성 교육에 기여했다.

① ㄱ, ㄴ ② ㄱ, ㄷ ③ ㄴ, ㄷ ④ ㄴ, ㄹ ⑤ ㄷ, ㄹ

키워드 추출

- (가) 『사민필지』, 고종 친서 – 호머 헐버트
- (나) 김구 등이 상하이로 갈 수 있도록 도움 – 조지 루이스 쇼

정답분석

ㄱ. 헐버트는 본래 육영 공원의 외국인 교사로 초빙되었다.
ㄷ. 루이스 쇼는 무역 회사인 이륭양행을 운영하였다.

오답분석

ㄴ. 광혜원 설립을 주도한 것은 호러스 알렌이다.
ㄹ. 이화 학당을 설립한 것은 메리 스크랜튼이다.

해품사의 합격Tip

외국인 유형은 대부분 기존 내용과 연계됩니다!

[정답] ②

60회 49번

2. (가)~(마)에 들어갈 내용으로 옳지 **않은** 것은? [2점]

우리 역사 속의 여성들

<차례>

- 선덕 여왕, 우리나라 최초의 여왕 3
  - ☐ (가)
- 이빙허각, 살림을 학문화한 실학자 9
  - ☐ (나)
- 김만덕, 제주의 거상이자 자선가 15
  - ☐ (다)
- 남자현, 의열 투쟁을 전개한 독립운동가 21
  - ☐ (라)
- 강주룡, 일제 강점기의 노동 운동가 27
  - ☐ (마)

① (가) – 첨성대와 황룡사 구층 목탑을 세우다.
② (나) – 가정 생활의 지혜를 담은 규합총서를 저술하다.
③ (다) – 재산을 기부하여 흉년에 굶주린 백성들을 구제
  하다.
④ (라) – 한국 광복군의 기관지 광복을 발행하다.
⑤ (마) – 임금 삭감에 저항하여 을밀대 지붕에서 농성하다.

정답분석

④ 오광심은 기관지 『광복』의 발행을 담당하였다.

오답분석

① 신라의 선덕여왕 때 건립되었다.
② 이빙허각은 한글로 『규합총서』를 저술하였다.
③ 김만덕은 흉년이 발생하자 자신의 돈으로 쌀 등을 구매
  하여 제주도민에게 기부하였다.
⑤ 평원 고무 농장 출신의 여성 노동자인 강주룡은 평양의
  을밀대 지붕 위에서 고공 농성을 주도하였다.

해품사의 합격Tip

대표적인 여성 인물들의 업적만 가볍게 암기하세요!

[정답] ④

중요 키워드만 모은 찐 기출로 마무리!

출제 확률
높을 고!

해품사 한능검
고 기출 모의고사

총 26회분 기출을 분석해서 가장 출제 확률이 높은 키워드의
대표 기출문제를 엄선하여 재구성한 기출 모의고사입니다!

1. (가) 시대의 생활 모습에 대한 설명으로 옳은 것은? [1점]

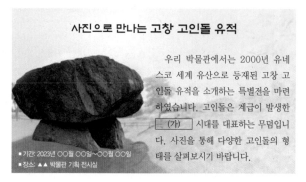

사진으로 만나는 고창 고인돌 유적

우리 박물관에서는 2000년 유네스코 세계 유산으로 등재된 고창 고인돌 유적을 소개하는 특별전을 마련하였습니다. 고인돌은 계급이 발생한 (가) 시대를 대표하는 무덤입니다. 사진을 통해 다양한 고인돌의 형태를 살펴보시기 바랍니다.

■기간: 2023년 ○○월 ○○일~○○월 ○○일
■장소: ▲▲ 박물관 기획 전시실

① 반달 돌칼로 벼를 수확하였다.
② 소를 이용하여 깊이갈이를 하였다.
③ 주로 동굴이나 강가의 막집에서 살았다.
④ 오수전, 화천 등의 중국 화폐로 교역하였다.
⑤ 옷을 만들 때 가락바퀴와 뼈바늘을 이용하기 시작하였다.

2. 밑줄 그은 '이 나라'에 대한 설명으로 옳은 것은? [2점]

이것은 쑹화강 유역에 위치했던 이 나라의 유물로 고대인의 얼굴을 추정해 볼 수 있는 귀중한 자료입니다. 이 나라에는 영고라는 제천 행사와 형사취수제라는 풍속이 있었다고 전해집니다.

금동 얼굴 모양 장식

① 신성 구역인 소도를 두었다.
② 읍락 간의 경계를 중시하는 책화가 있었다.
③ 여러 가(加)들이 각각 사출도를 주관하였다.
④ 정사암 회의에서 국가의 중대사를 결정하였다.
⑤ 사회 질서를 유지하기 위해 범금 8조를 만들었다.

3. 다음 검색창에 들어갈 왕에 대한 설명으로 옳은 것은? [2점]

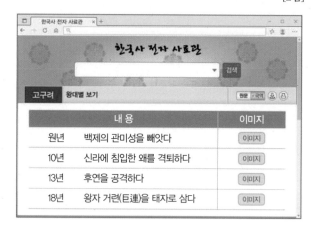

한국사 전자 사료관

[검색]

고구려 | 왕대별 보기

	내 용	이미지
원년	백제의 관미성을 빼앗다	이미지
10년	신라에 침입한 왜를 격퇴하다	이미지
13년	후연을 공격하다	이미지
18년	왕자 거련(巨連)을 태자로 삼다	이미지

① 영락이라는 연호를 사용하였다.
② 태학을 설립하여 인재를 양성하였다.
③ 낙랑군을 축출하여 영토를 확장하였다.
④ 을파소를 등용하고 진대법을 시행하였다.
⑤ 당의 침입에 대비하여 천리장성을 축조하였다.

4. 밑줄 그은 '왕'에 대한 설명으로 옳은 것은? [2점]

여러 신하들이 국호를 신라로 확정하고 임금의 호칭을 신라 국왕으로 하자고 건의하니, 왕께서 이를 따르셨다고 하네.

나도 들었네. 작년에는 순장을 금지한다는 명을 내리셨지. 앞으로 우리나라의 발전이 기대되는구먼.

① 병부와 상대등을 설치하였다.
② 백제 비유왕과 동맹을 체결하였다.
③ 이사부를 보내 우산국을 복속시켰다.
④ 매소성 전투에서 당의 군대를 격파하였다.
⑤ 김흠돌의 난을 진압하고 귀족들을 숙청하였다.

5. (가) 나라에 대한 설명으로 옳은 것은? [1점]

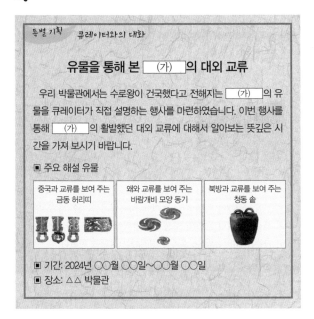

특별 기획　큐레이터와의 대화

유물을 통해 본 [(가)]의 대외 교류

우리 박물관에서는 수로왕이 건국했다고 전해지는 [(가)]의 유물을 큐레이터가 직접 설명하는 행사를 마련하였습니다. 이번 행사를 통해 [(가)]의 활발했던 대외 교류에 대해서 알아보는 뜻깊은 시간을 가져 보시기 바랍니다.

■ 주요 해설 유물

중국과 교류를 보여 주는 금동 허리띠	왜와 교류를 보여 주는 바람개비 모양 동기	북방과 교류를 보여 주는 청동 솥

■ 기간: 2024년 ○○월 ○○일~○○월 ○○일
■ 장소: △△ 박물관

① 법흥왕 때 신라에 복속되었다.
② 서옥제라는 혼인 풍습이 있었다.
③ 6좌평이 중요한 국사를 논의하였다.
④ 만장일치제로 운영된 화백 회의가 있었다.
⑤ 지방에 22담로를 두어 왕족을 파견하였다.

6. (가)~(다)를 일어난 순서대로 옳게 나열한 것은? [3점]

(가) 백제의 장군 윤충이 군사를 거느리고 대야성을 공격하여 함락하였다. 이때 도독인 이찬 품석과 사지(舍知) 죽죽, 용석 등이 죽었다.

(나) 신라와 당의 군사들이 의자왕의 도성을 에워싸기 위하여 소부리 벌판으로 나아갔다. 소정방이 꺼리는 바가 있어 전진하지 않자 김유신이 그를 달래서 두 나라의 군사가 용감하게 네 길로 일제히 떨쳐 일어났다.

(다) 흑치상지가 도망하여 흩어진 무리들을 모으니, 열흘 사이에 따르는 자가 3만여 명이었다. …… 흑치상지가 별부장 사타상여를 데리고 험준한 곳에 웅거하여 복신과 호응하였다.

① (가) – (나) – (다)　　② (가) – (다) – (나)
③ (나) – (가) – (다)　　④ (나) – (다) – (가)
⑤ (다) – (나) – (가)

7. (가) 왕의 업적으로 옳은 것은? [2점]

대왕암이 내려다 보이는 이곳은 경주 이견대입니다. 선왕을 기리며 감은사를 완공한 [(가)]은/는 이곳에서 용을 만나는 신묘한 일을 겪었고, 이를 통해 검은 옥대와 만파식적의 재료가 된 대나무를 얻었다고 합니다.

① 향가 모음집인 삼대목을 편찬하였다.
② 관료전을 지급하고 녹읍을 폐지하였다.
③ 인사를 담당하는 위화부를 창설하였다.
④ 건원이라는 독자적인 연호를 사용하였다.
⑤ 시장을 감독하기 위해 동시전을 설치하였다.

8. 밑줄 그은 '시기'에 볼 수 있는 모습으로 적절한 것은? [2점]

이 유물에는 민애왕을 추모하는 명문이 있습니다. 그는 혜공왕 피살 이후 왕위 쟁탈전이 치열했던 시기에 희강왕을 축출하고 왕이 되었으나, 다른 진골 세력에 의해 1년 만에 제거되었습니다.

전(傳) 대구 동화사 비로암 삼층 석탑 납석사리호

① 의창에서 곡식을 빌리는 백성
② 만권당에서 대담을 나누는 학자
③ 혜민국에서 약을 받아 가는 환자
④ 화엄일승법계도를 저술하는 승려
⑤ 청해진을 거점으로 해적을 소탕하는 병사

9. 다음 제도를 운영한 국가에 대한 설명으로 옳은 것은?

[2점]

> [그 나라의] 관제에는 선조성이 있는데, 좌상·좌평상사·시중·좌상시·간의가 소속되어 있다. 중대성에는 우상·우평장사·내사·조고사인이 소속되어 있다. 정당성에는 대내상 1명을 좌·우상의 위에 두었고, 좌·우사정 각 1명을 좌·우평장사의 아래에 배치하였다.
>
> – 『신당서』 –

① 교육 기관으로 주자감을 두었다.
② 신라에 침입한 왜구를 격퇴하였다.
③ 9서당 10정의 군사 조직을 갖추었다.
④ 개국, 태창이라는 연호를 사용하였다.
⑤ 왕족인 부여씨와 8성의 귀족이 지배층을 이루었다.

10. (가) 인물에 대한 설명으로 옳은 것은? [2점]

> 나는 지금 경주 포석정지에 와 있어. 삼국사기에 의하면 이곳은 경애왕이 연회를 벌이다가 (가) 의 습격을 받은 곳이야.
>
> (가) 에 대해 더 알려 줄래?
>
> 그는 공산 전투에서 고려군에 대승을 거두기도 했어.

① 훈요 10조를 남겼다.
② 경주의 사심관으로 임명되었다.
③ 금마저에 미륵사를 창건하였다.
④ 완산주를 도읍으로 삼아 나라를 세웠다.
⑤ 광평성을 비롯한 정치 기구를 마련하였다.

11. (가) 왕의 재위 시기에 있었던 사실로 옳은 것은?

[2점]

> ◈ 우리 고장의 유적 ◈
>
>
> **충주 숭선사지**
>
> 유적 발굴 현장
>
> 숭선사는 (가) 이/가 어머니인 신명 순성 왕후의 명복을 빌기 위하여 세운 절로, 현재 그 터만 남아 있다. 이곳에서는 '숭선사(崇善寺)'라는 명문이 새겨진 기와 등 다양한 고려 시대 유물이 출토되었다. (가) 은/는 치열한 왕위 쟁탈전 속에서 외가인 충주 유씨 세력 등 여러 호족의 도움으로 왕위에 올랐다. 하지만 즉위 이후 노비안검법 등 호족을 견제하는 정책을 펼쳤다.

① 최승로가 시무 28조를 건의하였다.
② 광덕, 준풍 등의 연호가 사용되었다.
③ 관리의 규범을 제시한 계백료서가 반포되었다.
④ 쌍성총관부를 공격하여 철령 이북을 수복하였다.
⑤ 지방 세력 견제를 목적으로 한 상수리 제도가 실시되었다.

12. 다음 상황 이후에 전개된 사실로 옳은 것은? [2점]

> 백관이 최우의 집에 나아가 정년도목(政年都目)을 올리니, 최우가 청사에 앉아 받았다. 6품 이하는 당하(堂下)에서 두 번 절하고 땅에 엎드려 감히 고개를 들지 못하였다. 이때부터 최우는 정방을 자기 집에 두고 백관의 인사 행정을 처리하였다.
>
> – 『고려사절요』 –

① 삼별초가 용장성에서 항전하였다.
② 정중부 등이 김보당의 반란을 진압하였다.
③ 빈민 구제를 위한 흑창을 처음 설치하였다.
④ 공주 명학소에서 망이·망소이가 봉기하였다.
⑤ 최충헌이 교정별감이 되어 국정을 총괄하였다.

13. 다음 상황이 나타난 시기의 사회 모습으로 옳은 것은?

[1점]

> 제국 대장 공주가 일찍이 잣과 인삼을 [원의] 강남 지역으로 보내 많은 이익을 얻었다. 나중에는 환관을 각지에 파견하여 잣과 인삼을 구하게 하였다. 비록 나오지 않는 땅이라 하더라도 강제로 거두니 백성들이 매우 괴로워하였다.

① 원종과 애노가 사벌주에서 봉기하였다.
② 대각국사 의천이 해동 천태종을 개창하였다.
③ 지배층을 중심으로 변발과 호복이 유행하였다.
④ 기근에 대비하기 위해 구황촬요가 간행되었다.
⑤ 국난 극복을 기원하며 초조대장경이 조판되었다.

14. (가), (나) 사이의 시기에 있었던 사실로 옳은 것은?

[3점]

> (가) 다루가치가 왕을 비난하면서 말하기를, "선지(宣旨)라 칭하고, 짐(朕)이라 칭하고, 사(赦)라 칭하니 어찌 이렇게 참람합니까?"라고 하였다. …… 이에 선지를 왕지(王旨)로, 짐을 고(孤)로, 사를 유(宥)로, 주(奏)를 정(呈)으로 고쳤다.
>
> (나) 왕이 시해당하자 태후가 종실에서 [후사를] 골라 세우고자 하니, 시중 이인임이 백관을 거느리고 우왕을 세웠다.
>
> ─ 『고려사』 ─

① 화통도감을 설치하여 화포를 제작하였다.
② 유인우, 이자춘 등이 쌍성총관부를 수복하였다.
③ 정중부 등이 정변을 일으켜 권력을 장악하였다.
④ 최우가 강화도로 도읍을 옮겨 장기 항전을 준비하였다.
⑤ 명의 철령위 설치에 반발하여 요동 정벌을 추진하였다.

15. (가)~(라)를 일어난 순서대로 옳게 나열한 것은?

[3점]

> (가) 양규가 무로대에서 거란군을 습격하여 2천여 명을 죽이고, 포로가 되었던 남녀 3천여 명을 되찾았다.
>
> (나) 거란이 장차 침입하려 하므로 군사 30만 명을 선발하여 광군이라 부르고 광군사를 설치하였다.
>
> (다) 왕이 소손녕의 봉산군 공격 소식을 듣고 서희를 보내 화의를 요청하니 소손녕이 침공을 중지하였다.
>
> (라) 강감찬 등이 귀주에서 거란군을 맞아 싸웠다. 고려군이 맹렬하게 공격하니 거란군이 북으로 도망쳤다.

① (가) ─ (나) ─ (다) ─ (라)
② (가) ─ (나) ─ (라) ─ (다)
③ (나) ─ (가) ─ (라) ─ (다)
④ (나) ─ (다) ─ (가) ─ (라)
⑤ (다) ─ (라) ─ (나) ─ (가)

16. 다음 상황이 나타난 시기에 볼 수 있는 모습으로 가장 적절한 것은?

[1점]

> 왕이 명을 내리기를, "양계와 5도의 진병법석(鎭兵法席)*에 사용되는 비용은 모두 백성들에게서 나오는 것이다. 이것은 부처를 속이고 하늘을 속이는 것이니 무슨 복이 있겠는가?"라고 하였다. 이에 중사(中使)를 파견하여 내고(內庫)의 은병 300개를 내어서 여러 도에 나누어 주었다.
>
> *진병법석: 병화(兵禍)를 물리치기 위해 거행한 불교 의식

① 백동화를 주조하는 전환국의 기술자
② 신해통공 시행 소식에 기뻐하는 난전 상인
③ 불법적인 상행위를 감독하는 경시서의 관리
④ 담배, 인삼 등의 상품 작물을 재배하는 농민
⑤ 물주로부터 자금을 조달받아 광산을 운영하는 덕대

17. 다음 구성안의 소재가 된 탑으로 옳은 것은? [1점]

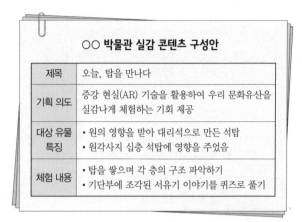

제목	오늘, 탑을 만나다
기획 의도	증강 현실(AR) 기술을 활용하여 우리 문화유산을 실감나게 체험하는 기회 제공
대상 유물 특징	• 원의 영향을 받아 대리석으로 만든 석탑 • 원각사지 십층 석탑에 영향을 주었음
체험 내용	• 탑을 쌓으며 각 층의 구조 파악하기 • 기단부에 조각된 서유기 이야기를 퀴즈로 풀기

19. 밑줄 그은 '왕'의 업적으로 옳은 것은? [2점]

이전에 주조한 활자가 크고 고르지 않았다. 이에 왕께서 경자년에 다시 주조하셨다. 그리하여 그 모양이 작고 바르게 되었으니, 이것으로 인쇄하지 않은 책이 없었다. 이를 경자자라고 하였다. 갑인년에 다시 『위선음즐(爲善陰騭)』의 글자 모양을 본떠 갑인자를 주조하니, 경자자에 비하여 조금 크고 활자 모양이 매우 좋았다.

① 조선의 기본 법전인 경국대전을 반포하였다.
② 역대 문물을 정리한 동국문헌비고를 간행하였다.
③ 삼남 지방의 농법을 소개한 농사직설을 편찬하였다.
④ 전세를 1결당 4~6두로 고정하는 영정법을 제정하였다.
⑤ 삼정의 문란을 시정하기 위해 삼정이정청을 설치하였다.

18. 밑줄 그은 '인물'에 대한 설명으로 옳은 것은? [2점]

① 최초의 서원인 백운동 서원을 건립하였다.
② 일본에 다녀와서 해동제국기를 편찬하였다.
③ 성학십도를 지어 군주의 도를 도식으로 설명하였다.
④ 조선경국전을 저술하여 통치 제도 정비에 기여하였다.
⑤ 경세유표를 집필하여 국가 제도의 개혁 방향을 제시하였다.

20. 다음 대화에 등장하는 왕의 재위 시기에 있었던 사실로 옳은 것은? [2점]

① 주자소가 설치되어 계미자가 주조되었다.
② 전통 한의학을 집대성한 동의보감이 완성되었다.
③ 통치 체제를 정비하기 위해 속대전이 간행되었다.
④ 한양을 기준으로 역법을 정리한 칠정산이 제작되었다.
⑤ 전국의 지리, 풍속 등이 수록된 동국여지승람이 편찬되었다.

21. (가) 기구에 대한 설명으로 옳은 것은? [2점]

총마계회도(驄馬契會圖)

총마들의 모임을 기념하기 위해 그린 그림으로, 총마는 감찰의 별칭이다. 감찰은 대사헌을 수장으로 하는 [(가)]의 관원으로, 관리의 위법 사항을 규찰하였다. 그림에는 계회 장소의 모습과 함께 왕이 내린 시문, 참석자 명단 등이 담겨 있다.

① 수도의 행정과 치안을 담당하였다.
② 왕명 출납을 맡은 왕의 비서 기관이었다.
③ 왕에게 경서 등을 강론하는 경연을 주관하였다.
④ 역사서를 편찬하고 사고에 보관하는 일을 맡았다.
⑤ 5품 이하 관리의 임명 과정에서 서경권을 행사하였다.

22. 밑줄 그은 '이 사건'이 일어난 시기를 연표에서 옳게 고른 것은? [2점]

이곳은 최근에 개방된 효릉입니다. 조선 국왕 인종과 그의 왕비 인성 왕후가 모셔져 있습니다. 인종은 즉위한 지 1년도 되지 않아 사망하였습니다. 인종의 죽음은 윤원형, 윤임 등 외척 간의 권력 다툼으로 사림이 피해를 입은 이 사건의 계기가 되었습니다.

	(가)		(나)		(다)		(라)		(마)	
이시애의 난		연산군 즉위		중종 반정		기묘 사화		선조 즉위		이괄의 난

① (가) ② (나) ③ (다) ④ (라) ⑤ (마)

23. (가) 전쟁 중에 있었던 사실로 옳은 것은? [2점]

조헌은 금산에서 7백여 명의 의병을 이끌고 왜군과 전투를 벌이다가 전사하였습니다.

[(가)] 당시 활약한 의병장

김천일   정문부
조헌   사명 대사(유정)

화면을 누르면 설명을 들을 수 있습니다.

① 이종무가 대마도를 정벌하였다.
② 송상현이 동래성에서 항전하였다.
③ 김상용이 강화도에서 순절하였다.
④ 최영이 홍산 전투에서 크게 승리하였다.
⑤ 강홍립 부대가 사르후 전투에 참전하였다.

24. (가) 왕의 재위 기간에 있었던 사실로 옳은 것은? [1점]

이 그림은 화성능행도 8폭 중 일부로, [(가)]이/가 혜경궁 홍씨를 모시고 현륭원에 다녀오는 모습을 그린 것입니다. 위엄을 갖춘 행렬의 장대함과 구경꾼들의 생동감 넘치는 표정이 잘 드러나 있습니다.

① 자의 대비의 복상 문제로 예송이 전개되었다.
② 명의 신종을 제사 지내는 만동묘가 설치되었다.
③ 문신을 재교육하기 위한 초계문신제가 실시되었다.
④ 붕당의 폐해를 경계하는 탕평비가 성균관에 건립되었다.
⑤ 비변사의 혁파로 의정부와 삼군부의 기능이 정상화되었다.

25. 밑줄 그은 '시기'에 볼 수 있는 모습으로 옳지 <u>않은</u> 것은? [1점]

이 그림은 책과 함께 도자기, 문방구 등이 놓인 책가를 그린 책가도입니다. 책가도가 유행한 시기에는 다양한 주제의 민화가 왕실과 사대부뿐만 아니라 서민들에게도 인기를 끌었습니다.

① 판소리를 구경하는 농민
② 탈춤 공연을 벌이는 광대
③ 장시에서 물품을 파는 보부상
④ 한글 소설을 읽어 주는 전기수
⑤ 벽란도에서 인삼을 사는 송의 상인

26. (가) 사건에 대한 설명으로 옳은 것은? [1점]

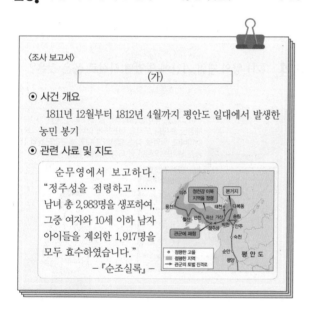

〈조사 보고서〉

(가)

⊙ 사건 개요
1811년 12월부터 1812년 4월까지 평안도 일대에서 발생한 농민 봉기

⊙ 관련 사료 및 지도

순무영에서 보고하다. "정주성을 점령하고 …… 남녀 총 2,983명을 생포하여, 그중 여자와 10세 이하 남자 아이들을 제외한 1,917명을 모두 효수하였습니다." – 『순조실록』 –

① 청의 군대에 의해 진압되었다.
② 척왜양창의를 기치로 내걸었다.
③ 선혜청과 일본 공사관을 공격하였다.
④ 사건 수습을 위해 박규수가 안핵사로 파견되었다.
⑤ 세도 정치 시기의 수탈과 지역 차별에 반발하여 일어났다.

27. (가) 인물에 대한 설명으로 옳은 것은? [2점]

이 책은 (가) 이/가 학문과 사물의 이치를 논한 글과 제자들의 질문에 응답한 내용을 모아 엮은 성호사설입니다. (가) 은/는 노비 제도의 개혁, 서얼 차별 폐지 등 다양한 개혁안을 제시하였습니다.

성호사설

① 이벽 등과 교류하며 천주교를 받아들였다.
② 북한산비가 진흥왕 순수비임을 고증하였다.
③ 동호문답에서 수취 제도의 개혁 등을 제안하였다.
④ 가례집람을 지어 예학을 조선의 현실에 맞게 정리하였다.
⑤ 곽우록에서 토지 매매를 제한하는 한전론을 주장하였다.

28. (가)에 해당하는 지역을 지도에서 옳게 찾은 것은? [1점]

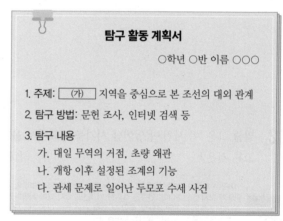

탐구 활동 계획서

○학년 ○반 이름 ○○○

1. 주제: (가) 지역을 중심으로 본 조선의 대외 관계
2. 탐구 방법: 문헌 조사, 인터넷 검색 등
3. 탐구 내용
   가. 대일 무역의 거점, 초량 왜관
   나. 개항 이후 설정된 조계의 기능
   다. 관세 문제로 일어난 두모포 수세 사건

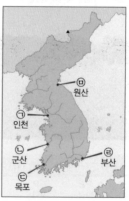

① ㉠　　② ㉡　　③ ㉢　　④ ㉣　　⑤ ㉤

29. (가) 사건에 대한 설명으로 옳은 것은? [1점]

대한민국 방방곡곡 – 전등사

🎬 한국사 채널   조회수 82,461

전등사는 강화도 정족산성 안에 위치한 사찰로 대웅전, 약사전 등 많은 문화유산을 보유하고 있다. 사찰 내에는 조선왕조실록을 보관하였던 정족산사고가 복원되어 있다. 뿐만 아니라 (가) 때 프랑스군을 물리친 양헌수 장군의 승전비도 있다.

① 운요호 사건을 빌미로 일어났다.
② 왕이 공산성으로 피란하는 계기가 되었다.
③ 전개 과정에서 외규장각 도서가 약탈당하였다.
④ 사태 수습을 위해 이용태가 안핵사로 파견되었다.
⑤ 황사영이 외국 군대의 출병을 요청하는 원인이 되었다.

30. 밑줄 그은 '이 사건'에 대한 설명으로 옳은 것은? [2점]

① 보국안민, 제폭구민을 기치로 내걸었다.
② 한성 조약이 체결되는 결과를 가져왔다.
③ 개혁 추진을 위해 교정청을 설치하였다.
④ 구식 군인에 대한 차별 대우가 발단이 되었다.
⑤ 민영익 등이 보빙사로 파견되는 계기가 되었다.

31. 밑줄 그은 '장정'에 대한 설명으로 옳은 것은? [3점]

① 갑신정변의 영향으로 체결되었다.
② 방곡령 시행에 대한 규정을 명시하였다.
③ 일본 공사관에 경비병이 주둔하는 계기가 되었다.
④ 일본인 재정 고문을 두도록 하는 조항을 담고 있다.
⑤ 부산 외 2개 항구를 개항한다는 내용을 포함하였다.

32. (가)에 들어갈 내용으로 가장 적절한 것은? [2점]

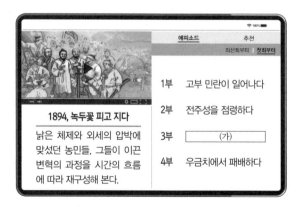

① 남북접이 논산에 집결하다
② 황토현 전투에서 승리하다
③ 백산에 모여 4대 강령을 선포하다
④ 최시형이 동학의 2대 교주가 되다
⑤ 교조 신원을 요구하는 삼례 집회가 열리다

33. (가) 단체의 활동으로 옳은 것은? [2점]

아들아, 제중원 의학교 1회 졸업생이 된 것을 축하한다. 백정의 아들로 태어나 차별을 극복하고 의사가 된다니 정말 자랑스럽구나.

10년 전 (가) 이/가 주관한 관민 공동회 개회식에서 당당하게 총군 애국의 뜻을 밝히신 아버지의 연설에 감명을 받아 열심히 공부할 수 있었습니다.

① 일제의 황무지 개간권 요구를 저지하였다.
② 중추원 개편을 통한 의회 설립을 추진하였다.
③ 농촌 계몽을 위한 브나로드 운동을 전개하였다.
④ 외교 활동을 펼치기 위해 구미 위원부를 설치하였다.
⑤ 여성의 평등한 권리를 주장하는 여권통문을 발표하였다.

34. (가)에 들어갈 내용으로 가장 적절한 것은? [2점]

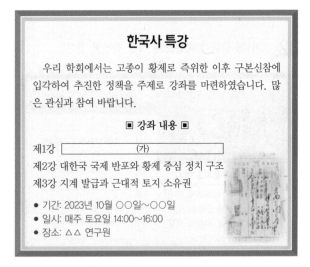

한국사 특강

우리 학회에서는 고종이 황제로 즉위한 이후 구본신참에 입각하여 추진한 정책을 주제로 강좌를 마련하였습니다. 많은 관심과 참여 바랍니다.

■ 강좌 내용 ■

제1강 [(가)]
제2강 대한국 국제 반포와 황제 중심 정치 구조
제3강 지계 발급과 근대적 토지 소유권

• 기간: 2023년 10월 ○○일~○○일
• 일시: 매주 토요일 14:00~16:00
• 장소: △△ 연구원

① 통역관 양성을 위한 동문학 설립
② 개혁 방향을 제시한 홍범 14조 반포
③ 통리기무아문 설치와 개화 정책 추진
④ 원수부 창설과 황제의 군 통수권 강화
⑤ 23부로의 지방 제도 개편과 지방관 권한 축소

35. 다음 조약이 체결된 이후의 사실로 옳은 것은? [3점]

제2조 러시아 제국 정부는 일본국이 한국에서 정치·군사·경제상의 탁월한 이익을 갖는다는 것을 인정하고 일본 제국 정부가 한국에서 필요하다고 인정하는 지도·보호·감리의 조처를 함에 있어 이를 방해하거나 간섭하지 않을 것을 약정한다.

① 영국이 거문도를 불법 점거하였다.
② 헤이그 만국 평화 회의에 특사가 파견되었다.
③ 상권 수호를 위해 황국 중앙 총상회가 조직되었다.
④ 유생 출신 유인석이 이끄는 의병이 충주성을 점령하였다.
⑤ 일본 군함이 관세 문제로 두모포에서 무력시위를 벌였다.

36. (가) 단체에 대한 설명으로 옳은 것을 〈보기〉에서 고른 것은? [3점]

이것은 평양에 있던 대성 학교의 교직원과 학생들을 촬영한 사진입니다. 이 학교는 안창호, 양기탁 등이 조직한 (가) 이/가 설립하였습니다.

〈보기〉

ㄱ. 태극 서관을 운영하였다.
ㄴ. 105인 사건으로 와해되었다.
ㄷ. 이륭양행에 교통국을 설치하였다.
ㄹ. 입헌 군주제 수립을 목표로 하였다.

① ㄱ, ㄴ ② ㄱ, ㄷ ③ ㄴ, ㄷ
④ ㄴ, ㄹ ⑤ ㄷ, ㄹ

37. 교사의 질문에 대한 학생의 답변으로 옳은 것은?

[2점]

이것은 한성 전기 회사가 공급하는 전기를 사용하여 서대문과 청량리 사이를 운행하던 전차입니다. 전차가 개통된 이후에 도입된 근대 문물에 대해 말해 볼까요?

① 박문국이 세워졌어요.

② 경부선이 완공되었어요.

③ 기기창이 설치되었어요.

④ 한성주보가 발행되었어요.

⑤ 육영 공원이 설립되었어요.

38. 밑줄 그은 '시기'에 시행된 일제의 정책으로 옳은 것은?

[1점]

오늘 소개해 주실 자료는 무엇인가요?

이 자료는 토지 조사 사업이 실시되던 시기에 조선 총독부 임시 토지 조사국이 작성한 문서입니다. 여기에는 경상북도 상주, 칠곡, 울릉도 등 총 6개 지역에서 토지 소유자와 그 경계를 조사하여 확정하였다고 기록되어 있습니다.

① 애국반을 조직하였다.

② 신문지법을 제정하였다.

③ 조선 태형령을 시행하였다.

④ 산미 증식 계획을 실시하였다.

⑤ 황국 신민 서사의 암송을 강요하였다.

39. (가) 운동에 대한 설명으로 옳은 것은?

[1점]

서울 앨버트 테일러 가옥 (딜쿠샤)

'딜쿠샤'가 복원되어 전시관으로 개관합니다. 많은 관람 부탁드립니다.

■ 주소: 서울시 종로구 사직로 2길 17
■ 개관일: 2021년 ○○월 ○○일

⊙ 소개

'기쁜 마음의 궁전'을 뜻하는 딜쿠샤는 미국인 앨버트 W. 테일러가 지은 벽돌집으로, 테일러와 그의 가족이 미국으로 추방되기 전까지 거주한 곳이다.

미국 연합통신(AP)의 임시 특파원으로 활동한 테일러는 세브란스 병원에서 독립 선언서를 발견하고 외신을 통해 전 세계에 알렸으며, (가) 당시 일제가 자행한 제암리 학살 사건 등을 취재해 보도하였다.

① 신간회에서 진상 조사단을 파견하여 지원하였다.

② 순종의 인산일을 기회로 만세 운동을 전개하였다.

③ 일제가 이른바 문화 통치를 실시하는 배경이 되었다.

④ 한국인 학생과 일본인 학생 간의 충돌에서 비롯되었다.

⑤ 시위를 준비하는 과정에서 사회주의자들이 대거 검거되었다.

40. 밑줄 그은 '시기'에 있었던 사실로 옳은 것은? [2점]

○○ 박물관 사이버 전시실

이 포스터는 일제가 미국과 영국 등 연합국을 상대로 한 전쟁을 벌였던 시기에 만들어졌다. 전쟁에 필요한 쌀을 강제로 공출하기 위한 홍보용으로 제작되었다.

쌀 공출 선전 포스터

① 메가타의 주도로 화폐 정리 사업이 실시되었다.

② 만주 군벌과 일제 사이에 미쓰야 협정이 체결되었다.

③ 여자 정신 근로령으로 한국인 여성이 강제 동원되었다.

④ 지주 문재철의 횡포에 맞서 암태도 소작 쟁의가 전개되었다.

⑤ 회사 설립 시 총독의 허가를 받도록 하는 회사령이 공포되었다.

41. (가)에 들어갈 내용으로 옳은 것은? [3점]

저는 지금 전로 한족회 중앙 총회가 개최된 건물 앞에 나와 있습니다. 이 단체는 이 지역에 거주한 한인들의 대표자 회의였습니다. 이 지역에서 전개된 민족 운동에 대해 올려주세요.

대한 국민 의회를 결성하였어요.

대한 광복군 정부를 세웠어요.

(가)

① 독립군 양성을 위해 신흥 강습소를 세웠어요.

② 권업회를 조직하여 권업신문을 발행하였어요.

③ 숭무 학교를 설립하여 무장 투쟁을 준비하였어요.

④ 한인 비행 학교를 세워 독립군 비행사를 육성하였어요.

⑤ 대일 항전을 준비하기 위해 조선 독립 동맹을 결성하였어요.

42. (가) 단체에 대한 설명으로 옳은 것은? [2점]

이달의 독립운동가

황상규

경상남도 밀양 출생이다. 1918년 만주로 망명하였으며 김동삼, 김좌진, 안창호 등과 대한 독립 선언서를 발표하였다. 1919년 11월 김원봉 등과 [(가)]을/를 조직하여 일제 기관의 파괴와 조선 총독 이하의 관리 및 매국노의 암살 등을 꾀하였다. 1920년에 국내로 폭탄을 들여와 의거를 준비하던 중 발각되어 7년의 징역형을 선고받았다. 1963년 건국 훈장 독립장이 추서되었다.

① 조선 혁명 선언을 활동 지침으로 삼았다.

② 삼균주의를 기초로 한 건국 강령을 발표하였다.

③ 잡지 개벽 등을 발행하여 민족 의식을 고취하였다.

④ 홍커우 공원에서 일어난 윤봉길 의거를 계획하였다.

⑤ 조선 총독부에 국권 반환 요구서를 제출하려 하였다.

43. (가)~(다)를 작성된 순서대로 옳게 나열한 것은? [3점]

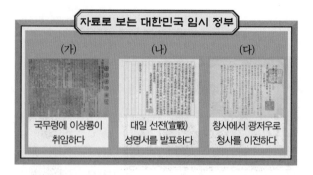

자료로 보는 대한민국 임시 정부

(가)	(나)	(다)
국무령에 이상룡이 취임하다	대일 선전(宣戰) 성명서를 발표하다	창사에서 광저우로 청사를 이전하다

① (가) – (나) – (다)

② (가) – (다) – (나)

③ (나) – (가) – (다)

④ (나) – (다) – (가)

⑤ (다) – (가) – (나)

44. (가) 부대에 대한 설명으로 옳은 것은? [2점]

남대관, 권수정 등은 전 한족총연합회 간부였던 지청천, 신숙 등과 함께 아성현(阿城縣)에서 한국대독립당을 조직하고 지청천을 총사령, 남대관을 부사령으로 하는 [(가)]을/를 편성하였다. …… [(가)]은/는 딩차오(丁超)의 군으로부터 무기를 지급받고 대원을 모집하여 일본 측 기관의 파괴, 일본 요인의 암살 등을 기도하였다.

① 청산리에서 일본군을 크게 격파하였다.

② 미군과 연계하여 국내 진공 작전을 준비하였다.

③ 대전자령 전투에서 일본군을 상대로 승리를 거두었다.

④ 중국 관내(關內)에서 결성된 최초의 한인 무장 부대였다.

⑤ 대한 국민회군 등과 연합하여 봉오동 전투에서 승리하였다.

45. (가) 종교에 대한 설명으로 옳은 것은? [2점]

기획 전시

방정환이 꿈꾼 어린이를 위한 나라

우리 박물관에서는 『어린이』 창간 100주년을 기념하는 특별전을 준비하였습니다. 동학을 계승한 종교인 ⟨ (가) ⟩ 계열의 방정환 등이 어린이들에게 다양한 읽을거리를 제공하기 위해 발간한 잡지 『어린이』의 전시와 함께 여러 체험 행사를 준비하였으니 많은 관심 바랍니다.

· 기간: 2023. ○○. ○○.~○○. ○○.
· 장소: △△ 박물관 특별 전시실
· 전시 자료 소개

▲ 『어린이』 제7권 제13호   ▲ 『어린이』 제9권 제1호

① 한용운 등이 사찰령 폐지를 주장하였다.
② 만세보를 발행하여 민중 계몽에 앞장섰다.
③ 박중빈을 중심으로 새생활 운동을 펼쳤다.
④ 배재 학당을 세워 신학문을 보급하고자 힘썼다.
⑤ 의민단을 조직하여 항일 무장 투쟁을 전개하였다.

46. (가), (나) 사이의 시기에 있었던 사실로 옳은 것은? [2점]

(가)   (나)

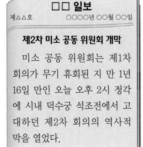

□□ 일보	□□ 일보
제△△호 ○○○○년 ○○월 ○○일	제△△호 ○○○○년 ○○월 ○○일
하지 중장, 특별 성명 발표	**제2차 미소 공동 위원회 개막**
오늘 오전 조선 주둔 미군 최고 사령관 하지 중장은 미소 공동 위원회 무기 휴회에 관한 중대 성명서를 발표하였다. 이는 덕수궁 석조전에서의 역사적인 개막 이후 49일 만의 일이다.	미소 공동 위원회는 제1차 회의가 무기 휴회된 지 만 1년 16일 만인 오늘 오후 2시 정각에 시내 덕수궁 석조전에서 고대하던 제2차 회의의 역사적 막을 열었다.

① 여수 · 순천 10 · 19 사건이 일어났다.
② 모스크바 3국 외상 회의가 개최되었다.
③ 반민족 행위 특별 조사 위원회가 출범하였다.
④ 좌우 합작 위원회가 좌우 합작 7원칙을 발표하였다.
⑤ 유엔 총회에서 인구 비례에 의한 남북 총선거가 의결되었다.

47. 다음 상황 이후에 일어난 사실로 옳은 것은? [2점]

> 유엔군과 국군은 서울에서 퇴각하고 한강 이북의 부대를 철수시키기로 결정하였다. 이들은 한강에 설치된 임시 교량을 이용해 철수하였고, 오후 1시경에 마지막 부대가 통과한 후 임시 교량을 폭파시켰다. 이에 앞서 정부는 서울 시민들에게 피란을 지시하였고, 많은 서울 시민들이 보따리를 싸서 피란길에 나섰다.

① 한미 상호 방위 조약이 체결되었다.
② 장진호 전투에서 중국군이 유엔군을 포위하였다.
③ 경찰이 반민족 행위 특별 조사 위원회를 습격하였다.
④ 미국의 극동 방위선이 조정된 애치슨 라인이 발표되었다.
⑤ 우리나라 최초의 보통 선거인 5 · 10 총선거가 실시되었다.

48. (가) 정부 시기의 경제 상황으로 옳은 것은? [1점]

⟨ (가) ⟩ 정부 발행
우표 모음첩

경부 고속 도로 준공
포항 종합 제철 준공
100억 달러 수출 달성

① 한미 자유 무역 협정(FTA)이 체결되었다.
② 저유가 · 저금리 · 저달러의 3저 호황이 있었다.
③ 원조 물자를 가공하는 삼백 산업이 발달하였다.
④ 대통령 긴급 명령으로 금융 실명제가 실시되었다.
⑤ 농촌의 근대화를 표방한 새마을 운동이 전개되었다.

49. (가) 민주화 운동에 대한 설명으로 옳은 것은? [1점]

박종철 군 고문살인 은폐 조작과 호헌 조치를 규탄하는 국민 대회 당시의 모습이야. 정부의 원천 봉쇄 방침에도 각 지역에서 열렸어.

이 대회를 주최한 민주 헌법 쟁취 국민 운동 본부는 4·13 호헌 조치가 무효라고 선언하였지. 이후 민주화를 요구하는 시민들의 시위가 전국 각지에서 더욱 거세졌어.

(가) 사진전

① 허정 과도 정부가 구성되는 계기가 되었다.
② 5년 단임의 대통령 직선제 개헌을 이끌어냈다.
③ 야당 총재의 국회의원직 제명으로 촉발되었다.
④ 관련 기록물이 세계 기록 유산으로 등재되었다.
⑤ 이승만이 대통령에서 물러나는 결과를 가져왔다.

50. 다음 뉴스가 보도된 시기 정부의 통일 노력으로 옳은 것은? [2점]

오늘 대통령은 경의선 복원 사업의 일환으로 건설된 도라산역을 미국의 부시 대통령과 함께 방문하였습니다. 정부는 이 역의 준공으로 우리나라가 유라시아와 태평양을 연결하는 물류의 중심지로 도약할 수 있을 것이라고 밝혔습니다.

한·미 정상, 도라산역 방문

① 민족 자존과 통일 번영을 위한 7·7 선언을 발표하였다.
② 최초의 이산가족 고향 방문과 예술 공연단 교환을 실현하였다.
③ 남북 정상 회담을 개최하고 6·15 남북 공동 선언을 채택하였다.
④ 7·4 남북 공동 성명을 실천하기 위한 남북 조절 위원회를 구성하였다.
⑤ 남북 사이의 화해와 불가침 및 교류·협력에 관한 합의서를 교환하였다.

고맙다.

끝까지 애써 온 너의 최선이
너에게 다정한 결실이 되어 올 것이다.

#나만의길 #다잘될거야

1 정답 ① 68회 1번

청동기 시대

키워드 추출

• 고인돌 – 청동기 시대에 제작된 지배층의 무덤
• 계급이 발생 – 청동기 시대에는 사유 재산이 발생하고 계급이 형성됨

정답분석

① 청동기 시대에는 벼농사가 시작되어 벼 이삭을 자르기 위해 반달 돌칼을 활용하였다.

오답분석

② 소를 이용한 깊이갈이와 관련된 우경의 기록은 신라 지증왕 때의 사례가 최초이다.
③ 구석기 시대에는 주변의 동굴 또는 바위 그늘에 거주하거나 막집을 따로 지어 살았다.
④ 철기 시대에는 명도전, 반량전, 오수전, 화천 등 중국 화폐를 통해 교역이 이루어졌다.
⑤ 신석기 시대에는 가락바퀴와 뼈바늘을 이용하여 원시적인 수공업이 이루어졌다.

해품사의 합격Tip

한능검에서 1번 문제를 출제할 때 사실상 '선사 시대의 생활상 유형을 출제'할 가능성이 매우 높습니다. 특히 선사 시대 생활상 유형에서 계급이라는 단어가 직접적으로 언급된다면 사실상 청동기 시대를 출제하였다고 판단한 뒤 문제에 접근할 것을 권장합니다!

2 정답 ③ 60회 2번

부여

키워드 추출

• 영고 – 부여의 제천 행사, 매년 12월 개최
• 형사취수제 – 부여의 대표적인 풍습, 형이 죽을 경우 동생이 형수와 혼인함

정답분석

③ 부여는 마가, 우가, 저가, 구가 등의 여러 가(加)들이 행정 구획인 사출도를 다스렸다.

오답분석

① 삼한은 제정 분리 사회를 유지하였기 때문에 제사장인 천군이 별도로 존재하였으며, 하늘의 신에게 제사를 지내는 신성 구역인 소도가 존재하였다.
② 동예는 다른 부족의 영역을 침범할 경우 소나 말로 배상하는 풍습인 책화가 존재하였다.
④ 백제는 정사암에 모여 귀족 회의를 개최하였다.
⑤ 고조선은 사회 질서의 유지를 위해 살인, 상해, 절도 등 다양한 범죄에 대한 형벌을 제시한 범금 8조라는 제도가 존재하였다.

해품사의 합격Tip

고대 철기 국가 유형은 가장 많이 출제되는 사례 중 하나입니다. 특히 부여가 출제될 경우 문제에서 영고 및 사출도가 직접적으로 언급될 가능성이 매우 높습니다!

3 정답 ① 61회 4번

광개토 대왕

키워드 추출

• 신라에 침입한 왜를 격퇴함 – 광개토 대왕은 신라 내물왕의 요청으로 신라에 침입한 왜구를 격퇴함

- 후연을 공격함 – 광개토 대왕은 중국의 5호 16국 중 하나인 후연을 공격함
- 왕자 거련(巨連)을 태자로 삼음 – 장수왕(거련)은 광개토 대왕 이후에 즉위함

정답분석

① 광개토 대왕은 우리나라 역사상 최초로 독자적인 연호인 영락을 사용하였다.

오답분석

② 고구려의 소수림왕 때 태학이라는 국립 교육 기관이 설립되었다.

③ 고구려의 미천왕은 요동 지역에 위치한 서안평을 점령하고, 한사군 중 하나인 낙랑군을 축출하며 영토를 확장하였다.

④ 고구려의 고국천왕은 을파소의 건의로 흉년 또는 춘궁기(봄에 곡식이 부족한 시기)에 곡식을 빌려주고 가을에 갚는 방식의 빈민 구제 제도인 진대법을 실시하였다.

⑤ 고구려의 영류왕 때 부여성~비사성에 이르는 천리장성이 축조되기 시작하였다(보장왕 때 완성).

해품사의 합격Tip

삼국 시대의 왕 업적 유형은 '거의 매 회차에서 최소 1~2문제는 반드시 출제'되는 빈출 유형입니다. 특히 고구려의 경우 주로 소수림왕, 광개토 대왕, 장수왕을 출제하며, 광개토 대왕의 경우 영락 연호 사용, 신라에 침입한 왜구 격퇴, 후연 격파가 빈출 키워드로 언급됩니다.

4 정답 ③ 　71회 6번

지증왕

키워드 추출

국호를 신라로 확정하고 임금의 호칭을 신라 국왕으로 함, 순장을 금지 – 신라 지증왕의 업적

정답분석

③ 신라 지증왕은 이사부를 파견하여 현재의 울릉도인 우산국을 신라의 영토로 복속하였다.

오답분석

① 신라 법흥왕은 군사에 대한 사무를 담당하는 관청인 병부를 설치하고 최고 관등인 상대등을 설치하였다.

② 신라 눌지왕은 백제의 비유왕과 나·제 동맹을 최초로 체결하였다.

④ 신라 문무왕은 매소성 전투 및 기벌포 전투에서 당나라를 물리치고 삼국 통일을 이루었다.

⑤ 통일 신라의 신문왕은 김흠돌이 일으킨 반란을 진압하였다.

해품사의 합격Tip

한능검에서 신라 왕의 업적을 출제할 경우 주로 지증왕, 법흥왕, 진흥왕을 출제합니다. 특히 지증왕을 출제할 경우 신라 국호 및 왕 호칭 정비와 이사부의 우산국 정벌이 빈출 키워드로 언급됩니다.

5 정답 ① 　71회 3번

금관가야

키워드 추출

수로왕이 건국 – 금관가야의 건국자

정답분석

① 금관가야의 마지막 왕인 김구해가 신라의 법흥왕에게 항복한 결과, 금관가야는 신라에 합병되었다.

오답분석

② 고구려는 여성의 집 뒤에 서옥이라는 사위의 집을 지어 남성이 머무른 뒤, 여성이 아이를 가지면 남성의 집으로 데려가 가정을 이루는 방식의 혼인 제도를 운영하였다.

③ 백제는 최고 관등인 좌평을 두었으며, 6좌평이 국가의 중요한 정사를 논의하였다.

④ 신라는 만장일치제 방식의 귀족 회의인 화백 회의를 운영하였다.

⑤ 백제 무령왕은 지방 거점에 설치된 22담로에 왕족을 파견하여 관리하였다.

해품사의 합격Tip

가야의 역사적 사실 유형은 한능검에서 고대의 국가 중 고구려, 백제, 신라보다 국가 사실 관련 단독 유형으로 출제 비중이 훨씬 높습니다. 특히 가야 관련 유형이 출제될 경우 김수로왕, 철의 생산량이 높음(덩이쇠), 고분(김해 대성동 및 고령 지산동), 신라에 의해 멸망(금관가야-법흥왕, 대가야-진흥왕)이라는 키워드가 언급될 수 있습니다!

6 정답 ① 　57회 7번

삼국의 통일 과정

키워드 추출

- (가) 대야성 – 백제 의자왕 때 윤충이 함락시킨 신라의 성(대야성 전투, 642)
- (나) 의자왕의 도성을 에워쌈 – 나·당 연합군이 백제를 공격하여 멸망시켰다(백제 멸망, 660).
- (다) 흑치상지 – 임존성에서 백제의 부흥 운동을 주도한 인물(백제 부흥 운동, 660~663)

정답분석

① (가) 대야성 전투(윤충, 의자왕) → (나) 백제의 멸망(신라와 당의 군사, 김유신) → (다) 백제 부흥 운동(흑치상지) 순으로 발생하였다.

해품사의 합격Tip

삼국의 통일 과정은 대체로 사료를 바탕으로 두 시기 사이 유형, 순서 유형, 연표 유형 등 흐름형 유형으로 출제됩니다. 그러므로 최소한 백제 멸망 → 백제 부흥 운동 → 고구려 멸망 → 고구려 부흥 운동 → 나 · 당 전쟁의 흐름 및 관련 키워드를 정확히 기억해야 쉽게 풀이할 수 있습니다.

7 정답 ② 　　　67회 7번

신문왕

키워드 추출

· 선왕을 기리며 감은사를 완공함 – 신문왕은 아버지인 문무왕을 위해 감은사를 완공함
· 만파식적 – 신문왕 때 제작되었다고 전해지는 영험한 피리

정답분석

② 통일 신라의 신문왕은 왕권 강화 및 귀족 견제를 목적으로 관료들에게 관료전을 지급하고 귀족들에게 지급한 녹읍을 폐지하였다.

오답분석

① 통일 신라의 진성 여왕 때 각간 위홍 및 대구화상이 향가 모음집인 『삼대목』을 편찬하였다.
③ 신라 진평왕은 인사 행정을 담당한 위화부를 창설하였다.
④ 신라 법흥왕은 건원이라는 독자적인 연호를 사용하였다.
⑤ 신라 지증왕은 동시를 관리하는 관청인 동시전을 설치하였다.

해품사의 합격Tip

한능검에서 출제되는 통일 신라 왕 중 '신문왕이 가장 출제 빈도도 높고 암기해야 할 키워드도 많은 편'입니다. 특히 신문왕은 '9를 연상할 수 있는 키워드(예 국학, 9주 5소경, 9서당 10정 등)가 주로 언급'됩니다!

8 정답 ⑤ 　　　65회 9번

통일 신라 하대 사회상

키워드 추출

혜공왕 피살 이후 왕위 쟁탈전이 치열했던 시기 – 통일 신라 하대 시기, 일반적으로 혜공왕 피살 시점인 780년 이후가 기점이 됨

정답분석

⑤ 통일 신라 하대에 활동한 장보고는 완도에 청해진이라는 해상 무역 기지를 설치하여 동아시아의 해상 무역을 장악하였다.

오답분석

① 고려의 성종은 빈민 구제를 목적으로 왕건이 설치한 흑창을 의창으로 개편하였다.
② 고려의 충선왕은 왕위에서 물러난 후 원나라의 연경에 만권당을 세워 고려의 학자들과 원의 학자들이 교류하도록 하였다.
③ 고려 시대에는 병자에게 의약품을 제공하는 기구인 혜민국이 설치되었다.
④ 의상은 당에서 화엄학을 공부하였으며, 화엄일승법계도라는 그림시를 지어 화엄 사상을 정리하였다.

해품사의 합격Tip

통일 신라 하대 사회상 유형은 고려 시대의 경제상 및 조선 시대 후기의 경제상 유형과 더불어 자주 출제되는 대표적인 사회 분야 유형입니다. 이 유형과 관련된 대표 키워드로는 '혜공왕 피살 이후 시점(시기), 최치원 및 진성 여왕(인물), 선종(불교 종파), 호족(반독립적 성장 세력)' 등이 있습니다.

9 정답 ① 　　　57회 9번

발해

키워드 추출

선조성, 중대성, 정당성 – 발해 3성 6부의 3성

정답분석

① 발해는 국립 교육 기관으로 주자감을 설치하여 유학 교육을 실시하였다.

오답분석

② 고구려의 광개토 대왕은 신라 내물왕의 요청에 따라 신라에 침입한 왜구를 격퇴하였다.
③ 통일 신라의 신문왕은 9서당 10정을 편성하였다.
④ 신라의 진흥왕은 개국, 대창(태창)이라는 독자적인 연호를 사용하였다.
⑤ 백제는 왕족인 부여씨와 함께 백씨 · 해씨 등 8성의 귀족이 지배층을 구성하였다.

해품사의 합격Tip

한능검에서 발해와 관련된 역사적 사실 유형은 고대에서 출제될 수 있는 대표적인 빈출 주제로, 크게 '국가 사실 유형, 왕 업적 유형, 문화유산 연계 유형'으로 나눠 출제될 수 있습니다. 특히 국가 사실 유형이 출제될 경우 주자감 및 5경 15부 62주라는 키워드를 우선적으로 고려하는 것을 권장합니다!

10 정답 ④ 　　　72회 9번

견훤

포석정, 경애왕이 연회를 벌이다가 (가)의 습격을 받은 곳 – 후백제의 견훤은 신라를 습격하여 경애왕을 살해한 뒤 경순왕을 즉위시킴

정답분석

④ 견훤은 현재의 전주 지역인 완산주에서 후백제를 건국하였다.

오답분석

① 고려 왕건은 후대의 왕에 대한 조언을 담은 훈요 10조를 남겼다.
② 신라의 마지막 왕인 경순왕은 고려에 항복한 뒤 경주의 사심관으로 임명되었다.
③ 백제의 무왕은 전라북도 익산(금마저)에 미륵사를 창건하였다.
⑤ 궁예는 최고 중앙 관서로 광평성이라는 기구를 설치하였다.

해품사의 합격Tip

후삼국 시대 관련 문제 중 견훤의 경우 신라 습격 관련 내용이 자주 언급됩니다. 포석정, 경애왕이 보인다면 견훤 관련 문제일 가능성이 높습니다.

11 정답 ②　　　　　　　　　63회 12번

고려 광종

키워드 추출

노비안검법 – 고려의 광종이 국가 재정 확보 및 호족 견제를 목적으로 양인이었다가 노비가 된 자를 다시 양인으로 해방시킨 정책

정답분석

② 고려 광종은 광덕, 준풍 등의 독자적인 연호를 사용하였다.

오답분석

① 고려 성종 때 최승로가 유교 중심의 정치 이상향을 담은 시무 28조를 건의하였다.
③ 고려 왕건은 관리의 규범을 제시할 목적으로 『정계』 및 『계백료서』를 반포하였다.
④ 고려 공민왕은 반원 정책의 일환으로 쌍성총관부를 공격하여 철령 이북의 땅을 수복하였다.
⑤ 통일 신라 시기에는 지방 세력을 견제할 목적으로 지방의 호족을 중앙에 머물게 하는 상수리 제도를 실시하였다.

해품사의 합격Tip

고려 전기의 왕 업적 유형은 한능검에서 자주 출제되는 고려 시대의 빈출 주제로, 주로 왕건, 광종, 성종을 언급할 가능성이 높습니다. 특히 광종이 출제될 경우 광덕 및 준풍 연호 사용이 언급된 사례가 매우 많습니다!

12 정답 ①　　　　　　　　　60회 15번

최우의 정방 설치 이후의 일

키워드 추출

최우, 정방 – 고려의 최우 정권 때 인사 행정을 담당하기 위해 정방 설치(1225)

정답분석

① 삼별초는 고려 정부의 개경 환도 정책에 반발하여 끝까지 대몽 항쟁을 전개하였으며, 특히 진도 용장성에서 배중손을 중심으로 항전하였다(1270~1271).

오답분석

② 이의방 정권 당시에는 동북면 병마사 출신의 김보당이 의종 복위를 도모하며 반란을 일으켰다(김보당의 난, 1173).
③ 고려 초대 왕건은 봄에 곡식을 빌려 가을에 갚는 진휼 기관인 흑창을 설치하였다.
④ 정중부 정권 당시에는 특수 행정 구역에 대한 차별에 반발하여 망이·망소이가 반란을 일으켰다(망이·망소이의 난, 1176).
⑤ 최충헌은 최고 정치 기구로 교정도감을 설치하고 스스로 교정별감에 올랐다(1209).

해품사의 합격Tip

한능검에서 무신 정권 시기를 출제할 경우 크게 '집권자별 대표 사건의 흐름 또는 집권자의 업적(예 최충헌, 최우) 유형이 제시'됩니다. 특히 집권자별 대표 사건의 흐름 유형이 출제될 경우 이의방 → 정중부 → 경대승 → 이의민 → 최충헌 → 최우 → 무신 정권 종결 및 삼별초의 항쟁 흐름을 기본적으로 숙지'하는 것이 중요합니다!

13 정답 ③　　　　　　　　　62회 15번

원 간섭기 사회상

키워드 추출

제국 대장 공주 – 충렬왕의 아내

정답분석

③ 원 간섭기에는 몽골의 변발 및 호복이 유행하였다.

오답분석

① 통일 신라 하대의 진성 여왕 때 중앙 정치의 약화 및 조세 수탈의 심화 등으로 인해 원종과 애노의 난 및 적고적의 난 등의 민란이 발생하였다.
② 고려 전기에 의천은 불교 교단 통합을 목적으로 해동 천태종이라는 새로운 불교 종파를 창시하였다.
④ 조선 명종 때 기근 대비를 위한 서적인 『구황촬요』가 간행되었다.
⑤ 고려 현종 때 거란의 침입을 부처의 힘으로 방어할 것을 염원하며 초조대장경 조판을 시작하였다.

원 간섭기 유형은 한능검 심화편 개편 이후 빈출도가 상당히 높아진 고려 시대의 대표적인 사회 분야 유형입니다. 만약 한능검에서 이 유형이 출제될 경우 도평의사사 개편, 변발 및 호복 유행, 정동행성 설치(일본 원정)라는 키워드를 우선적으로 고려하는 것을 권장합니다!

14 정답 ②　　　　　　　　　54회 17번

원 간섭기 및 공민왕

키워드 추출

- (가) 다루가치 – 원 간섭기에 고려를 간섭하기 위해 파견된 민정 담당자(13세기 후반)
- (나) 우왕을 세움 – 고려 제32대 왕의 즉위(14세기 후반)

정답분석

② 공민왕 때 반원 정책의 일환으로 쌍성총관부를 공격하여 철령 이북의 땅을 수복하였다(1356).

오답분석

① 우왕 때 최무선의 건의로 화통도감을 설치하여 화포를 제작하였다(1377).

③ 고려 의종 때 무신에 대한 문신들의 차별에 불만을 품은 이의방 및 정중부 등이 보현원에서 문신들을 대거 살해한 뒤 의종을 폐위시켰다(무신 정변, 1170).

④ 최우 정권 당시에는 대몽 항쟁을 지속하기 위해 강화 천도를 단행하였다(1232).

⑤ 우왕 때 명의 철령위 설치에 반발하여 최영이 요동 정벌을 추진하였다(1388).

한능검은 고려 시대의 원 간섭기와 공민왕의 반원 정책을 응용하여 흐름형 유형을 출제하기도 합니다. 특히 공민왕 관련 키워드는 대체로 '원 간섭기의 사례를 반대로 적용한 경우(예 권문세족 활동vs권문세족 숙청)'가 많습니다!

15 정답 ④　　　　　　　　　56회 13번

거란에 대한 고려의 대응

키워드 추출

- (가) 양규 – 무로대, 흥화진 등에서 거란의 2차 침입을 방어한 인물(1010)
- (나) 광군, 광군사 설치 – 고려 정종 때(10세기 중반)
- (다) 서희 – 거란의 1차 침입 당시 소손녕과 외교 담판을 주도한 고려의 인물(10세기 후반)
- (라) 강감찬 – 귀주 대첩을 통해 거란의 3차 침입을 방어한 인물(1019)

정답분석

④ (나) 광군 설치(정종 때) → (다) 거란의 1차 침입 방어(서희, 소손녕) → (가) 거란의 2차 침입 방어(양규) → (라) 거란의 3차 침입 방어(강감찬) 순으로 발생하였다.

고려 시대의 외세 대응의 흐름 유형은 대표적인 빈출 주제인 동시에 고난도 유형으로, 각 외세의 침입에 대응한 인물 및 전투 사례를 이해하는 것이 중요합니다. 특히 거란의 경우 한능검에서 '대응 순서와 관련된 흐름형 유형을 가장 많이 출제'하였다는 특징이 있습니다!

16 정답 ③　　　　　　　　　57회 13번

고려의 경제 상황

키워드 추출

은병 – 고려 시대에 주조된 대표적인 화폐(활구)

정답분석

③ 고려 시대에는 시전의 감독 및 관리를 위하여 경시서가 설치되었다.

오답분석

① 개항기에는 근대식 화폐 주조 기구인 전환국에서 백동화가 주조되었다.

② 조선 정조 때 자유로운 상업 활동을 보장하기 위한 목적으로 육의전을 제외한 시전 상인의 금난전권을 폐지하였다.

④ 조선 후기에는 농법이 발달하여 벼농사 이외에도 다양한 상품 작물이 재배되었다.

⑤ 조선 후기에는 경영 전문가인 덕대가 물주에게 자본을 조달받아 광산을 운영하였다.

한능검의 대표 빈출 주제인 고려 시대의 경제상 유형은 주로 10번대에서 출제되며 '건지에서 건원중보, 해동통보, 활구, 벽란도, 예성강, 경시서 6가지 키워드'를 찾으면 대부분 풀 수 있습니다. 단, 가끔 전시과(전지 및 시지 지급) 또는 관영 상점이 정답 키워드로 언급될 수 있습니다!

17 정답 ⑤　　　　　　　　　56회 16번

경천사지 십층 석탑

키워드 추출

- 원의 영향 – 경천사지 십층 석탑의 제작 시기
- 원각사지 십층 석탑에 영향을 주었음 – 경천사지 십층 석탑

정답분석

⑤ 고려 개성 경천사지 십층 석탑

오답분석

① 통일 신라 경주 불국사 삼층 석탑(석가탑)

② 통일 신라 구례 화엄사 사사자 삼층 석탑

③ 통일 신라 양양 진전사지 삼층 석탑

④ 고려 월정사 팔각 구층 석탑

해품사의 합격Tip

경천사지 십층 석탑은 매우 자주 출제됩니다. 특히 개성 지역의 역사적 사실 및 고려시대의 문화유산 사례 유형의 빈출 키워드로도 언급될 가능성이 높습니다!

18 정답 ④ 68회 18번

정도전

키워드 추출

『불씨잡변』, 궁궐 이름, 제1차 왕자의 난 때 죽음 – 정도전

정답분석

④ 조선의 정도전은 개인이 저술한 법전인 『조선경국전』을 통해 통치 제도 정비에 기여하였다.

오답분석

① 조선의 주세붕은 조선 시대의 대표적인 사립 교육 기관인 백운동 서원을 설립하였다.

② 조선의 신숙주는 일본에 다녀온 후 일본의 정치, 사회, 지리 등을 정리한 기행문인 『해동제국기』를 저술하였다.

③ 조선의 이황은 성군이 되기 위한 철학을 그림으로 설명한 책인 『성학십도』를 저술하였다.

⑤ 조선의 정약용은 국가의 전반적인 제도에 대한 개혁을 논의한 『경세유표』를 집필하였다.

해품사의 합격Tip

조선 시대 전기와 관련된 인물 중 정도전은 단독 인물 유형으로 출제된 사례가 많습니다. 특히 정도전은 '조선의 건국 과정 유형(과전법 실시) 및 조선 태종(이방원)의 역사적 사실(1차 왕자의 난 주도)과 연계'하여 언급될 수 있습니다!

19 정답 ③ 66회 19번

조선 세종

키워드 추출

경자자, 갑인자 – 조선 세종 때 주조된 활자

정답분석

③ 세종 때 우리나라 삼남 지방의 농법을 소개한 『농사직설』이 간행되었다.

오답분석

① 조선 성종 때 『경국대전』이 완성되었다.

② 조선 영조 때 조선의 역대 문물 제도를 정리한 일종의 백과사전 서적인 『동국문헌비고』가 간행되었다.

④ 조선 인조 때 풍흉에 관계없이 전세를 1결당 4~6두로 고정하는 영정법을 시행하였다.

⑤ 조선 철종 때 발생한 임술 농민 봉기 이후 안핵사로 파견된 박규수는 삼정의 문란을 해결하기 위한 목적으로 삼정이정청의 설치를 건의하였다.

해품사의 합격Tip

조선 시대 전기의 왕 업적 유형은 한능검에서 자주 출제되는 조선 시대의 빈출 주제로, 주로 태종, 세종, 세조, 성종을 언급할 가능성이 높습니다. 특히 세종이 출제될 경우 '우리나라 실정에 맞는 다양한 기록유산을 언급'할 가능성이 높습니다!

20 정답 ⑤ 61회 20번

조선 성종

키워드 추출

『악학궤범』 – 조선 성종 때 편찬한 여러 음악의 이론 및 제도 등을 설명한 음악서

정답분석

⑤ 조선 성종 때 제작된 『동국여지승람』은 각 지방의 연혁, 산천, 풍속 등을 자세히 수록하였다.

오답분석

① 조선 태종은 활자 주조 기구인 주자소를 설치하고 계미자를 주조하였다.

② 조선 광해군 때 허준은 동양의 의학을 집대성한 의학서인 『동의보감』을 편찬하였다.

③ 조선 영조 때 기존의 『경국대전』을 개정 및 증보한 법전인 『속대전』을 편찬하였다.

④ 조선 세종 때 우리나라의 실정에 맞는 역법서인 『칠정산』을 간행하였다.

해품사의 합격Tip

조선의 성종은 고려 시대의 성종과 더불어 빈출도가 높은 대표적인 왕입니다. 특히 성종이 출제될 경우 '특정 분야를 집대성한 기록 유산을 언급'할 가능성이 높습니다!

21 정답 ⑤ 69회 20번

사헌부

• 감찰 – 사헌부의 역할
• 대사헌 – 사헌부의 수장

정답분석

⑤ 조선의 사헌부는 사간원과 함께 5품 이하의 관리 임명에 대한 동의 및 거부권 행사가 가능한 서경권을 행사하였다.

오답분석

① 조선의 한성부는 수도의 행정과 치안을 담당하였다.
② 조선의 승정원은 일종의 왕의 비서 기관으로서 왕의 명령을 신하들에게 전달하는 역할을 담당하였다.
③ 조선의 홍문관은 왕에게 경서 강론 등 일종의 교육인 경연을 담당하였다.
④ 조선의 춘추관은 실록을 편찬하고 사고에 보관하는 업무를 담당하였다.

해품사의 합격Tip

조선 시대의 중앙 행정 제도 유형은 고려 시대의 중앙 행정 제도 유형보다는 비교적 출제율이 더욱 높은 편입니다. 특히 한능검에서 이 유형을 출제할 경우 사헌부, 승정원, 홍문관을 우선적으로 고려하는 것을 권장합니다!

22 정답 ④   72회 21번

을사사화

키워드 추출

윤원형, 윤임 등 외척 간의 권력 다툼으로 사림이 피해를 입은 이 사건 – 대윤(윤임), 소윤(윤원형) 등 외척 세력 간의 권력 다툼으로 을사사화가 발생함(1545)

정답분석

④ 을사사화는 명종이 재위한 시기에 발생하였기 때문에, 흐름상 기묘사화(중종) 및 선조 즉위 사이인 ④번이 적절하다.

해품사의 합격Tip

조선 시대의 사화 유형은 조선 시대 파트의 대표적인 빈출 주제로, '각 사화가 발생한 시기의 왕, 발생 원인, 희생된 인물을 중심으로 암기' 하는 것을 권장합니다.

23 정답 ②   64회 24번

임진왜란

키워드 추출

• 정문부 – 임진왜란 당시 북관 대첩을 통해 왜군을 방어한 인물
• 사명대사(유정) – 임진왜란 당시 활약한 대표적인 승려 출신의 의병장

• 조헌 – 임진왜란 당시 금산 전투를 통해 왜군을 방어한 인물

정답분석

② 송상현은 임진왜란이 발발한 직후 부산의 동래성에서 왜군에게 항전하다가 순절하였다.

오답분석

① 조선 세종 때 이종무가 왜구의 근거지인 대마도를 정벌하였다.
③ 병자호란 때 김상용이 강화도에서 순절하였다.
④ 고려 말기에 최영은 충청남도 부여의 홍산 지역에 침입한 왜구를 격퇴하였다.
⑤ 조선 광해군은 중립 외교의 일환으로 강홍립 부대를 명나라에 파견하여 명분상 후금과의 전투(예 사르후 전투)를 지원하였다.

해품사의 합격Tip

임진왜란 및 병자호란은 고려 시대의 외세 대응과 더불어 조선 시대의 대외 관계 관련 역사적 사실 중 가장 많이 출제되는 사례입니다. 특히 임진왜란의 경우 왜군에 항전한 의병 또는 장수의 사례 및 전투 흐름의 순서를 암기하는 것이 중요합니다!

24 정답 ③   67회 27번

조선 정조

키워드 추출

• 화성 – 정조가 자신의 아버지의 묘를 수원으로 옮기며 축조한 성
• 혜경궁 홍씨 – 정조의 어머니

정답분석

③ 정조는 인재 양성의 목적으로 젊은 관리 중 재능이 뛰어난 자를 선발하여 규장각에서 문신들을 재교육하는 초계문신제를 시행하였다.

오답분석

① 조선 현종 때 자의대비의 복상 문제를 계기로 두 차례의 예송이 발생하였다.
② 조선 숙종 때 임진왜란 당시 조선을 지원한 명나라의 만력제(신종)를 위한 사당인 만동묘가 건립되었다.
④ 조선 영조는 탕평책의 의지를 담은 탕평비를 건립하였다.
⑤ 흥선 대원군은 집권 후 비변사를 폐지하였고, 의정부와 삼군부의 기능을 부활시켰다.

해품사의 합격Tip

조선 시대 후기의 왕 업적 유형은 한능검에서 조선 시대 전기의 왕 업적 유형과 더불어 자주 출제되는 주제로, 주로 영조, 정조를 언급할 가능성이 높습니다. 특히 정조가 출제될 경우 가족(예 사도세자, 혜경궁 홍씨) 및 문화유산(예 수원 화성)이 언급될 가능성이 높습니다!

25 정답 ⑤

조선 후기 사회상

키워드 추출

민화 – 조선 후기에 민간에서 유행한 대표적인 그림

정답분석

⑤ 고려 시대에는 예성강 하구에 위치한 벽란도가 국제 무역항으로 번성하였다.

오답분석

①, ② 조선 후기에는 평민층이 탈춤 및 판소리 등의 민간 문화를 향유하였다.

③ 조선 후기에는 보따리 상인인 보부상이 전국의 장시를 돌며 유통망을 형성하였다.

④ 조선 후기에는 「춘향전」, 「흥부전」 등의 한글 소설이 유행하였다.

해품사의 합격Tip

조선 시대 후기 사회상 유형은 고려 시대의 경제상 유형과 더불어 빈출도가 매우 높습니다. 이 유형의 경우 '경제상 및 문화 사례를 동시에 암기' 할 필요가 있으며, 특히 조선 시대 전기의 사례인 염포 왜관 및 제포 왜관과 과전법을 혼동하지 않도록 주의할 필요가 있습니다!

26 정답 ⑤

홍경래의 난

키워드 추출

- 1811년, 평안도 일대 – 홍경래의 난이 발생한 시기 및 지역
- 정주성을 점령 – 홍경래의 난 당시 반란군의 점령 지역

정답분석

⑤ 홍경래의 난은 세도 가문 시기의 수탈 및 평안도 지역에 대한 차별에 반발하여 발생하였다.

오답분석

① 개항기에 발생한 임오군란 및 갑신정변은 공통적으로 청의 군대에 의해 진압되었다.

② 개항기에 발생한 동학 농민 운동은 척왜양창의라는 기치를 내세우며 반외세 운동을 전개하였다.

③ 개항기에 구식 군인에 대한 차별에 반발하여 발생한 임오군란 당시 군인들은 선혜청과 일본 공사관을 습격하였다.

④ 임술 농민 봉기가 발생한 이후 안핵사로 파견된 박규수는 삼정의 문란을 해결하기 위한 목적으로 삼정이정청의 설치를 건의하였다.

해품사의 합격Tip

세도 가문 시기에 발생한 반란 사례는 심화편 개편 이후 빈출도가 높아

27 정답 ⑤

이익

키워드 추출

『성호사설』 – 이익의 문답을 정리한 책

정답분석

⑤ 이익은 토지 제도 개혁의 일환으로 토지 매매의 하한선을 제시한 영업전이라는 토지 개혁을 주장하였다.

오답분석

① 정약전은 이벽과 교류하며 천주교를 전수받았다.

② 김정희는 금석학에 대한 연구를 수행하였으며, 특히 북한산비의 비문을 판독한 뒤 북한산비가 진흥왕 순수비임을 고증하였다.

③ 이이는 왕도 정치의 이상향을 문답 형식으로 서술한 『동호문답』을 선조에게 올렸다.

④ 김장생은 주자의 가례에 대한 이해를 돕는 동시에 가례의 문제점을 보완 및 수정하여 『가례집람』이라는 예법서를 편찬하였다.

해품사의 합격Tip

조선 시대 후기와 관련된 인물 중 실학파는 단독 유형으로 자주 출제됩니다. 특히 중농학파의 경우 이익 및 정약용, 중상학파의 경우 박제가, 박지원, 홍대용을 중심으로 업적을 비교하는 것을 권장합니다!

28 정답 ④

부산 지역사

키워드 추출

- 초량 왜관 – 조선 후기에 부산 지역에 설치된 왜관
- 조계 – 개항기에 외국인이 자유롭게 통상 거주할 수 있도록 설정한 구역
- 두모포 수세 사건 – 개항기에 관세 문제를 계기로 부산의 두모포에서 무력 시위가 발생한 사건

정답분석

④ 초량 왜관, 강화도 조약 이후 개항, 두모포 수세 사건 모두 부산과 관련된 내용이다.

해품사의 합격Tip

한능검은 변별력 유지를 위해 한 회차에 최소한 1~2개씩 지역사 유형을 출제할 가능성이 있습니다. 만약 이와 같이 지역사 유형이 출제될 경우 '특정 지역 관련 문화유산 및 역사적 사실을 정확히 숙지' 하고 있어야 쉽게 풀이할 수 있습니다!

29 정답 ③ 69회 29번

병인양요

키워드 추출

정족산성, 프랑스군, 양헌수 – 병인양요 당시 프랑스군을 방어한 장소 및 인물

정답분석

③ 병인양요가 전개되는 과정에서 프랑스군은 외규장각에 있던 의궤를 비롯한 도서 등을 약탈하였다.

오답분석

① 일본은 해안 탐사를 명목으로 운요호라는 함대를 이끌고 강화도와 영종도를 침략하여 조선에 인적·물적 피해를 입혔다. 이 사건은 강화도 조약 체결의 빌미가 되었다.

② 조선 인조 때 공신 책봉에 불만을 품은 이괄이 반란을 주도하였으며, 이때 인조는 공주 지역에 위치한 공산성으로 피란하였다.

④ 고부 농민 봉기 발발 직후 정부는 사태 수습을 위해 이용태를 안핵사로 파견하였다.

⑤ 신유박해가 발생한 직후 황사영은 베이징에 주재하는 프랑스 선교사에게 군대 출병을 요청하는 백서를 작성하였다.

해품사의 합격Tip

개항기 전기의 외세 침입은 사실 유형을 출제할 경우 '병인양요 및 신미양요의 발생 원인, 전개 과정, 영향을 중심으로 암기' 하는 것이 중요합니다!

30 정답 ② 63회 30번

갑신정변

키워드 추출

• 김옥균 – 갑신정변을 주도한 대표적인 개화당 세력 인물

• 인민 평등권 확립 – 갑신정변 때 개화당이 발표한 개혁 정강 14조의 대표 조항

• 급진 개화파 – 갑신정변을 주도한 세력

정답분석

② 갑신정변의 결과 조선은 일본에게 배상금 및 공사관 신축비 지불을 규정한 한성 조약을 체결하였다.

오답분석

① 동학 농민 운동을 주도한 동학 농민군은 반봉건, 반외세를 추구하며 보국안민, 제폭구민을 기치로 내세웠다.

③ 동학 농민 운동 당시 동학 농민군과 정부가 전주 화약을 체결한 이후 정부는 개혁 추진을 위한 교정청을 설치하였다.

④ 임오군란에 대한 설명이다.

---

⑤ 미국과 조미 수호 통상 조약을 체결한 후 조선은 미국 공사 부임에 대한 답례로 보빙사를 파견하였다.

해품사의 합격Tip

개항기 전기에 발생한 대표적인 사건 중 임오군란 및 갑신정변은 단독 역사적 사실 유형으로 자주 언급됩니다. 특히 '임오군란 및 갑신정변의 결과 체결된 조약을 정확히 구별' 할 필요가 있습니다!

31 정답 ② 53회 35번

조일 통상 장정

키워드 추출

• 관세권을 일정 부분 회복 – 조일 통상 장정의 제9관에 관세가 규정됨

• 최혜국 대우 – 조일 통상 장정의 제42관에 특정 국가에 부여된 가장 유리한 대우를 상대국에도 부여하는 조항이 규정됨

정답분석

② 조일 통상 장정의 제37관에 조선이 일시적으로 쌀 수출을 금지하려고 할 때 1개월 전에 지방관이 일본 영사관에게 통지하는 방곡령을 규정하였다.

오답분석

① 갑신정변의 결과 조선과 일본은 조선의 일본에 대한 배상금 및 공사관 신축비 지불을 규정한 한성 조약을 체결하였다.

③ 임오군란 이후 조선과 일본은 일본 공사관에 군대 주둔을 허용하는 제물포 조약을 체결하였다.

④ 제1차 한일 협약의 체결 결과 일제는 대한 제국에 외교 고문인 스티븐스와 재정 고문인 메가타를 파견하였다

⑤ 강화도 조약의 체결 결과 조선은 일본에 부산, 원산, 인천의 항구를 차례대로 개항하였다.

해품사의 합격Tip

개항기 전기에 체결된 조약 중 '강화도 조약, 조미 수호 통상 조약, 조일 통상 장정은 우선적으로 체결 국가 및 대표 조항을 암기' 하는 것을 권장합니다. 특히 조미 수호 통상 조약 및 조일 통상 장정은 공통적으로 관세 및 최혜국 대우를 규정하였습니다!

32 정답 ① 58회 29번

동학 농민 운동

키워드 추출

• 전주성을 점령함 – 동학 농민군은 전주성을 점령한 뒤 정부와 전주 화약을 체결함(1894 · 5)

• 우금치에서 패배함 – 동학 농민군은 공주 지역에 위치한 우금치에서 관군 및 일본군에게 패배함(1894 · 11)

정답분석

① 일본의 경복궁 불법 점령 이후 동학 농민군의 남접과 북접이 논산에서 집결하였다(1894·9).

오답분석

② 동학 농민군은 전라북도 정읍에 위치한 황토현에서 관군에게 승리하였다(황토현 전투, 1894·4).

③ 동학 농민군은 전라북도 부안에 위치한 백산에 집결하여 자신들의 목표와 행동 지침을 제시한 4대 강령을 발표하였다(1894·3).

④ 최시형은 최제우에 이어 1863년에 동학의 제2대 교주로 취임하였다.

⑤ 동학 교도는 최제우의 신변 회복 및 정부의 동학에 대한 탄압 중지를 요구하기 위해 삼례 집회와 보은 집회를 개최하였다(1892~1893).

> **해품사의 합격Tip**
>
> 개항기의 여러 사건 중 동학 농민 운동은 '단독 흐름 유형으로 자주 출제되는 대표적인 주제'입니다. '고부 농민 봉기 → 안핵사 이용태 파견 → 백산 집결 & 4대 강령 발표 → 황토현 전투 → 황룡촌 전투 → 전주성 점령 및 전주 화약 체결 → 집강소 및 교정청 설치 → 일본군의 경복궁 불법 점령 → 남접 및 북접 연합 → 공주 우금치 전투 → 전봉준 체포의 순서를 파악'하는 것이 중요합니다!

33 정답 ②

62회 36번

독립 협회

키워드 추출

관민 공동회 – 독립 협회가 단체 회원, 정부 관료 등을 모아 개최한 대중 집회

정답분석

② 독립 협회는 중추원 개편을 통한 의회 설립 운동을 추진하였다.

오답분석

① 보안회는 일제의 황무지 개간권 요구를 저지시켰다.

③ 동아일보는 1930년대에 농촌 계몽을 목적으로 '배우자, 가르치자, 다 함께 브나로드'를 구호로 내세운 브나로드 운동을 주도하였다.

④ 상하이 시기의 대한민국 임시 정부는 대미 외교를 수행하기 위해 워싱턴에 구미 위원부를 설치하였다.

⑤ 개항기에 서울 북촌 양반의 여성들을 중심으로 최초의 여성 권리 선언문인 여권통문을 발표하였다(1898).

> **해품사의 합격Tip**
>
> 개항기에 활동한 단체 중 독립 협회는 '대한 제국과 연계하여 단독 유형으로 자주 출제'될 수 있는 대표적인 사례입니다. 독립 협회와 관련된 대표적인 키워드로는 관민 공동회 및 만민 공동회, 독립문 건립, 헌의 6조가 대표적입니다!

34 정답 ④

67회 35번

광무개혁

키워드 추출

• 고종이 황제로 즉위 – 고종은 황제로 즉위하며 대한 제국을 선포함

• 구본신참 – 광무개혁의 개혁 방침, 옛것을 근본으로 새 것을 참조함

• 대한국 국제 – 대한 제국의 헌법

• 지계 발급 – 대한 제국 시기에 발급된 토지 증명 문서

정답분석

④ 대한 제국에서 시행한 광무개혁의 결과 황제 중심의 군통수 기구인 원수부가 창설되었다.

오답분석

① 1883년에는 정부가 관립 외국어 교육 기관인 동문학을 설립하였다.

② 2차 갑오개혁 때 고종이 종묘에서 홍범 14조를 반포하며 개혁의 방향성을 제시하였다.

③ 1880년에는 개화 정책 총괄 기구인 통리기무아문과 12사가 설치되었다.

⑤ 2차 갑오개혁이 시행된 결과 기존의 지방 행정 구역인 8도를 23부로 개편하였다.

> **해품사의 합격Tip**
>
> 개항기의 개혁 중 '광무개혁'이 가장 출제된 사례가 많습니다. 특히 문제에서 '고종 황제를 언급'할 경우, 광무개혁과 연관될 가능성이 높습니다!

35 정답 ②

54회 37번

포츠머스 조약

키워드 추출

일본 제국 정부가 한국에서 필요하다고 인정하는 지도·보호·감리의 조치를 방해하거나 간섭하지 않음 – 포츠머스 조약의 체결 결과 러시아의 대한 제국에 대한 간섭권이 배제됨(1905·9)

정답분석

② 헤이그 특사는 을사늑약의 체결에 반발하여 1907년에 이준, 이위종, 이상설을 중심으로 네덜란드 만국 평화 회의에 파견된 사절단이다.

오답분석

① 영국은 러시아의 남하 정책을 견제하기 위해 거문도를 불법으로 점령하였다(1885~1887).

③ 조청 상민 수륙 무역 장정 및 조일 통상 장정(개정)이 체결된 이후 청나라와 일본 상인의 국내 침투가 심화되자, 시전 상인

들이 상권 보호를 목적으로 황국 중앙 총상회를 설립하였다 (1898).

④ 개항기에 단발령 및 을미사변에 반발하여 유인석, 이소응 등의 유생을 중심으로 을미의병이 발생하였다(1895).

⑤ 개항기에 일본과의 관세 문제를 계기로 1878년에 부산의 두모포에서 무력시위가 발생하였다.

해품사의 합격Tip

한능검에서 러·일 전쟁~정미의병의 활동은 흐름형 유형으로 자주 출제되는 대표적인 유형입니다. 그러므로 '러·일 전쟁 발발 → 포츠머스 조약 체결 → 을사늑약 체결 → 헤이그 특사 파견 → 정미 7조약 체결 및 대한 제국 군대 강제 해산 → 정미의병 발발의 흐름을 파악' 하는 것이 중요합니다!

36 정답 ①

56회 38번

신민회

키워드 추출

• 대성 학교 – 신민회의 안창호가 건립한 민족 학교
• 안창호, 양기탁 – 신민회의 대표 간부

정답분석

ㄱ. 신민회는 민중 계몽을 위한 서적 및 출판물을 보급한 서점인 태극 서관을 운영하였다.
ㄴ. 신민회는 일제가 조작한 데라우치 총독 암살 미수 사건인 105인 사건으로 와해되었다.

오답분석

ㄷ. 조지 루이스 쇼는 무역 회사인 이륭양행을 운영하였으며, 이후 대한민국 임시 정부의 교통국을 지원하였다.
ㄹ. 신민회는 공화정을 지향한 대표적인 애국 계몽 운동 단체이다.

해품사의 합격Tip

한능검에서 애국 계몽 운동 유형이 출제될 경우 '신민회가 출제' 될 가능성이 가장 높습니다. 특히 신민회의 경우 신흥 무관 학교 설립, 태극 서관 운영, 105인 사건으로 해체 등 키워드를 암기하는 것을 권장합니다!

37 정답 ②

49회 36번

전차 개통 이후의 일

키워드 추출

서대문과 청량리 사이를 운행하는 전차 – 1899년에 개통된 대표적인 교통 수단

정답분석

② 1905년에 서울과 부산을 잇는 경부선이 개통되었다.

오답분석

① 정부는 1883년에 근대식 신문 발행 기구인 박문국을 설치하여 한성순보를 발행하였다.
③ 영선사(1881~1882)는 청나라의 기기국에서 근대식 무기 제조 기술을 학습한 뒤, 국내에 근대식 무기 제조 기구인 기기창이 설립(1883)되는 데 영향을 주었다.
④ 한성주보는 상업 광고를 최초로 게재한 신문이다(1886~1888).
⑤ 1886년에 최초의 공립 교육 기관인 육영 공원이 설립되었다.

해품사의 합격Tip

한능검에서 개항기 파트에서 대표적인 고난도 유형으로 '개항기의 근대 문물 사례를 파악' 하는 문제가 출제됩니다. 이 유형은 사실상 각 문물의 설립 연도를 암기할 필요가 있기 때문에, 암기가 부담된다면 최소한 '경인선 및 전차의 개통 연도인 1899년' 이라도 암기하는 것을 권장합니다!

38 정답 ③

70회 36번

무단 통치기 일제의 정책

키워드 추출

토지 조사 사업 – 무단 통치기의 일제 강점기에 일제가 근대적 토지 소유권 확립을 명분으로 시행한 경제 침탈 사업

정답분석

③ 무단 통치기의 일제는 조선인에게만 적용된 형벌인 조선 태형령을 실시하였다.

오답분석

① 민족 말살기의 일제는 전시 체제하에서 조선인들을 통제하기 위해 애국반을 조직하였다.
② 일제는 우리나라의 신문 발행에 대한 검열 및 탄압을 목적으로 1907년에 신문지법을 제정하였다.
④ 이른바 문화 통치기의 일제는 자국의 식량 사정을 해결하기 위해 우리나라의 쌀 생산량을 늘린 뒤 대규모의 쌀을 수탈한 산미 증식 계획을 실시하였다.
⑤ 민족 말살기의 일제는 '천황'에 대한 충성을 강요하는 황국 신민 서사를 강요하였다.

해품사의 합격Tip

일제 강점기 파트에서는 일제 강점기의 사회상 및 일제의 식민 통치 유형을 가장 먼저 공략할 필요가 있습니다. 만약 이 유형에서 무단 통치기(1910년대)를 출제할 경우 공포(⑩ 범죄 즉결례, 조선 태형령) 및 토지 조사 사업과 회사령을 우선적으로 암기할 필요가 있습니다!

39 정답 ③

3 · 1 운동

키워드 추출

제암리 학살 사건 - 3 · 1 운동이 진행되던 당시에 경기도 화성의 제암리에서 발생한 민간인 학살 사건

정답분석

③ 3 · 1 운동은 일제가 조선인에 대한 통치 방식을 무단 통치에서 이른바 '문화 통치'로 변화하는 계기를 제공하였다.

오답분석

① 광주 학생 항일 운동 당시 신간회에서 진상 조사단을 파견하여 지원하였다.

② 사회주의 세력과 학생 · 천도교계의 민족주의 세력은 순종의 인산일을 계기로 6 · 10 만세 운동을 계획하였다.

④ 광주 학생 항일 운동은 한국인 학생과 일본 학생 간 발생한 충돌 사건에서 일본 경찰이 일방적으로 일본 학생 편만 들어준 것을 계기로 발생하였다.

⑤ 6 · 10 만세 운동을 준비하는 과정에서 사회주의 세력이 사전에 발각되어 대거 검거되었다.

해품사의 합격Tip

일제 강점기의 항일 운동 중 '3 · 1 운동'이 빈출도가 제일 높은 동시에 암기해야할 키워드도 가장 많습니다. 또한 정답 키워드로 주로 '대한민국 임시 정부 수립 및 이른바 문화 통치의 계기'를 제시합니다!

40 정답 ③

민족 말살기의 사회상

키워드 추출

• 일제가 미국과 영국 등 연합군을 상대로 한 전쟁 - 민족 말살기에 발생한 제2차 세계 대전

• 쌀을 강제로 공출 - 민족 말살기에 일제가 시행한 미곡 공출제

정답분석

③ 민족 말살기에 일제는 여자 정신 근로령을 시행하여 한국인 여성들도 노동 현장에 강제로 동원하였다.

오답분석

① 제1차 한일 협약 이후 파견된 재정 고문 메가타의 주도로 화폐 정리 사업이 실시되었다(1905).

② 1925년에는 만주 지역의 독립운동을 탄압하기 위한 목적으로 만주 군벌과 일제 사이에 미쓰야 협정이 체결되었다.

④ 전남 신안 지역에서는 지주 문재철의 고율의 소작료 징수에 반발하여 암태도 소작 쟁의가 전개되었다(1923~1924).

⑤ 무단 통치기에 일제는 우리나라 사람들이 회사를 설립할 때 조선 총독의 허가를 받도록 한 회사령을 공포하였다(1910).

해품사의 합격Tip

한능검에서 일제 강점기의 사회상 및 일제의 식민 통치 유형을 출제할 때 민족 말살기(1930년대 후반 이후)의 사례를 가장 많이 제시하였습니다. 특히 이 시기를 출제할 경우 전쟁(예 중일 전쟁, 태평양 전쟁), 세뇌(예 신사 참배, 황국 신민 서사), 노역(예 국민 징용령, 여자 정신 근로령)과 관련된 키워드가 주로 출제됩니다!

41 정답 ②

연해주 지역의 독립운동

키워드 추출

• 대한 국민 의회 - 러시아의 블라디보스토크에 설치된 임시 정부 성격의 단체

• 대한 광복군 정부 - 이상설, 이동휘 등이 러시아의 블라디보스토크에 설치한 망명 정부

정답분석

② 연해주 지역에 항일 독립운동 단체인 권업회가 설립되었으며, 기관지로 권업신문을 발행하였다.

오답분석

① 신민회 출신의 인물인 이회영, 이동녕, 이상룡 등은 독립군 양성을 목적으로 서간도 삼원보에 신흥 강습소를 설립하였다.

③ 멕시코 지역에서는 이근영이 숭무 학교를 설립하여 독립군을 양성하였다.

④ 미주 지역에서는 윌로우스 비행 학교가 설립되어 한인 독립군 비행사를 육성하였다.

⑤ 중국 화북 지역에서는 김두봉 등을 중심으로 조선 독립 동맹이 결성되었다.

해품사의 합격Tip

일제 강점기의 대표적인 고난도 유형으로 '국외 독립운동 기지 건설 및 독립운동 사례를 파악'하는 유형이 자주 출제됩니다. 특히 '연해주 지역에 건립된 대한 국민 의회와 미주 지역에 건립된 대한인 국민회를 혼동하지 않도록 주의'할 필요가 있습니다!

42 정답 ①

의열단

키워드 추출

1919년 11월 김원봉 등과 (가) 조직 - 의열단의 단장 및 결성 시기

정답분석

① 신채호는 직접적이고 폭력적인 혁명의 방향성을 제시한 조선 혁명 선언을 집필하였으며, 이는 의열단의 활동 지침이 되었다.

② 충칭 시기의 대한민국 임시 정부는 1941년에 조소앙의 정치 · 경제 · 교육 세 가지의 균형(삼균주의)을 바탕으로 한 건국 강령을 발표하였다.

③ 천도교는 민중 계몽을 위한 목적으로 『개벽』, 『신여성』 등의 잡지를 발간하였다.

④ 한인 애국단의 단원인 윤봉길은 홍커우 공원에서 폭탄 투척 의거를 통해 일본 장성에게 큰 타격을 주었다.

⑤ 독립 의군부는 조선 총독부에게 국권 반환 요구서를 제출하려고 하였다.

해품사의 합격Tip

의열단은 일제 강점기 파트에서 가장 먼저 공략해야 할 대표적인 독립운동 단체로, '단장인 김원봉 또는 대표 단원들의 의거 활동을 키워드로 제시' 합니다. 특히 정답 키워드로 '신채호의 조선 혁명 선언을 활동 지침으로 삼았다'는 사례를 자주 제시합니다!

43 정답 ②

58회 35번

대한민국 임시 정부

키워드 추출

• (가) 국무령에 이상룡이 취임함 – 이상룡은 1925년에 초대 국무령으로 취임함

• (나) 대일 선전 성명서를 발표함 – 대한민국 임시 정부는 1941년에 연합군의 일원으로 일본에 대일 선전 성명서를 발표함

• (다) 창사에서 광저우로 청사를 이전함 – 대한민국 임시 정부는 창사에서 광저우로 청사를 이전함(1938)

정답분석

② (가) 이상룡의 초대 국무령 선출 → (다) 대한민국 임시 정부의 광저우 청사 이동 → (나) 대일 선전 성명서 발표함 순으로 발생하였다.

해품사의 합격Tip

대한민국 임시 정부는 일제 강점기의 대표 빈출 유형으로, 상하이 시기 및 충칭 시기의 활동 사례를 구별하는 것이 중요합니다. 상하이 시기의 대표적인 사건으로는 국민 대표 회의(1923) 및 이상룡의 초대 국무령 선출(1925)이 있으며, 충칭 시기의 대표적인 사건으로는 대일 선전 성명서 발표(1941)가 있습니다!

44 정답 ③

66회 36번

한국 독립군

키워드 추출

• 지청천 – 한국 독립군의 총사령관

• 한국 독립당 – 한국 독립군은 한국 독립당의 산하 군사 조직으로 결성됨

정답분석

③ 한국 독립군은 북만주 지역에서 한국 독립당의 산하 조직으로 결성된 군사 조직으로, 중국 호로군과 연합하여 쌍성보, 대전자령 전투에서 승리를 거두었다.

오답분석

① 북간도 지역에는 중광단 계열의 인물들이 북로 군정서를 조직하여 일본군과 청산리 등에서 전투하여 승리하였다.

② 한국 광복군은 미국 전략 정보국(OSS)과 연합하여 국내 정진군을 육성한 뒤 국내 진공 작전을 추진하였다.

④ 김원봉은 중국 관내(關內)에서 중국 국민당 정부의 지원을 받아 조선 의용대를 창설하였다.

⑤ 홍범도가 이끈 대한 독립군은 북만주(북간도)에 위치한 봉오동에서 일본군에게 승리를 거두었다.

해품사의 합격Tip

1930년대 이후에 활동한 독립운동 단체 유형은 '단체의 이름이 유사하여 수험생들이 어려워하는 유형' 이나, 동시에 빈출도가 높은 편이기 때문에 반드시 공략해야 합니다. 특히 지청천은 '한국 독립군 및 한국 광복군에서 동시에 활동' 하였기 때문에, 다른 결정적인 키워드를 통해 구별할 필요가 있습니다!

45 정답 ②

67회 41번

천도교

키워드 추출

• 『어린이』 – 천도교 소년회가 발간한 잡지

• 방정환 – 천도교 소년회 출신의 인물로 어린이 운동을 주도함

정답분석

② 만세보는 천도교의 기관지로 간행된 신문이다.

오답분석

① 한용운은 불교 대표로서 일제가 한국의 불교를 억압하고 민족정신의 말살을 목적으로 시행한 사찰령에 대한 폐지 운동을 주도하였다.

③ 박중빈이 창시한 원불교는 근검 저축 · 금주 · 단연 등 전반적인 생활의 개선을 실천하는 새생활 운동을 추진하였다.

④ 미국인 선교사 아펜젤러는 서울 정동에 근대식 중등 교육 기관인 배재 학당을 설립하였다.

⑤ 천주교는 1919년에 만주에서 의민단이라는 무장 독립운동 단체를 조직하였다.

해품사의 합격Tip

일제 강점기의 종교 중 천도교가 추진한 어린이 운동은 종종 단독 유

형으로 출제됩니다. 즉, 천도교는 '동학, 어린이 운동과 연계'하여 출제될 수 있다는 사실을 주목할 필요가 있습니다!

46 정답 ④　　　　　　60회 41번

광복~대한민국 정부 수립 과정

키워드 추출

- (가) 미소 공동 위원회 무기 휴회 – 제1차 미·소 공동 위원회는 임시 정부 수립에 대해 협의할 단체를 놓고 의견 대립으로 인해 휴회됨(1946·5)
- (나) 제2차 미소 공동 위원회 개막 – 제2차 미·소 공동 위원회는 1947년에 재개됨(1947·5)

정답분석

④ 여운형 및 김규식 등의 좌우 합작 위원회는 미·소 공동 위원회의 속개 등을 주장한 좌우 합작 7원칙을 발표하였다(1946·10).

오답분석

① 여수에 주둔하고 있던 국방경비대 제14연대에 소속의 일부 군인들은 제주 4·3 사건의 진압을 거부하며 무장 봉기를 일으켰다(여수·순천 10·19 사건, 1948·10).

② 광복 직후 미국, 영국, 소련의 외무 장관은 한반도 문제를 논의하기 위해 모스크바에서 회의를 개최한 뒤 미·소 공동 위원회 설치 및 한반도 내 신탁 통치 실시를 결의하였다(모스크바 3국 외상 회의 개최, 1945·12).

③ 제헌 국회는 친일파 처벌을 목적으로 반민족 행위 처벌법을 제정하고(1948·9), 반민족 행위 특별 조사 위원회를 출범시켰다(1948·10).

⑤ 한국 문제가 유엔에 이관된 이후 유엔 총회는 남북 인구 비례에 따른 총선거를 통한 정부 수립을 가결하였다(1947·11).

해품사의 합격Tip

현대 파트에서는 광복~대한민국 정부 수립 과정 유형을 가장 먼저 공략할 필요가 있습니다. 이 유형은 짧은 기간 동안 상당히 복잡한 흐름을 출제하기 때문에 관련 사료 해석 및 흐름 파악이 매우 중요합니다!

47 정답 ①　　　　　　64회 44번

6·25 전쟁

키워드 추출

유엔군과 국군은 서울에서 퇴각하고 한강 이북의 부대를 철수시키기로 결정 – 국군과 유엔군은 중공군의 개입 결과 서울에서 다시 후퇴하기로 결정함(1·4 후퇴, 1951·1)

정답분석

① 6·25 전쟁이 종결된 이후 북한의 남침 및 군사 위협 대응

등을 목적으로 주한미군 설치 등을 규정한 한미 상호 방위 조약을 체결하였다(1953·10).

오답분석

② 6·25 전쟁 당시 북한의 함경남도에 위치한 장진호에서 미군과 중공군이 충돌하여 전투가 발생하였다(1950·11).

③ 이승만 정부는 반민 특위에서 활동하는 국회의원들에게 남조선노동당의 프락치(신분을 숨기고 다른 단체에서 활동하는 세력) 혐의를 씌워 검거하였다(1949·5).

④ 미국의 국무 장관 애치슨은 태평양 지역 방어선을 발표하였는데, 이때 한반도와 타이완이 제외되었다(1950·1).

⑤ 1948년에는 유엔 한국 임시 위원단의 감시하에 우리나라 최초의 보통 선거인 5·10 총선거가 실시되었다.

해품사의 합격Tip

6·25 전쟁 유형은 한능검 심화편 개편 이후 빈출도가 상당히 높아진 현대의 대표적인 유형입니다. 이 유형은 크게 사실형, 흐름형을 출제하며, 흐름형 유형이 출제될 경우 대표 전투 사례 및 사건의 흐름 파악이 중요합니다!

48 정답 ⑤　　　　　　60회 45번

박정희 정부

키워드 추출

- 포항 종합 제철 – 박정희 정부 당시 제3차 경제 개발 계획이 추진되며 중공업 산업 육성의 일환으로 설립된 기업
- 경부 고속 도로 – 박정희 정부 당시 준공된 서울과 부산을 잇는 고속 도로
- 100억 달러 수출 달성 – 박정희 정부 당시의 경제적 성과

정답분석

⑤ 박정희 정부는 도시와 농촌의 빈부 격차 해소를 목적으로 새마을 운동을 시행하였다.

오답분석

① 노무현 정부 때 한국과 미국 간 자유 무역 협정(FTA)을 체결하였다.

② 전두환 정부 시기에는 저금리·저달러·저유가의 3저 호황으로 인해 경제적 호황을 누렸다.

③ 이승만 정부 시기에는 미국의 원조 물자를 바탕으로 면직물·밀가루·설탕 공업을 육성하는 삼백 산업이 발달하였다.

④ 김영삼 정부는 금융 거래 시 반드시 본인의 실명으로 거래하는 금융 실명제를 실시하였다.

해품사의 합격Tip

박정희 정부는 현대 정부 중 빈출도가 가장 높기 때문에 반드시 우선적으로 공략할 필요가 있습니다. 특히 박정희 정부를 어렵게 출제할 경우 '60년대 사례와 70년대 사례를 구별하는 유형이 출제' 됩니다!

실현하였다.

④ 박정희 정부 시기에 7 · 4 남북 공동 성명을 계기로 통일 교류 실천을 위한 남북 조절 위원회가 구성되었다.

⑤ 노태우 정부 시기에 남북 기본 합의서를 체결하여 남북 상호 간 체제 존중 및 상호 불가침에 합의하였다.

현대의 통일 교류 사례는 한능검의 마지막 문제로 자주 출제되는 대표적인 유형입니다. 이 유형이 출제될 경우 '노태우, 김대중, 노무현 정부 시기의 통일 교류 사례를 우선적으로 파악' 하는 것을 권장합니다!

---

49 정답 ②

6월 민주 항쟁

키워드 추출

• 박종철 – 6월 민주 항쟁 발생 직전에 희생된 대표적인 열사
• 4 · 13 호헌 조치가 무효 – 6월 민주 항쟁의 대표적인 구호

정답분석

② 6월 민주 항쟁의 결과 9차 개헌을 통해 5년 단임의 대통령 직선제 개헌을 이끌어냈다.

오답분석

① 이승만 정권 때 발생한 4 · 19 혁명의 결과 허정 과도 정부가 수립되었으며, 3차 개헌을 통해 의원 내각제 및 양원제를 규정하였다.

③ 박정희 정부 시기에 신민당의 김영삼 총재를 국회의원직에서 제명한 것을 계기로 부산과 마산 지역에서 민주 항쟁이 발생하였다.

④ 5 · 18 광주 민주화 운동은 동아시아의 다른 국가의 민주화 운동에 영향을 주었으며, 진상 규명 및 피해자 보상에 대한 좋은 선례를 제시하였다는 의의를 인정받아 관련 기록물이 세계 기록 유산으로 등재되었다.

⑤ 4 · 19 혁명의 결과 이승만 대통령은 하야 후 하와이로 망명하였다.

현대의 민주화 운동은 현대사의 대표적인 빈출 파트로 '4 · 19 혁명, 5 · 18 광주 민주화 운동, 6월 민주 항쟁의 배경, 전개, 영향을 구별' 하는 것이 중요합니다. 특히 6월 민주 항쟁의 경우 4 · 13 호헌 조치 철폐 주장 및 5년 단임의 대통령 직선제 개헌(9차 개헌)이 언급될 가능성이 높습니다!

---

50 정답 ③

김대중 정부의 통일 노력

키워드 추출

경의선 복원 사업 – 김대중 정부 당시에 통일 교류 사업의 일환으로 추진된 사업

정답분석

③ 김대중 정부 시기에 최초의 남북 정상 회담이 개최되었으며, 통일 교류의 의지를 표방한 6 · 15 남북 공동 선언이 발표되었다.

오답분석

① 노태우 정부 때 7 · 7 선언을 발표하며 사회주의 국가와의 수교 및 북한과의 통일 교류 모색을 추진하였다.

② 전두환 정부는 남북 이산가족 고향 방문단의 교환을 최초로

시대에듀#은 시대에듀의 퀄리티 끌어올림# 브랜드입니다.

2025 최신간 기분좋은 해품사 한능검 심화
#해품사 단기기본서 + 기특강의

초 판 인 쇄	2024년 12월 19일
초 판 발 행	2025년 02월 09일
발 행 인	박영일
출 판 책 임	이해욱
저 자	해품사
개 발 편 집	김기임 · 김선아 · 변영은
표 지 디 자 인	박수영 · 하연주
본 문 디 자 인	하한우
마 케 팅	박호진
발 행 처	㈜시대고시기획시대교육
출 판 등 록	제 10-1521호
주 소	서울시 마포구 큰우물로 75 [도화동 성지빌딩]
전 화	1600-3600
홈 페 이 지	www.sdedu.co.kr

하루 전 급수를 올리는 ↗
해뚱사 요약노트

시험직전에 보면 제일 좋은 고빈출 이론만 압축

📢 해뚱사 공지사항!

| 초록색 테마: 쉬움 | 파란색 테마: 보통 | 빨간색 테마: 어려움 |

빨간색 키워드는 약 80% 이상 확률로 출제로 올림으로 키워드이므로 우선 암기

키워드는 그중에서도 직접적인 직접적인 정답 키워드로 자주 언급되는 것

☆~☆☆☆ 테마 안에서도 더욱 빈출인 주제에 표시

테마01 선사 시대의 생활상

1. 구석기 시대 ☆☆

① 도구: 뗀석기 → 긁개, 주먹도끼, 찌개, 슴베찌르개 등
② 생활상: 수렵 및 채집 생활, 이동 생활, 평등한 공동체 생활
③ 주거지: 동굴이나 바위그늘에서 거주, 강가 인근의 막집에서 거주
④ 대표 유적지: 공주 석장리 유적, 연천 전곡리 유적

2. 신석기 시대 ☆☆

① 도구: 가락바퀴, 갈돌 및 갈판
② 토기: 빗살무늬 토기, 이른 민무늬 토기
③ 생활상: 농경 및 목축 시작, 정착 생활 시작
④ 대표 유적지: 서울 암사동 유적, 부산 동삼동 유적, 제주 고산리 유적

가락바퀴

갈돌과 갈판

3. 청동기 시대 ☆☆

① 도구: 반달 돌칼, 비파형 동검, 거친무늬 거울, 청동 방울
② 토기: 미송리식 토기, 민무늬 토기
③ 생활상: 사유 재산 및 계급 발생 → 지배층의 무덤으로 고인돌 축조
④ 대표 유적지: 부여 송국리 유적

반달 돌칼

비파형 동검

테마02 국가의 형성 및 발전

1. 고조선의 역사적 사실 ☆

사실 유형	
	① 왕: 단군왕검, 위만, 우거왕
	② 국가 관리: 법조 8조, 상, 대부, 장군 등 관직 존재, 왕검성
	③ 대외 관계: 임둔 및 진번 복속, 한(漢)과 진(辰) 사이 중계 무역 담당
흥망 유형	① 단군왕검에 의해 고조선 건국
	② 전국 7웅 중 하나인 연나라와 대립
	③ 부왕 및 준왕 등 성장
	④ 위만의 이명 및 정변 주도
	⑤ 임둔 및 진번 복속 및 한(漢)과 진(辰) 사이 중계 무역 담당
	⑥ 조선상 역계경이 무리를 이끌고 진국(辰國) 남하
	⑦ 한 무제의 군대에 의해 왕검성 함락 및 고조선 멸망
	⑧ 고조선의 옛 영토에 한사군 설치

2. 고대 철기 국가의 역사적 사실 ☆☆☆

부여	① 관직: 마가·우가·저가·구가(사출도 관할)
	② 제도: 1책 12법
	③ 풍습: 순장, 영고, 우제점법
고구려	① 지배층 및 귀족 회의: 고추가, 사자, 조의·선인, 제가 회의
	② 제도 및 풍습: 진대법, 동맹, 서옥제, 부경
옥저	① 지배층: 읍군 및 삼로
	② 풍습: 가족 공동묘, 민며느리제
	③ 특산물: 소금 및 어물(어염·魚鹽)
동예	① 지배층: 읍군 및 삼로
	② 풍습: 무천, 족외혼, 책화
	③ 특산물: 단궁·과하마·반어피
삼한	① 지배층 및 구성: 신지 및 읍차, 목지국(마한)·사로국(진한)·구야국(변한) 등 구성
	② 풍습: 계절제(5월 및 10월)
	③ 제정 분리 사회: 천군, 소도

테마03 삼국의 성장 및 가야의 특징

1. 고구려의 대표 왕 및 역사적 사실 ☆☆

고구려의 대표 왕 업적	① 9대 고국천왕(2세기): 진대법 실시 ② 17대 소수림왕(4세기): 불교 수용(전진의 순도가 전파함), 태학 설립, 율령 반포 ③ 19대 광개토 대왕(4~5세기): 영락 연호 사용, 신라 내물왕 구원 및 왜구 토벌(400), 후연 격파, 호우명 그릇 ④ 20대 장수왕(5세기): 광개토 대왕릉비 및 충주 고구려비 건립, 평양 천도 및 남진 정책 추진(427), 한성 함락(475)

2. 백제의 대표 왕 및 역사적 사실 ☆☆

백제의 빈출 왕 업적	① 13대 근초고왕(4세기): 고흥이 『서기』, 편찬, 산동 반도 및 규슈 지방 진출, 평양성 전투 발발(371), 왕위 부자 상 속제 확립 ② 25대 무령왕(6세기): 백가의 난 진압, 22담로에 왕족 파견, 무령왕릉 축조(벽돌무덤 양식, 중국 남조 양나라와의 교류 증가) ③ 26대 성왕(6세기): 사비 천도 및 남부여 국호 사용, 진흥왕과 연합하여 한강 유역 일시 회복, 관산성(구천) 전투 에서 진흥왕에 의해 사망

3. 신라의 대표 왕 및 역사적 사실 ☆☆

신라의 빈출 왕 업적	① 22대 지증왕(6세기): 동시전 설치, 신라 국호 정비 및 왕 호칭 사용, 순장 금지, 우산국 정벌(이사부 담당) ② 23대 법흥왕(6세기): 건원 연호 사용, 골품제 정비 및 상대등 설치, 금관가야 합병(532), 병부 설치, 불교 공인(이 차돈 순교), 율령 반포 ③ 24대 진흥왕(6세기): 관산성(구천) 전투에서 백제의 성왕에게 승리함(554), 거칠부의 『국사』, 편찬, 단양 적성비 및 4개 순수비 건립(마운령비, 북한산 순수비, 창녕비, 황초령비), 대가야 합병(562), 화랑도 정비, 황룡사 건립

4. 가야의 역사적 사실 ☆☆

대표 왕	김수로왕(금관가야), 이진아시왕(대가야)
경제 상황	철의 생산량이 매우 높음 → 덩이쇠를 화폐처럼 사용함; 낙랑 및 왜 등에 수출
교류	김해 대성동 고분(금관가야), 고령 지산동 고분(대가야)
멸망 과정	법흥왕-금관가야 합병, 진흥왕-대가야 멸망

테마04 고구려의 대외 항쟁 및 삼국의 통일

1. 고구려의 대외 항쟁 ☆

사실 유형	① 수나라 방어 관련 기여도: 살수 대첩, 우중문, 을지문덕, 육군 113만, 별동대 30만, 여수장우중문시 ② 당나라 방어 관련 기여도: 안시성, 양태종, 천산
흐름 유형	① 살수 대첩(612, 을지문덕 VS 우중문) ② 천리장성 축조(631~647, 연개소문이 감독) ③ 연개소문의 정변(642, 영류왕 살해 및 보장왕 즉위) ④ 안시성 전투(645, 양만춘 VS 당태종)

2. 삼국의 통일 과정 ☆☆☆

삼국 전쟁 이전의 상황	① 대야성 전투(의자왕, 윤충, 김춘추 가족 살해) ② 김춘추의 고구려 군사 요청(보장왕, 죽령 및 마목현 등 옛 영토 요구) ③ 나·당 동맹 체결(648)
백제의 멸망 및 부흥 운동	① 황산벌 전투(660-백제 계백VS신라 김유신이 당나라 군대) ② 사비성 함락 및 백제 멸망 → 백제의 부흥 운동 발발(흑치상지-임존성, 복신 및 도침-주류성, 부여풍) ③ 백강 전투(663-백제 및 왜의 군대 연합VS나·당 연합군)
고구려의 멸망 및 부흥 운동	① 연개소문 사망 이후 고구려 지배층 내분 발발 ② 평양성 함락 및 고구려 멸망 ③ 고구려의 부흥 운동 발발(고연무, 검모잠, 안승) ④ 보덕국 건립(674)
나·당 전쟁 및 삼국 통일 완성	① 매소성 전투(육지전) ② 기벌포 전투(해전) ③ 삼국 통일 완성

테마06 고대의 경제·사회·문화 1

1. 통일 신라의 경제 ✩✩

무역항	당항성, 영암, 울산항
외교	① 당나라 내 신라방, 신라소, 법화원 등 설치 ② 완도에 장보고의 청해진 설치(동아시아(이어)의 해상 무역 기지)
시장	동시(지증왕), 서시 및 남시(효소왕)
토지 문서	민정 문서(촌주 문서) → 조세 수취 및 노동력 동원을 위한 목적으로 작성, 일본 도다이사 내부 쇼소인에서 발견됨

2. 고대의 사회 ✩✩

고구려	① 지배층&관리자 및 귀족 회의: 고추가, 사자·조의·선인, 욕살 및 처려근지, 제가 회의 ② 교육 기관 및 건축물: 경당, 태학, 부경 ③ 제도 및 풍습: 진대법, 동맹, 서옥제
백제	① 지배층 및 귀족 회의: 왕족인 부여씨와 8성의 귀족 존재, 정사암 회의 ② 제도: 22담로에 왕족 파견(무령왕), 6좌평(예 내신좌평, 위사좌평 등) 및 16등급의 관등제 운영
신라(통일 신라)	① 지배층 및 귀족 회의: 박, 석, 김씨가 교대로 왕위를 계승 화백 회의 ② 교육 기관 및 건축물: 국학 ③ 제도: 골품제, 상수리 제도, 9주 5소경, 9서당 10정 ④ 중앙 행정 조직: 14부(예 위화부, 사정부, 영객부)

3. 고대의 고분 및 비석 ✩

고구려	무덤	① 초기: 적석총 ② 후기: 굴식 돌방무덤(예 평양 강서대묘) → 모줄임 천장 구조
	비석	광개토 대왕릉비, 충주 고구려비
백제	무덤	① 초기(위례성): 적석총(석촌동 돌무지무덤) ② 웅진(공주): 송산리 고분군 내 무령왕릉 ③ 사비(부여): 능산리 고분군 내 백제 금동 대향로 발견
신라 및 통일 신라	무덤	① 초기(삼국 시대): 돌무지덧널무덤 ② 후기(통일 신라): 굴식 돌방무덤(예 김유신묘)
	비석	① 임신서기석: 유교 경전 학습 관련 비석 ② 단양 적성비, 북한산 순수비, 마운령비, 창녕비, 황초령비 → 진흥왕 때 건립

테마05 남북국 시대의 역사적 사실

1. 통일 신라 대표 왕의 업적 및 역사적 사실 ✩✩

신문왕(31대)	① 정치: 김흠돌의 난 진압, 9주 5소경 정비, 9서당 10정 정비 ② 경제: 관료전 지급 및 녹읍 폐지 ③ 문화: 감은사 건립(아버지인 문무왕의 업적을 기리기 위해 건립), 국학 설치(국립교육 기관), 화왕계(설총 건의), 만파식적 설화
진성 여왕(51대)	① 정치: 원종과 애노의 난, 적고적의 난, 최치원의 시무 10여조 ② 문화: 《삼대목》 편찬

2. 통일 신라 하대의 사회상 ✩✩✩

통일 신라 하대의 사회상 관련 사례	① 시기 구분 및 특징: 일반적으로 780년 이후 왕위 쟁탈전이 심화된 시기, 호족 세력이 지방에서 반독립적인 세력으로 성장함(예 견훤, 궁예) ② 주요 인물: 진성 여왕, 장보고, 최치원 ③ 문화: 선종 불교 유행(참선을 통한 수행을 중시) 및 9산선문의 활동(예 체징의 가지산문) → 승탑(예 쌍봉사 철감선사탑) 유행, 풍수지리 국내 전래
통일 신라 하대에 발생한 반란 사례	① 김헌창의 난(헌덕왕-822) ② 장보고의 난(문성왕-846) ③ 원종과 애노의 난(진성 여왕-889) ④ 적고적의 난(진성 여왕-896)

3. 발해의 특징 ✩✩✩

발해와 관련된 전반적인 사실	① 대표 기구: 문적원, 주자감, 중정대 ② 제도: 3성 6부제(선조성, 정당성, 중대성 구성), 5경 15부 62주 ③ 대외 관계: 거란도, 영주도·신라도 등을 통해 교류함; 솔빈부의 말이 특산품으로 유명함
발해 대표 왕의 업적	① 대조영(초대): 동모산에서 발해 건국 ② 2대 무왕(연호-인안): 장문휴를 파견하여 당의 등주(산둥 반도) 공격 ③ 3대 문왕(연호-대흥): 중경 현덕부 → 상경 용천부 → 동경 용원부 천도, 3성 6부제 정비 ④ 10대 선왕(연호-건흥): 5경 15부 62주 정비, 재위 당시 해동성국으로 불림
발해 관련 대표 문화유산	영광탑 / 이불병좌상

테마08 후삼국 통일 및 고려 초기의 정치

1. 후삼국 시대의 인물 및 통일 과정 ☆☆☆

견훤	① 출신 및 건국: 완산주(전주)에서 후백제 건국 ② 외교 및 전투: 신라를 습격하여 경애왕 피살, 후당 및 오월에 사신 파견, 공산 전투 승리 및 고창 전투 패배 ③ 가족: 신검에 의해 금산사에 유폐됨
궁예	① 출신 및 건국: 신라 왕족 출신 → 송악(개성)에서 후고구려 건국 ② 국호 및 수도 변경: 마진 → 태봉(국호), 송악 → 철원(수도), 무태(연호) ③ 정치 체제: 광평성 체제, 미륵불 자처를 통한 독재 강화
왕건 (후삼국 시대)	공산 전투 패배 및 고창 전투 승리 → 경순왕(김부) 경주 사심관 임명 → 일리천 전투 승리 → 후삼국 통일 완성
후삼국 통일 과정	① 공산 전투(견훤 승리) ② 고창 전투(왕건 승리) ③ 견훤의 금산사 유폐 및 고려 귀순 → 통일 신라 멸망 ④ 일리천 전투

2. 고려 전기 왕의 업적 ☆☆☆

고려 전기의 반동 왕의 업적	**(1) 초대 왕건(10세기)** ① 정책: 기인 제도, 사심관 제도, 역분전, 발해 유민 포용 → 만부교 사건, 천수 연호, 흑창 설치 ② 기록 유산: 「정계」 및 「계백료서」, 훈요 10조 **(2) 4대 광종(10세기)** ① 정책: 과거제 실시(쌍기의 건의), 공복 제정, 광덕 및 준풍 연호, 노비안검법 ② 문화유산: 귀법사, 논산 관촉사 석조 미륵보살 입상 **(3) 6대 성종(10세기)** ① 정책: 경학박사 및 의학박사 파견, 최승로의 시무 28조 건의, 향리제 실시, 12목 설치(외관 파견) ② 기구: 국자감, 상평창, 의창

3. 고려의 제도 ☆☆

중앙 정치 제도	① 종주원: 군사 기밀 및 왕명 출납 담당 ② 어사대: 관리 비리 감찰 및 풍속 교정, 관리 임명에 대한 서경(간쟁)·권(론) 등용·봉박 개폐 결정 행사, 중서문하성의 낭사와 함께 대간으로 불림 ③ 도병마사: 고려 시대의 대표적인 독자적 기구, 국방 및 군사 문제 논의, 원 간섭기에 도평의사사로 개편됨
지방 행정 제도	향·소·부곡: 고려 시대의 특수 행정 구역, 거주 이전 자유 X, 세금 부과 ↑

테마07 고대의 문화 2 ☆

1. 고대의 불상 ☆

고구려	금동 연가 7년명 여래입상: 경상남도 의령에서 출토됨, 광배에 연가 7년 연호가 새겨짐
백제	서산 용현리 마애여래 삼존상: 백제의 미소라는 별명으로 불림
삼국 시대	금동 미륵보살 반가 사유상: 고대 시대 국가와 일본의 교류 사례
통일 신라	석굴암 본존불: 김대성이 창건한 사찰 내부에 위치, 유네스코 세계 문화유산 등재

2. 고대의 탑 ☆

백제	① 미륵사지 석탑: 전라북도 익산 위치, 탑 내부에서 금제 사리봉영기 발견 ② 정림사지 오층 석탑: 충청남도 부여 위치, 당나라 소정방의 기록이 남아 있음
신라	분황사 모전석탑: 선덕 여왕 시기 건립 추정, 신라의 가장 오래된 석탑
통일 신라	① 감은사지 삼층 석탑: 경주 감은사 내부 위치 ② 불국사 삼층 석탑: 경주 불국사 내부 위치, 석가탑, 석탑 보수 과정에서 무구 정광 대다라니경 발견 ③ 쌍봉사 철감선사탑: 통일 신라 하대의 대표적인 승탑(선종)

3. 고대 승려의 업적 ☆☆

의상	① 사상 및 활동: 관음 신앙, 당나라 유학, 화엄일승법계도 저술 ② 사찰: 부석사 및 낙산사
원효	① 불교 대중화: 무애가, 아미타 신앙 ② 저서: 「금강삼매경론」, 「대승기신론소」, 「십문화쟁론」
혜초	인도 및 중앙아시아 기행, 「왕오천축국전」 저술

4. 고대 인물의 업적 ☆

정보고 (통일 신라)	① 법화원 창건 ② 완도 내 청해진 설치 ③ 문성왕 제위 당시 반란을 주도하다 실해됨
최치원 (통일 신라)	① 격황소서(토황소격문) 및 「계원필경」 저술 ② 진성 여왕에게 시무 10여조 건의 ③ 6두품 출신

테마09 고려 중기의 정치 및 무신 정권

1. 고려 중기의 정치적 변동 ✩✩

이자겸의 난 (17대 인종~1126)	① 배경: 문벌 귀족의 사회 형성 → 음서 및 공음전 등 특혜 보유, 인주 이씨(경원 이씨) 가문이 왕실과 지속적인 혼인을 맺으며 권력 확보 → 외척이자 문벌 귀족인 이자겸과 왕의 측근 간 갈등 발생 ② 전개: 이자겸이 척준경과 함께 반란 주도 및 권력 일시적 천탈 → 이자겸이 금의 사대 요구 수용 → 척준경의 이자겸 제거 → 척준경 탄핵 및 유배로 반란 종결 ③ 영향: 도평의사 → 도평의사사 개편
묘청의 서경 천도 운동 및 반란(17대 인종~ 1128~1136)	① 전개: 묘청 및 정지상 등이 인물들이 풍수지리설에 근거하여 서경 천도 주장 → 서경에 대화궁 설치 및 칭제 건원(황제 칭호 사용 및 연호 제정)과 금국 정벌 주장 → 개경 내 보수 세력(개경파)과 대립하며 운동 실패 → 묘청이 서경에서 국호 '대위', 연호 '천개', 천견충의군이라는 군대를 이끌고 반란 주도 → 김부식 이끄는 관군에 의해 진압됨 ② 영향: 신채호가 묘청의 서경 천도 운동을 '조선역사상 일천년래 제일대사건'으로 평가함
무신 정변 (18대 의종~1170)	① 배경: 문신에 대비되는 무신에 대한 차별 심화 ② 전개: 이의방 및 정중부 등 무신들이 보현원에서 반란을 주도하며 문신 대가 살해 ③ 결과: 무신 정권 수립, 의종 폐위 및 명종 옹립

2. 무신 정권 시기의 역사적 사실 ✩✩✩✩

이의방 정권	① 대표 활동: 정중부와 함께 무신 정변 주도 ② 집권 시기 반란 사례: 김보당의 난(의종 복위 주장), 조위총의 난(정중부 타도 주장)
정중부 정권	① 대표 활동: 이의방과 함께 무신 정변 주도 ② 집권 시기 반란 사례: 망이·망소이의 난(특수 행정 구역 차별 반발)
경대승 정권	대표 활동: 도방 설치
이의민 정권	집권 시기 반란 사례: 김사미와 효심의 난(신라 부흥 표방)
최충헌 정권	① 대표 활동: 교정도감 설치(최씨 무신 정권의 최고 정치 기구, 교정별감 주위), 명종에게 봉사 10조 진상 ② 집권 시기 반란 사례: 만적의 난(노비들의 신분 해방 도모, 최광수의 난(고구려 부흥 표방)
최우 정권	① 대표 활동: 강화 천도 단행, 정방 설치 ② 집권 시기 반란 사례: 이연년의 난(백제 부흥 표방)

테마10 고려 후기의 정치 및 사회

1. 원 간섭기의 사회상 ✩✩✩

고려의 영토 상실 및 중앙 관제 격하	① 영토 상실: 동녕부(평양), 쌍성총관부(화주~함경남도 영흥), 탐라총관부(제주도)를 설치하여 내정 간섭 심화 ② 관제 격하: 중서문하성 및 상서성 → 첨의부 격하, 6부 → 4사 격하, 왕의 훈칭 앞에 충(忠) 사용 ③ 관제 개편: 도평의사 → 도평의사사 개편
원나라의 간섭 사례	결혼도감 설치, 권문세족의 권력 장악(예 기철), 다루가치 파견, 변발 및 호복 유행, 정동행성 설치(일본 원정용 설치)
대표 인물	김방경, 제국대장공주

2. 고려 후기 왕의 업적 ✩✩

공민왕의 업적	① 반원 정책 사례: 기철 등 권문세족 숙청, 변발 및 호복 폐지, 쌍성총관부 공격(철령 이북 땅 수복), 정동행성 이문소 및 정방 폐지 ② 중앙 관제 복구 중서문하성 및 상서성 관제 복구 변정도감 설치(신돈 건의) ③ 관련 역사적 사료: 노국대장공주(아내), 천산대렵도(그림)

3. 고려의 멸망 및 조선의 건국 과정 ✩✩

신진 사대부 및 신흥 무인 세력의 성장	① 신진 사대부의 성장: 공민왕 때 이색을 성균관 대사성에 임명 → 정도전 및 정몽주 등 신진 사대부 출신 인물들이 등장 ② 신흥 무인 세력의 성장: 이성계(홍건적 2차 침입 방어, 황산 대첩) 및 최영(홍산 대첩) 등 신흥 무인 세력 등장
고려의 멸망 및 조선의 건국 과정	① 명나라의 철령 이북 땅 요구 및 철령위 설치 → 우왕 때 철령의 요동 정벌 추진 및 이성계를 요동 정벌 결과 이성계가 승리하며 정권 장악 ② 이성계의 4불가론 및 위화도 회군 단행 → 개경 내 군대와 대립 결과 이성계가 승리하여 정권 장악 ③ 정도전, 조준 등의 건의로 과전법 제정 ④ 이방원의 부하에 의해 정몽주가 선죽교에서 피살됨 → 조선 건국 및 고려 멸망

테마12 고려의 경제·사회·문화 1

1. 고려 시대의 경제 상황 및 토지 제도의 변천 ☆☆☆

고려 시대의 경제 상황 사례	① 화폐: 건원중보, 해동통보, 활구(숙종·은병) ② 무역항: 예성강의 벽란도 ③ 시장 감독 기구: 경시서
고려 시대의 토지 제도의 변천	① 역분전(왕건): 후삼국 통일의 공신에게 공로와 인품을 기준으로 토지 지급 ② 시정 전시과(경종): 전·현직 관리에게 관품과 인품 기준으로 토지 지급 ③ 개정 전시과(목종): 전·현직 관리에게 오직 관품만을 기준으로 전지 및 시지 지급 ④ 경정 전시과(문종): 현직 관리에게 오직 관품만을 기준으로 전지 및 시지 지급 ⑤ 과전법(공양왕): 정도전, 조준 등의 건의로 제정됨, 경기 지역에 한정하여 토지 지급, 신진 사대부의 경제적 기반 확보 목적

2. 고려 시대의 사회 기구 ☆

사회 기구 사례	① 빈민 구제 기구: 구제도감 및 구급도감, 흑창(성종), 제위보(광종) ② 물가 조절 기구: 상평창 ③ 의료 관련 기구: 동서 대비원, 혜민국

3. 고려 시대의 관학 진흥책 ☆

고려 시대의 관학 진흥책 사례	① 배경: 문종 재위 당시 최충의 문헌공도(9재 학당?) 건립 → 사학 12도 융성으로 국자감의 관학의 진흥 교육 위축 ② 관학 진흥책 사례: 서적포, 양현고, 7재, 청연각 및 보문각, 경사 6학

4. 고려 시대의 기록 유산 ☆☆

고려 전기	『삼국사기』(김부식): 인종의 왕명에 의해 편찬됨, 기전체 형식으로 서술(본기, 지, 열전 등), 사서사 형식으로 서술됨, 유교 사관 반영
무신 정권	① 『동명왕편』(이규보): 고구려 계승 의식 강조, 서사시 형식으로 서술됨 ② 『해동고승전』(각훈): 부처의 힘으로 몽골의 침입을 막아 염원, 합천 해인사에 보관됨, 세계 기록 유산 등재
원 간섭기	① 『삼국유사』(일연): 고조선 역사 서술, 불교적을 비롯한 민간 설화 수록 (예 기야편) ② 『제왕운기』(이승휴): 고조선 및 발해 역사 서술, 서사시 형식으로 서술됨, 중국과 우리나라의 역사를 대등하게 인식
고려 말기	『직지심체요절』(백운 화상): 청주 흥덕사에서 간행됨 → 현재 프랑스 국립도서관에 보관 중(박병선 박사에 의해 발견됨, 세계 기록 유산 등재)

테마11 외세의 침략과 고려의 대응

1. 거란 및 여진의 침입에 대한 고려의 대응 ☆☆☆

거란의 침입에 대한 고려의 대응	① 침입 이전: 만부교 사건 → 광군 설치 ② 1차 침입(성종): 소손녕이 이끄는 거란군의 고려 침입 → 서희가 소손녕과 외교 담판을 주도함 → 강동 6주 획득 ③ 2차 침입(현종): 강조의 정변을 통해 현종 즉위 → 강조의 정변을 명분으로 거란의 고려 재침입 → 현종의 나주 피란 → 양규가 무력화, 흥화진 등에서 방어 ④ 3차 침입(현종): 소배압이 이끄는 거란군의 고려 재침입 → 강감찬이 귀주 대첩 ⑤ 침입 이후 대응 및 의의 사례: 나성 및 천리장성 축조, 초조대장경 조판(현존, 거란 침입 받아 염원)
여진의 침입에 대한 고려의 대응	① 여진 정벌: 윤관의 별무반 조직 건의(숙종, 신기군, 신보군, 항마군 구성) → 여진 정벌 및 동북 9성 축조 및 반환 ② 금나라 성장 및 사대 요구 수용: 여진 족장 아구타(아골타)의 금나라 건국 → 이자겸이 금의 사대 요구 수용 → 묘청 및 정지상 등 서경 천도 운동 주장

2. 몽골의 침입에 대한 고려의 대응 및 삼별초의 항쟁 ☆☆☆

몽골의 침입에 대한 고려의 대응	① 침입 이전: 강동성 전투 → 몽골의 내정 간섭 심화 → 저고여 피살 사건 발생 ② 1차 침입(고종): 박서의 귀주성 전투 ③ 2차 침입(고종): 최우 최우의 강화 천도 단행 → 김윤후의 처인성 전투(적장 살리타 사살) ④ 5차 침입(고종): 김윤후의 충주성 전투 ⑤ 결과: 몽골과 강화를 맺으며 개경 환도 결정 → 삼별초의 항쟁 발생 ⑥ 이외 사례: 팔만대장경 조판(현존, 몽골 침입 받아 염원)
삼별초의 항쟁	① 삼별초의 형성 과정: 최씨 무신 정권의 사병 조직에서 기원 ② 항쟁 배경: 고려 정부의 개경 환도 결정에 반발하여 항쟁 시작 → 승화후 왕온을 왕으로 추대 ③ 항쟁 과정: 강화도 → 진도(배중손·용장성) → 제주도(김통정·항파두리성)

3. 홍건적 및 왜구의 침략에 대한 고려의 대응 ☆

홍건적의 침입에 대한 고려의 대응	2차 침입 당시 공민왕의 복주(안동) 피란 → 이성계·정세운·정세운 등이 홍건적 침입 받아
왜구의 침입에 대한 고려의 대응	진포 대첩(최무선, 화통도감 설치 건의), 홍산 대첩(최영), 황산 대첩(이성계)

1. 조선 시대 전기 왕의 업적 ☆☆☆

조선 전기의	(1) 3대 태종(15세기)
	① 정책: 문하부 낭사를 사간원으로 독립, 사병 혁파, 6조 직계제 최초 시행
	② 문화유산: 주자소 → 계미자 주조, 혼일강리역대국도지도
	(2) 4대 세종(15세기)
	① 정책: 공법 시행 → 전분6등법 및 연분9등법, 의정부 서사제, 집현전
	② 과학 기구 및 문화유산: 간의(간의대), 앙부일구(해시계), 자격루(물시계), 혼천의(천문 관측 기구), 훈민정음
	(언어)
	③ 기록 유산: 『농사직설』, 『삼강행실도』, 『칠정산』, 『향약집성방』
	④ 외교: 염포(진해), 부산포 제포(진해) 개항 → 이보과 계해약조 체결, 이종무의 쓰시마섬 정벌, 4군 6진 개척
빈출 왕의 업적	(3) 7대 세조(15세기)
	① 정책: 간경도감 설치, 직전법 실시 → 현직 관리에게만 토지 지급(수신전 및 휼양전 폐지), 6조 직계제 부활
	② 사건: 계유정난 발생(단종 퇴위 및 한명회 및 권람 등 권종, 김종서 살해) → 성삼문 등 사육신의 단종 복위 운동
	주도
	③ 문화유산: 원각사지 십층 석탑
	(4) 9대 성종(15세기)
	① 정책: 관수관급제, 홍문관 설치
	② 기록 유산: 『경국대전』, 『국조오례의』, 『동국통감』, 『동문선』, 『악학궤범』

2. 조선 시대의 중앙 정치 제도 및 지방 행정 제도 ☆☆

중앙 정치 제도	① 사헌부: 대사헌(수장), 관리 감찰 및 풍속 교정 담당, 5품 이하 관리에게 서경권 행사
	② 홍문관: 대제학 및 부제학(대표 직책) 등 존재, 옥당 및 경연(수업) 담당, 집현전 계승, 사헌부 및
	사간원과 함께 삼사(언론 기관)로 불림
	③ 승정원: 승지 존재(대표 직책), 은대(별칭), 왕의 비서 기관 역할 담당 → 왕명 출납 담당
지방 행정 제도	① 수령: 국왕이 대리인으로서 행정・사법・군사권 행사, 군수 및 현령, 찰사, 상피제 적용, 1,800일의 임기 적용
	② 유향소: 수령 보좌 및 향리 감찰, 경재소의 통제를 받음, 좌수 및 별감 선발, 향임 및 향청(별칭)
	③ 향리: 지방 행정 실무 담당, 이방 및 호장 등 지방의 6방에 소속됨

1. 고려 시대의 불상 ☆

① 논산 관촉사 석조미륵보살입상: 광종 때 건립, 은진 미륵
② 안동 이천동 마애여래 입상: 자연 암벽에 몸체, 제비원 미륵
③ 파주 용미리 마애이불 입상: 자연 암벽에 몸체, 조선의 정희 왕후와 성종의 안녕을 기원하는 발원문이 새겨짐
④ 영주 부석사 소조 여래 좌상: 부석사 무량수전 내부 위치, 통일 신라의 불상 양식 계승
⑤ 하남 하사창동 철조 석가여래 좌상: 고려 전기의 대표적인 철불

2. 고려 시대의 탑 ☆

① 월정사 팔각 구층 석탑: 고려 전기의 대표적인 다각 다층 석탑, 송나라 양식 영향
② 경천사지 십층 석탑: 원 간섭기에 대리석으로 조성된 탑, 조선 시대 원각사지 십층 석탑에 영향을 줌, 현재 국립중앙박물관에 위치함

3. 고려 시대의 건축물 ☆

① 영주 부석사 무량수전: 팔작지붕, 내부에 소조 여래 좌상 소유
② 안동 봉정사 극락전: 맞배지붕, 현존하는 가장 오래된 목조 건축물
③ 예산 수덕사 대웅전: 맞배지붕, 축조 연대를 정확히 알 수 있는 대표적인 건축물(총양집 34년)

4. 고려 시대 승려의 업적 ☆☆

의천	① 출신 및 시호: 문종의 아들, 대각국사
	② 사찰: 국청사, 흥왕사
	③ 수행 방법 및 종파: 교관겸수, 천태종
	④ 저서 및 활동: 교장도감 설치 → 교장 편찬, 신편제종교장총록 간행
지눌	① 출신 및 시호: 송광사(수선사)
	② 사찰: 송광사(수선사)
	③ 수행 방법 및 종파: 돈오점수, 정혜쌍수, 조계종

테마15 조선의 사화

1. 조선 시대 사화의 흐름 ☆☆

조선 시대의 사화의 흐름	(1) 무오사화(10대 연산군-1498) ① 배경: 김종직의 조의제문이 빌미 ② 전개 및 결과: 김일손 등 신진 사림파 세력이 처형됨 (2) 갑자사화(10대 연산군-1504) ① 배경: 폐비 윤씨 사사 사건 ② 전개 및 결과: 훈구파 및 사림파 모두 처형 → 중종반정 발생 → 중종(진성대군) 즉위 및 연산군 폐위 (3) 기묘사화(11대 중종-1519) ① 배경: 조광조의 현량과 실시 및 위훈 삭제(정국공신 개정) 주장 ② 전개 및 결과: 조광조를 비롯한 신진 사림 처형 (4) 을사사화(13대 명종-1545) ① 배경: 대윤(윤임-인종 외척 세력) 및 소윤(윤원형-명종 외척 세력) 간 정치적 대립 발생 ② 전개: 명종 측의 이후 대윤 세력을 비롯한 사림 세력이 숙청
결과	사림파 세력의 지방 은거 및 서원, 향약 등을 통한 세력 형성 → 선조 때 중앙 정계로 진출하며 권력 장악 → 이조 전랑 임명권을 놓고 대립하며 사림 내 붕당 형성됨(동인 및 서인)

2. 중종 및 명종 시기의 역사적 사실 ☆

중종 때의 역사적 사실	① 역사적 사실: 삼포왜란 발발 → 비변사 설치 배경 ② 조광조의 업적: 대사헌 역임, 소격서 폐지 건의, 소학 및 향약 보급 주장, 위훈 삭제 주장, 현량과 실시 건의
명종 때의 역사적 사실	「구황촬요」 간행, 양재역 벽서 사건 발생, 을묘왜변 발생 → 비변사 상설 기구화 배경

테마16 조선 중기의 정치 및 외세 대응

1. 임진왜란의 전개 과정 및 외세 대응 ☆☆☆

임진왜란의 전개 과정 및 대표 인물	① 연속된 패배: 부산진 전투(정발) → 동래성 전투(송상현) → 탄금대 전투(신립) → 선조의 의주 피란 ② 해전의 승리: 옥포 해전(이순신) → 한산도 대첩(이순신) ③ 육지전의 연속된 승리: 진주 대첩(김시민) → 평양성 전투(조·명 연합군) → 행주 대첩(권율) ④ 정유재란 발생 및 전쟁 종결: 명량 대첩(이순신) → 노량 해전(이순신) ⑤ 전쟁 이후: 유정(사명대사)을 일본에 학답 겸 쇄환사로 파견 ⑥ 의병장: 고경명, 곽재우, 유정, 정문부, 조헌
훈련도감의 특징	유성룡의 건의로 설치, 삼비군 주축, 포수·살수·사수의 삼수병 체제

2. 병자호란의 전개 과정 ☆☆

병자호란의 전개 과정 및 대표 인물	① 배경: 인조반정 → 이괄의 난(인조의 공산성 피란) → 이괄의 난 잔당이 후금으로 피신 ② 정묘호란: 정봉수와 이립이 용골산성에서 항전 ③ 병자호란의 전개 과정: 주전론(전쟁 주장, 김상헌) 및 주화론(화이 주장, 최명길) 대립 → 인조의 남한산성 피신 → 조선의 항복 및 삼전도의 굴욕 발생 → 왕족 및 백성들이 청에 인질로 끌려감 ④ 대표 인물: 홍익한, 김상용, 김준용, 임경업, 홍명구

3. 조선 시대 중기의 왕의 업적 ☆☆

조선 시대 중기의 왕의 업적	(1) 15대 광해군(16세기) ① 정책: 대동법 실시 ② 외교: 중립 외교 실시 → 강홍립 부대 파견, 기유약조 체결 → 일본과 국교 재개 ③ 폐위 과정: 폐모살제 → 인조반정의 원인 ④ 「동의보감」 완성 (2) 17대 효종(16세기): 북벌 추진, 나선 정벌에 조총 부대 파견

4. 비변사의 형성 및 변천 과정 ☆

비변사의 형성 및 변천 과정	① 변천 과정: 삼포왜란을 계기로 설치 → 을묘왜변을 계기로 상설 기구로 성설 기구화 → 양난을 계기로 국정 총괄 기구로 발전 → 세도 정치기 시기에 해당 정치 기구로 변질됨 → 흥선 대원군 집권 시기에 혁파됨 ② 특징: 국정 총괄 기구 역할 이후 의정부 및 6조의 기능 유명무실화, 비국 또는 주사

테마17 조선 후기의 정치 및 붕당의 대립

1. 조선 시대 후기 왕의 업적 ☆☆☆☆

조선 시대 후기의 대표 왕의 업적	**(1) 19대 숙종(17세기기~18세기)** ① 정책: 금위영 설치, 대동법 전국 시행, 상평통보 발행, 세 차례의 환국 발생 ② 외교: 백두산정계비 건립, 안용복의 독도 수호 활동 **(2) 21대 영조(18세기)** ① 정책: 균역법 시행, 청계천 준설(준천사), 탕평책 실시, 탕평비 건립 ② 기록 유산: 「동국문헌비고」, 「속대전」 편찬 ③ 사건: 이인좌의 난 **(3) 22대 정조(18세기~19세기)** ① 가족: 사도세자, 혜경궁 홍씨 ② 정책: 신해통공, 장용영, 초계문신제 ③ 기록 유산: 「동문휘고」, 「대전통편」, 「무예도통지」 ④ 문화유산: 규장각(서얼 출신 인사 검서관 기용), 베다리 및 수원 화성 **(4) 23대 순조(19세기)** ① 정책: 공노비 해방 ② 역사적 사건: 신유박해, 홍경래의 난

2. 조선 시대 붕당의 대립 흐름 ☆☆

붕당의 형성 및 초기 대립(선조 및 광해군)	① 배경: 이조 전랑 임명권을 놓고 사림 내 붕당 형성(동인 및 서인) ② 선조 때의 대립 사태: 정여립 모반 사건 → 기축옥사 발발 → 정철의 건저의 사건(광해군 세자 책봉 문제) 발생 → 동인이 남인 및 북인으로 분화 ③ 광해군 때의 대립 사태: 광해군 집권 이후 북인 집권 → 인조반정을 계기로 서인 집권 및 북인 몰락
예송의 전개 과정(현종)	① 배경: 현종 때 자의대비의 복상 문제를 놓고 정통성 논쟁 발생 ② 1차 예송 논쟁(기해예송): 효종 사망 이후 상복 착용 기간 논쟁 → 서인의 1년설(기년설) 및 남인의 3년설(참최설) 대립 → 동인이 서인 주장 채택 ③ 2차 예송 논쟁(갑인예송): 효종 비 사망 이후 상복 착용 기간 논쟁 → 서인의 9개월설(대공설) 및 남인의 1년설(기년설) 대립 → 남인 주장 채택
환국의 전개 과정(숙종)	① 경신환국: 허적의 유악 사건을 계기로 허적, 윤휴 등 남인 인사 대거 숙청 ② 기사환국: 장희빈의 소생(아들)의 경종이 원자 책봉(세자 책봉) 문제를 놓고 송시열 등 서인 세력이 반대 → 송시열 및 서인 세력 몰락 및 남인 집권 ③ 갑술환국: 남인 세력이 인현 왕후 복위 문제 등 반대 → 남인 세력 몰락 및 서인 재집권

테마18 조선 후기의 사회상 및 외교 흐름

1. 조선 시대 후기의 경제 상황 및 문화 ☆☆☆

조선 후기의 경제 상황 사례	① 농법 및 수리 시설의 발달: 모내기법의 전국 시행 확대 ② 다양한 상품의 재배: 상품 작물(담배, 구황 작물(감자 및 고구마) ③ 시장의 활성화 및 다양한 상인들의 활동: 공인, 장시, 내상, 만상, 송상 등 ④ 공사 화폐 발행: 상평통보 ⑤ 대외 무역 발생: 개시 무역 및 후시 무역, 조총 위관 ⑥ 광산 개발: 덕대의 활동(광산 개발 담당) → 설점수세제도(조세 제도)
조선 후기의 문화 사례	① 다양한 신분의 문화 활동 향유: 중인들의 시사(詩社) 조직, 판소리 및 탈춤 등 유행, 민화, 사설시조, 한 글 소설(예 춘향전, 홍길동전) 등 유행 → 전기수(이야기꾼) 등장 ② 문화유산: 진경산수화(그림), 청화 백자

2. 조선 시대 후기의 조세 개혁 ☆☆

조선 후기의 조세 개혁 사례	**(1) 대동법(15대 광해군)** ① 배경: 방납(공납)의 폐단 → 이원익의 건의로 경기도 지역에 한하여 처음 시행 ② 특징: 특산물을 쌀, 베, 동전 등으로 대신 납부, 선혜청 등장 ③ 영향: 공인의 출현 **(2) 균역법(21대 영조)** ① 특징: 기존에 납부하던 군포를 2필에서 1필로 감소함 ② 조세 보충 방안: 어장세·선박세·염세 등 국가 재정 가속, 선무군관포 부과, 지주에게 1결당 2두의 결작미 부과

3. 조선 시대 대외 관계의 변천 ☆☆

조선 전기의 대외 관계	**(1) 여진** ① 교류: 북평관, 무역소 ② 대응: 최윤덕 및 김종서의 4군 6진 개척 **(2) 일본** ① 교류: 염포·제포·부산포 개항 → 계해약조 체결, 동평관 ② 대응: 이종무의 쓰시마섬 정벌
조선 후기의 대외 관계	**(1) 청나라** ① 교류: 백두산정계비 건립, 연행사 파견 ② 대응: 북벌운동 발생 → 효종이 북벌 추진 및 어영청 강화 **(2) 일본**: 기유약조 체결, 조선 왜관 개항, 통신사 파견 → 한양에서 파견 → 일본에 에도로 이동, 동아시아의 문물교류 역할 담당, 관련 기록물 세계 기록 유산 등재

테마19 세도 정치기 및 조선의 사회

1. 세도 정치기의 역사적 사실 및 반란 사례 ☆☆☆

세도 정치기 시기의 특징	① 정의: 안동 김씨 등 소수 특정 가문이 권력을 장악한 시기 ② 다양한 폐단 발생: 삼정의 문란 발생, 비변사 변질, 이앙선 출몰, 미륵신앙 유행, 정감록 유행
세도 정치기 시기에 발생한 반란 사례	(1) 홍경래의 난(23대 순조-1811) ① 배경: 세도 정치기의 수탈 및 서북 지역에 대한 차별에 반발 ② 반란 주도 인물: 홍경래(명예대원수), 우군칙, 이희저 ③ 특징: 반란군의 청천강 이북 지역 점령(정주성 등) (2) 임술 농민 봉기(25대 철종-1862) ① 배경: 진주 지역에서 백낙신의 악정에 반발하여 봉기함 ② 반란 주도 인물: 유계춘 ③ 특징: 안핵사로 파견된 박규수가 삼정이정청 설치를 건의함

2. 조선 시대 후기의 종교 사례 ☆☆

조선 시대 후기의 종교 사례 및 특징	(1) 천주교: 서학으로 국내에 처음 소개됨 → 사학(邪學)-간사한 학문으로 탄압받음, 일제 강점기 때 의인 단 조직 (2) 동학 ① 대표 인물: 최제우(초대 교주), 최시형(2대 교주) ② 사상: 보국안민 및 인내천 강조, 유·불·선 바탕 및 민간 신앙 요소 포함 ③ 특징: '동경대전」 및 '용담유사」, 한울님을 모시는 시천주 강조 (3) 양명학: 정제두 등이 강화도에서 강화학파를 조직하여 연구
조선 시대 천주교 박해의 흐름	① 신해박해(정조, 1791): 권상연 및 윤지충 처형 ② 신유박해(순조, 1801): 이승훈 및 정약전 등 처벌 → 황사영 백서 사건의 원인 ③ 병인박해(흥선대원군, 1866): 남종삼 및 프랑스 선교사[예 베르뇌 주교] 처형 → 병인양요의 원인

테마20 조선의 문화 1

1. 조선 시대의 궁궐 ☆☆

경복궁(북궐)	① 부속 건물: 근정전, 강녕전, 경회루 향원정 ② 역사적 사실: 태조 때 한양으로 천도하며 창건, 임진왜란 발발 장소 부 건립 → 김영근 정부 때 철거(우리 역사 바로 세우기 운동), 조선 물산 공진회 개최 장소
덕수궁	① 부속 건물: 석어당·서조전, 정관헌, 중명전 ② 역사적 사실: 임독대비의 유폐 장소(석어당), 고종이 이곤 파천 이후 환궁한 장소(경운궁), 을제와 을사늑약체 결한 장소(중명전), 두 차례의 미·소 공동위원회 개최 장소(석조전)
창덕궁(동궐)	① 부속 건물: 규장각, 돈화문, 부용정 ② 역사적 사실: 태종이 한양으로 수도를 다시 옮기며 건립한 궁궐, 6·10 만세 운동 당시 순종의 장례 행렬이 출발 한 장소(돈화문), 유네스코 세계 문화유산에 유산 등재

2. 조선 시대의 그림 ☆☆

① 조선 전기: 안견(몽유도원도), 강희안(고사관수도)

몽유도원도

고사관수도

② 후기: 김홍도(씨름도), 신윤복(단오풍정), 정선(인왕제색도), 강세황(영통동구도), 김득신(파적도)

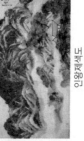

단오풍정

인왕제색도

씨름도

영통동구도

세한도

파적도

테마21 조선의 문화 2

1. 조선의 교육 기관 ✿

성균관	①부속 건물: 대성전 및 명륜당 ②특징: 생원 및 진사시의 합격자에게 입학 자격 부여, 일정제 ③의의: 조선 최고의 관립 교육 기관
향교	①부속 건물: 대성전 및 명륜당 ②특징: 고을 크기에 따른 정원 차이 발생, 교수 및 훈도 파견 ③의의: 지방의 관립 교육 기관
서원	①특징: 주세붕이 최초로 건립(백운동 서원), 국왕으로부터 토지 및 서적, 노비 등을 지원받음(사액 서원) ②의의: 9곳 유네스코 세계 문화유산 등재

2. 조선의 기록 유산 사례 ✿

편찬 기록물	『승정원일기』: 국왕의 비서 기관에서 작성, 왕명의 출납 및 행정 사무 등 기록, 세계 기록 유산 등재 『조선왕조실록』: 태조~철종의 역사를 기록한 편년체 사서, 사초 및 시정기를 바탕으로 실록청에서 편찬, 세계 기록 유산 등재
농서	『농사직설』(세종): 삼남 지방의 농법을 중심으로 우리나라 풍토에 맞는 농법을 종합하여 편찬
역사서	『고려사』(문종): 세가현의 시기 김종서 등을 따름 → 기전체 형식(세가, 지, 열전 구성), 조선 건국을 정당화하기 위한 주관 반영 『동국통감』(성종): 고조선부터 고려 말까지의 역사를 정리한 최초의 편년체 사서 『발해고』(유득공): 규장각 검서관 출신의 서얼이 기록, 남북국 용어 최초 사용
의학서	『동의보감』(허준): 중국 및 우리나라의 의학 서적을 망라하여 전통 의학 집대성, 유네스코 세계 기록 유산 등재
지도	①『혼일강리역대국도지도』(태종): 동양에서 가장 오래된 세계 지도, 중국 중심으로 제작됨 ②『대동여지도』(김정호): 10리마다 눈금 표시, 22첩의 목판본으로 제작됨 ③『동국지도』(정상기): 최초로 100리 척을 적용하여 지도 제작

3. 조선 후기의 건축물 ✿

①내부에 부처의 생애를 여덟 장면으로 표현한 팔상도가 존재
②현존하는 조선 시대의 유일한 목탑

보은 법주사 팔상전

테마22 조선의 실학파 및 인물

1. 조선 시대의 실학파 ✿✿✿

중농학파	유형원(반계)	①주장: 균전론 ②저서: 『반계수록』
	이익(성호)	①주장: 육종론, 한전론 → 영업전 주장 ②저서: 『곽우록』, 『성호사설』
	정약용(다산)	①주장: 여전론 → 정전론 ②저서: 『경세유표』, 『마과회통』, 『목민심서』, 『흠흠신서』 ③과학 기구: 거중기, 배다리
중상학파 (중상학파들은 공통적으로 청과의 연행길에 연행사로 파견됨)	박제가(초정)	①주장: 소비를 우물에 비유하여 소비를 권장함 ②활동: 정조 때 규장각의 검서관으로 기용됨 ③저서: 『북학의』
	박지원(연암)	①주장: 수레 및 선박 이용 강조 ②저서: 『열하일기』, 『양반전』, 『허생전』 → 양반의 무능 및 횡래 풍자
	홍대용(담헌)	①저서: 『의산문답』 → 지전설 및 무한우주론 주장 ②과학기구: 혼천의 제작(조선 후기의 사례 주의)

2. 조선 시대 대표 인물의 업적 ✿✿

조선 전기	정도전(삼봉)	①『경제문감』, 『불씨잡변』, 『조선경국전』 저술 ②요동 정벌 추진 ③1차 왕자의 난으로 인해 사망함(이방원 주도)
조선 중기	이황(퇴계)	①기대승과 사단칠정 논쟁 전개 ②『성학십도』, 『주자서절요』 저술 ③예안향약 시행 ④일본 성리학에 영향을 미침 ⑤도산서원에 배향됨
	이이(율곡)	①강릉 오죽헌 출신 ②『격몽요결』, 『동호문답』, 『성학집요』 저술 ③해주향약 시행 ④자운서원에 배향됨
조선 후기	김정희(추사, 완당)	①『금석과안록』 저술 → 진흥왕 순수비 고증 ②세한도 제작 ③추사체 창안

테마23 흥선 대원군 집권 및 개항 과정

1. 흥선 대원군 집권 및 개혁 ☆☆

흥선 대원군의 개혁 사례 및 관련 역사적 사실 (1863~1873)	① 왕권 강화: 경복궁 중건 → 당백전 발행 및 원납전 징수, 「대전회통(법전)」, 비변사 혁파, 서원 정리 및 만동묘 철폐 ② 민생 안정(삼정 문란 개혁): 호포제 실시, 사창제 실시 ③ 관련 역사적 사실: 고종의 아버지, 최익현의 계유상소(경복궁 중건 및 서원 철폐 비판) → 흥선 대원군 하야 계기

2. 개항기 전기의 외세 침입 과정과 조선의 개항 ☆☆☆

개항기 전기의 외세 침입 사례 및 개항의 흐름	① 병인박해(1866): 남종삼(한국인 천주교 신자) 및 프랑스 선교사(예 베르뇌 주교) 처형 → 병인양요의 원인 ② 제너럴서먼호 사건(1866): 박규수가 미국 상선과 격돌 → 신미양요의 원인 ③ 병인양요(1866): 로즈 제독이 이끄는 프랑스군이 조선 내 강화도 침략 → 양헌수 부대(정족산성) 및 한성근 부대(문수산성)의 항전 → 프랑스군이 외규장각이나 도서 및 의궤 등 문화유산 약탈 ④ 오페르트 도굴 사건(1868): 독일인 상인 오페르트가 남연군(흥선 대원군의 아버지) 묘 도굴 시도 ⑤ 신미양요(1871): 로저스 제독이 이끄는 미군이 강화도 침략 → 어재연 부대(광성보)의 항전 ⑥ 척화비 건립(1871): 통상 수교 거부 의지를 표방하는 비석 건립 ⑦ 운요호 사건(1875): 일본 군함이 강화도 및 영종도 공격 ⑧ 강화도 조약 체결(1876): 우리나라 최초의 근대적 조약

3. 개항기 사절단의 활동 사례 ☆

개항기의 사절단 활동 사례 및 특징	(1) 수신사(일본-1876~1882) ① 파견 배경: 강화도 조약 체결 이후 일본 공사 부임 답례 목적 ② 대표 인물: 김기수(1차 수신사), 김홍집(2차 수신사, 『조선책략』 국내 유포) (2) 영선사(청나라-1881~1882) ① 파견 배경: 청의 근대식 무기 제조 기술 습득 → 기기창 설립 제기 ② 대표 인물: 김윤식 (3) 보빙사(미국-1883) ① 파견 배경: 조미 수호 통상 조약 체결 이후 미국 공사 부임 답례로 답례단 파견 → 미국 대통령 아서 접견 ② 대표 인물: 민영익(전권대사), 홍영식(부전권대사)

테마24 개항기 전기의 사건 및 조약

1. 통리기무아문 설치~갑신정변 점령의 흐름 ☆☆☆

통리기무아문 설치 및 군제 개편(1880~1881)	① 통리기무아문 설치(1880): 개화 정책 추진 총괄 기구, 12사 설치 ② 군제 개편(1881): 기존의 5군영을 2영으로 개편 → 무위영 및 장어영, 신식 군대인 별기군 창설 → 일본인 교관 채용
임오군란(1882)	① 배경: 군제 개혁 이후 구식 군인에 대한 차별 대우 반발 ② 전개: 구식 군인들이 선혜청 및 일본 공사관 습격 → 명성황후가 장호원 피신 → 흥선 대원군의 임시 재집권(별기군 및 2영 폐지, 5군영 부활, 통리기무아문 복설) 및 반란 종결 ③ 결과: 제물포 조약 체결(조선-일본 체결, 배상금 지불 및 일본 공사관 내 경비병 주둔 규정, 조청 상민 수륙 무역 장정 체결(조선-청 체결, 치외 법권 인정, 한성과 양화진 내지 통상권 허용)
갑신정변(1884)	① 배경: 급진 개화파(개화당)의 입지 약화 → 일본의 정변 지원 약속 ② 전개: 김옥균, 박영효 등 개화당이 주도로 우정총국 개국 축하연을 계기로 정변 발생 → 개화당 정부 수립 및 개화 정강 14조 발표 → 청군과 일본군의 대립 → 청군의 승리로 3일 만에 정변 실패 ③ 결과: 한성 조약 체결(조선-일본 체결, 배상금 지불 및 일본 공사관 신축비 비용 부담), 톈진 조약 체결(청-일본 체결, 양국 군대의 동시 철수, 조선에 군대 파병 시 양국 간 사전 통보 규정)
거문도 불법 점령(1885~1887)	① 배경: 러시아의 남하 정책 견제를 목적으로 영국이 거문도를 불법 점령 ② 영향: 국내에서 조선 중립화론 제기(부들러 및 유길준)

2. 개항기 전기에 체결된 조약 사례 ☆☆

동아시아 국가	(1) 강화도 조약(조일 수호 조규-1876): 일본의 해양 측량권 인정, 치외 법권 규정, 항구 개항(부산, 원산, 인천) (2) 조일 통상 장정(1883): 일본 상품에 대한 관세 규정, 방곡령 규정 → 일본 영사관에 양곡 수출 금지 시 전 통보, 최혜국 대우 규정
서양 국가	조미 수호 통상 조약(1882) ① 배경: 황준헌이 『조선책략』, 국내 유포로 인한 미국과의 수교 필요성 대두 → 청이 일본으로 조약 체결 ② 대표 조항: 거중 조정, 관세 규정, 치외 법권 규정, 최혜국 대우 규정

테마25 동학 농민 운동~대한 제국

1. 동학 농민 운동(1894)의 전개 과정 ☆☆☆

동학 농민 운동의 흐름 (1894)	(1) 동학 농민 운동 발생 이전 동학교도의 활동: 교조 신원 운동(삼례 집회 및 보은 집회 개최)
	(2) 1차 동학 농민 운동의 전개
	① 고부 농민 봉기 발생 → 안핵사 이용태의 파견 → 백산 집결 및 4대 강령 발표
	② 황토현 전투 → 황룡촌 전투 → 청군 및 일본군 국내 상륙 → 전주성 점령 및 전주 화약 체결 → 집강소 및 교정소 설치
	(3) 2차 동학 농민 운동의 전개
	① 배경: 일본군의 경복궁 불법 점령 → 청·일 전쟁 발발 원인
	② 전개: 동학의 남접(전봉준)과 북접(손병희)의 연합 부대가 논산 집결 → 공주 우금치에서 관군과 일본 연합군에 패배

2. 청·일 전쟁~대한 제국 건립의 흐름 ☆☆

을미사변~대한 제국 건립(1895~1897)	① 을미사변: 일본 낭인들이 경복궁 건청궁에서 명성황후 시해
	② 을미개혁: 과거제 폐지 → 단발령 실시, 과부 재가 허용, 공사 노비법 혁파 → 신분제 폐지, 연좌제 폐지, 종두법 실시, 단발령 실시
	③ 아관 파천: 고종이 궁녀로 위장하여 가마를 타고 러시아 공사관으로 피신 → 고종의 경운궁(덕수궁)
	환궁 이후 대한 제국 선포

3. 개항기의 개혁 사례 ☆☆☆☆

갑오개혁 (1894~1895)	(1) 1차 갑오개혁
	① 담당 기구(인물): 군국기무처(김홍집 내각)
	② 개혁 사례: 과거제 폐지 → 신분제 폐지, 과부 재가 허용, 공사 노비법 혁파, 연좌제 폐지, 조혼 금지
	(2) 2차 갑오개혁
	① 담당 기구(인물): 김홍집·박영효 연립 내각(군국기무처 폐지)
	② 개혁 사례: 교육 입국 조서 반포 → 한성 사범 학교 설립, 재판소 설치, 지방 행정 개편(8도 → 23부 개편), 홍범 14조 반포
을미개혁(1895)	건양 연호 및 태양력 제정, 단발령 실시, 친위대 및 진위대 설치
광무개혁 (대한 제국~ 1897~1904)	① 정치 관련 사례: 구본신참 바탕, 대한국 국제 반포, 원수부 설치, 황구단에서 황제로 즉위
	② 경제 관련 사례: 양전 사업 시행 → 지계 발급, 상공 학교 설립
	③ 외교 관련 사례: 대한 제국 칙령 제41호 반포 → 독도 영유권 주장
독립 협회 (1896~1898)	① 대표 인물: 관민 공동회 및 만민 공동회 개최, 독립문 건립, 러시아의 절영도 조차 요구 저지, 헌의 6조 반포 → 중추원 관제 개편 추진
	② 활동: 서재필 및 윤치호
	③ 특징: 입헌 군주제 지향(공화정을 지향하였다고 모함받음)

테마26 구한말 일제의 침략 및 저항

1. 구한말 일제의 침략 과정 ☆☆☆☆

러·일 전쟁 (1904~1905)	러·일 전쟁 결과 일본 승리 → 포츠머스 조약 체결(배상금 지불, 러시아의 대한 제국에 대한 간섭 배제 규정)
을사늑약 체결 및 저항(1905~)	① 을사늑약 체결(제2차 한일 협약, 1905): 외교권 박탈, 통감부 설치
	② 저항 사례: 을사 5적 암살단 조직(나철, 오기호), 니델란드 만국 평화 회의에 헤이그 특사 파견(이준, 이위종, 이상설) → 대한
정미 7조약 체결 및 저항(1907~)	① 배경: 고종 강제 퇴위(순종 즉위) 및 정미 7조약 체결(한일 신협약), 차관 정치, 통감부의 내정 간섭 강화) → 대한
	제국 군대 강제 해산
	② 영향: 박승환 자결, 정미의병 발생

2. 개항기에 활동한 의병의 특징 ☆

을미의병(1895)	① 배경: 을미사변 및 단발령을 계기로 유생들이 반발
	② 대표 인물: 유인석 및 이소응 → 주로 유생 출신들이 주도
	③ 특징: 고종의 의병 해산 권고 조칙으로 자체 해산
을사의병(1905)	① 배경: 을사늑약 체결에 대해 반발
	② 대표 인물: 민종식, 신돌석, 최익현(전북 태인, 쓰시마섬에서 순국)
정미의병(1907)	① 배경: 고종의 강제 퇴위 및 군대 해산에 대해 반발
	② 대표 인물: 이인영(총대장), 허위(군사장)
	③ 특징: 13도 창의군을 결성하여 서울 진공 작전 전개

3. 애국 계몽 운동 단체 ☆☆

보안회	일제의 황무지 개간권 요구 저지
	① 대표 인물: 안창호, 양기탁, 이승훈
신민회	② 대표 활동: 대성 학교 설립(안창호), 오산 학교 설립(이승훈), 신흥 강습소 설립(신흥무관학교), 자기 회사, 태극 서 관 운영
	③ 해체: 데라우치 총독 암살 혐의 → 105인 사건으로 해체됨

4. 일제의 경제 침탈 및 경제 구국 운동 사례 ☆☆☆

화폐 정리 사업 (1905)	① 배경: 백동화 남발로 인한 물가 상승 등 경제적 혼란 발생 → 재정 고문 메가타의 화폐 정리 사업 추진
	② 전개: 백동화를 제일은행권 화폐로 교환
국채 보상 운동 (1907)	① 배경: 일제의 차관 도입으로 인한 막대한 빚 발생(1,300만원)
	② 전개: 서상돈, 김광제 등이 대구에서 모금 운동 시작 → 국채 보상 기성회 조직(서울) → 모금 활동 전개 및 개최
	③ 특징: 다양한 언론 기관의 지원을 받음(예 대한매일신보), 통감부의 방해로 탄압으로 실패함

테마28 일제의 식민 통치 및 국내 항일 운동

1. 일제 식민 통치 정책의 변화 및 사회상 ☆☆☆

1910년대-무단 통치	① 정치: 범죄 즉결례, 조선 태형령, 헌병 경찰제 ② 경제 침탈: 토지 조사 사업, 회사령
1920년대-이른바 문화 통치	① 정책: 치안 유지법 제정(1925) ② 경제 침탈: 산미 증식 계획 → 일제가 자국의 식량 문제를 해결하기 위해 시행, 농민에게 수리 조합비 전가, 만주 산 잡곡의 수입 결과 ③ 문화: 나운규의 아리랑 상영(단성사에서 상영), 카프(KAPF) 결성
1930년대 이후-민족 말살	① 전쟁 관련 사태: 국가 총동원령 공포(1938, 금속 및 미곡 공출, 중·일 전쟁 및 태평양 전쟁 애국반, 조선 사상범 예방 구금령(1941) ② 제사 관련 사태: 신사 참배, 창씨 개명, 황국 신민 서사 ③ 노역 관련 사태: 국민 징용령, 물폐, 여자 정신 근로령, 징용제

2. 1910년대의 국내 독립운동 단체 ☆

독립 의군부(1912)	① 대표 인물: 임병찬 ② 특징: 복벽주의 지향, 조선 총독부에 국권 반환 요구서 제출 시도
대한 광복회(1915)	① 대표 인물: 박상진 및 채기중, 대구 지역에서 결성됨 ② 특징: 공화정체 지향, 근대식 조직을 갖춘 비밀 결사

3. 1910~1920년대의 국내 항일 운동 ☆☆☆

3·1 운동(1919)	① 배경: 도쿄 청년 유학생들의 2·8 독립 선언서 발표 → 고종의 인산일을 계기로 만세 운동 준비 ② 전개: 민족 대표 33인이 기미 독립 선언서 작성 → 일제의 제암리 학살 사건 자행 ③ 영향 및 의의: 대한민국 임시 정부 수립의 계기, 일제의 통치 방식이 이른바 문화 통치로 변화됨
6·10 만세 운동 및 신간회의 활동 (1927~1931)	(1) 6·10 만세 운동 ① 배경: 순종의 인산일을 계기로 만세 운동 준비 ② 전개: 사회주의 계열 및 학생 중심으로 만세 운동 준비 ③ 영향 및 의의: 좌우의 선언 → 민족 유일당 운동 → 신간회 창립 (2) 신간회 ① 결성 과정: 비타협적 민족주의 세력과 사회주의 세력이 연합 → 좌파 회장 이상재 선출 ② 활동: 광주 학생 항일 운동에 진상 조사단 파견 ③ 의의: 민족주의 계열 및 사회주의 계열의 민족 협동 전선
광주 학생 항일 운동 (1929)	① 배경: 한·일 학생 간 충돌 계기 ② 전개: 조선인 본위의 교육 제도 확립과 식민지 교육 철폐 등 요구 → 독서회 및 성진회 등 활동 ③ 영향 및 의의: 신간회에서 진상 조사단을 파견하여 지원함

테마27 개항기의 문화 및 인물

1. 개항기의 문화 사례 ☆☆

교육 기관	① 원산학사(1883): 함경남도 덕원부 관민이 설립 → 우리나라 최초의 근대식 사립 교육 기관 ② 육영 공원(1886): 정부 주도로 설립된 최초의 근대식 공립 교육 기관 (예 영어), 좌원 및 우원 구성, 헐버트 등 외국인 교사 초빙
신문	① 한성순보(박문국): 순한문 발행, 우리나라 최초의 근대식 신문, 10일에 한 번 발행 ② 독립신문(서재필): 국문 및 영문 혼용 발행 → 민족 계몽 및 외국에 국내 소식 전달 목적, 최초의 민간 신문 ③ 대한매일신보(양기탁 및 베델): 국문 및 영문 혼용 발행, 국채 보상 운동 확산 기여, 항일 논설 다수 게재
근대 문물	① 1883년: 기기창(무기), 박문국(신문), 전환국(화폐, 백동화) ② 1885년: 광혜원(최초의 서양식 근대식 병원, 이후 제중원으로 개칭), 전신 개통(서대문~청량리 이동) ③ 1898년: 전화 개통, 한성 전기 회사 설립 ④ 1899년: 경인선 개통(서울~인천 이동, 한국 최초의 근대식 철도), 전차 개통(서대문~청량리 이동) ⑤ 1905년: 경부선 개통(서울~부산 이동) ⑥ 1906년: 경의선 개통(서울~의주 이동)

2. 개항기 대표 인물의 업적 ☆☆

개항기 전기 위주	김홍집	① 2차 수신사 파견 → 황준헌의 「조선책략」 국내 유포 ② 1차 갑오개혁 주도(군국기무처 총재)
	유길준	① 미국 유학 → 「서유견문」(기행문) 집필 ② 거문도 불법 점령 방불 직후 조선 중립화론 주장 ③ 「노동야학독본」 편찬
개항기 후기 위주	박정양	① 군국기무처 부총재 ② 조미 주미 공사 → 미속습유 집필 ③ 독립 협회의 제안을 수용하여 중추원 관제 개편 추진
	안중근	① 「동양평화론」 저술 ② 하얼빈에서 이토 히로부미 저격

테마29 일제 강점기의 국외 독립운동 1

1. 일제 강점기의 국외 독립운동 기지 건설 및 독립운동 개괄 ☆☆☆☆

(1) 서간도(남만주): 경학사, 부민단, 서로 군정서, 신흥 강습소(신흥무관학교, 남만주 삼원보)
(2) 북간도(북만주)

간도	① 기구(단체): 간민회, 중광단(대종교 계열, 김좌진 등 참여) → 이후 북로 군정서로 개편 ② 관련 역사적 사실: 서전서숙(이상설), 명동 학교(김약연) ③ 독립운동 사례: 봉오동 전투(홍범도), 청산리 전투(김좌진)
연해주	① 기구(단체): 권업회(조대 회장 최재형, 권업신문 발간), 신한촌, 대한 광복군 정부, 대한 국민 의회 ② 관련 역사적 사실: 스탈린의 한인 중앙아시아 강제 이주 정책 시행
일본	① 관련 역사적 사실: 간도 대지진, 도쿄화 결성(도쿄 유학생 중심) ② 독립운동 사례: 김지섭의 일본 궁성 폭탄 투척(의열단), 이봉창의 일왕 마차 폭탄 투척(한인 애국단), 2·8 독립 선언서 발표(도쿄 유학생 중심) → 3·1 운동 영향
미주	① 기구(단체): 대한인 국민회(안창호, 하와이), 윌로우스 비행 학교, 흥사단(안창호) ② 관련 역사적 사실: 사진 결혼(하와이)

2. 대한민국 임시 정부의 활동 ☆☆☆☆

상하이 시기 (1919~1932)	(1) 활동 ① 비밀 행정 조직: 교통국 및 연통제 ② 독립운동 자금 모집: 독립(애국) 공채, 백산 상회(안희제)의 지원 ③ 문화: 임시 사료 편찬 위원회 설치 → 「한·일 관계 사료집」 발간 ④ 외교: 구미 위원부 설치(워싱턴) → 대미 외교 주도, 파리 강화 회의에 김규식 파견 (2) 국민 대표 회의(1923) ① 배경: 독립운동의 새로운 활로 필요성 모색 ② 전개: 창조파(신채호)vs개조파(안창호)의 대립 발생 ③ 결과: 이승만 탄핵 이후 박은식 2대 대통령 선출 → 초대 국무령 이상룡 선출
충칭 시기(1940~1945)	① 정치 활동: 조소앙의 대한민국 건국 강령 발표(삼균주의-정치·경제·교육의 균등) ② 군사 활동: 한국 광복군 창설 → 대일 선전 성명서 발표(연합군의 일원으로 참전) → 국내 진공 작전 추진

테마30 일제 강점기의 국외 독립운동 2

1. 의열단 및 한인 애국단의 활동 ☆☆

의열단	① 결성 과정: 김원봉(단장)이 만주 지린성에서 조직 ② 활동 사례: 김익상(조선 총독부), 김상옥(종로 경찰서), 김지섭(도쿄 궁성), 나석주(동양 척식 주식 회사), 박재혁(부산 경찰서) ③ 특징: 신채호의 조선 혁명 선언을 활동 지침으로 삼음
한인 애국단	① 배경: 김구가 대한민국 임시 정부의 부흥을 목적으로 조직 ② 활동 사례: 이봉창의 일왕 마차 폭탄 투척 의거, 윤봉길의 상하이 훙커우 공원 의거

2. 1920년대 만주 독립운동의 흐름 ☆☆

만주 독립운동 사례	대한 독립군(홍범도) → 봉오동 전투, 북로 군정서군(김좌진, 중광단을 중심으로 조직) → 청산리 전투 승리
만주 독립운동 흐름	① 봉오동 전투 (1920) ③ 대한독립군단 결성(1920) ⑤ 자유시 참변(1921) ⑦ 3부 통합(1928~1929)	② 훈춘 사건 (1920) ④ 간도 참변(1920, 경신참변) ⑥ 미쓰야 협정 체결(1925) ⑧ 민주 3부 결성(1923~1925)

3. 1930년대 이후 국외 독립운동의 흐름 ☆☆☆

1930년대 전반 국외 독립운동 사례	(1) 한국 독립군(1931, 지청천, 북만주-한국 독립당 산하) ① 전투 사례: 쌍성보 전투, 대전자령 전투 ② 연합 단체: 중국 호로군과 연합 (2) 조선 혁명군(1929, 양세봉, 남만주-조선 혁명당 산하) ① 전투 사례: 영릉가 전투, 흥경성 전투 ② 연합 단체: 중국 의용군과 연합
1930년대 후반 ~1940년대 국외 독립운동 사례	(1) 조선 의용대(1938, 김원봉, 우한시의 한커우) ① 연합 전선 관내(關內)에서 조직된 최초의 한인 무장 부대 ② 개편 과정: 김원봉이 이끄는 일부 부대가 한국 광복군 합류(1942) → 김두봉이 이끈 잔여 세력은 이후 조선 의용군으로 개편됨 (2) 한국 광복군(1940, 총사령 지청천, 부사령 김원봉) ① 조직: 충칭 시기 대한민국 임시 정부 산하 부대 ② 전투 사례: 국내 진공 작전 추진, 연합군의 일원으로 인도·미얀마 전선 파견

1. 일제 강점기에 활동한 문학가 ☆☆

심훈	① 그 날이 오면(저항시) ② 상록수(소설) → 브나로드 운동 소재
운동주	① 문학 작품: 별헤는 밤, 서시, 쉽게 쓰여진 시, 참회록 등 → 저항시 ② 생애 및 활동: 북간도 영웅춘셍 → 연희전문학교 이수
이육사(이원록)	① 문학 작품: 광야, 절정, 청포도 등 → 공통적으로 저항시 ② 생애 및 활동: 조선은행 대구 지점 폭파 사건 연루

2. 일제 강점기에 활동한 역사학자 ☆☆

민족주의 사학	신채호
	(1) 역사서 ① 『독사신론』, 『조선사연구초』, 『조선상고사』 ② 『을지문덕전』, 『이순신전』 (2) 생애 및 활동: 조선 혁명 선언 작성 → 의열단 활동 지침
	박은식
	(1) 역사서: 『한국통사』, 『한국독립운동지혈사』 (2) 생애 및 활동 ① 대한민국 임시 정부 제2대 대통령 역임 ② 유교구신론 주장

3. 일제 강점기 대표 인물의 업적 ☆☆

일제 강점기 전기 위주	안창호
	① 신민회 간부 출신 → 대성 학교 설립 ② 샌프란시스코에 흥사단 조직 ③ 국민대표회의 개조파 대표 ④ 대한민국 임시 정부 내무총장 겸 국무총리 대리 역임
일제 강점기 후기 위주	조소앙
	① 대동 단결 선언문 작성 ② 대한민국 임시 정부 외무부장 ③ 한국 독립당 창당 참여 ④ 대한민국 건국 강령 발표 → 삼균주의 주장

테마31 일제 강점기의 정치·사회·문화

1. 일제 강점기 실력 양성 운동의 전개 ☆☆

물산 장려 운동 (1920년대)	① 배경: 회사령 신고제 전환 및 조선 관세령 철폐 ② 전개: 평양에서 조만식의 주도로 조선 물산 장려회 설립 ③ 특징: '조선 사람 조선 것으로' 등 구호 발표, 자작회, 토산 애용 부인회 등 활동
민립 대학 설립 운동(1920년대)	① 배경: 우리나라만의 고등 교육이 필요성 모색 ② 전개: 이상재, 이승훈 등을 중심으로 민립 대학 기성회 조직(1923) ③ 결과: 일제가 경성 제국 대학을 설립(1924)하며 운동을 탄압함

2. 일제 강점기의 사회 운동 및 종교 활동 ☆☆

사회 운동	(1) 어린이 운동(1920년대 전기) ① 대표 단체(인물): 천도교 소년회(방정환~색동회 조직) ② 활동 사례: 어린이 권익 주장 운동 전개, 어린이날 제정(5월 1일) (2) 여성 운동(1920년대 후반 위주) ① 대표 단체(인물): 근우회(1927) ② 활동 사례: 신간회의 지매 단체로 결성됨 (3) 청년 운동(백정, 1920년대 전반 위주) ① 대표 단체(인물): 조선 형평사(1923, 진주) ② 활동 사례: 백정에 대한 사회적 차별 반대, 공평·사랑·애정 등 강조
종교 운동	(1) 대종교 ① 대표 단체(인물): 나철, 오기호 ② 활동 사례: 단군 숭배 사상 강조, 북간도에서 중광단 조직 (2) 천도교 ① 대표 단체(인물): 손병희(동학 3대 교주) ② 활동 사례: 『개벽』 및 『신여성』 등 잡지 간행, 『만세보』를 기관지로 활동함

3. 일제 강점기의 한글 수호 단체 ☆

조선어 학회 (1931)	① 대표 인물: 이극로, 이윤재, 최현배 ② 특징 및 활동 사례: 우리말(조선말) 큰 사전 편찬 시도, 한글 맞춤법 통일안 제정, 조선어 학회 사건으로 해산됨 (1942)

테마34 이승만~전두환 정부

1. 이승만~전두환 정부 시기의 정책 및 역사적 사실 ☆☆☆

이승만 정부	① 정치: 반민특위 운영(반민족 행위 처벌법 제정을 통해 구성), 발췌 개헌, 사사오입 개헌 ② 경제: 농지 개혁법, 삼백 산업 ③ 외교: 한·미 상호 방위 조약 체결(1953) ④ 사건: 경향신문 폐간 사건, 국가보안법 파동, 진보당 사건(1958) → 조봉암 처형(1959)
장면 내각	의원 내각제 및 양원제(민의원, 참의원) 구성
박정희 정부	유신 헌법 시행 이전 ① 정치: 중학교 무시험 진학 제도 실시(1969), 3선 개헌 ② 경제: 경부 고속 도로 개통, 새마을 운동, 제1차·2차 경제 개발 계획 시행(1962~1971) → 경공업 중심 ③ 통일: 7·4 남북 공동 성명 → 남북 조절 위원회 설치
	유신 헌법 시행 이후 ① 정치: 유신 헌법(7차 개헌) 발표 → 긴급 조치, 긴정 및 통일 주체 국민 회의 설치(간선제, 국회의원 1/3 추천) ② 경제: 제3차 경제 개발 계획 시행(1972~1976) → 포항 제철 건립, 100억 달러 수출 달성 (1977) ③ 사건: 인민 혁명당 재건위 사건(1974)
전두환 정부	(1) 정치 ① 유화: 교육 자율화 실시, 야간 통행 금지 해제, 해외 여행 부 유용 ② 독재: 삼청 교육대 설치, 언론 보도 지침 규정, 프로 야구단 및 축구단 창단(3S 정책), 8차 개헌(간선제, 대통령 선거인단 구성) (2) 경제: 3저 호황(저달러·저유가·저금리) (3) 통일: 남북 이산가족 고향 방문단 최초 실현

2. 이승만~전두환 정부 시기의 민주화 운동 사례 ☆☆☆

이승만 정부	4·19 혁명(1960): 3·15 부정 선거 발생 및 김주열 시신 발견 → 이승만 대통령 하야 → 허정 과도 정부 수립 및 장 면 내각이 출범
전두환 정부	① 5·18 광주 민주화 운동(1980): 신군부의 비상 계엄 확대 및 무력 진압 자행 → 자발적으로 조직된 시민군이 계엄 군에 저항함 → 관련 기록물 세계 기록 유산 등재 ② 6월 민주 항쟁(1987): 박종철 고문 치사 사건 → 전두환 정부 4·13 호헌 조치 발표 → 이한열 사망 → 6·29 민주화 선언 발표 및 9차 개헌(5년 단임 대통령 직선제 개헌) 시행

테마33 대한민국 정부 수립 과정 및 6·25 전쟁

1. 광복~대한민국 정부 수립 과정 ☆☆☆

광복~대한민국 정부 수립 과정	① 조선 건국 준비 위원회 결성(여운형 및 안재홍) ② 미군의 남한 진주 및 미군정 설치 ③ 모스크바 3국 외상 회의 ④ 제1차 미·소 공동 위원회 ⑤ 이승만의 정읍 발언 ⑥ 좌우 합작 위원회 조직 및 좌우 합작 7원칙 발표 ⑦ 제2차 미·소 공동 위원회 ⑧ 유엔 총회 개최 및 유엔 한국 임시 위원단 국내 입국 ⑨ 남북 협상 추진 ⑩ 5·10 총선거 실시 및 대한민국 정부 수립

2. 제헌 국회의 특징 및 제주 4·3 사건 ☆

제헌 국회의 특징 (1948~1950)	① 총선 과정: 5·10 총선거를 통해 결성 ② 활동 사례: 귀속 재산 처리법, 반민족 행위 처벌법 ③ 특징: 간선제 시행, 국회의원 임기 2년
제주 4·3 사건(1948·4)	① 배경: 남한만의 단독 선거 반대 ② 전개: 남조선노동당(남로당) 계열의 무장봉기 주도 → 미군정 및 정부가 경성한 토벌대에 과잉 진압 발생 ③ 영향: 여수·순천 10·19 사건 발생(제주 4·3 사건 진압 명령 거부, 진상 보고서 작성 및 희생자들의 명예 회복을 위한 특별법 제정)

3. 6·25 전쟁의 전개 과정 ☆☆

6·25 전쟁의 배경, 전개, 영향(1950·1 ~1953·10)	(1) 배경: 애치슨 선언 발표 (2) 전개 ① 낙동강 전선에서 대립(예 다부동 전투) → 인천 상륙 작전 전개 → 서울 수복 및 압록강 인근 유역까지 진출 ② 중공군의 개입 → 흥남 철수 작전 → 1·4 후퇴 ③ 개성에서 정전(휴전) 회담 첫 개최 ④ 이승만 정부의 반공 포로 석방 발생 ⑤ 판문점에서 정전(휴전) 협정 체결 및 전쟁 종결 (3) 결과: 한·미 상호 방위 조약 체결 (4) 관련 역사적 사실: 국민 방위군 사건 발생, 부산에서 발췌 개헌 통과(1952), 16개국의 유엔군 참전

테마35 노태우~노무현 정부 및 현대의 인물

1. 노태우~노무현 정부 시기의 정책 및 역사적 사실 ☆☆☆

노태우 정부	(1) 정치: 3당 합당 (2) 외교 ① 국제 대회: 서울 올림픽 개최 ② 통일: 민족 자존과 통일 번영을 위한 7·7 선언 발표, 남북 기본 합의서 채택, 남북한 유엔 동시 가입, 한반도 비핵화 공동 선언 발표
김영삼 정부	① 정치: 우리 역사 바로 세우기 운동 → 정부승 내 옛 조선 총독부 철거, 국민학교 명칭을 초등학교로 변경 ② 경제: 금융 실명제 실시 ③ 외교: 경제 협력 개발 기구(OECD) 가입, 국제 통화 기금(IMF) 구제 금융 요청
김대중 정부	(1) 정치: 국민 기초 생활 보장법 제정, 노사정 위원회 신설, 금 모으기 운동 전개 → 국제 통화 기금(IMF) 조기 상환 (2) 외교 ① 국제 대회: 한·일 월드컵 개최 ② 통일: 최초의 남북 정상 회담 개최 → 6·15 남북 공동 선언 발표, 개성공단 설치 합의, 금강산 관광 사업 시작
노무현 정부	(1) 정치: 정부관리본부, 진실·화해를 위한 과거사 정리 위원회, 행정 중심 복합 도시 건설, 호주제 폐지 → 가족 관계 등록부 신설 (2) 외교 ① 국제: 아시아·태평양 경제 협력체(APEC) 정상 회의 개최, 한·미 FTA 체결(2007) ② 통일: 제2차 남북 정상 회담 개최 → 남북 관계의 발전과 평화 번영을 위한 10·4 남북 정상 선언 발표, 개성공 단 착공식 개최

2. 이명박~문재인 정부 시기의 정책 및 역사적 사실 ☆

이명박 정부~문재인 정부 시기의 역사적 사실	① 이명박 정부: 서울에서 G20 정상 회의 개최 ② 박근혜 정부: 인천 아시안 게임 개최, 한정 사상 최초 탄핵 가결 ③ 문재인 정부: 평창 동계올림픽 개최 및 남북 단일팀 참가, 4·27 판문점 선언 발표

3. 현대의 대표 인물의 업적 ☆

대한민국 정부 수립 이전 중심	김구	① 대한민국 임시 정부 경무국장 및 주석 역임 ② 한인 애국단 단장 ③ 김규식과 남북 협상 추진
	여운형	① 조선 건국 동맹 결성(1944) ② 이재홍과 조선 건국 준비 위원회 조직 ③ 김규식과 좌우 합작 위원회 조직